# 和歌山の群雄と城館

◀鉄錆地雑賀鉢兜　銘紀州宇治住雑賀吉久作　紀伊国雑賀荘（和歌山市）で制作された兜で、戦国時代に活躍した勇猛な雑賀衆を彷彿させるとされる
和歌山市立博物館蔵

▶玉置直和坐像　和歌山県日高川町・生蓮寺蔵　写真提供：和歌山県立博物館

◀湯河直光画像　和歌山県美浜町・三宝寺蔵　写真提供：和歌山県立博物館

# 太田城

総光寺由来幷太田城水責図（部分）　和歌山市・惣光寺蔵　写真提供：和歌山市立博物館　惣光寺の由来と羽柴秀吉による太田城の水攻めを描いたもので、17 世紀なかばごろに制作されたとされる。本図はそのうち、秀吉の軍勢が太田城に攻め寄せている場面が描かれ、秀吉方の陣では首実検をしている様子も見える。太田城には雑賀荘から追われてきた雑賀衆等が籠城し、水攻めのなか約一ヶ月にわたって奮戦するも、やがて力尽き、降伏した。備中高松城・忍城の水攻めとともに、日本３大水攻めとされる

▲鳥屋城跡の石垣　和歌山県有田川町　写真提供：有田川町教育委員会

▲藤並城跡の堀　和歌山県有田川町　写真提供：有田川町教育委員会

▶勝山城跡の五重堀切　和歌山県白浜町　写真提供：白浜町教育委員会

▲坂本付城跡の空撮写真　写真提供：上富田町教育委員会■紀南地域に勢力を誇った山本氏の館。これまで「幻の館」とされてきたが、2018年10月から行われた発掘調査で内堀・土塁跡などが見つかり、存在が確認された　和歌山県上富田町

# 失われゆく城館遺構

# 手取城

▶堀切跡

▶手取城推定復元模型　監修：水島大二・白石博則　和歌山県立博物館蔵■室町幕府の奉公衆をつとめた玉置氏の本城で、大きく分けて、東の曲輪群と西の曲輪群で構築されている。各曲輪は堀切で区切られ、斜面には畝状竪堀や横堀、さらには一部に石垣も残り、戦国和歌山を代表する城郭のひとつである　和歌山県日高川町

◀石垣

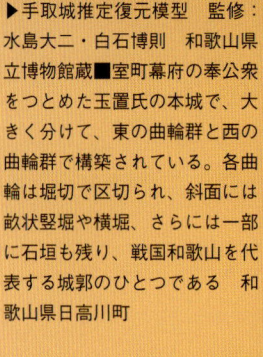

# 平須賀城

▲平須賀城復元模型　みなべ町教育委員会蔵　道の駅みなべうめ振興館展示■畠山氏に従った野辺氏の城で、東西約500 m、南北約400 mと、和歌山県内で最大級の規模を誇る。最高峰の曲輪を中心に、曲輪群が階段状に造成され、各曲輪の斜面を二重堀切や畝状竪堀などで防御している　和歌山県みなべ町

▲二重堀切

▶畝状竪堀

図説 日本の城郭シリーズ⑫

# 戦国和歌山の群雄と城館

和歌山城郭調査研究会［編］

戎光祥出版

# はしがき

和歌山城郭調査研究会は、平成元年（一九八九）八月に発足した。当時は、県内各地の里山がゴルフ場に変貌するという状況があり、その予定地には城跡や推定地が含まれていた。城館遺構が破壊されてしまうという危機感が、会の創設を後押したことは間違いない。

平成元年当時、和歌山県教育委員会が城館跡（中世・近世）として把握していたのは、二五五か所（「和歌山県埋蔵文化財包蔵地所在地図―付・史跡・名勝・天然記念物所在地図」和歌山県教育委員会、一九七四年）であるのに対して、水島大二氏（現・和歌山城郭調査研究会顧問）が文献などから割り出した中近世の城館跡（近世の御殿・台場は含まず）は七三五か所（「「和歌山県城郭調査研究会」の発足」『和歌山地方史研究』一八号、一九九〇年）にのぼった。そのため、県内の中世城館跡の確認が必要となり、一九九〇年代に入って、県教育委員会は分布調査を開始して、『和歌山県中世城館分布調査報告書』（一九九八年）としてまとめられた。一方、当会でも独自に、県内の中近世の城館跡悉皆調査を始め、市町村別に聞き取りや現地調査を行い、現在も継続中である。本書はその悉皆調査の成果といえよう。

本書は、以上の調査成果を基に、城館を築いた守護大名から土豪・地侍までのさまざまな階層の勢力を、戦国時代の「群雄」として扱い、群雄ごとに、周辺の城館や遺跡も含めて紹介している。

さて、中世城館を訪問する際に留意いただきたいことがある。まず実際、われわれが訪れる中世の城館跡には、建物が遺っている所はどこにもない。そこにあるのは、「土」でできた四〇〇年以上も前の「跡」である。しかも、その「跡」は、戦いが繰り返されるたびに何度も改修された最終期の姿である。中世城館跡の大半は、戦国時代の産物といえるが、戦国時代の城は建物（作事《さくじ》）ではなく、土木工事（普請《ふしん》）が主であった。その多くは、臨時的な築城であり、建物よりも防御施設である空堀や土塁など、敵の侵入を遮断することを目的とした遺跡である。また、文献に落城年代が記されてあっても、城はその後も改修され、存続していた可能性があることも留意すべきだろう。また、発掘調査なら、城の始まりから最終期までわかる可能性がある。しかし表面調査では最後の姿しかわからない。まして、里山にある城ならば、近世・近代に、さまざまな社会背景から改変されているので、耕作地の段やかつての地域境界の土塁などを見極めなくてはならない。

さらに、「城」といえば「合戦」が付き物のように考えがちである。だが、実際には、城そのもので闘いが行われた事例は少ない。例外として、白浜町安宅の安宅《あたぎ》八幡山《はちまんやま》城跡の発掘調査で、一六世紀前半に激しい戦いがあり、火を掛けられて落城したことが、土器や地山が火によって変色していたことでわかった。これは、発掘調査で判明したまれな事例である。むしろ、築かれたものの、情勢が変化して廃棄されたものが多いようだ。

戦国時代の城館は、大別すると、戦争に際して臨時的に築かれた城（陣城）と比較的恒常的な地域支配のための城に分けられる。後者は権力のシンボルであって、領主が「式三献《しきさんこん》」などのさまざまな儀式を通して、自己の権威・権力を誇示したり、家臣や領民とのつながりを深める場所でもあったようである。

最後に、城跡歩きは一人で行って、「いつ・だれが・何のために築いたのだろう」と何百年も前の築城者と対話するのもいいが、何人かと一緒に行くほうが安全であるうえに、友人と遺構について話し合うことで、自身で気づかなかったことを知れる利点がある。そのとき、ぜひ本書を携行していただき、過去に記録された多くの書物と長年の調査の蓄積に基づく本書の内容が手助けになれば幸いである。

二〇一九年一月

和歌山城郭調査研究会代表・白石博則

# 目次

# 凡例

一、本書は、現在の和歌山県域（旧紀伊国）において戦国時代に活躍した諸勢力が築いた主な城郭をとりあげ、その歴史や特質を解説したものである。

一、構成は、第一部で紀伊国守護をつとめた畠山氏の城郭、第二部で湯河・安宅・小山氏ら国人の城郭、第三部で高野山や熊野三山等の宗教勢力の城郭をとりあげ、冒頭に総説を付した。

一、城館名下の項目は、①所在地、②別称、③標高／比高、④遺構、の四項目を付した。

一、各城郭の項目では、歴史・現状・縄張り解説を主な内容とし、利用の便を図るために、国土地理院1／25000地形図と縄張り図を付した。また、地形図に加筆した丸印は城郭の中心部分を示すが、城郭によっては丸印外側に城域が広がるもの、あるいは丸印内側におさまるものも存在する。

一、人名や歴史用語には適宜ルビを振った。読み方については、各種辞典類を参照したが、歴史上の単語、とりわけ人名の読み方は定まっていない場合も多く、ルビで示した読み方が確定的なものではない。また、執筆者ごとに読み方が異なる場合があり、各項目のルビについては、各執筆者の見解を尊重したことをお断りしておく。

一、提供者の氏名が記載されている写真以外は、著者あるいは当社提供の写真である。

# 総説　戦国和歌山の群雄と城館の特質

現在の和歌山県域は、北牟婁《きたむろ》郡・南牟婁郡を除くかつての紀伊一国に相当する。「和歌山」の名は、天正十三年（一五八五）に羽柴秀吉《はしばひでよし》が紀伊国を平定した後に使用され始め、[*1]近世には和歌山城を中心とした地域呼称としてもっぱら用いられる。つまり、「和歌山」が現在のような広域の呼称となったのは近代以降であり、戦国期には「和歌山」という地名自体が存在しなかったのである。その意味では、「戦国和歌山」というのは矛盾した表現であるが、本書では和歌山県域の戦国期城館を幅広く取り上げたいという思いから、「和歌山」を広域呼称として用いている。

和歌山県は紀伊半島の西部に位置し、長い海岸線をもつのが特徴である。県域の大半が山地であり、大規模な河川の流域や沿岸部に平野が集中する。こうした地形的な制約もあって、生活圏が比較的コンパクトにまとまり、それぞれの風土に根差した独特な文化・慣習が育まれてきた。そのため、一国を束ねるような勢力は現れず、地域権力が割拠する状況が戦国期の最後まで続いた。

和歌山のもう一つの特徴として、水陸の交通路を介した外部との直接的なつながりを挙げることができる。県域の南部に位置する熊野三山《くまのさんざん》（本宮《ほんぐう》大社・那智《なち》大社・速玉《はやたま》大社の総称）は古くから聖地として知られ、中世前期には天皇・上皇や貴族らが盛んに巡礼を行った。この参詣道が、熊野街道である。熊野街道は、畿内の中心部と紀伊国を結ぶパイプとして機能し、国内では南北を縦断する幹線道であった。それゆえ、熊野街道をどう押さえるかが、群雄たちの地域支配において重要な課題となった。熊野街道の近くに多くの城が築かれたのは、このためである。

---

＊1　「和歌山」の呼称は、天正十三年七月二日、羽柴秀吉が遠藤基信に宛てた朱印状の写（「三好家文書」『和歌山市史』四）に初めて登場することが知られている。

和歌山の人々は、海を介してさまざまな地域とつながりをもった。南北朝期にはすでに、紀伊北部の住人が薩摩国（現在の鹿児島県）まで航海を行っていたことが判明している。[*2]現在の日置《ひき》川《がわ》流域に勢力をもった安宅《あたぎ》氏・小山《こやま》氏は、水軍としての活動がよく知られている。さらに、有田《ありだ》郡出身の梶原《かじわら》氏は、関東地方の戦国大名である後北条氏のもとで水軍を率いて活躍した。[*3]鉄砲が種子島《たねがしま》に伝来した翌年に、根来寺《ねごろでら》の門前で試作品が早くも製作されたという逸話は、[*4]紀州の人々の海域世界での活動を物語ってくれる。このように、海を越えた地域間の交流が活発にあり、そのことが群雄たちの地域支配に影響を及ぼしていたことに留意しなければならない。

以上のような地域的特色のもとで、紀伊国では実に多様な群雄が育まれ、それぞれが個性的な城館を営んだ。

畠山《はたけやま》氏は、一四世紀末以降、中世を通じて紀伊国の守護をつとめた。紀伊国の守護所は当初、国衙《こくが》のあった府中（和歌山市）の近くにあったが、次第に南方へ移り、戦国期には広（広川町）に置かれた。また、紀ノ川の流域や沿岸部にも地域レベルの拠点が営まれ、守護所の機能を補完した。東家館《とうげやかた》（橋本市）や高田土居《たかだどい》（みなべ町）は、発掘調査によってその構造の一端が明らかになった貴重な事例である。さらに、守護方が築いた山城は、複数の曲輪群が並立する独特な平面構成をとり、守護の軍事編成の特質を示している。

これに対して、湯河《ゆかわ》・玉置《たまき》・山本《やまもと》といった奉公衆《ほうこうしゅう》は、室町幕府に直接つながり、独自の支配基盤をもった。とくに湯河氏は、最後まで奉公衆としての自己認識を保ち、畠山氏から独立した存在であり続けた。[*5]湯河氏の小松原館《こまつばら》（御坊市）は、方二町四方の規模をもつ巨大な平地城館で、熊野街道の宿《しゅく》を取り込み城下町を形成していた。背後には亀山城がそびえ、山城と居館がセットになった本拠の姿をみることができる。

---

＊2　坂本亮太「大阪湾の「咽喉」―加太・友ヶ島」東悦子・藤田和史編『わかやまを学ぶ―紀州地域学　初歩の初歩―』（清文堂出版、二〇一七年）

＊3　永原慶二「伊勢・紀伊の海賊商人と戦国大名」『永原慶二著作選集　第六巻』（吉川弘文館、二〇〇七年）など。

＊4　「鉄砲由緒書」（個人蔵）。詳細は『鉄砲伝来と紀州―ヨーロッパとの出会い―』（和歌山市立博物館、一九九三年）を参照。

＊5　弓倉弘年『中世後期畿内近国守護の研究』（清文堂出版、二〇〇六年）

玉置直和坐像　和歌山県日高川町・生蓮寺蔵　写真提供：和歌山県立博物館

玉置氏の手取城《てどり》（日高川町）は、県下最大級の規模を誇る中世山城である。また、山本氏は富田川を挟んで龍松山城《りゅうしょうざん》と坂本付城《さかもとつけしろ》（いずれも上富田町）を築き、流域一帯に影響力を及ぼした。これらの城館は、奉公衆の地域権力としての性格を如実に表している。

奉公衆以外でも、城を築き地域を支配した武士の存在は、紀伊国南部を中心に数多く認められる。そのうち、築城において突出しているのは安宅氏である。安宅氏は、日置川の下流域に居館として安宅本城（白浜町）を構え、周辺に複数の山城を営んだ。こうした城館のあり方は、安宅氏が水軍として活動しながら、一定の領域支配も志向していたことを物語ってくれる。同様に、水軍として活動した小山氏は、豊富な中世文書の数々を今に伝えており、[*6]当該地域の中世史を考える貴重な手がかりとなっている。

宗教勢力が、武家と並ぶ地域権力となったことも、紀伊国の特徴である。根来寺は、幕府や守護の関わる戦争にしばしば参陣し、戦況を左右する軍事力とみなされていた。根来寺の築城に関しては、和泉国南部で羽柴秀吉の侵攻に備えて行われたことが知られるものの、[*7]紀伊国ではその実態は明らかではない。ただし、近年の発掘調査で石垣や鯱瓦を伴う坊院の跡が確認され、根来寺を守る砦とみる見解が提示されている。さらに、粉河寺の周辺には堀切の遺構が複数残されており、寺域の結界または防御に用いられたものと評価されている。

高野山《こうやさん》や熊野三山は、国内に数多くの荘園をもち、在地の勢力を編成して支配にあたった。高

玉置直和像像内納入品　和歌山県日高川町・生蓮寺蔵　写真提供：和歌山県立博物館

図1　雑賀五搦

＊6　坂本亮太「熊野水軍小山氏をめぐる資料（1）～（3）」（『和歌山県立博物館研究紀要』二十二～二十四、二〇一六～二〇一八年）

＊7　水島大二「根来寺の出城」（『和歌山県立博物館研究紀要』八、二〇〇二年）など。

野山の領内では、標高が極端に高いところに小規模な城を築くケースがしばしばみられ、領内の防衛システムの一端を担うものとして注目される。また、熊野では、三山の影響力が紀伊国南部の広い範囲に及び、在地領主の築城を一定程度規制した。しかし、一六世紀後半には堀内氏が織豊政権の庇護を受けて急速に勢力を伸ばし、新宮《しんぐう》（新宮市）を拠点に在地勢力の統合を進めた。

紀伊国北部の雑賀衆《さいかしゅう》は、いわゆる「石山合戦」で本願寺方として活躍したことから、従来、一向一揆の一つとみなされてきた。しかし、近年では地域権力としての実態解明が進み、浄土真宗《じょうどしんしゅう》の教えのもとに結集する一向一揆とは別物であるとみなされている。[*8] 雑賀衆は五つの村連合（組・搦）からなり（図1）、それぞれの編成原理は決して一様ではなかった。それでも、突出したリーダーを輩出せず、内外の危機に集団で対処する面をもっていた。雑賀衆の城としては、織豊政権に対峙した中野《なかの》城や太田《おおだ》城（いずれも和歌山市）が著名である。また、一六世紀後半以降、紀伊真宗の拠点となった鷺森御坊《さぎのもりごぼう》（和歌山市）は、巨大な堀で寺内を囲郭していたことが、近年の発掘調査で明らかになった。

これらの群雄は、よく知られている戦国大名と比べると規模が小さく、取るに足らない存在のようにもみえる。しかし、それぞれのあり方は極めて個性的であり、日本の中世史を考える上でとても重要な問題を投げかけてくれる。そして、彼らが築いた城館の遺構は、今も各地に数多く残されている。こうした城館跡は、群雄たちの生きざまを探る格好の素材といえるだろう。

ところで、城館の歴史的価値を考える際に、その城がいつ、誰によって築かれたのかを確定することが重要なのはいうまでもない。だが、城館の構築年代や城主を示す良質な史料はほとんどない。城館を立地や構造に着目して類型化し、縄張りの発展段階や地域的な特質を論じることは可能だが、それだけでは築城年代や城主を特定することはできない。文献史学や考古学の成果も

*8　武内善信『雑賀一向一揆と紀伊真宗』（法藏館、二〇一八年）

河内国
和泉国
畠山氏
根来寺
粉河寺
伊都郡
雑賀衆
海部郡
名草郡
那賀郡
高野山
大和国
有田郡
畠山氏
玉置氏
日高郡
湯河氏
龍神氏
南牟婁郡
本宮大社
畠山氏
湯河氏
愛洲氏
西牟婁郡
速玉大社
山本氏
東牟婁郡
那智大社
小山氏
安宅氏
周参見氏
小山氏

図2　紀伊国の勢力図

踏まえながら、縄張りの分析を深化させていくしか術はないのだろう。

　和歌山でも、誰の城か特定できない城はまだまだある。そこで、本書では、戦国期における群雄の勢力圏をある程度想定した上で、群雄と城館の関係を問うことにした。図2は、和歌山県立博物館が作成した図をベースに、加筆・修正を加えたものである。以下、この地域割りに基づいて、群雄ごとに城館を紹介していきたい。

　もちろん、群雄のパワーバランスは時とともに変化するので、本図のように固定的に捉えるべきではないという批判もあろう。また、それぞれの影響範囲が重なる場合もあり、そもそも領域的な切り分けが可能か否かも検討しなければならない。このように課題はたくさんあるものの、城館と群雄の関わりを問うことは、城館を地域史の素材として活用する上で避けては通れない。本書がそのきっかけの一つとなれば幸いである。

（新谷和之）

---

［参考文献］『きのくにのあゆみ―人々の生活と文化―』（和歌山県立博物館、一九九四年）／『安宅荘中世城郭群総合調査報告書』（白浜町教育委員会・安宅荘中世城郭発掘調査委員会、二〇一四年）

# 第一部　紀伊国守護・畠山氏の城館

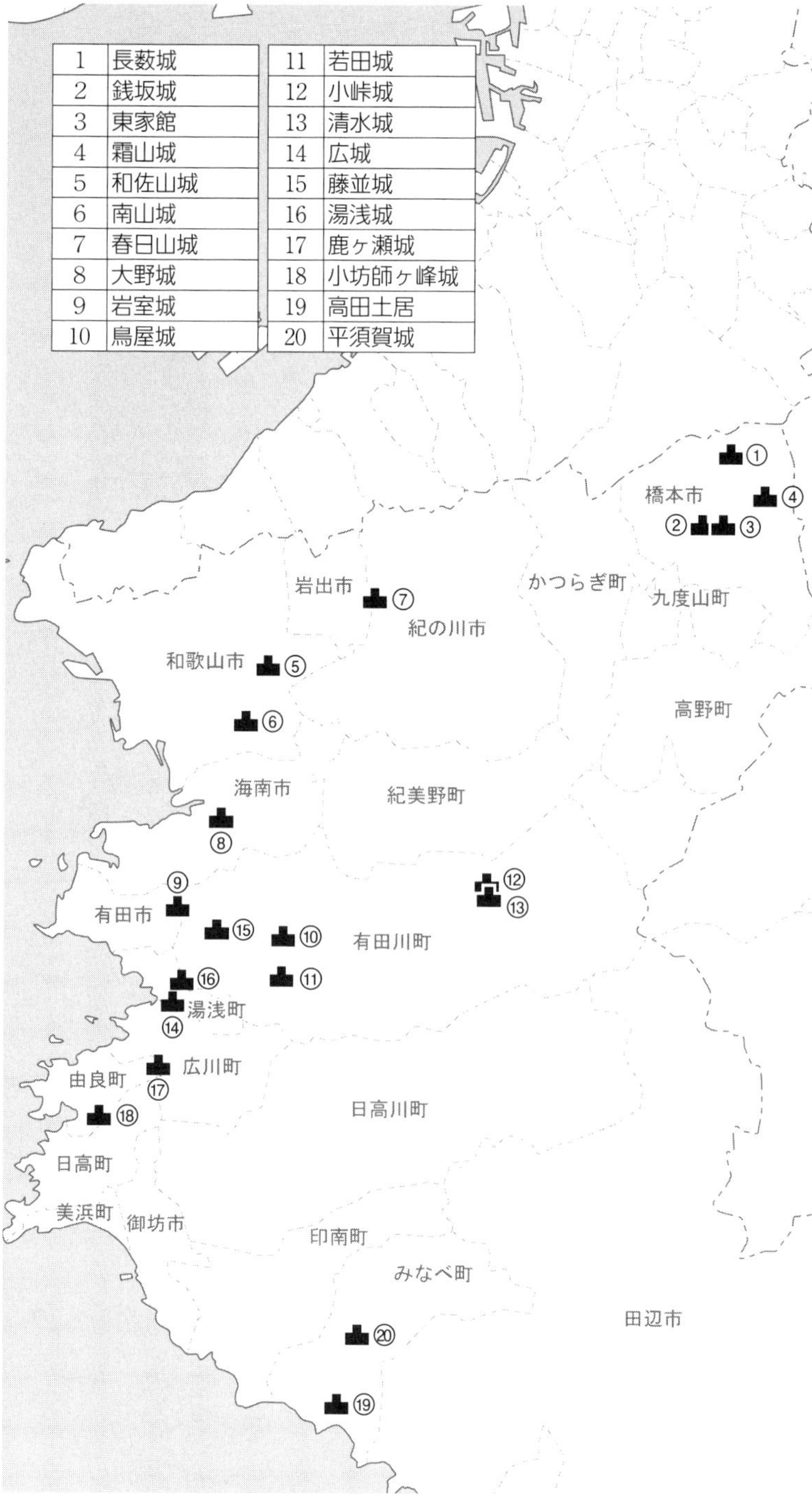


| | | | |
|---|---|---|---|
| 1 | 長薮城 | 11 | 若田城 |
| 2 | 銭坂城 | 12 | 小峠城 |
| 3 | 東家館 | 13 | 清水城 |
| 4 | 霜山城 | 14 | 広城 |
| 5 | 和佐山城 | 15 | 藤並城 |
| 6 | 南山城 | 16 | 湯浅城 |
| 7 | 春日山城 | 17 | 鹿ヶ瀬城 |
| 8 | 大野城 | 18 | 小坊師ヶ峰城 |
| 9 | 岩室城 | 19 | 高田土居 |
| 10 | 鳥屋城 | 20 | 平須賀城 |

# 1、畠山《はたけやま》氏の城館

畠山氏は、室町幕府を開いた足利将軍家の一門で、管領《かんれい》として活躍した。河内を本国に、紀伊・山城南部・能登・越中を分国《ぶんこく》とし、隣接する大和にも影響を及ぼすなど、室町時代を通じて畿内随一の勢力を誇っていた。

紀伊は、南朝《なんちょう》勢力や高野山・根来寺・熊野三山といった強靭な寺社勢力ばかりでなく、守護による反幕府活動が災いして、守護が畠山―細川《ほそかわ》―山名《やまな》―大内《おおうち》―畠山氏（第二次）と頻繁に交代した。そうしたなかで、旧来の国衙機構を脱し、守護本拠（守護所）を確立したのは山名氏で、新天地の大野《おおの》（海南市）に守護所（大野守護所）を作った。

応永十五年（一四〇八）にこれらを襲封《しゅうほう》した畠山氏は、国ごとに守護所を置いていたが、在京を原則としたため、分国には守護代を城代として派遣し、郡ごとに小《こ》守護代（又《また》守護代）の拠点を置いた。郡拠点の代表的なものに、紀北では東家館《とうげやかた》（橋本市）、紀南では高田土居《たかだどい》（日高郡みなべ町）があげられる。大野守護所や東家館には熊野街道や高野街道が走り、のちに守護所となる広館《ひろやかた》（広川町・湯浅町）は湯浅・広港に、高田土居は紀伊水道に面したラグーンに接するなど、町場などの都市的な機能と一体性が高いと考えられる。ただ、館の規模はいずれも一町（約一〇〇メートル）四方ほどにすぎず、湯河氏といった国内の有力国人の本拠にくらべると同程度にとどまっていた。このため、紀州の守護勢力は軍事的な強権発動に限界があったと言えよう。

また、畠山氏は一五世紀前半に大野城などの山城を築いていたが、山城が急増するのは、彼ら

『続英雄百首』に描かれた畠山義就　当社蔵

が大きな原因となった、応仁の乱から戦国時代ごろである。

　畠山氏では持国《もちくに》の後継の守護職をめぐり、義就《よしひろ》から続く総州家《そうしゅうけ》（義就—義豊《よしとよ》〈基家《もといえ》〉—義英《よしひで》—義尭《よしたか》—在氏《ありうじ》）と、政久《まさひさ》・政長《まさなが》から続く尾州家《びしゅう》（政久—政長—尚順《ひさのぶ》〈卜山《ぼくざん》〉—稙長《たねなが》—長経《ながつね》—政国《まさくに》—晴《はる》熙《ひろ》—高政《たかまさ》—昭高）に分裂し、血みどろの抗争を繰り広げた。家督争いに敗北した畠山義就は、河内に対する後背地（本拠地に対する安全地帯）とされた大和から軍勢を繰り出して南河内に入り、楠木正成《くすのきまさしげ》の古城（千早《ちはや》城など）を利用して、金剛山《こんごうさん》中腹の国見《くにみ》山から嶽山《たけやま》・金胎寺《こんたいじ》一帯に城郭群を築いた。寛正四年（一四六三）に山岳寺院の竜泉《りゅうせん》寺《じ》を利用した嶽山城合戦は、室町幕府軍と尾州家を相手にした大規模なもので、義就は敗れたものの、あまり籠城のなかった山城を本格的な軍事拠点として活用するきっかけを作った。

　尾州家は、逃げた義就を追って紀伊に進駐する。総州家はこれ以後、後背地の大和や紀伊で安定した拠点が作れなくなり、

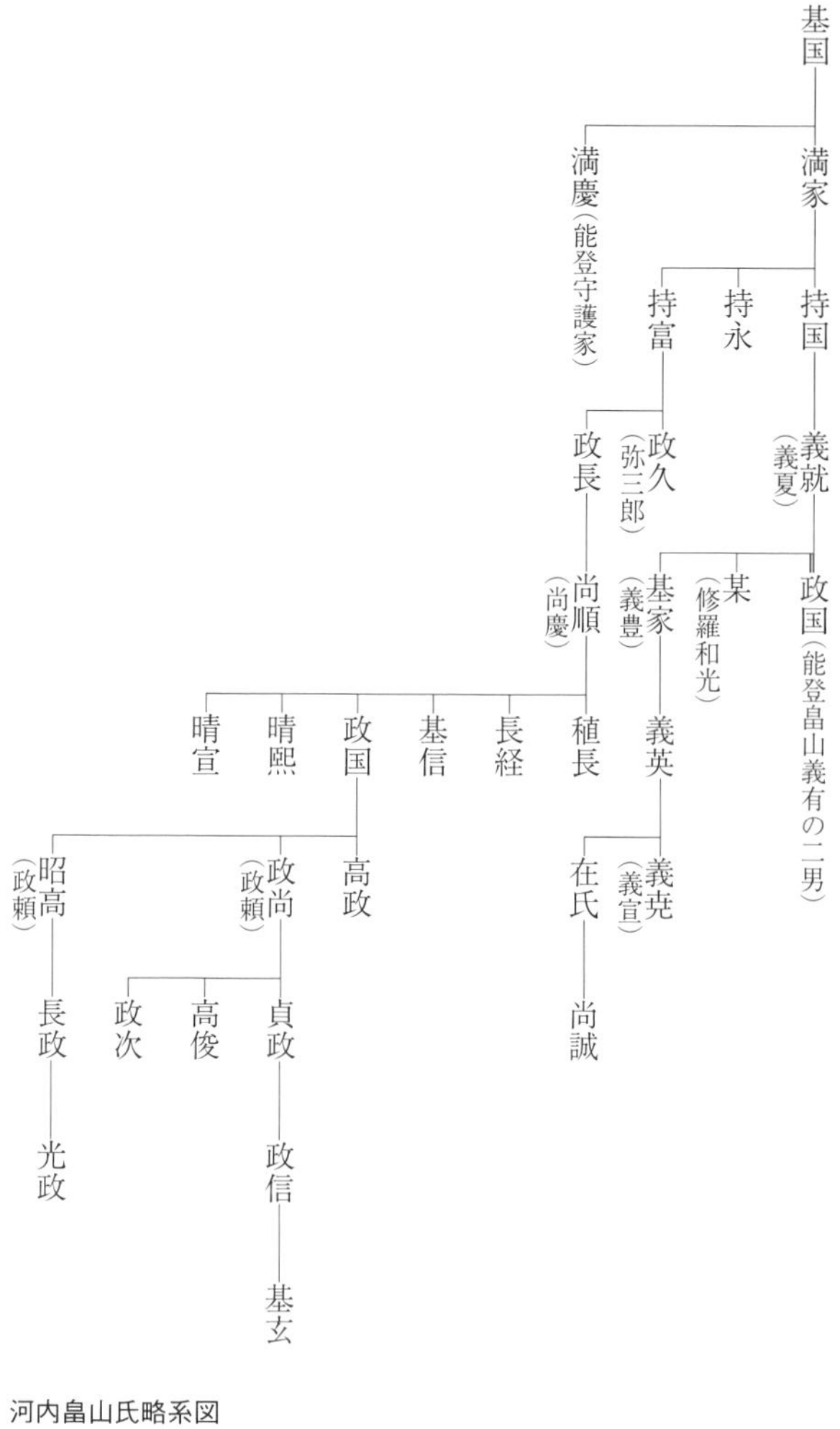


河内畠山氏略系図

吉野《よしの》（奈良県吉野町）や熊野地方に逼塞して、河内や紀伊の平野部をうかがうようになる。総州家は、永正から天文年間にかけて、義就が築いた金剛山からの城郭群を模倣して、紀伊南部の塩津《しおつ》山地に小規模な城郭群を築いた。その縄張りは、はじめは蛇喰城《じゃばみ》（上富田町）のように単郭で曲輪からかなり隔てた所に横堀を設けていたが、天文年間初期には高瀬要害城《たかせようがい》（白浜町）のように、曲輪から離れた横堀に畝状《うねじょう》空堀群を合体させた防御ラインへと発展させた。総州家は本拠となる領域は乏しいが、城郭群の形成を通じて、近畿地方で先駆的な縄張りを築いたのである。

総州家に比べて河内や紀伊を安定的に支配した尾州家は、塩津山地の城郭群を、安宅《あたぎ》氏・小山《こやま》氏や野辺《のべ》氏を使い、南北から挟み撃ちにした。このころに尾州家方が築いた古武森城（白浜町）は、単郭で竪堀群などの防御施設が曲輪から遊離しており、総州家と通低する。また、尾州方は天文年間には山城だけでなく低い丘陵にも畠山稙長軍が単郭方形の陣城《じんじろ》（祇園山本陣。白浜町）を築いた。単郭をベースとした縄張りは館城など、時代を超えて一貫するものであるが、縄張りが小規模なのは、動員した近隣国人の兵力が少なく、守護側の指揮系統も脆弱なためであろう。

戦国期に入ると、尾州家は細川氏との戦いで劣勢となり、河内の争奪を繰り返したことで、紀伊での在国が増えるようになった。畠山尚順は、一六世紀前半には守護所を広館に移していたが、この頃から大規模な山城を整備すると思われる。大野城と鳥屋《とや》城（有田川町）を拡充し、広館には広城を、東家館には長薮城《ながやぶ》（橋本市）を、高田土居には平須賀《へいすが》城（みなべ町）を築き、平城と山城をセットにして活用した。

これらの山城は、平須賀城を除いていずれも畝状空堀群を備え、一城別郭《いちじょうべっかく》の構造をとっており、紀伊における畠山氏のスタンダードな形となる。畝状空堀群は、永禄期には近畿全般で小規模化し、城域の広範囲で使用するようになるが、紀伊では天文期ごろの水準が残り、大規模だが使用

畠山政長の墓　大阪市平野区

範囲が城域内で限定される城が多く、構築者は上位身分の守護勢力に独占されており、国内での広がりは限られていた。

畠山氏は、大規模な拠点山城には守護一族や守護代・小守護代を配備していたが、長薮城では在地勢力の隅田《すだ》党を利用して、城に付属する「城衆」を組織した。紀南では達成できなかった在地勢力の動員が組織化され、山城の守備を恒常化するシステムが作られようとしていた。畠山氏は分国ごとの実情に規制された城郭運営を余儀なくされたが、紀伊では郡単位に設けられた拠点を土台にしつつ、守護を頂点とした支城体制が形成できたのであった。

拠点城郭の整備を推し進めた尾州家は、永正から天文年間にかけて、総州家の山岳城郭群と対決し、勝利を収めていく。だが、河内の経営は細川氏に圧迫されて不安定であり、総州家と一時的に河内を共同支配することもあった。しかし、総州家は天文期後半に内衆《うちしゅう》の木沢長政《きざわながまさ》が主家を凌いで台頭したことで没落する。

そのため、紀伊での在国を余儀なくされた尾州家は、国内に割拠する室町幕府の奉公衆、湯河氏や玉置氏、山本氏らの台頭を許した。これにより、紀伊を縦断した支城体制は崩壊し、守護領域も浸食され、守護とは名ばかりの局地勢力に転落していく。天正期に一族や小守護代が支配した山城は、岩室《いわむろ》城（有田市・有田川町）のように国人一般の山城と大差のない小規模となるか、神保氏の鳥屋城のように、大規模ではあっても旧態とした縄張りにとどまっており、弱体化したまま天正十三（一五八五）年の豊臣政権による紀州征伐を迎えるのであった。

このように、畠山氏の城は戦国前期から中期には他の大名に先駆け飛躍した山城を築いていったが、守護支配が不安定化する戦国後期には独自性が発揮されなくなり、国人勢力の中に埋没してしまったのである。

（藤岡英礼）

河内畠山氏（総州家）の居城・高屋城跡　高屋築山古墳を利用して築かれている　大阪府羽曳野市

伊都郡支配の軍事拠点にした城

# 1 長藪城《ながやぶじょう》

①所在地：橋本市城山台
②別　称：なし
③標　高：三五〇m／比　高：一七〇m
④遺　構：竪堀・堀切

南海電鉄高野線の大阪府寄りの林間田園都市駅東方、城山台《しろやまだい》住宅地に隣接する北側「城山」に遺構が残る。一九七三年の『和歌山県文化財調査概報』によれば、城跡は東西の尾根約六〇〇メートルにおよび、城郭の部分は主として三段構造で、「東の城」「西の城」「出城」の三地点からなっていること、各地点を中心に平坦部、通路、空堀を形成していることなどが確認されたとある。一九七三年の試掘は「出城」の部分で、遺構の検出は確認されなかった。

城の沿革については、『紀伊続風土記《きいぞくふどき》』によると、文明年間（一四六九～八七）に地元の贄川義春《にえかわよしはる》が築城し、城の南方の胡麻生《ごもう》村に贄川氏の下屋敷と伝えられた地を記し、ここには土塁・空堀などが残っていた。

確実な文献では、「祐維記抄《すけつなきしょう》」の大永四年（一五二四）十一月の条に、畠山稙長（政長の孫）は、畠山義堯（義就の曽孫《よしひろ（なり）》）方を河内地方に攻めるときに、「長藪城衆」を引き連れていたとある。さらに、これを遡ること十一年前の永正十年（一五一三）八月に、畠山尚順（稙長の父）が、大和の大沢寺《だいたくじ》や紀伊の小峰寺《おみねじ》の砦に立て籠もった畠山義英（義堯の父）と戦うために軍事行動を起こしている（「三箇家文書」）。ここでも、長藪城は尚順方に使われたとみられ、指呼の間にある小峰寺の砦と対峙していた。小峰城とは、小峰寺を城郭化したものとみられ、一九八八年の発掘調査で寺院の西尾根から空堀が確認された。

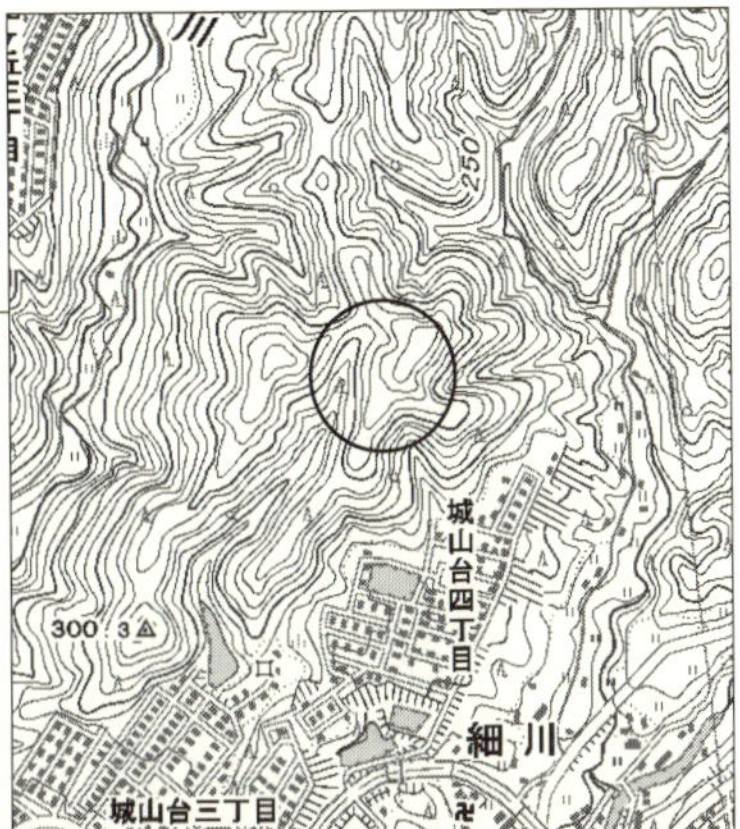

堀切　写真提供：水島大二（以下、同）

長藪城は、地元武士の贄川氏の城をベースに、紀伊守護の畠山氏がこれを一城別郭式の規模の大きな城郭に改修したものと思われ、畠山氏の内紛期から軍事拠点となっていったのであろう。

（岩倉哲夫）

［参考文献］水島大二監修『定本・和歌山県の城』（郷土出版社、一九九五年）／岩倉哲夫「橋本地域の戦国史と城郭」（『和歌山城郭研究』九、和歌山城郭調査研究会、二〇一〇年）

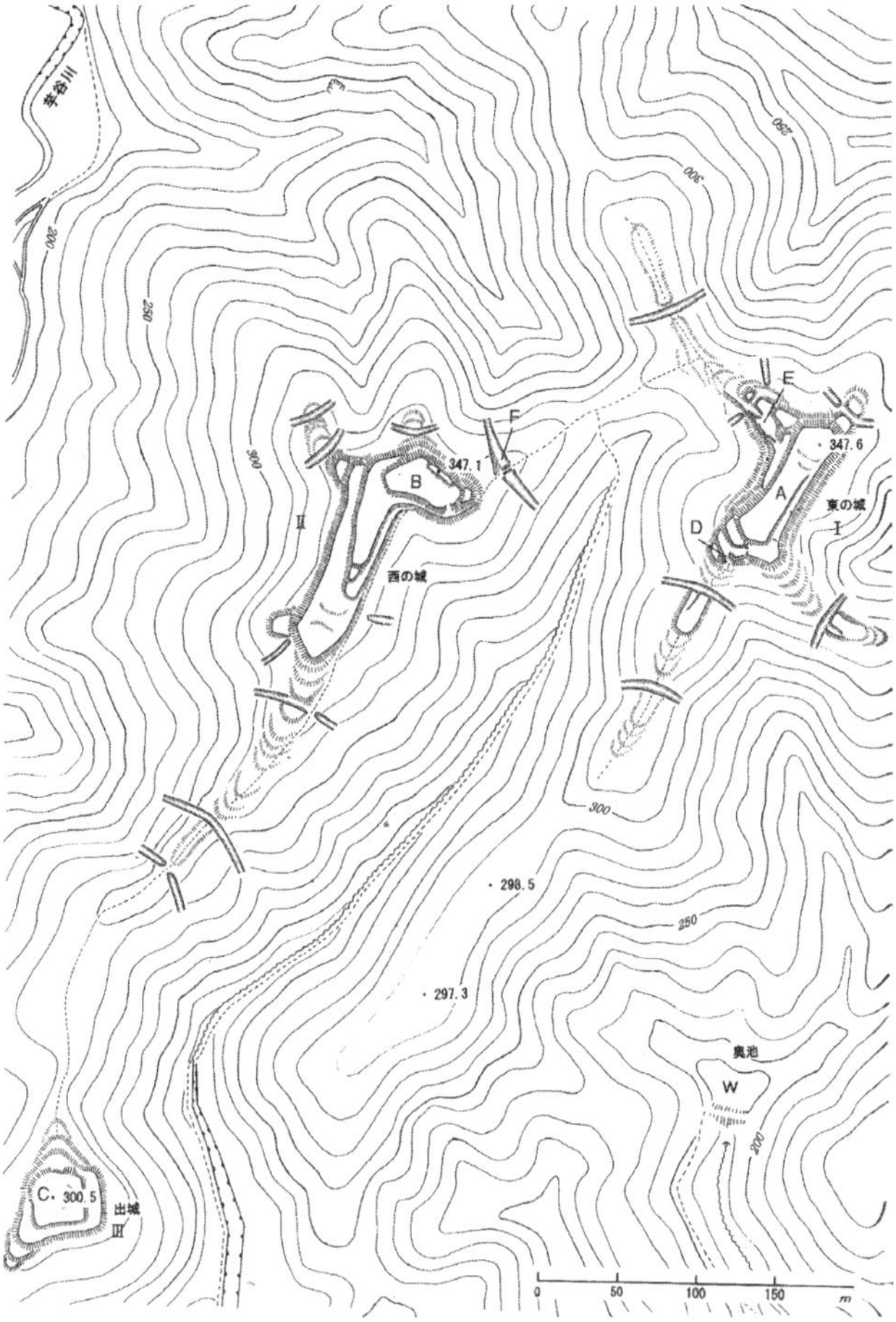


縄張り図　作図：角田 誠

竪堀

横堀

城内を街道が通る館城

# 2 銭《ぜん》坂《ざか》城《じょう》

①所在地：橋本市野《の》
②別　称：生地《おんじ》（恩地）城・相賀《おうが》新城
③標　高：一〇七m／比　高：二八m
④遺　構：空堀・土塁・物見櫓台

銭坂城は、紀ノ川《きのかわ》の右岸に位置する。支流の山田川《やまだ》による河岸段丘《かがんだんきゅう》の東端に築かれ、大和街道を城内に取り込んでいる。このような例は、全国的に見て珍しいことではないが、城門を閉じれば、街道を封鎖することになる。ただし、銭坂城が存在していた頃は、大和街道は別のルートにあり、銭坂城陥落後に現在のルートになり、城内を通行するようになったことも考えられる。

銭坂の呼称は、平地を通ってきた街道が、当地で段丘上へ上がる坂道で通行税を徴収していたことに由来する。*1 現在、地域はかなり市街化しているが、眺望はよい。ただ、東西の中央部に残されていた内堀の北半分が、二〇〇二年頃に埋め立てられてしまったのが残念である。現在では、段丘の西端に地元で「鈴鹿森」と呼ばれる祠を祀る土塁と、その前面の横堀、横堀に続く竪堀がのこされ、横堀と土塁による横矢の構造が見られる。また、東側には地元で天守台と呼ぶ「物見櫓台」が、土塁とともに伝えられている。櫓台には、柱穴ではないかと思われる穴が存在する。城跡は現在、個人邸内なので、必ず家人の許可を得てから見学していただきたい。

『紀伊続風土記』に、「銭坂城跡　村中（野村）にあり。周三百五十間東西北は高さ九間、西は平地四間余りの空堀あり。生地氏の城跡なり」とある。生地《おんじ》氏は、もとは坂上と称したが、のちに生地氏と改めたとされる。当初は、学文路《かむろ》（橋本市）の畑山城（所在不明）に居城したが、永享年間（一四二九～四一）のはじめ、中興の祖・石見守俊澄《としずみ》により銭坂の地に城を移し、相賀《おおが》新

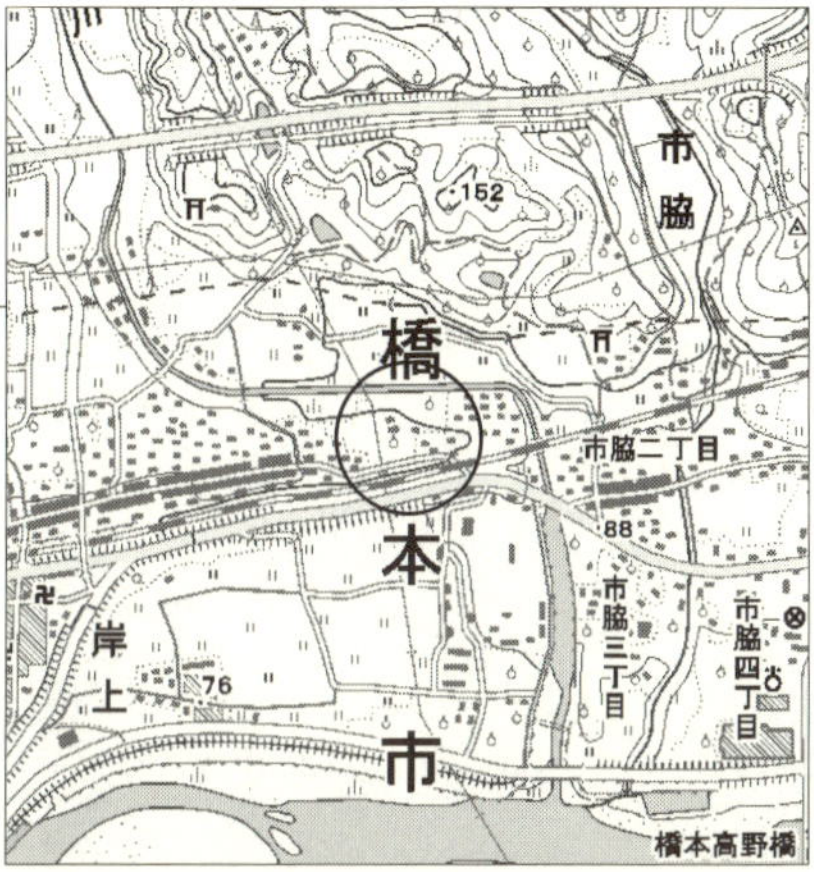


*1　小沢美明「銭坂と通行税」（『文化橋本』一八、橋本歴史研究会、一九九五年）

城と呼んだという内容が書かれている。鈴鹿森の土塁脇に、「生地石見守」の石碑が建てられている。

（吉田　亘）

〔参考文献〕水島大二監修『定本・和歌山県の城』（郷土出版社、一九九五年）／『和歌山城郭研究』一〇（和歌山城郭調査研究会、二〇一一年）

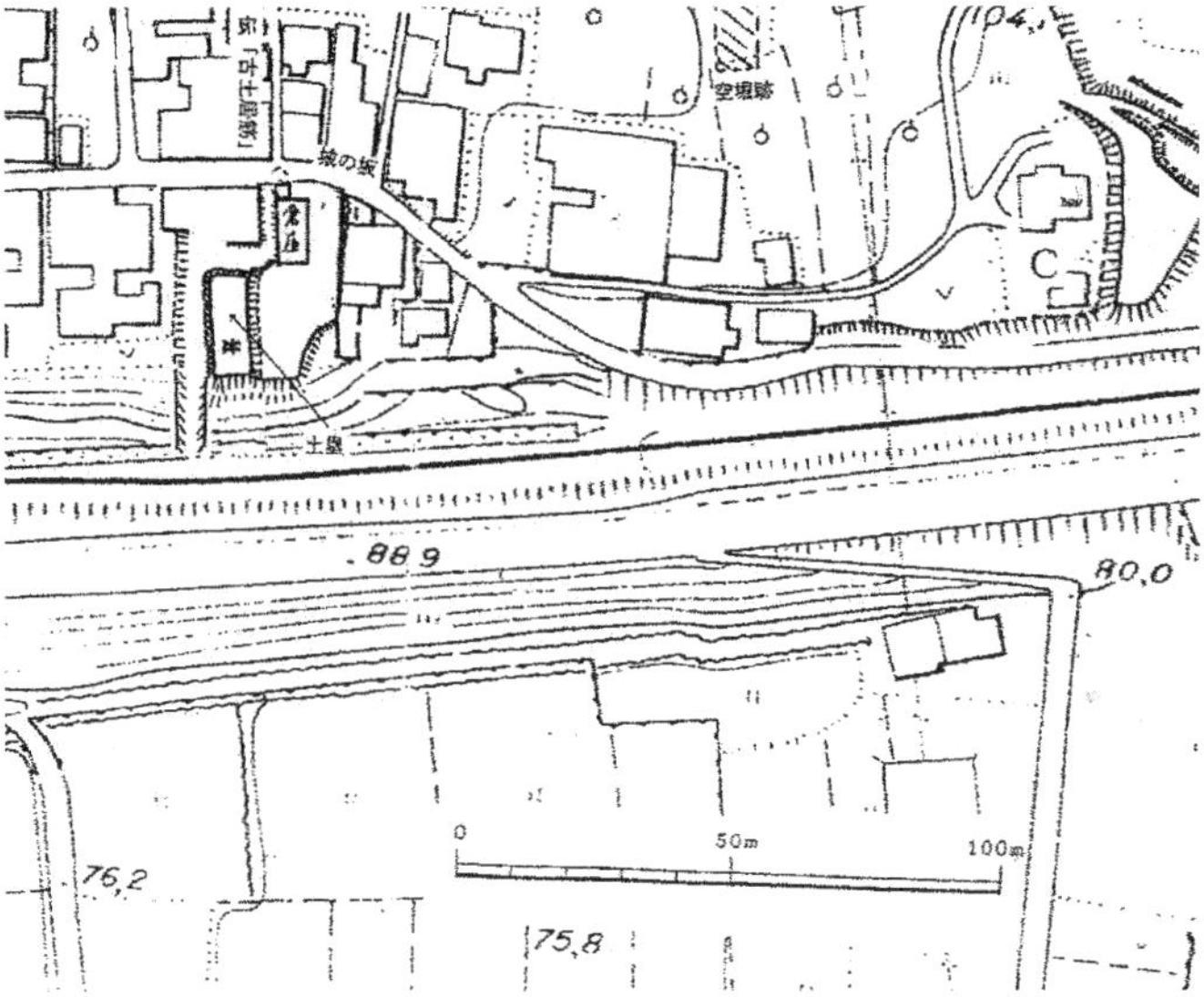

縄張り図　作図：白石博則

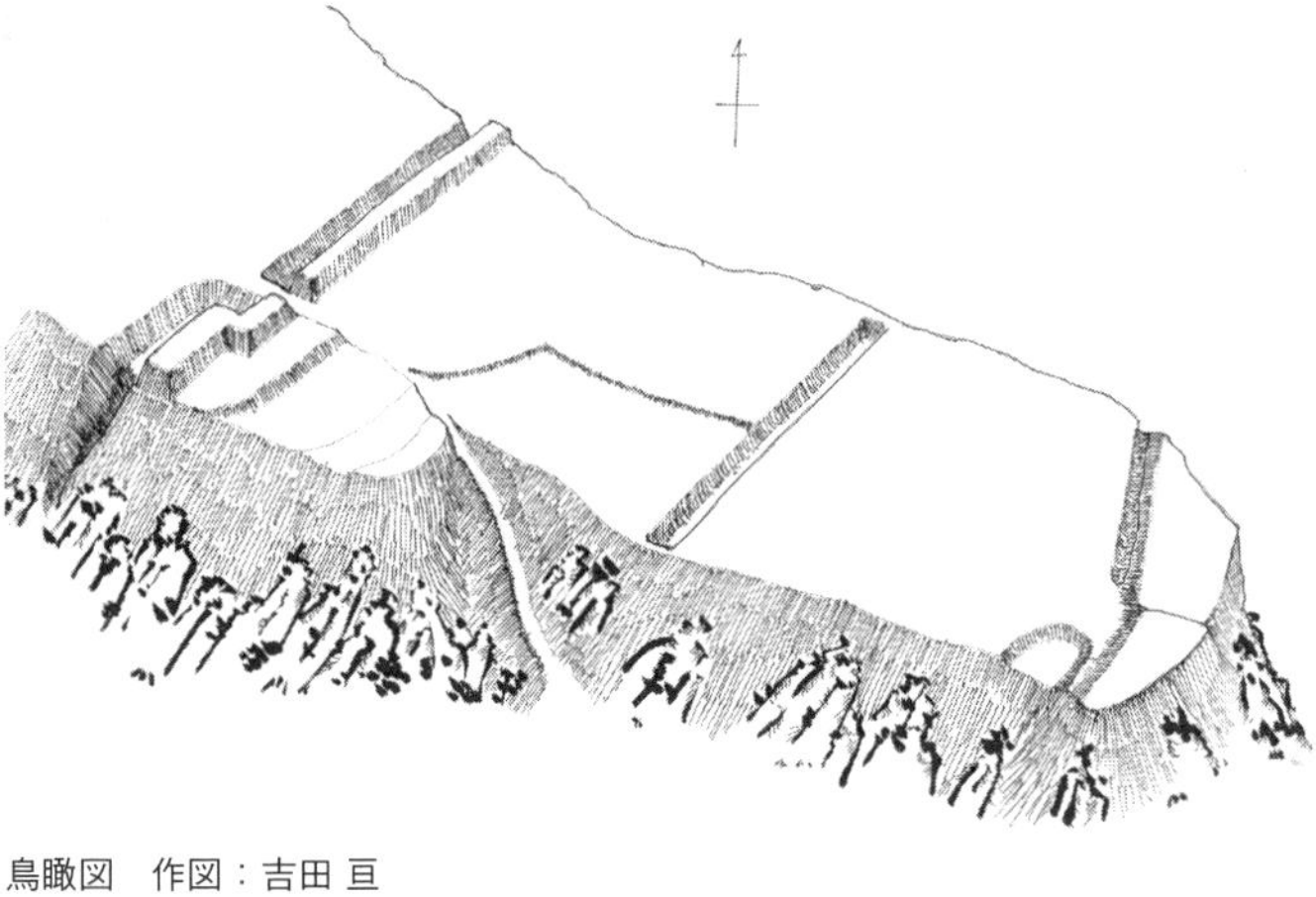
鳥瞰図　作図：吉田 亘

銭坂城物見櫓台

城跡遠望

発掘された守護畠山氏の伊都郡奉行館

# 3 東家館《とうげやかた》

①所在地：橋本市東家
②別　称：なし
③標　高：八四m／比　高：一〇m
④遺　構：曲輪・空堀

東家館は紀ノ川北岸にあり、橋本市の中心地の東家に位置し、市役所の東部に隣接する舌状台地上となる。この地は相賀《おうが》台と通称され、標高八八～九〇メートル、比高一〇メートルで、北方を除いて周囲から独立した台地となっている。

近世中期の伝承記事によれば、二町四方（約二一八メートル四方）の館とある。*1 二〇一三年度・二〇一四年度の発掘調査でもこの規模は実証された。台地の中心部に一町四方を想定しうる最大四・九メートル、最小二・一メートルの幅を持つ大溝が三つの調査区から発掘された。とくに三区からは三〇メートル確認され、これがさらに西へ延びていると思われ、この大溝が北部の一次・二次調査（一九八三年）の大溝とつながっていたと想定される。また、二〇一三年度・二〇一四年度の調査で、大溝から一四～一五世紀の中国製磁器の破片が検出されている。

この館跡が、一五世紀初頭には守護畠山氏の伊都《いと》郡奉行館であったことは確実で、応永二十九年～三十年（一四二二～二三）の「四郷《しごう》以下公方役書上《いかくぼうやくかきあげ》」*2によれば、高野山領の農民が、東家館へ塀塗《へいぬ》りなどの夫役《ぶやく》、竹材・木材などの

堀跡（3区）　写真提供：伊藤俊治

(左写真）中世倉庫柱穴群　柱穴群は南方へ広がる　写真提供：橋本市遺跡調査会

*1 「脇家文書」
*2 『高野山文書』八

物資の納入等に動員されていることがわかる。郡支配の拠点としては規模が大きいことから、前代の守護期には分郡守護所として機能していた可能性もある。

東家館は、この館の北部に「中要害」「上要害」と、三段構えの状況にあったものと思われる。一五世紀後半以降の畠山氏の内紛期には、軍事拠点は長藪城に集約され、当館は行政のみを担当する館として、規模を縮小化した可能性もある。

（岩倉哲夫）

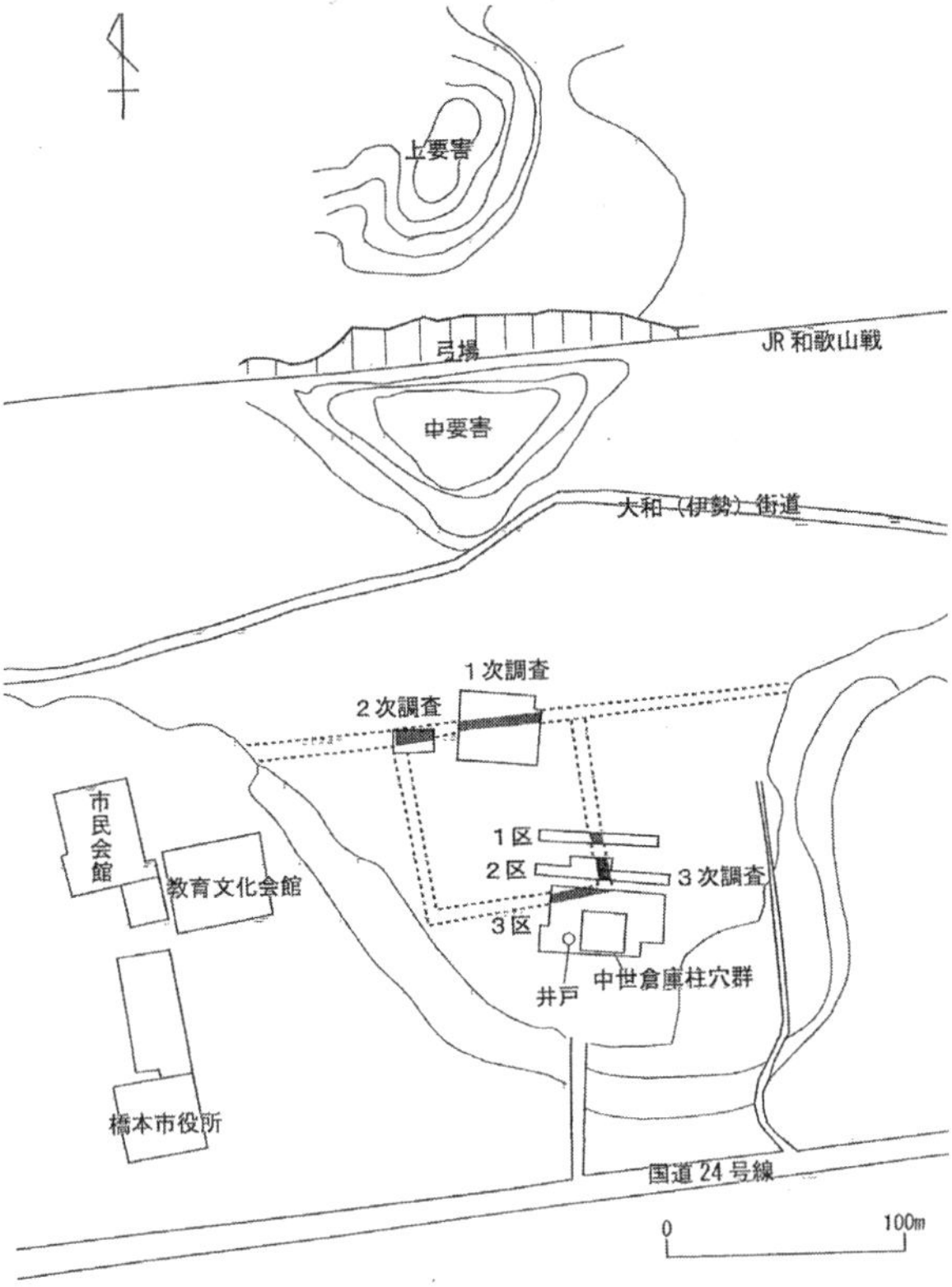


東家館跡　橋本市遺跡調査会の図を基に執筆者加筆

［参考文献］岩倉哲夫「東家館に関する文献上の考察」（『東家遺跡・東家館跡発掘調査報告書』橋本市遺跡調査会、二〇一四年）／岩倉哲夫「伊都郡東家館の考察」（『城・和歌山城郭調査研究会十周年記念誌』和歌山城郭調査研究会、一九九八年）／岩倉哲夫「橋本地域の戦国史と城郭」（『和歌山城郭研究』九、和歌山城郭調査研究会、二〇一〇年）

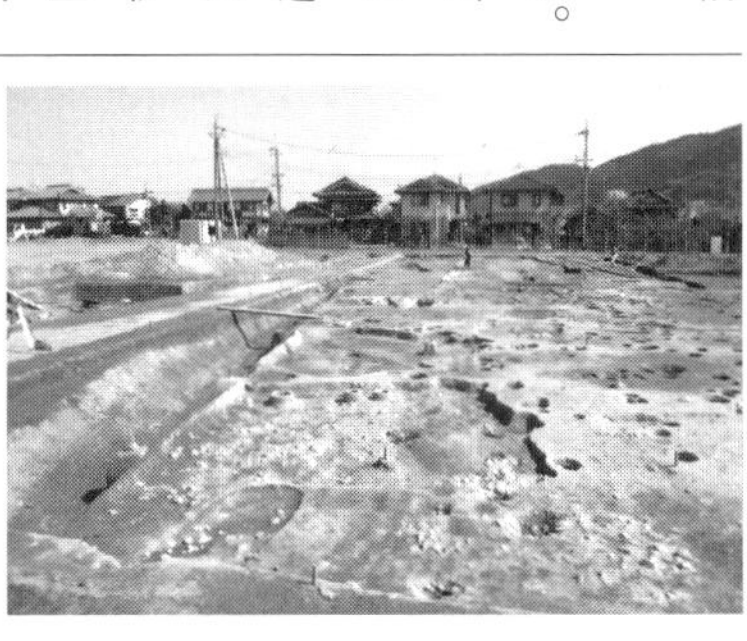

東家館跡の井戸　写真提供：伊藤俊治

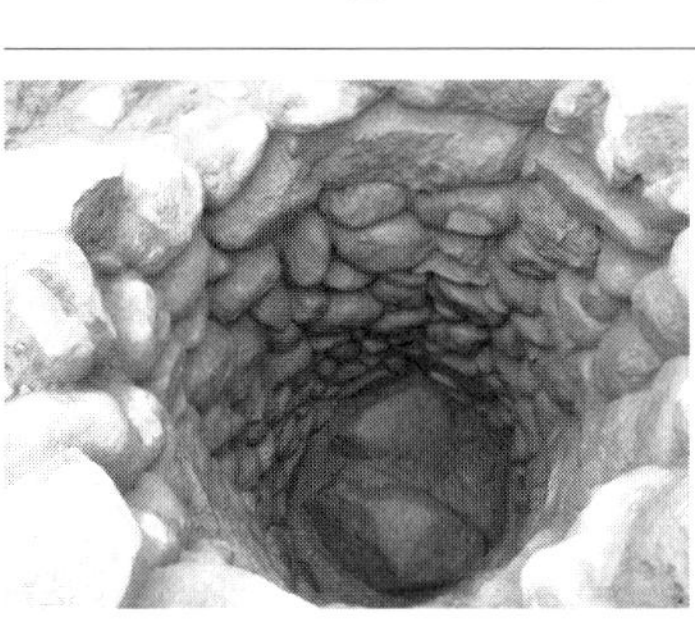

遺構が明確に残る館城

# 4　霜《しも》山《やま》城《じょう》

①所在地：橋本市隅田《すだ》町中島
②別　称：下山城・野口城
③標　高：一二三m／比　高：一二m
④遺　構：空堀・土塁

霜山城は、紀ノ川とその支流、高橋川と隅田川の合流点に位置する河岸段丘上に、明確な遺構を残している。段丘の東南隅には、隅田八幡神社が鎮座している。当城は、その西南端にある。城跡の西は高橋川に面した段丘崖で、南は最も高く、東には野口池が控える天然の要害地でもある。しかし、北は段丘の尾根続きのため、防御上の弱点とみて、堀や土塁で固めている。

城主は、隅田党の一族である野口氏と伝えられているが、『紀伊続風土記』に「霜山城跡　村（中島村）の艮《うしとら》の方にあり。東西八十間南北五十四間廣さ五間深さ二間　本丸二ノ丸の姿今に残れり（中略）里人畠山殿城趾といひ伝ふ」とある。野口氏との関係は不明だが、城跡の東に水堀といえる「野口池」が、西の崖下の墓地には「野口」と刻まれた墓石があるなど、野口氏に関わる名残が見られる。岩倉哲夫氏は『定本・和歌山県の城』などで、野口氏説を有力視しているが、近世末期に隅田一族の伝承を記した「隅田相続記」には、畠山氏の番城である旨が記されていることから、畠山氏が居城したこともあったのだろうとしている。

遺構は、二つの曲輪を囲む二重の堀が見どころであり、この範囲が城域とされているが、二つの曲輪の北方の竹藪や耕地も、地形から見て外郭が存在していたのではないかという考えが浮上している。白石博則氏によれば、外郭も堀で囲まれていた可能性が、田の一部にみられるという。[*1] もし、そうだとすれば、『紀伊続風土記』に記された規模に近くなる。

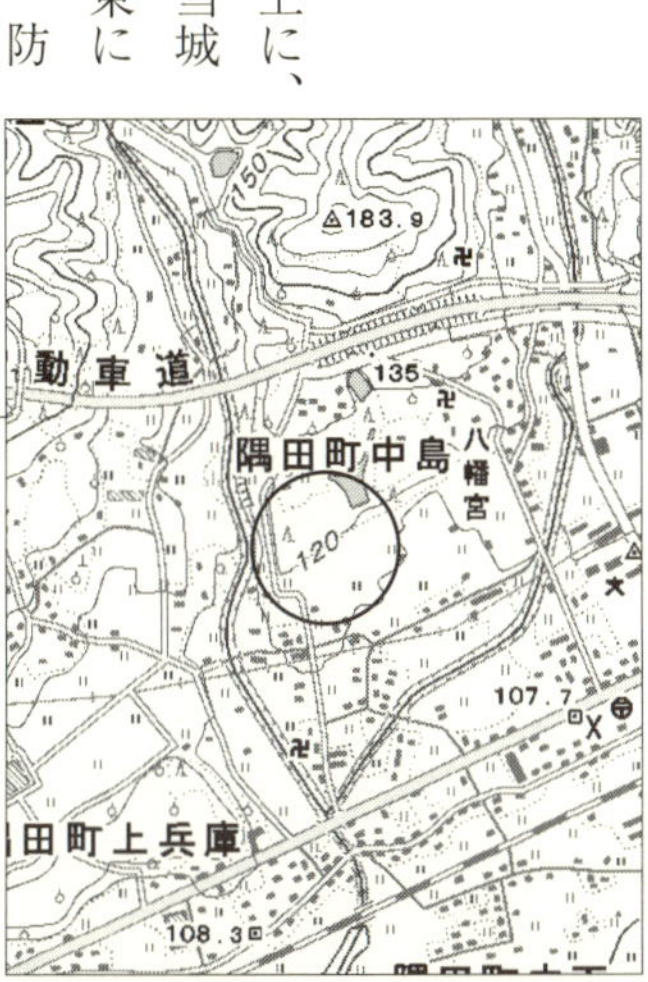

城跡遠望

＊1　白石博則「霜山城」（『和歌山城郭研究』九、二〇一〇年）

霜山城の見どころは多い。まず、北側の通路にも見える蔀《しとみ》土塁（図中のⅢ）は、その背後に掘られた深い堀とともに、北の守りを堅固にするための二重堀だったかもしれない。いずれにしても、この二重堀を越えることは困難である。これらの構造で守られた曲輪は、中央に掘られた堀により分断されて、東西二つの曲輪となる（Ⅰ・Ⅱ）。西の曲輪Ⅱには、土塁が周回していた様子がうかがえるが、その東中央部には、虎口と推定できる構造が見られる。また、北東隅には土橋Aが、東南隅には櫓台のような大土塁もある。丘陵域によく残る館城だが、個人所有地のため、一声かけての探索が望まれる。

城跡へは、ＪＲ和歌山線隅田駅から隅田八幡神社を目指し、徒歩で約二〇分。八幡神社の西に続く丘陵が霜山城である。京奈和《けいなわ》自動車道東橋本ＩＣから車で二分。八幡神社に駐車場がある。

（吉田　亘）

［参考文献］水島大二監修『定本・和歌山県の城』（郷土出版社、一九九五年）／白石博則「霜山城」（中井均監修・城郭談話会編『図解 近畿の城郭』Ⅱ、戎光祥出版、二〇一五年）

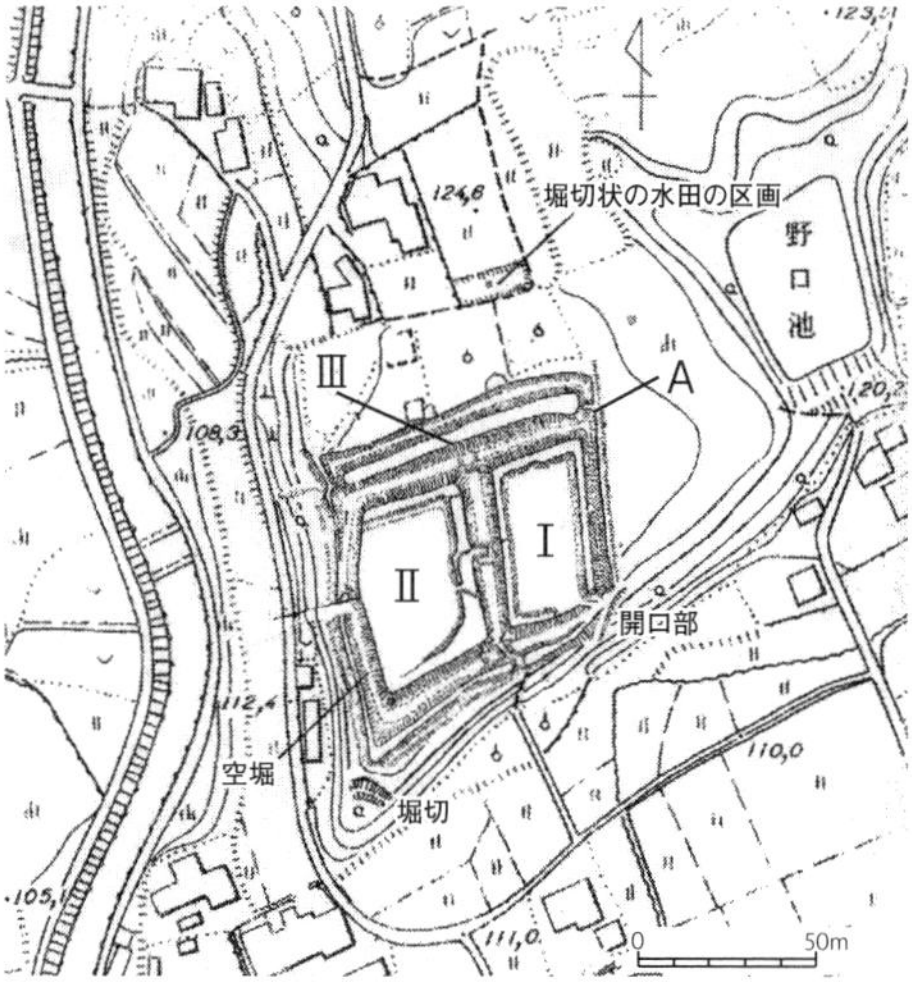


縄張り図　作図：白石博則

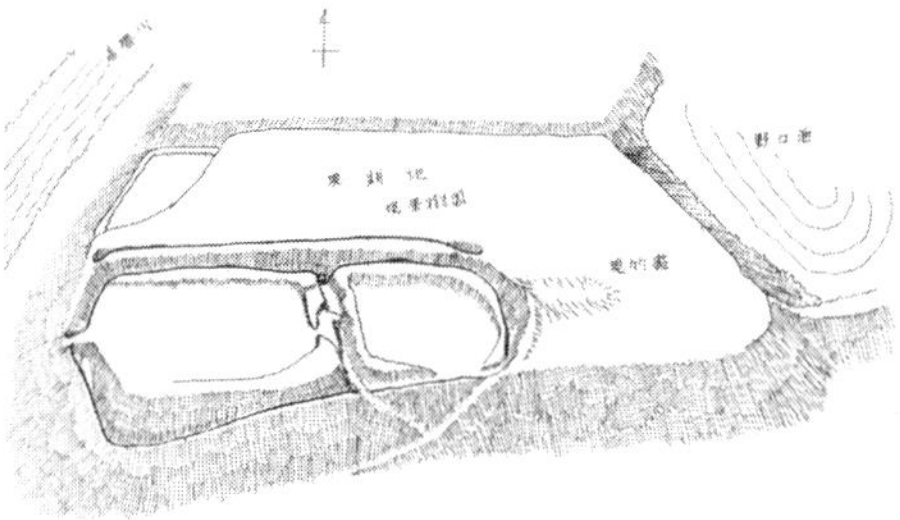

鳥瞰図　作図：吉田 亘

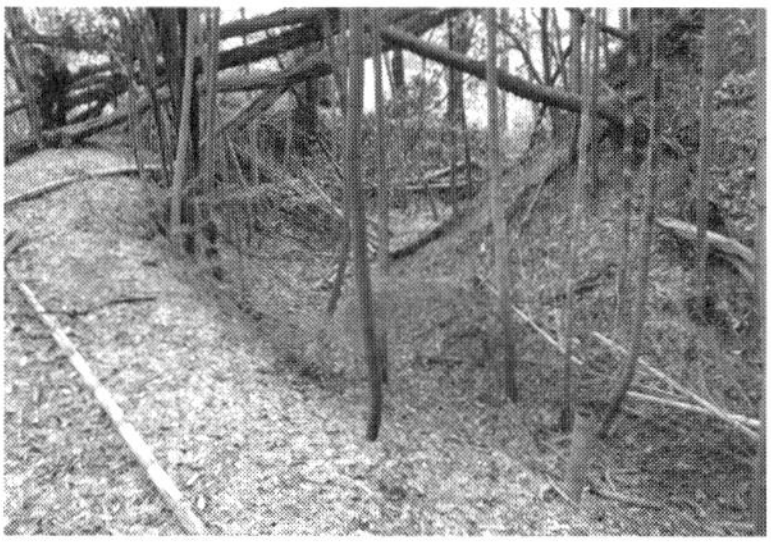

横堀

空堀

『太平記』の舞台となった山城

# 5 和佐山城《わさやまじょう》

①所在地：和歌山市禰宜
②別　称：城ヶ峯（山の名称）
③標　高：二五五m／比　高：二三七m
④遺　構：曲輪・土塁・竪堀・堀切

和歌山平野の東部、熊野街道沿いに位置する「城ヶ峯」は、高積山《たかつみやま》山頂の高積神社上ノ宮から南尾根続きの頂きに位置する城跡である。その南尾根上にも曲輪群があり、和佐山城はこの二か所からなる。

鎌倉幕府の滅亡後、北朝方から派遣された守護・守護代の統治に対して、紀伊では南朝方の抵抗が続き、紛争が絶えなかった。建武年間（一三三四〜三八）には北朝方の畠山国清《くにきよ》が守護として入り、延文元年（一三六〇）には、南朝方の四条《しじょう》中納言が塩谷《しおのや》伊勢守を大将に、最初《さいしょ》ケ峰《がみね》＊1に布陣した。この動きに対して、国清の弟・畠山義深《よしふか》が三万の大軍で布陣したのが和佐山城の始まりである。

龍門山の二度の戦い＊2で南朝方が勝利し、大将の伊勢守を失った中納言らは阿瀬川城《あぜがわ》＊3（有田川町）に落ち延びたと、『太平記』巻三四に詳しく語られている。

城はもともと臨時的なものであったが、現在残されている遺構は、曲輪や土塁・堀切などがしっかりと造成され、虎口《こぐち》付近の竪堀や横矢構造、さらに土留めの石垣なども同様に造成されていることから、戦国末期の改修があったと考えられる。文献にはないが、紀伊守護・畠山氏の属城の熊野街道を押さえる要所として、たびたび改修されたのかもしれない。ただし、南の曲輪群は北の曲輪群に比べると改修が少ない。

天正十三年（一五八五）の羽柴秀吉による紀州攻めの際には、地元の大橋新兵衛らが籠もり、

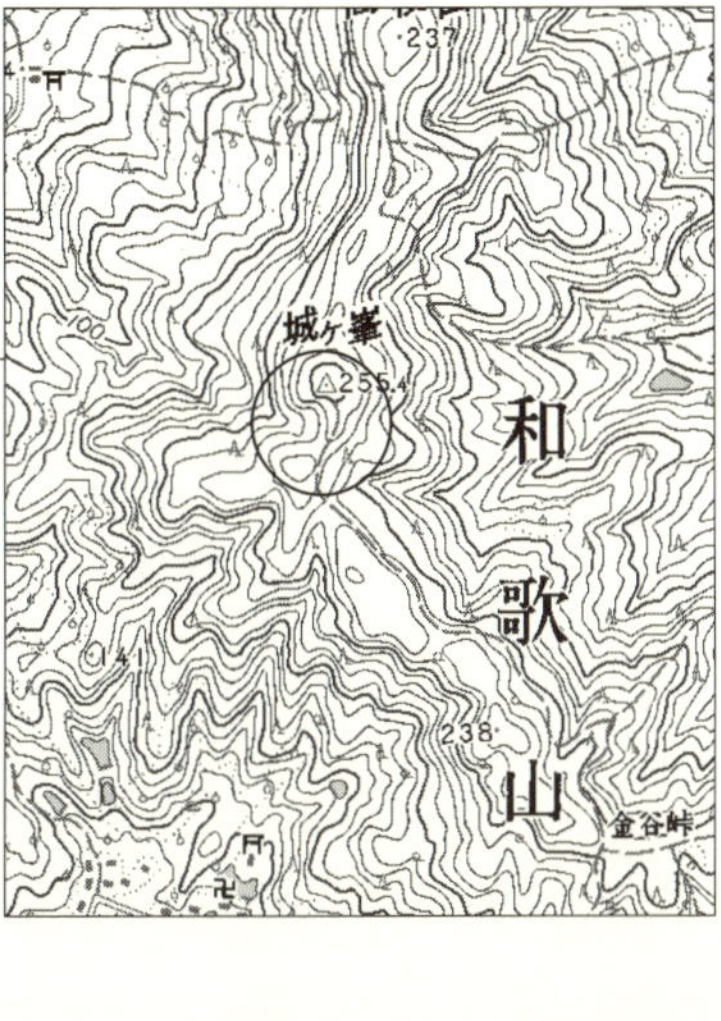


＊1　紀ノ川市竹房、標高二八五メートル。通称、百合山と呼んでいる。城ヶ峯と直線で約一〇キロ近く離れている。山頂から小さく城ヶ峯が望める。遺構はない。

＊2　紀州富士と呼ばれる、標高七五六メートルの山頂に築かれた城跡。遺構はない。

＊3　有田川町清水の城山がその跡と伝えられている。土塁や堀切が残る。

＊4　秦野和宏『和佐の歴史と人』（和佐地区公民館、一九八六年）

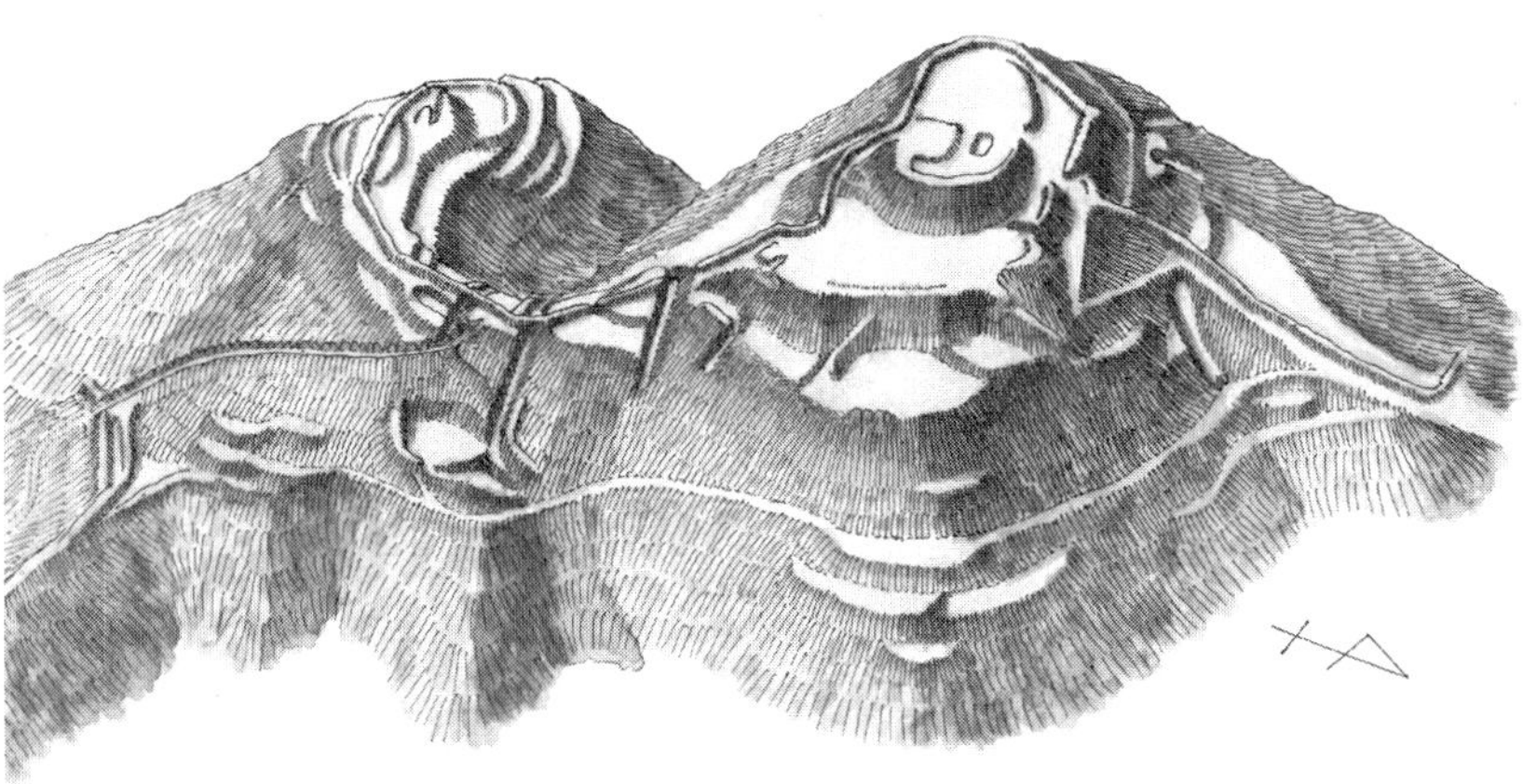

鳥瞰図　作画：川端義憲

多数の兵で抵抗したという。[*4] 和佐山城は、紀州においては有数の大規模な山城である。

高積山から城跡に向かうと、尾根の真ん中に江戸時代の村の境界を示す土塁がある。その先が城域で、主郭の斜面を折れ曲がるような登り道を行くと、東斜面の出っ張りに石垣が見られる。主郭の中央に、井戸跡と南東隅に土塁に囲まれた一角がある。城跡内の境界土塁に沿って下ると、北と南を区切る三重の堀切が並ぶ。これらが見どころである。

最寄りのJR和歌山線の布施屋《ほしや》駅から高積神社（下の宮）をめざし、神社脇の舗装坂から登る。駅から城ヶ峯まで約二時間。途中の、江戸末期の和佐組大庄屋であった旧中筋家住宅の見学もおすすめしたい。

（川端義憲）

［参考文献］野田理「和佐山城跡」（『和歌山城郭研究』一二、和歌山城郭調査研究会、二〇一三年）／髙田徹編『図説近畿中世城郭事典』（城郭談話会事務局、二〇〇四年）

堀切（手前）

石垣の一部が残る

熊野街道を押さえる織豊系の陣城

# 6 南《みなみ》山《やま》城《じょう》

①所在地：和歌山市須佐・吉里
②別　称：なし
③標　高：七〇m／比　高：六〇m
④遺　構：曲輪・横堀・連続堀切

熊野街道は紀伊に入ると紀ノ川を渡り、和佐山城の西の稜線部を越え、山東盆地《さんどう》から、さらに南下して海南市に至る。南山城は、山東盆地西端の熊野街道が最も狭くなった地点を見下ろす山塊《さんかい》に立地する。

東西に大きく二つの曲輪が並立する縄張りで、IとIIは対照的な構造である（図1）。Iは、虎口に迫った敵を正面だけでなく、側面からも銃撃できる横矢掛かりの技法が二か所で使われている。また、曲輪内部の造成も行き届いており、防御性も居住性も高い。それに対してIIは曲輪の造成が甘く、堀切・横堀が要所を遮断しているものの居住性は低い。Iを要害部分（城主など主要な者が詰める場所）、IIは兵の駐屯部とする部分ととらえることができ、織豊系城郭などに見られる、「陣城《じんじろ》の二重構造」に合致しているといえるだろう。陣城とは、合戦や城攻めなど戦いがあるときに臨時的に築かれる城である。南山城は城主についての伝承などがなく、また、立地も地域支配には適していないゆえに、広域を対象とした軍事行動に関わる臨時的な城郭、すなわち陣城と評価できる。

この城の見どころは、前述の横矢掛かりである（図2）。主郭Iの西の堀切に面した塁線が約二メートル折れて（A）、土橋と堀切対岸に横矢が掛かる。この虎口の西が熊野街道にあたるので、この虎口が大手になると思われる。横矢の塁線の折れは大きくないが、土塁を胸壁《きょうへき》*1にして射撃ができ、少人数による虎口防備に有効である。また、Iの南の堀切に面した塁線も九〇度折れて

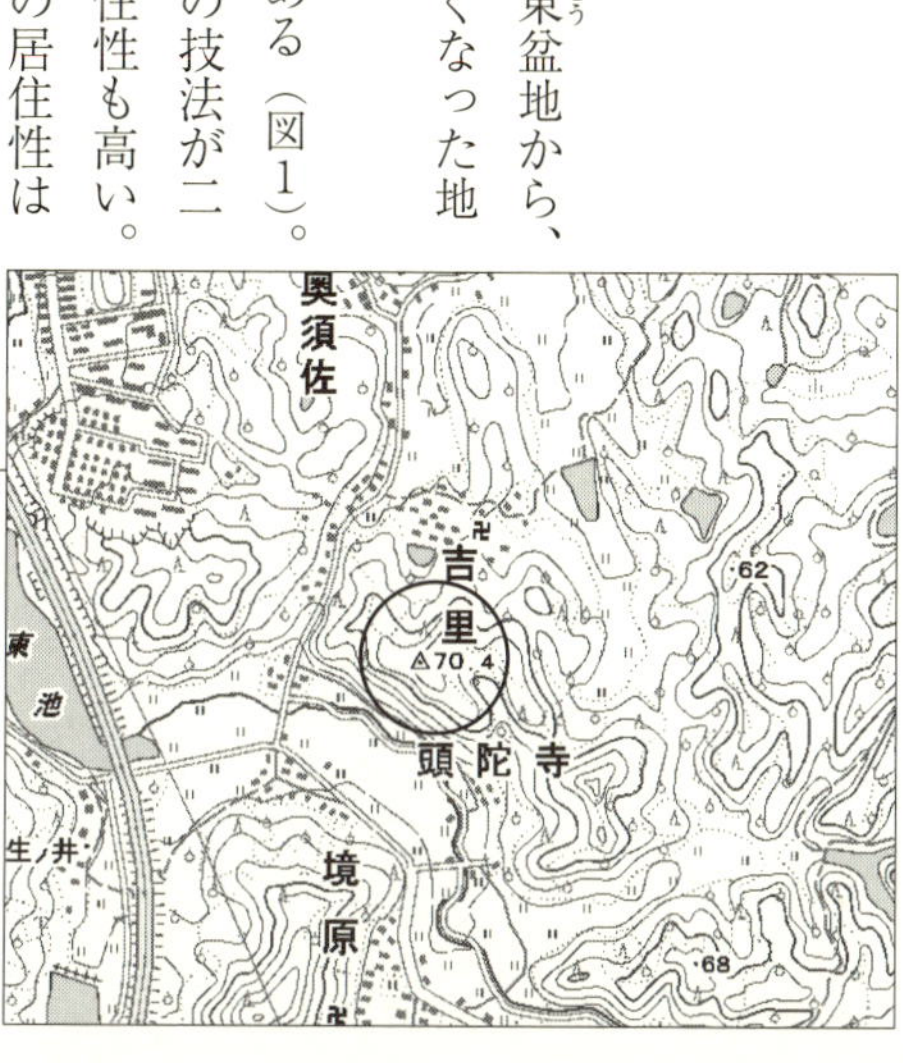


＊1　胸の高さほどに積んだ土塁。
＊2　小林国太郎『西山東村誌』（私家版、一九五七年）

（Bの折れ面は内法《うちのり》で約三メートル）、東の空堀内に横矢が掛かる。あるいは、土塁の途切れた部分を虎口として、そこに通じる木橋を想定すると、Bの土塁を胸壁にして木橋に横矢が掛かる。このような、虎口への横矢掛かりを使いこなした山城は紀州では珍しい。

文献史料が皆無なので、時代や築城主体はわからない。伝承では畠山氏説があるが、[*2]地元での伝承は薄い。このことから、天正十三年（一五八五）三月以降の羽柴秀吉の紀州攻めの際に、紀伊一国に関わる戦略の中で築かれた城ではないかと推定する。

城跡へは、西の切通《きりどお》しから登る細道がある。また、北斜面の果樹園から上るルートもある。地元では辛うじて城跡と認識されている程度だが、地元の方に伺って登ったほうがよい。（白石博則）

［参考文献］水島大二監修『定本・和歌山県の城』（郷土出版社、一九九五年）／中井均監修・城郭談話会編『図解 近畿の城郭』Ⅰ（戎光祥出版、二〇一四年）

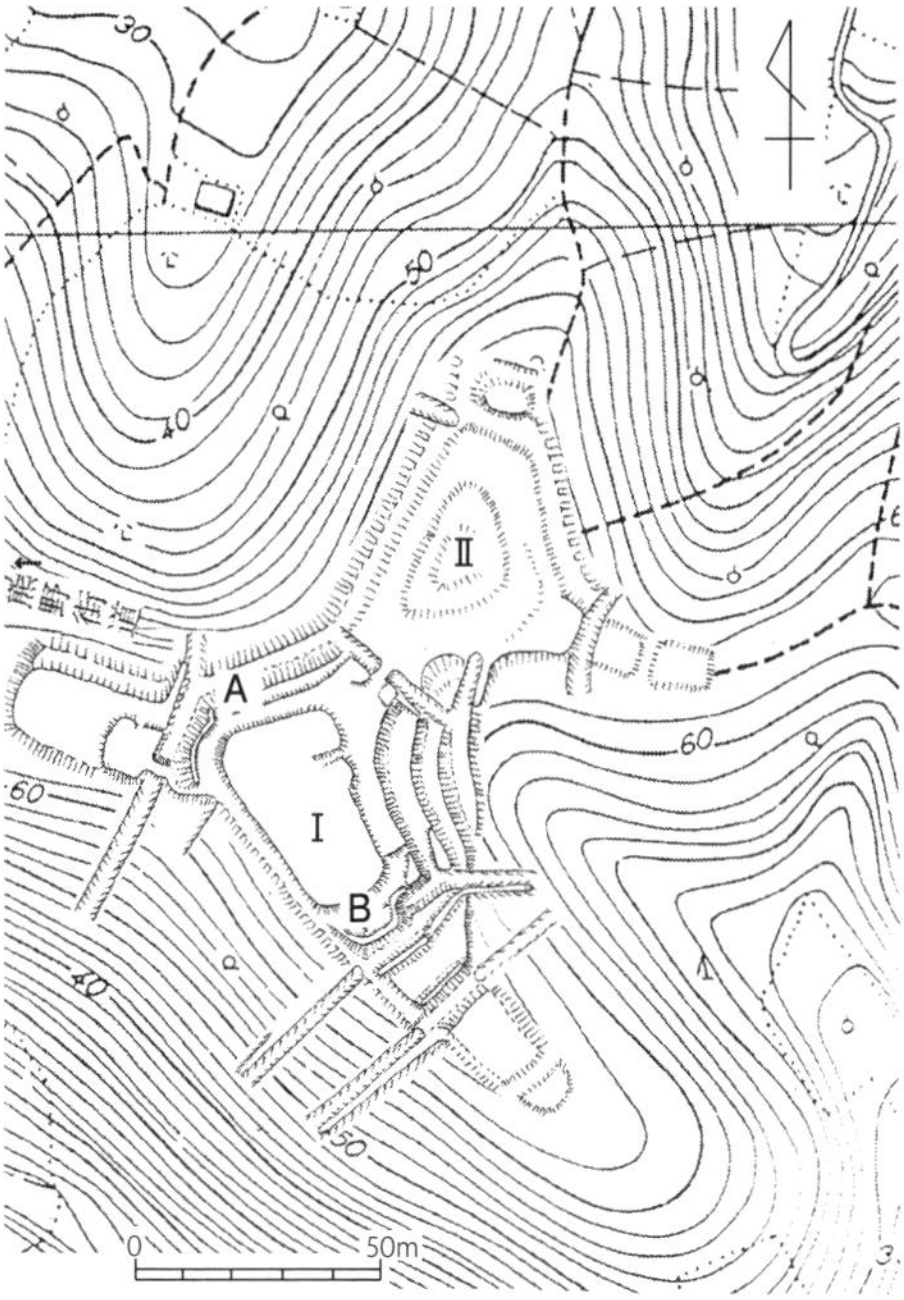

図1　縄張り図　作図：白石博則

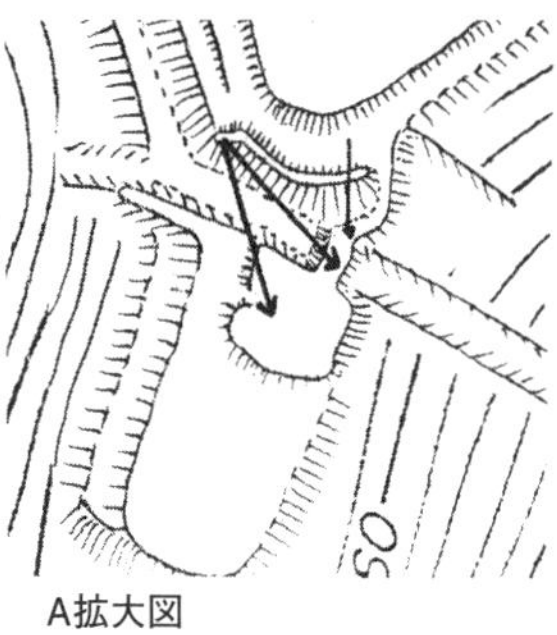
A拡大図

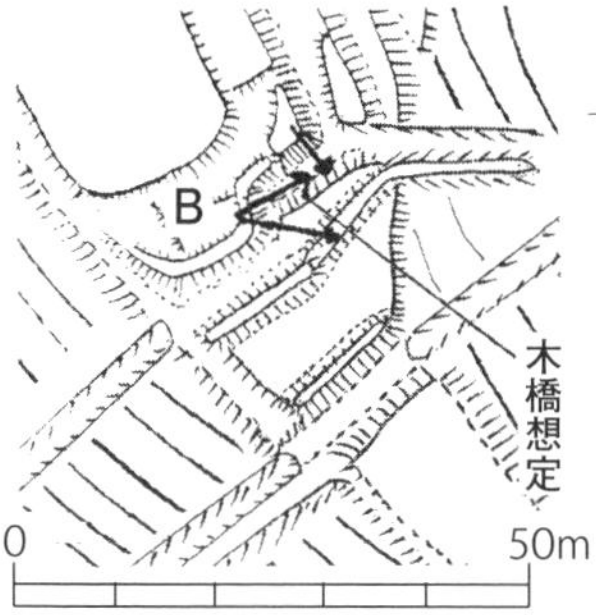

図2　横矢掛かり拡大図

図中Aの横矢掛かりの折れ

根来寺・根来衆が関わった大規模山城

# 7 春日山城《かすがやまじょう》

①所在地：紀の川市中三谷・岩田
②別　称：なし
③標　高：二二八m／比　高：約九六m
④遺　構：曲輪・堀切

根来寺の東に位置する山城で、現在、京奈和自動車道が山腹を貫通している。トンネル名は、地元の要望もあり「春日山城トンネル」と命名された。

観応元年（一三五〇）、北朝方の武士・貴志《きし》氏が守護の畠山国清から「紀伊国春日山城警固事」を命じられている。[*1] また、『太平記』には延文五年（一三六〇）、北朝方の根来衆三百人がこの城に籠城し、紀伊南朝方に攻められたことが記されている。

根来寺は、建武年間（一三三四〜三六）に、足利尊氏《たかうじ》から信達荘《しだちのしょう》（大阪府泉南市）を寄進されて以後、一貫して室町幕府を支持して戦っていた。これらのことから、春日山城は北朝方の紀伊における拠点的城郭であったことがわかる。南北朝期に一つの画期を迎えたこの山城だが、応仁の乱の前哨戦となった畠山義就と政長の家督相続争いでは、畠山蔵人国信《くにのぶ》がこの城に拠ったことが、『畠山記』に記されている。現存遺構を見ると、堀切や曲輪の造成などがていねいになされており、戦国初期のこの時期に改修されて二度目の画期を迎え、それ以後は廃城になったようだ。

遺構は本城とその南の前山（出城）の二か所に分散する。本城は和泉山脈から派生した尾根を堀切で遮断し、山塊ピークに主郭を置く。さらに、派生する東・西・南に伸びる尾根に曲輪を設けている。西の曲輪を別名「ゴンタの城」と呼んでいる。「ゴンタ」のいわれは不明だが、おそらく曲輪守備にあたった部将の通称名であろう。東と南の尾根は尾根の先端部分のみ曲輪として造成し、間に挟まれた尾根は、ほぼ自然地形の平坦地である。城域は広いが、造成されている面

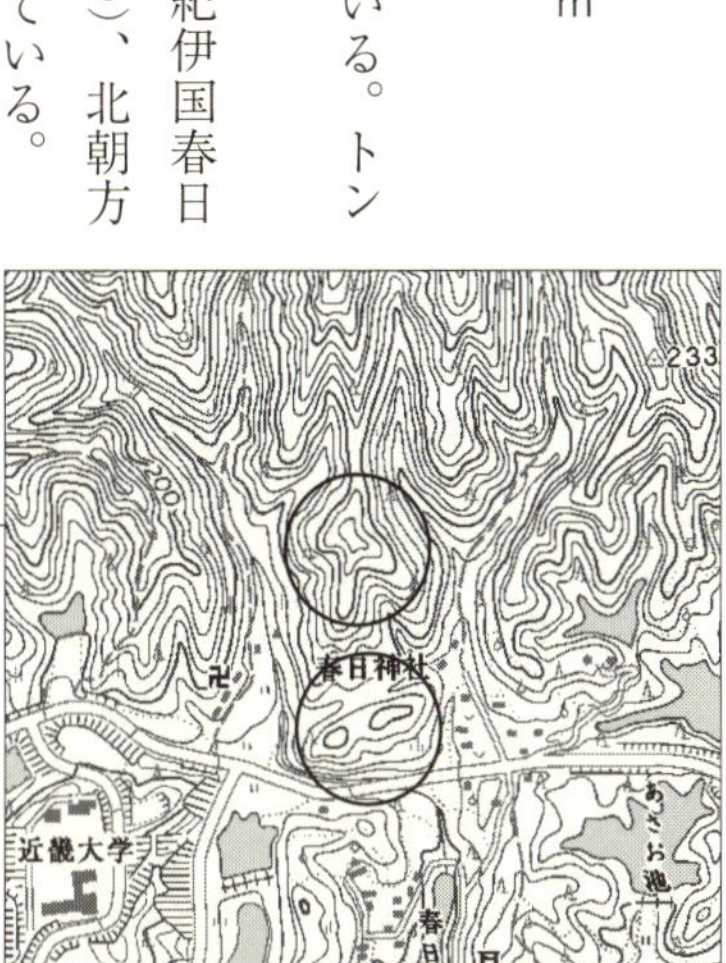


＊1　「御前家文書」（『和歌山県史中世史料』二、所収）。

城跡遠望

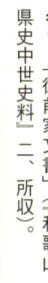

積は限定的なのが、当城の特徴である。前山の遺構も東端の堀切は明確ながら、曲輪の造成そのものは十分ではない。臨時的に大軍が拠った山城なのだろう。

文献によると、南北朝期と戦国初期の二回の画期がある。守護畠山氏の要請で根来寺・根来衆が中心となった軍勢が、紀北の軍事情勢の中で拠った城であろう。城域は、春日神社の裏山に当たり、とくに登城ルートも作られていないが、南の斜面から登ることができる。

（白石博則）

［参考文献］野田理「春日山城」（『和歌山城郭研究』八、和歌山城郭調査研究会、二〇〇九年）

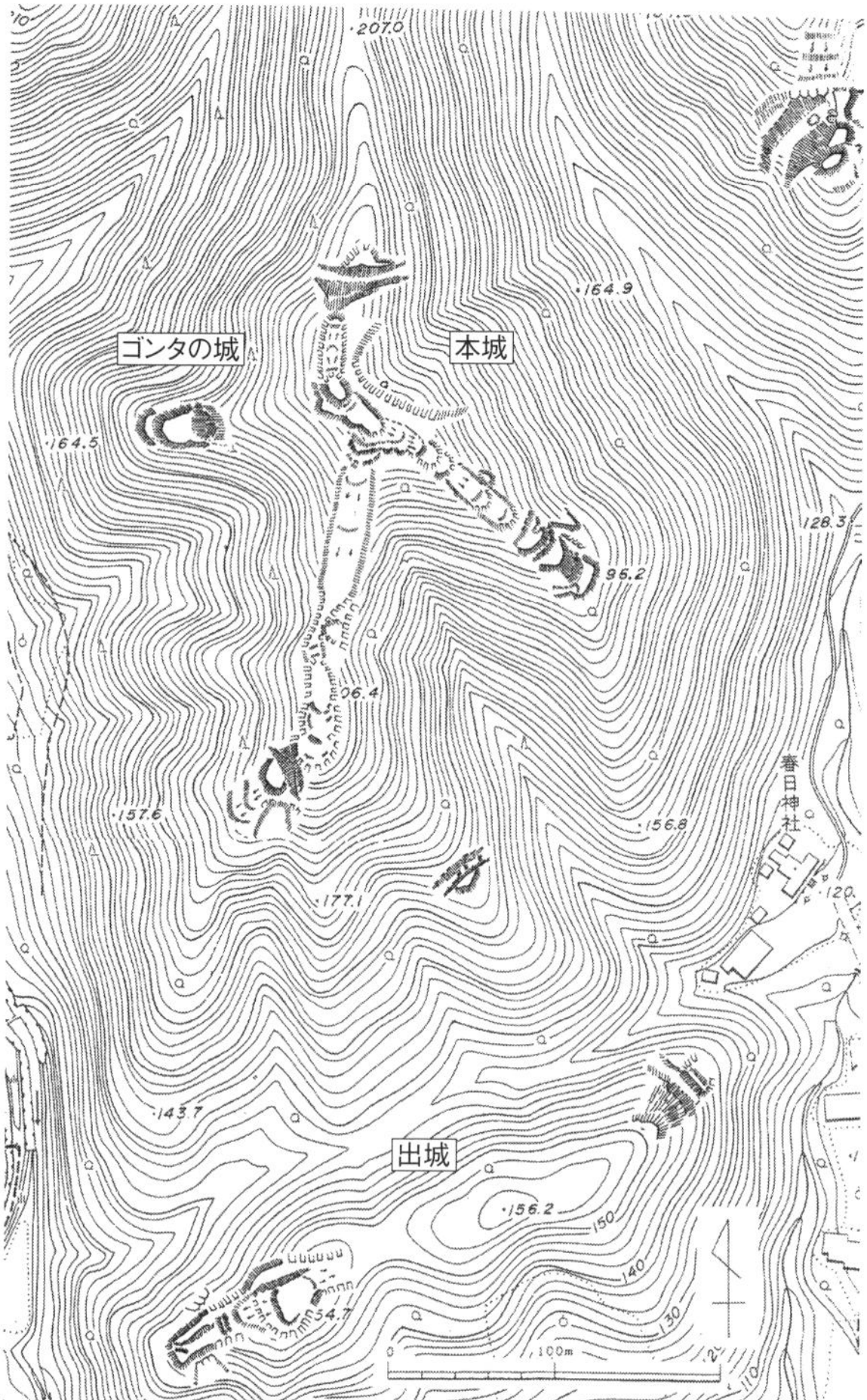

春日山城縄張り図（野田理作図）

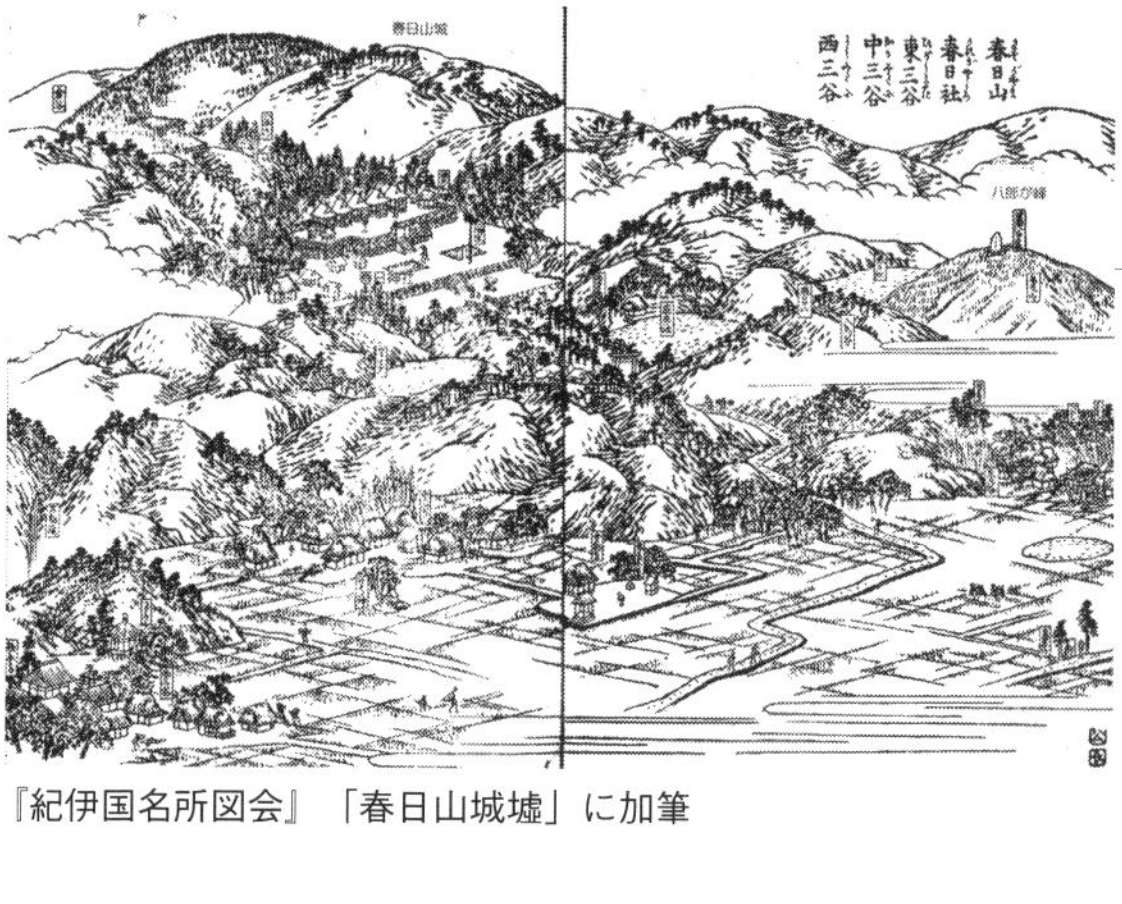

『紀伊国名所図会』「春日山城墟」に加筆

紀州を支配した畠山氏の守護本拠

# 8 大野城《おおのじょう》

①所在地：海南市大野中
②別　称：藤白城《ふじしろ》
③標　高：四四三m／比　高：四一三m
④遺　構：曲輪・畝状空堀群（市指定史跡）

大野城は、和歌山市と海南市を隔てる藤白《ふじしろ》山系の西部に位置する。東に一・六キロ下ると熊野街道がある。そこから当城の南に向けて間道が分岐している。山を下れば冷水《しみず》港（海南市冷水）にあたり、紀伊北部の掌握には絶好の要衝であった。

大野が守護所となるのは、弘和二年（一三八二）に山名義理《よしただ》が南朝方攻略のため、国衙《こくが》（和歌山市永穂《なんご》）拠点を移したことによる。守護はその後、大内氏・畠山氏と交代するが、主郭などの発掘調査によれば一五世紀前半から一六世紀中頃の遺物が出土しており、畠山氏の段階で本格的に整備されたようだ。

応永八年（一四〇一）、畠山基国《もとくに》は守護所を広《ひろ》（広川町）に移すが、引き続き守護一族や守護代や奉行人が拠点を置いており、大野は重要視されていた。永禄十一年（一五六八）の畠山高政による河内地方侵攻の出撃拠点になるまで利用が続くが、その後は記録に見えず、畠山氏の凋落により廃されたようである。

城跡は、東城と西城からなる一城別郭で、畠山氏の山城に通有の構造である。城域のピークにある東城は、頂部の単純な連郭に対し、南山腹には畝状空堀群を設けている。長くて粗放な畝状空堀群は、天文期以前の特徴を見せている。西城は、削平の甘い頂部の連郭を帯曲輪で囲んでいる。南西側に竪堀があり、当初の城域はここまでと思われるが、後方に山裾を囲む横堀が加わり、北尾根の堀切と併せて防御ラインを形成する。東城に比べて新しい技術的特徴が認められ、永禄

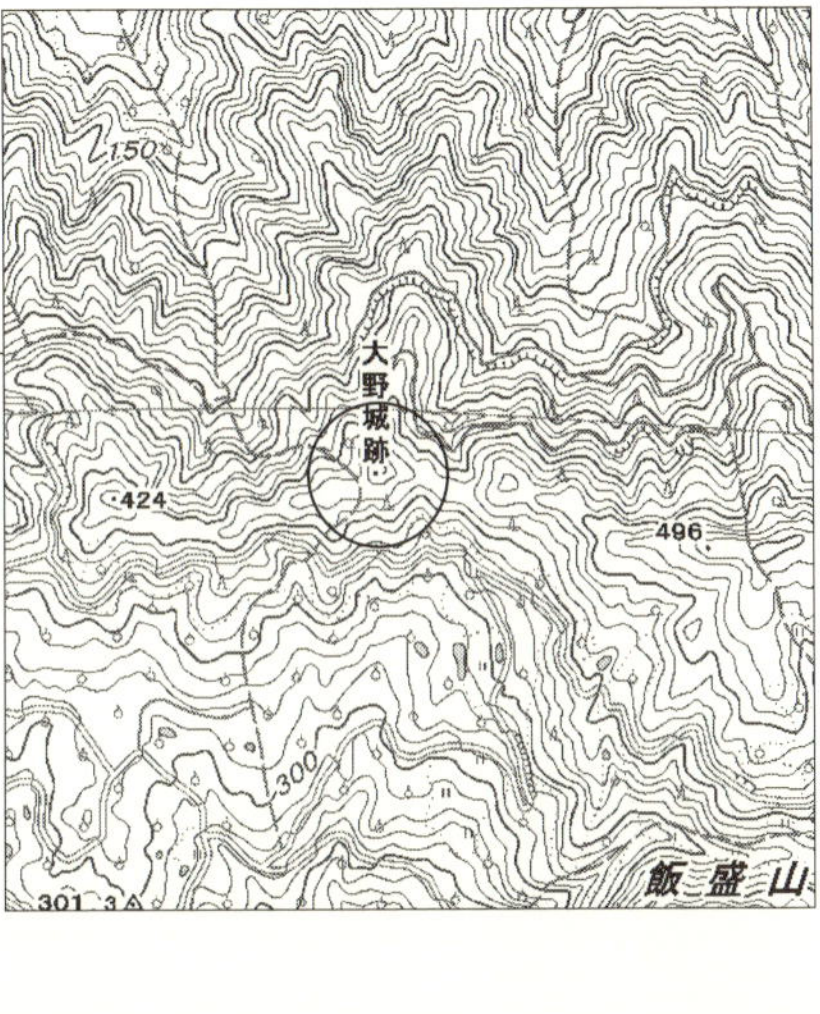

石積み　写真提供：中口孝行（以下、同）

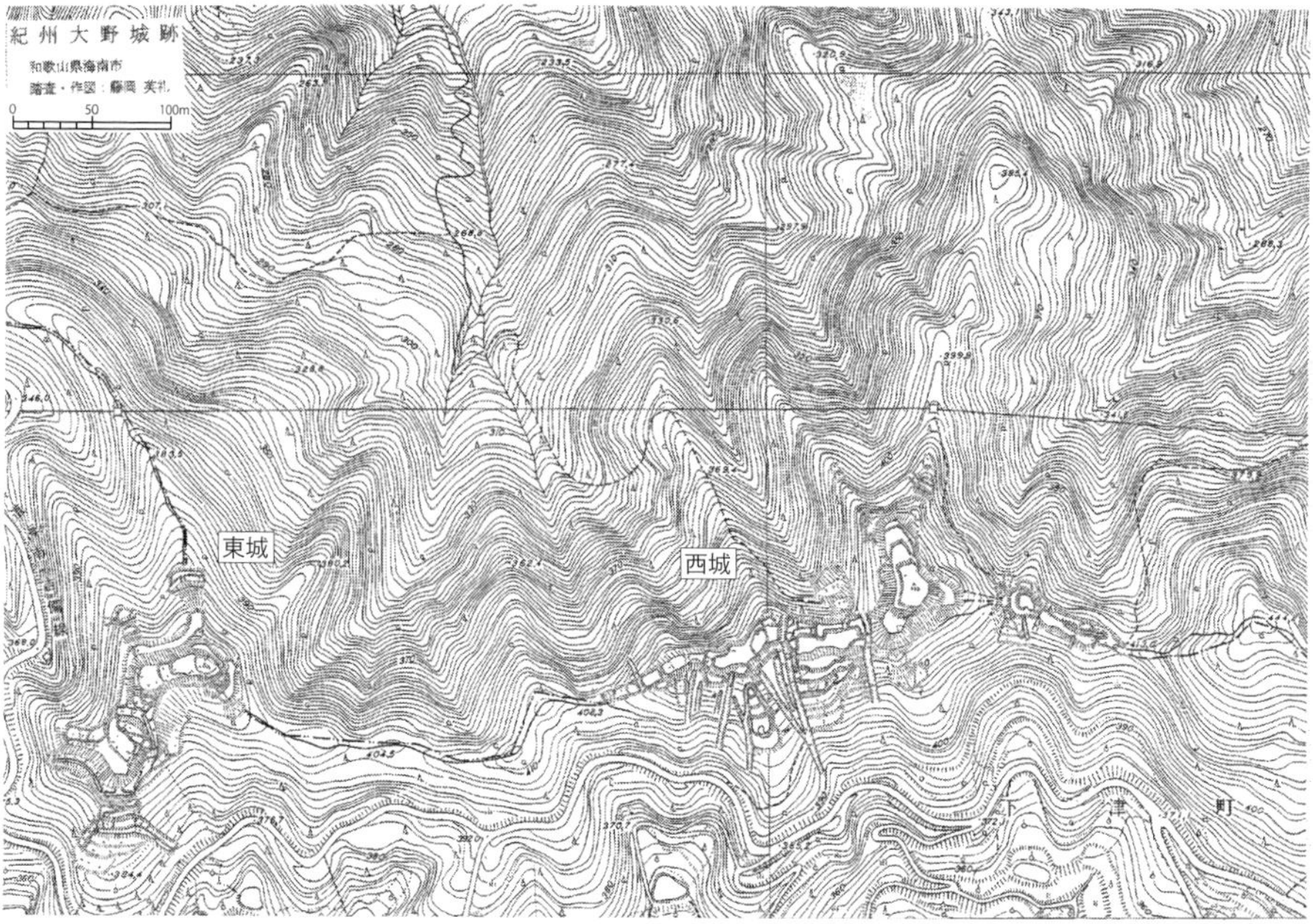


縄張り図　作図：藤岡英礼

期の改修をうかがわせる。

当城は、城域直下まで林道が走り、適度に手入れされた雑木林の中に遺構を良好に残しており、見学のしやすい城である。

なお、北側山麓の大野守護所は、熊野街道と高野街道が交差する地点にあった。今日では宅地化が著しく、旧情を窺う術がないが、地籍図によれば、半町四方から一町規模の方形区画が群在していた。（藤岡英礼）

［参考文献］藤岡英礼「紀伊国北部における大規模山城の検討―特に伝畠山系城郭を中心として」（『和歌山地方史研究』二五・二六合併号、和歌山城郭調査研究会、一九九四年）／『大野城跡調査報告書』（海南市教育委員会、一九九五年）／新谷和之「大野城」（『近畿の名城を歩く―大阪・兵庫・和歌山編』吉川弘文館、二〇一五年）

堀

土塁

湯浅党ゆかりの地に築かれた山城

# 9 岩室城《いわむろじょう》

①所在地：有田市宮原町東・有田郡有田川町田口
②別　称：岩村城・岩室山城
③標　高：二七六m／比　高：二五〇m
④遺　構：曲輪・堀切・土塁・石積み

JR紀勢本線紀伊宮原駅に降り立つと、東方に印象的な山容をもつ岩室山を望むことができる。岩室城は、この岩室山の頂上に築かれた。宮原の一帯は、熊野街道と高野街道が交差する交通の要衝であり、中世前期には湯浅党の一家、宮原氏の根拠地であった。岩室山の西麓に、宮原氏の館があったと推定されている。なお、『平家物語《へいけものがたり》』（長門本《ながとぼん》）にみえる「岩村城」は、当城を指すと考えられている。

南北朝内乱期を経て、有田郡に守護・畠山氏の勢力が及び、当城も畠山氏の手中に入る。畠山氏の諸系図によると、畠山政国《まさくに》は天文十九年（一五五〇）八月に当城で亡くなった。永禄元年（一五五八）、畠山高政は家臣である安見宗房《やすみむねふさ》の暗殺を企てて失敗し、翌年、当城に逃れた。天正十三年（一五八五）三月には、羽柴秀吉の軍勢が畠山氏の籠もる当城を落城させたとある。これらがどこまで史実を伝えているか疑問であるが、一六世紀に当城が畠山氏の勢力によって維持・管理されたことは間違いないだろう。

当城は、標高二七四メートルのIを中心に、東西の尾根上に曲輪を段々に配置し、もともとの地形を大きく改変せずに城を築いたといえよう。Iの北面には土塁があり、北の尾根からの敵襲に備えている。Iの辺りは樹木がていねいに刈り取られ、遺構をよく見渡すことができる。

曲輪IIは、岩盤を削り残して整形したためか、全体にいびつな形状である。曲輪IIの形状に合わせるような格好で、堀切Aも食い違いの形となっている。曲輪IIIの一帯はミカン畑に開墾され

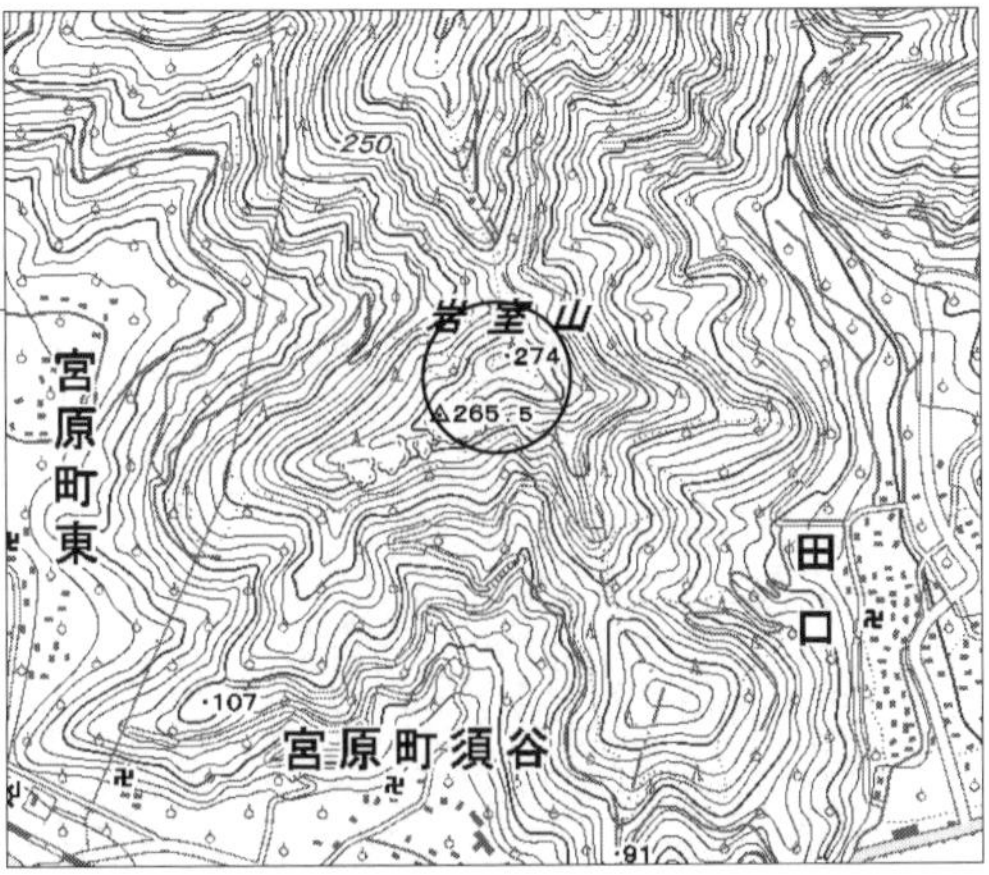

ているが、現状の段差は、かつての曲輪の形状をある程度反映しているとみられる。ここに城跡の石碑が建つ。縁辺部には、遮断のための竪堀Cや、土留めのための石積みDがみられる。Dの斜面下は巨大な岩盤となっており、岩盤により城の範囲が制約されたことがわかる。

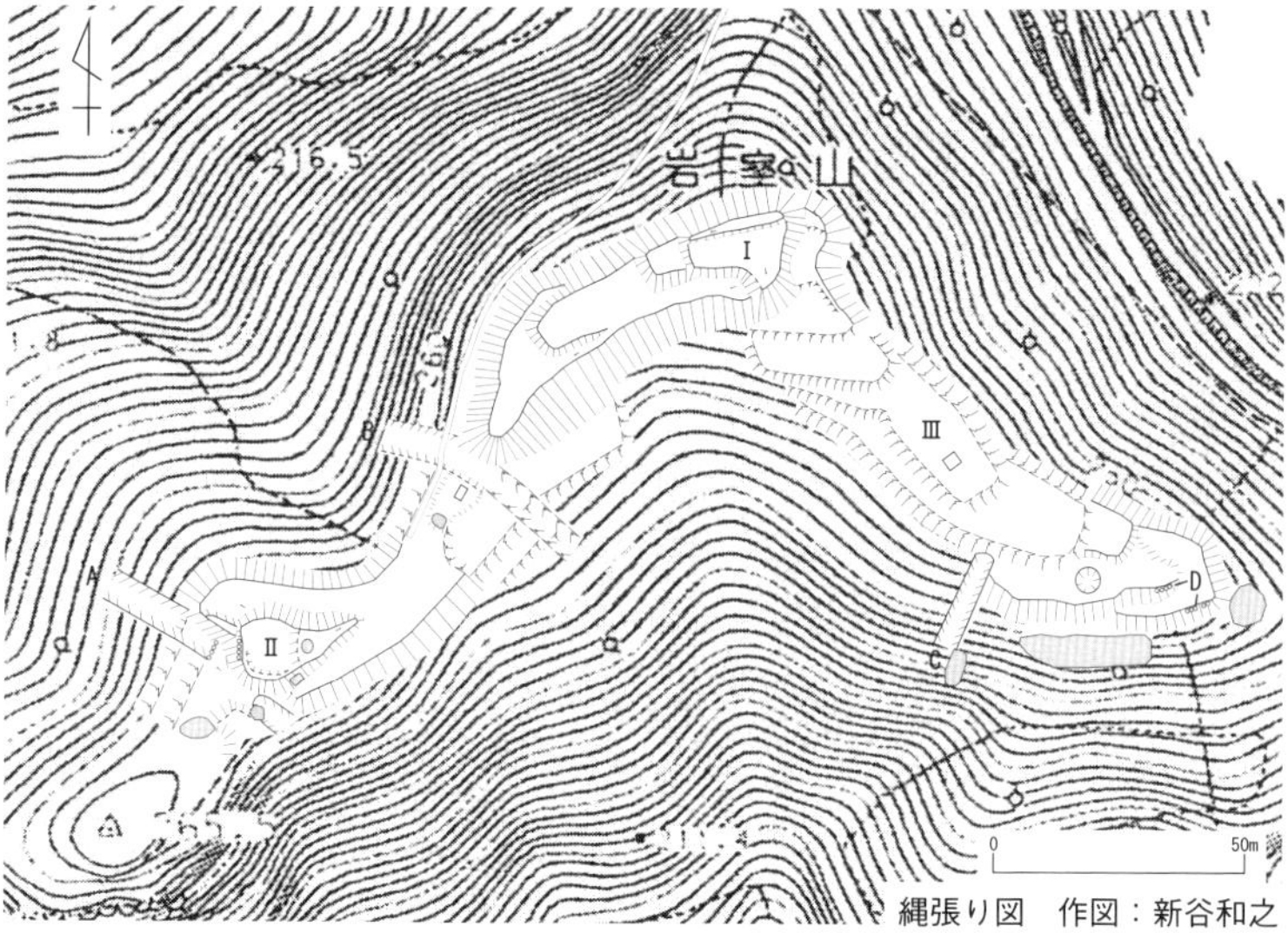

縄張り図　作図：新谷和之

当城は、畠山氏の拠点城郭である大野城（海南市）・広城（広川町）・鳥屋城（有田川町）に比べて規模が小さく、コンパクトにまとまっている。畠山氏の支城クラスの城の特徴を物語る、興味深い事例といえよう。また、先行する湯浅党との関わりについても今後、検証が待たれる。

当城へは、南麓の須谷《すがい》の方面から登るのが最も便利である。紀伊宮原駅から徒歩約三〇分で登り口に着き、そこから一時間ほど山道を登ると城跡に至る。城跡のすぐ北側に数台分の駐車スペースがあり、車での来訪も可能である。

（新谷和之）

［参考文献］新谷和之「岩室城」（中井均監修・城郭談話会編『図解 近畿の城郭』Ⅱ、戎光祥出版、二〇一五年）／高橋修『信仰の中世武士団―湯浅一族と明恵―』（清文堂出版、二〇一六年）

堀切　写真提供：中口孝行（以下、同）

曲輪Ⅰ

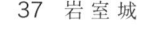

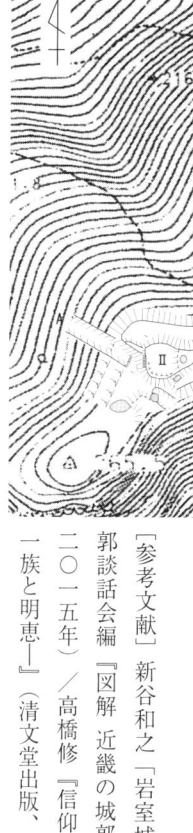

秀吉軍に攻め落とされた山城

# 10 鳥《と》屋《や》城《じょう》

①所在地：有田郡有田川町中井原
②別　称：石垣城
③標　高：三〇五m／比　高：二五五m
④遺　構：曲輪・堀切・土塁・石積み

城跡遠望　国道480号線より　写真提供：水島大二（以下、同）

阪和自動車道有田ＩＣを降りて東に進むと、剣のように鋭くそびえ立つ山が視界に入る。これが鳥屋城山である。この一帯は、中世には石垣荘《いしがきのしょう》と呼ばれ、武士団湯浅党の基盤の一つであった。高山寺《こうさんじ》（京都市東山区）を創建したことで知られる明恵《みょうえ》は、荘内の吉原で生まれ、母は湯浅宗重《むねしげ》の娘であった。その後、石垣荘は守護畠山氏の所領となる。畠山氏の守護所は大野（海南市）から広《ひろ》（広川町）へと移るが、永正十七年（一五二〇）、広城が国人らに攻略されたことを受けて、畠山氏は鳥屋城に拠点を移したといわれている。

天正十三年（一五八五）三月、羽柴秀吉は紀州攻めを行う。秀吉勢は、湯河氏ら南方の勢力を掃討する途中で鳥屋城を攻め、畠山式部大輔らを討ち取った。*1 天正十三年は、紀伊国では中世から近世への転換点として位置づけられており、当城は中世の最末期に使用されたことが確実にわかる貴重な事例といえる。

当城は、Ⅰ～Ⅳを含む西の曲輪群と、Ⅴ・Ⅵを含む東の曲輪群

＊1　「小早川家文書」

が並立する構造となっている。西の曲輪群では、曲輪Ⅱ・Ⅲの北側に城道が遺構として確認でき、広城との類似性がうかがえる。東の曲輪群は、西に比べて全体に粗放な造りであるが、南面の一部に石積みBがみられる。曲輪Ⅳの南下にも同様の石積みが残ることから、両者はほぼ同時期に機能したとみてよいだろう。

なお、最近になって、東の曲輪群の南側で曲輪Ⅶなどの遺構が確認された。曲輪Ⅶは明確な坂虎口をもち、前面に竪堀と二重の堀切がめぐる。南側の尾根からの侵入を警戒して設けたのだろうが、東の曲輪群とは若干の距離があり、空間的な一体性は乏しい。

当城は、紀伊国では最も規模の大きい山城の一つであるが、細長い山の地形に規制され、並立的な曲輪配置をとる。防御施設も発達した技術を示すものはみられず、秀吉勢の来襲に備えて整備がなされたとは考えにくい。現在残る遺構が、どの時点で整備されたものかについては、さらに検討を要する。

当城へは、西麓の金屋中学校の方面から登るのがよい。標高はやや高いが、快適な登山道が整備されてお

上：社の南側面に残存する石垣
下：同場所からの遠望

堀切

井戸付近の石垣

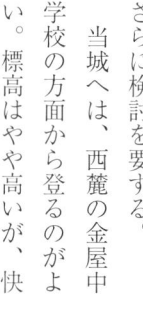

り、ハイキングにはうってつけである。近隣には、畠山氏もしくはその家臣の神保《じんぼ》氏の館とされる金屋土居や、技巧的な虎口をもつ来見屋城もある。あわせて訪れてみてはどうだろうか。

（新谷和之）

［参考文献］新谷和之「文献からみた鳥屋城」、髙田徹「鳥屋城」（ともに『和歌山城郭研究』十、和歌山城郭調査研究会、二〇一一年）

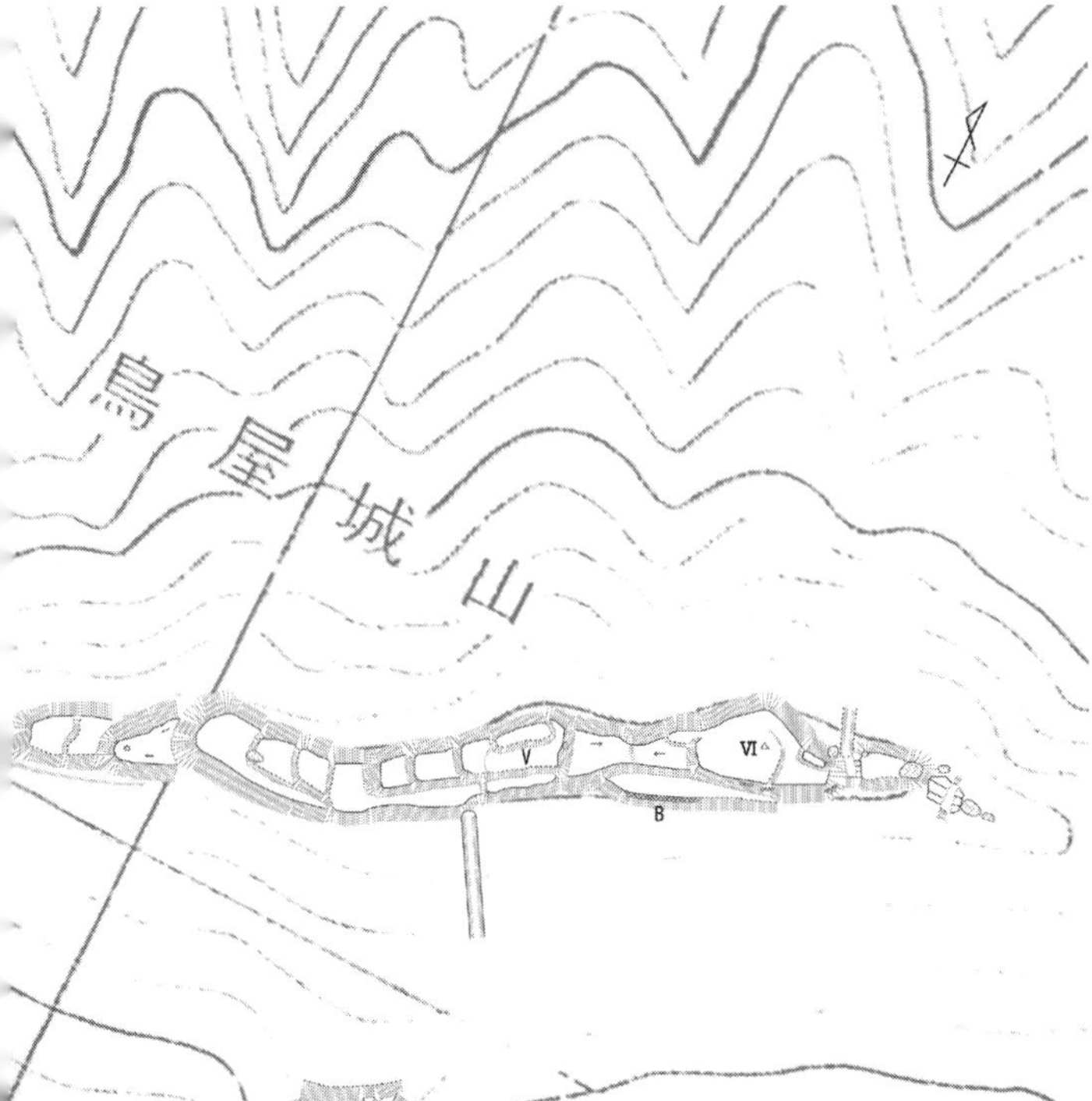

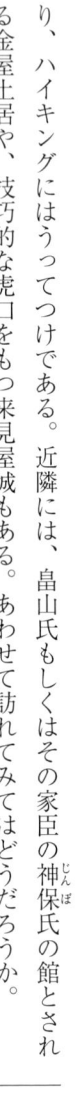

## 41 鳥屋城

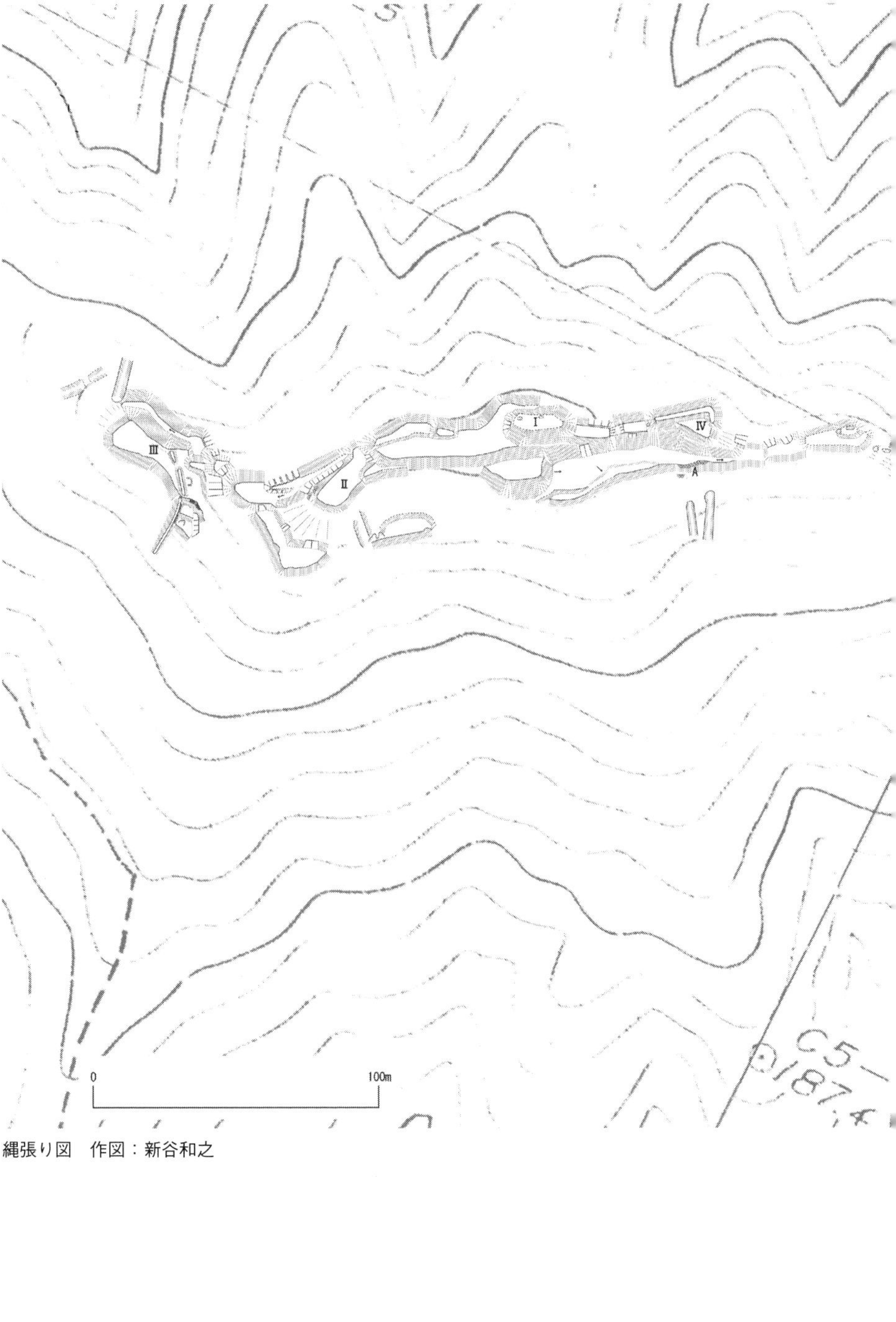

縄張り図　作図：新谷和之

有田・日高の郡境の城

# 11 若田城《わかたじょう》

①所在地：有田郡有田川町修理川
②別　称：小野城
③標　高：二四三m／比　高：一三〇m
④遺　構：曲輪・堀切・土塁・竪堀

旧金屋《かなや》町の山間集落である経谷《けいたに》口集落の修理《すり》川対岸に立地する。当集落から修理川上流の宇井苔《ういごけ》・白馬《しらま》山脈を越えると、日高川町川原河《かわはらごう》に至る。現在は白馬山脈に白馬トンネルが開通し、利便性が良くなっている。標高九五七メートルの白馬山は、有田郡と日高郡の郡界を形成し、築城地は、最も日高郡に近接した場所となる。

『寒川《そうがわ》村誌』（寒川村は現在の日高川町寒川）によれば、「永禄五年（一五六二）三月十五日、国人領主寒川直政が鳥屋城（有田川町）を攻略した帰路、小野城主畑山勘介為朝の鉄砲にて狙撃され家臣主従三名が討死した」[*1]と記録されている。また、『金屋町誌』（金屋町は現在の有田川町金屋）では、「領主若田某の城と伝わり、応永年間（一三九四〜一四二八）の区有文書に若田が認められる」[*2]とも記されているが、正確なところは不明である。

山頂の主郭は、南北五六×東西一三メートルで、北端の櫓台状遺構と主郭曲輪で構成される。外縁部には、不明瞭であるが土塁も確認できる。また、主郭外縁部の下段には、帯曲輪や腰曲輪が付随され、さらに外辺の枝尾根には、小曲輪群が連なる。虎口は、櫓台状遺構と主郭曲輪の接続部分である西に設定され、下段の帯曲輪に接続される。

本城の見どころは、主郭を守る強固な竪堀群である。いずれの竪堀も、曲輪の外縁部を基点とし、斜面を下っている。また、鉄塔のある西尾根には、帯曲輪の西隅から西鞍部の尾根に対し、

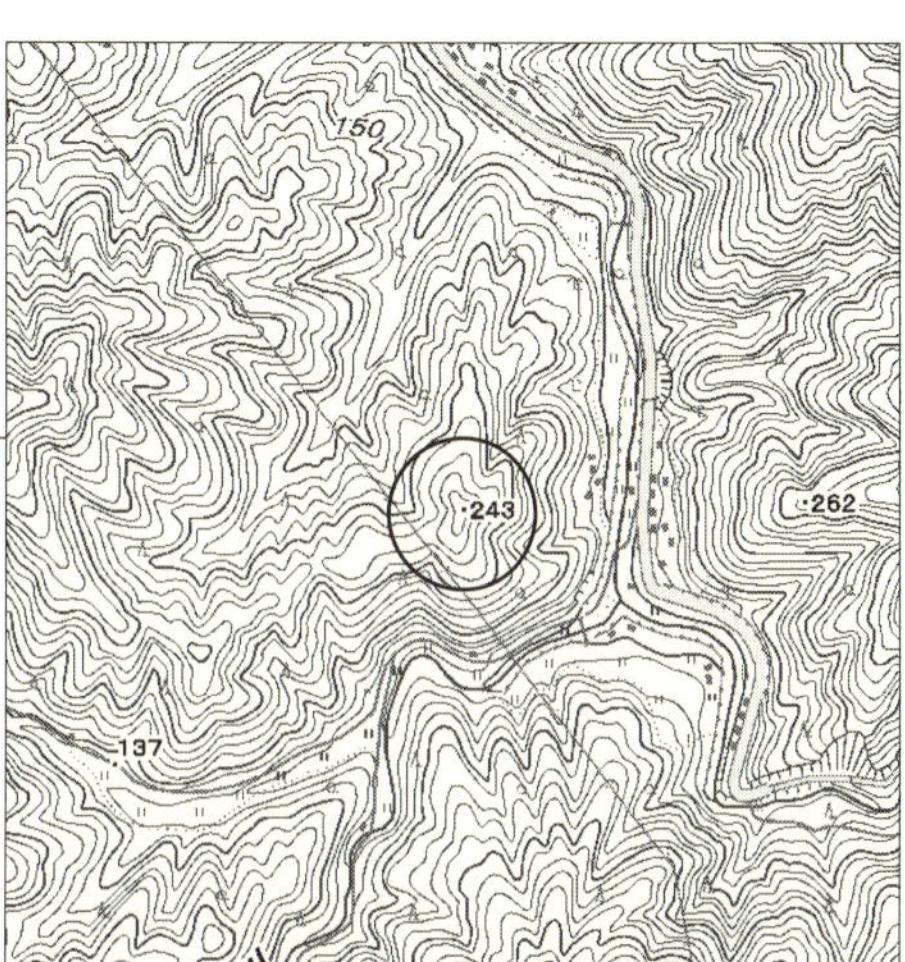


＊1　『寒川村誌』（寒川村誌編纂委員会、一六九六年）
＊2　『金屋町誌』（金屋町誌編纂委員会、一九七二年）
＊3　角田誠「若田城跡」（『和歌山城郭研究』一〇、和歌山城郭調査研究会、二〇一一年）

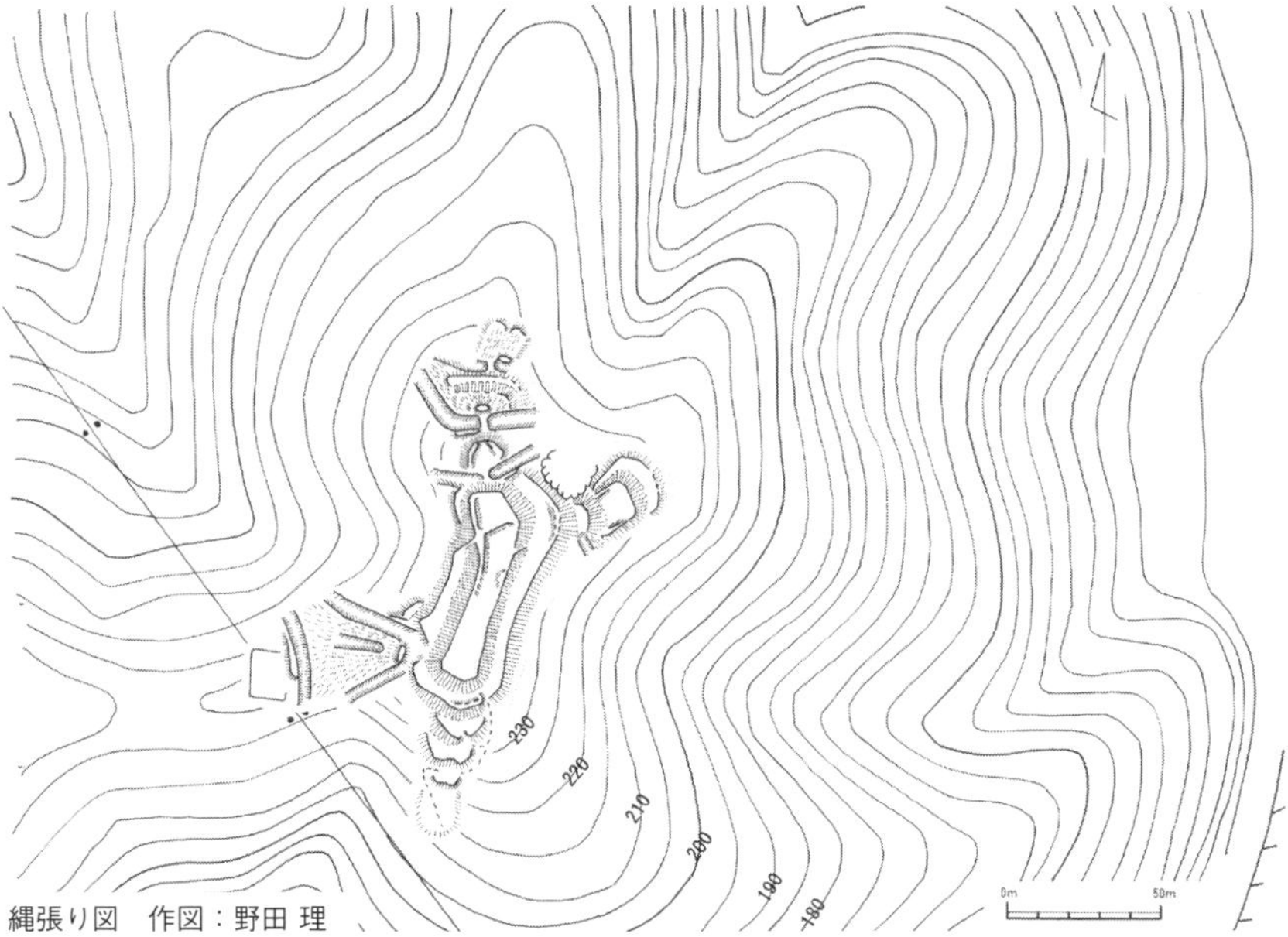

縄張り図　作図：野田 理

逆U字状に竪堀を落としている。さらに、その中央に一本竪堀を築くことで、尾根空間を崩して防御性を高めている。

当城を評価した文献には、「境目に位置する軍事施設であるが、侵入を禁止するためでなく、物資の運搬、交易の便宜を図る番城的な存在[*3]」といった記述も見られる。

城跡へは、有田川町金屋から有田川支流の修理川に沿い、国道二四二号線を南進する。経谷川が修理川に合流する地点の経谷口バス停（有田鉄道美山線）を目標とすればよい。バス停から修理川対岸に渡り、送電鉄塔の巡視路に沿って登れば安全だが、勾配は急峻である。

（野田　理）

[参考文献]『和歌山城郭研究』一〇（和歌山城郭調査研究会、二〇一一年）／中井均監修・城郭談話会編『図解 近畿の城郭』Ⅱ（戎光祥出版、二〇一五年）

城跡遠望

虎口

清水城の北尾根を守る重要な支城

# 12 小《こ》峠《とうげ》城《じょう》

①所在地：有田郡有田川町小峠
②別　称：なし
③標　高：四五八m／比　高：一一〇m
④遺　構：曲輪・堀切

小峠城は、有田川町小峠（旧清水町）の山頂に位置し、谷を隔てた南に清水《しみず》城、川を挟んで西側には西原《にしはら》城と三城が集中する。また、小峠下の集落から床山を経由し、沼谷に続く尾根筋の山道が小峠城の下を通っている。

『紀伊続風土記』有田郡保田荘寺原村紅葉山城趾の項には、「又小峠に城跡あり八幡の出城といふ」とある。八幡は清水城（紅葉山城）のことである。

城跡は、最上段の主郭を中心に十の曲輪と尾根筋を大きく遮断する二つの堀切によって構成されている。主郭は小さく、東西八×南北七メートルの規模で、曲輪②が東西三四×南北一六メートルと、この城最大の広さを持つ。土塁は曲輪③側にだけ存在し、現状の高さは五〇センチほどで、曲輪③からの侵入を遮断している。表面調査では、建物跡を示す礎石は確認できなかった。主郭下の曲輪③は、東西一三×南北一四メートルで直下に堀切Aがあり、尾根筋を大きく遮断している。堀切Aからの城道（図1）が確認でき、平入の虎口が推定される。堀切Aの外側にさらに堀切Bが、また、中央部に土橋があり、山道を城内に取り込んでいる。土橋を上から攻撃できるように、約三メートル四方の小さな曲輪（図2）が配置されていて、土橋を通る敵兵を効果的に攻撃でき、一見の価値がある。

主郭北側斜面には三つの曲輪があり、その内の上の二つはほぼ横並びであるが、下の曲輪とは段差がある。北斜面は急峻なために、竪堀は掘られていない。曲輪②の南西は階段状に配置され

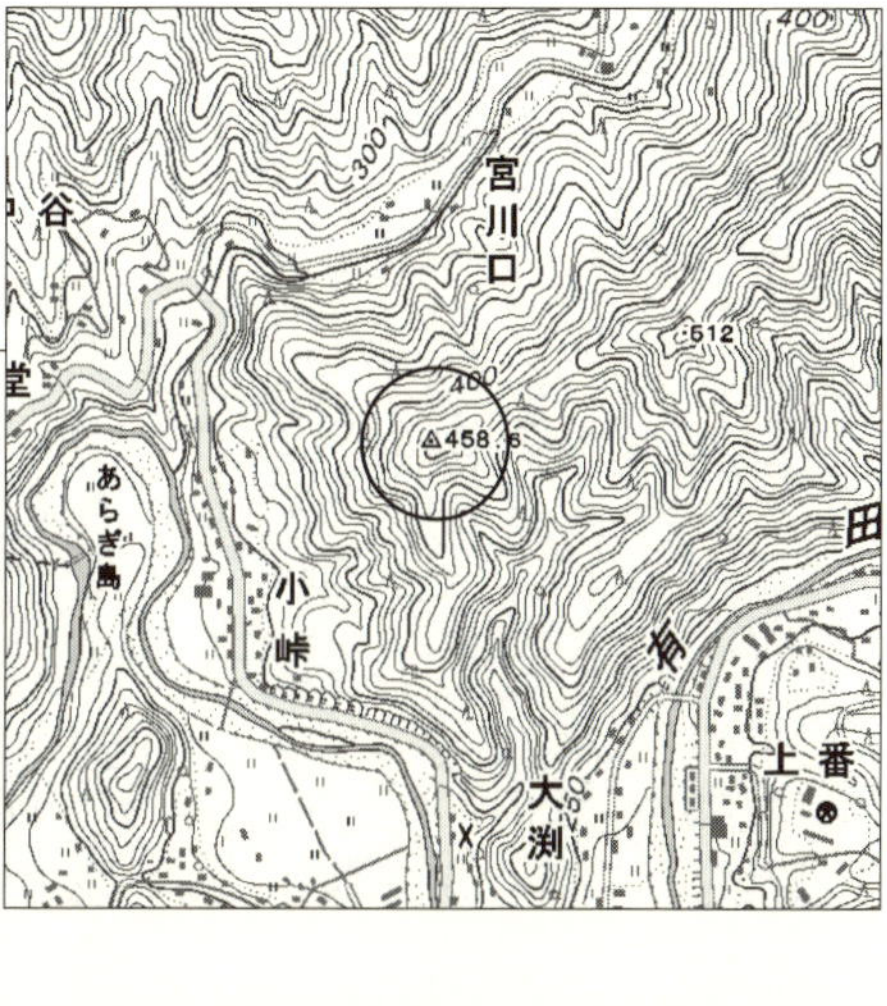

城跡遠望

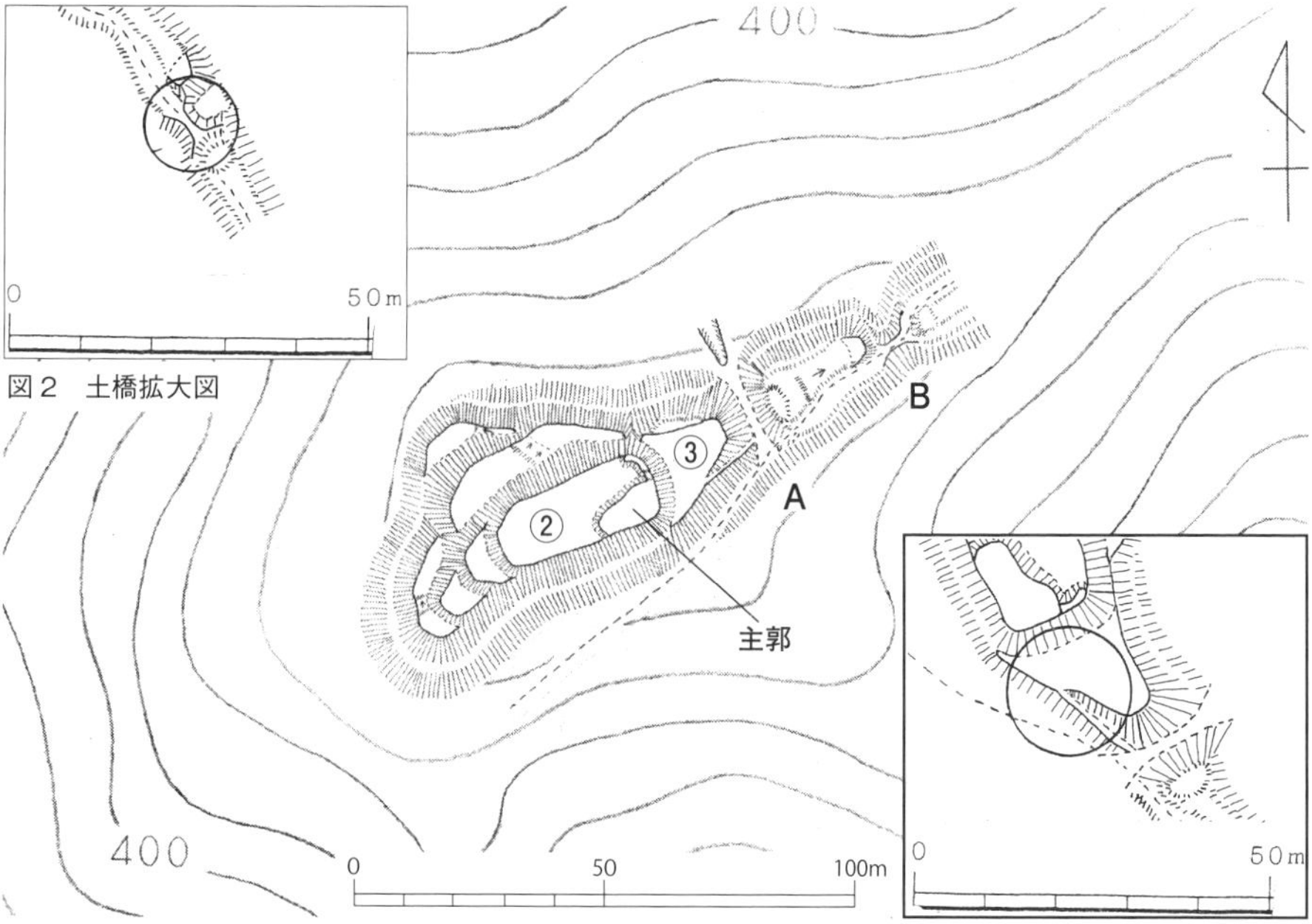


図２　土橋拡大図

縄張り図　作図：中口孝行

図１　虎口拡大図

た曲輪が四つあり、それぞれ東西南北ともに数メートルの規模で、尾根筋の狭い空間を有効に防御しようとの意図がみられる。

尾根地形の制約の中で山道を取り込み、狭小な曲輪を効果的に配置し、二重堀切により遮断効果も高めたコンパクトな城であるが、清水城の北側に位置し、清水城の死角となる尾根北側下の動静の監視と、尾根筋の遮断を担う重要な出城である。また、清水城攻めの敵勢力の後方を脅かす存在でもある。

西尾根の下よりの登山道があるが、あまり整備されていないので注意が必要である。

（中口孝行）

［参考文献］水島大二監修『定本・和歌山県の城』（郷土出版社、一九九五年）／『和歌山城郭研究』一〇（和歌山城郭調査研究会、二〇一一年）

堀切

土橋

技巧的な堀切が見どころの保田氏の城

# 13 清《し》水《みず》城《じょう》

①所在地：有田郡有田川町清水
②別　称：紅葉山城・八幡城
③標　高：三一〇m／比　高：八五m
④遺　構：曲輪・堀切・竪堀

長峰山脈から派生する尾根が有田川を大きく南に蛇行させた先端部、清水八幡神社の後背・城山（紅葉山）に位置する。有田川に沿って高野山への街道が通り、その街道と有田川町清水地区の中心地を一望できる立地で、『太平記』に登場する「阿瀬川城」とも伝えられるが、詳細は不明である。

この地は、南北朝の頃から湯浅氏の一族である保田《やすだ》氏が領有していたと記される。*1 天正の頃（一五七三〜九二）までその支配が続いていたとみられることから、築城には保田氏が関わっていたと推測される。当地に伝えられた「清水落城記」には、天正十一年（一五八三）の合戦と保田氏の清水退去が記され、その後、保田氏の養子として湯河氏の子弟が入り、秀吉の紀州攻めを迎えて役割を終えたとされる。*2

麓の居館部と山城部からなる根小屋式城郭で、居館と山城（詰城）が隣接する関係にある。居館部は現在、小学校の敷地となっており、遺構は見ることはできない。山城部は雑木林で遺構の確認は可能であるが、主郭・城域南側にはそれぞれ、太平洋戦争時に陸軍の施設、戦後の水道施設が建設され、城域の南は導線を含め、遺構には大きな改変が見られる。城内に組まれている石垣も、戦中の改変である。

当城の大きな見どころは、現状でも一メートル掘り下げられた大規模な竪堀である。竪堀の上部には通路が想定でき、主郭と現在改変されてしまった南の曲輪郡との導線がうかがえる。また、

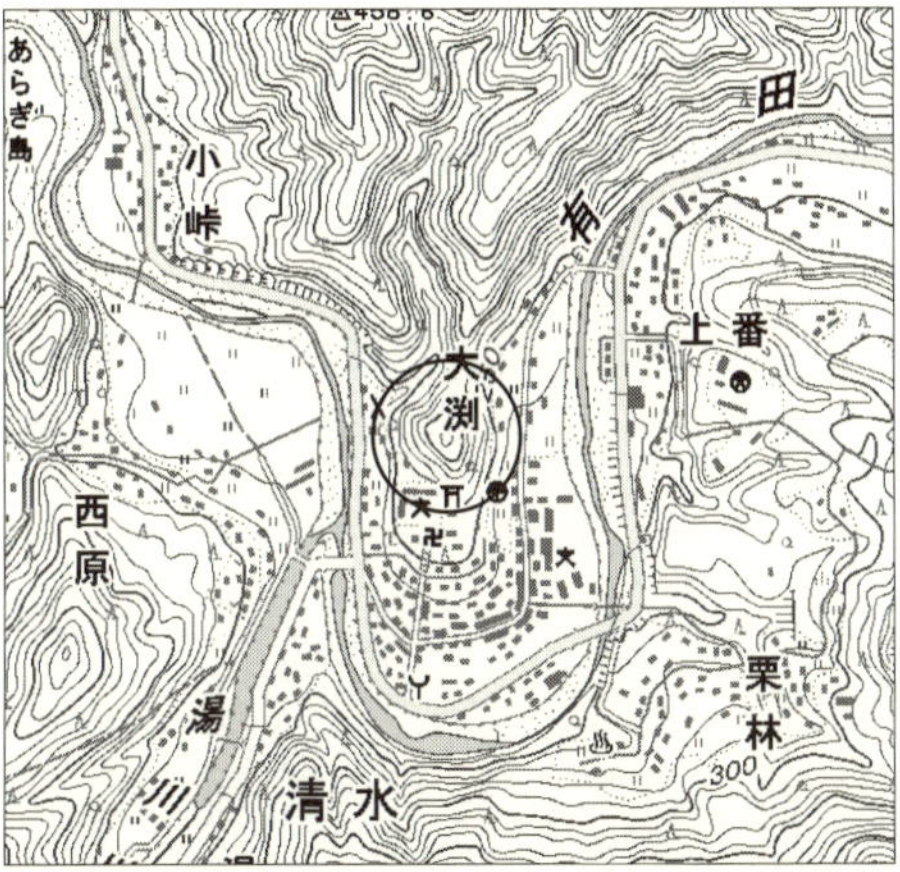


*1　『紀伊続風土記』
*2　白石博則「清水城」（『和歌山城郭研究』一〇、和歌山城郭調査研究会、二〇一一年）

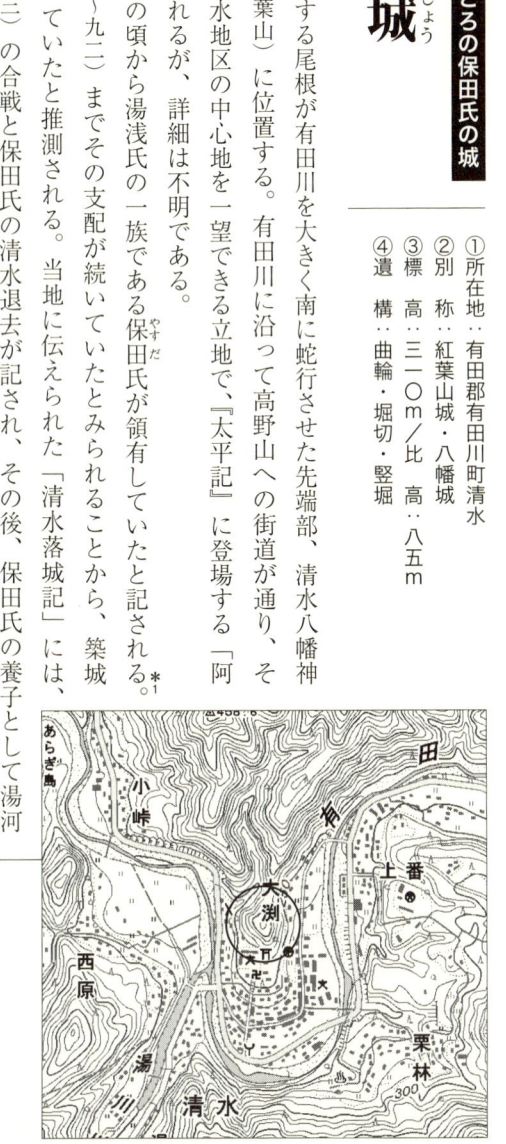

北側の尾根を遮断する空堀は、規模が大きく切岸も鋭い。さらにそこから東に落ちる空堀は、巨石を生かして二股に分岐して造作されている。南側には、直角状に折れ曲がった堀切が残り、籠城時に横矢を掛けることが可能な構造となっており、県下でも類例が少ない技巧的な堀切である。

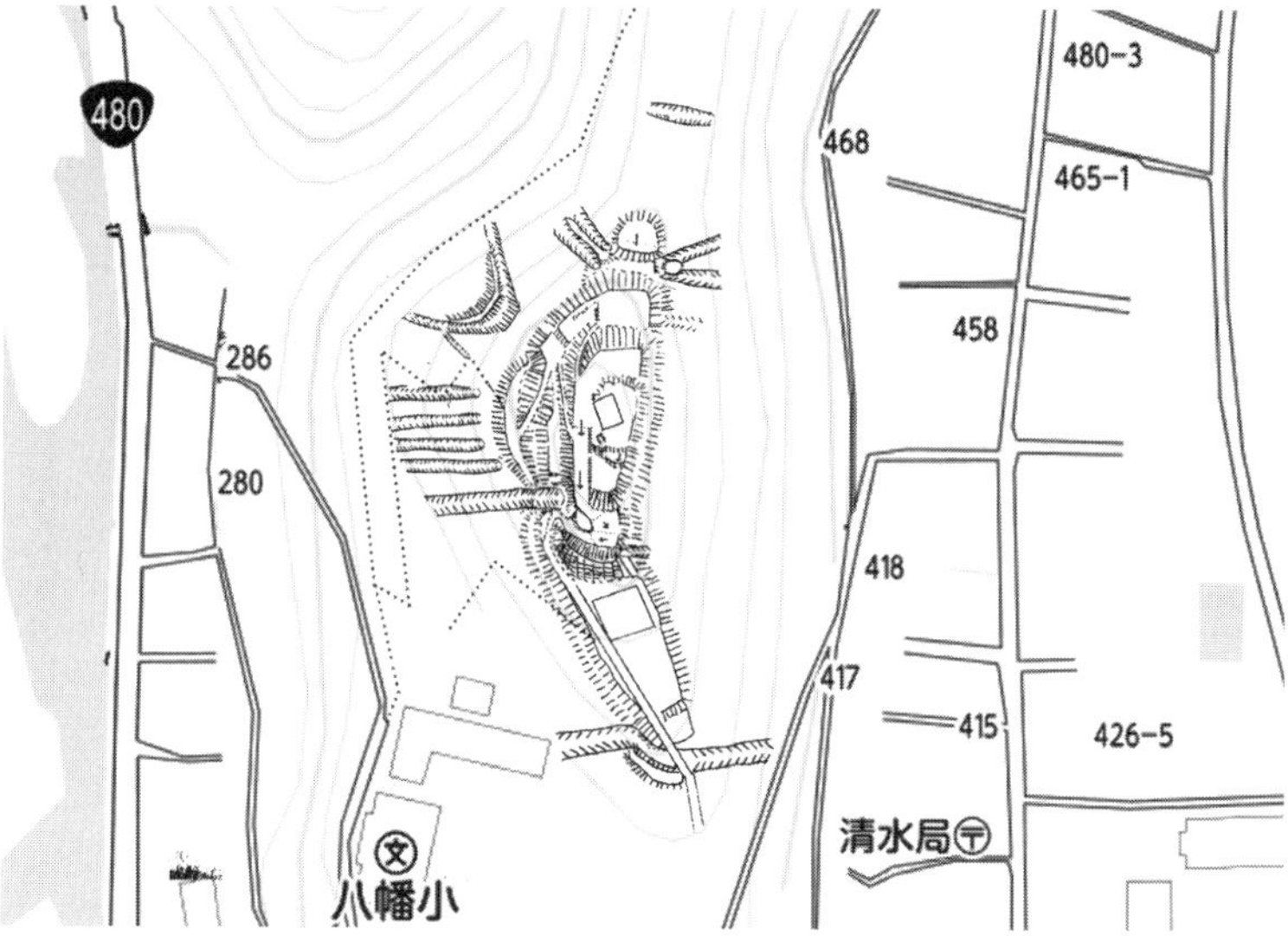

縄張り図　作図：土井一男

清水城は、中世から当地を支配した保田氏の本拠地としてふさわしい、さまざまな防御施設を有する城郭であり、居館・詰城が隣接関係になる根小屋式城郭であることから、戦国末期までの使用が想定できる。

なお、管理者が関係者以外の入山を拒否しているため、登城は禁止されている。

（土井一男）

［参考文献］『清水町史』下巻（清水町史編さん委員会、一九九八年）／中井均監修・城郭談話会編『図解 近畿の城郭』Ⅱ（戎光祥出版、二〇一五年）

大竪堀

城跡遠望

守護畠山氏の本城

# 14 広《ひろ》城《じょう》

①所在地：有田郡広川町名島・湯浅町別所
②別　称：なし
③標　高：一四七m／比　高：一二〇m
④遺　構：曲輪・堀切・土塁・石積み

広城は、ＪＲ紀勢本線湯浅駅より約一キロ南東に位置する高城山に築かれた。湯浅は醤油発祥の地として知られ、古い家屋が立ち並ぶ、歴史豊かな町である。広川河口部左岸に位置する養源寺《ようげんじ》は、守護・畠山氏の館跡と伝わり、寺域は一町（約一〇〇メートル）四方の方形区画となっている。広城は、この守護館とセットで機能したと考えられる。

畠山氏の館は、当初は大野（海南市）にあったが、家督をめぐる争いが一五世紀半ば以降続き、軍事的な緊張が高まったことから、広に拠点を移したとみられる。

一六世紀前半には、畠山尚順《ひさのぶ》が側近の林堂山樹《はやしどうさんじゅ》を広に配置し、分国支配を強化した。畠山氏家臣の一部や国人らがこれに反発し、永正十七年（一五二〇）六月に林堂山樹

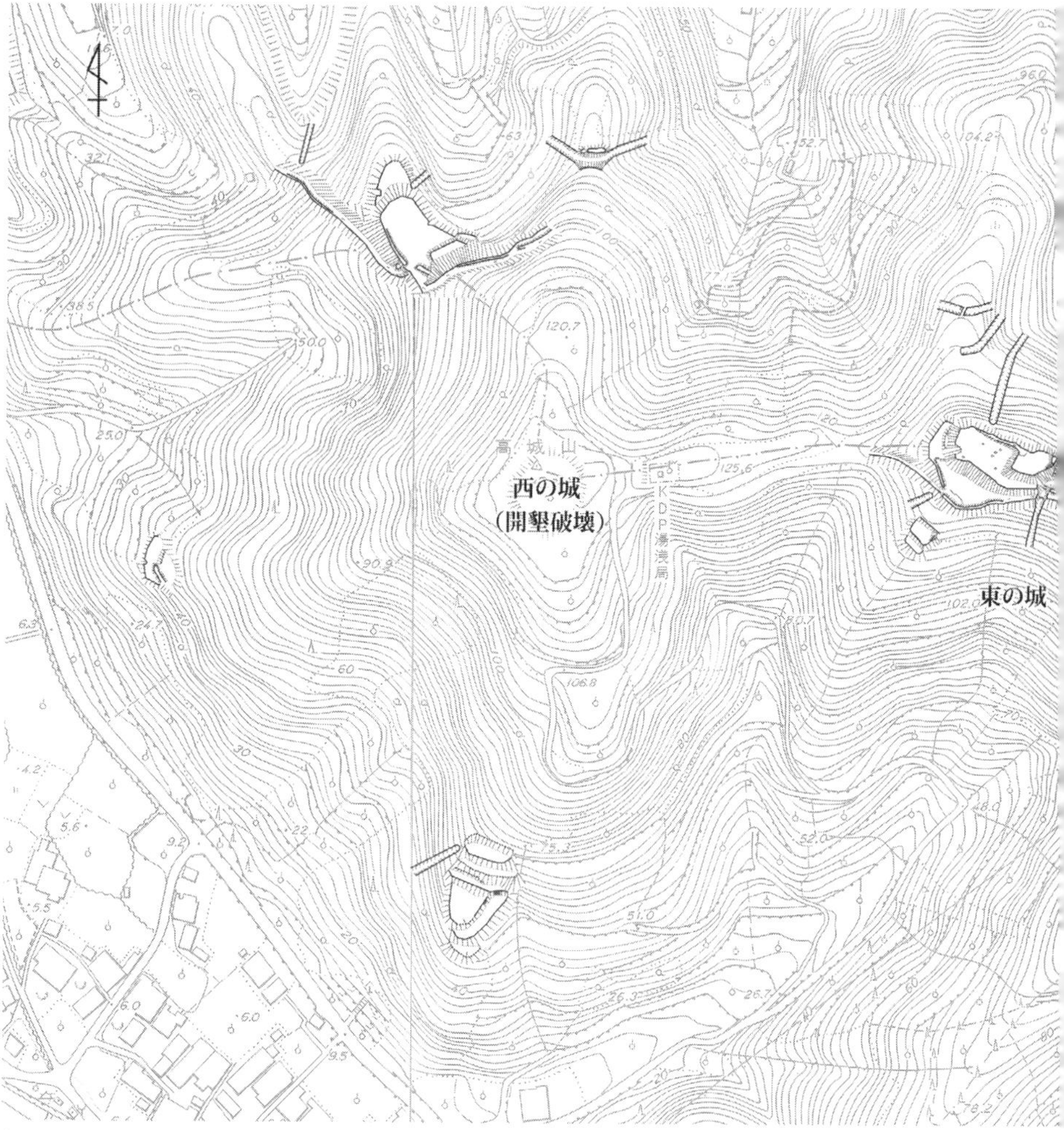


縄張り図 作図：新谷和之

城跡遠望 左が東の城、右が西の城跡 写真提供：水島大二

を殺害し、尚順を追放した。*1

その後、畠山氏と紀伊国内の勢力との関係は修復するが、当城を脅かされたことを受けて、畠山氏はより軍事性の高い鳥屋《とや》（有田川町）に拠点を移したと評価されている。

当城の遺構は東西の二つの峰にまたがり、それぞれ東の城・西の城と呼ばれている。東の城は、二つの曲輪の間にクランク状の堀切を掘り、折れをともなう虎口を設けている。東を限る堀切よりさらに一キロメートルほど先の尾根上にも堀切が設けられており、城域はかなり広い。また、西の城の四方では、麓の近くにまで遺構が点在している。堀切は岩盤を掘削して造成しており、もとの地形を一定程度改変している様子がみてとれる。

上：竪堀　下：折れ入り堀切　写真提供：上下とも中口孝行

西の城は、中心部はミカン畑となっているが、周辺部の遺構はよく残っている。それによると、土塁や堀切をともなう小規模な曲輪が要所に配置され、幅約三メートルの城道で中心部とつながっていたことがうかがえる。東の城の西部でも、城道は遺構としてはっきり確認でき、本来は東の城と西の城をつなぐ城道もあったとみられる。このように、ルート設計のしっかりした山城

*1　「祐維記抄」

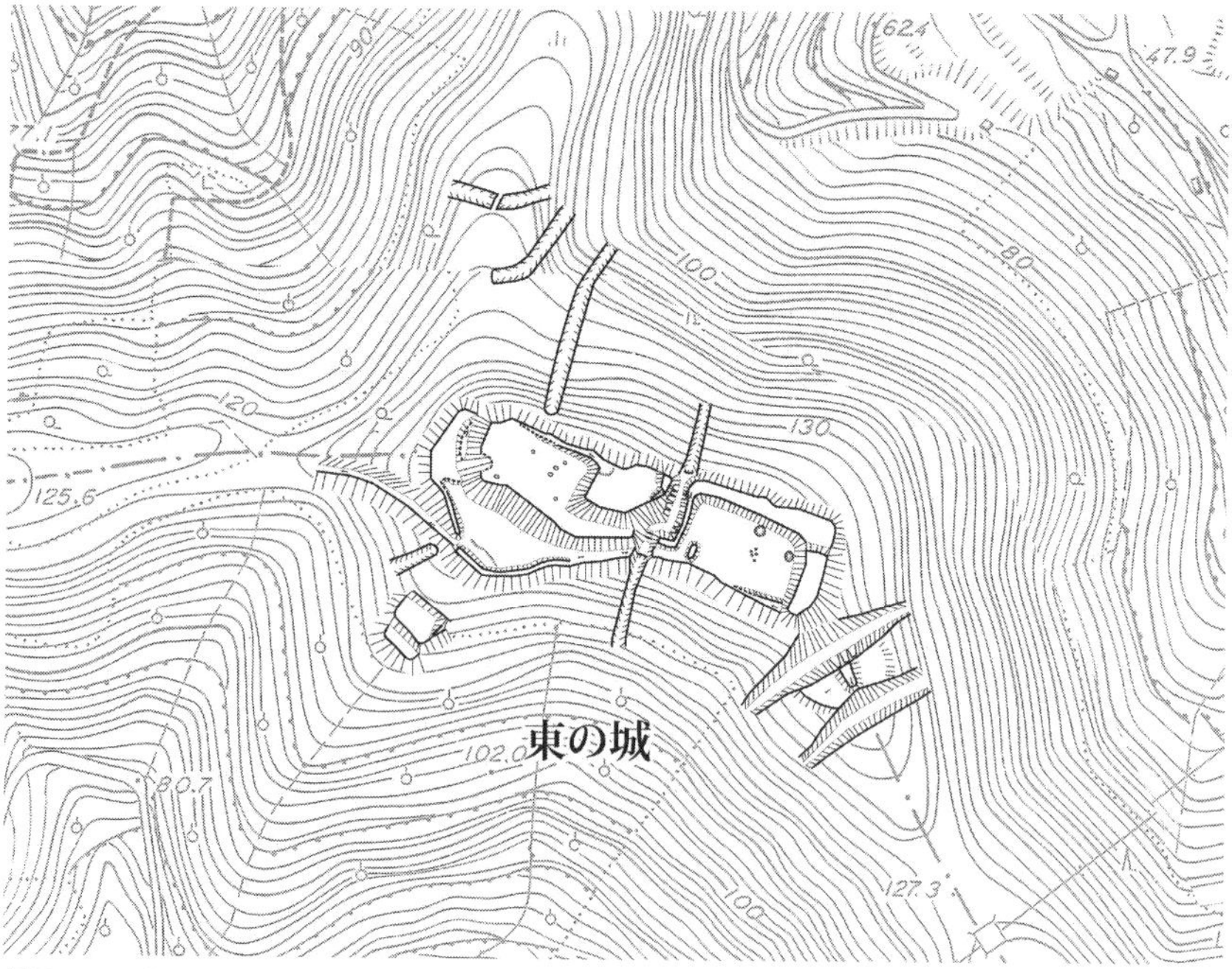


縄張り図　東の城部分拡大図

は、紀州では珍しい。鳥屋城の西部でも、曲輪間をつなぐ城道が確認されており、畠山氏の本城クラスに共通する特徴といえるかもしれない。

ＪＲ湯浅駅を降り、南東に二十分ほど歩くと、登り口に至る。西の城の頂上付近まで農作業用の道が整備されている。道中には、湯浅氏にゆかりの深い勝楽寺《しょうらくじ》や、熊野街道の久米崎王子《くめざきおうじ》跡もあるので、あわせて訪れることをお勧めする。

（新谷和之）

［参考文献］新谷和之「広城」（仁木宏・福島克彦編『近畿の名城を歩く　大阪・兵庫・和歌山編』、吉川弘文館、二〇一五年）

鎌倉期に遡る河岸段丘上の平地城館

# 15 藤《ふじ》並《なみ》城《じょう》

①所在地：有田郡有田川町下津野
②別　称：土田城・堅田次郎屋敷
③標　高：二八m／比　高：〇m
④遺　構：曲輪・水堀・土塁

有田川の中流域に位置する、県内で最も形状を留める平地城館遺構で、小字「土居の内」にある。『有田郡誌』には「土田城」、『紀伊続風土記』には「堅田次郎八屋敷跡」の名で記されている。河岸段丘の縁《へり》に、堀と土塁を巡らせた防御性が高い城館で、東西七五×南北八七メートルの規模である。これを囲む水堀が、北と北西角によく残っている。曲輪内部は現在、果樹園となっている。

北の堀　写真提供：水島大二

紀州一国に勢力を持った湯浅一族で、鎌倉・南北朝期に藤並荘の地頭を務めた藤並氏の城館とされるが、湯浅氏が南北朝の動乱期に南朝に属したため没落した際、藤並氏も同様に勢力を失ったようである。その後、藤並荘では堅田（片田）氏が力を持ったようで、藤並天満宮石灯篭寄進状に「片田次郎八頼純　弘治二年（一五五六）」の名が見える。また、『紀伊続風土記』にも「堅田次郎八屋敷跡北筋にあり。方一町の地なり」とある。このことから、戦国期も堅田氏が城主であったと思われる。

遺構は、北辺の堀が近年まで用水池として活用されていたため、とくによく残っている。これに対し、南辺は埋め立てられ、

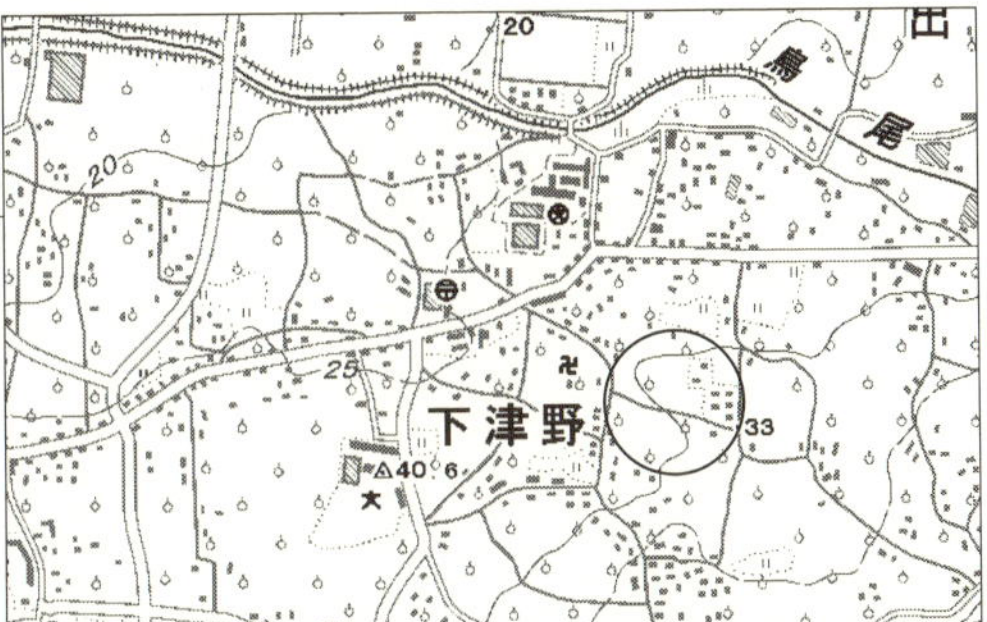


＊1　「藤並城跡発掘調査現地説明会資料」（有田川町教育委員会社会教育課、二〇一七年）。

（左写真）西の堀跡

地籍図等から推定せざるをえない状況にあったが、平成二十九年の発掘調査で、幅約六メートルの水堀が確認された。また、土塁は大規模であったため、果樹園に開墾されながらも往時の姿を留めている。とくに南辺は、基底部で約一三メートルと大きい。この土塁は、発掘調査で二期にわたって拡張され、現状遺構は戦国期のものと判明した。*1 しかし、土塁・堀の遺物には鎌倉期のものが含まれるので、当城館の起源は鎌倉期に遡る可能性が高い。全国的に、土塁や堀を伴う方形館は南北朝期以降に成立するとされるので、とても貴重な遺構となる。さらに、戦国期の遺構とされる土塁上からは、火災を受けた状態の瓦や土壁が出土していることから、付近に瓦葺きや土壁造りの施設があった可能性が高い。

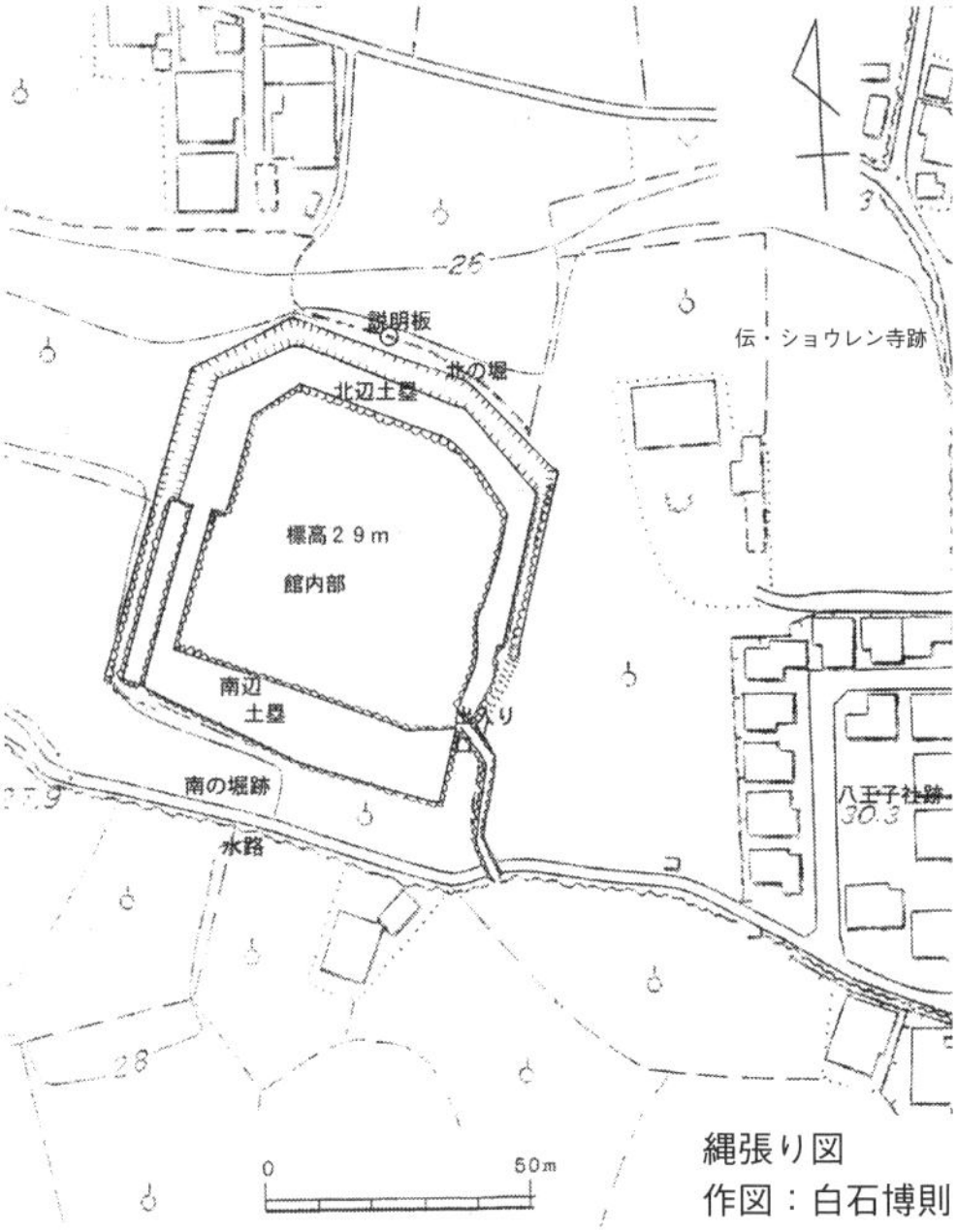

縄張り図
作図：白石博則

城跡へは、ＪＲ藤並駅の東約二・五キロにある阿弥陀寺《あみだじ》を目指せばよい。その東が城跡で、北辺の堀際に説明版が建てられているので、見学前に一読しておきたい。（白石博則）

［参考文献］紀元二千六百年奉祝会和歌山県支部編『和歌山県聖蹟』下巻（一九四三年）／水島大二監修『定本・和歌山県の城』（郷土出版社、一九九五年）／関真一「藤並城」（中井均監修・城郭談話会編『図解 近畿の城郭』Ⅰ、戎光祥出版、二〇一四年）

北堀の説明板

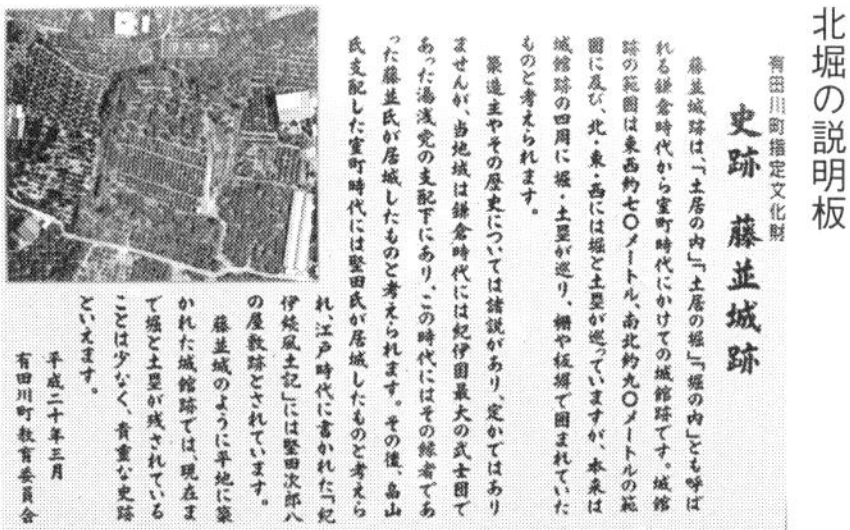

院政期の築城伝承

# 16 湯《ゆ》浅《あさ》城《じょう》

①所在地：有田郡湯浅町青木
②別　称：なし
③標　高：約七八m／比　高：六〇m
④遺　構：土塁・空堀・竪堀・土橋

湯浅城は康治二年（一一四三）、当地を治めていた湯浅宗重《むねしげ》が、広川河口の北側に広がった湯浅平野の中央奥にある庚申山《こうしんやま》（すり鉢山）に城を築いたことにはじまる。康暦元年（一三七九）には北朝方の守護・山名氏の攻撃で落城し、湯浅氏は以後、守護の支配下に入ったが、いつまで城が機能したのかを示す文献資料はない。南朝方の中核として活躍した湯浅氏の平時の居館は、城山の西に位置する小字・石崎《いわさき》にあったとされている。

主郭

築城地の北側は急斜面で、東側は当時と状況が異なり道路が通っているが、かつては山とつながり、形勢が不利になると、その尾根伝いに逃げることができたようである。[*1] 山裾の東側から南側にかけては山田川が流れ、要害性を高め、地域支配の拠点地としてふさわしい立地といえる。また、城跡からは湯浅平野を一望できる。

登城ルートは、山田川に沿った南西の谷部から登っていく。途中で二手に分かれるが、左側を進むと西端の曲輪にたどり着き、右に行くと空堀がある。通路を遮断するための堀切ではなく、攻め入る敵兵に対し、籠城する側の兵が身を隠す塹《ざん》壕《ごう》である可能性が高い。

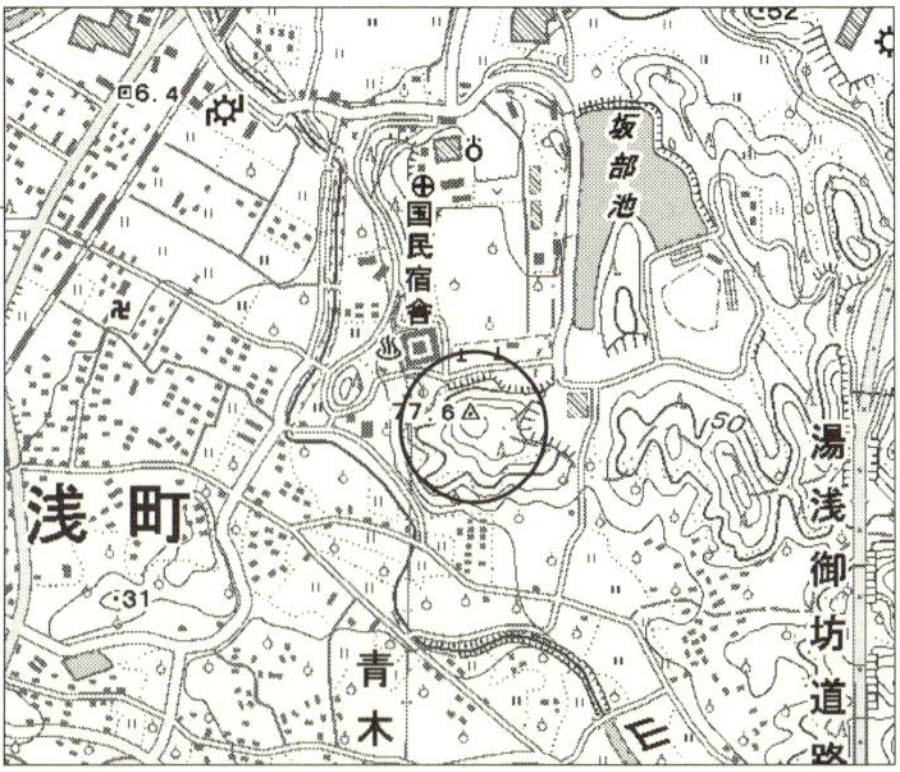


＊1　白石博則「湯浅城」（『和歌山城郭研究』五、和歌山城郭調査研究会、二〇〇六年）
＊2　現地説明板および、グリーンソサエティー発行、二〇一三年二月作図リーフレット。
＊3　前掲＊1

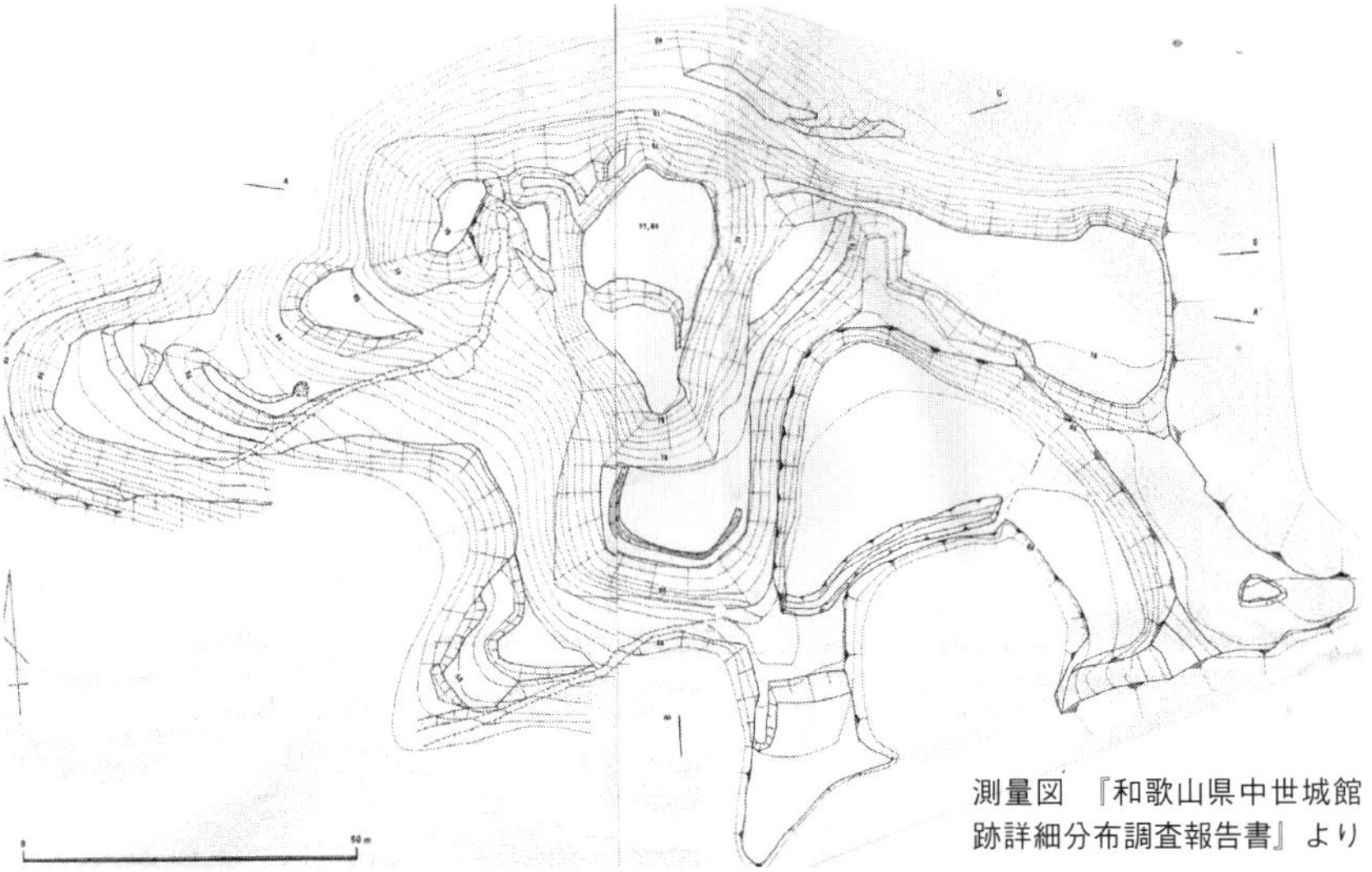

測量図 『和歌山県中世城館跡詳細分布調査報告書』より

その先は、小曲輪に挟まれた堀切が竪堀を伴って存在するが、行き止まりである。これは侵入した敵に対し、横矢掛かりとなる構造で、敵を横から攻撃することを意図した防御施設と思われる。

主郭は小さな二段の曲輪を配し、北側斜面下の険しい急な崖と帯曲輪で守りを固めている。南側は天然の急斜面の切岸状地形によって、曲輪2の北側は土橋へとつながる土塁によって、北面の防御壁となっている。東側の曲輪にある堀は薬研堀《やげん》、*2東端曲輪の現状は竹林で、溜池跡遺構が残存する。この遺構は後世のものともされるが、*3水源地として活用されていた可能性はある。

なお、城跡は湯浅町グリーンソサエティーが管理をされているので、見学にあたっては、城跡登城口の注意書にある連絡先に電話をしたうえで入山することが必須である。（平川大輔）

［参考文献］松岡進「湯浅城」（中井均監修・城郭談話会編『図解 近畿の城郭』Ⅱ、戎光祥出版、二〇一五年）

登城口

三ノ曲輪跡

守護と奉公衆が対峙する境目の巨大山城

# 17 鹿《しし》ヶ《が》瀬《せ》城《じょう》

①所在地：日高郡日高町原谷・由良町畑・有田郡広川町鹿が瀬
②別　称：鹿背城
③標　高：四〇八m／比　高：三五〇m
④遺　構：曲輪・土塁・空堀・石積

日高郡日高町、由良町および有田郡広川町の三町が接する境に鹿ヶ瀬峠《ししがせとうげ》がある。この峠は熊野詣で賑わったころの交通の要衝であり、街道を見下ろす小城山の山頂周辺に当城が築かれている。『紀伊続風土記』には、熊野別当・湛増《たんぞう》の流れをくむ熊野八庄司《しょうじ》の一人、鹿瀬庄司が平安末期に築城したとある。また、南北朝期や一六世紀初頭の史料に見られるように、いくたびもの合戦の舞台となっており、戦国期まで改修と拡張を繰り返したものと考えられる。

峠の最高地点である大峠《おおとうげ》のすぐ上に、幅広で浅い堀切があり、中央の土橋が虎口となって、南面に帯曲輪がつく広い曲輪に入る。さらに尾根を登ると数段の小曲輪を経て、山頂部には大きな三つの曲輪がつくられている。それぞれ内部に段差を設けながら広い面積を造成しており、多人数を収容することができる。これらの曲輪は浅い堀切などで区切られているが、求心性に乏しく、並列的な構造となっている。中央の曲輪から南側、約二〇メートル下には階段状の小曲輪群があり、さらに下ると小峠《ことうげ》に至る。

三五〇×一五〇メートルという県内屈指の規模と、堀切にかかる土橋や石積みの見られる虎口、斜面を登る虎口など、曲輪ごとに明瞭に残るさまざまな虎口がこの城の見どころといえる。

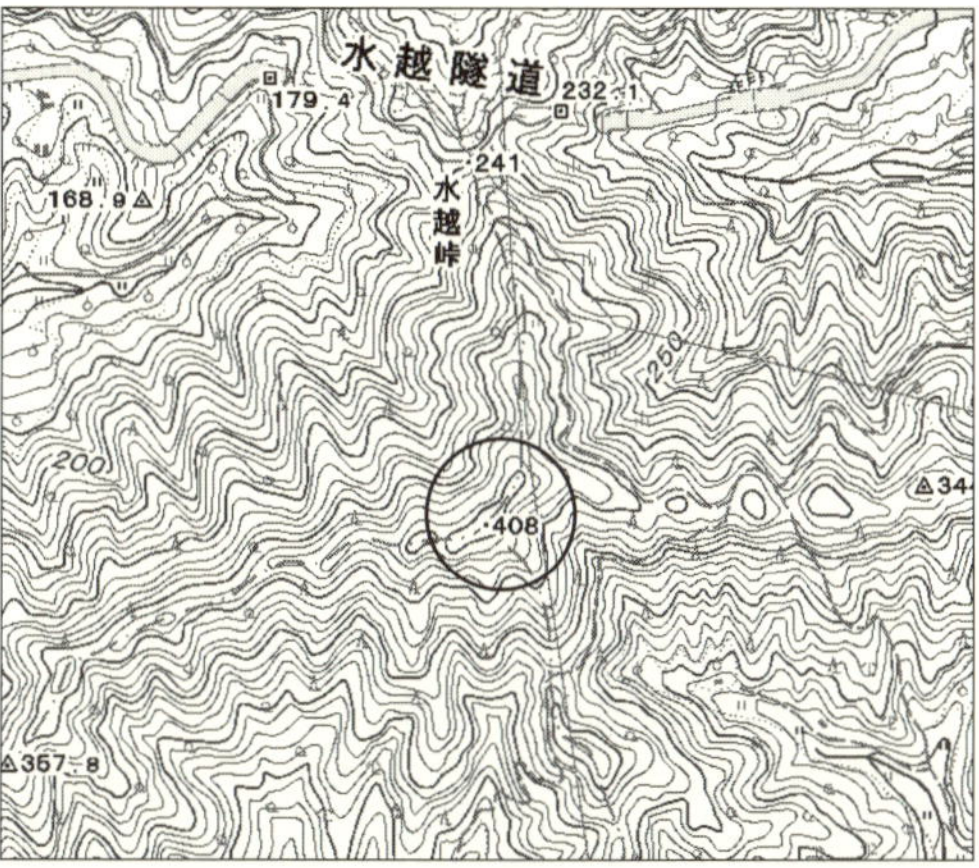


戦国時代の中頃、守護・畠山氏の拠点は有田郡広川町にあり、その南の日高郡は奉公衆の湯河氏や玉置氏の勢力下にあった。当城は境目の城として、守護方が集めた在地領主の諸勢力が、そ

れぞれの曲輪に入った状況を反映したものと推定される。

熊野古道を挟んで城跡の東、五〇〇メートルには「法華壇跡《ほっけのだん》」といわれる寺院跡があり、古道側には最大幅八メートルに及ぶ堀切が見られる。この寺院跡も造成がしっかりされており、もとは城域であった可能性がある。

城跡へは、ＪＲ紀勢本線紀伊内原駅から原谷方面に向かい、県道一七六号を経て熊野古道の金魚茶屋跡に至る。ここに駐車スペースがあり、案内板に従って熊野古道を北上すると、室町時代の板碑《いたび》や延長五〇三メートルに及ぶ石畳、小峠の馬頭観音を経て、徒歩四〇分で大峠に達する。

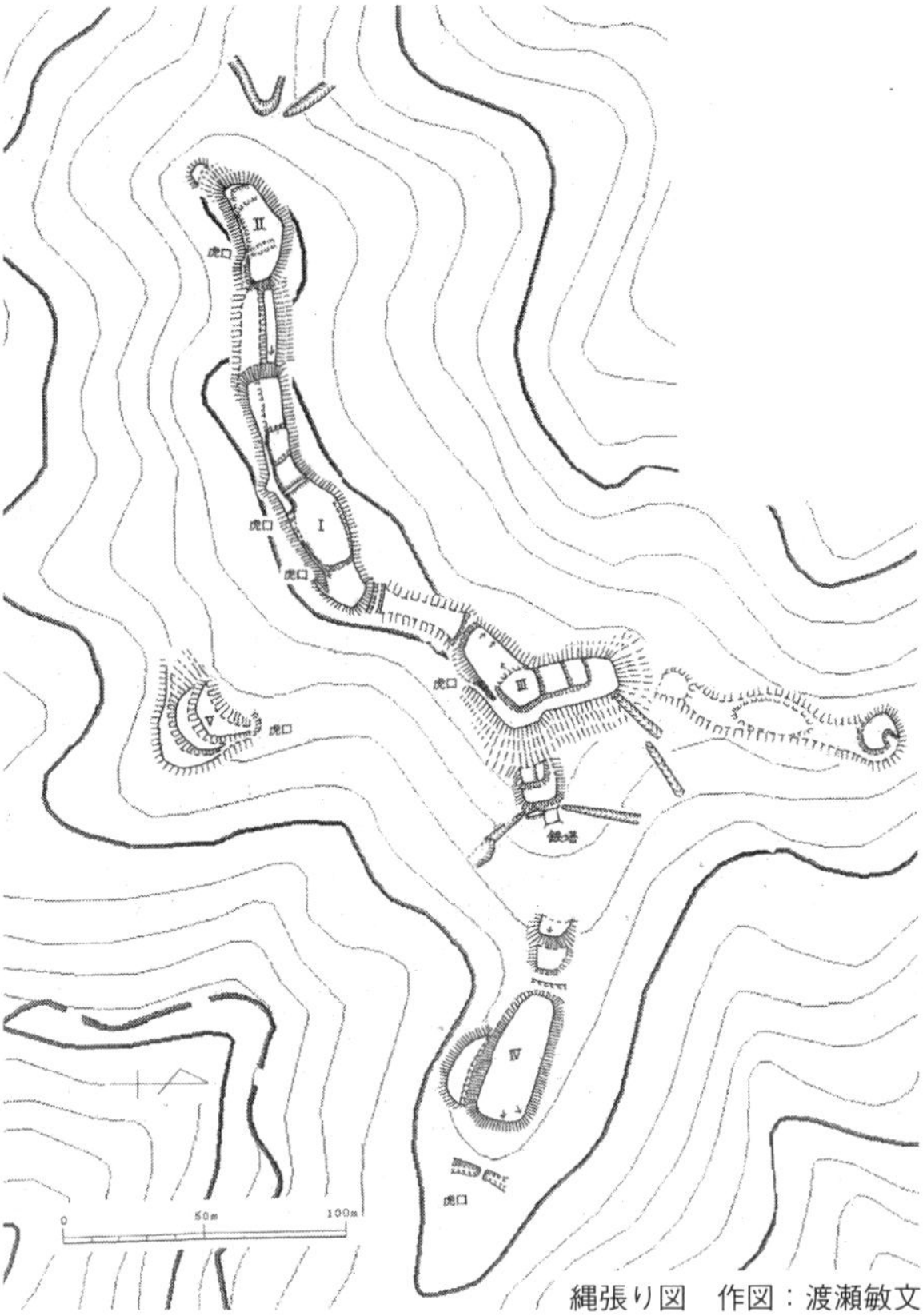

縄張り図　作図：渡瀬敏文

（渡瀬敏文）

［参考文献］白石博則「鹿ヶ瀬城」（中井均監修・城郭談話会編『図解 近畿の城郭』Ⅰ、戎光祥出版、二〇一四年）

高い切岸

虎口の石積み

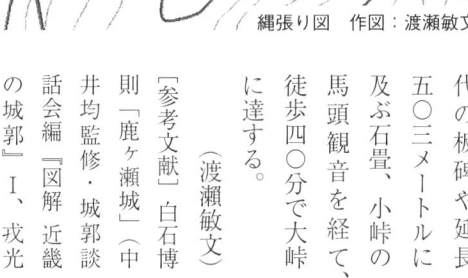

三好義長の築城伝承

# 18 小坊師ヶ峰城《こぼうしがみねじょう》

①所在地：日高郡日高町池田・由良町阿戸
②別　称：池田城
③標　高：二五一m／比　高：二二一m
④遺　構：曲輪・堀切・竪堀・出曲輪

日高郡日高町池田と由良町阿戸《あと》の境に連なる小坊師ヶ峰に所在する。地名から池田城とも呼ばれ、山頂からは御坊《ごぼう》平野が一望できる。また、一・五キロ北方の由良《ゆら》港は、『太平記』の大塔宮《だいとうのみや》熊野落事に登場し、古くからの良港として知られる。

当城は、江戸後期に作成された『鞍賀多和長尾記《くらがたわながおき》』で知られることとなった。その中では、大永二年（一五二二）に阿波の三好義長《みよしよしなが》が紀伊守護・畠山氏を討つため由良湊に上陸し、小坊師ヶ峰に築城したことで、畠山氏被官の崎山《さきやま》氏が三好氏に対抗するため、熊野古道の通る原谷川を挟んだ山上に鞍賀多和城を築き、合戦に及んだという記述が見える。そして、この戦いで勝利したのは三好義長で、息子の種松に城を預けて帰国したとされる。しかし、ここで記された事柄は、人物・年代ともに史実と符合せず、よって現在、『鞍賀多和長尾記』は軍記物《ぐんきもの》として扱われている。

遺構は、主郭（東西一五×南北三〇メートル）を中心に三方の尾根に曲輪を配置した構造である。西曲輪は主郭と緩い傾斜地でつながり、一体性がみられる。一方、南曲輪と東曲輪は、接続する主郭の切岸が鋭いことから、曲輪間の差別化が認められる。城の南から東にかけての堀切・竪堀は、御坊方面を警戒したものであろう。東曲輪の先端には、土塁も残されている。主郭から自然地形を挟んだ一五〇メートル北の頂部に、出曲輪（東西一五×南北二〇メートル）がある。由良港を一望できることから、港を監視するために築かれた可能性がある。

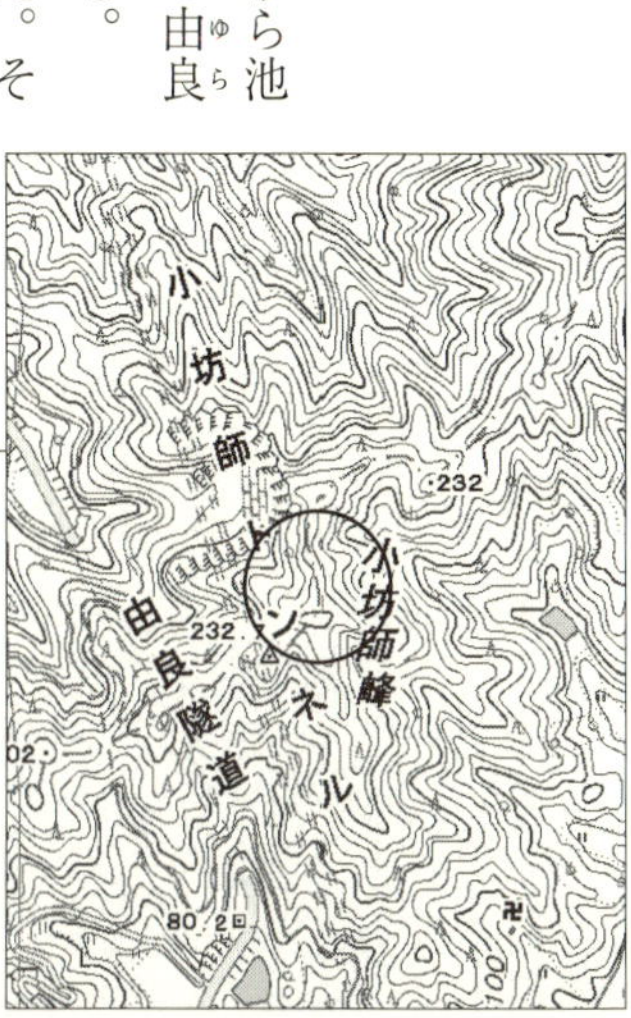


＊1　白石博則「小坊師ヶ峰」（『和歌山城郭研究』一二、和歌山城郭調査研究会、二〇〇三年）

城跡遠望

## 59 小坊師ヶ峰城

当城については、「一城別郭の城郭とし、守護系勢力、築城年代を一六世紀前半」[*1]や「一城別郭は、否定しつつも、守護勢力であり築城年代を一五世紀後半」とした研究がある。[*2]

当城は頂部に主郭を構え、主郭を守るように各枝尾根に曲輪を配している。また、枝尾根には、決まったように空堀を築いている。この縄張りでは、防御範囲が拡散し、多くの城兵が必要になる弱点をもつが、いずれにしても、遮断を重要視した中世城郭の見本のような縄張りが見どころである。

城跡へは、御坊市より国道四二号線を北上し、日高町萩原公差点から県道二三号線を進む。池田集落を過ぎると、道幅は狭く対向は困難となるが、しばらく進むと案内板がある。案内板から谷に沿い、おおよそ二〇分ほど登ると城跡に辿り着く。駐車場はないが、案内板付近での駐車は可能である。（野田　理）

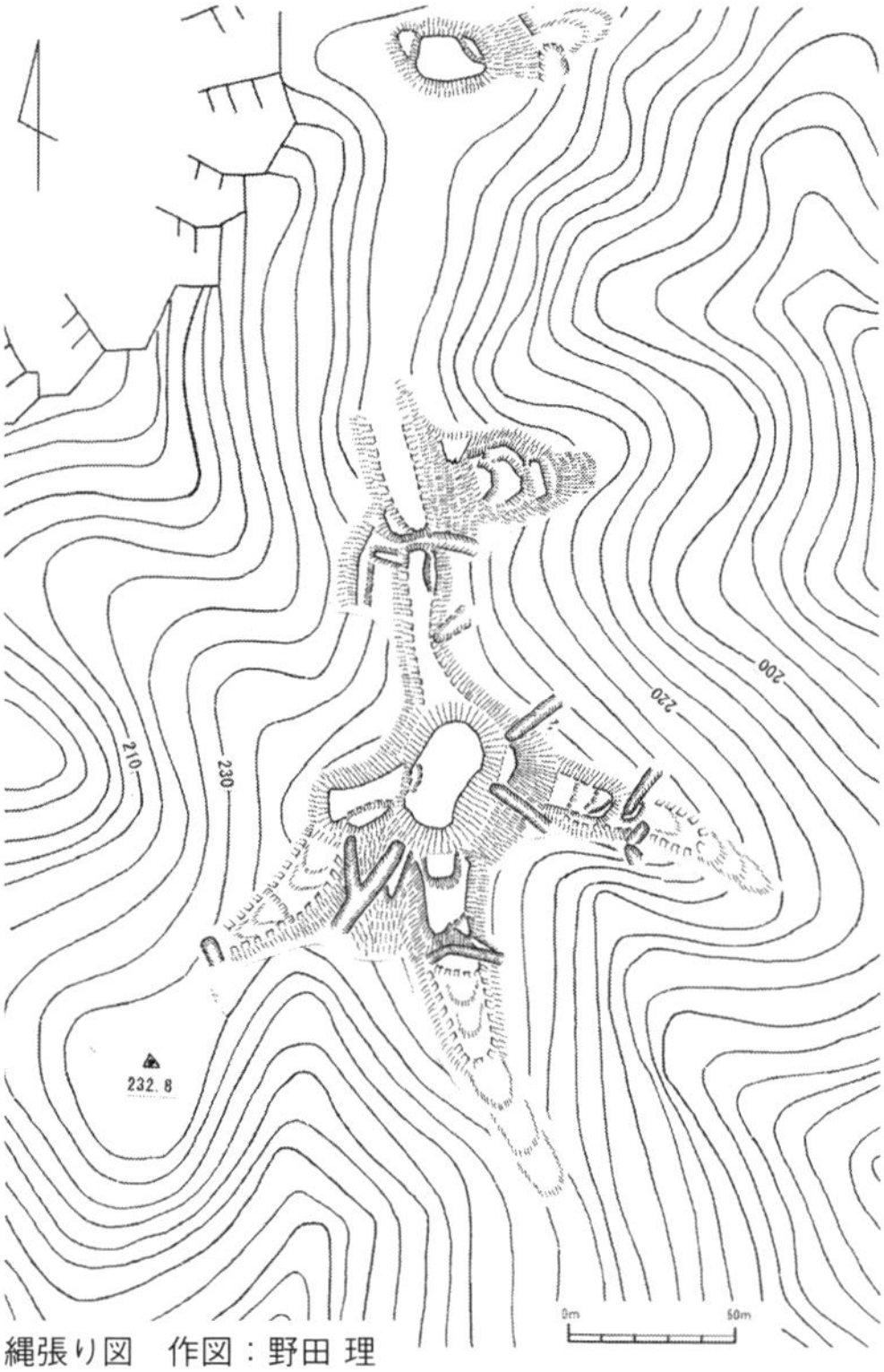

縄張り図　作図：野田 理

［参考文献］水島大二監修『定本・和歌山県の城』（郷土出版社、一九九五年）／『和歌山城郭研究』二（和歌山城郭調査研究会、二〇〇三年）／中井均監修・城郭談話会編『図解近畿の城郭』Ⅱ（戎光祥出版、二〇一五年）

*2　野田理「小坊師峰城」（中井均監修・城郭談話会編『図解近畿の城郭』Ⅱ、戎光祥出版、二〇一五年）

主郭　西から東

主郭　東から西

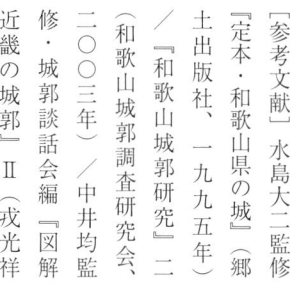

発掘された大規模な平地城館

# 19 高田土居《たかだどい》

①所在地：日高郡みなべ町気佐藤
②別　称：高田城・高田要害・三鍋城
③標　高：六m／比　高：〇m
④遺　構：曲輪・土塁・横堀など

高田土居は、阪和自動車道みなべICのそばにあり、遺構の一部はICの地中に埋もれている。この一帯は中世の南部荘にあたり、高野山蓮華《れんげ》乗院《じょういん》の所領であった。北部の水田は整った方格地割をなし、「八丁《はっちょう》田圃《たんぼ》」と呼ばれている。高田土居は当初、この荘園の運営に関わる施設として構築され、その後、守護畠山氏の奥郡支配の拠点として整備されたと考えられる。

一五世紀後半から一六世紀前半の畠山氏の内紛において、「高田城〈要害〉」・「三鍋城《みなべ》」の争奪戦が繰り広げられる。これらは、いずれも高田土居を指すとみられる。大永二年（一五二二）には、南部に駐留していた畠山氏家臣の野辺《のべ》氏が没落し、高田土居の名も史料上、姿を消す。畠山氏の支配が後退し、館としての役割を終えたのだろう。

阪和自動車道の南延にともない、発掘調査を実施したところ、当城の規模は南北約二二五×東西約一五〇メートルにも及ぶことが判明した。構築年代は一五世紀前半とされ、当初から二重の堀をもつ複郭の構造であった。一五世紀第Ⅳ四半期以降に外郭ラインを改修し、外堀を古川・古川支線の旧河道とつなげ、城域を東西に広げている。その後、一六世紀半ばまでには館が廃絶し、鋳造工房に転換したことがわかる。この時期の遺構としては、井戸跡を転用した溶解炉や鋳物《いもの》を保管するための土蔵《どぞう》、その他多数の土坑《どくい》が検出されている。

高田土居は、大野〈海南市〉や広〈広川町〉の守護館よりも規模が大きく、紀伊国では最大級

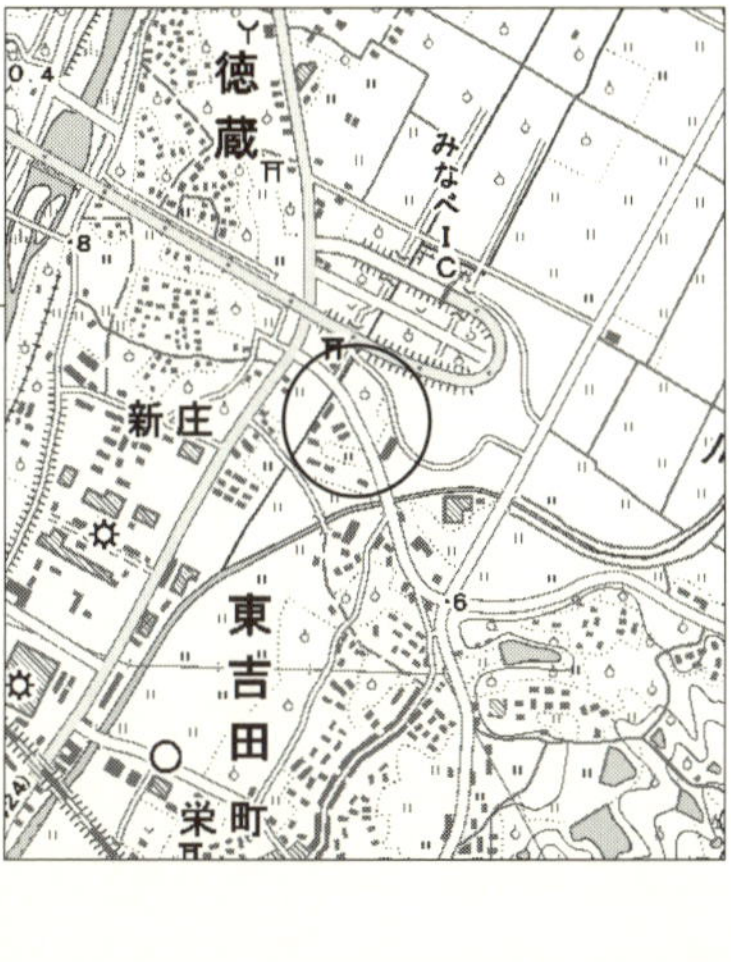

わずかに残る土居跡　写真提供：水島大二（以下、同）

の平地城館である。また、発掘調査によって構築から改修、廃絶に至るまでの過程が明らかになったことも重要である。紀伊国における平地城館のあり方や、畠山氏の分国支配について考えるための貴重な事例といえよう。

発掘調査の後、遺構はすべて埋め戻され、現在はＩＣ下の梅畑内に看板がひっそりと建つのみとなっている。ただし、周囲を注意深く観察すると、館の区画が現在の田畑の区割りに一部反映されていることに気がつく。発掘調査の遺構図を片手に、マニアックな歴史散策をしてみるのも一興であろう。

（新谷和之）

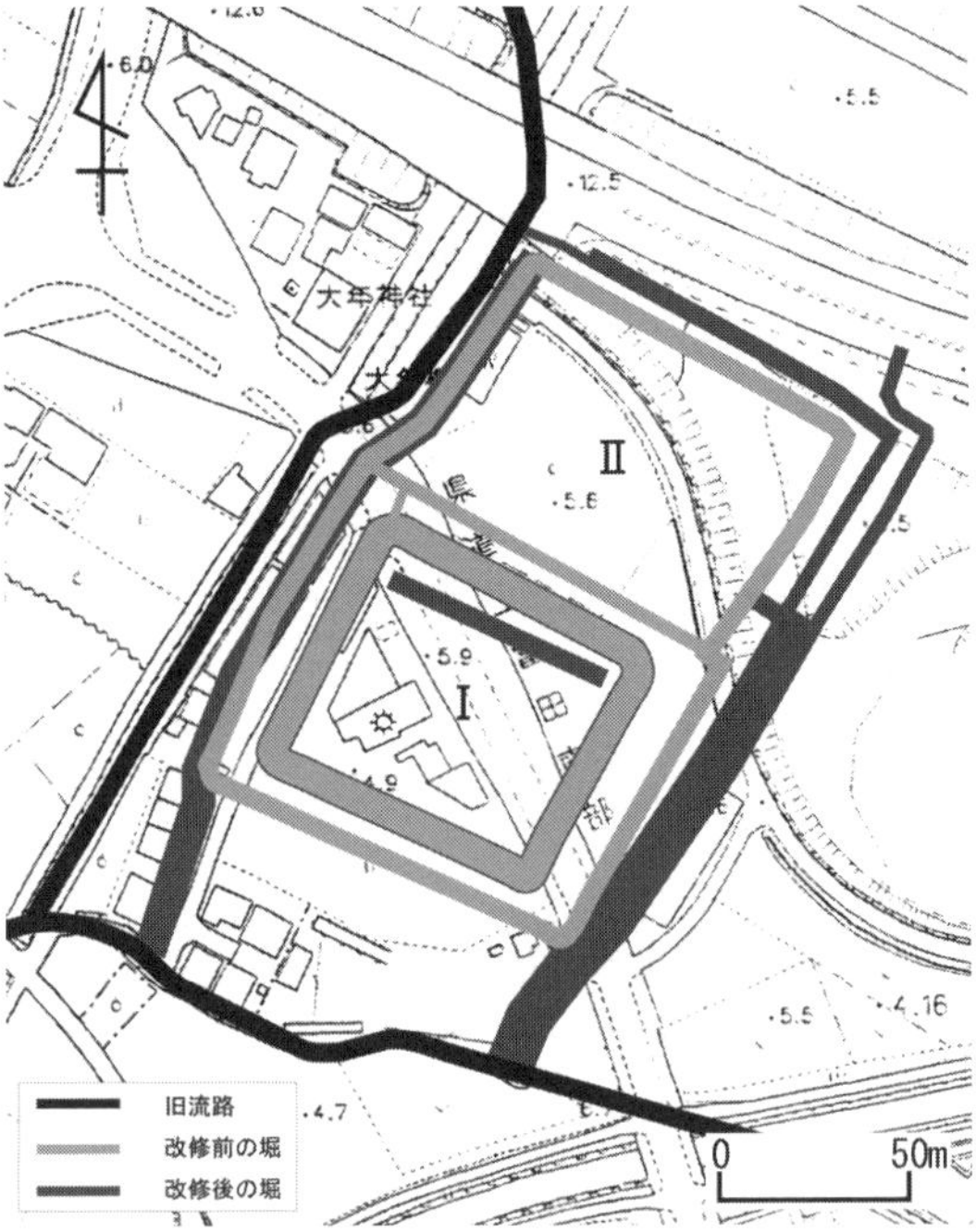


遺構図　作図：新谷和之

［参考文献］新谷和之「高田土居」（仁木宏・福島克彦編『近畿の名城を歩く―大阪・兵庫・和歌山編―』吉川弘文館、二〇一五年）／『中世再現　一二四〇年の荘園景観―南部荘に生きた人々―』（和歌山中世荘園調査会、二〇〇三年）／『高田土居城跡・徳蔵地区遺跡・大塚遺跡』（財団法人和歌山県文化財センター、二〇〇六年）

一九六〇年頃のようす

紀南における畠山氏の要の城

# 20 平須賀城《へいすがじょう》

①所在地：日高郡みなべ町西本庄
②別　称：平主山城・平祝城
③標　高：二〇七m／比　高：一七七m
④遺　構：曲輪・土塁・横堀・竪堀・堀切・畝状空堀群・帯曲輪

南部川下流に開ける南部平野の最も奥に位置する山城で、南部平野全域を支配するのに適した立地にある。

『紀伊続風土記』日高郡西本荘の条に、「平須山城跡、村の艮山上にあり　○幡山城跡　要害城といふ[*1]　村の西北にあり　両城とも野邊弾正左衛門尉の居城と云ふ　牟婁郡芳養目良氏の蔵むる畠山家の文書に野邊六郎右衛門尉といふあり　御霊社永正の棟札に地頭小野氏野邊弥六慶景といふあり皆此の城主なるべし」とあり、野辺《のべ》氏が関係した城郭であるとされる。

野辺氏の史料上の初見は、「目良文書[*2]」中の「寛正四年（一四六三）十月五日付目良左京亮宛神保長誠書状写」である。神保長誠《じんぼながのぶ》は、畠山政長の内衆で紀伊奥郡守護代であった。また、『高野山文書』「（寛正五年十二月）廿四日付会行事性覚書状案」には、政長の代官として「南部庄代官野辺」とあり、畠山政長の有力な被官であったこともわかる。

野辺氏は、元来は武蔵国多摩郡野辺（東京都あきる野市）を本貫地《ほんがんち》とする武士で、政長に従って入国し、奥郡守護代に任じられたといわれる。入国時は、高田土居を拠点としていたようだが、軍事的緊張が高まった応仁の乱以後、山城である当城も併用するようになったのではないかと考える。

大永二年（一五二二）、熊野三山の軍勢によって「南部へイシュ野辺城落チ山地カ城モ落チ[*3]」

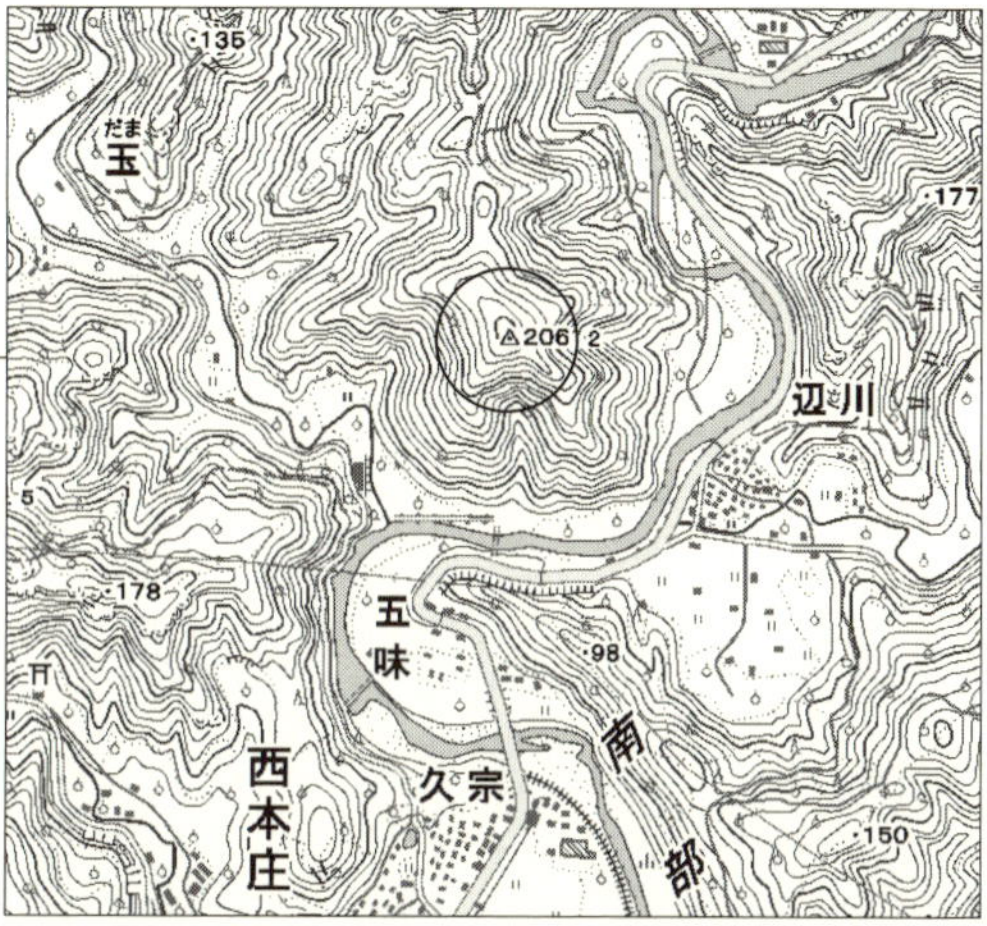


＊1　所在地不明。当城とは別に、西方に「城山」と記したヒントもあり、和歌山城郭調査研究会が周辺の山々を踏査したが、現時点では確認できていない。
＊2　『田辺市史』四、所収
＊3　『熊野年代記』

## 63　平須賀城

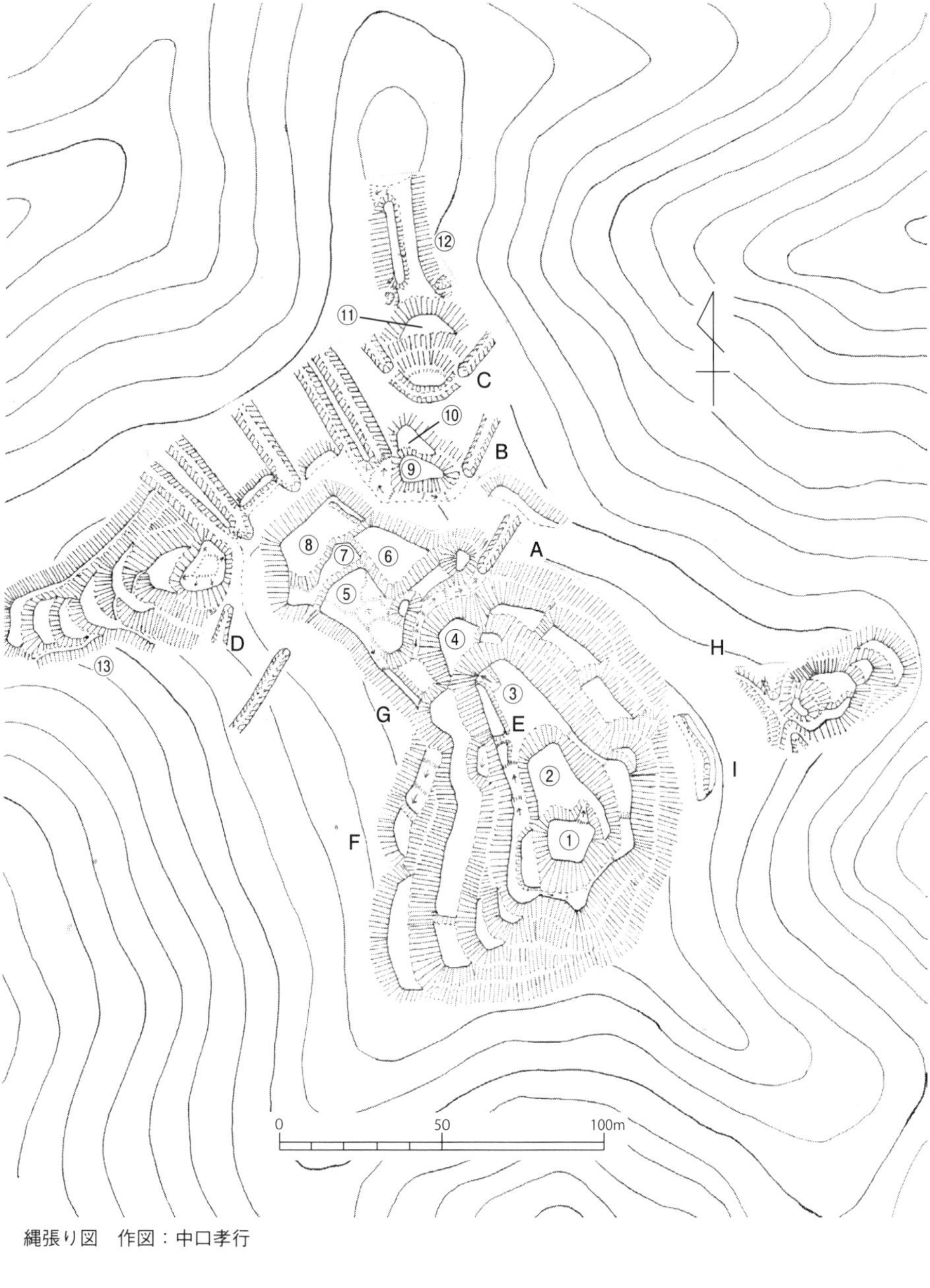


縄張り図　作図：中口孝行

二重堀切

との記録がある。野辺氏が史料に頻出するのは、応仁の乱から戦国初期の永正十八年（一五二一）までで、その後は登場しなくなることから、それ以降に滅亡したと考えられる。

城跡は、機能から四区に分けられる（Ⅰ～Ⅳ）。主郭①を最上段に、北に四段の曲輪を配置し、堀切で遮断後、さらに下に四段の曲輪を配置している。北西尾根と北尾根に堀切があり、その間に竪堀を配置し、畝状空堀群を形成している。主郭から曲輪④までの東斜面には五つの帯曲輪があり、西斜面にも同様に帯曲輪があるが、両斜面に竪堀はない。主郭は東西一五×南北一三メートルで、発掘調査では掘立柱建物跡一棟と柵列が検出されている。

曲輪②は東西一七×南北二一メートルで、ここからも掘立柱建物跡が三棟（同時期二棟、重複一棟）検出されている。曲輪③は東西二〇×南北二三メートルで、同じく掘立建物跡一棟が検出されている。曲輪④は東西一二×南北一〇メートルと小さめで、建物跡は検出されていない。この先に堀切Aがあり、さらに下に四段の曲輪がある。堀切Aにより、城内が上下に区別されている。上層段①②③④をⅠ区とする。当区からは発掘で検出された建物跡は少ないが、出土遺物などから、緊張期には当場所で生活していたと考えられ、儀式なども行われていた可能性も考えられる。また、発掘により曲輪③からは虎口Eが確認されている。その西斜面に登城ルートFが想定され、敵がこの方面から攻め上ってくると（模式図A）、曲輪④の下の横堀Gより攻撃を受けることになる。同じく搦め手と思われるルートHにも、横堀Ⅰで対応

南部平野を望む

（左写真）帯曲輪

している。

Ⅰ区の下の⑤～⑧をⅡ区とするが、当地から建物跡は検出されていないⅠ区との間に堀切Aを設けて独立させることで、Ⅱ区が敵の手に落ちても、容易にⅠ区へ侵入させない工夫がされている。Ⅱ区の曲輪群は、城全体の防戦の要となるため、この方向が城の防御の正面と考えられる。また、堀切BとDの間に三本の竪堀を掘り、畝状空堀群として遮断効果を高めているのは、この城の見どころの一つである。

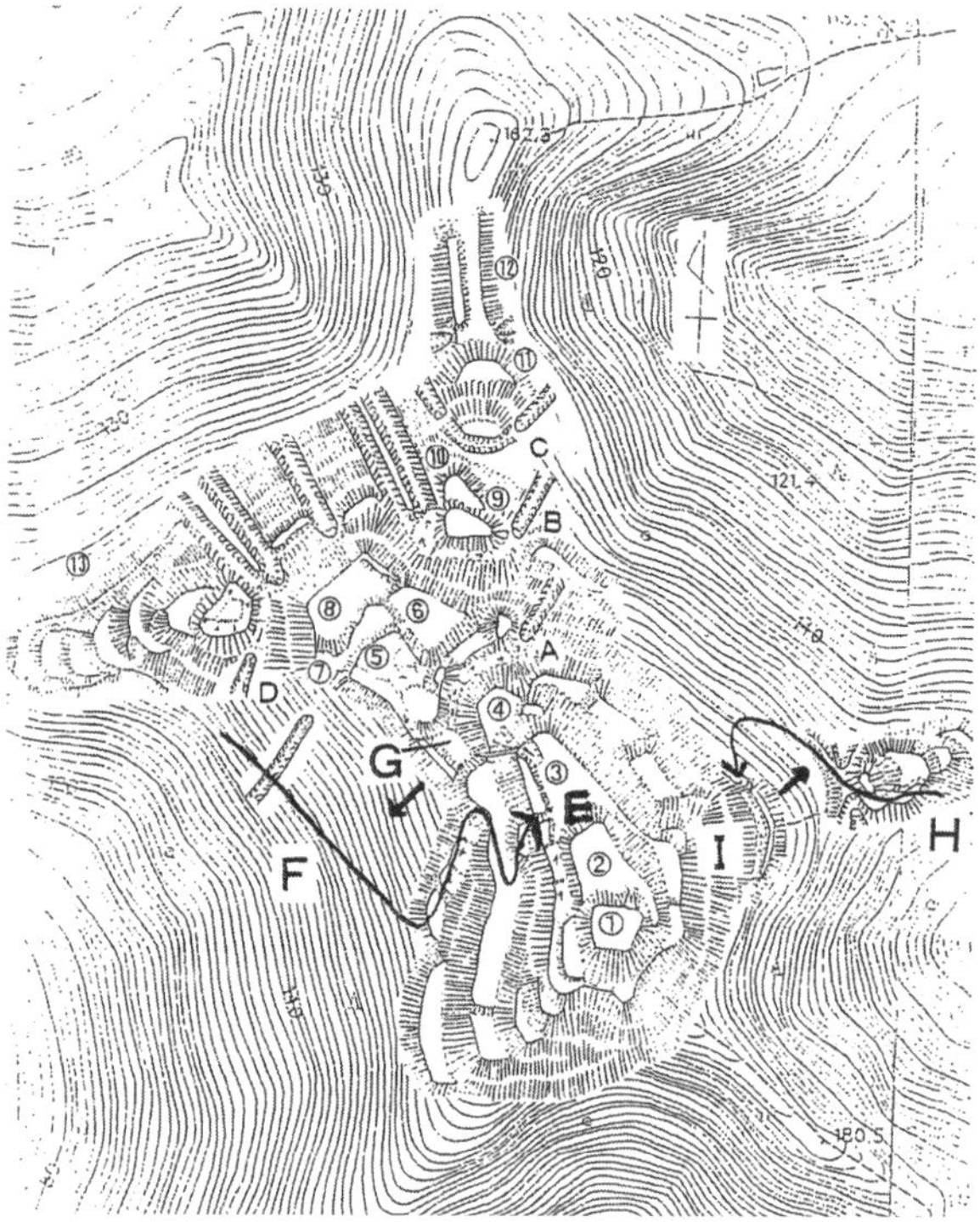

模式図Ａ　作図：中口孝行

北尾根に二重の堀切B・Cを配置し、さらに堀切の北側の鞍部を東西に分かれるように二段に造成している。Ⅲ区は、図中の⑨⑩⑪⑫とする。北西の尾根には堀切Dを配置して、Ⅱ区と隔絶している。

さらにその下に、七段の小曲輪を階段状に配置している。この小曲輪群⑬をⅣ区とする。Ⅳ区も西の尾根から登ってくる

畝状竪堀

城道が想定されるため、この尾根に階段状の曲輪を配置して、進入を遮断している。さらに、堀切Dによって尾根からの城道は西斜面を経由し、虎口Eに至る（模式図A）。このⅢ区とⅣ区は、尾根が一つにまとまるが、北西の谷筋、及び尾根筋からの外敵の侵入が予想されるため、それを阻止するために堀切C・Dが掘られている。

つまり、Ⅰ区は屋敷地として居住性を高め、Ⅱ区以下は戦いのための空間に大別できる。発掘調査の出土土器の編年から、一五世紀後半から一六世紀前半に使用されたものと考えられる。

城跡へは西尾根からのルートがあるが、民有地があるので注意が必要である。（中口孝行）

［参考文献］『平須賀城跡発掘調査概報』（南部川村教育委員会、一九九五）／『和歌山城郭研究』一四（和歌山城郭調査研究会、二〇一五年）／弓倉弘年「野辺氏小考」（『くちくまの』八〇号、一九九〇年）

# 第二部　紀伊国人たちの城館

| | | | |
|---|---|---|---|
| 21 | 鞍賀多和城 | 40 | 中峰城 |
| 22 | 天路山城 | 41 | 宮代城 |
| 23 | 阿尾城 | 42 | 高地山城 |
| 24 | 入山城 | 43 | 龍松山城・坂本付城 |
| 25 | 小松原土居 | 44 | 国陣山城 |
| 26 | 亀山城 | 45 | 堅田要害山城 |
| 27 | 吉原御坊 | 46 | 鴻巣城 |
| 28 | 赤松城 | 47 | 血深城 |
| 29 | 榎城塞群・鳴神城 | 48 | 安宅八幡山城 |
| 30 | 市谷山城 | 49 | 安宅勝山城 |
| 31 | 日向山城 | 50 | 安宅大野城 |
| 32 | 泊城 | 51 | 中山城 |
| 33 | 龍神山城 | 52 | 高瀬要害山城 |
| 34 | 鶴ヶ城 | 53 | 土井城 |
| 35 | 田尻城 | 54 | 蛇喰城 |
| 36 | 手取城 | 55 | 市鹿野城 |
| 37 | 鳶之巣城 | 56 | 小山城・小山屋敷 |
| 38 | 衣笠城 | 57 | 神田城 |
| 39 | 鷹ノ巣城 | 58 | 藤原城 |

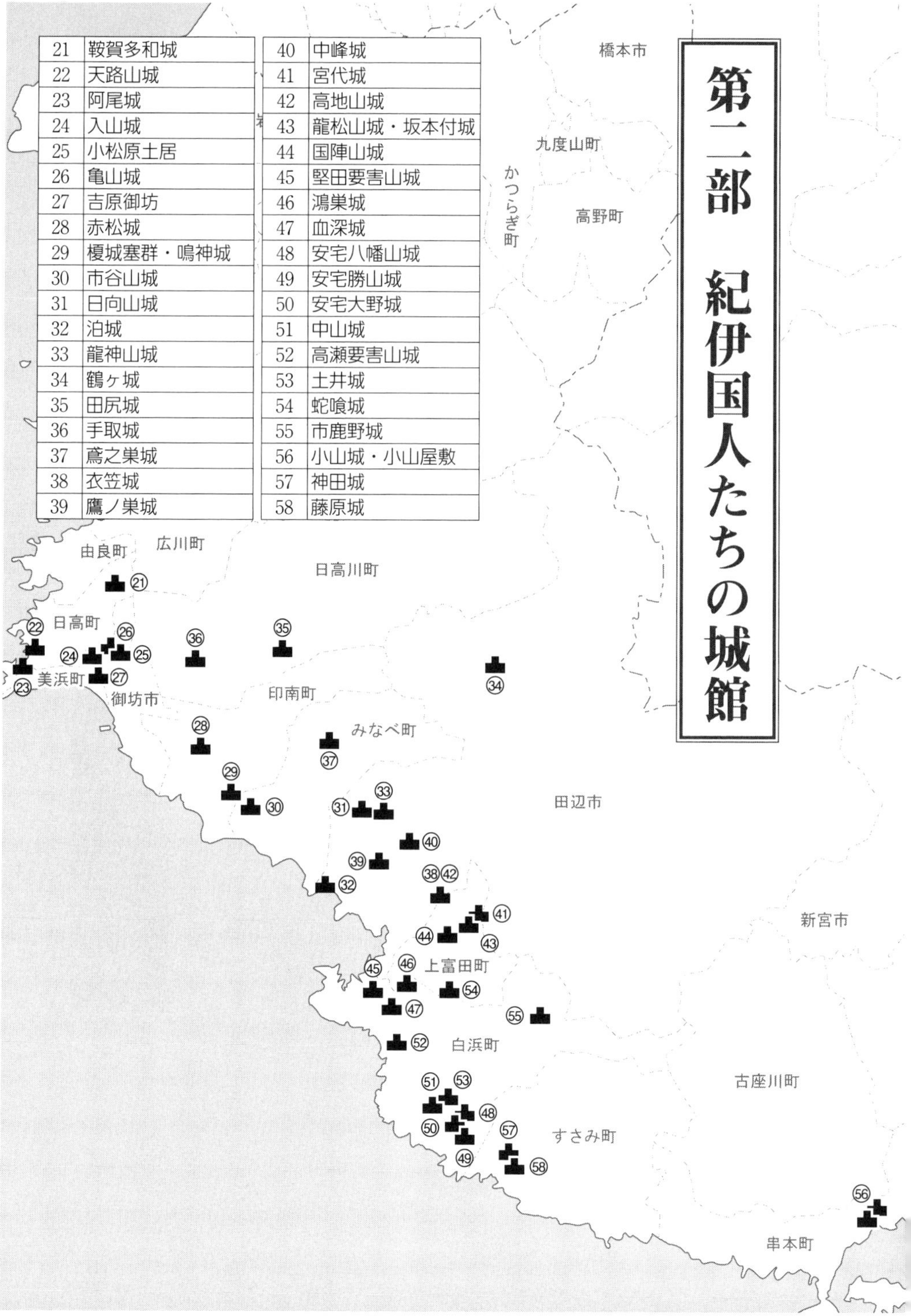

## 2、湯河《ゆかわ》氏の城館

湯河氏は、清和源氏武田《たけだ》氏の出で、信忠《のぶただ》の代に鎌倉から熊野にやってきたという。道湯川《どうゆかわ》（田辺市）を拠点に、熊野八庄司の一人に数えられるほど勢力を誇った。南北朝期には、はじめは南朝方であったが、一四世紀半中頃に北朝方に転じた。[*1] 南北朝の内乱を機に日高郡へ進出し、奉公衆として室町幕府の軍事力を支え、幕府直轄領の管理にあたった。

湯河氏の惣領は代々、「新庄司《しんしょうじ》」を名乗り、小松原《こまつばら》（御坊市）を基盤に活動した。紀伊国内では他に、「式部大輔《しきぶたいふ》」を名乗る庶子が、芳養《はや》（田辺市）を領有していた。式部大輔家は、一五世紀前半にはすでに、守護畠山氏の「要害」の維持・管理にあたっていたことが知られる。その一方で、「安房守《あわのかみ》」を名乗る一統が一五世紀末まで京都に住み、幕府のつとめを果たした。連歌の名人として知られる湯河政春《まさはる》は、この系統である。

本来、奉公衆は将軍に直接つながり、守護からは相対的に独立した存在である。しかし、応仁・文明の乱後、幕府の影響力が低下し、守護畠山氏が紀伊国への支配を強めるなかで、玉置氏や山本氏は畠山氏の分国支配の一端を担うようになる。これに対して、湯河氏は幕府からの要請がなければ畠山氏の軍事行動に協力せず、奉公衆としての立場を貫いた。

戦国期の湯河氏は、権益を保証する文書を独自の権限で与え、日高平野一帯を治める地域権力となった。さらに、一族や家臣を束ねて家中を形成し、権力基盤を拡大した。湯河氏の一統は、一六世紀には守護所のあった広《ひろ》（広川町）や大野（海南市）へも影響力を及ぼしている。こうして、

*1　『太平記』

湯河氏は戦国期には守護畠山氏をも凌駕する勢力へと成長を遂げた。

天正十二年（一五八四）、小牧・長久手の戦いに乗じて、湯河氏は根来《ねごろ》衆・雑賀《さいか》衆とともに兵を挙げたが、岸和田《きしわだ》城（大阪府岸和田市）主の中村一氏《なかむらかずうじ》に鎮圧される。翌年、羽柴秀吉は紀州を攻めたが、湯河直春《なおはる》はすぐさま本拠を捨て、山中でゲリラ戦を展開する。天正十四年には、山本氏とともに熊野で一揆を扇動するが、羽柴秀長に鎮圧される。その後、直春は降伏し、秀長の居る郡山《こおりやま》城（奈良県大和郡山市）で殺害されたとされる。なお、庶子の式部大輔家は「下芳養殿《しもはやどの》」として大和に領地を得、生き残った。*2

惣領家が暮らした小松原館（湯川氏館）は、一辺二〇〇メートルを越え、紀伊国では最大級の平地城館である。小松原館は、熊野街道の宿を城下町に取り込み、流通経済の掌握に適した構造であった。背後の亀山城は、有事に立て籠もる軍事施設でありながら、地域住民の生業を保証する機能ももっていた。このように、山城と館、城下町が緊密に連携した本拠は紀伊国では珍しく、湯河氏の特質を示していると思われる。

（新谷和之）

［参考文献］新谷和之「奉公衆湯河氏の本拠の景観―小松原館周辺の空間構造―」（『和歌山地方史研究』六七、和歌山地方史研究会、二〇一五年）／矢田俊文『日本中世戦国期権力構造の研究』（塙書房、一九九八年）／弓倉弘年『中世後期畿内近国守護の研究』（清文堂出版、二〇〇六年）

＊2　「湯河家文書（東京）」

『紀伊国名所図会』に描かれた「湯川氏古城跡の図」　当社蔵

『鞍賀多和長尾記』の舞台になった城

# 21 鞍賀多和城《くらがたわじょう》

①所在地：日高郡日高町原谷
②別　称：長尾城・鞍ヶ多城
③標　高：三五〇m／比　高：約三〇〇m
④遺　構：石積み・堀切

和歌山県下には、標高の高い山城が少なくない。日高川町田尻の田尻城は標高七五〇メートル、紀美野町の勝谷《かちや》城は標高七四五メートル、紀の川市麻生津《おうつ》の飯盛《いいもり》山《やま》城も標高七四五メートルを測る。しかし、これらの山城は途中まで車で上れ、比較的アプローチは容易である。鞍賀多和城は、標高こそこれらより低いが、登る道の厳しさ、距離の長さで県下随一の山城と言ってよい。

熊野街道が通る原谷の東、標高三六七メートルの薬師谷山の北西尾根にある山城で、「多和」とは稜線の窪んだところ、「鞍部《あんぶ》」という意味である。山頂は眺望に優れ、北に熊野街道の鹿ヶ瀬峠や鹿ヶ瀬城（日高町）、南に湯河氏の本城・亀山《かめやま》城（御坊市）、西にはこの城の築城のきっかけとなったとされる小坊師ヶ峰城（日高町）が望める。

近世の軍記物『鞍賀多和長尾記』*1によると、大永二年（一五二二）、阿波の三好義長が畠山氏・湯河氏が留守の間に日高郡に上陸し、小坊師ヶ峰に築城する。迎え撃つ崎山家正は原谷を挟んだ東の山に鞍賀多和城を築いて対抗し、攻め寄せる三好軍を相手に華々しい戦いを繰り広げるが、衆寡敵せず、家正は敗れて落城したとされる。これらの記述は誇張・誤りが多く、また、裏付ける当時の史料もないため近世の創作とされるが、一六世紀中頃の紀州勢と畿内の三好氏らとの緊張関係が背景にある物語だと理解される。

遺構はほぼ手つかずで残る。自然の大石が残る主郭Ⅰから東に三段の曲輪が階段状につながる。

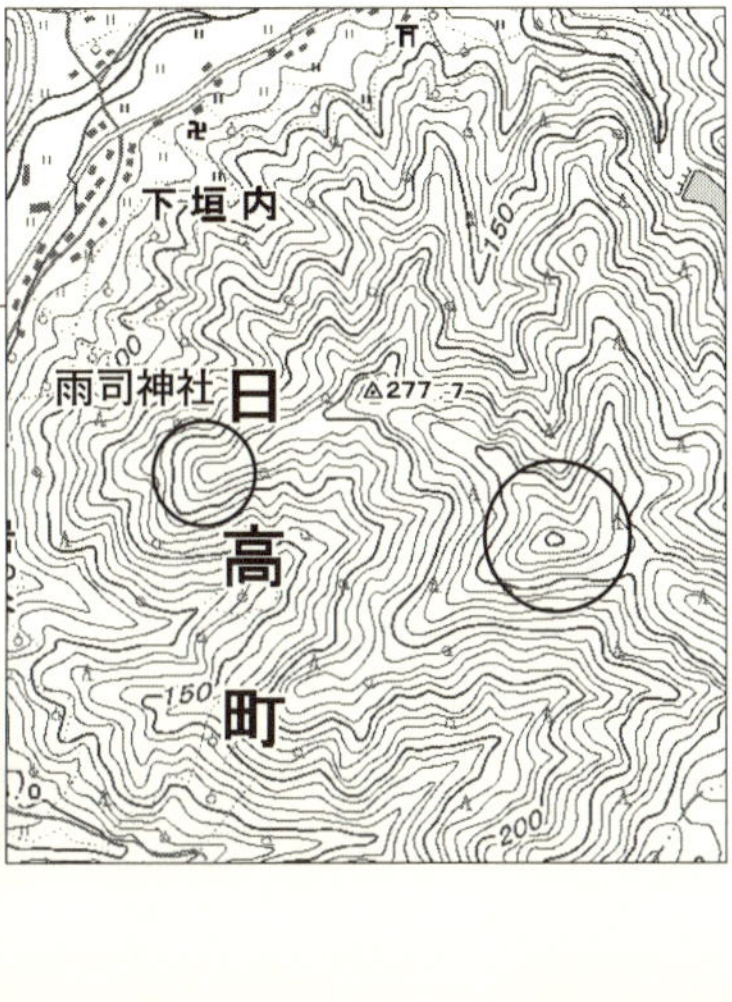

城跡遠望（中央の山）小法師ヶ峰城から

この四つの曲輪の東・西・北には堀切と竪堀が岩盤を穿ち、厳重に遮断されている。城の見どころは曲輪側面の石積みである。地山の造成時に出た石を積んだもので、曲輪Ⅳの北面にはとくによく残っている。この石積みは織豊期の城郭石垣のように高さを求めたり、建物の基礎のためのものではないが、岩が多く崩れやすい曲輪を維持するために、不可欠な普請であったようだ。

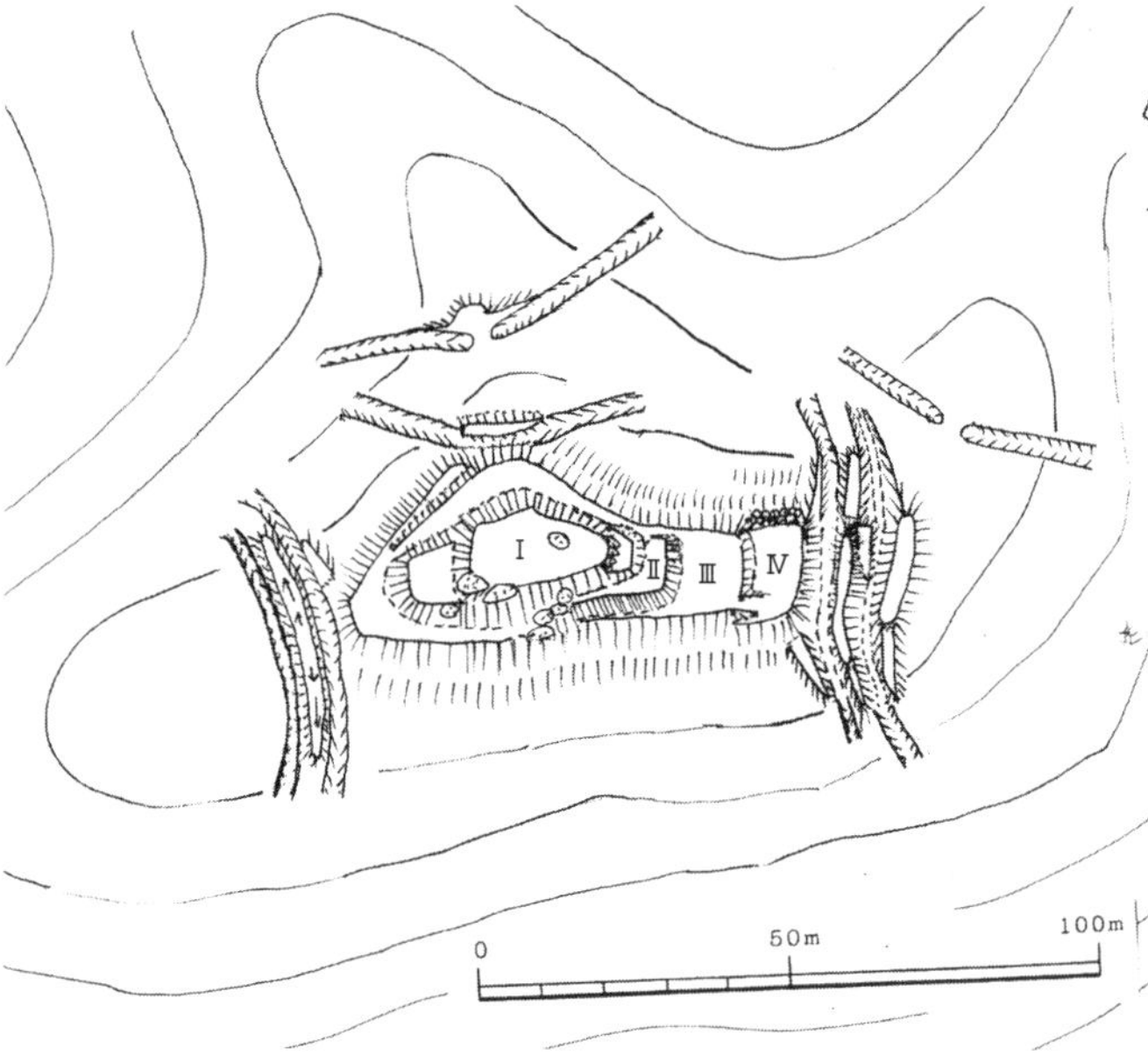

縄張り図　作図：白石博則

城跡へは県道一七六号線原谷・下垣内の雨司《あめし》神社への参道を上り、尾根先端（標高二三〇メートル地点）の雨司神社に至り、二七七メートル三角点を経て、東南に上る。約一・五時間かかる険路である。まず、地元の方に登り口を尋ねてみることをお勧めする。

（白石博則）

［参考文献］高田徹「鞍賀多和城」（中井均監修・城郭談話会編『図解 近畿の城郭』Ⅲ、戎光祥出版、二〇一六年）

＊1　『日高郡誌』（復刻、名著出版、一九七一年）などに翻刻されている。

堀切

石積み

良港を押さえた湯河氏の海の拠点

# 22 天路山城《てんじやまじょう》

①所在地：日高郡日高町比井《ひい》
②別　称：比井城
③標　高：七〇m／比　高：約六〇m
④遺　構：曲輪・土塁

城跡は、日高平野の西端、比井と津久野《つくの》の両集落を押さえ、紀伊水道に臨む位置にある。波浪の影響の少ない天然の良港・比井は、近世には「比井廻船《かいせん》」と呼ばれる、酒などを運ぶ樽廻船の基地として栄えた。近代においても汽船の大型化、鉄道伸張がなされるまでは、日高平野の玄関口としてにぎわったところである。中世には船で熊野参詣に向かい、荒天のため海の難所だった日《ひ》ノ御崎《みさき》沖の通過がかなわない場合、比井で下船し、陸路をとって熊野に向かったという。城の東にある比井若一王子《にゃくいちおうじ》神社境内では、院政期の保元三年（一一五八）に埋納されたことがわかる経塚《きょうづか》が確認されており、熊野詣の要地であった証しとされる。戦国期にこの良港を押さえたのは湯河氏で、地元には城主・湯河（嶋）弘春《ひろはる》を祀った「弘春社《こうしゅんしゃ》」や湯河氏の祖・武田氏を祀った「玄古社《げんこしゃ》」などが伝わることから、湯河氏の居城・亀山城（御坊市）の支城と位置付けることが可能であろう。

城跡は、岬の付け根の山頂部を中心に、北・南西・南東の尾根に展開する。主郭Ⅰは標高七〇メートル地点にあり、低い土塁がめぐる。ここにはかつて天神社（天神）が祀られていたことがあり、遺物はその時代のものの可能性もある。Ⅰの下のⅤの側面の石積みは、後世の耕作に伴うものの可能性もあるが、判然としない。Ⅱ・Ⅲは比較的往時の姿を伝えている。Ⅲの東端には、地山を削り残した土塁が残る。その北は鞍部を挟んで、出城Ⅳがある。ここにも土塁・石積みなどが確認される。主郭の南西の尾根Ⅵも出曲輪だが、その先のⅦは後世の耕作地であろう。また、南東

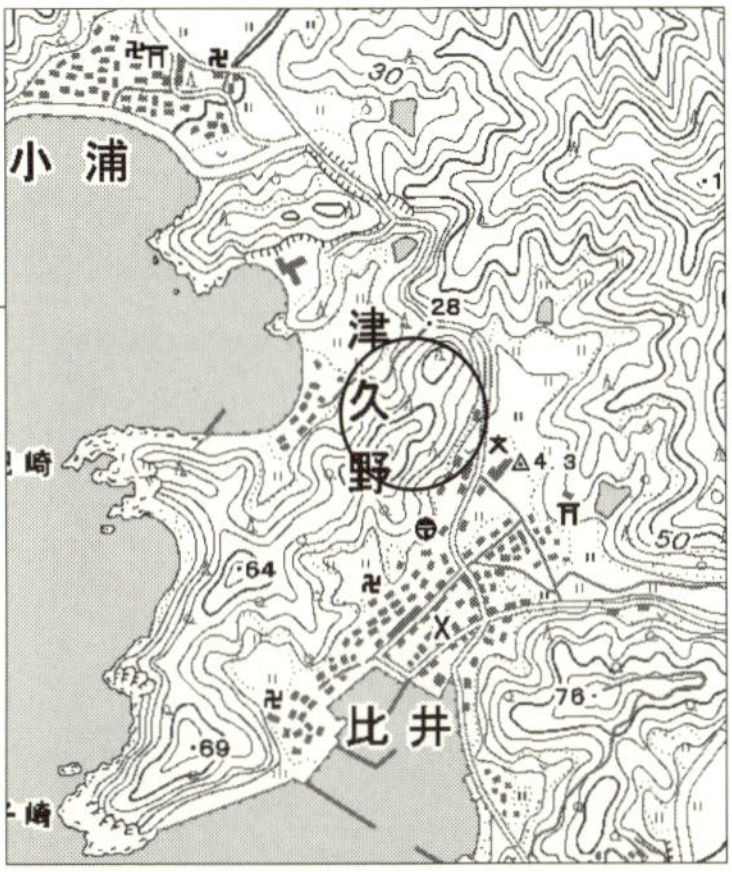

城跡遠望

のⅧは尾根の真ん中を境界土塁（後世のもので土地の境界）が通る。図には描いていないが、その南下の平坦地（畑跡）は「土居」と呼ばれ、城主「居館」とされる。耕作地としての改変が著しいので断定し難いが、居住スペースの可能性がある。

この城の見どころは、まず規模の大きさである。日高郡では亀山城・手取《てどり》城（日高川町和佐）に次ぐ規模で、城主の動員力を物語る。遺構は改変もあるが、主郭周辺や出城Ⅳの土塁はよく残っている。堀切があまり使われないところは亀山城と似ている。

登るには、比井郵便局の裏から南東尾根Ⅷから主郭Ⅰに至るのがよいのだが、近年、違法な開発によってかつての城道が破壊された。そのため、城に登るには長覚寺の裏の津久野へ越える峠からⅦに入り、Ⅰを目指すのがよい。（白石博則）

［参考文献］『日高町の古城館・砦跡』（日高町教育委員会、一九八八年）／白石博則「天路山城」（中井均監修・城郭談話会編『図解 近畿の城郭』Ⅱ、戎光祥出版、二〇一五年）

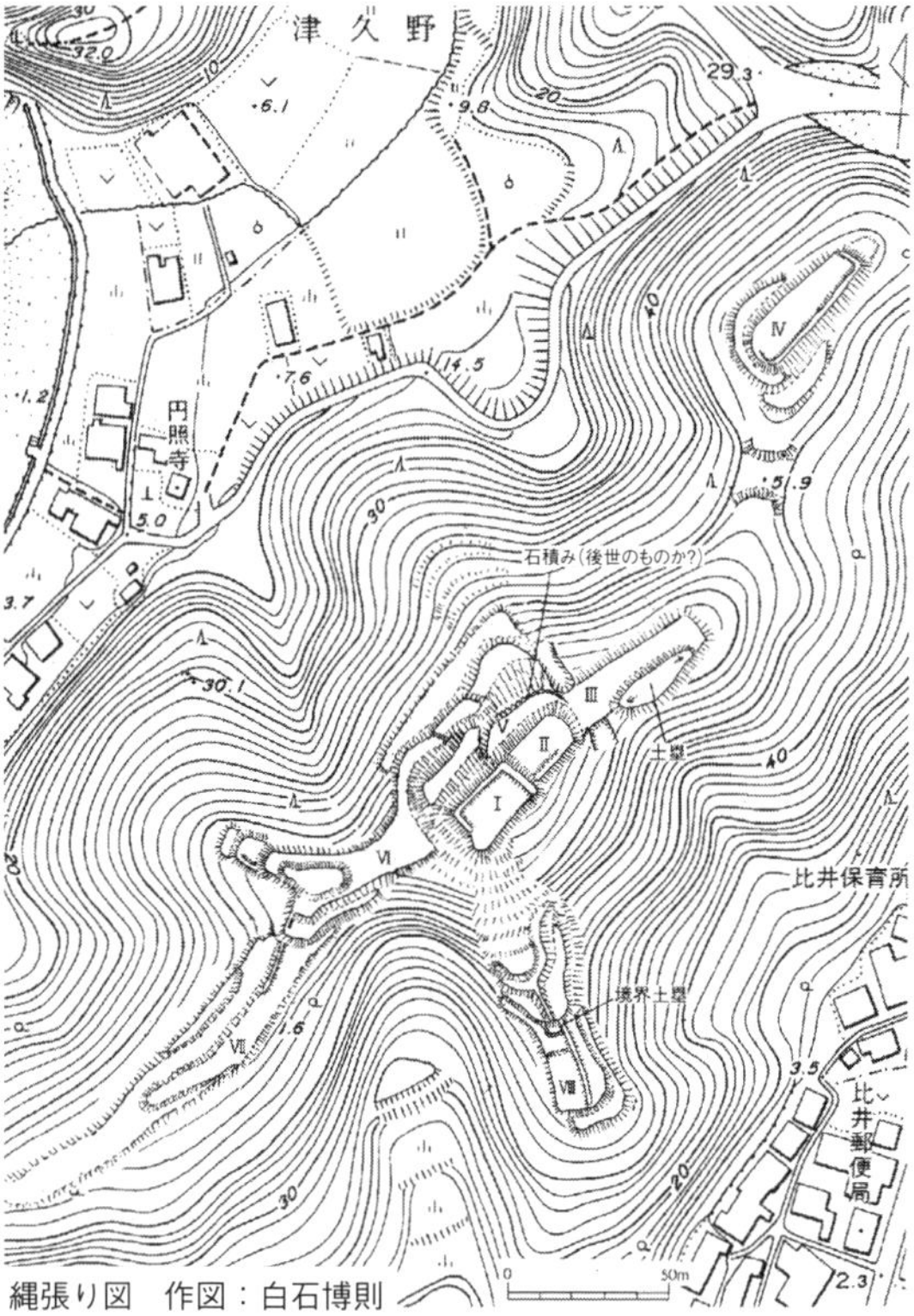

縄張り図　作図：白石博則

石積み　一九七七年撮影　写真提供：水島大二

海上と集落の往来両方を見張る城

# 23 阿《あ》尾《お》城《じょう》

①所在地：日高郡日高町阿尾・美浜町三尾《みお》
②別　称：城山
③標　高：一四〇m／比　高：一三〇m
④遺　構：曲輪・石垣

阿尾城は、美浜町三尾と日高町阿尾の境にあり、「城山」と呼ばれている。また、美浜町側には「城の谷」や「城の前」という小字が残っている。

阿尾から日の岬沖を通って三尾に至る海路は、風が強く、潮の流れも速いため、日の岬沖を通らずに、由良《ゆら》や比井、阿尾から陸路をたどって熊野方面に行く方法が多かったようだ。

古くから、三尾と阿尾の集落を山越えで結ぶ里道があり、里道の頂上にある産湯《うぶゆ》峠から尾根伝いに四〇〇メートルほど西に行くと、阿尾城にたどりつく。

最頂部にある約四〇×一五メートルの主郭を中心に、尾根にそって南側に四段、北東側に二段の曲輪が確認できる。また、主郭の北側斜面に自然石を積んだ石垣があるが、竪堀や堀切は見られない。

切岸を防御の主体としており、室町期に築城され、戦国期の改修もされないまま廃城されたと思われる。城主については、『紀伊続風土記』の阿波監物説と、『日高郡誌』の湯河氏説とがある。阿尾城の北方にある小坊師ヶ峰城（日高町）と志賀城（同）は、四国から攻めてきた三好氏によって築城されたと伝えられているので、阿尾城も外来勢力が日高地方に進出するための足がかりとして築いたか、あるいは当地を支配下に置く湯河氏が、海上や阿尾と三尾の間の往来を見張るために築いたかのいずれかであると推察できる。

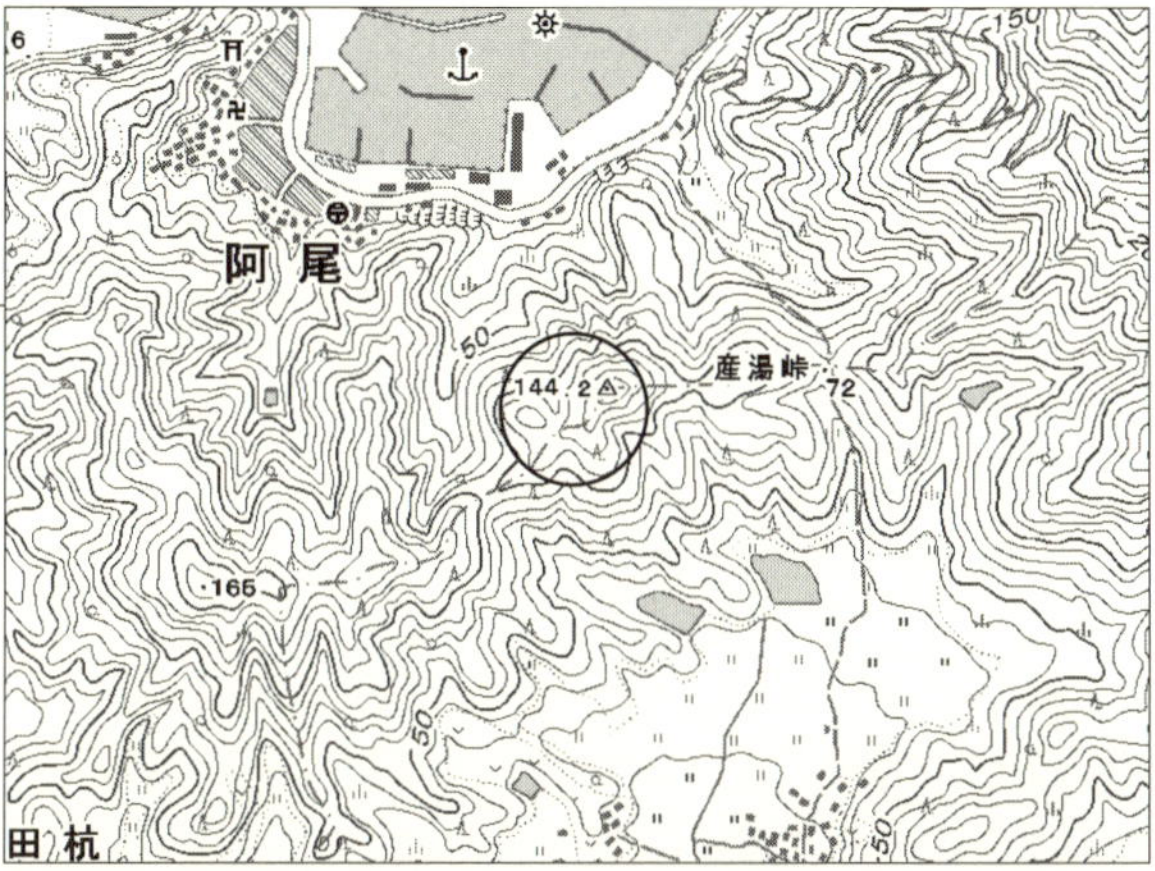


（左写真）城跡遠望

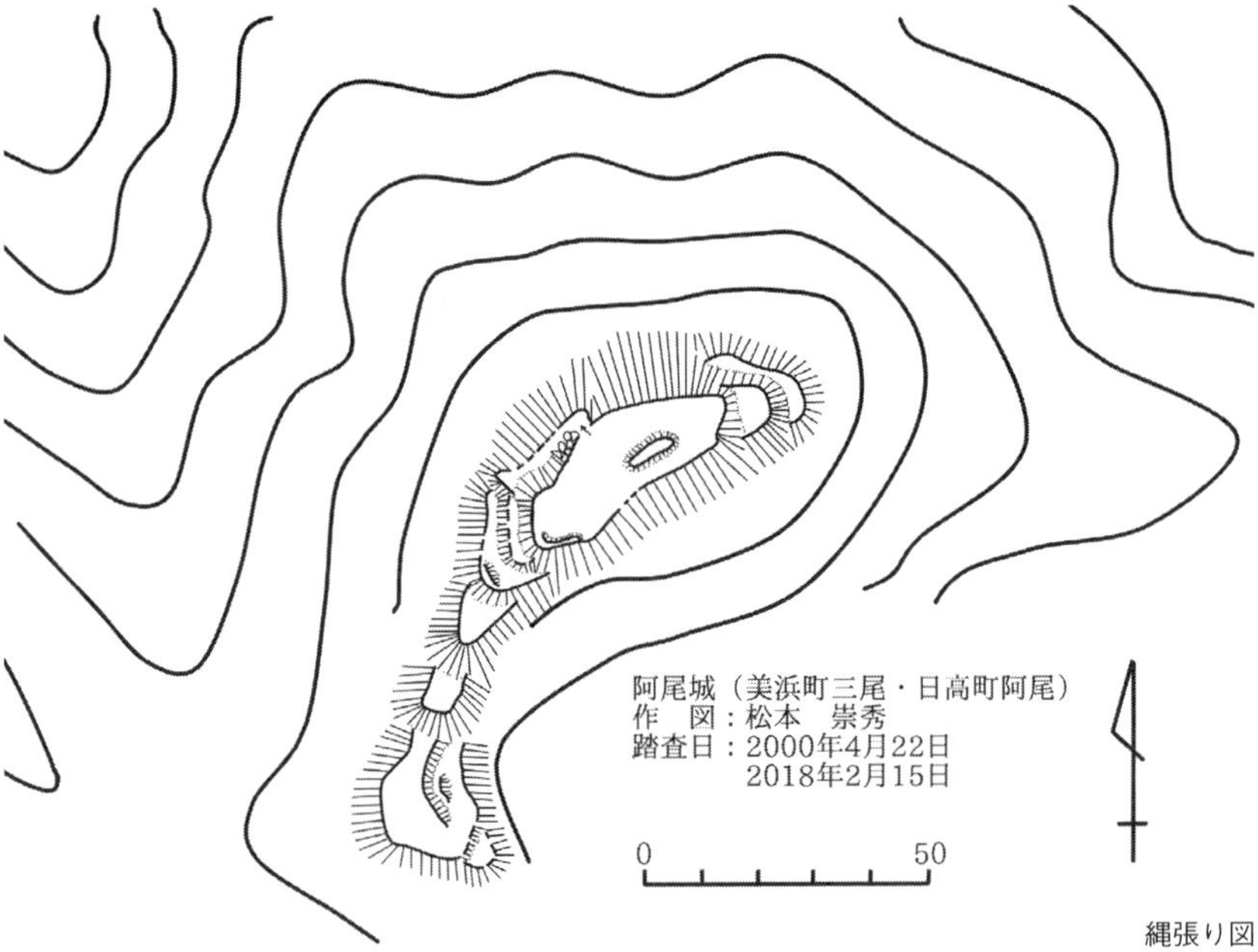


縄張り図

城跡の南側は雑木林で、木立の隙間から三尾の海がかすかに望める程度であるが、北側の眺めは、低木のおかげで、比井の海が一望できる。

なお、三尾漁港から阿尾城を見たとき、産湯峠は手前の山に阻まれて見えないが、阿尾城がある城山は見えることから、よりよい眺望を意識して、城を作る場所を選んだことがわかる。

城跡へは、JR紀勢本線御坊駅から御坊南海バス海猫島行きで海猫島《うみねこ》バス停下車、徒歩約五〇分。里道は足元が悪く、健脚向き。（松本崇秀）

［参考文献］『美浜町史』資料編（美浜町、一九八四年）／『和歌山城郭研究』一（和歌山城郭調査研究会、二〇〇二年）／中井均監修・城郭談話会編『図解 近畿の城郭』Ⅳ（戎光祥出版、二〇一七年）

石垣

紀州攻め後に秀吉の家臣が入った城

# 24 入山城《にゅうやまじょう》

①所在地：日高郡美浜町和田
②別　称：城山・本丸・青木の段
③［城山］標高：七八m／比高：七六m　［本丸］
標高：三四m／比高：三二m
④遺　構：曲輪・土塁・石垣・堀切

入山城は、湯河氏の居城であった亀山城（御坊市）から西へ約九〇〇メートルのところにある独立した丘陵「入山」にあり、「城山」と「本丸」の二か所からなる。また、入山の麓には、永禄五年（一五六二）の銘が刻まれた宝篋印塔《ほうきょういんとう》と、城主の青木氏にゆかりがあると伝わる女性の墓（通称・女郎の墓）も伝えられている。

「城山」の山頂は雑木林だが、その中心に本曲輪を主として、周りを取り囲むように曲輪が配置されている。東西約三〇×南北約三五メートルの本曲輪の縁には、土塁が築かれ、南側と北東側には堀切が掘られて、尾根伝いに侵入してくる敵を防いでいる。

「本丸」と呼ばれる城跡は、「城山」の南方、標高三四メートルにあって、竹藪に覆われた中に、約五五×三五メートルの中心部と、それを囲むように曲輪を配置している。自然地形をそのまま生かした「城山」に対して、「本丸」は方形を意識した造りで、虎口もはっきりと残されている。

城主については、天正十三年（一五八五）の羽柴秀吉による紀州攻めののちに、「にら山（入山）の城に青木紀伊守一矩《かずのり》を残し置いた」と「藤堂家文書」[*1]にあり、青木氏の城跡であったとする説が有力であると考える。

しかし、湯河氏の本拠地であった亀山城と近い位置にあることから、もともと亀山城の出城であったところに、秀吉の家臣であった青木一矩が日高地方の押さえとして入り、方形曲輪を意識した本丸を構築、または改修したと考えるのが妥当ではないだろうか。

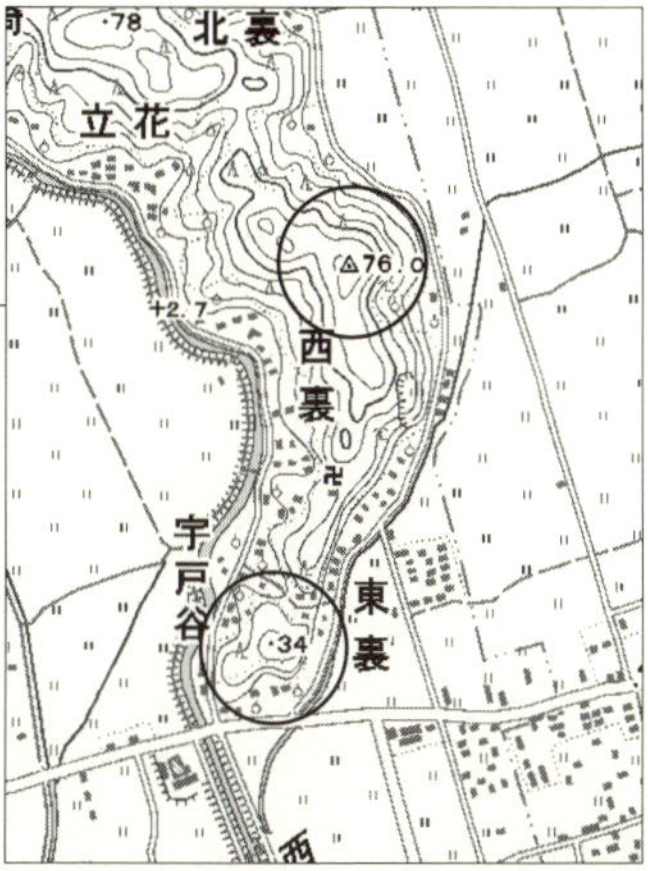


*1　『大日本史料』第一一編之一四（東京大学史料編纂所、一九七二年）。

城跡遠望　手前の丘陵、右の頂が城山、左端が本丸

なお、青木一矩は翌天正十四年に越前大野郡（福井県）へ転封命令が出ているので、青木氏が在城した期間は一年ほどということになる。

同じ時期に、秀吉の家臣である杉若無心《すぎわかむしん》が入った泊《とまり》城（田辺市）が開発により破壊されてしまった現在では、豊臣政権下で使われた城として貴重な存在である。

「城山」へは、ＪＲ紀勢本線御坊駅から徒歩で三〇分。三宝寺《さんぽうじ》を訪ねるとよい。「本丸」は三宝寺の南に当たり、美浜町公民館入山分館近くの登り口に案内板がある。

（松本崇秀）

［参考文献］『美浜町史』史料編（美浜町、一九八四年）／『和歌山城郭研究』一（和歌山城郭調査研究会、二〇〇二年）／中井均監修・城郭談話会編『図解 近畿の城郭Ⅱ』（戎光祥出版、二〇一五年）

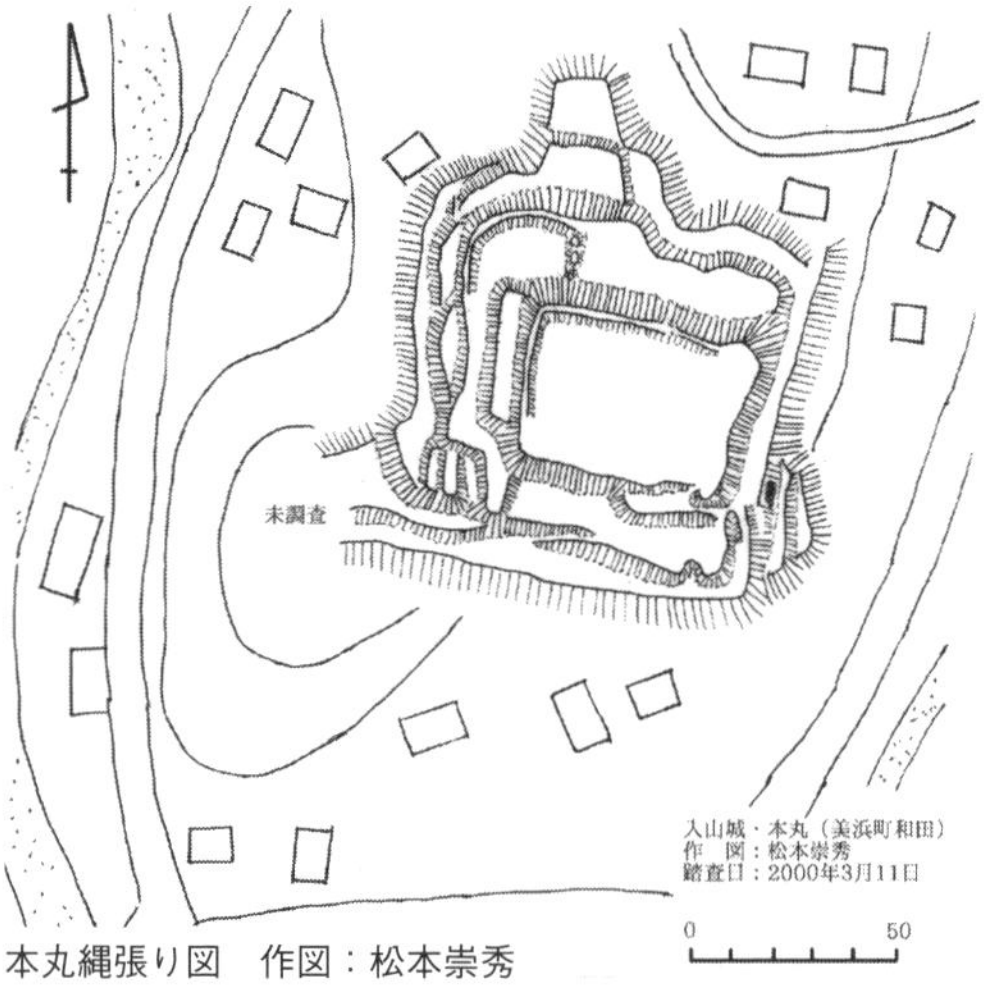

本丸縄張り図　作図：松本崇秀

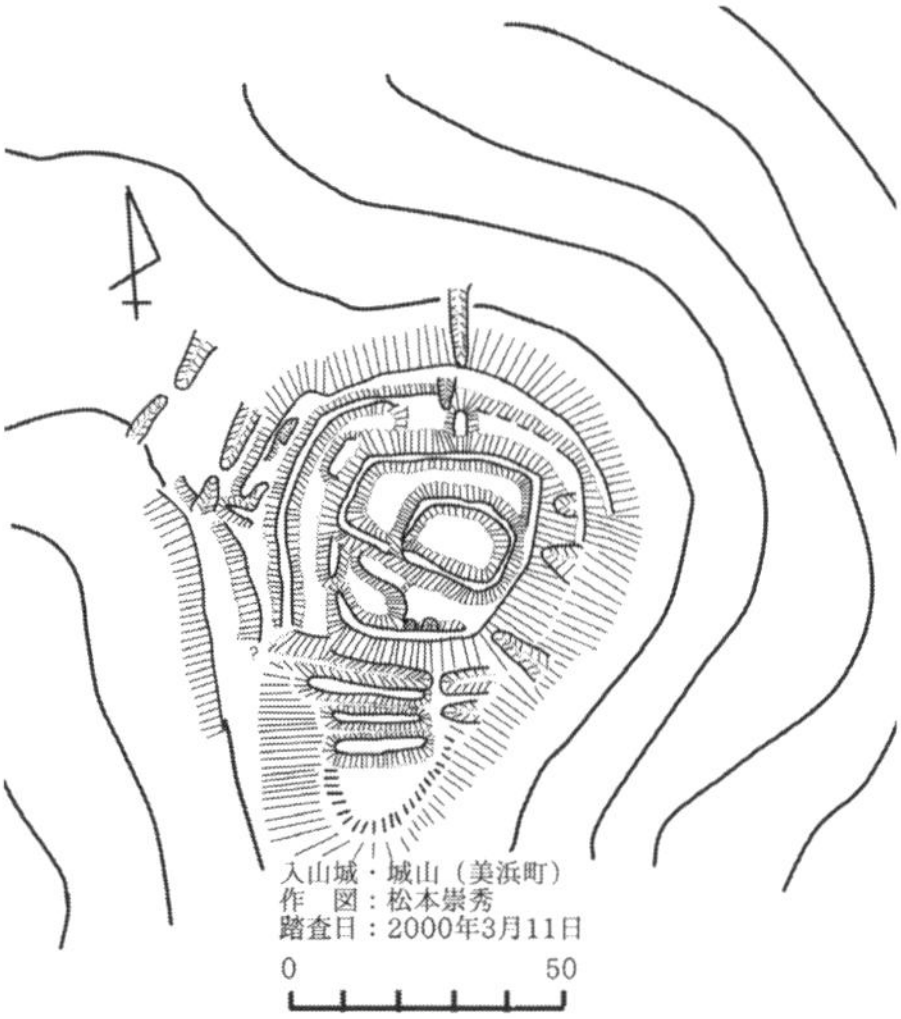

城山縄張り図　作図：松本崇秀

本丸の石垣

城山の堀切

守護館に匹敵する館城

# 25 小松原土居《こまつばらどい》

①所在地：御坊市湯川町小松原
②別　称：小松原館・小松原屋敷
③標　高：六m／比　高：〇m
④遺　構：庭園池（堀）の一部

湯河氏の居館である。戦国時代の十代・政春《まさはる》は「歌仙堂」を建て、連歌師・宗祇《そうぎ》を招いて親交を深めた。天文十八年（一五四九）頃、その南東に十一代・直光《なおみつ》が土居を造営したと伝えられる。北西約五〇〇メートルの湯河氏の本城・亀山城（御坊市）を詰城とする平時の館（土居）と考えられるが、『紀伊続風土記』に「寒風の頃は亀山城に居り難いのでここ（小松原土居）に住んだ」とある。

小松原土居と呼ばれた居館跡は、現在の県立紀央館《きおうかん》高校と市立湯川中学校の敷地に跨がり、これまで十数次にわたり発掘調査が実施され、断片的ではあるが、その構造が見えてきた。近年の発掘で、東側を区画する外堀や、その堀底から二本の柱が出土し、搦手虎口に架けられていた橋の橋脚と推定されている。その南隅で検出された池の一部は、隣接する湯川神社社殿前の池につながることが判明し、これまで水堀の一部と考えられていた神社前の池は、庭園の名残と考えられるようになった。館の東南に庭園を配置しているのは、室町第（室町殿・花の御所）や各地の守護館に類似し、湯河氏の勢力や財力の大きさがうかがえる。

これまでの調査で、北側と西側の堀は明らかになっている。とりわけ西側は二重の堀が出土し、防御性の高いことが認められたが、大手口についてはいまだに明らかになっていない。館の南側は、館の造営以前からあった熊野街道の宿場町で、この町並が南側に開けているため、館時代も城下町として発展したと推定され、大手は南側にあったと考えられるようになった。これにより、

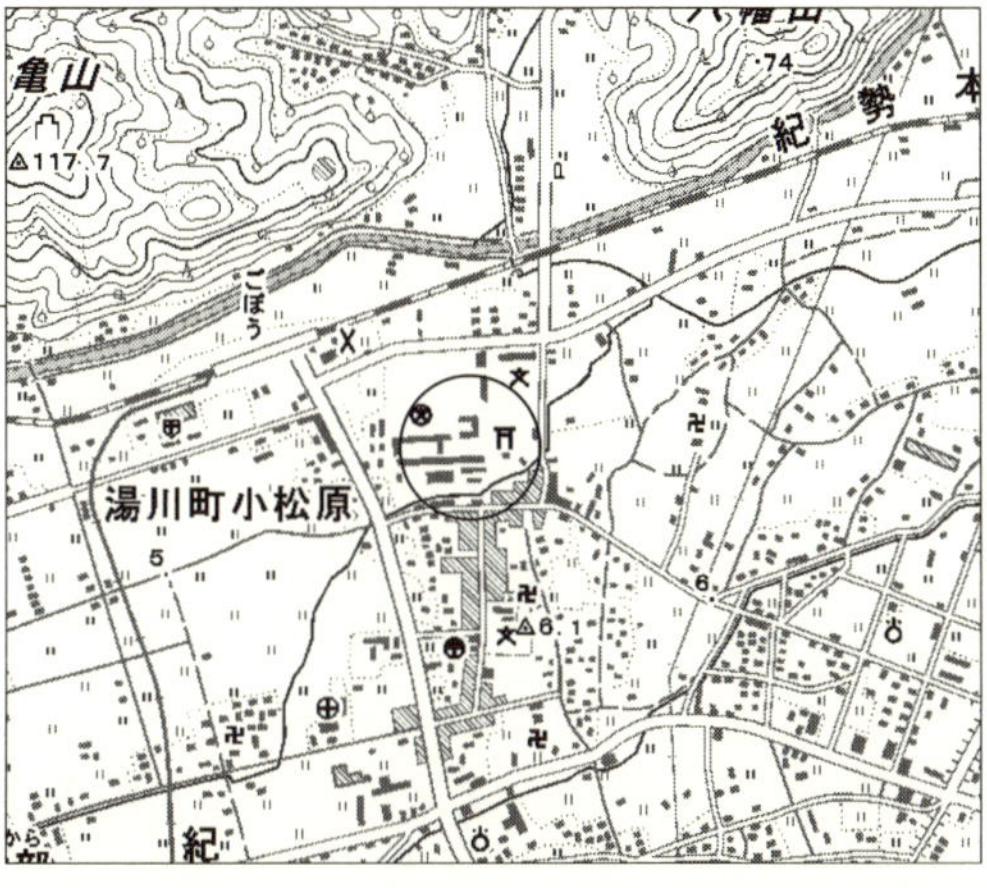

館の規模は東西二二五×南北二〇〇メートルで、周囲に堀を巡らした方形居館と推測された。

天正十三年（一五八五）、羽柴秀吉の紀州攻めにより、湯河氏十二代・直春《なおはる》が熊野地方へ退去する際、亀山城とともに館も焼失したと伝えられている。

館跡へは、JR紀勢本線御坊駅から東へ徒歩五分である。紀央館高校正門脇の小道に沿っていくと、湯川神社に至る。境内に館跡を示す史跡碑がある。ちなみに、紀央館高校は紀州の中央の館を表した校名である。

（池田尚生）

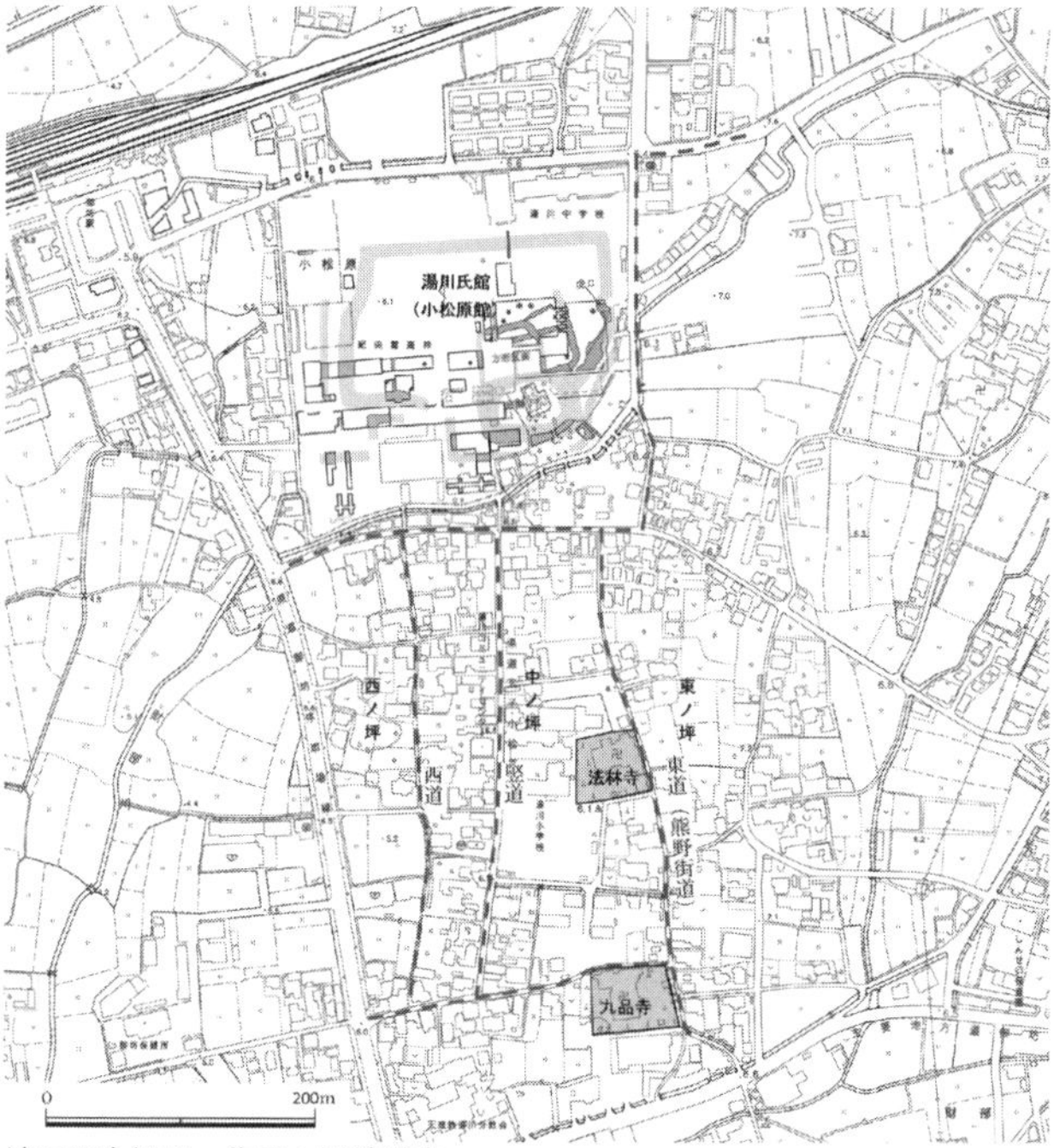

城下町小松原　作図：川崎雅史

［参考文献］『小松原Ⅱ遺跡・湯河氏館跡』（和歌山県文化財センター、二〇一六年）／『御坊市史』（御坊市、一九八一年）／国史大辞典編集委員会『國史大辞典』（吉川弘文館、一九八六年）

小松原土居跡（湯川神社）　写真提供：水島大二

紀州最大の国人領主の本城

# 26 亀山城《かめやまじょう》

①所在地：御坊市湯川町丸山
②別　称：丸山城
③標　高：一二二m／比　高：一一四m
④遺　構：曲輪・土塁

日高平野のシンボル的な亀山の山頂に城を築いた湯河氏は、南北朝の頃、日高地方に進出し、標高三〇メートルの蛭ヶ崎《ひるがざき》に陣を構え、在地の豪族を制圧したのち亀山城を拠点としたと言われている。築城は室町時代初めとされるが、確かな記録は残っていない。

その後、室町幕府の奉公衆として、戦国時代には守護の畠山氏をしのぐ勢力を持つ国人領主となって二百年以上、紀中《きちゅう》（和歌山県中部）を中心に雄飛した。

城跡遠望

永禄五年（一五六二）、河内・和泉地方で三好勢と抗争を繰り返していた十一代・直光《なおみつ》は、教興寺《きょうこうじ》（大阪府八尾市）の戦いで戦死した。その跡を継いだ十二代・直春《なおはる》は、雑賀庄を基盤とする雑賀一族と起請文をかわし、さらに手取城（日高川町）を本城とする玉置直和《なおかず》に娘を嫁がせて姻戚関係を結ぶなどして、協調関係を保ちつつ在地支配の強化に努めた。手取城は、亀山城の主郭から東方に望める距離にある。

亀山城は、山全体に曲輪を配した大規模な山城で、江戸時代に書かれた「紀伊国古城並び道法海路船懸帳」（以下、『紀伊国

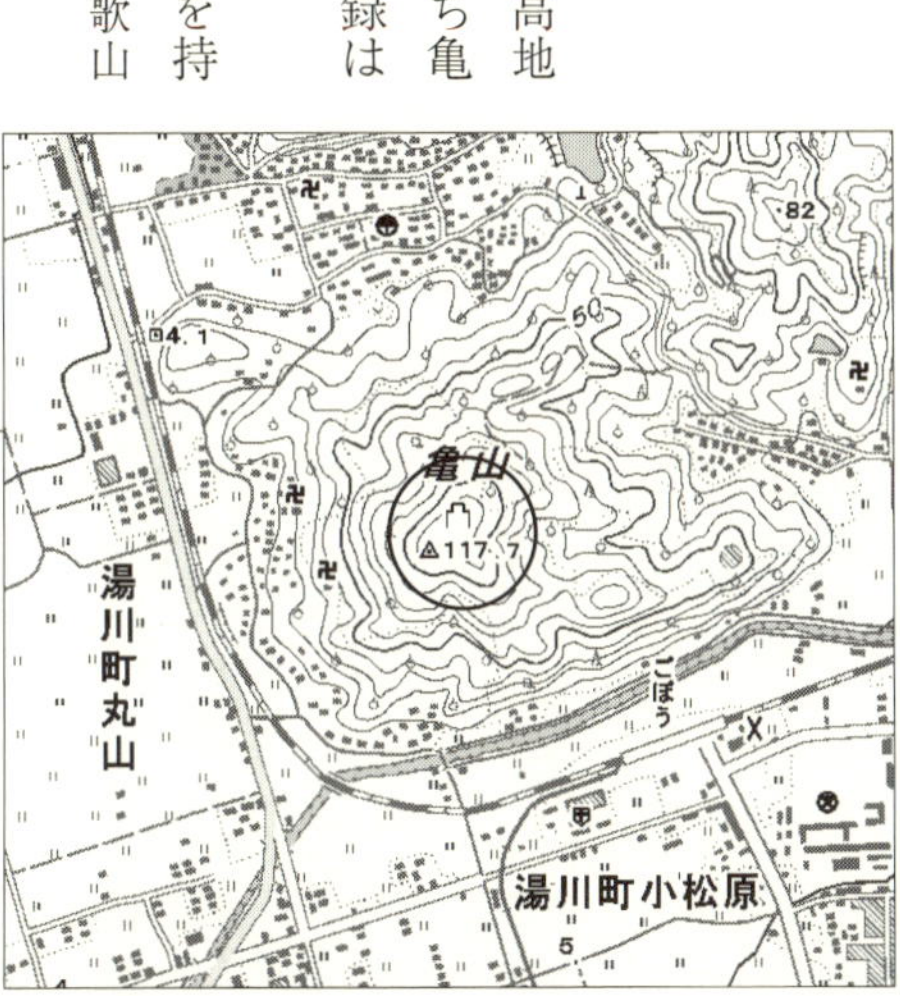

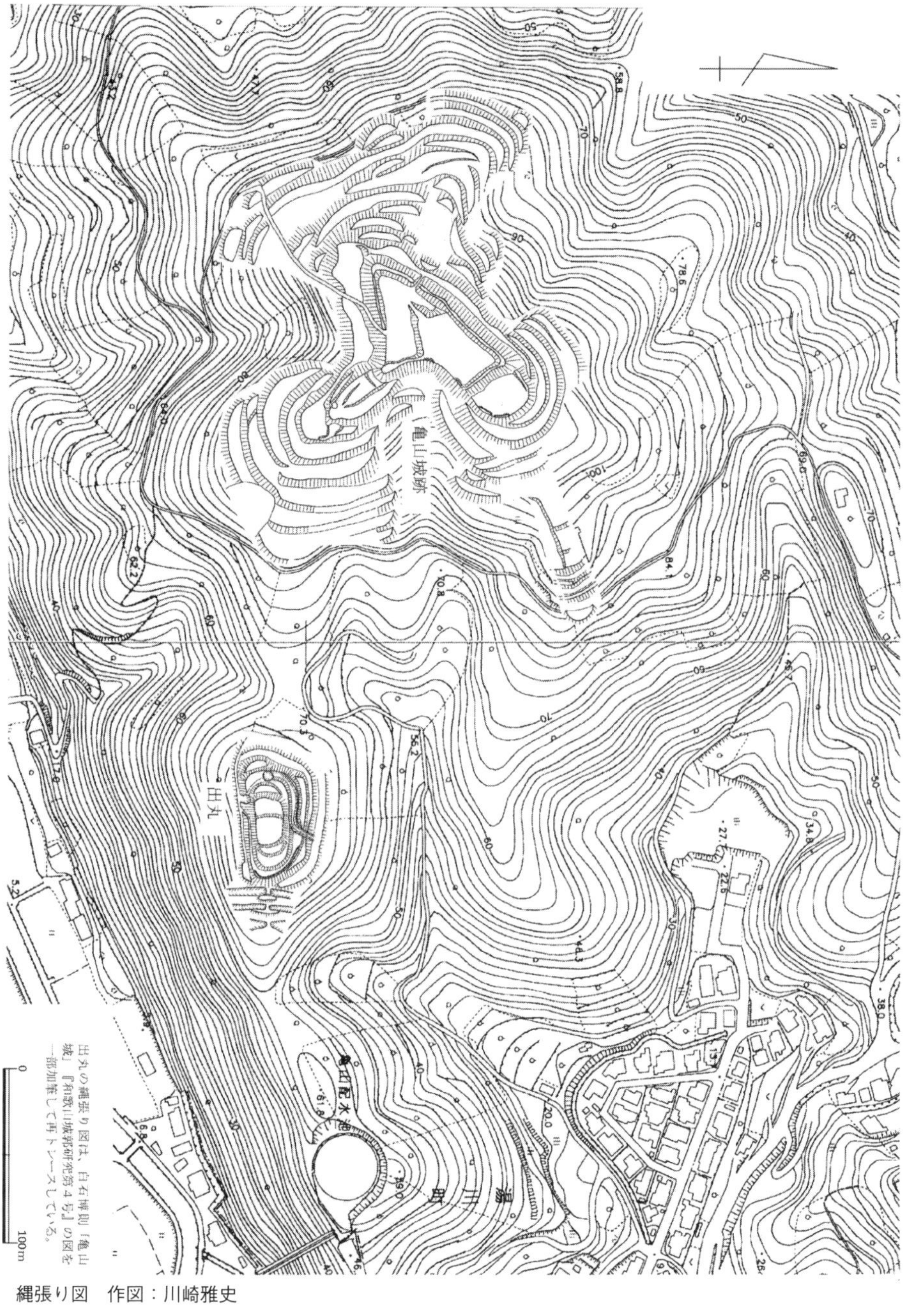
亀山城跡
出丸
亀山配水池
湯
川
町
出丸の縄張り図は、白石博則「亀山城」『和歌山城郭研究第4号』の図を一部加筆して再トレースしている。
0
100m

縄張り図　作図：川崎雅史

土塁　写真提供：水島大二（以下、同）

古城』と記す）の詳細な記録が『日高郡誌』*1に書き写されているが、原本は明らかでない。それによれば、「惣廻二十七町（約二・九キロ）大手口南向　裏口西向也」とある。西方の国道四二号線側に登城道があるが、かつてはＪＲ紀勢本線御坊駅の北西約二〇〇メートルの山麓南から登る道があった。現在は、樹木に覆われて通行は困難である。直光が築いた居館・小松原土居（御坊市）に近い位置関係を考えても、当地が記録にある「大手口南向」だったのではなかったかと思われる。

亀山の主峰に主郭を置き、南東へ約二五〇メートル先の小峰（標高六〇メートル）に出城を備え、さらに東へ二〇〇メートルの尾根先端部に設置された農用配水タンクの地にも、見張り所のような出城が構えられていたという。同タンクの設置にともない発掘調査が行われ、堀切を検出したというが、その記録が見つからない。

さらに、『紀伊国古城』に「本丸之跡東西四十五間　南北二十一間　四方に土居有高一間半但一間之所も有」とあり、上・下の二段からなり、北方下にも曲輪を配している。本丸上段はほぼ長方形で、長さ約四〇×幅約二五メートル。南に付属する本丸下段は、台形状で東西三八～四八×南北一五メートル、高低差は三メートルある。*2

かつて、周囲を巡っていたと思われる土塁は、上段は北と西側に高さ二～三メートルあり、下段西側の土塁につながっている。中でも、南東隅と南西隅の土塁はやや広く、櫓台であったことが想定される。さらに下段の曲輪には、虎口が二か所設けられている。南の虎口は本丸の大手

本丸虎口

＊1　一九二三年和歌山県日高郡役所編纂・一九七〇年に名著出版より復刻。

＊2　『亀山城跡測量調査支援業務実績報告書』（和歌山県文化財センター、二〇一五年）

虎口で、西側は搦手虎口と思われる。大手虎口には巨石が置かれ、より堅固な構えを造る一方で、鏡石《かがみいし》としてその権力を見せつけたのかもしれない。

現在も、主郭の北と南に付曲輪や腰曲輪を備えていたようすが残るが、『紀伊国古城』の記録には、中心部は「以上九段有」とし、一段ずつ規模が記されている。そのようすは、二ノ丸など幾重もの小さな段すべての測量をした記録と判断できる。それを見ても大きな城郭であったことがわかるが、堀が見あたらない。現状でも堀跡はなく、小規模な曲輪を階段状に配置して、高い切岸と一体化で防御した構造が見えてくる。

天正十三年（一五八五）、秀吉の紀南地方への侵攻が迫ってきた。「湯川記」[*3]によると、直春配下の諸将が小松原土居に集まり、秀吉軍への対応策を評定する中、玉置・白樫《しらかし》・神保の三氏が秀吉方への味方を表明したとある。姻戚関係まで結んだ玉置氏が秀吉側に付いたことで、湯河直春は姻戚関係を断ち、一戦を交えることになったという。この戦いは「坂ノ瀬（会ノ瀬）の戦い」として、今なお語り継がれている。

亀山城へは、JR御坊駅から西へ徒歩約一五分で登城口へ。さらに舗装された小径を登ること約一五分で、平成二十八年（二〇一六）三月に県史跡指定を受けた本丸跡に至る。　（池田尚生）

［参考文献］水島大二監修『定本　和歌山県の城』（郷土出版社、一九九五年）／中井均監修『図解 近畿の城郭』Ⅱ（戎光祥出版、二〇一五年）／『御坊市史』（御坊市、一九八一年）／『和歌山城郭研究』四・五（和歌山城郭調査研究会、二〇〇五・二〇〇六年）

---

＊3　『御坊市史』（第三巻資料編Ⅰ、一九八一年）所収の東京大学史料編纂所影写本による。

堅牢な堀と土塁で守られた寺院城郭

# 27 吉原御坊《よしはらごぼう》

①所在地：日高郡美浜町吉原
②別　称：なし
③標　高：七m／比　高：〇m
④遺　構：堀跡・土塁

吉原御坊は、美浜町の「煙樹ヶ浜《えんじゅがはま》」を形成する砂丘の東端に位置している。寺の北側と西側に堀を掘ることで、砂丘の高低差を利用した防御空間を作ることができ、有事の際には地域の拠点城郭としても十分機能しうる寺院城郭であった。

天文年間（一五三二～一五五五）に、亀山城主であった湯河直光によって建てられ、そののち次男・信春《のぶはる》を出家させて住職とした。

天正十三年（一五八五）、羽柴秀吉の紀州攻めにより焼失したのちに、現在の御坊市薗に移転し、文禄四年（一五九五）に、御坊市御坊に鷺森御坊の別院として再興され、今に至っている。

吉原御坊の跡地は、現在、日高三十六道場のひとつとして復興され、天台宗の松見寺《しょうけんじ》が建つ。「日高御坊開基之覚」*1によると、吉原御坊の敷地は東西三八間（約七五メートル）、南北四二間（約八二メートル）、堀の上幅は八間（約一五メートル）であったとされている。

吉原御坊の遺構としては、松見寺境内に残る幅五～八メートル、長さ約三〇メートルの土塁跡と伝わる土盛りと、北側の「堀端《ほりばた》」や「堀畑《ほりばたけ》」と呼ばれる幅約二三メートルの堀跡とみられる窪地のみで、周辺は住宅地となっている。

当地は、日高町比井に至る比井街道の出発点で、松見寺から東に約二〇〇メートルのところには船着場があり、かなりの往来があったようだ。

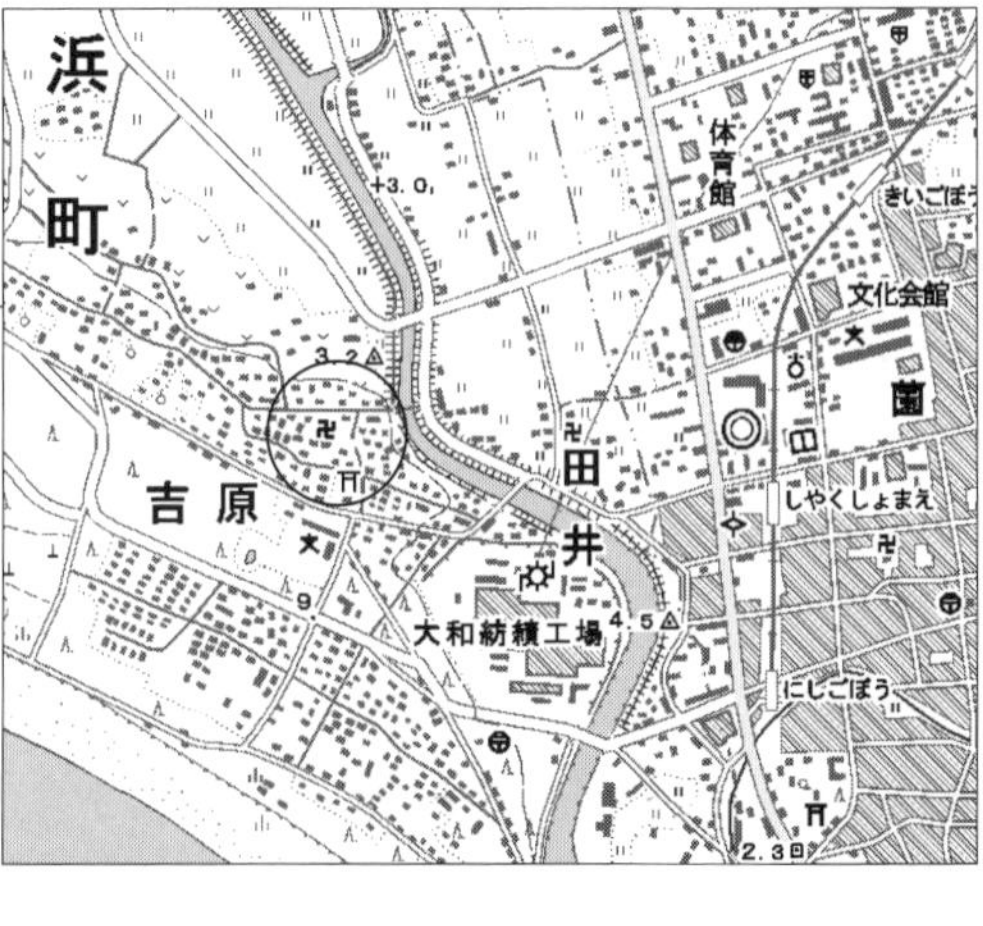


*1 『美浜町史』史料編（美浜町、一九八四年）。

（左写真）昭和五十年代の石垣と土塁　写真提供：水島大二

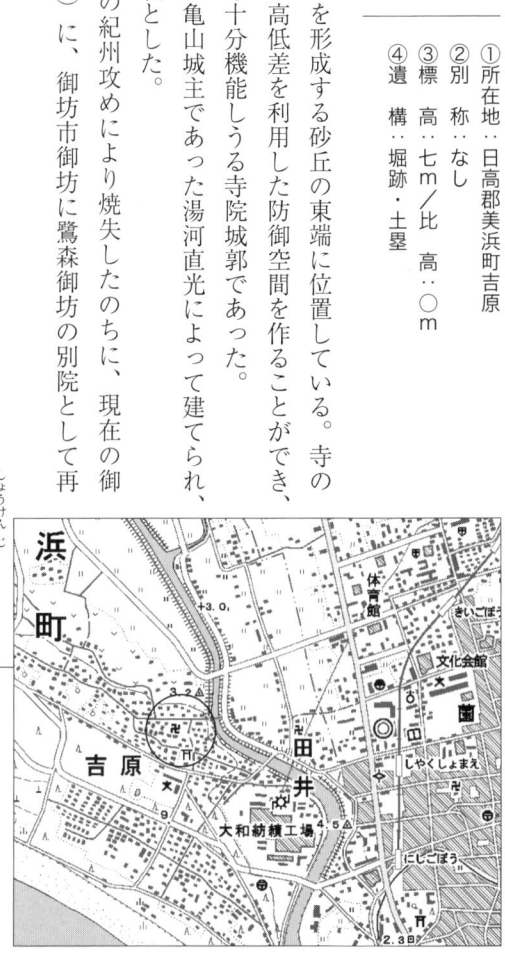

水陸の要衝に御坊を構えることは、本願寺派の本拠地であった大坂本願寺（大阪市中央区）や、北陸の本願寺派の拠点であった吉崎《よしざき》御坊（福井県あわら市）とも共通する。

吉原御坊跡へは、JR紀勢本線御坊駅から御坊南海バス「海猫島」行きに乗り、吉原バス停で下車しすぐである。近くに駐車場はない。

（松本崇秀）

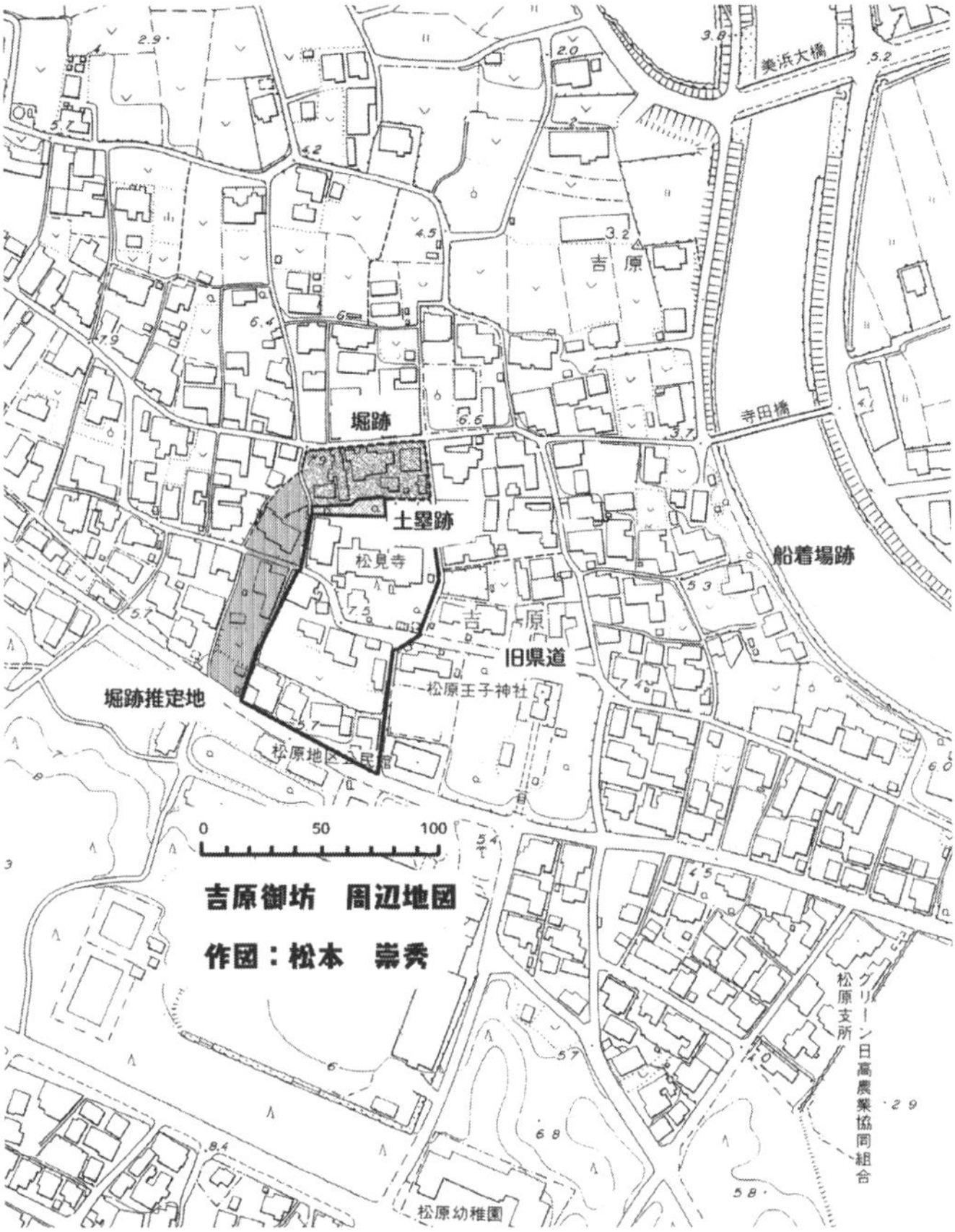


［参考文献］『美浜町史』史料編（美浜町、一九八四年）／『和歌山城郭研究』一（和歌山城郭調査研究会、二〇〇二年）／中井均監修・城郭談話会編『図解 近畿の城郭』I（戎光祥出版、二〇一四年）

堀跡（手前）と土塁

赤松円心が築いたとされる山城

# 28 赤松城《あかまつじょう》

①所在地：日高郡印南《いなみ》町西ノ地
②別　称：赤松山城
③標　高：二六七m／比　高：二三三m
④遺　構：曲輪・土塁・空堀

『紀伊続風土記』の切目《きりめ》荘西野地村の項に、「本村の北一里十二町許、山峯にあり東西二十二間南北十間城主詳ならず、土人伝へて赤松入道の城址なりという」とある。また、近年の研究では、中芳養《なかはや》八幡社家・楠本氏系図より「嘉暦二年（一三二七）、中芳養八幡神主楠本守永が、切目赤松城主赤松円心の娘岩野と縁組し、興国元年（一三四〇）守永の長女も、また赤松城主赤松大膳道成と縁組した」＊1とされている。さらに地元の伝承では、「赤松城と印南川を挟んだ対岸の高城山《たかじやま》城との間で、幾月にも及ぶ合戦が行われた」や、「尾根続きの牙城山城と赤松山城で合戦を行った」などと伝わる。しかし、さまざまな伝承や研究、地誌からも赤松城の実像の解明には至っていない。

遺構は、主郭を頂点に三方の尾根に小曲輪を配した構造である。主郭は、三八×二〇メートルの規模で、北端に土塁が築かれている。土塁基部付近には、八×五メートルほどの窪みを確認できるが、遺構なのか後世のかく乱なのか不明である。土塁の西末端には、切岸を下り北曲輪に至るルートと削り残しの竪土塁がある。切岸を下るルートは、本来の目的である遮断から逸脱しており、破壊道の可能性が高い。北曲輪は主郭に匹敵する規模をもち、内部は低い段差で区画されている。西隅には、不自然な三個の窪みが見られるが、後世の炭窯跡で見られる石積みは認められないことから、この窪みの用途は不明ながら、遺構の可能性もある。主郭と接続する東西の斜面は、竪堀により尾根筋からの迂回を阻止し、防御を高めている。

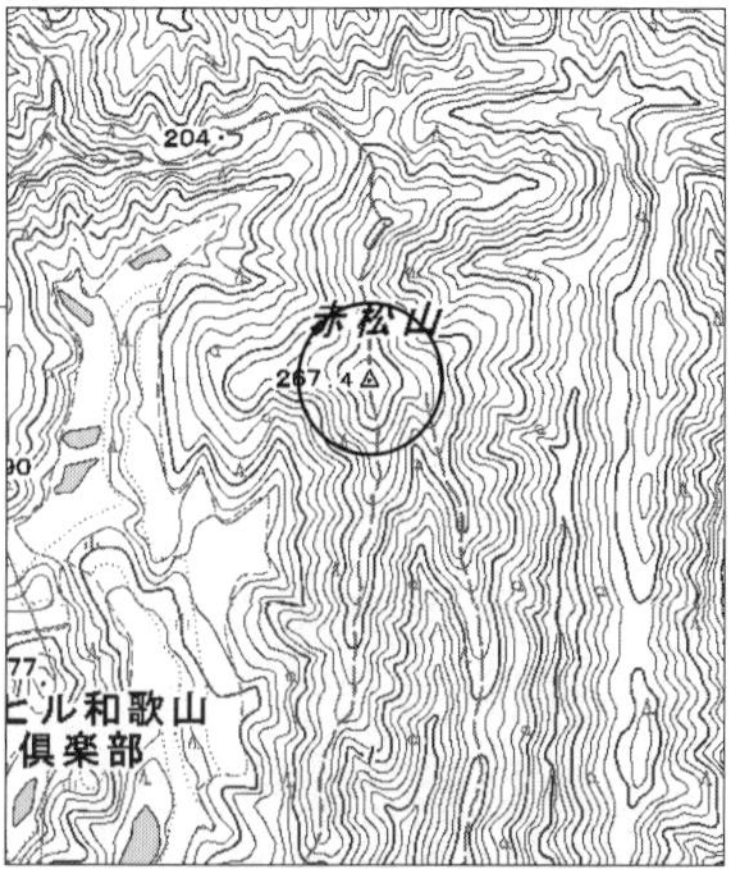


＊1　小谷緑草「赤松城」（『あかね』七、和歌山県文化財研究会御坊支部、一九七六年）

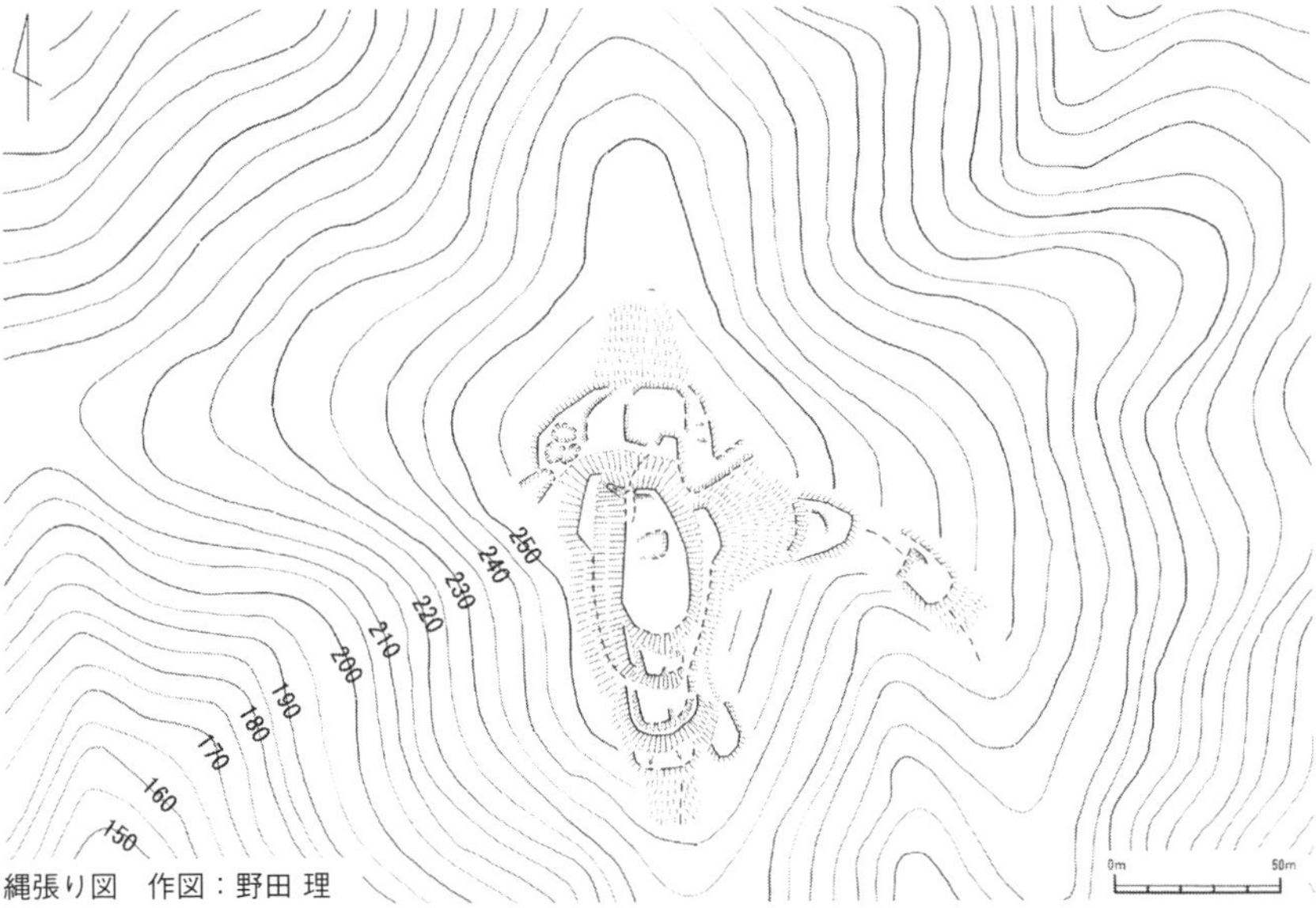

縄張り図　作図：野田 理

赤松山山頂がなだらかな傾斜であるため、大掴みな縄張りとなっている。主となる遮断の要素は主郭の切岸のみで、けっして防御が堅いとは言えない。しかし、主郭に立てば眼前に大パノラマの海原が広がり、漁業を生業とした当地域での築城主体を想起させる。

城跡へは、阪和自動車道印南ICから国道四二号線を南下し、切目大橋北詰で県道一九七号線に折れ、約五キロ北進し、印南町西ノ地から「苗代川池《のしろご》」を目指す。ただし、苗代川池周辺は道幅も狭く、駐車可能な場所は少ないので、早めに駐車すべきである。徒歩で苗代川池から西の峰に向い、梅林道を約二〇〇メートル直登し尾根に出た後、尾根筋を北に約一キロ進むと赤松山に至る。（野田　理）

［参考文献］水島大二監修『定本・和歌山県の城』（郷土出版社、一九九五年）／中井均監修・城郭談話会編『図解 近畿の城郭』Ⅲ（戎光祥出版、二〇一六年）／『和歌山城郭研究』四（和歌山城郭調査研究会、二〇〇五年）

城跡遠望

知られざる境界の巨大山城

# 29 榎城塞群《えのきじょうさいぐん》・鳴神城《なるかみじょう》

[榎城塞群]
①所在地：日高郡印南町島田・みなべ町西岩代
②別　称：榎古城
③標　高：二〇〇m／比　高：一八〇m
④遺　構：堀切・竪堀・土塁
[鳴神城]
①所在地：同　②別　称：名杭《なぐい》城・明神ヶ城
③標　高：二二三m／比　高：二〇〇m
④遺　構：同

山中に巨大な遺構を残しながら、城主や歴史などはほとんど伝わっていない城跡がある。それが、榎城塞群とその東南の鳴神城である。鳴神城は、標高二二三メートルの通称「城山」に位置し、榎城塞群はその北西尾根続きの標高二〇〇メートル地点（Ⅰ）、その北のピーク一八〇メートル（Ⅱ）、さらに山頂から南に派生する標高一七〇メートル地点（Ⅳ）とその中間にあたる尾根上（Ⅲ）に、曲輪や堀切などの遺構を残している。その範囲は、およそ三五〇メートル四方にもおよぶ。

鳴神城は、熊野街道の間道と考えられる長尾越えの峠の北、約二五〇メートル地点に築かれている。峠側は、二本の堀切と土塁で敵の侵入を阻止している。これらの堀切の幅は、紀伊の山城の中では大きい部類に入り、底部が約五メートル（拡大図A）と約八メートルである（拡大図B）。とくに後者は、堀底に数か所の階段状の段差や土橋状の障壁が見られる。これは、堀底内に入った敵の移動を防ぐものと考えられ、見どころの一つに挙げられる。

主郭Ⅰは、東辺に低い土塁が残る。その下が三方が低い土塁で囲まれた曲輪Ⅱで、虎口Cは東に向いて開口する。石積みがあることを考慮すれば、城門があったことが想定される。しかし、

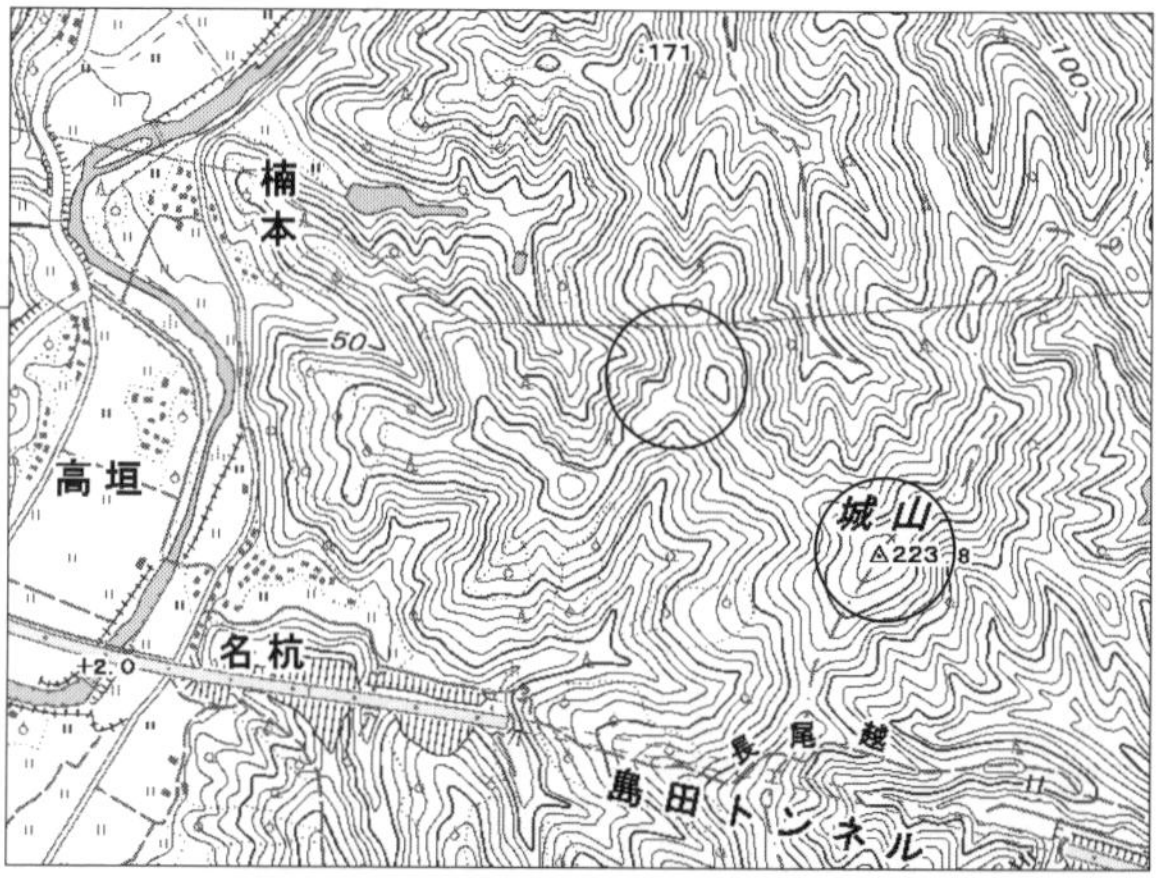

# 89　榎城塞群・鳴神城

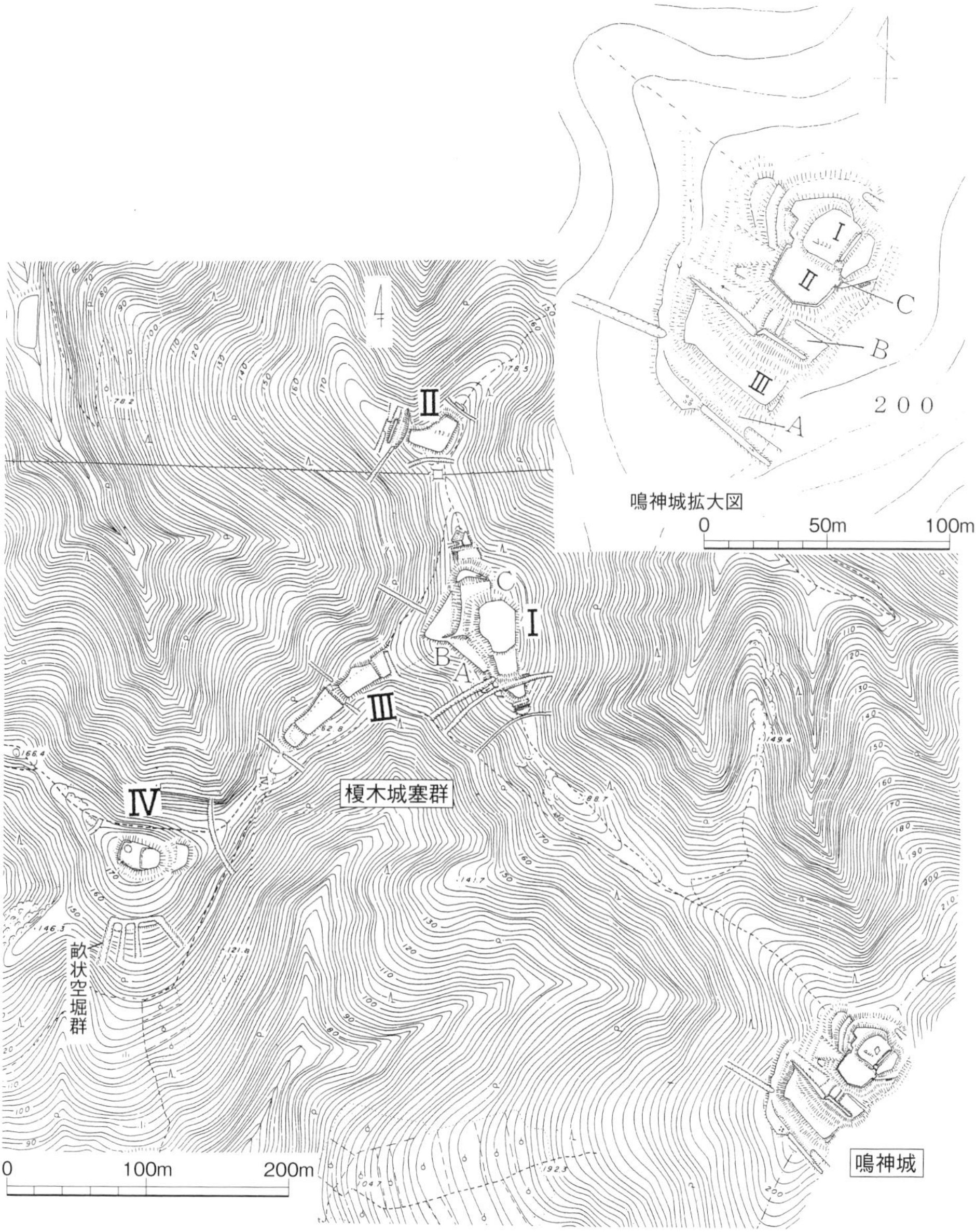


縄張り図　作図：白石博則

城跡遠望　中央が鳴神城、左が榎城塞群

この城は、長尾越え方面にのみ防御施設を設け、背後の尾根には堀切さえない。このことは、この城が長尾越えを押さえる目的で築城されたことを物語っている。

鳴神城の北西に展開する榎城塞群は、四か所（Ⅰ～Ⅳ）に分かれる。鳴神城につながる東の尾根に三本の堀切・竪堀を設けて防御している（図Ⅰ）ところで、最も曲輪に近いところに二重の竪堀が使われる（A）。主郭と隣接する曲輪間の虎口は明確で、下段の曲輪（B）を通りⅢに至る。また、Cは削り残し

上：榎城塞群のうち鳴神城主郭北東の石積み
下：榎城堀切

の土塁の隅が斜面に向いて開口し、出城Ⅱにつながる。Ⅱは単郭で、一部、送電塔のため破壊されているが、三本の堀切が残る。Ⅲは尾根上の曲輪で、三本の堀切・竪堀により二段の平坦地が作り出されている。Ⅳは、西方に伸びた尾根のピークに築かれた出城で土塁が残る。

榎城塞群は、日高郡では手取城や鹿ヶ瀬城に次ぐ大規模城郭で、大軍の拠点と考えられる。鳴神城と同様に長尾越えを意識していることは明らかだが、鳴神城が街道の峠にターゲットを絞っているのに対し、この城は峠の印南側の谷を包むように配置されており、印南側から南の岩代《いわしろ》（みなべ町）に向かう敵に対して築かれていると考えられる。鳴神城との間には堀切が三本あり、この城が鳴神城とはつながりが薄いことを表している。新旧関係でいうと、虎口や堀切の幅など鳴神城のほうが新しい可能性がある。榎城塞群が大規模な軍事行動に関わって築城されたのち、鳴神城が街道封鎖などの目的で築城・改修されたものと思われる。ただし、それらの軍事的な緊張がいつだったのかは、文献から裏付けられていない。謎の残る巨大山城である。

城に登るには、印南町名杭集会所の東の谷の半ばにある足の宮という小社から尾根に入り、山道を榎城塞群に向かい、その後、一度山道に下ってから鳴神城に向かうとよい。榎城塞群Ⅰの東南の堀切（図の榎城塞群ⅠのA）は深くて危険なので、迂回して鳴神城に向かうほうが安全である。

（白石博則）

［参考文献］白石博則「榎城塞群付き鳴神城」（中井均監修・城郭談話会編『図解 近畿の城郭』Ⅰ、戎光祥出版、二〇一四年）

和歌山県城郭史の記念碑的城郭

# 30 市谷山城《いちたにやまじょう》

①所在地：日高郡みなべ町西岩代・戸中
②別　称：市井谷城・市井山城
③標　高：一三三m／比　高：不明
④遺　構：消滅（城跡碑のみ）

市谷山城は、和歌山県の中世城郭史を語る上で欠かせない山城跡である。みなべ町西岩代に、昭和五十三年まで存在した市谷山城跡は、南部町（現みなべ町）の農家経営規模拡大を意図した農地開発事業の対象地となり、全山造成された。

それにともなって発掘調査がなされ、和歌山県下の中世城郭としてはじめて全面発掘されたことになる。しかも、当時はほとんど注目されていなかった斜面も発掘され、県下で初めて、全国的にも極めて早い時期に「畝状空堀群（畝状竪堀群）[*1]」が確認された。これは一九八〇年代になって注目されるようになった中世城郭固有の防御施設である。現在では、全国ほとんどの都府県で事例が確認されて、和歌山県内でも現在十六例が確認されている。[*2] しかし、昭和五十三年当時は事例がなく、当時の担当者の卓見によって図化されて（発掘は部分的だが）今に伝わっている。以下、『市谷山城跡発掘調査概報』[*3]に基づいて、今はなき遺構を紹介する。

市谷山城は、最高所（第一曲輪跡）が主郭で、建物跡の可能性のある柱穴が確認されている。その下には、同心円状に帯曲輪（第二曲輪跡）が造られ、北側には風除けと思われる土塁や炉の跡が見つかっている。遺物の多くは、主郭と帯曲輪から出土している。土師器・皿・青磁碗・銭貨・砥石・釘など生活に関わるものが出ており、小規模だが城内で生活が営まれていたことがわかる。遺物の年代観は、一五世紀後半から一六世紀にかけてと分析がなされている。帯曲輪の西の曲輪（第三曲輪跡）は城内最大で、この北斜面の通称「イドン谷」に面して畝状空堀群が掘られている。

＊1　斜面などに竪堀と土塁を交互に作り、攻め登る敵兵を分散させ、動きを止める施設で、遠くから見るとまるで畑の畝のように見えることからこの名がある。

＊2　野田理「畝状空堀群と紀州―その考察―」（『和歌山城郭研究第』一六、和歌山城郭調査研究会、二〇一六年）。

＊3　南部町教育委員会、一九七九年。

＊4　湯河氏歴代の名から一字を与えられたことを指す。

（左写真）消滅前の堀切　写真提供：水島大二

この曲輪からは投石用の礫《つぶて》以外にほとんど遺物が出土してない。

竪堀は単独のものが十一本、堀切とセットのものが四本確認されている。概報には、斜面の角度が三五〜四〇度の北と西の斜面には必ず竪堀が造られているという、興味深い考察が記されている。

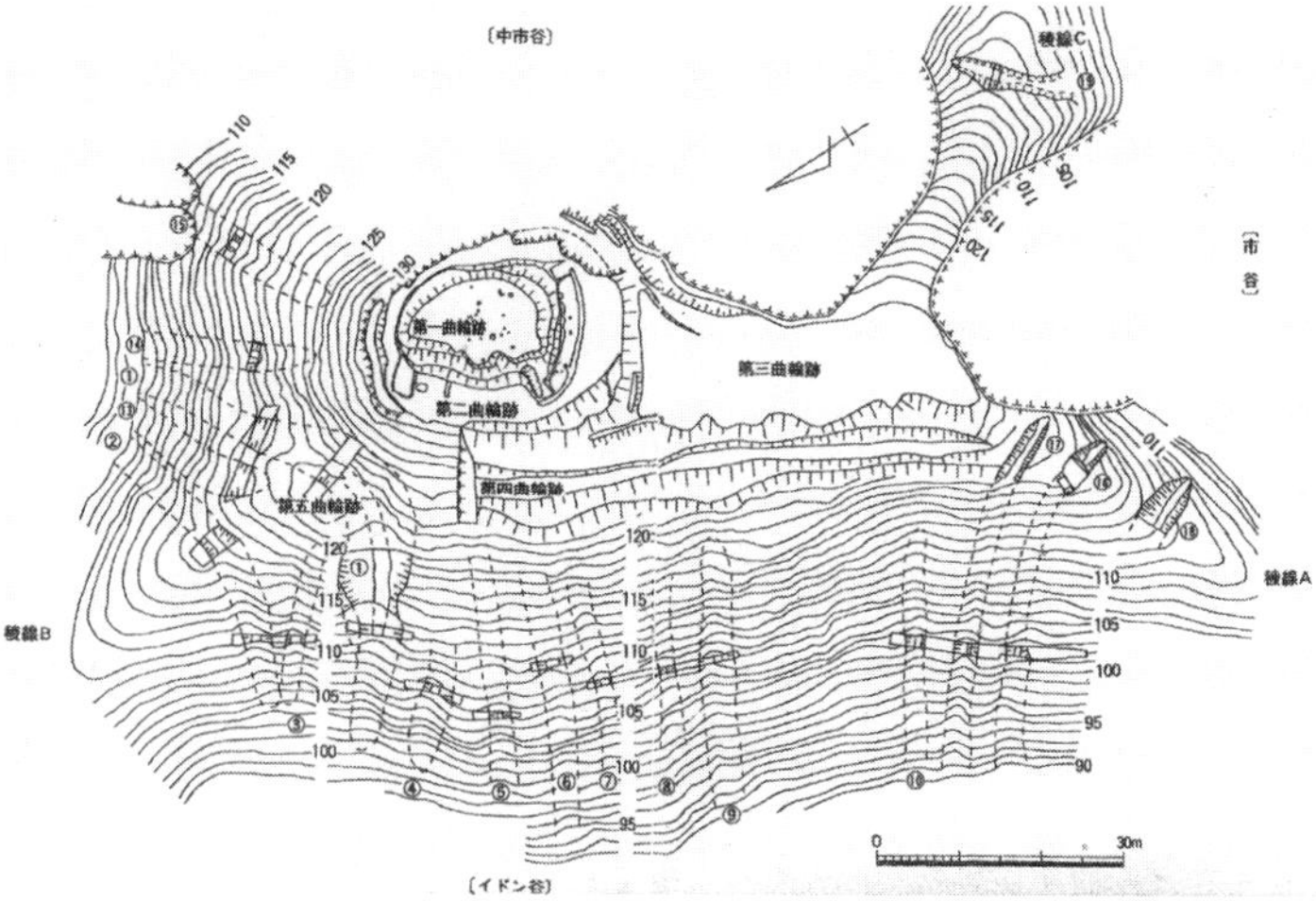

『和歌山県中世城館分布調査報告書』に掲載の市谷山城（和歌山県教育委員会、1998年）

城主は、市谷山城から約二キロ南の小字「芝垣内」に土井《どい》城（同町西岩代）を営んだ岩代氏だとされる。土井城は標高二九mの二段の台地上にあり、往時の写真によると、三段程度の段構えであったようだ。

岩代氏は、湯河氏の被官にあたる。東岩代神社に伝来する棟札の諱《いみな》（光倫・光純・春昌など）を見ると、湯河氏当主から偏諱《へんき》を受けていたことがわかる。*4 その岩代氏は、天正十三年（一五八五）の秀吉南征時に、湯河氏とともに滅びたと思われる。

（白石博則）

［参考文献］堀口健弐「市谷山城跡―『市谷山城跡調査概報』を読み解く」、白石博則「みなべ町域の戦国期城館と在地武士」（ともに『和歌山城郭研究』一四、和歌山城郭調査研究会、二〇一五年）

碑のみが残る城跡

芳養川上流に残る湯河一族の居城跡か

# 31 日向山城《ひなたやまじょう》

①所在地：田辺市日向・西山
②別　称：なし
③標　高：一六四ｍ／比　高：一二〇ｍ
④遺　構：堀切・畝状空堀群

田辺市の西方、芳養《はや》川上流の小盆地、日向《ひなた》に所在する通称「シロンダン」と呼ばれる日向山城は、独立した丘に位置する。丘は里山であるため、城跡の近くまで耕作地が迫っているが、城跡の部分だけが開墾されることなく残されている。代々、地元で「城跡に入ると祟りがある」という禁忌《きんき》があったからだといい、「城主は秀吉に刃向かって殺され、頸は京都に送られた」などの地元の伝承もある。

山麓には、「土井の岡」と呼ばれる丘陵がある。平時の居館にあたる「土井山城」があったと想定される。芳養川流域の芳養荘が、湯河式部大夫家の所領であったこ[1]とから、湯河氏が日向山城・土井山城の主であったと思われる。

日向山城は、大きく三つの部分からなる。主郭Ⅰは東西二〇×南北三〇メートルの規模で、中央に低い土壇がある。これは何かの祭祀の跡か、あるいは近世の狼煙台跡の可能性も考えなければならない。[2]主郭を取り巻くのは、帯曲輪・腰曲輪Ⅱで、最大の曲輪Ⅲとの間は、険しい切岸で隔てられ、わずかに虎口Aでのみつながる。虎口は曲輪Ⅲからスロープ状に上がってゆき、侵入するものを両側から挟み込んで攻撃できる仕掛けとなり、極めて防御が厚い。このように、Ⅰ・Ⅱとその下のⅢが厳しく隔てられているのは、Ⅰ・Ⅱの曲輪に拠る軍団とⅢの軍団に、何らかの身分の差があったことを表しているのではないだろうか。この虎口も見どころの一つである。

もう一つの見どころに、堀切群がある。曲輪Ⅱの南斜面にある数条の竪堀群、曲輪Ⅲの北東の

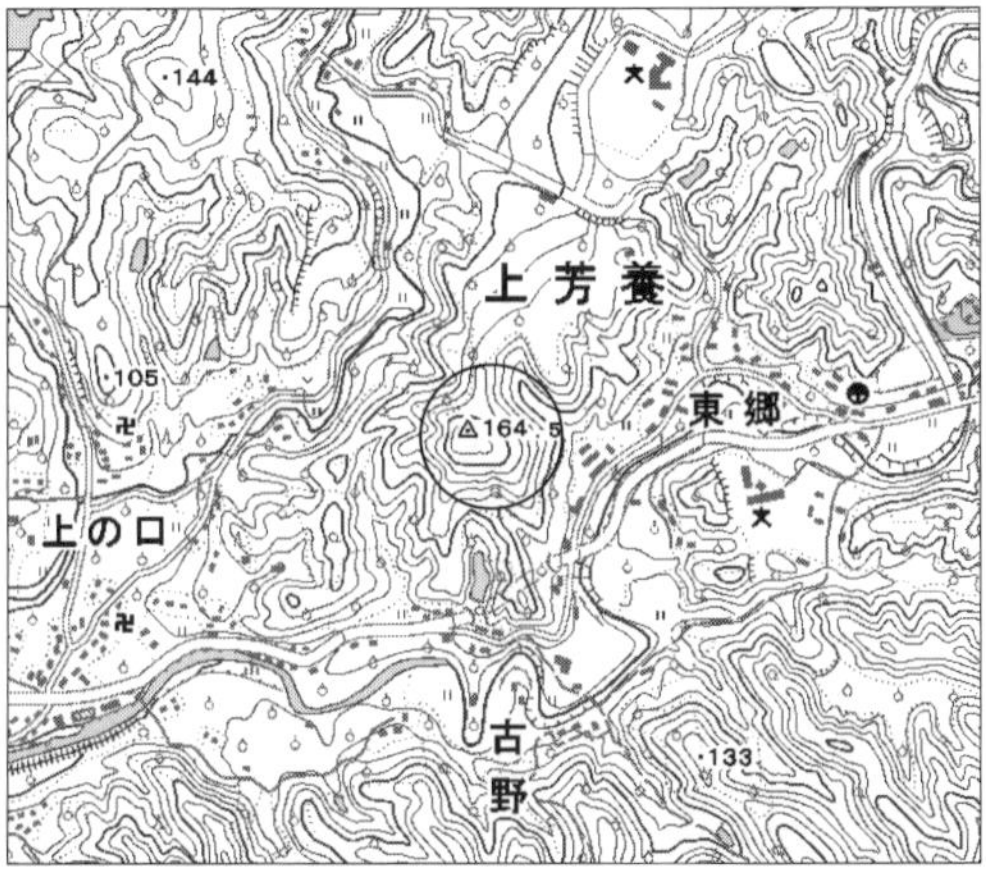


＊1　奉公衆湯河氏の有力庶子家で、泊城城主。
＊2　近世に安藤氏田辺領の狼煙があったことが『和歌山城郭研究』第四号（和歌山城郭調査研究会、二〇〇五年）所収の新谷和之氏の論考「紀州藩田辺領近世狼煙場場について」からもわかる。

（左写真）城跡遠望

横堀、そして、数条の竪堀群がよく残っている。また、北に続く尾根の二重堀切も見逃せない。

湯河式部大夫家の泊城（田辺市）が開発で完全に破壊された今、芳養川流域でほぼ手つかずの遺構が残る当城は、非常に価値が高い。

なお、芳養川流域の狭小な地域に、伝承地を含めて一〇か所近くの城の存在が伝えられている。いわば「城郭密集地域」である。これらはいずれも、主家・湯河氏とその家臣の城郭であろうと推定される。

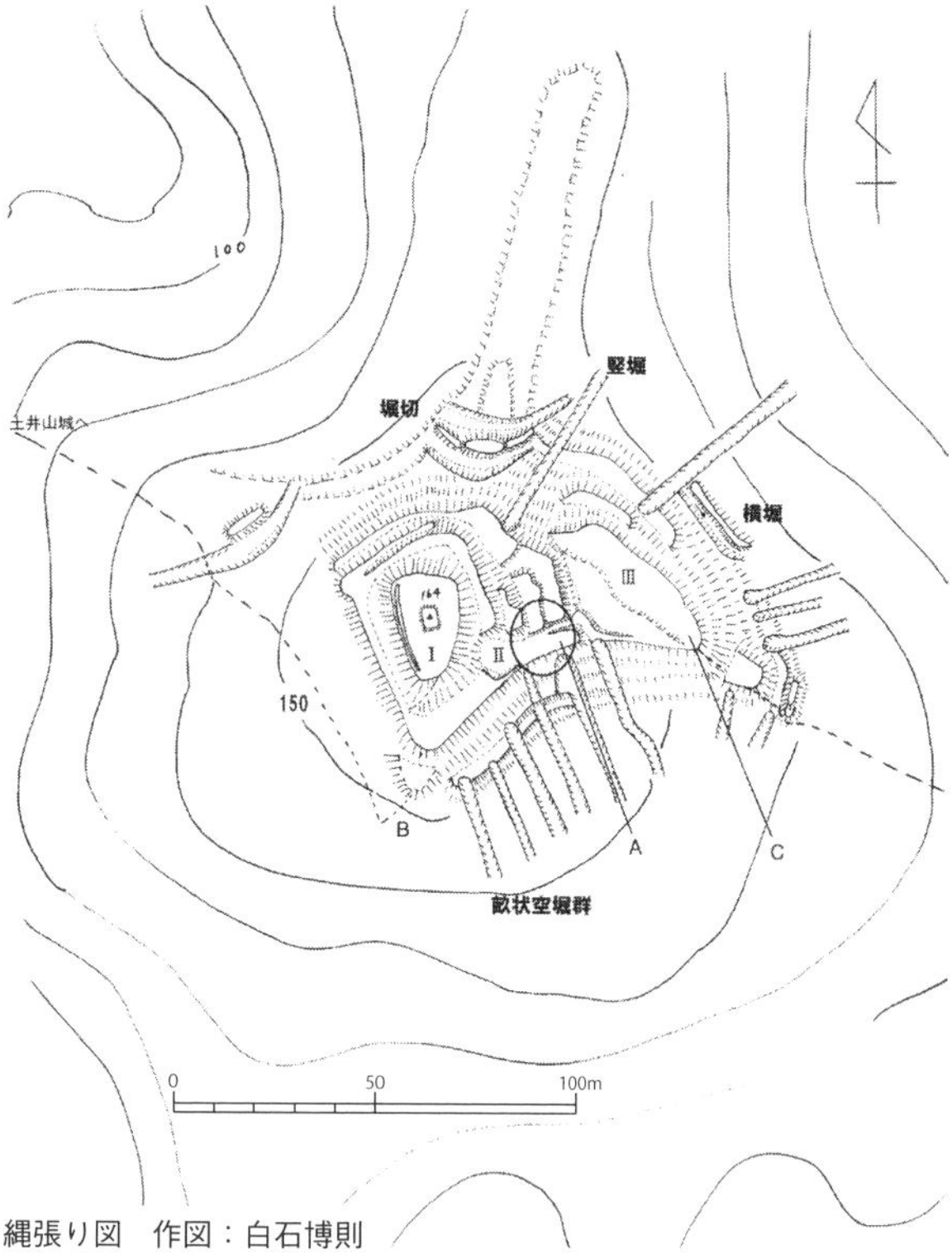

縄張り図　作図：白石博則

城に登るには、東郷からが大手虎口に向かうのがよい。ただし、山はかなり荒れているので注意がいる。　（白石博則）

［参考文献］白石博則「日向山城」（髙田徹編『図説近畿中世城郭事典』（城郭談話会、二〇〇四年）／中井均監修・城郭談話会編『図解　近畿の城郭』Ⅰ（戎光祥出版、二〇一四年）

虎口A

開発で消えた戦国の丘陵城郭

# 32 泊《とまり》城《じょう》

①所在地：田辺市芳養
②別　称：泊山城
③標　高：三〇余m／比　高：不明
④遺　構：なし

熊野街道の要所に位置する泊城は、海に向かって南北に横たわる丘陵にある。当城を築いたことで、日高地方に北進する湯河氏にすれば、南側を防ぐ重要な一拠点を得たことになる。やがて、現在の御坊市に本拠地となる亀山城を築き、日高地方一円を支配するに至った。

泊城は、田辺市芳養《はや》小字井原と同大屋の境、南北に連なる丘陵の海岸に突き出した山上にある。後世の旧国道で城山崎と呼ばれる小山と城山が分断されているが、かつてはつながっていたと考えられる。城跡部分は開発で失われているが、現在の国道四二号線のトンネルの上付近に遺構が残っていた。海岸に突き出た城山崎は、文献などでは城域として語られないが、海側を見張るには最適な小山であることを考えれば、見張所などがおかれていたと考えるのが妥当である。丘上には決め手となる遺構は見られないが、風化してしまったのではないかと思われる。

天正十三年（一五八五）、羽柴秀吉が紀州攻めの際、亀山城の湯河直春を攻撃しており、直春は伯父・教春《のりはる》が居城としていた泊城に逃れたという。執拗に攻める秀吉軍に直春は教春とともに敗走し、泊城は湯河氏残党が立て籠もって、抵抗を続けたと伝えられている。

紀州平定後は、秀吉軍の総大将・杉若《すぎわか》氏が泊城に一時入城した。城跡からは安土桃山時代の巴瓦《ともえかわら》と平瓦が出土している。*1 これは、杉若氏が入城したときのものと推測される。その後、杉

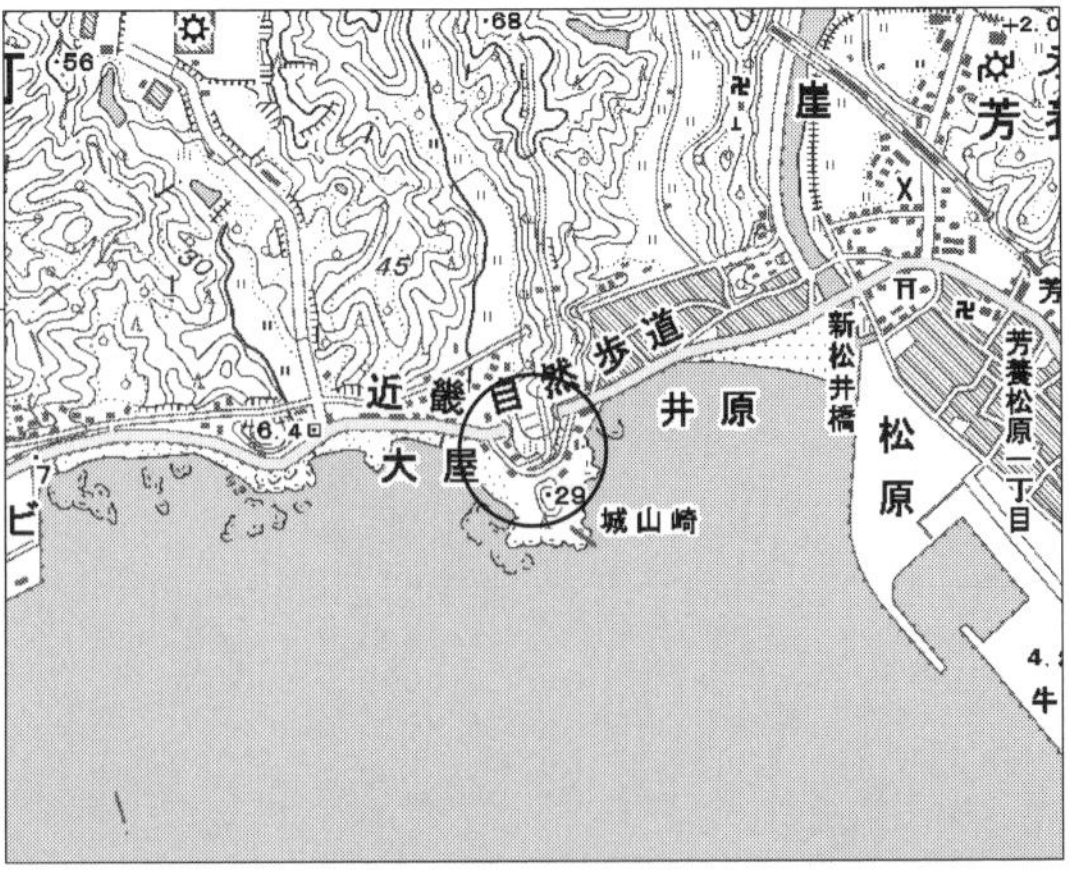


（左写真）現在の城山　手前の道路が国道四二号線

＊1　田辺市歴史民俗資料館に展示されている。

若氏は田辺の上野山に城を構え、泊城は廃城となる。

泊城について、『紀伊続風土記』に「東西三十間（約五五メートル）、南北四十五間（約八〇メートル）」の規模が記されているが、現在は城跡を確認できる遺構はない。しかし、一九五一年まで城跡には石垣や礎石がよく残されていたそうで、当時、開墾に携わられた辻氏らの証言をもとに、宮本恵司氏が『芳養むかしこぼれ話』にそれを記録している。当城の面影を知ることのできる貴重な資料である。

（水島大二）

［参考文献］『くちくまの』八二（紀南文化研究会、一九九〇年）／『定本・和歌山県の城』（郷土出版社、一九九四年）／宮本恵司『芳養むかしこぼれ話』（私家版、一九九三年）／『田辺市史』（一九九五年）

主郭虎口の石垣　1963年頃撮影

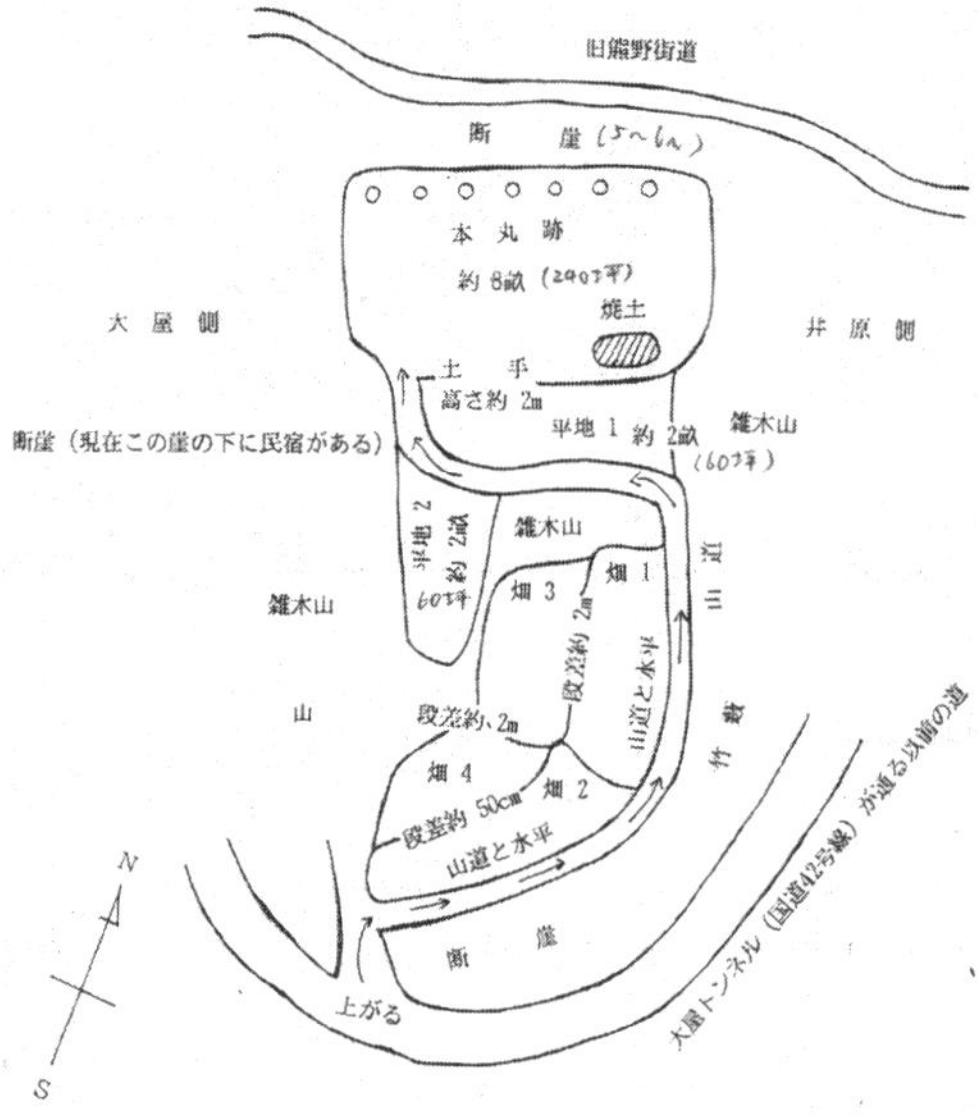


開墾される以前の地形図　提供：宮本恵司

昭和七年頃の遠望　『紀勢本線の70年』（郷土出版社、一九九六年）

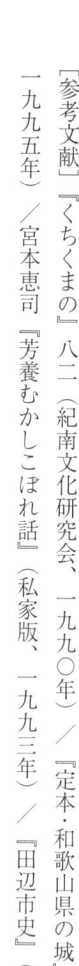

聖地に築かれた湯河氏関係の山城

# 33 龍神山城《りゅうせんざんじょう》

①所在地：田辺市上芳養町東山
②別　称：龍ノ山城・龍仙山城
③標　高：四九六m／比　高：約三三六m
④遺　構：曲輪・堀切

「田辺三山」の一つとされる龍仙山（龍神山）は、田辺市の真北約六キロに位置する。山上の龍神社には、「干ばつでも枯れることのない」という小池があり、雨乞いの聖地として長らく山麓の村々の尊崇を集めて、近年は五穀豊穣・子授けの神社として、広く田辺市民に信仰され親しまれている。

この神社を見下ろす位置にある龍神山城は、山頂部を中心に築城されている。城は主郭Ⅰとその周囲を囲む副郭Ⅱからなり、城の南北は堀切で区画されている。主郭は東西二〇×南北四〇メートルの規模で、西辺がハイキング道によって一部改変されている。副郭は土塁を伴った帯曲輪で、南北とも堀切に面している。この堀切は、現状では「土橋」のようになっていて、完全に遮断されていないが、これはハイキング道により埋められた可能性がある。

当城の見どころは、その立地である。築城地そのものが、宗教的な聖地の龍神社を見下ろしていることは、宗教的な権威をしのぐ力があることを誇示していると思われる。また、田辺平野だけでなく遠く田辺湾、白浜まで見渡せるこの場所に占地したことは、広域の支配を目論んだためであろう。天正十三年（一五八五）の羽柴秀吉の紀州攻め時に、小松原土居（御坊市）を逃れた湯河直春が一時籠もり、合戦を展開したという伝承がある。また、山麓の古屋谷《ふるやだに》の栗山氏も築城に関わったとされている。いずれにしても、湯河氏の関わった城の可能性を示唆していると言え

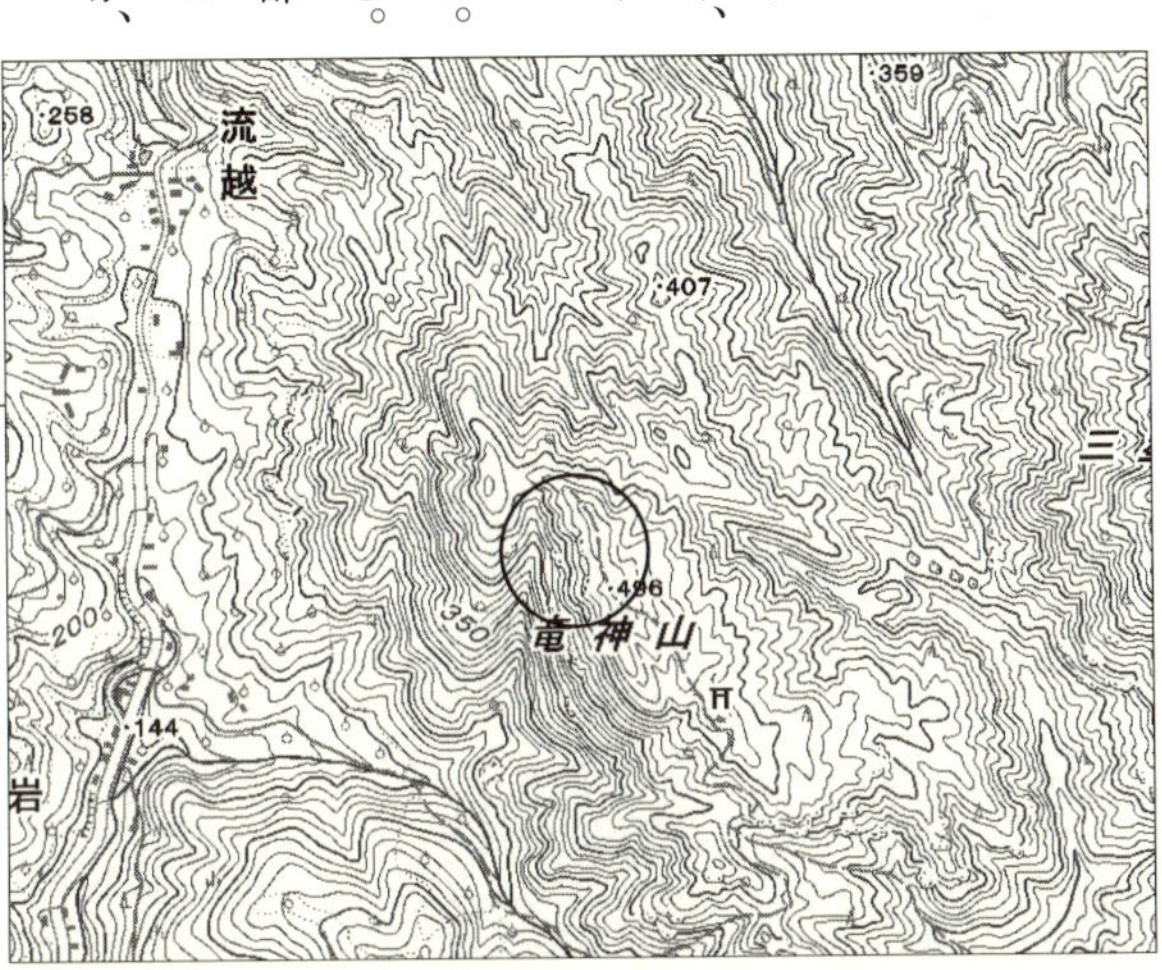


（左写真）堀切

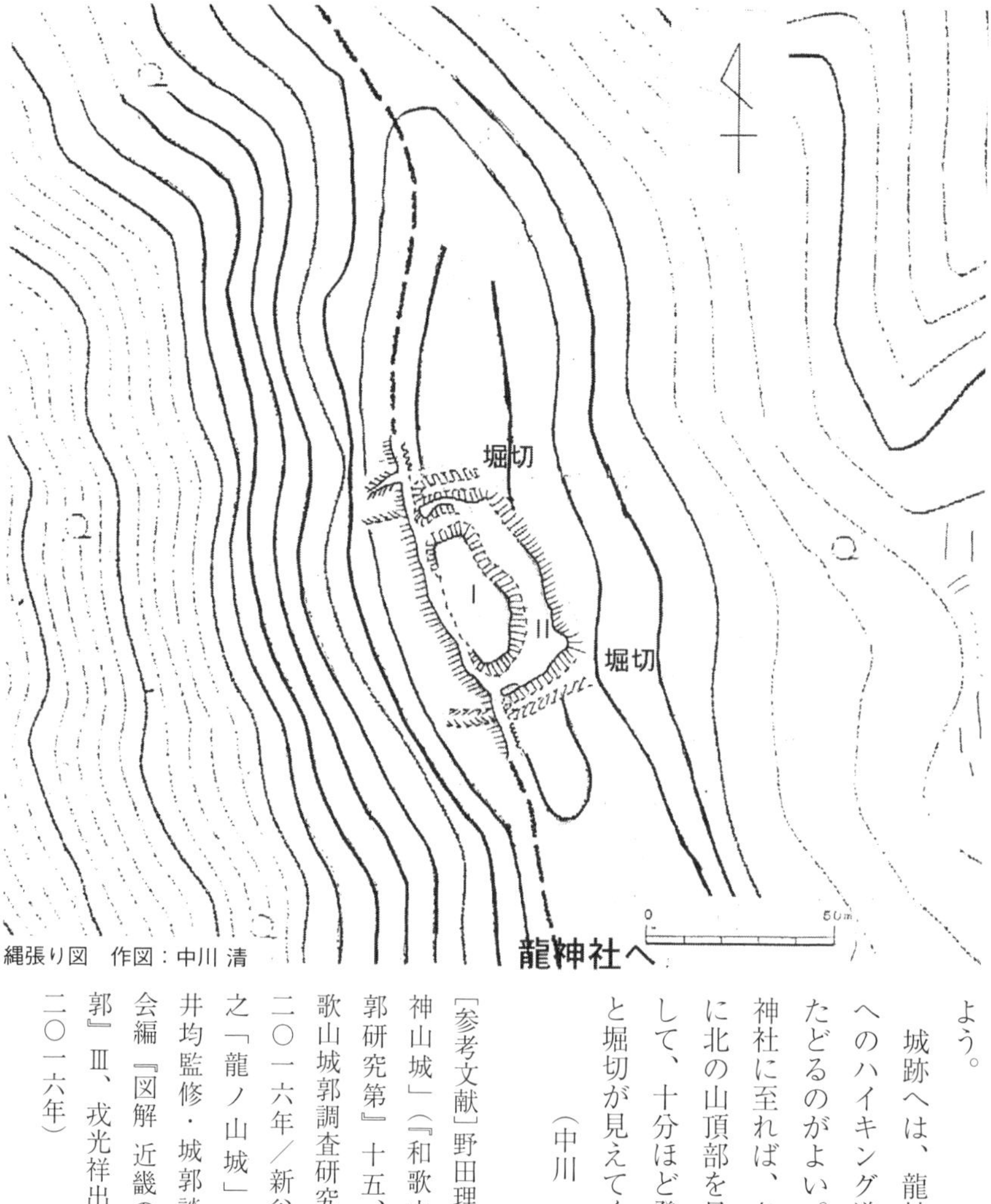


縄張り図　作図：中川 清

よう。

城跡へは、龍神山へのハイキング道をたどるのがよい。龍神社に至れば、さらに北の山頂部を目指して、十分ほど登ると堀切が見えてくる。

（中川　清）

［参考文献］野田理「龍神山城」（『和歌山城郭研究第』十五、和歌山城郭調査研究会、二〇一六年／新谷和之「龍ノ山城」（中井均監修・城郭談話会編『図解 近畿の城郭』Ⅲ、戎光祥出版、二〇一六年）

石積み

## 3、玉置《たまき》氏の城館

玉置氏は、紀伊半島の熊野を中心に大和国・紀伊国に栄えた一族である。出自については諸説あり、定かではない。しかしながら、一四世紀に入って、十津川村（奈良県吉野郡）より龍神村《りゅうじんむら》山地《さんじ》（田辺市）に進出した山地玉置氏や、その後、日高川を下り、和佐村《わさむら》（日高川町）に勢力を拡大した和佐玉置氏は藤原氏を称している。『紀伊続風土記』には「尾張連の後なり、後平氏となり又藤原氏となる」とあるが、『日高郡誌』*1の著者森彦太郎氏は、玉置氏について、諸説はあるがと前置きをして、藤原氏説をとっている。同誌によると、日高には玉置氏が藤原氏であるとの痕跡が数多くあるという。

玉置氏は『太平記』にも登場し、紀伊国に進出した南北朝時代には、当初は南朝、その後は北朝と、情勢によって立場を変えたようである。「湯河文書」*2の記載によると、文和元年（一三五二）に湯河氏と共に日高に進出し、南朝方の川上氏を討ったのち手取《てどり》城を築き、その一族が和佐玉置氏を称し、湯河氏と共に足利幕府の幕臣となった。これより山地玉置氏は南朝方、和佐玉置氏は北朝方となり、存続を図ったと推察される。

室町幕府の幕臣となった和佐玉置氏は湯河氏・山本氏と共に将軍の親衛隊である奉公衆となった。『山科家禮記《やましなけらいき》』に「応永十九年（一四一二）に玉木宿所放火される」とあり、この時期には、玉置氏の京都の屋敷が確認されている。また、嘉吉三年（一四四三）の「禁闕《きんけつ》の変」で当主徳増が南朝方を手助けしたとのことで、翌年二月に守護畠山邸で殺害された。しかし、五月には玉置

*1　一九二三年刊
*2　『和歌山県史中世史料』二

継直《つぐなお》がその後を継ぎ、[*3] 従五位下民部少輔で足利義政《よしまさ》の「衛府侍《えふざむらい》」として近侍している。[*4]

奉公衆は、紀伊国守護畠山氏の配下とはならずに独立を保っていた。明応二年（一四九三）以降も、和佐玉置氏は守護畠山氏の被官のような文献や記述が散見される。しかし、湯河氏と共に畠山氏とはおおむね協調して行動したが、足利将軍の要請に基づき行動したと推測されている。[*5]

近隣の湯河氏とは共同歩調をとってきた和佐玉置氏だったが、天正十三年（一五八五）の秀吉の紀州攻め時は袂を分かち、湯河氏により手取城が攻められ、[*6] 羽柴秀吉の弟秀長《ひでなが》に仕えたことで知られる。その後の関ヶ原の戦いでは、本家筋の玉置小平太は西軍には属していない。[*7] その後の大坂の陣でも西軍に属していない。[*8]

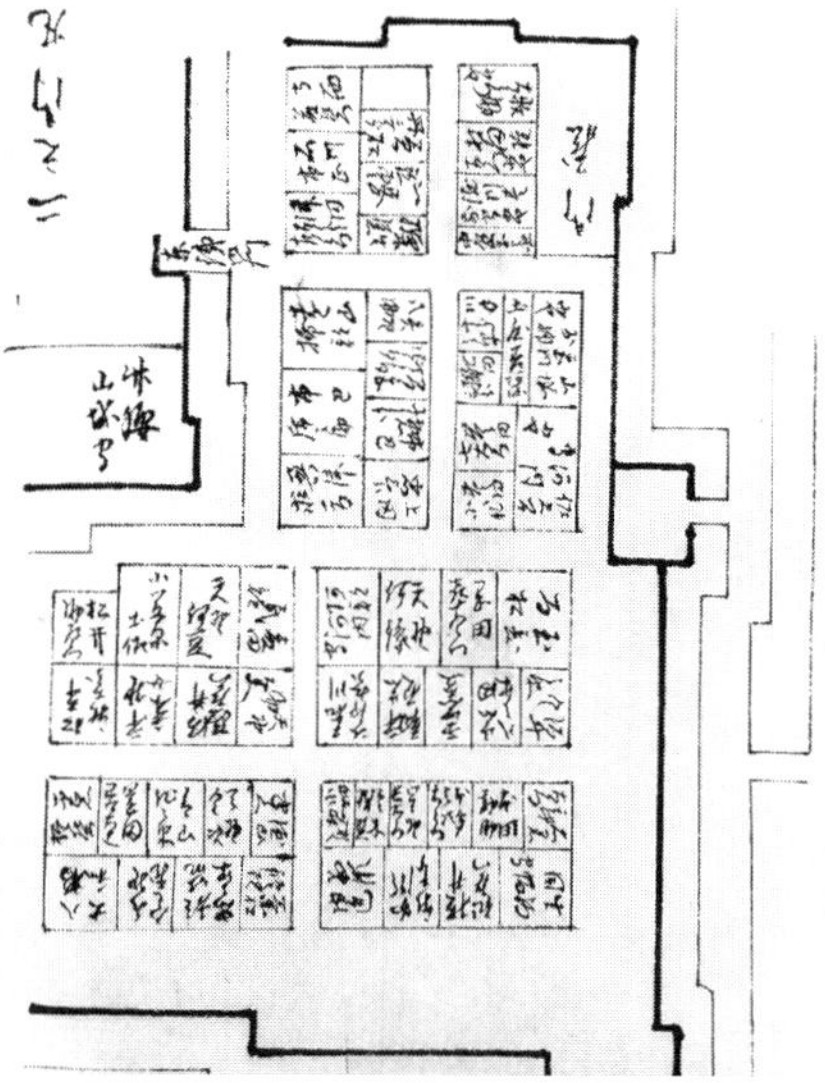

写真①　名古屋城三の丸、玉置氏の屋敷『金城温古録』名古屋市鶴舞中央図書館所蔵

手取落城後、一族の玉置角之助はじめ十名ほどは藤堂高虎《とうどうたかとら》に仕え、加判奉行等の重臣となっている。[*9] また、和佐玉置氏は、徳川家康の室（初代尾張藩主の徳川義直《よしなお》の母）の相応院《そうおういん》と縁続きで名古屋城の三の丸（現在の名古屋市役所）に屋敷を構え、明治に至った（写真①『金城温古録』名古屋市鶴舞中央図書館所収）。そ

写真②　菊に州浜紋『家中いろは寄』名古屋市鶴舞中央図書館所蔵

*3　『和歌山県史中世史料』二
*4　『康富記』
*5　「玉置文書」大阪城天守閣蔵
*6　「藤堂文書」『大日本史料』第一一編之一四
*7　『改正三河後風土記《かいせいみかわごふどき》』
*8　「玉置之家筋」石河文書
*9　『公室年譜略《こうしつねんぷりゃく》』
*10　『名古屋叢書《なごやそうしょ》』二四　続編一六

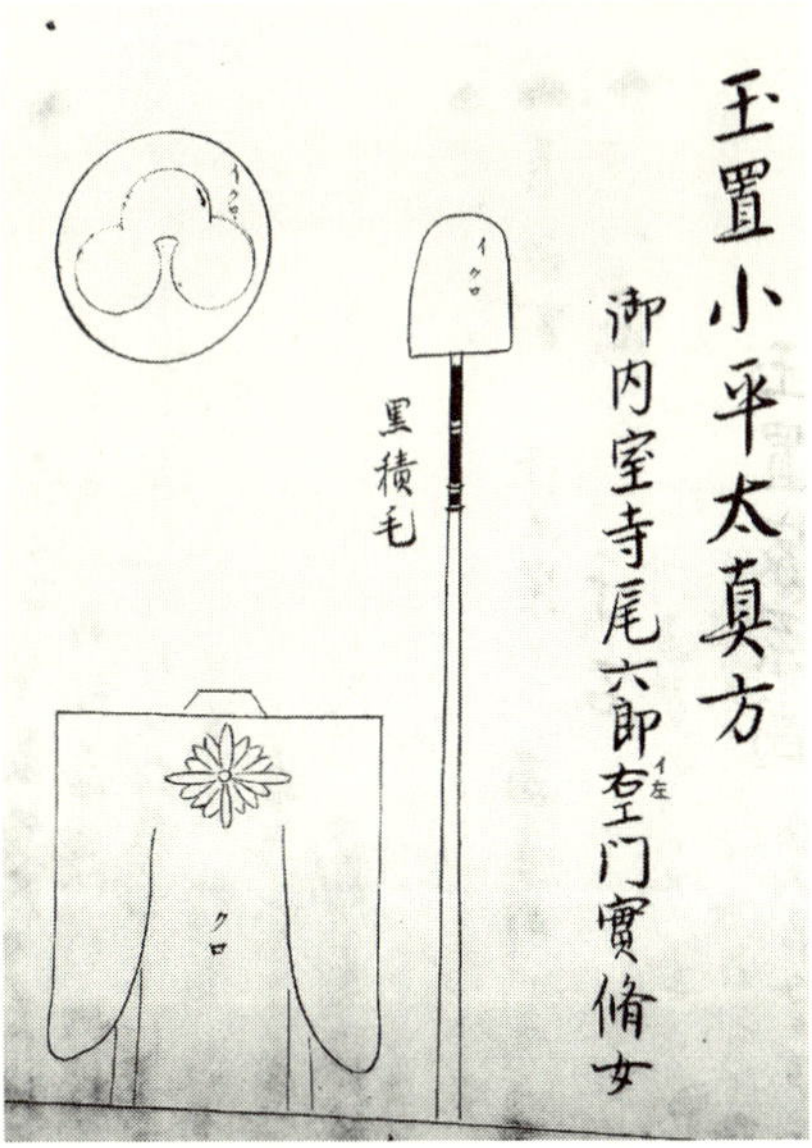


写真③　菊に州浜紋『金麟九十九之塵』名古屋市鶴舞中央図書館所蔵

の子孫には、江戸家老や名古屋城代になった者もいる。*10

他に徳川将軍家の家臣になった一族は、表祐筆や奥祐筆（幕府の発する文書作成・奥祐筆は幕府の機密文書の管理作成）となり、幕府の中枢にいた。書道においては「御家流」での一派をなした。*11

なお、尾張藩に仕えた本家筋の玉置氏は、幕末まで「菊に州浜」紋（写真②『家中いろは寄』、写真③『金麟《こんりん》九十九之塵《つくものちり》』名古屋市鶴舞中央図書館所蔵）を大切に使用していた。

以上のように、羽柴秀吉の紀州攻め後、一族は離散したが、それぞれの立場で活躍したようだ。ただし、紀伊国日高に残った玉置一族はその後、紀州徳川家の下でひっそりと明治を迎えるほかなかったと思われる。

（谷口敏雄）

［参考文献］谷口敏雄「玉置氏について」（『和歌山城郭研究』三～一六、和歌山城郭調査研究会、二〇〇四～二〇一七年）

---

*11　「諸家系譜《しょかけいふ》玉置氏《たまきし》」

秀吉に抵抗した山地玉置氏の本城

# 34 鶴《つる》ヶ《が》城《じょう》

①所在地：田辺市龍神村東
②別　称：増賀《ますが》城
③標　高：五七〇m／比　高：二〇〇m
④遺　構：曲輪・堀切・空堀

田辺市龍神行政局から日高川を隔てて対岸にそびえる増賀山の山頂に、当城は築かれている。この城は、山地玉置氏の本城と伝えられる。『姓氏家系大辞典』には、平資盛《すけもり》の子が玉置神社（奈良県十津川村）の社司となり、その子孫の玉置直高《なおたか》に「三子あり、一子は玉置山別当となり、二子は山地荘の東村に移り、川上采女を襲いて其の地を奪い、一人は山地の鶴城に居城し、一人は手取城に居城す」とあり、当城に拠った山地玉置氏と手取城の和佐玉置氏は同族と考えられている。

城跡遠望

山頂の主郭は六〇×一五メートルで、造成がしっかりなされており、西に虎口が設けられている。北には小曲輪があり、その西に細長い曲輪が続く。北の曲輪から下ると連続した二つの堀切がある。一つめの堀切から両側に竪堀が落ちている。主郭の西、三〇メートルほど下には、通称「馬場」といわれる細長い曲輪があるが、この曲輪が城全体の虎口であると想定される。

当城では発掘調査が行われ、虎口・竈《かまど》・地鎮遺構、柵列

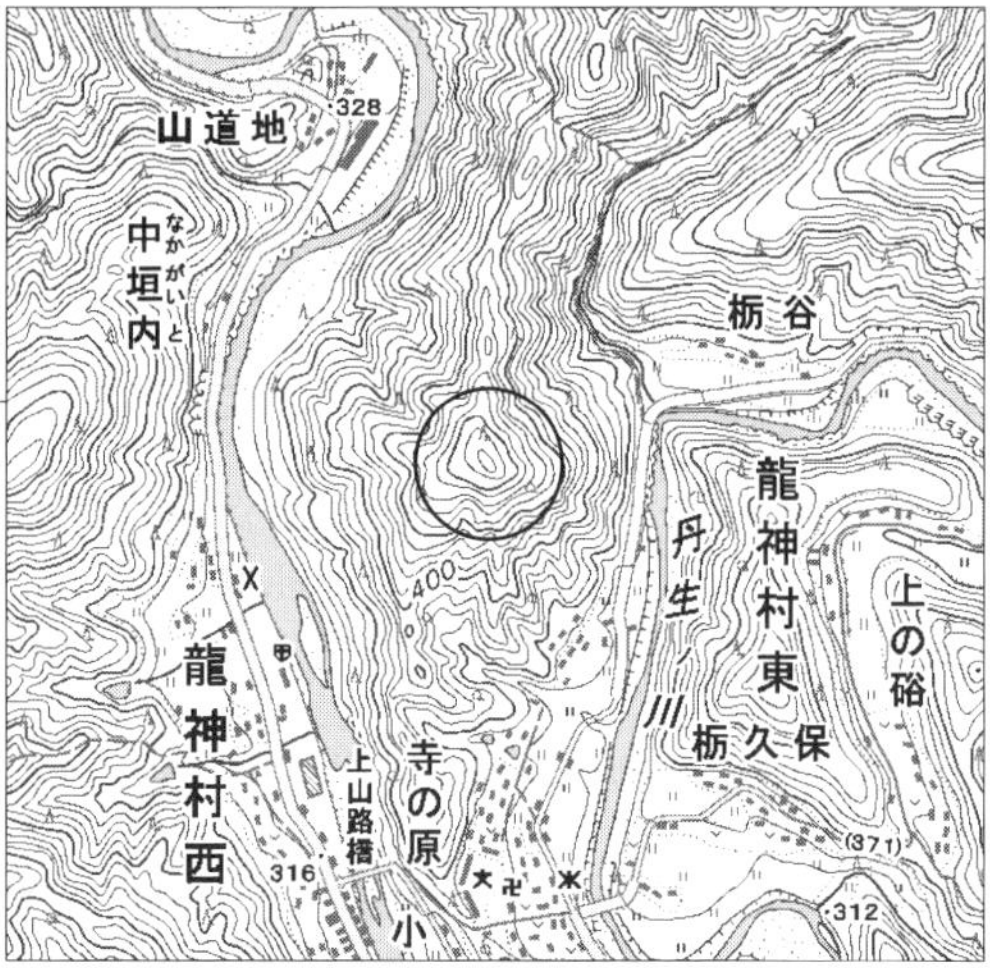

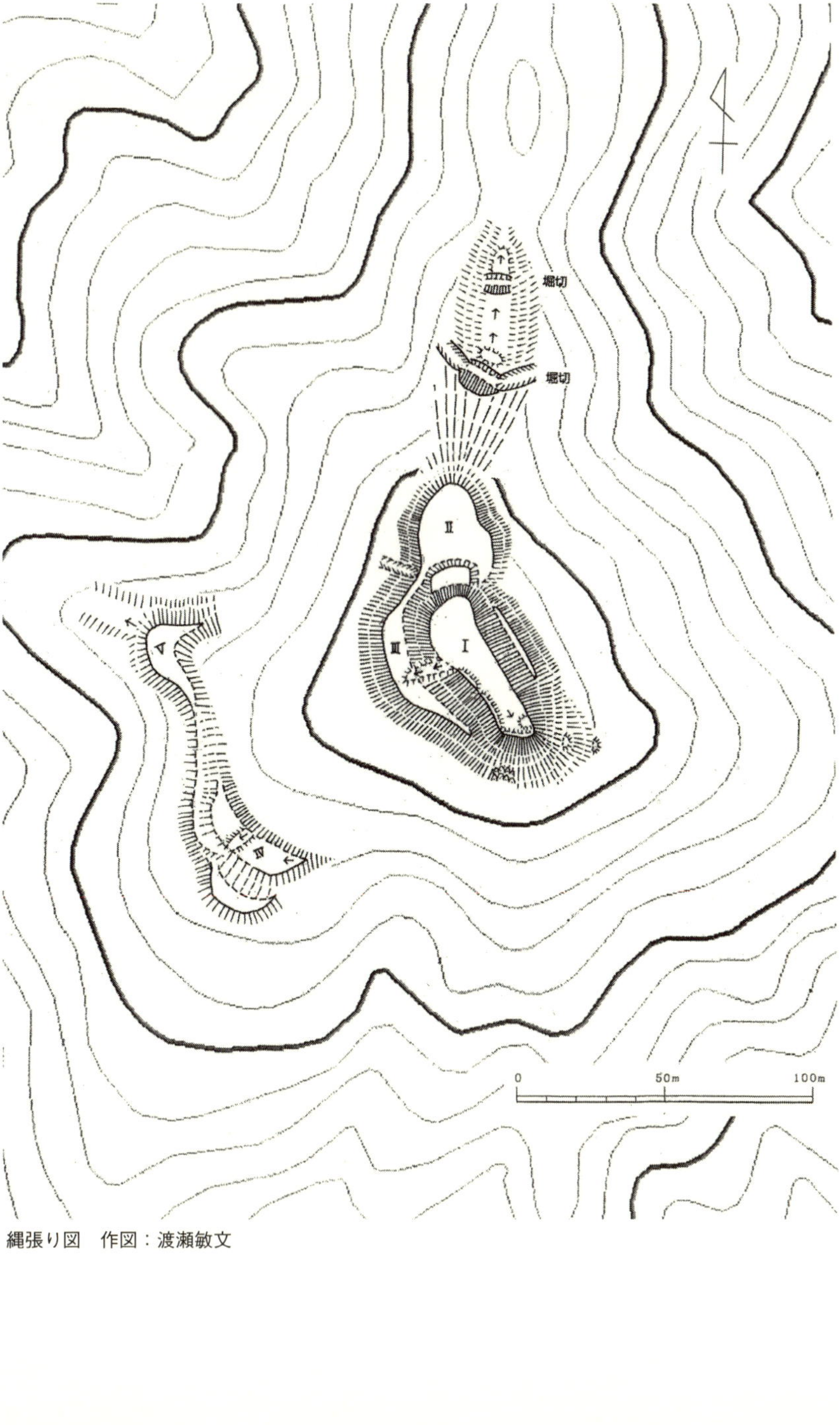


縄張り図　作図：渡瀬敏文

などを検出し、一五世紀後半および一六世紀前半から後半の貿易陶磁器や瀬戸美濃焼および大量の土師器皿が発掘されている。また、主郭虎口では礎石を確認し、四脚門の可能性があるという。[*1] それらの成果から、鶴ヶ城は恒常的な居住空間を備えて儀礼等も行われ、単なる軍事上の城ではなく、山地玉置氏の本拠として整備されていたものといわれる。

天正十三年（一五八五）の秀吉による紀州攻めの折、早々と降伏した和佐玉置氏と異なり、山地玉置氏は徹底抗戦したことが史料に見られる。山奥にあって情勢を判断することができなかったものか、旧来の城郭構造のまま、圧倒的な多勢に抵抗した在地の人々に思いを馳せると、緊迫した往時が偲ばれる城跡である。

山地玉置氏の家臣四天王と伝わる古久保《ふるくぼ》・久保・松本・小川氏のうち、古久保氏の城とされる鏡《かがみ》が城（田辺市龍神村西）は、鶴ヶ城の西方、日高川の対岸に位置する。東西二〇×南北二五メートルの単郭で、金毘羅宮建立による後世の改変がある。

また、その南西には小川氏の居城という平《たいら》が城の伝承があるが、遺構は確認できていない。

鶴ヶ城跡へは、龍神行政局手前の上山路《かみさんじ》橋を渡り、丹生ノ川《にゅうのがわ》に沿って北上する。中の谷バス停より約二〇〇メートルで鋭角に左折し、小谷を一つ過ぎた右手の民家裏を登ると約三〇分で城跡に至る。

（渡瀬敏文）

［参考文献］早川圭「鶴ヶ城」（中井均監修・城郭談話会編『図解 近畿の城郭』Ⅲ、戎光祥出版 二〇一六年）／野田理「鶴ヶ城跡」（『和歌山城郭研究』十四、和歌山城郭調査研究会、二〇一五年）

＊1 『鶴ヶ城跡発掘調査報告書』（和歌山県龍神村教育委員会、二〇〇四年）。

主郭

県内一の高所な玉置氏の山城

# 35 田《た》尻《じり》城《じょう》

①所在地：日高郡日高川町田尻
②別　称：玉置屋敷
③標　高：七五〇m／比　高：六五〇m
④遺　構：石垣・土塁・堀切

日高郡日高川町の矢筈《やはず》岳は標高八一一メートルで、『紀伊続風土記』に「郡中高嶺の一」とある。その頂を約四〇〇メートル下った標高七五〇メートルの峰上に田尻城の跡が残る。階段状の曲輪に石垣と堀切五本、そして所々に石垣と土塁が築かれている。堀切は、南の矢筈岳側にある堀切が最も大きい。

しかし、記録には乏しく、『紀伊続風土記』や『日高鑑』に「玉置氏の城跡」「玉置氏の屋敷跡」と、ごく簡単に記載されるにすぎない。城跡が高所すぎるのが影響しているのか、『日高郡誌』には掲載されていない。

城跡は、大きくみて三段の曲輪からなっている。上段の曲輪は東西約七〇メートル、南北約一〇メートルの細長いものである。二段目の曲輪は上段の北側以外を廻り、南側は東に寄るほど極細になるが、西側はやや広い曲輪となっている。三段目も西から東へ廻る腰曲輪で、東側がやや広く、東隅に土塁を積み、真下の堀切を深くしている。この堀切は、天端部で幅約八メートルあり、側壁には石垣が積まれている。堀切は北側に二本、西側に二本掘られ、尾根を遮断している。高所の築城にも関わらず、石垣が多く用いられているのが特徴である。

玉置氏は、山地荘（田辺市龍神村）から和佐荘（日高川町和佐）に進出する。和佐に手取城を築いた玉置氏を和佐玉置氏、山地荘の鶴ヶ城を拠点とした玉置氏を山地玉置氏と後世に呼び慣わしているが、ともに同族である。和佐荘進出時に、支城を築いたのだろうか、和佐玉置氏の手取城

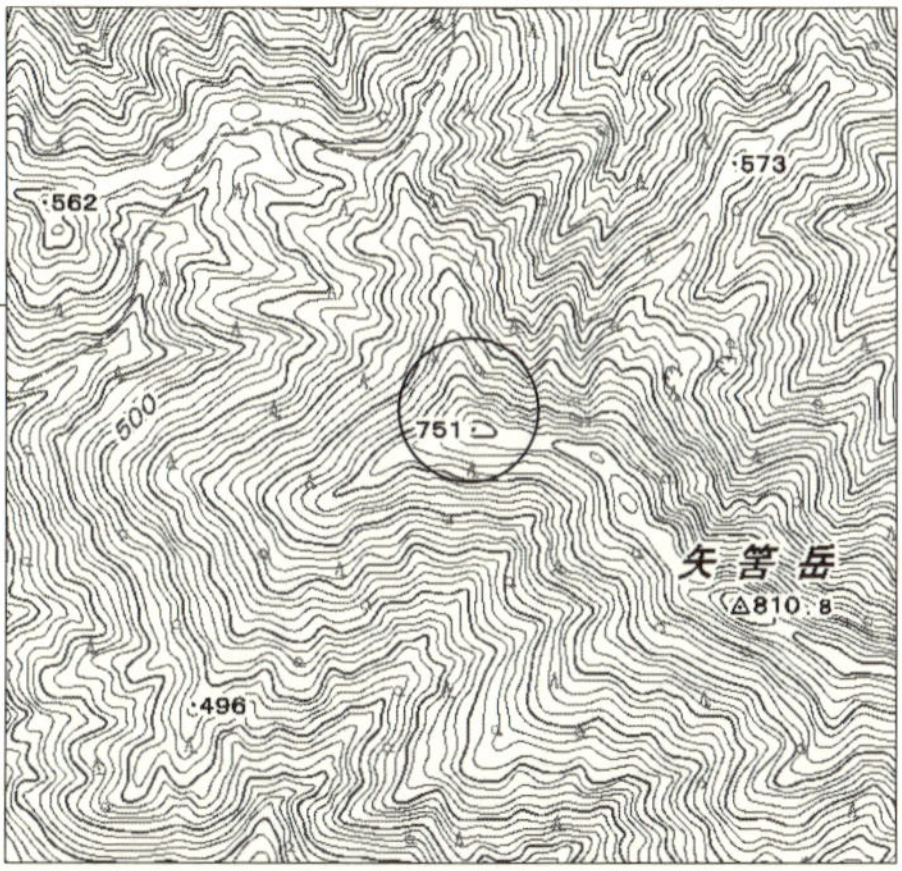

和佐に仕えていた田尻城は、その麓に同族が屋敷を構えている。有事の際には立て籠もることができる堅固な城郭に仕上げた。田尻城の背後に山野《さんや》城（同町）や田尻城が控え、のち、進出するときの一拠点として築き上げた可能性が考えられる。

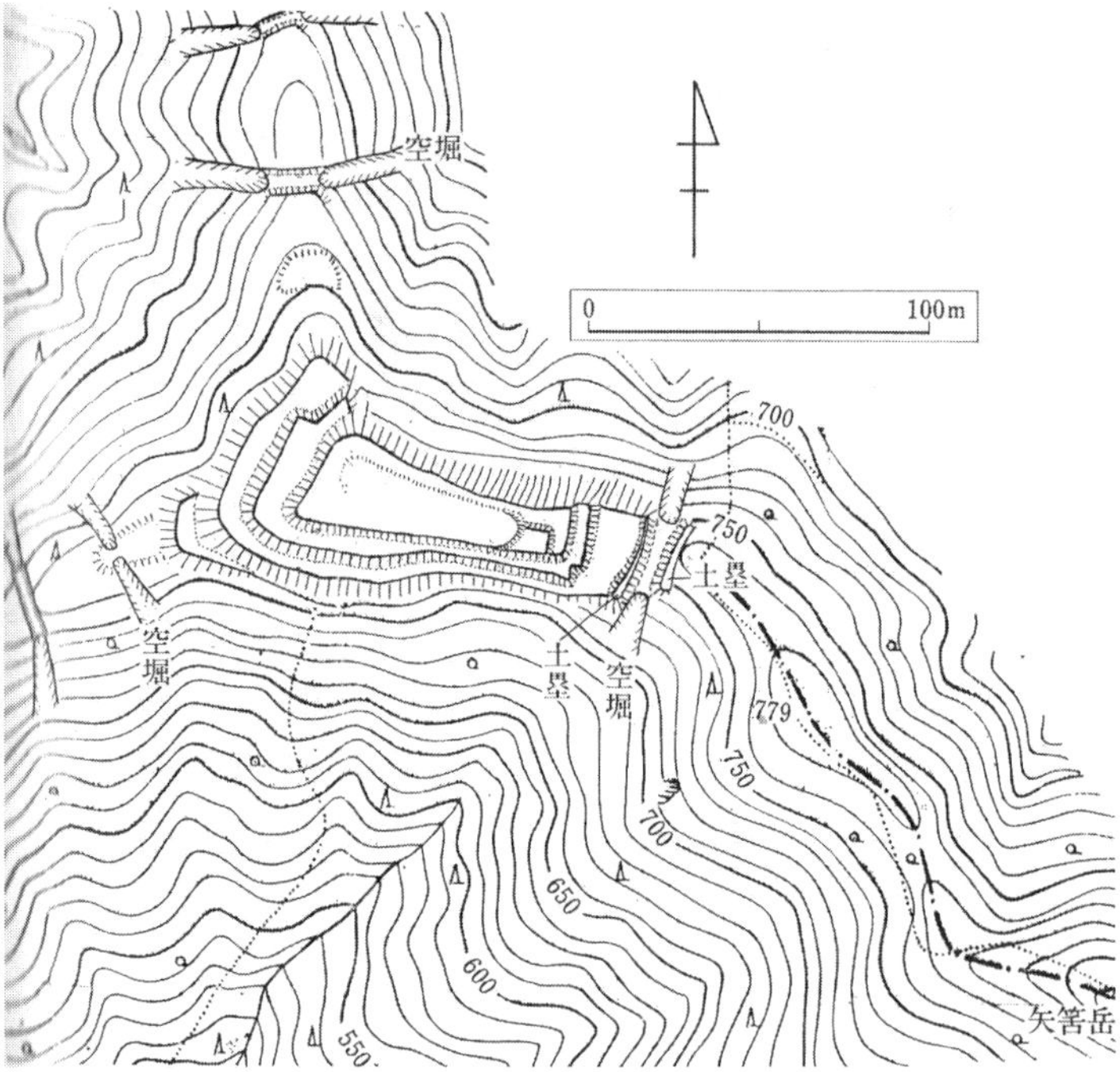

縄張り図　作図：水島大二

城跡へは、矢筈岳から下るルートが最もわかりやすいが、山が深いので十分な下調べが必要である。できれば、事前に矢筈岳への道を役場で尋ねて登るのが最良の方法である。

（水島大二）

［参考文献］『中津村史』史料編上（中津村、一九九四年）／水島大二監修『定本・和歌山県の城』（郷土出版社、一九九五年）

東側の堀切

室町幕府奉公衆・和佐玉置氏の本城

# 36 手《て》取《どり》城《じょう》

①所在地：日高郡日高川町和佐・別所谷
②別　称：手取山城・城山
③標　高：一七一m／比　高：一五二m
④遺　構：曲輪・土塁・石垣・空堀・堀切群

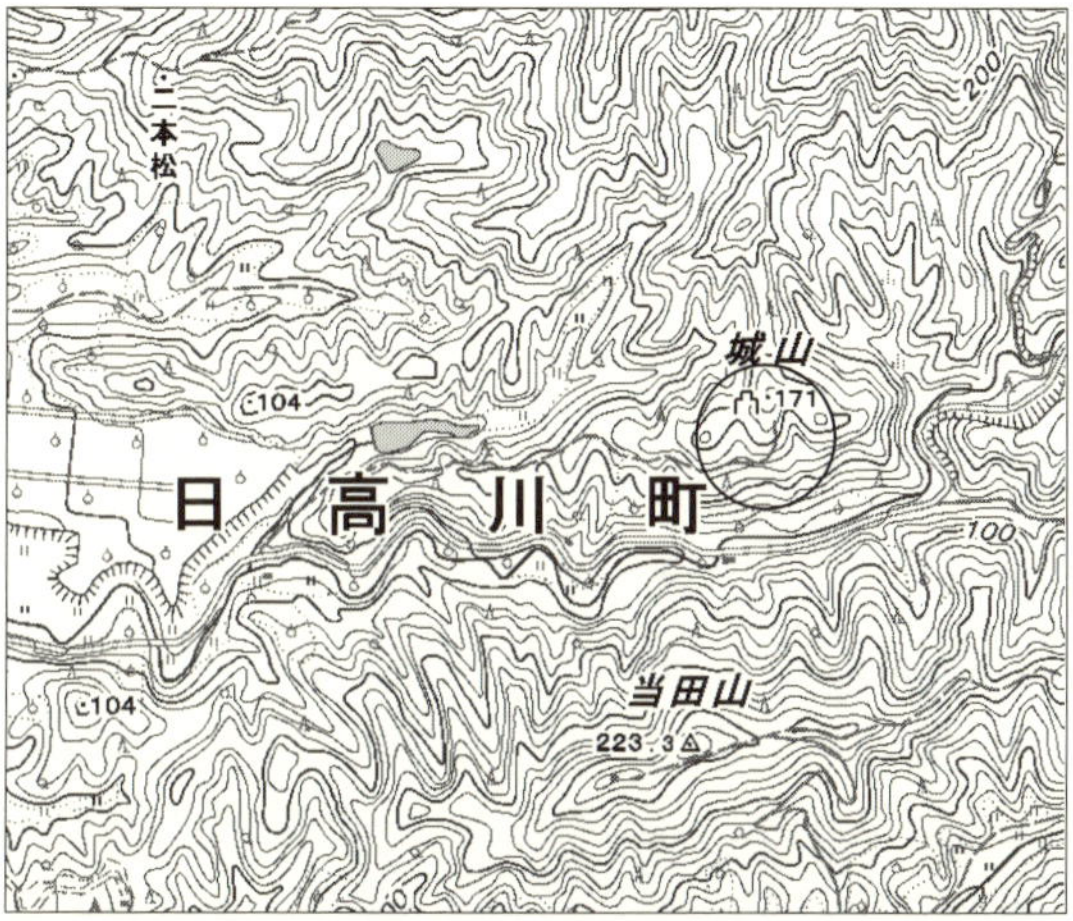


日高川は、奥熊野より蛇行を重ね、紀伊半島の中央を東西に横切る大河で、北の紀ノ川・有田川に次ぐ清流である。その河口より約八キロ北東に入った所に築かれた山城が、手取城である。城跡からの見晴らしはよく、西方には玉置氏と同じく室町幕府の奉公衆であった湯河氏の亀山城も一望できる。

日高川上流の龍神《りゅうじん》村（田辺市龍神村）には、山地玉置氏の居城・鶴ヶ城がある。玉置氏はもともと熊野の神官で、奈良県十津川村の玉置神社とゆかりがあるとされ、同村より山地荘に進出したと推察されている。そして、その一族が日高川を下り、川上荘（日高川町）の領主・川上氏に取って代わり、和佐の別所谷に城を築いた。この玉置氏を和佐玉置氏と呼んだ。

手取城の築城について、『紀伊続風土記』の上和佐村の項に「村の東十八町にあり東西二町南北一町、玉置氏の本城」と記述されている。現在も、東西約六〇〇×南北約二五〇メートルの遺構が残る（図1）。

正確な築城時期はわからないが、城跡の表面採集による遺物から城が機能した時期を論じた北野隆亮氏は、およそ一四世紀の中頃～一六世紀頃まで使用されていたと推察している。*1 なお、多くの陶器とともに、「菊の紋」が付いた瓦などの遺物も出土している（写真①）。

写真① 手取城の鬼瓦（『川辺町史』第三巻）

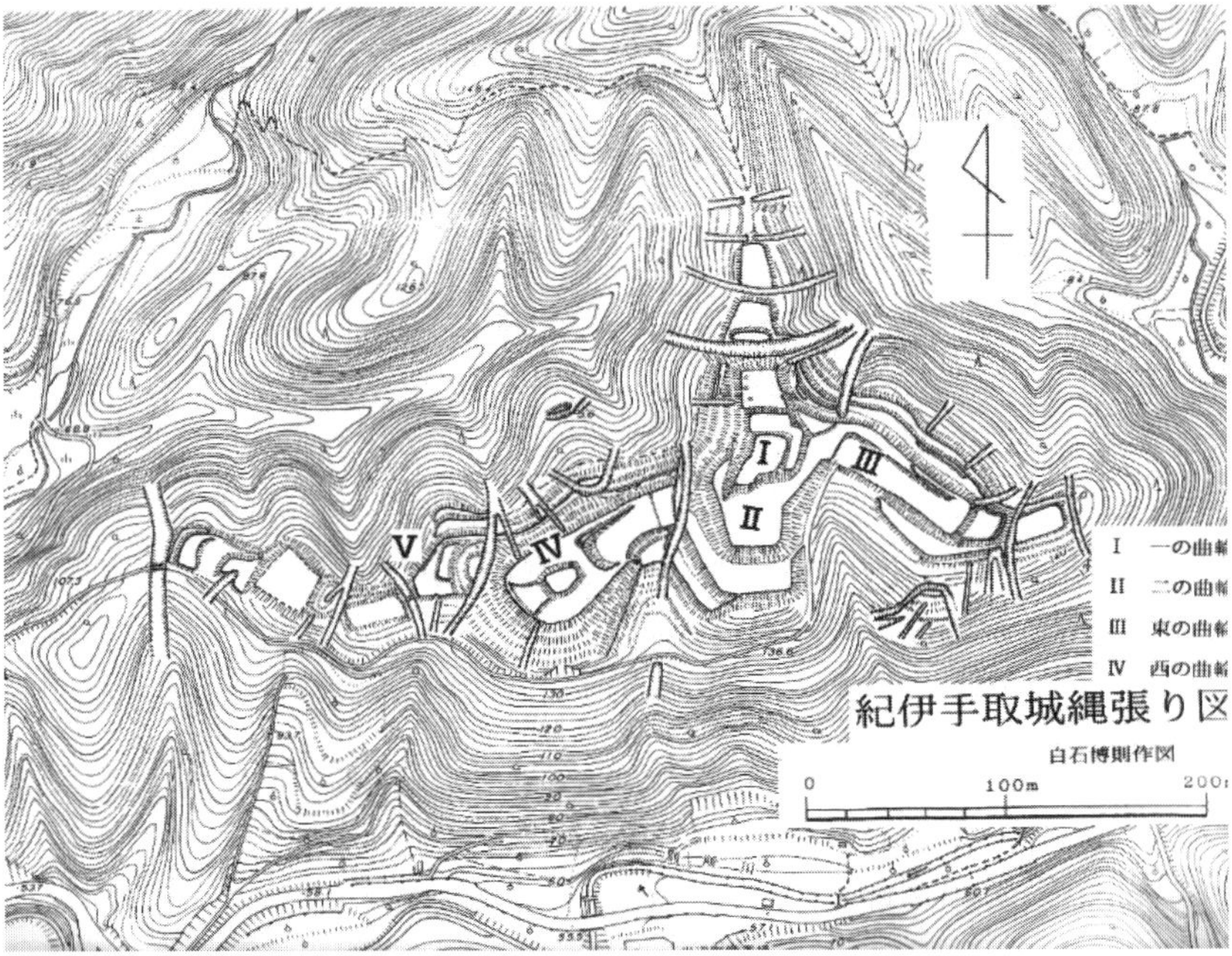


図1　縄張り図　作図：白石博則

城跡の現況は、一部の崩落、破壊箇所は見受けられるものの、一の曲輪と二の曲輪を中心に、東の曲輪群（写真②）、西の曲輪群（写真③）に横堀・竪堀・堀切・土塁、そして所々に石垣が残る（写真④）など、壮大な山城が堪能でき、まぎれもなく戦国和歌山の城館の中で最大級の山城であることがわかる。

一の曲輪は、通称「天守台」と呼ばれ、図のⅠに見るように、やや東寄りの一角の平坦な高台（「城山」の頂上）である。四方を見渡せる絶景の高台であるが、その東側は付曲輪を経て絶壁なので、敵の侵入はほぼ不可能と思われる。ここに天守のような大きな建物が建てられていたかは、発掘調査が実施されれば明

写真②　東の曲輪

写真③　二ノ曲輪から西ノ曲輪を望む　写真提供：水島大二

上：写真④　石垣が所々に残っている　下：写真⑤　東ノ曲輪北端の堀切　写真提供：④⑤ともに水島大二

らかになることだろう。また、当曲輪の真北の尾根には、大きな四本の横堀が敵の侵入を防いでいる。

二の曲輪は、一の曲輪の南下に位置する。かつて、当場所から多くの瓦が出土し、また、柱を立てたと思われる礎石も見られることから、平時の住居空間として使用されていた可能性が高い。東の曲輪は、東に約一一〇メートルほど突出した尾根伝いを地ならしした広い空間である。その東は小曲輪を経て、深い横堀（写真⑤）と急峻な切岸で遮断され、さらに北方には、三本の竪堀が施されている。また、この曲輪の北側の大きな土塁は見ごたえがある。ここも広い空間があるので、建物が存在していた可能性が考えられる。

西の曲輪は、明らかに図1のⅠ・Ⅱ・Ⅲの曲輪群とは大きな堀切で遮断されている。この場所は、戦闘時にはここより東に敵を侵入させない守りに徹した場所であったように見受けられる。そのほぼ中央（図のⅣ）に、狼煙台か物見櫓かいずれかがあったと言われている大土塁がある。この大土塁から支城の山野《さんや》城（日高川町山野）が見える。山野城よりは、その東方の田尻城（同町田尻）がよく望めるのである。

---

＊1　北野隆亮「手取城跡出土の備前焼大甕」（『和歌山城郭研究』三、和歌山城郭調査研究会、二〇〇四年）。

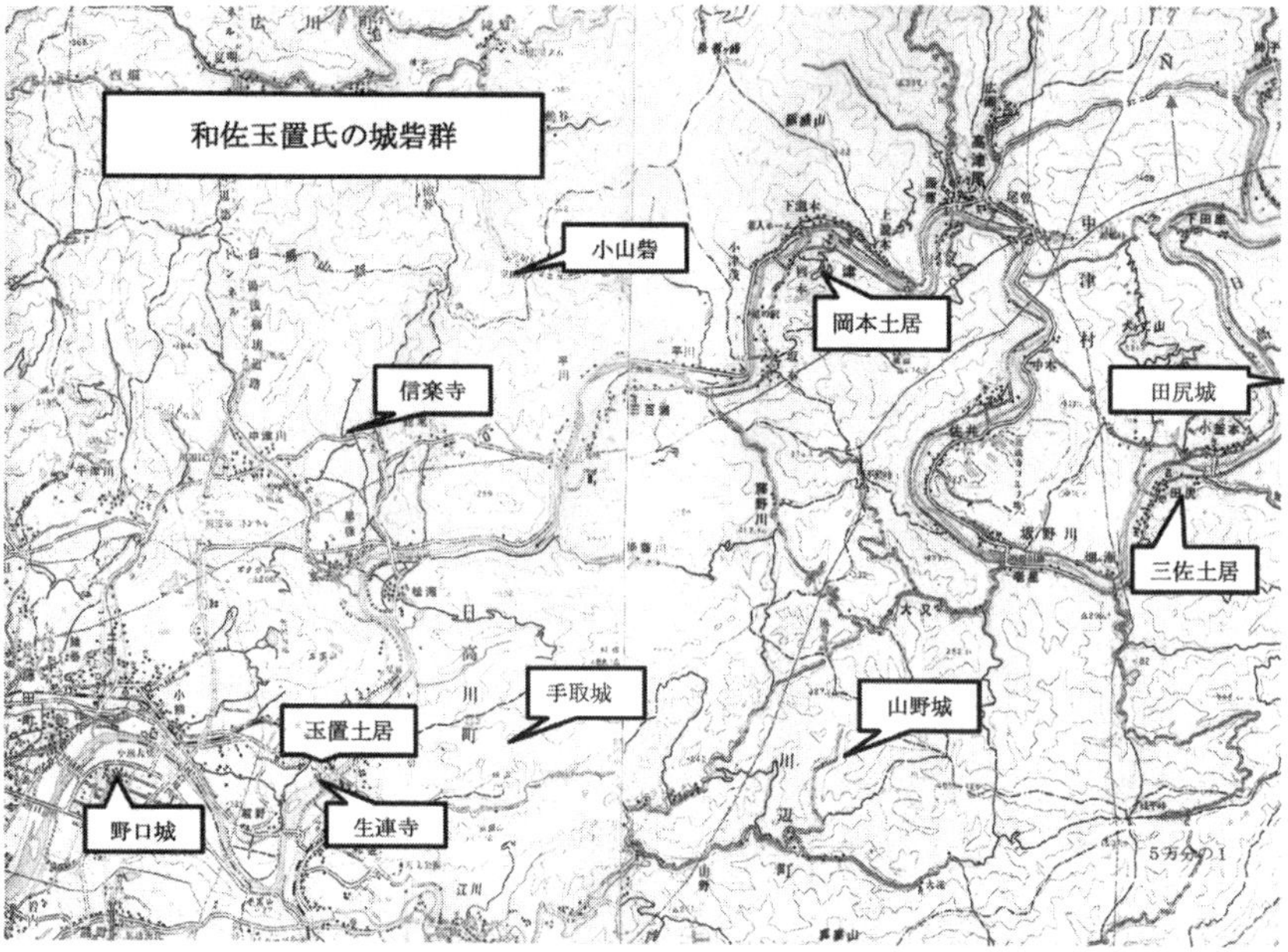


図2　和佐玉置氏の城砦群　水島大二氏作成の図に筆者加筆

城跡の西側（図のV）には虎口があり、堀切脇に「古城行道」の碑が立つ。現在は、この場所が大手口になっているが、築城当時の大手口と一致するのかは定かでない。

また、『日高路の碑巡礼』[*2]の「手取城址の五輪塔」に、西ノ丸曲輪の西北二〇メートルの雑木の斜面から多くの墓石が発見されたと昭和四十七年二月十三日付けの調査報告が掲載されている。他にも、井戸があったと言われているが、その地は明らかでない。

手取城は一ノ曲輪を中心に北、東、西に続く尾根を切り開いて造った山城であることがわかるが、手取城を本城とした「城砦群」についても注目したい（図2）。手取城の麓には、和佐玉置氏の館である「玉置土居」がある。『紀伊続風土記』に、

*2　清水長一郎『日高路の碑巡礼』（御坊文化財研究会、一九九八年）。

玉置屋敷跡として「村中（和佐村）にあり。土居といふ。又玉置明屋敷ともいふ。今畑となれりも、此の玉置氏居邸の地なり」とあり、『続群書類従《ぞくぐんしょるいじゅう》』第二二輯下の「湯川彦衛門覚書」にも、「日高郡和佐の別所と言うところの坂ノ瀬に居城がある。また本城は和佐の奥の別所谷に手取と言う山城がある」とある。これにより、玉置氏土居と手取城との関係が明らかである。

さらに、東の方には山野城、その東北には田尻城があり、日高川を東に上ったところには、同族の山地玉置氏の本城・鶴ヶ城がある。この間の日高川に沿う台地に、戦国期後半（一五八五年頃）、玉置家の家老と言われる玉置雅《うた》ノ助《すけ》の「岡本ノ土居」や家老の原要助《はらようのすけ》の「三佐《みざ》ノ土居」があったとされる。[*3] 他にも西に、和佐玉置氏家老の野口氏の野口城[*4]があり、北には小山ノ砦が築かれていたという。[*5]

このように、和佐玉置氏は日高川の流域を野口村から龍神村（田辺市）の鶴ヶ城までの日高川流域内に城砦群を形成し、治めていたことが推測されるが、『紀伊続風土記』によると、「当郡野口村より川上は福井村（龍神村）まで及有田郡津木（広川町）等地高三千五百石の地を領す今の検地にては一萬六千石程の地なり」と記載されている。この広域を支配した和佐玉置氏は、平時の住まいの土居（屋敷）や多くの支城を備えた「城砦群」を形成していた。これが手取城の城砦群である。

日高川の西岸約八キロ離れた亀山城の湯河氏とは親戚関係を結ぶなどしながら、築城から天正十三年（一五八五）の秀吉の紀州攻めまでは、大きな争いもなく平和に共存してきたが、秀吉軍が南下してきた折には、双方の意見が合わずに、湯河氏が手取城を攻めたという話が伝えられている。

城跡へはＪＲ紀勢本線和佐駅を下車し、徒歩約三〇分。駅前から公共交通機関はないので、徒

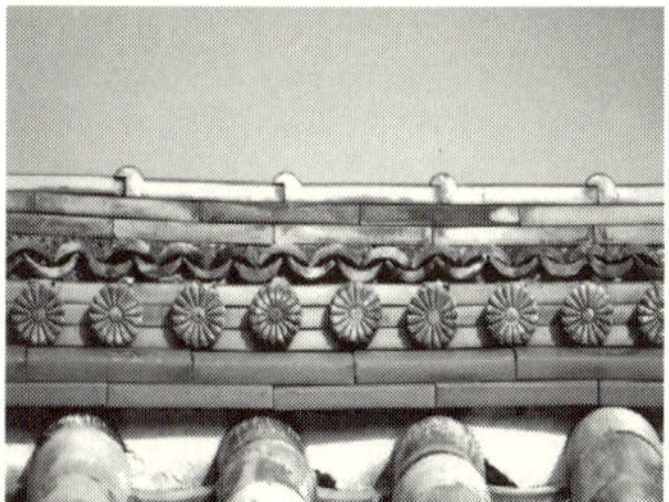

写真⑥　信楽寺の瓦

＊3　『和歌山城郭研究』一一、一二（和歌山城郭調査研究会、二〇一二・二〇一三年）に水島大二氏の調査報告がある。

＊4　御坊市野口。発掘調査後農地開発により消滅。道路脇に碑がある。

＊5　手取城の石碑文にその旨が刻まれている。

歩かタクシーを利用するしかないが、自家用車なら手取城登り口の看板から登れば、途中に駐車できる広場がある。菩提寺の信楽寺《しんぎょうじ》や生蓮寺《しょうれんじ》も訪ねたい。信楽寺には「菊の紋」の瓦が多く見られ、（写真⑥）生蓮寺には玉置直和《なおかず》（仙光院）の木像が（口絵1頁／本文10頁参照）安置されている。

手取城は二〇一三年一〇月、日高川町指定史跡となった。

（谷口敏雄）

[参考文献]『川辺町史』第三巻　史料編上（川辺町、一九八六年）／水島大二監修『定本・和歌山県の城』（郷土出版社、一九九五年）／『和歌山城郭研究』三～一五（和歌山城郭調査研究会、二〇〇四～二〇一六年）

# 4、龍神《りゅうじん》氏・愛洲《あいす》氏・目良《めら》氏の城館

龍神氏は、戦国時代に南部川《みなべがわ》上流域を支配した勢力である。天宝神社《てんぽう》（みなべ町）に残る永正十四年（一五一七）の棟札《むなふだ》には、龍神氏の名がみえる。また、十輪寺《じゅうりんじ》（同町）は龍神修理大夫が創建した寺院であるという。近世には帰農し、紀州徳川家のもとで地士《じし》に取り立てられた。

龍神氏の居城である鳶之巣城《とびのす》（同町）は、畝状空堀群《うねじょうからぼりぐん》やクランクした空堀をもち、紀伊国の戦国期城郭のなかでは比較的発達した防御施設を有することで知られる。島ノ瀬城《しまのせ》（同町）も龍神氏の城とされるが、小規模な単郭の城であり、メインの拠点にはなりえなかったと思われる。

愛洲氏の出自は、愛洲（熊野川町）もしくは伊勢国とされるが、定かではない。南北朝内乱期には南朝方につき、後醍醐天皇から所領を安堵されている。延元元年（一三三六）、愛洲季俊《すえとし》は七郎左衛門に播磨国高田荘領家職《りょうけ》、紀伊国南部荘地頭職・同国高田村、阿波国秋月荘地頭職等を譲り渡している。[*1] 明徳三年（一三九二）にも南部荘の当知行人として愛洲兵部大輔《ひょうぶたいふ》の名がみえ、[*2] 南部に権益をもっていたことが知られる。愛洲氏は、南北朝の争乱が終結した後も守護の被官とはならなかった。

文明八年（一四七六）から翌九年にかけて、三栖《みす》（田辺市）で畠山政長方と義就方の抗争があり、義就方の籠もる衣笠城《きぬがさ》（同市中三栖）・知法寺城《ちほうじ》・龍口城《たつのくち》（同市下三栖）・目吉良城《めきら》が攻め落とされた。明応四年（一四九五）には、畠山に味方する山本氏・愛洲氏を畠山尚順《ひさのぶ》の軍勢が攻め、「愛洲構」が落城した。[*3] この「愛洲構」は、衣笠城を指すとみられる。一五世紀末の愛洲氏は、衣笠

---

＊1　『紀伊続風土記』

＊2　「高野山文書」

城を拠点に義就流畠山氏の軍事行動を支えたことがここからわかる。

豊秋津《とよあきづ》神社（田辺市秋津町）に残る棟札によると、秋津荘《あきづのしょう》の地頭は、一六世紀中頃に愛洲氏から湯河氏に変わったという。三栖の状況は不明だが、一六世紀には愛洲氏の勢力は徐々に衰退していったものと思われる。

目良氏は、熊野別当《べっとう》の子孫といわれるが、詳細は不明である。愛洲氏とは異なり、一五世紀中頃より政長流畠山氏に付き、高田土居（みなべ町）での籠城や衣笠城の攻略にあたった。天正十三年（一五八五）に羽柴秀吉が紀伊国を平定した後には帰農するが、田辺を治めた杉若無心《すぎわかむしん》が「公文《くもん》」として目良氏を支配の末端に位置づけた。その後、紀州徳川家の治世下では、安藤《あんどう》家に仕えた一族もいたようである。

愛洲氏の本城とされる衣笠城は、非常に眺望のよい場所にあり、土塁と空堀をうまく組み合わせてコンパクトにまとめられた城である。また、秋津川方面には、目良氏の城と伝わる小規模な城館が群在している。こうした城館の分布は、目良氏の権力としての性格を考える手がかりになるだろう。

（新谷和之）

［参考文献］『上南部誌』（南部川村、一九六一年）／『田辺市史』一（田辺市、二〇〇三年）／『南部町史』通史編二（南部町、一九九七年）／新谷和之「城からみる三栖の戦国史―衣笠城を中心に―」（『田辺市文化財』五十三、田辺市文化財審議会、二〇一七年）／弓倉弘年「「藩中古文書」に見える目良・脇田文書」（『田辺市史研究』四、田辺市文化財調査会・田辺市教育委員会、一九九二年）／弓倉弘年『中世後期畿内近国守護の研究』（清文堂出版、二〇〇六年）

---

＊3　「目良家文書」

国人・龍神氏が築いた拠点城郭

# 37 鳶之巣城《とびのすじょう》

①所在地：日高郡みなべ町土井
②別　称：なし
③標　高：二四八ｍ／比　高：一六八ｍ
④遺　構：曲輪・土塁・堀切・畝状空堀群

紀伊山地に連なる山間部に築かれた当城は、守護畠山氏が奥郡の支配拠点とした高田土居（みなべ町）と、山地玉置氏の領域である山地郷（田辺市）の中間地点となる。

応永年間（一三九四〜一四二七）に築城かれた当城は、永正十年（一五一三）、湯河氏の謀略によって、龍神氏不在時に落城したとされている。また、『紀伊続風土記』では、「村の南六町程にあり龍神山城守南部川谷を領しこの地に居城を築きし跡という」や「軽井川村天宝明神神社永正十四年の棟札に山城入道及龍神新蔵人正忠等の名あり。土井落城の後次郎七郎という者あり、当村へ移り農を業とする」の記載がある。

縄張りは、最高所の自然地形に沿った一面を主郭とし、三方に延びる地形上に曲輪を配置した構造である。城域の内、南尾根には南曲輪と横堀を伴う畝状空堀群が築かれている。扇状に広がる尾根からの侵攻を意識し、南曲輪から下方の横堀を火点としている。北の谷部分は、現在も集落から山道が通っており、虎口が想定されている。想定された虎口から東鞍部にかけ、堀切や竪堀で斜面を刻み、東鞍部の搦め手口（土橋）に通じる側面を防いでいる。

西に延びる尾根は、山塊のピーク（標高二五六メートル）に向かう尾根で、城域内では最も防御が堅い。主郭下の曲輪には周囲に土塁を巡らし、下曲輪を俯瞰している。曲輪と下曲輪の接続部分である切岸は、基底部を掘り下げL字型クランク状の溝を穿っており、空堀や溝などの説が唱えられている。下曲輪の西末端には幅広の土塁が築かれ、その先の鞍部には、当城最大の堀切

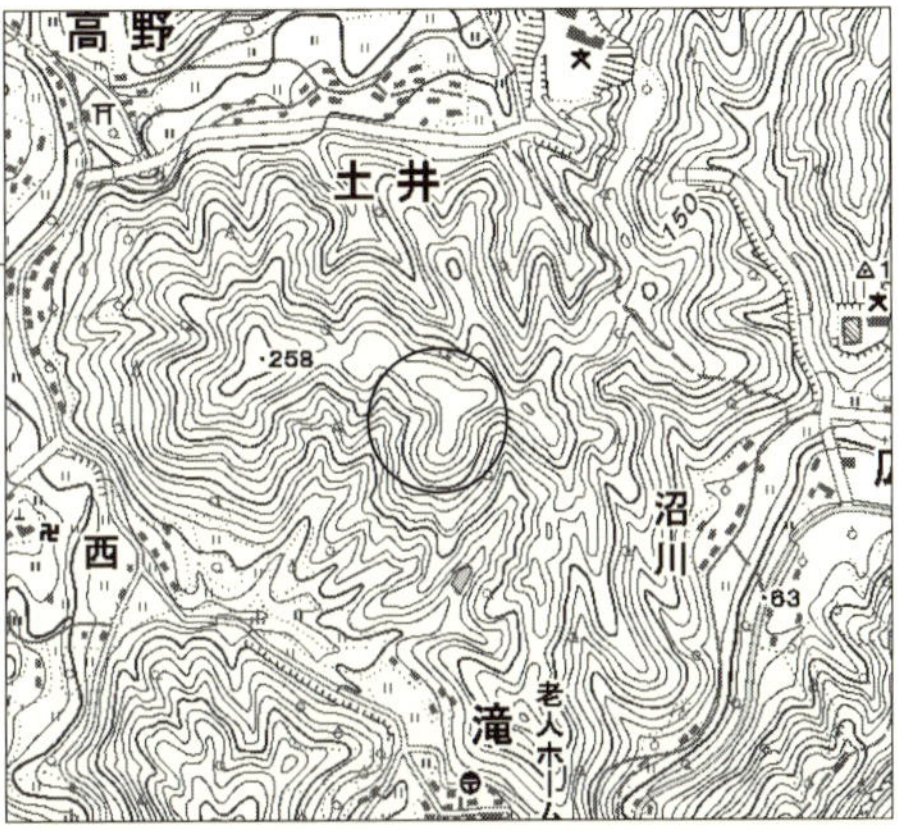

が築かれている。

当城の見どころは多い。虎口周辺から北面一帯に散乱する礫片の山や、尾根ごとに異なる防御手法、下位曲輪を俯瞰した攻撃型曲輪など多岐にわたる。

城跡へは、阪和自動車道みなべＩＣから国道二四二号線を北上し、高幡山トンネルを過ぎた地点で旧道に折れ、高城《たかじょう》小学校を目指すとよい。高城小学校の南方にそびえる標高二五六メートルの山塊に連なる東方のピークが当城で、地蔵堂の裏から山道が通っている。

（野田　理）

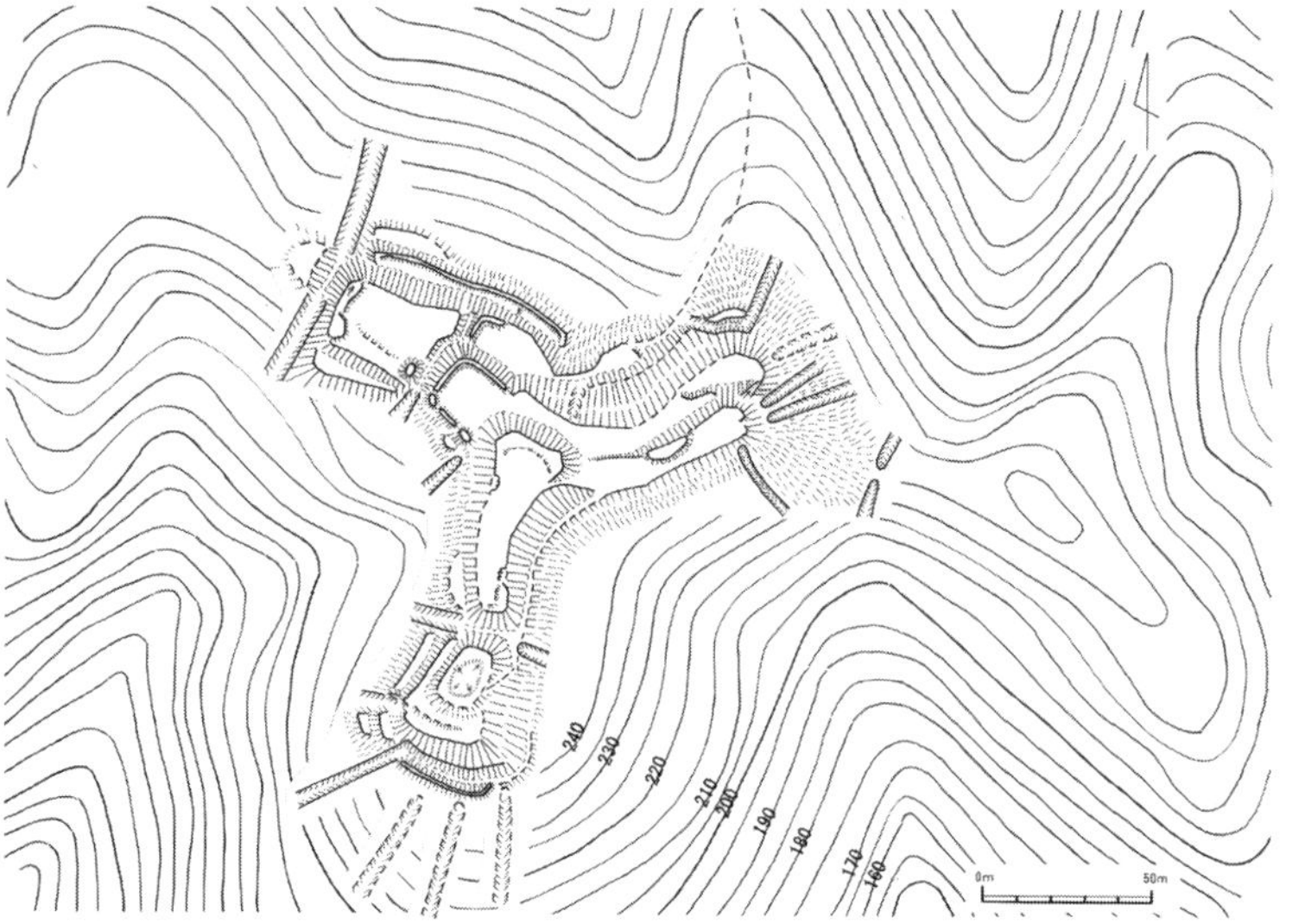

縄張り図　作図：野田 理

［参考文献］「鳶之巣城小考」（『くちくまの』九一、紀南文化財研究会）／「龍神氏系図と鳶之巣城」（『くちくまの』九二、紀南文化財研究会）／中井均監修・城郭談話会編『図解近畿の城郭』Ｉ（戎光祥出版、二〇一四年）／『和歌山城郭研究』一四（和歌山城郭調査研究会、二〇一五年）／『和歌山県・龍神村の調査報告書』（高野山大学社会学研究室・和歌山社会経済研究所、一九九八年）

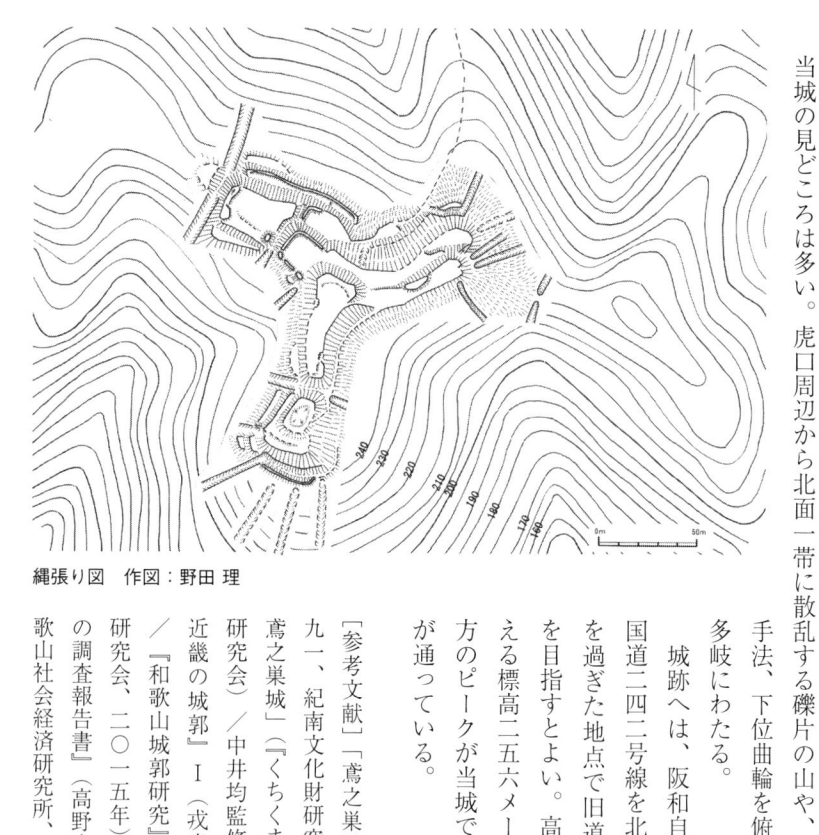

幾度も合戦の舞台となった愛洲氏の本城

# 38 衣《きぬ》笠《かさ》城《じょう》

①所在地：田辺市中三栖《なかみす》
②別　称：愛洲城
③標　高：二三四m／比　高：一八〇m
④遺　構：曲輪・土塁・石積・空堀・堀切・溜池

田辺市街の北東にそびえる槇山《まきやま》から流れ下る左会津川《ひだりあいづがわ》はもと三栖川《みすがわ》と呼ばれ、その上流の長野《ながの》も含め、流域一帯は中世において三栖荘を構成していた。この地域を在地領主として支配していた愛洲氏の本城とされるのが当城である。

南北朝期には南朝方についた愛洲氏は、その後も室町幕府や守護の勢力下に入らず、当城を本拠として、北方の南部荘《みなべ》なども領有し、大いに繁栄したといわれる。

応仁の乱のきっかけの一つとなった畠山氏の政長と義就の争いでは義就方となり、隣接する目良《めら》氏などによって、二度にわたって当城が攻略されている。白米伝説や竹の皮伝説、埋蔵金伝説など、多くの伝承に彩られているのも、城をめぐる合戦が多くあり、地域の記憶として残ったことを反映しているのであろう。

遺構は、北側に土塁がめぐる二つの曲輪を中心として、その周りを帯曲輪が取り巻く構造となっている。東側は横堀と土塁で遮断性を高めており、その外側に浅い堀切を経て、造成は不十分であるが広い曲輪がある。横堀の北に続いて、「溜池跡」と伝えられる大きな窪みがある。生活用水を確保するための池か、障壁をもつ障子堀《しょうじぼり》なのか、議論の分かれるところであるが、いずれにしても県内では珍しい遺構である。また、曲輪北面の土塁下部には石積みも見られる。

衣笠山は三栖一帯のどこからでも仰ぎ見ることができ、在地領主の居城として絶好の立地といえる。小規模ながらも土塁や横堀、堀切を効果的に配置した城跡は見応えがある。

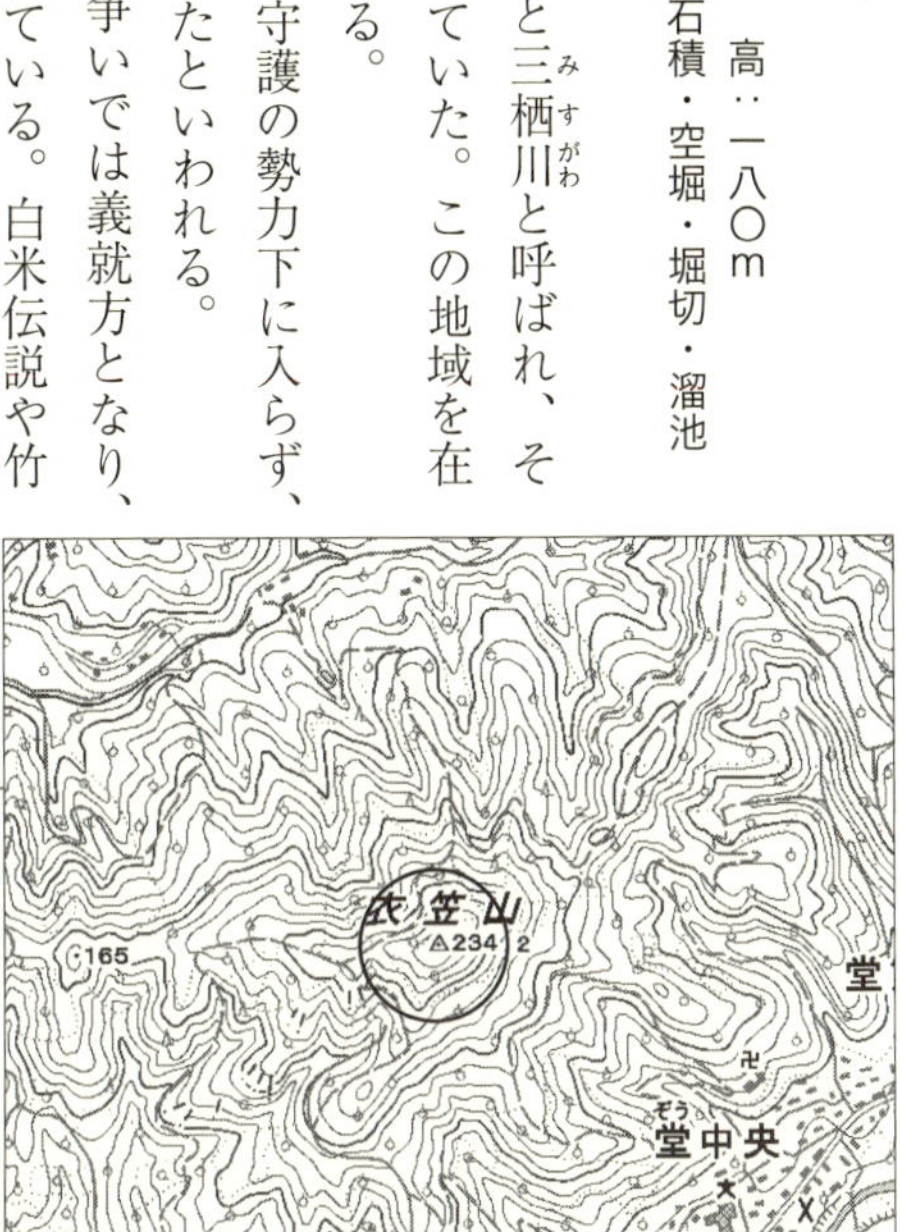

城跡遠望

北方にそびえる高尾山《たかおやま》の支尾根には、鷹ノ巣城（田辺市）が築かれている。これは、さらに北に位置する秋津《あきづ》荘を領有した目良氏に対する支城と考えられる。

城跡へは、中の宮バス停の山側にある農道を登る。山頂直下の通信塔近辺に駐車スペースがあり、徒歩五分で城跡に至る。

（渡瀬敏文）

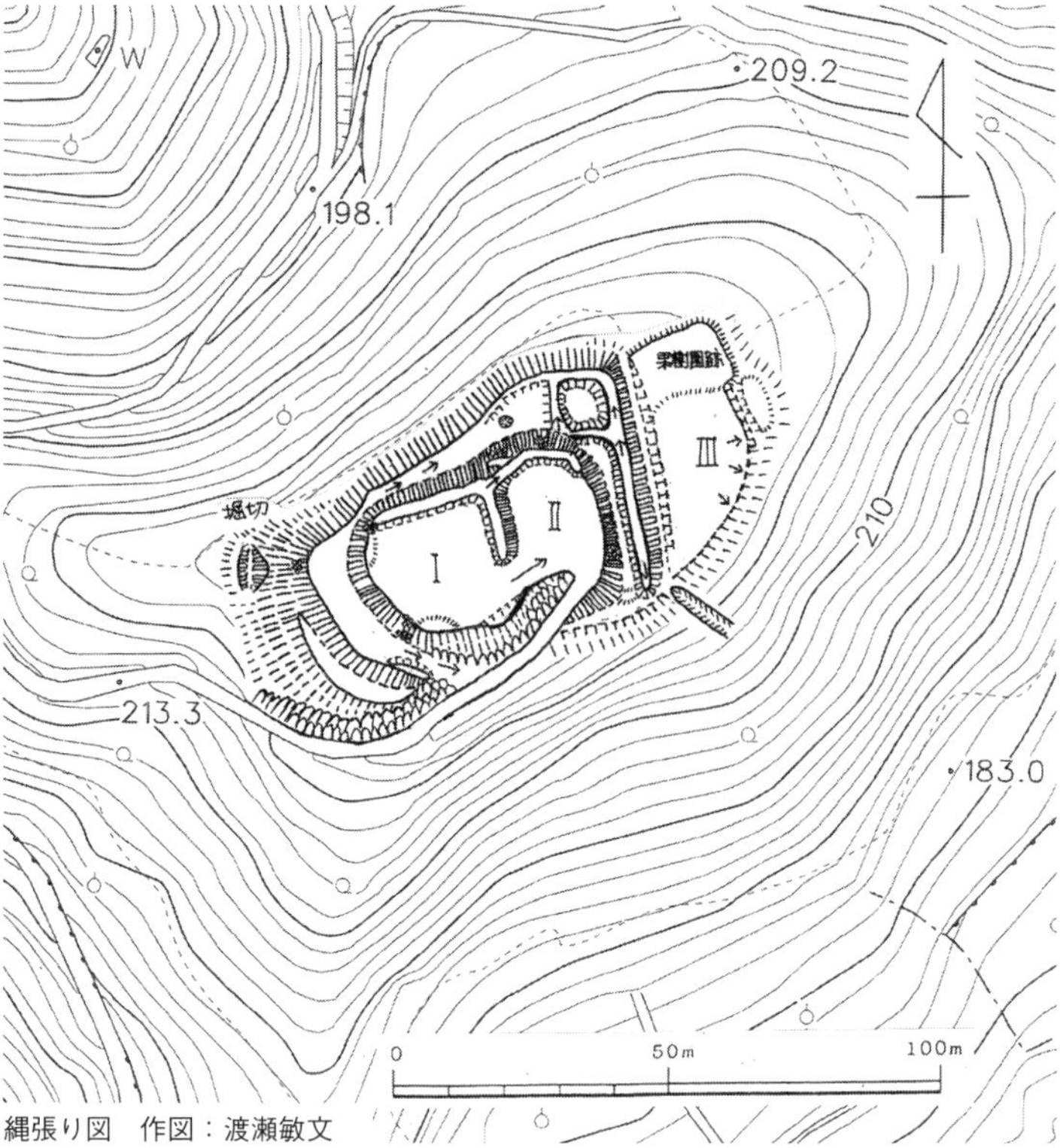

縄張り図　作図：渡瀬敏文

［参考文献］水島大二監修『定本・和歌山県の城』（郷土出版社、一九九五年）／新谷和之「城からみる三栖の戦国史―衣笠城を中心に―」（田辺市文化財審議会編『田辺市文化財』五三、田辺市教育委員会、二〇一七年）／内野和彦「衣笠城跡」（『和歌山城郭研究』一五、和歌山城郭調査研究会、二〇一六年）

主郭と土塁

横堀と土塁

奇勝に臨む愛洲氏の山城

# 39 鷹ノ巣城《たかのすじょう》

①所在地：田辺市上秋津
②別　称：なし
③標　高：三七〇m／比　高：約三二〇m
④遺　構：曲輪・堀切

田辺市上秋津と秋津川の間は奇絶峡《きぜっきょう》と呼ばれる名勝地で、四季を通じて行楽客で賑わう。城は、この奇絶峡を見下ろす高尾山の西の支尾根のピーク、標高三七〇メートルの岩山に築かれている。

『紀伊続風土記』には、「村の子丑（北北東）の方鷹（高）尾山の内鷹ノ巣といふにあり　東西二十五間南北十間山嶮にして登るべからず　愛洲三郎長俊《ながとし》の城跡といふ長俊は上下秋津村の地頭なり」とある。愛洲氏は、南北朝時代から戦国時代、日高郡から牟婁《むろ》郡にかけて勢力をもった有力武士で、南朝方に属し、守護被官とはならなかった勢力である。秋津《あきづ》荘においても、一六世紀中頃に湯河氏の威勢が及び、地頭職を奪われるまでは勢力を保持していた。秋津荘の最奥部に位置するこの城の城主にふさわしいものである。

遺構は、高尾山から西に下る尾根を幅三メートルの堀切で遮断し、造成の甘い平坦地を経て尾根頂部の主郭に至る。主郭は、東西約二五×南北三五メートルの広さである。曲輪面はていねいに造成されていない。主郭の南端に出入り口らしい箇所が認められる。

見どころは、曲輪面積のほぼ半分を占める岩塊である。約二〇メートル四方あり、山麓の集落からも仰ぎ見ることができ、聖域として信仰の対象となっていたようだ。岩塊には直径一五センチほどの穴が二か所認められ、筆者は「旗立岩」と考えたが、形状から人工物ではなく、自然の窪みと見ることもできるので、踏査の折には一度観察してほしい。

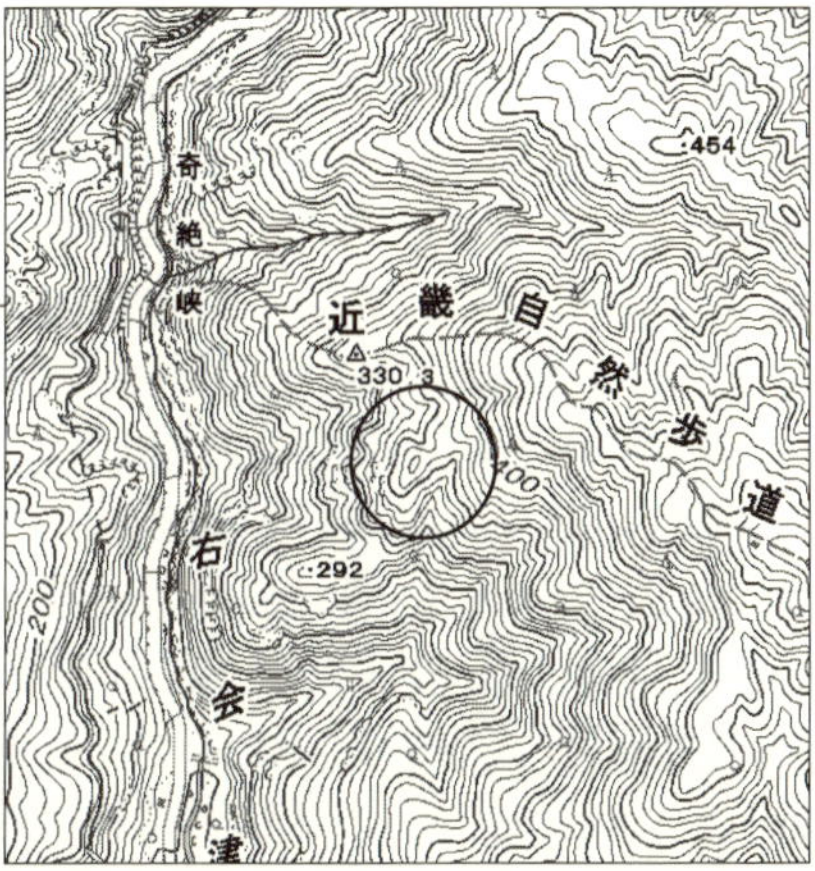

城跡遠望

頂部から、右会津川流域・田辺湾が見渡せる。ここに占地すれば、領主としての存在を強くアピールすることができただろう。規模は小さいが、田辺市の城を語る際に欠かせない山城である。

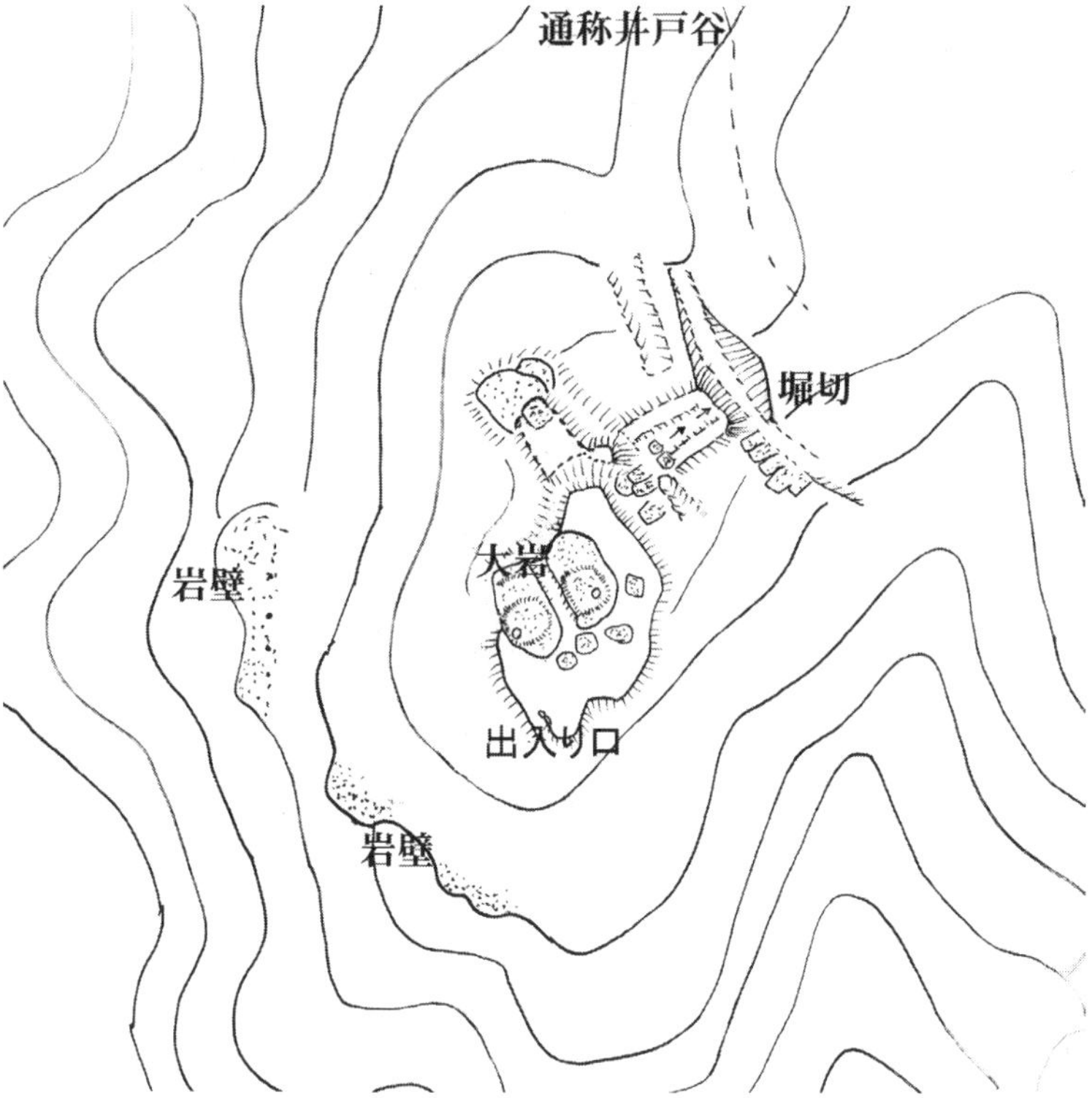

縄張り図　作図：白石博則

登城するには、奇絶峡瀧見橋から近畿自然遊歩道を高尾山に向けて三〇分ほど登り、標高三三〇メートルの三角点を目印に南に向いて斜面を伝い、道は整備されていないものの、支尾根に取り付き城跡に至る。（白石博則）

［参考文献］白石博則「鷹ノ巣城」（『和歌山城郭研究』一五、和歌山城郭調査研究会、二〇一六年）

山頂から田辺湾を望む

頂部の岩塊

在地領主が築いた小規模城郭

# 40 中《なか》峰《みね》城《じょう》

①所在地：田辺市秋津川《あきづがわ》
②別　称：なし
③標　高：二四七m／比　高：五五m
④遺　構：曲輪・土塁・堀切

田辺市街のほぼ中央を流れる右会津川が、奇絶峡を経て遡った小盆地に秋津川の中村《なかむら》がある。その平地に突き出す尾根先端に、当城は築かれている。秋津川の中心部を見渡すとともに、高尾山・伏菟野《ふどの》方面や田辺から龍神に至る街道を押さえる位置にある。

『紀伊続風土記』によれば、当城は「中にあり目良弥次郎春湛《しゅんたん》の城という」とある。中村には目良氏の屋敷跡の伝承もある。熊野別当の流れをくむという目良氏は、紀伊守護畠山氏に従った在地領主であり、近隣の左会津川流域を領地とする愛洲氏と、長年にわたって抗争状態にあった。

遺構は、東西一七×南北二五メートルの主郭が明確に残り、その南方の細尾根には堀切を設けて遮断性を高めている。主郭のほぼ全体に低い土塁がめぐらされており、堀切に面した部分がとくに高くなっている。土塁の切れ目が主郭の東と西にあって、虎口と考えられる。

主郭の北から西にかけては、落差一・五メートルで帯曲輪がつくが、造成は不十分で幅も狭く、ほぼ単郭の城といえる。主郭はていねいに造成され、周囲にめぐる土塁や南側の堀切がしっかり残っており、在地の小領主が詰城とした典型的な小規模城郭として見るべき点が多い。

また、周辺には史料には出てこない城跡が何城か伝えられ、中峰城と同じ尾根上にも中峰城から鞍部を経て、西の最高地点に金毘羅山《こんぴらさん》城（田辺市）、さらに北方の支尾根に下崎《しもさき》城（同市）と二つの城跡がある。金毘羅山城は近世の社殿建立による改変があるが、当城より規模が大きく曲輪

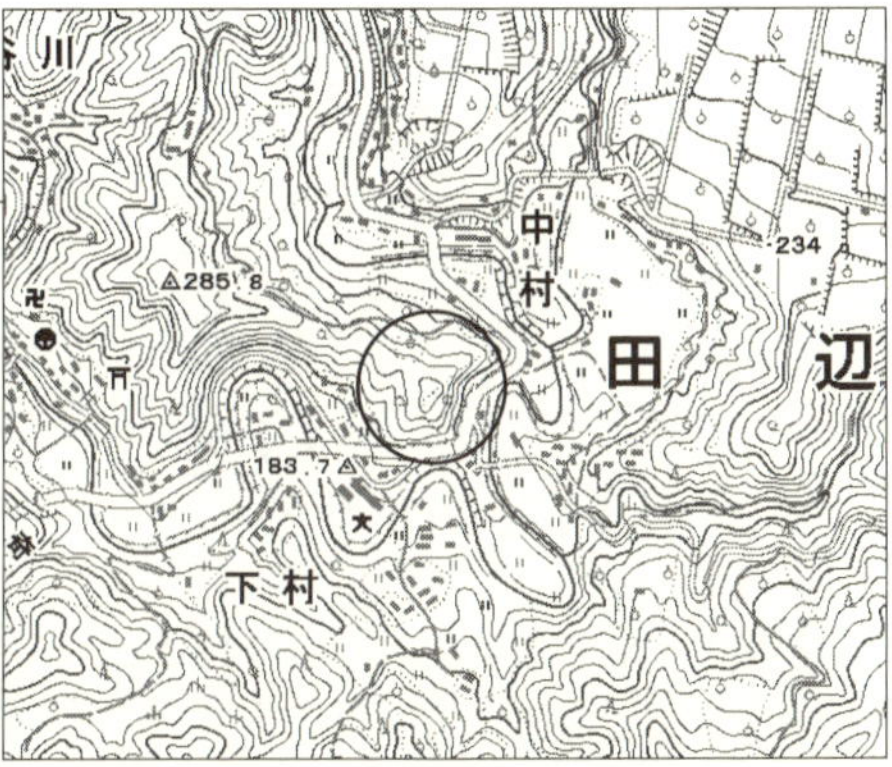

城跡遠望

も多く、広く深い堀切を一本もつ。下崎城は小規模ながらも、三つの曲輪と三本の竪堀をもつ。三城が同時期のものか不明だが、それぞれ役割を異にしながら、一連の防御ラインとして機能した可能性が考えられる。

中峰城へは、秋津川の中村バス停のすぐ上に棚状の墓地があり、それに沿って尾根筋を登ると、東側の虎口に至る。

（渡瀬敏文）

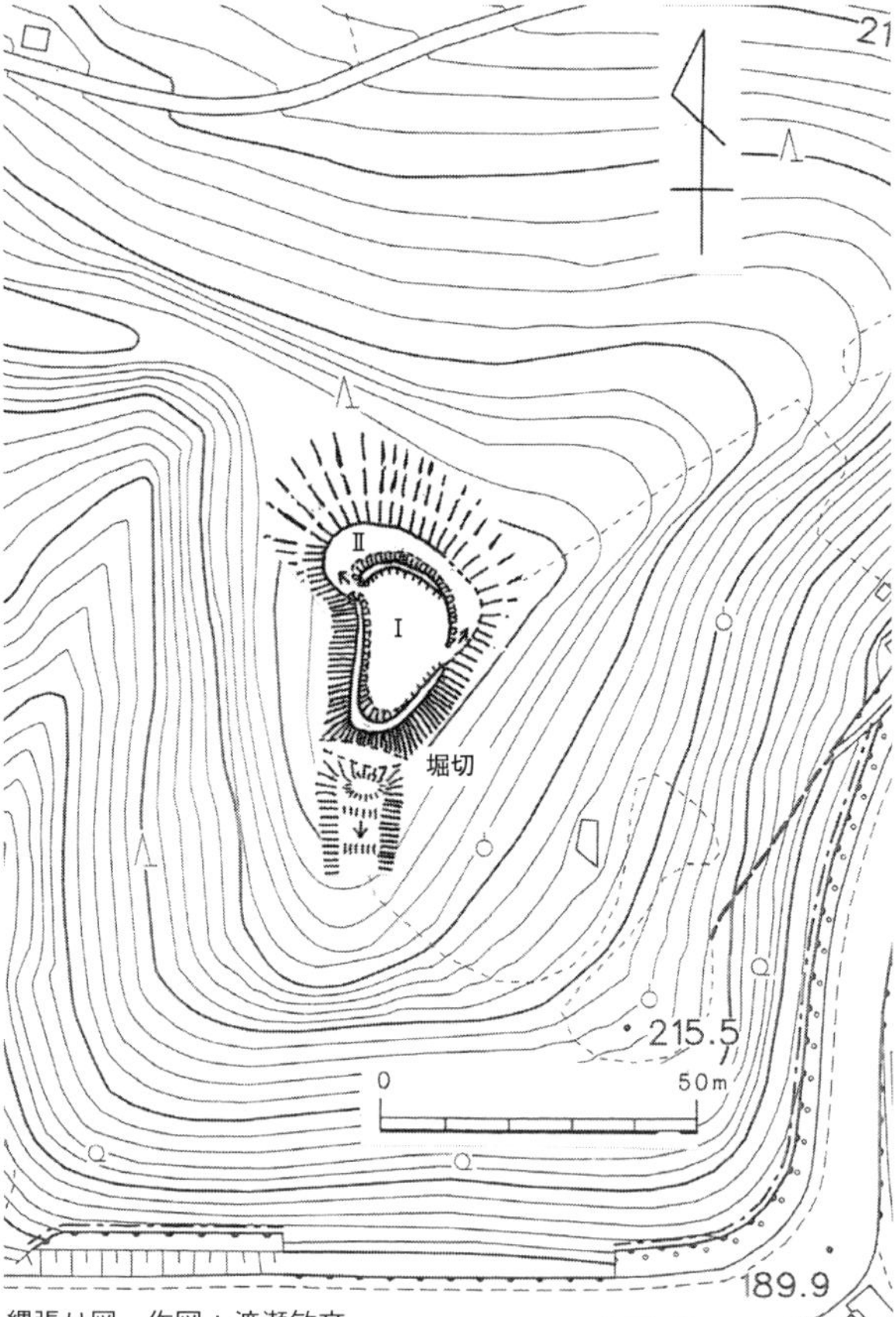

縄張り図　作図：渡瀬敏文

［参考文献］渡瀬敏文「中峰城―付・金毘羅山城・下崎城」（中井均監修・城郭談話会編『図解 近畿の城郭』Ⅳ、戎光祥出版、二〇一七年）／中口孝行「中峰城跡・金毘羅山城跡・下崎城跡・殿屋敷城跡」（『和歌山城郭研究』一五、和歌山城郭調査研究会、二〇一六年）

堀切

主郭と土塁

## 5、山本氏《やまもと》の城館

山本氏は、源義光《よしみつ》を祖とする山本氏の一派であり、入鹿《いるか》（三重県熊野市）に土着したといわれる。南北朝の内乱期には、紀伊国での南朝方の有力者として、龍門山《りゅうもんざん》（紀の川市）や田辺で奮戦したことが『太平記』に記されている。

一五世紀の前半には室町幕府の奉公衆となり、京都で将軍のつとめを果たした。紀伊国では、櫟原荘《いちはらのしょう》（上富田町）を領有していたが、普段は京都で暮らし、国元に戻るには幕府の許可を得なければならなかった。応永三十四年（一四二七）に足利義満《よしみつ》の側室・北野殿が熊野詣に訪れた際には、山本氏は一ノ瀬で接待を行っている。*1 一ノ瀬には、山本氏の本城とされる龍松山城《りゅうしょうざん》（上富田町）があり、一五世紀前半にはすでに何らかの関わりをもっていたことがうかがえる。

応仁・文明の乱後には国元に基盤を置いたと思われるが、長享元年（一四八七）の六角征伐や明応四年（一四九五）の畠山基家討伐では将軍に従軍しており、奉公衆としてのつとめを果たしている。明応の政変後は、義就流畠山方として一時活動しているが、少なくとも一六世紀第二四半期以降は政長流畠山氏に従った。山本氏は、玉置《たまき》氏とともに畠山氏の副状《そえじょう》を発給しており、自領の外側で畠山氏の分国支配に参画したことがわかる。

山本氏の発給文書は、「久木小山家文書」（和歌山県立博物館蔵）の中にわずかながら残されている。それによると、山本氏は、一六世紀に地域の軍事情勢や所領問題について、湯河・安宅《あたぎ》・小山《こやま》の各氏と情報の共有を図っていたようである。彼らは、畠山氏内部の抗争時には対立するこ

---

*1　「熊野詣日記」

ともあったが、日常的には互いの権益を尊重し、一定の協力関係にあったのではないだろうか。

天正十三年（一五八五）の羽柴秀吉の紀州攻めでは、山本氏は湯河氏とともに本拠を捨て、山中に姿をくらませた。翌年、両氏は熊野で一揆を扇動するが、羽柴秀長に鎮圧される。山本保忠《やすただ》は家臣とともに秀長に殺害され、その首は大安寺《だいあんじ》（奈良市）の近くにさらされた。[*2]

龍松山城は、同時代の史料では「弘誓（撰）寺城」などとみえる。土塁と堀をともない、館城のような様相を呈している。富田川を挟んで対岸には坂本付城《さかもとつけしろ》があり、山本氏の平地の居館とされる。両城は距離的には近いが、川を挟むため一体性は乏しく、存続期間に差があることも考えられる。この他、山本氏の家臣とされる勢力の城館が複数伝わるが、山本氏の家臣団構成は同時代史料からは知ることができず、今後検証を要する。

（新谷和之）

［参考文献］『上富田町史』通史編（上富田町、一九九八年）／『紀和町史』上（紀和町教育委員会、一九九一年）／新谷和之「天正一四年の熊野一揆に関する史料」（『研究紀要』三十二、和歌山市立博物館、二〇一七年）／矢田俊文『日本中世戦国期権力構造の研究』（塙書房、一九九八年）／弓倉弘年『中世後期畿内近国守護の研究』（清文堂出版、二〇〇六年）

---

＊2　『多聞院日記』

急峻な山塊に築かれた山城

# 41 宮代城《みやだいじょう》

①所在地：西牟婁郡上富田町《かみとんだちょう》鮎川《あゆかわ》
②別　称：城ノ山《じょうのやま》
③標　高：二一〇m／比　高：一五〇m
④遺　構：曲輪・空堀

富田《とんだ》川と支流の内ノ井《うちのい》川の合流地点の東の城ノ山に築かれた山城跡である。頂上の主郭Ⅰは、東西三〇×南北一八メートルの不整形で、ところどころに大岩が露出している。その北東には造成されていない平坦地Ⅱが続く。

当城の縄張りは、堀切などの人工的な遮断施設は北西尾根のみに限定され、南尾根や北東尾根には堀切などが造られていないのが特徴である。南尾根や北斜面、さらに北東側からは、敵は侵入しないものと決めつけたような縄張りである。その理由は、南尾根麓を内ノ井川が蛇行して、敵の進入を阻止し、北や北東は富田川が山肌を洗っており、これらの方向からの侵入は容易ではないと考えられるからだろう。

一方で、北西尾根には小曲輪や堀切などの堅固な防御施設が見られる。堀切は幅四×深さ一・五メートルの浅いものであるが、両斜面が岩壁などの急斜面であるために遮断性は高い。この堀切には、山腹に続く竪堀はないものの、上部の斜面は岩壁や急斜面であり、城を目指して登ってくる敵は、尾根を外れて斜面を横に回り込むことができない。また、堀切の城内側には、城兵が身を隠す塹壕のような窪地（武者隠し）と堀切に沿う石列（土塀跡か）が残されている。このような造りから、当城の主なる攻防は、この場所で行われたと考えられ、これが当城の見どころである。

戦況を見つめ、号令を発する場所が曲輪Ⅲと想定される。ここは堀切を見下ろす場所にあり、

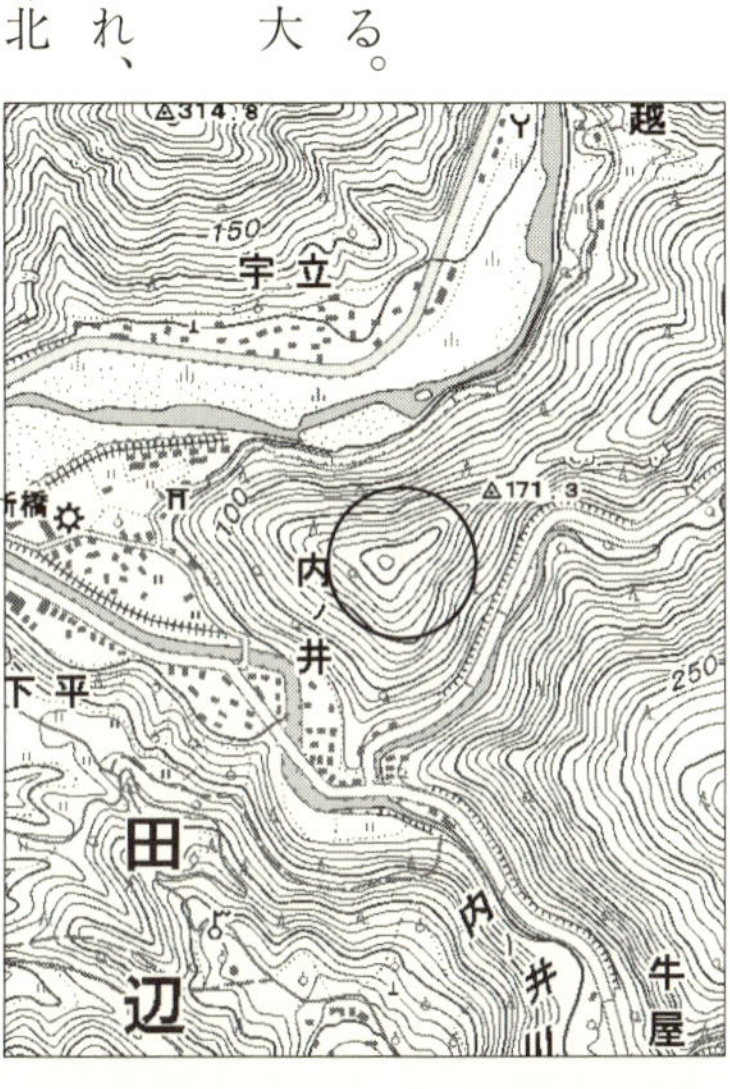

城跡遠望　写真提供：中口孝行

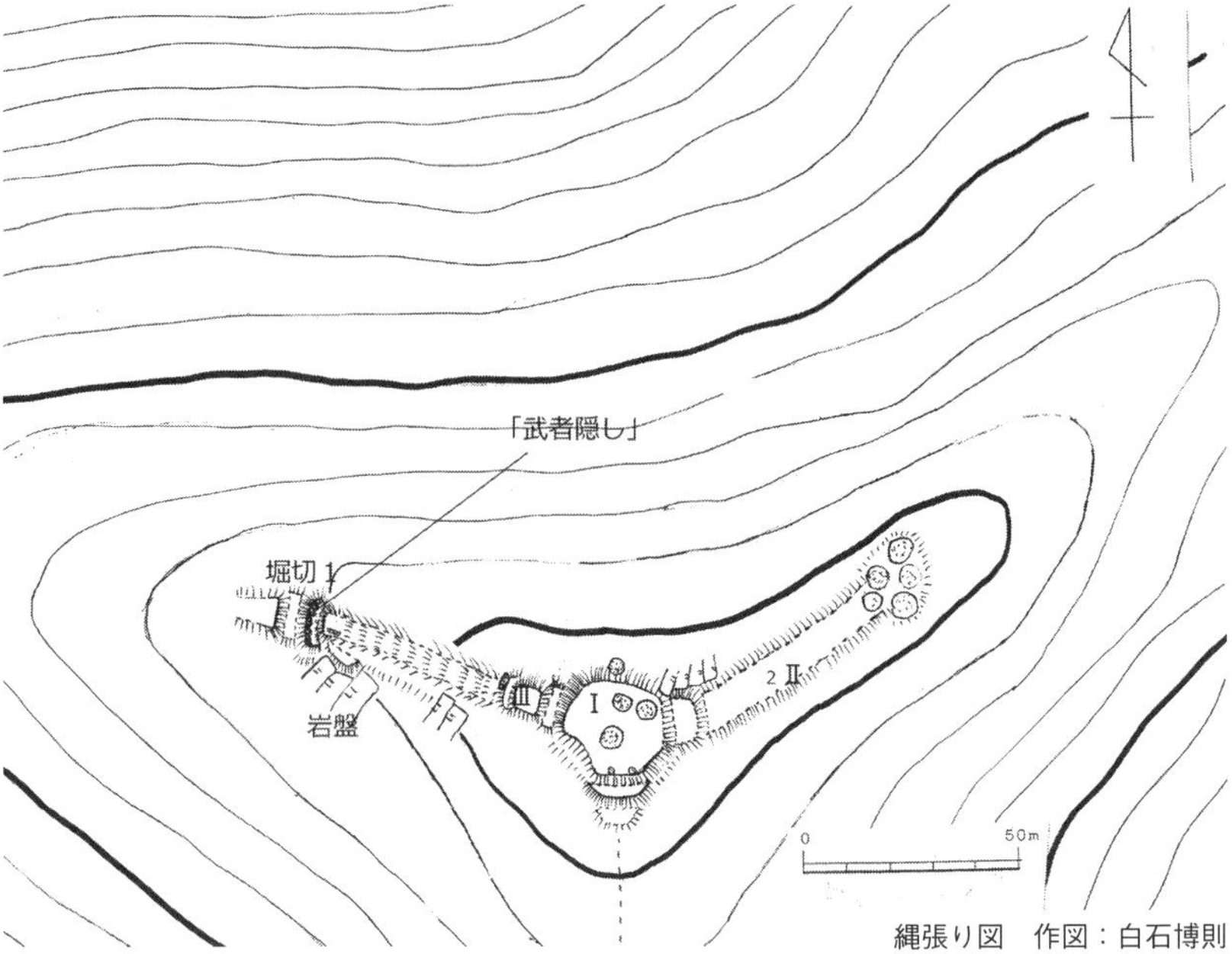

縄張り図　作図：白石博則

八×六メートルの小曲輪である。主郭よりむしろ曲輪Ⅲのほうが、ていねいに造成されている。

防戦プランを明確にもった宮代城は、規模からみると、攻め手の人数はせいぜい数十人と推定されるため、地域の紛争を想定して造ったものと考えられる。居住空間をもたない、戦いに備えた臨時的な城だったとみられる。

城ノ山は、山麓を熊野街道が通る要衝なので、富田川の領主・山本氏に関わる城郭と考えられる。築城者として山本氏の家臣・恩地《おんじ》氏が伝わり、屋敷跡なども伝承されている。登城ルートは南の尾根を利用するのがよい。ただし、かなり急峻である。　（白石博則）

［参考文献］『大塔村史』通史・民俗編（田辺市、二〇一一年）／水島大二「宮代城」（中井均監修・城郭談話会編『図解 近畿の城郭』Ⅳ、戎光祥出版、二〇一七年）

石積み

岩盤

「境目の城」の緊張感を感じさせる遺構

# 42 高地山城《たかじやまじょう》

①所在地：田辺市中三栖・西牟婁郡上富田町岡
②別　称：尻付山城《しりづけやま》
③標　高：二二六m／比　高：一九〇m
④遺　構：曲輪・土塁・段構え

左会津川流域の田辺市三栖と富田川流域の上富田町岡との境にあるために、二つの呼称が存在する。『紀伊続風土記』の牟婁郡岩田郷岡村の項には、「尻付山砦跡山本主膳正の出城と云ふ」と記され、「尻付山城」と呼ばれる。一方、三栖では「高地山城」と呼ばれる。現在、近くまで開墾が進んでいるが、おおむね遺構はよく残されている。

高地山城は衣笠城（田辺市）と川を挟んで向かい合うように位置し、三栖谷を南北に見渡せる。標高二二六メートルの山頂部が主郭で、東西一八×南北二二メートルの規模である。曲輪の周囲には高さ（内側）五〇センチ～一メートルの土塁がめぐる。土塁は西辺が低く、東辺は高い。東辺には土塁が開口しており、虎口であったようだ。主郭の北には、「高地山城跡」の標柱が立つ。北の尾根には、六段程度の帯曲輪状の平坦地が階段状に残る。この段構えの切岸はあいまいで、遮断性は低調だが、城兵の駐屯には使えるだろう。段構えを区画するように、東辺には切岸で防御ラインを設けている。

築城意図は、主郭の小ささなどから「見張り」か「情報伝達」を目的としたものと考えられる。立地から、『紀伊続風土記』の記載のように、富田川の領主で室町幕府奉公衆・山本氏が、愛洲氏ら三栖の領主の動向を見張るために造った出城だろう。しかし、単に見張りの機能だけでなく、段構えを設けて三栖側からの攻撃に備えている。富田川流域の勢力と三栖の勢力の間に緊張関係

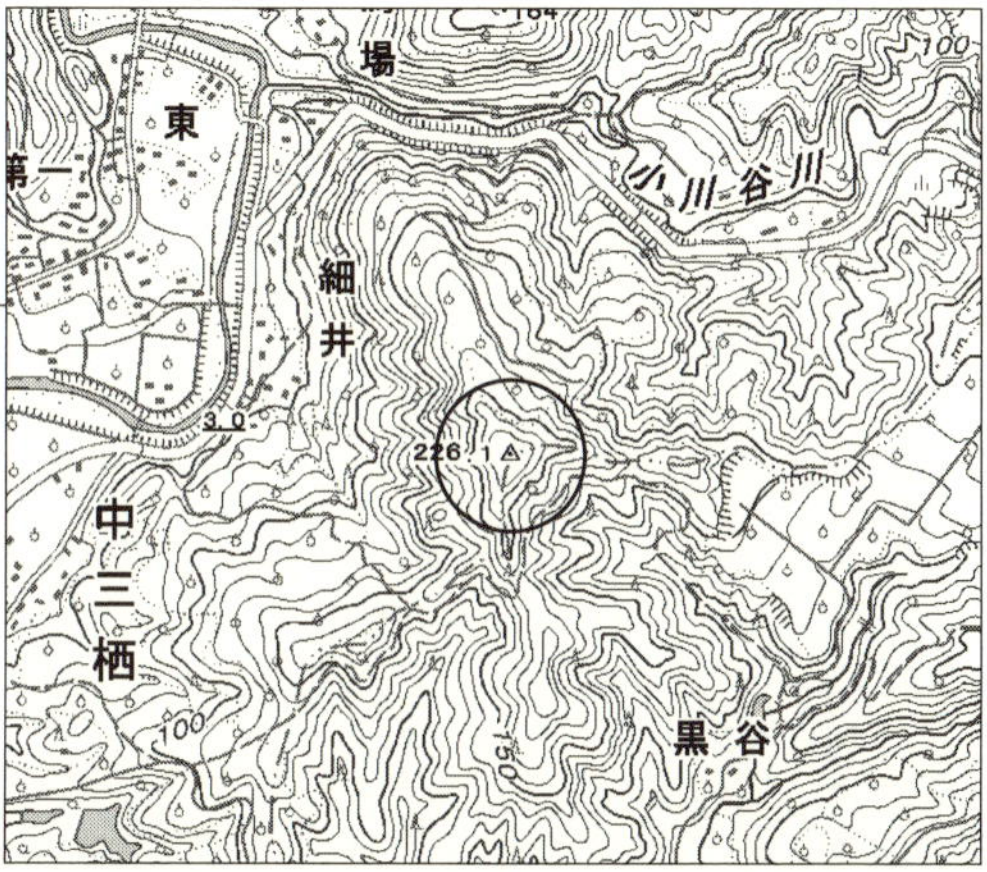

があったことを物語る。いわば、両勢力の「境界の城」・「境目の城」というわけである。和歌山県下には、山間部にこのような小規模な山城が築かれることがある。この城の場合は、境界の緊張感を感じさせる遺構であると言えよう。城跡に登るには、中三栖の細井の集落から梅畑の農道を上らせてもらう。登り口がわかりにくいので、山麓で尋ねるとよい。

（白石博則）

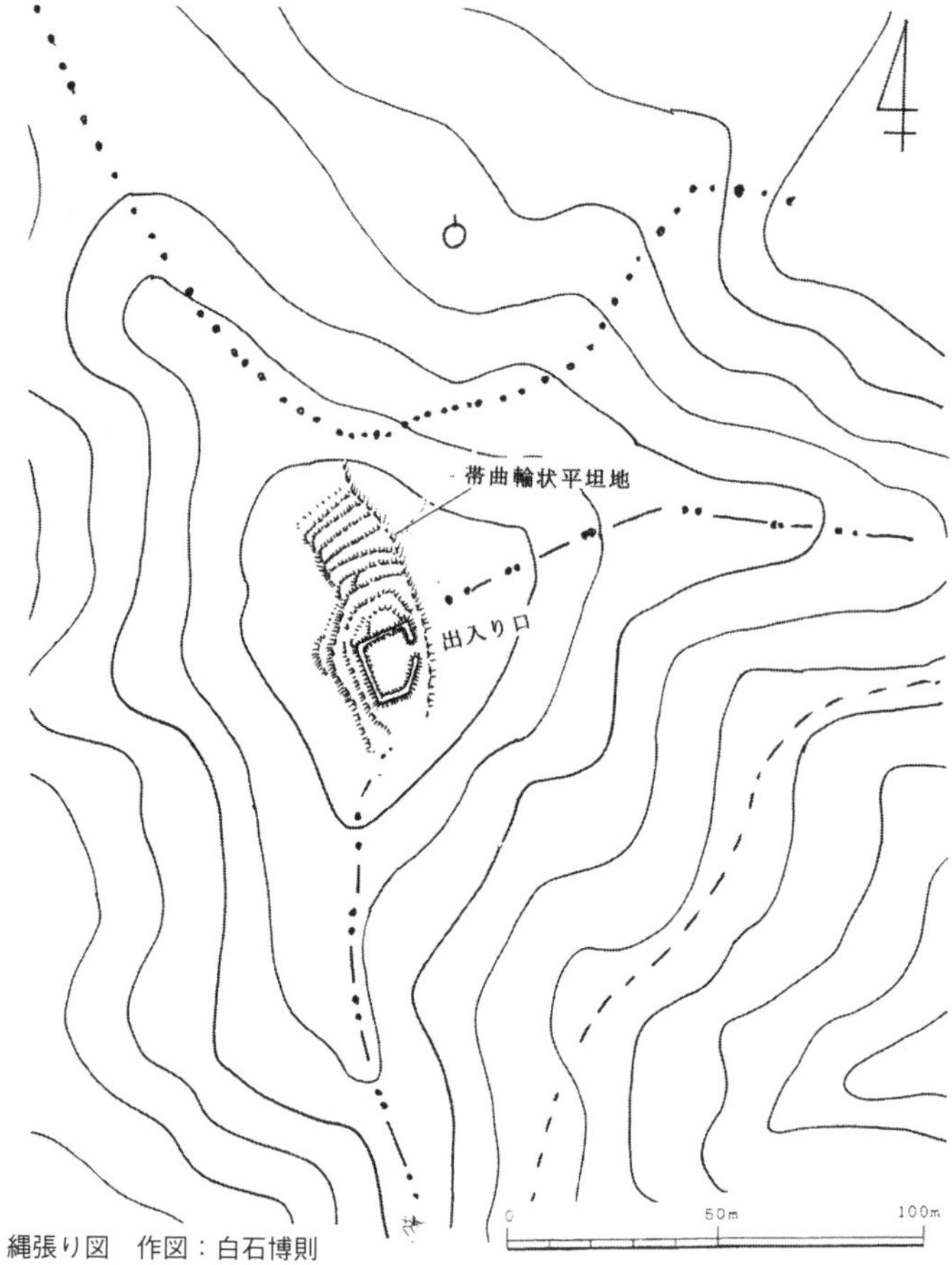

縄張り図　作図：白石博則

［参考文献］白石博則「高地山城跡」（『和歌山城郭研究』一五、和歌山城郭調査研究会、二〇一六年）

城跡遠望

富田川流域を本拠地とした群雄の城

# 43 龍松山城《りゅうしょうざんじょう》・坂本付城《さかもとつけしろ》

①所在地：西牟婁郡上富田町市ノ瀬
②別　称：市ノ瀬城・弘撰寺城
③標　高：一一〇m／比　高：八〇m
④遺　構：曲輪・土塁・堀の一部

熊野古道の要衝・市ノ瀬《いちのせ》の北の山にあり、山麓には「市（一）ノ瀬の渡し」や「市ノ瀬王子《おうじ》」などがあった。龍松山城の名は、城の下段（二の曲輪）にあった、龍に似た老松にちなんでつけられたとされる。

ここは、有事の際に籠もる詰城であり、富田川を挟んだ対岸の両平野の台地上に、平時の居館「坂本付城」が設けられていたと伝わる。

城主の山本氏は、南北朝時代から戦国時代にかけて活躍し、『太平記』では護良《もりよし》親王と共に、鎌倉幕府倒幕の旗手となった。その後、南朝方に与したとされる。南北朝合一後は櫟原《いちはら》荘（市ノ瀬周辺）を拠点とし、一五世紀前半には室町幕府奉公衆となって将軍家に出仕し、富田川流域に広く影響力をもった。

堅田《かたた》要害山《ようがいやま》城（伝堅田式部。白浜町堅田）・釣瓶山城（伝山本兵部。上富田町岩田）・鴻巣《こうのす》城（伝内ノ川《うちのかわ》氏・白浜町内ノ川）・蛇喰《じゃばみ》城（伝

城跡遠望　坂本付城（手前）と龍松山城（左の山）

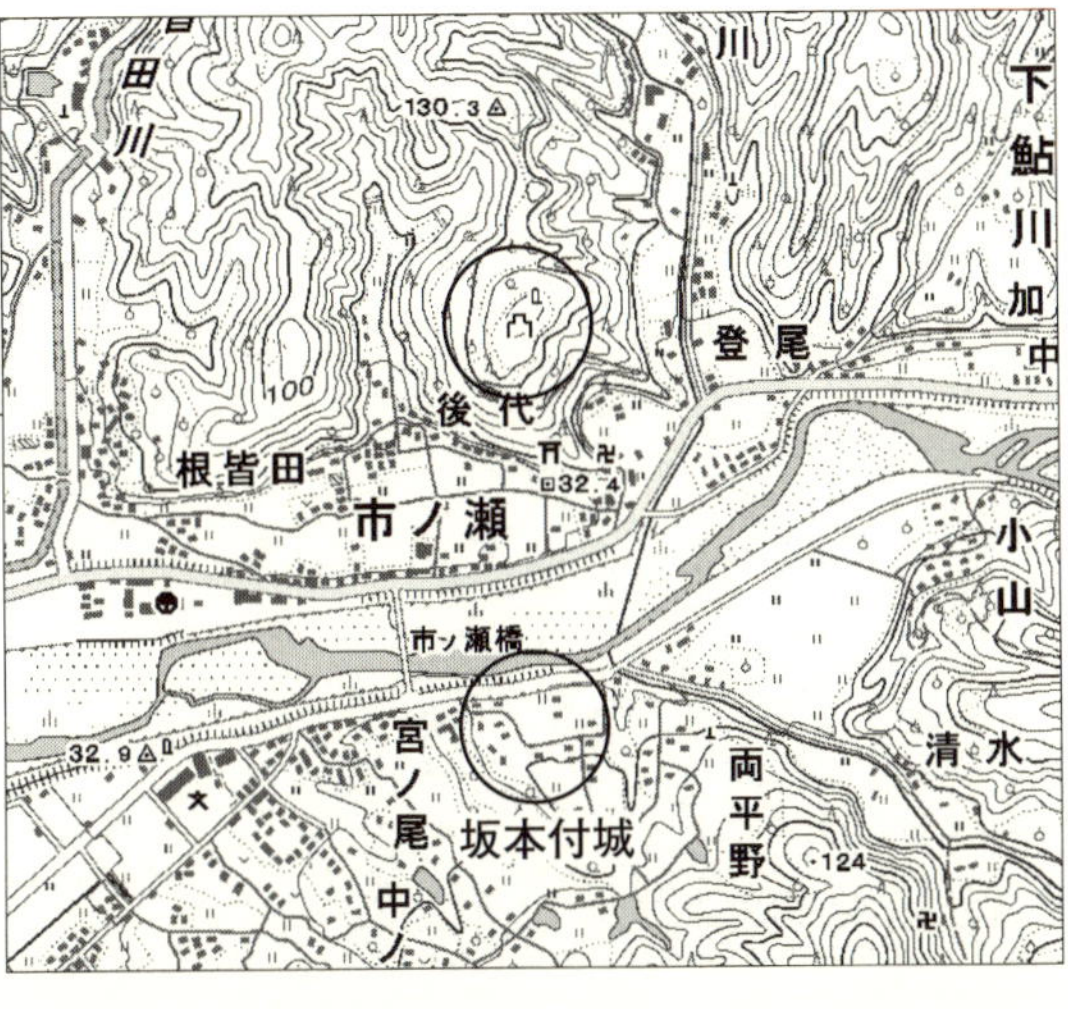

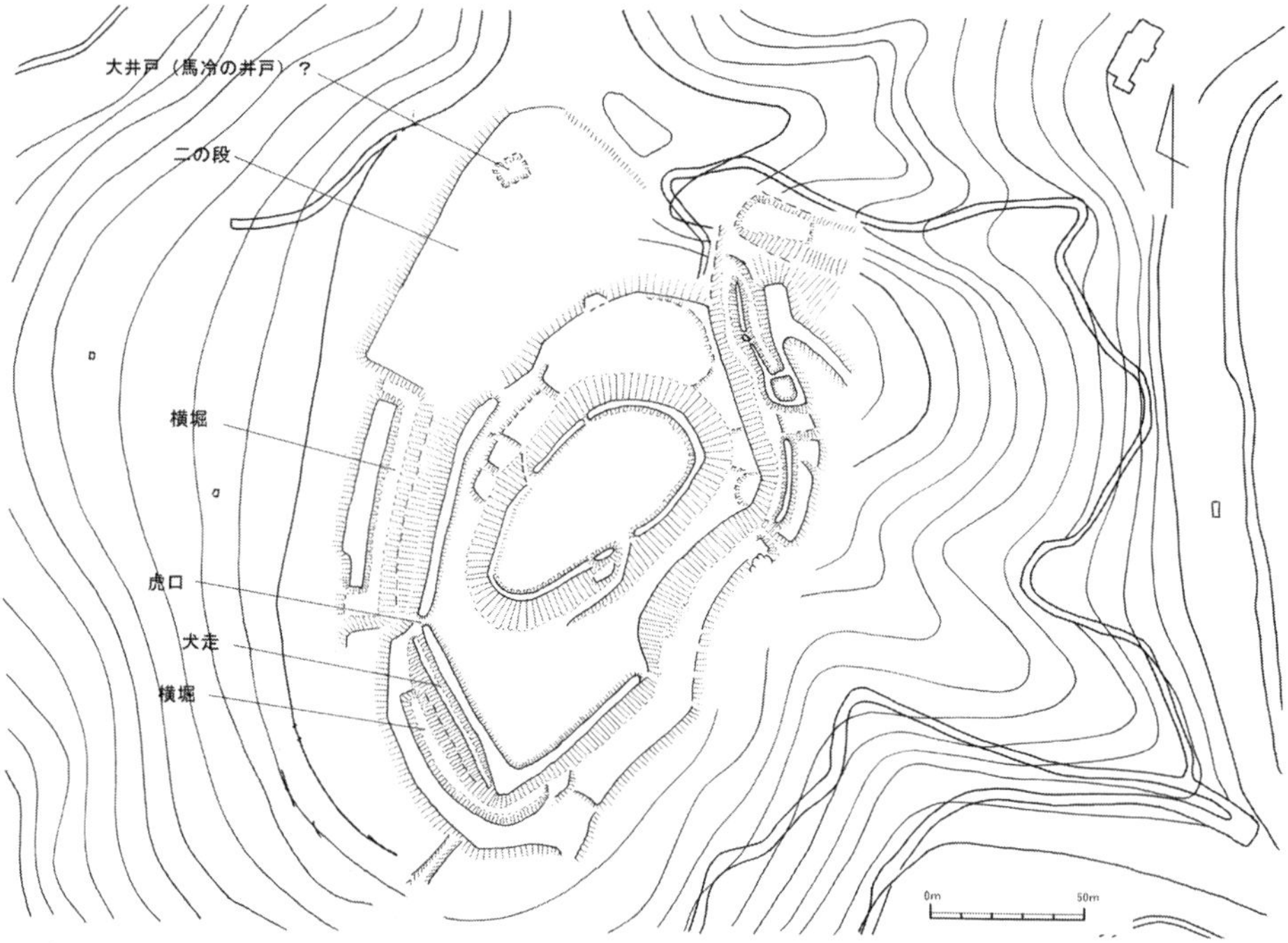


縄張り図　作図：野田 理

山本権之丞。白浜町生馬）など、山本氏の出城・支城とされる城郭が富田川流域に伝わっている。

天正十三年（一五八五）の羽柴秀吉の紀州攻めに際しては、湯河氏らと熊野山中に逃げ込んで徹底抗戦を試みるも、翌年、謀殺されて滅亡した。

近世史料[*1]には、城の遺構がその規模とともに詳細に記されており、遺構がよく残されていたことがわかる。近代になって開発にさらされ、現在では主郭とそれを取り巻く二の曲輪が残され、曲輪の周囲の土塁、北東斜面の横堀や堀切などもよく残る。

しかし、南斜面の空堀は道路の建設のために埋め立てら

＊1　「風土記　御新撰付御尋之品書上帳」（『上富田町史』二巻史料編、富田町、一九九五年、所収）。

上：二ノ曲輪から本曲輪　中：二ノ段空堀南端　下：二ノ段空堀　昭和45年頃　写真提供：水島大二（3枚とも）

れ、北尾根の堀切も畑に開墾されている。また、石垣もあったようだが、大部分は明治二十年（一八八七）の大洪水後の復旧作業の際に持ち去られたと聞く。

遺構は非常に見どころが多い。まずは、曲輪の総面積が四千平方メートルもあり、近隣の山城の中では最大規模である。また、「お供え餅」のように大小二つの曲輪を重ねたような形状で、これも近隣では見かけない縄張りと言えよう。最高所の主郭には、山本氏の供養塔や顕彰碑が置かれ、周囲には土塁がめぐる。ここからの富田川沿い一帯の眺望はすばらしく、富田川流域と熊野街道を支配した奉公衆・山本氏の威勢が偲ばれる。

主郭の下は約八メートルの鋭い切岸で、二の曲輪と隔絶されている。二の曲輪の東部は外に向いて張り出しており、斜面下に来た敵を側射する「横矢掛かり」の機能を持っていたようだ。北東尾根の二重の堀切は、規模も大きく、尾根からの侵入を厳しく防いでおり、見どころの一つである。

平時の居館・坂本付城の遺構は現在、明確ではないが、「ホリジ」（堀地）、「オオダ」（大田）という関連地名や、東西五六×南北四九メートルの方形区画が確認される。坂本付城のある台地上には、山本氏の被官とされる玉置氏・田上氏らの館伝承地があり、熊野古道も通る。

山本氏は、天正十四年十一月四日付の『多聞院日記』に、「今度紀州で帰参した山本氏は三千人ほどの軍勢の大将であったが、家臣とともに切腹させられて、首は大安寺に掛けられた」と記されている。紀南最大の武士団で、豊臣政権を手こずらせた山本氏の最期の姿であった。山本氏は滅びたが、近年保存会ができ、城跡はその伝承とともに、今後も地域の歴史遺産として大切に保存されるだろう。

ＪＲ紀勢本線紀伊田辺駅から栗栖川行きバスで紀伊一乗寺バス停にて下車し、バス停にある大看板の示す方向の山へ登る。

（田中伸幸）

［参考文献］水島大二監修『定本・和歌山県の城』（郷土出版社、一九九五年）／『上富田町史』通史編（上富田町、一九九八年）／野田理「龍松山城」（『和歌山城郭研究』一六、和歌山城郭調査研究会、二〇一七年）／新谷和之「坂本付城跡」（『和歌山城郭研究』一六、和歌山城郭調査研究会、二〇一七年）

主郭南西端から望む

秀吉の紀州攻めに対抗した臨時城郭

# 44 国陣山城《くにじんやまじょう》

①所在地：西牟婁郡上富田町岩田
②別　称：（山の名称）国治山・国地山
③標　高：一二六m／比　高：約九〇m
④遺　構：曲輪・空堀

　多くの参詣者を熊野三山に誘う熊野街道（参詣道・中辺路《なかへち》）は、平安から鎌倉期の皇族・貴族の参詣の盛んな頃には、田辺の左会津川流域の秋津王子（田辺市秋津）から万呂《まろ》王子（同万呂）を経て三栖王子（同三栖）に至り、上富田を越えて富田川沿いに北上するルートが使われていた。しかし、室町期以降の庶民・武士が参詣の中核になった時期になると、三栖王子から潮見峠を越える短縮ルートが一般的になったとされる。メインルートから外れても、富田川添いのルートは生活道として活用された。城跡は、八上《やがみ》王子から富田川流域の稲葉根《いなばね》王子に至る二本（深見―王子谷ルートとナメラ坂越え）の生活道を押さえる場所に立地する（周辺地図参照）。

　伝承では、天正十三年（一五八五）三月の秀吉の紀伊平定時、富田川流域の領主で室町幕府奉公衆・山本氏の築城とされる。城山の中腹に「泣場《ないば》」（現在の老人ホーム「愛の園」の辺りか）という平坦地があり、城が落ちたときに城内の武士や婦女子が泣いた場所であるとされる。また、城内に水が少ないことを隠すために白米を水流に見立てた「白米伝説」などが伝わる。

　現況は雑木林で、遺構はよく残っている。ただし、曲輪の造成が不十分で、自然の平坦地を部分的に空堀で囲い込んで城域を設定した、臨時的な城郭のようである。空堀（堀切・横堀）などの遮断施設が設置されているのは、北・南西などに限定されている。とくに、ナメラ坂に向かう南西の尾根から敵が来ることを想定していたようで、この方面には堀切（幅約六×深さ約三メー

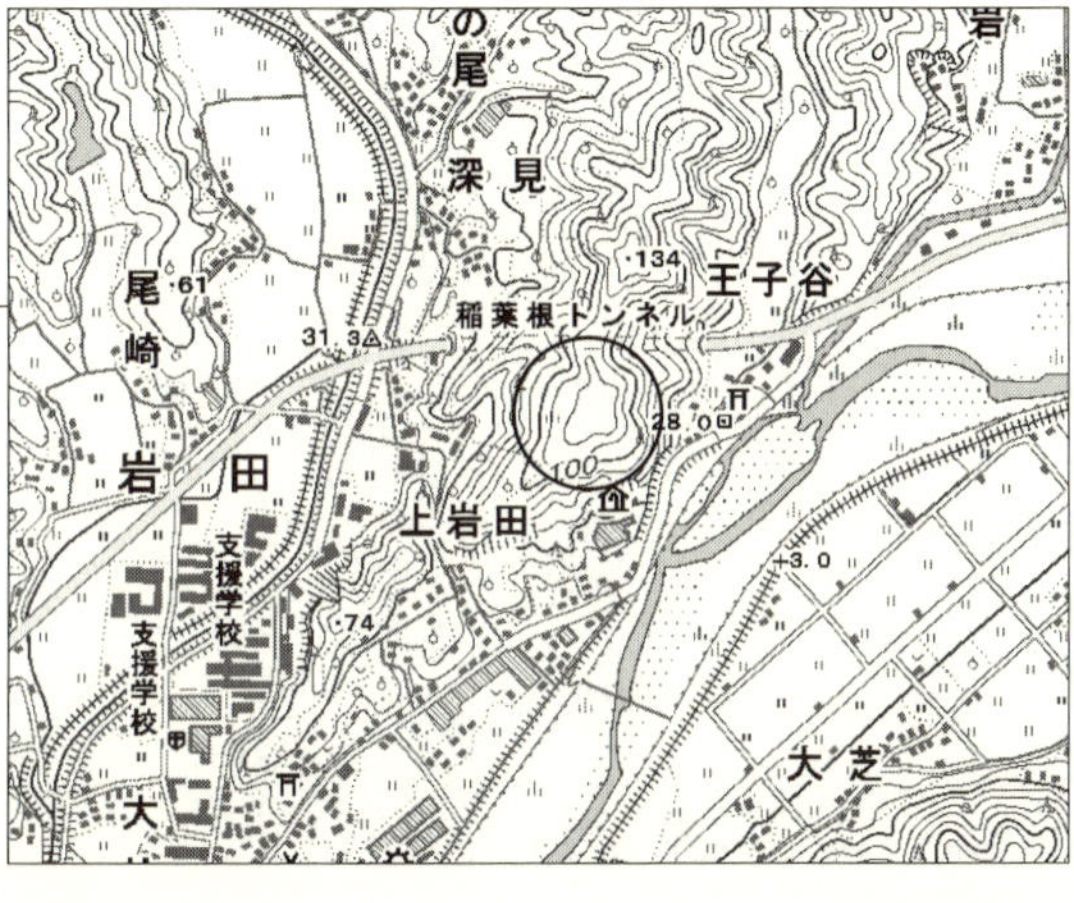

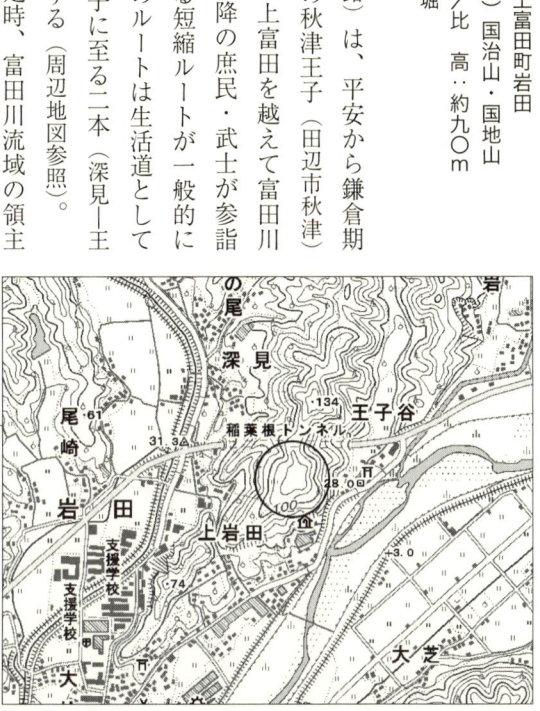

トル）と土塁・竪堀（図のA）、さらには曲輪西南角に櫓台状の高まり（B）まである。これは七×五メートル、高さ一メートルほどで、西は土塁とつながり強力な遮断線を形成し、ナメラ坂からの侵入に備えている。櫓台が山城で使われているケースは紀州では珍しく、見どころであろう。単郭の臨時的な城郭施設で、伝承のとおり、天正十三年の秀吉の紀州攻め時に在地の山本氏らによって築かれた城と考えてよいだろう。

踏査するには、ナメラ坂の北から梅畑を登らせてもらい、山頂を目指すのがよい。（白石博則）

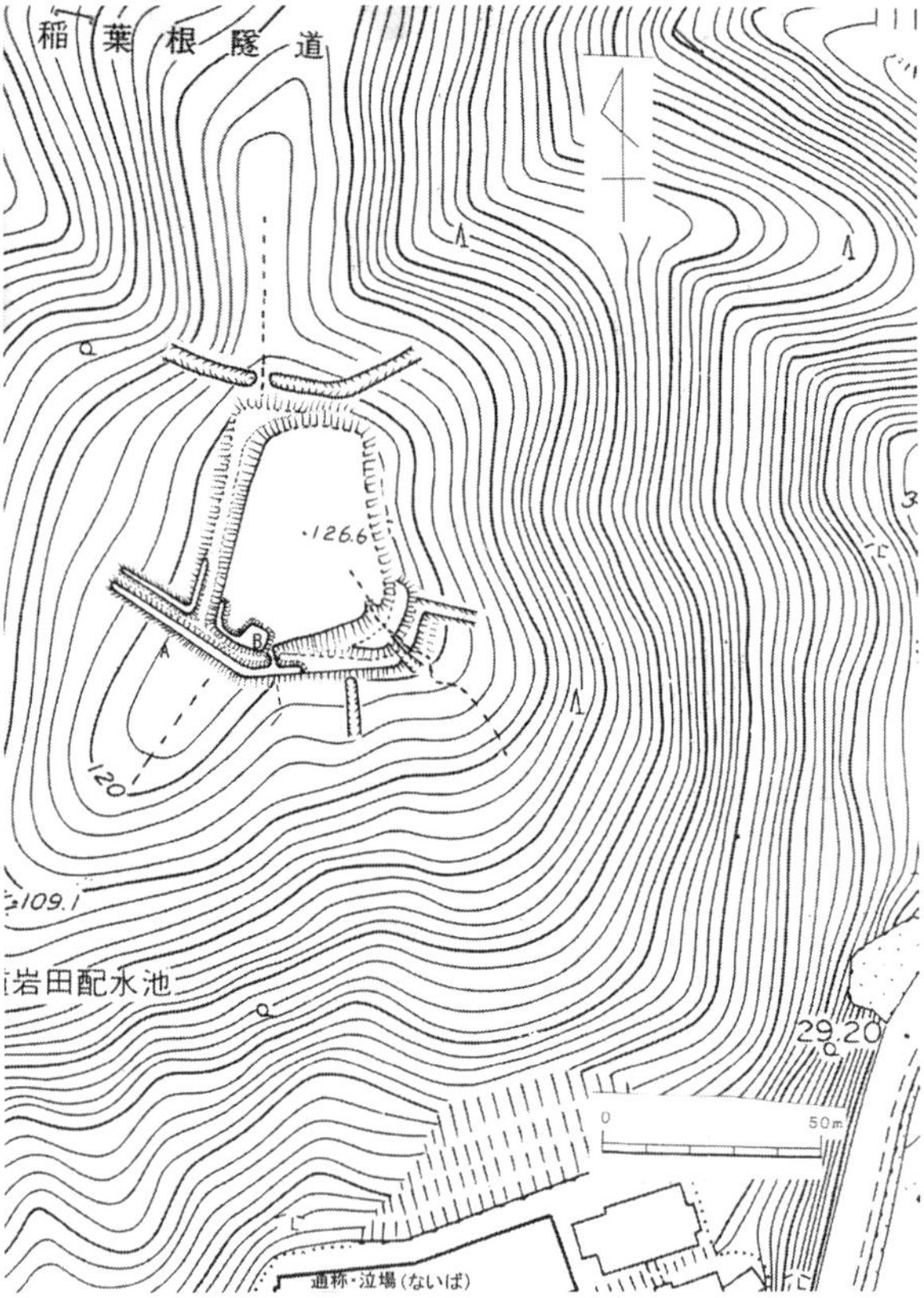

縄張り図　作図：白石博則

［参考文献］杉中浩一郎『南紀熊野の諸相』（清文堂出版、二〇一二年）／弓倉弘年「第４章　中世後期の上富田」（『上富田町史』、一九九八年）／『田辺市世界遺産熊野参詣道』（発行・田辺市教育委員会、編集・紀南文化財研究会、二〇〇七年）

横堀

城跡遠望

奉公衆・山本氏の境目の城

# 45 堅田要害山城《かただようがいやまじょう》

①所在地：西牟婁郡白浜町堅田
②別　称：要害山城・堅田城
③標　高：五七m／比　高：五〇m
④遺　構：土塁・堀切・曲輪

ＪＲ紀勢本線白浜駅の東にある比高五〇メートルの丘が、堅田要害山城である。白浜町高瀬にも「要害山城」と呼ばれる城があり、これを「高瀬要害《たかせようがい》山《やま》城」、あるいは「馬谷城《うまんたに》」と呼び、当城は「堅田要害山城」と呼んで区別している。非常に急峻な山容で、まさに「要害」の名にふさわしい城である。

基本的には、当城は土塁囲みの単郭の城である。丘陵頂部いっぱいに主郭を造り、その北と西に帯曲輪が設けられている。主郭の北・東・南に明確に土塁が残る。南東角の土塁が最も高く、上面も広くなっていることから、櫓台のように周囲を見渡し、戦闘の指揮をする場所であった可能性がある。主郭北西角は、廃城後に営まれた宗教施設（寺社）への参詣道のため、一部改変されている。この開口部は本来、虎口であったと考えられる。また、西辺の土塁はかなり破壊されており、現在は痕跡程度しか残らない。

当城は、富田川流域に勢力をもった山本氏の家来・堅田式部《しきぶ》により築城されたという。現在、ＪＲの線路が通る城の西の谷状地形は陸地になっているが、戦国期には入江の部分が湿地帯であったようだ。往時は海辺に臨む丘陵上の城郭であったのかもしれない。

堅田周辺は、山本氏と日置川の領主・安宅《あたぎ》氏との境界であったということから、この城には「境目の城」の役割があった可能性が高い。たびたび合戦に及んだとされる山本・安宅両氏は、先の

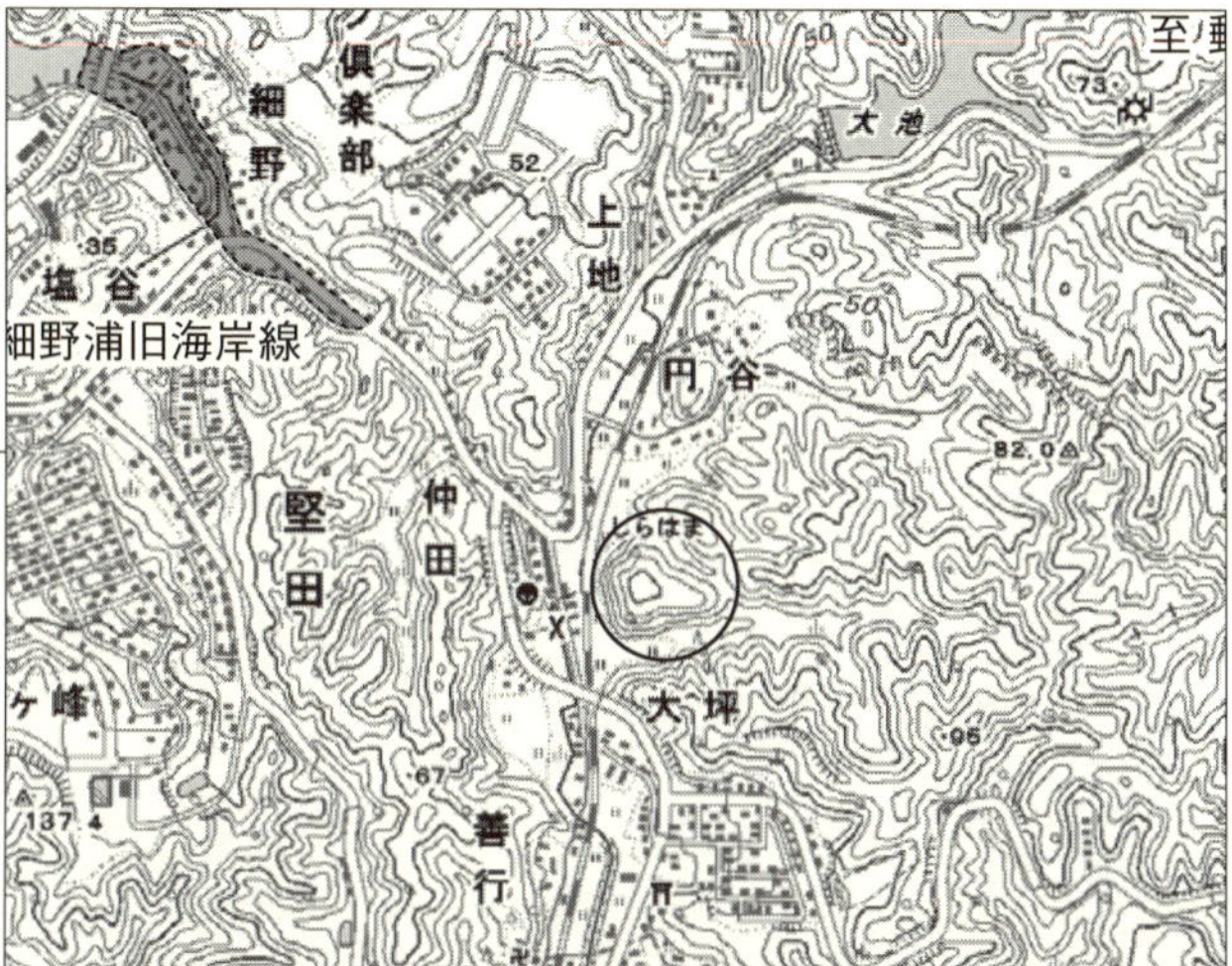

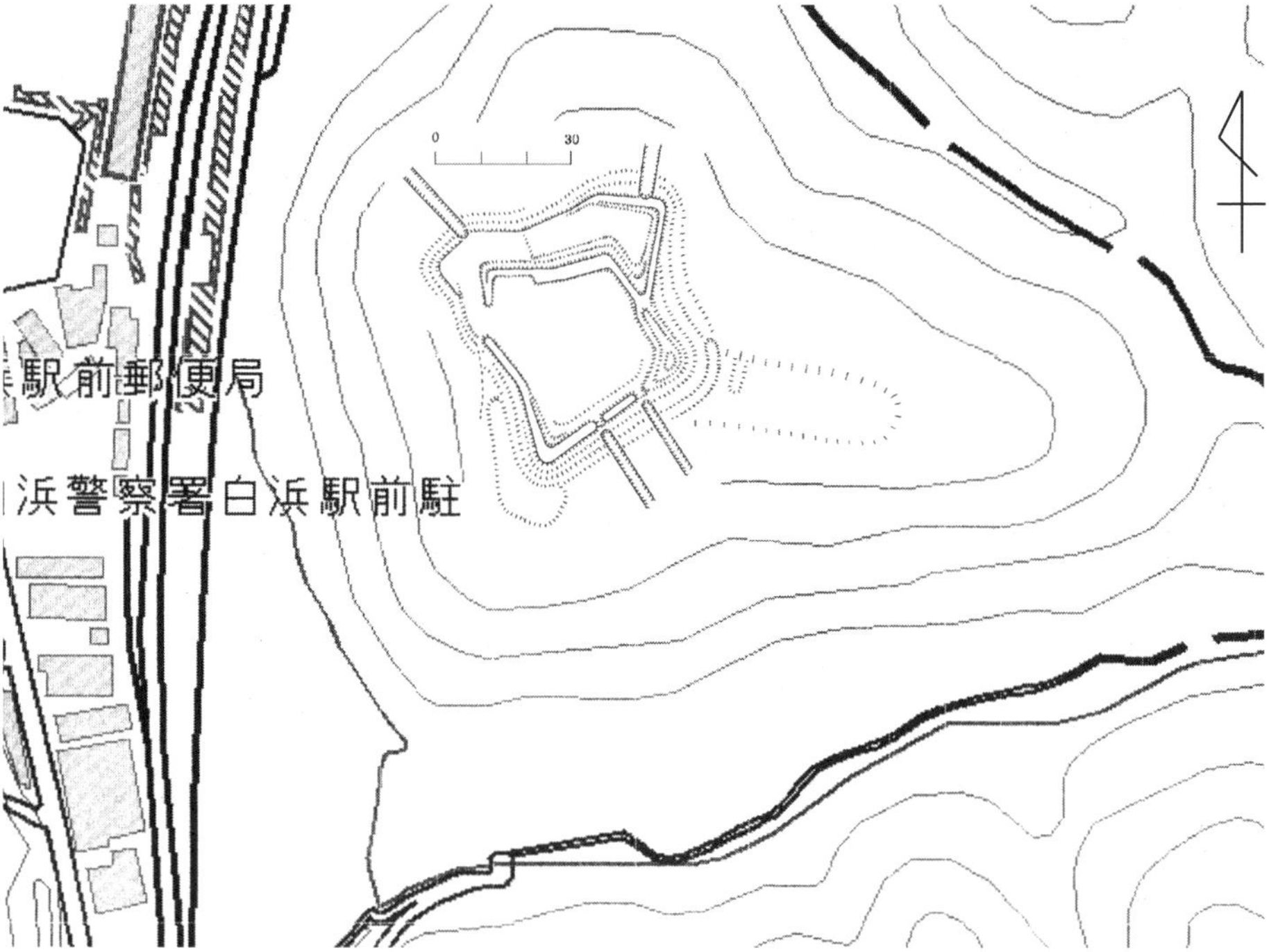


縄張り図　作図：増山政昭

高瀬要害山城（白浜町）を安宅氏が保持し、この堅田要害山城を山本氏方が保持していたようだ。

当城の登頂ルートについては、鉄道敷設時に本来の城道が破壊されたため、特定しがたい。城の北の谷から尾根に取りついて登るか、城の東の尾根から登るしかない。

（増山政昭）

［参考文献］『白浜町誌』本編・上巻（白浜町、一九八六年）／『日本城郭大系』一〇（新人物往来社、一九八〇年）

主郭の土塁北東角

連続堀切が見どころ

# 46 鴻《こうの》巣《す》城《じょう》

①所在地：西牟婁郡白浜町内ノ川・保呂
②別　称：保呂城
③標　高：九五m／比　高：八五m
④遺　構：曲輪・堀切・竪堀・土塁

鴻巣城は、富田川にかかる郵便橋（国道四二号線上）を西に見下ろす位置にある。ここから約四キロ北東に進むと、奉公衆山本氏の本城である龍松山《りゅうしょうざん》城（上富田町）がある。また、南の日置川流域は、水軍領主・安宅氏の勢力圏にあたる。当城は、山本主膳正《しゅぜんのかみ》家臣の内川平兵衛の城と伝わる。*1 一六世紀半ば以前、小山氏が畠山稙長《たねなが》に応じて「保呂城」で奮戦を遂げているが、*2 これは当城のことを指すと考えられる。

当城は、小規模な曲輪を二つ構え、西の尾根上に堀切を三本連続して設けている。このうち二本には中央に土橋があり、尾根上の進入路を限定する格好となっている。堀切は二本の竪堀と組み合わさり、北側斜面上の横移動を完全に遮断している。西の尾根からの侵入を極度に警戒している様子がみてとれよう。

また、東側の曲輪の西面には、鍵の手型の土塁と小規模な曲輪がセットになった虎口が確認できる。遮断だけではなく、虎口部分についても一定の工夫がみられる。

このように、当城は規模が小さいが、堀切や竪堀、土塁を効果的に配置し、防御を固めている。同じ山本氏の龍松山城とはまったく造りが異なり、空堀の発達という点ではむしろ、安宅氏の山城との類似性が指摘できよう。地域差や機能差もふまえたうえで、それぞれの城の特色を読み解くことが重要である。

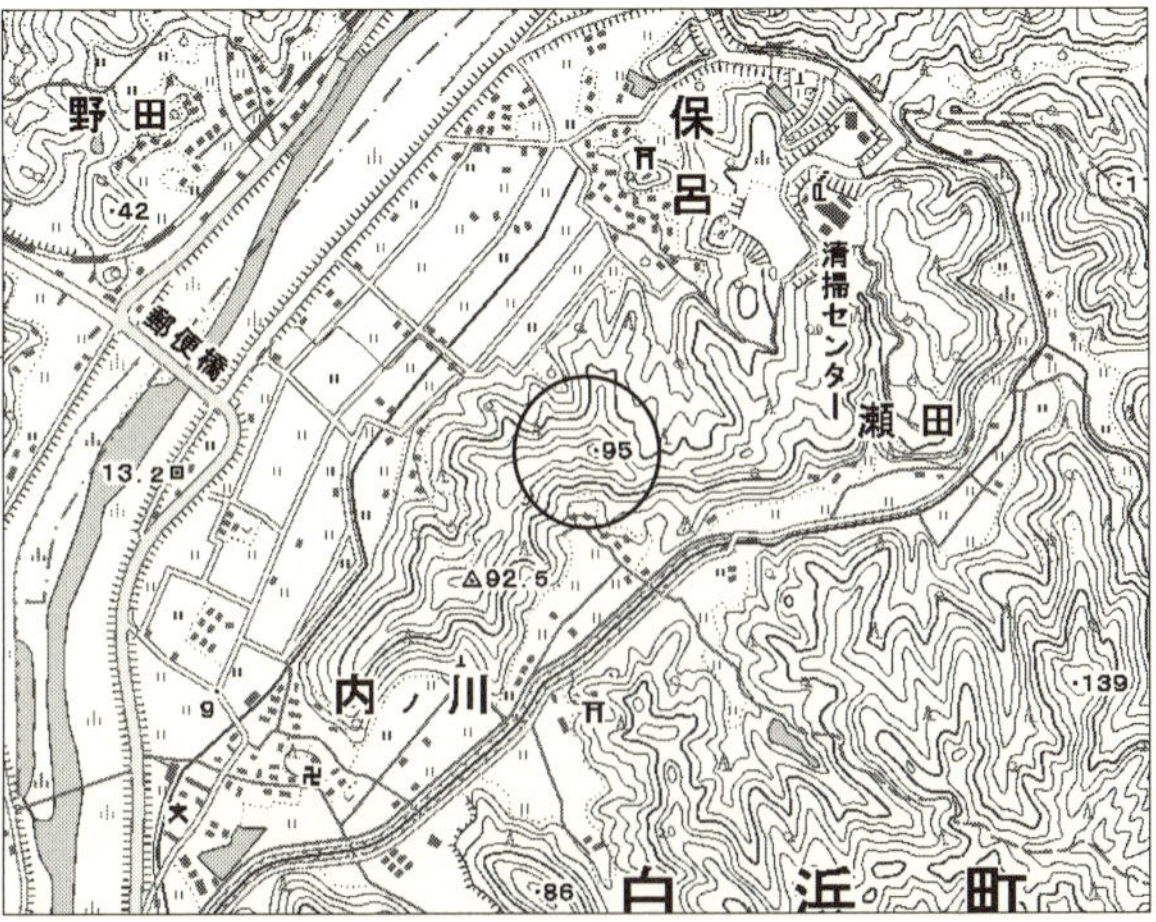


*1 『紀伊続風土記』
*2 「神宮寺小山家文書」

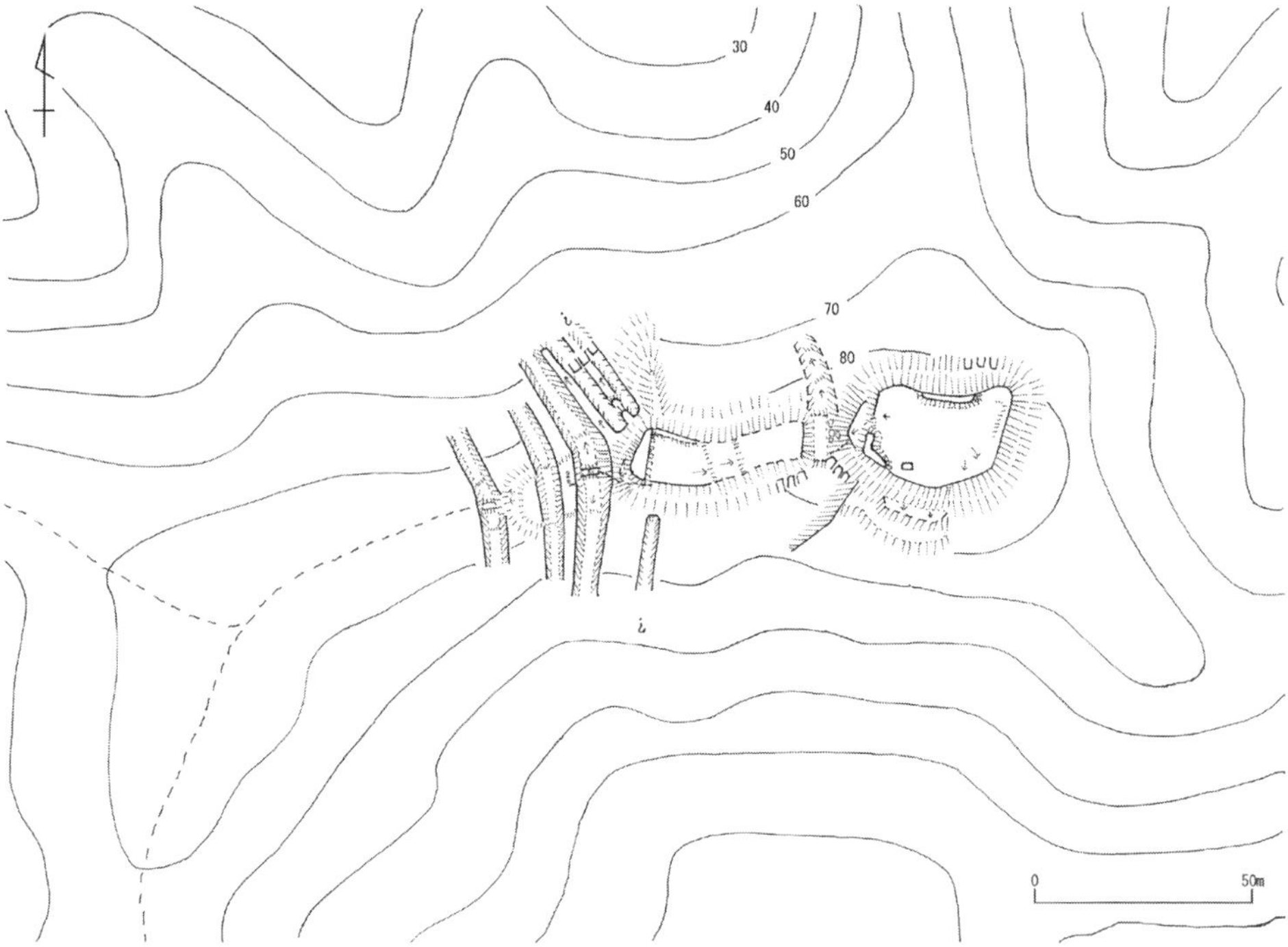


縄張り図　作図：新谷和之

なお、山麓には「殿屋敷」という地名があり、城主の館があったと伝承されている。また、近隣には祇園山本陣《ぎおんやまほんじん》（白浜町栄）や血深《ちぶか》城（同平間）があり、富田川の流域において、何らかの軍事的な緊張があったことがうかがえる。あわせて訪れてみてはいかがであろうか。

（新谷和之）

［参考文献］『日置川町史』一（日置川町、二〇〇五年）／新谷和之「鴻巣城」（中井均監修・城郭談話会編『図解 近畿の城郭』Ⅱ、戎光祥出版、二〇一五年）

城跡遠望　写真提供：中口孝行（以下、同）

堀切

熊野街道を押さえる陣城

# 47 血深城《ちぶかじょう》

①所在地：西牟婁郡白浜町平間
②別　称：勢ヶ峰城・岩谷城・庄川口城
③標　高：九十九m／比　高：八十一m
④遺　構：曲輪、土塁

富田川は、下流域にあたる平間の辺りで西に大きく蛇行する。富田川の左岸を通る熊野街道（大辺路《おおへち》）も、川の蛇行に合わせて大きくカーブしている。血深城は、この蛇行地点を見下ろす山の上に築かれた。

城主や築城年代については、はっきりとはわかっていない。『紀伊続風土記』には、「血深山城跡　小名血深の東の山にあり、城主詳ならず、山上三段に分る、上段東西十八間南北十六間、中段東西六間南北十六間、下段東西二十五間南北二十間なり」とある。

当城は、大きく分けて二つのエリアからなる。一つは、曲輪Ⅰと帯曲輪Ⅲのセットで、もう一つは曲輪Ⅱである。曲輪Ⅰは東西約三八×南北三三メートルの規模で、東辺から南辺にかけて、最大幅七メートルの土塁Aがめぐる。帯曲輪Ⅲは、六～八メートルの幅をもち、北面に虎口と思われる開口部Fがある。

曲輪Ⅱは、東西約四八×南北約三八メートルで、所々に採石の痕跡がみられる。岩盤が多いため、人工的に造成することはほとんどできなかったものと思われる。

従来、当城は巨岩を利用して防御を行う特異な城郭と評価されてきた。しかし、岩盤を整形して城域に取り込む意図はうかがえない。むしろ、曲輪Ⅰを中心とし、造成が不十分なⅡを駐屯のスペースとする構造ではないかと考えられる。そうみれば、いわゆる陣城の二重構造として把握

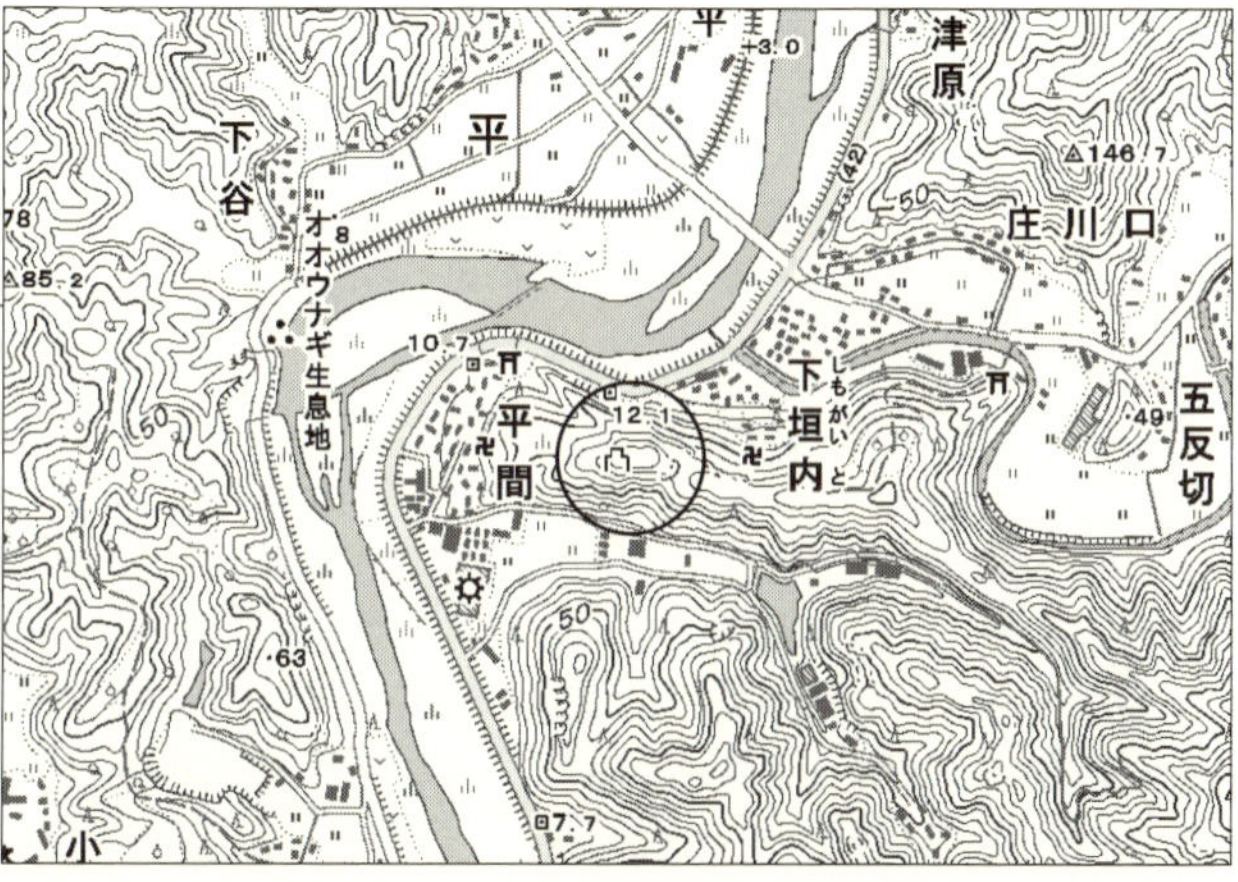

することができ、熊野街道を眼下に押さえる立地に適った城とみなすことができる。

当城へは、平間神社の裏手の山道から登るのが一般的である。山の南北の斜面は急崖で、東の尾根上には切り立った巨岩があり、たいへん登りにくい。また、近くの富田川流域には祇園山本陣や鴻巣城もあるので、あわせて訪れてみてほしい。（新谷和之）

縄張り図　作図：新谷和之

［参考文献］新谷和之「血深城」（中井均監修・城郭談話会編『図解 近畿の城郭』Ⅳ、戎光祥出版、二〇一七年）／水島大二「血深城」同監修『定本　和歌山県の城』（郷土出版社、一九九五年）

切岸の石積み　写真提供：中口孝行（以下、同）

柱穴

## 6、安宅《あたぎ》氏・小山《こやま》氏・周参見《すさみ》氏の城館

安宅氏は阿波国の出身で、鎌倉幕府の執権《しっけん》をつとめた北条氏が、熊野の海賊を鎮圧させるために安宅荘（白浜町）に送り込んだとされる。鎌倉幕府の滅亡により後ろ盾を失うが、一四世紀半ばには早くも足利氏に味方し、勢力を盛り返した。戦国期には、守護畠山氏の抗争のなかで、おおむね政長流畠山方として紀南での戦争に参加している。天正十三年（一五八五）に羽柴秀吉が紀伊国を攻めると、安宅氏は秀吉に従い、所領を安堵された。しかし、慶長五年（一六〇〇）の関ヶ原の戦いで西軍に付き、没落する。その後、紀州徳川家のもとで地士《じし》となり、江戸時代を通じて存続した。

小山氏は、下野国の有力御家人である小山《おやま》氏の一族である。その勢力は、白浜町の久木《ひさぎ》・神宮寺に拠点をもつ久木小山氏と、串本町西向《にしむかい》・二部《にぶ》に拠点をもつ西向小山氏の二つに大きくわかれる。小山氏は、鎌倉時代に三箇荘《さんか》（白浜町）に基盤を移し、阿波国の海賊の取り締まりなどにあたった。その後、両小山氏は南朝方について没落し、三箇荘の有力者であった久木氏が小山の姓を名乗るようになったと考えられている。戦国時代には、安宅氏と同様に政長方に付き、数々の戦功を挙げた。豊臣政権の治世下では、水軍として戦争に参加し、材木の供給にもあたった。関ヶ原の戦いで西軍に味方したため所領を召し上げられるが、浅野家に取り立てられ、徳川期には地士となっている。

周参見氏は、周参見荘（すさみ町）を治めた領主である。観応二年（一三五一）には、足利尊

氏より阿波国竹原荘内本郷地頭職を安宅氏とともに賜っている。[*1] また、応永三十四年（一四二七）に足利義満の側室北野殿が熊野詣に訪れた際には、山本・湯河・安宅氏らとともに接待を行っている。[*2] 周参見王子社の棟札にその名がみえ、地域の寺社の造営・修築に深く関わっていたことがわかる。

この三氏はいずれも、水上交通に関わる領主であるが、城郭のあり方では安宅氏が突出している。安宅氏は、日置川流域の平野部に館を構え、川湊の掌握を目指した。その一方で、安宅荘内に複数の山城を構え、ある程度領域的な支配を志向した。小山氏は、三箇荘久木に館を構え、古座川《こざがわ》河口部にも城を築いた。すさみ町の神田《かんだ》城・藤原《ふじわら》城は、堀切と竪堀を多用し、極めて遮断性の強い構造となっている。藤原城については、安宅氏の勝山《かつやま》城（白浜町）との類似性が認められ、安宅氏と周参見氏の間で築城技術が共有された可能性が指摘されている。

（新谷和之）

［参考文献］『安宅荘中世城郭群総合調査報告書』（白浜町教育委員会・安宅荘中世城郭発掘調査委員会、二〇一四年）／『日置川町史』一（日置川町、二〇〇五年）／高橋修編『熊野水軍のさと—紀州安宅氏・小山氏の遺産』（清文堂出版、二〇〇九年）

＊1　「安宅家文書」
＊2　「熊野詣日記」

一六世紀前半以前の横堀を持つ城

# 48 安宅八幡山城《あたぎはちまんやまじょう》

①所在地：西牟婁郡白浜町矢田《やた》
②別　称：次部の平
③標　高：八二m／比　高：七〇m
④遺　構：曲輪・石積み・横堀・堀切

八幡山神社裏の半島状丘陵上に、安宅八幡山城は立地する。現在は丘の東麓が溜池「深田池」となるが、江戸時代の古地図『安宅一乱記巻末絵図《あたぎいちらんきかんまつえず》』によると、往時は西側にも沼があって、天然の水堀の役割を果たしていたようである。

江戸時代の軍記史料『安宅一乱記』によると、安宅定俊《さだとし》の居城とし、安宅一族の跡目相続から発展した戦いにより、享禄三年（一五三〇）に落城したとされる。

縄張りは、曲輪群を急崖の北・西・南の三方を堀切と横堀で取り巻き、残る東側の急崖には竪堀を設けている。それほど広くない城域だが、切岸は高く、堀は岩盤を削って掘られており、土木量の多さに圧倒される。

Ⅰ郭が主郭で、周囲に土塁を巡らし、東北隅が土饅頭状に一段高くなる。地元では、城主の魂を供養した塚と伝えられるが、位置的に考えて櫓台の可能性もある。二〇〇三年度に行われた発掘調査では、虎口AとⅣ郭の間は石段で連絡していたことが判明した。

Ⅱ郭は発掘調査により、焼土層をはさんで上層には生活痕がないことが確認され、[*1] 火災での焼失後、城は再興されなかった可能性が高い。出土した最も新しい時期の遺物は一五～一六世紀初頭の備前焼擂鉢《すりばち》で、『安宅一乱記』で当城が落城したとされる享禄三年とおおむね合致する。

Ⅲ郭は、堀切をはさんでⅡ郭と土橋でつながる。三方が土塁囲みとなるが、曲輪内部は削平が極めて悪く、純戦闘的な機能を担った空間であろう。塁壁には張り出しBがあり、堀底を攻め上

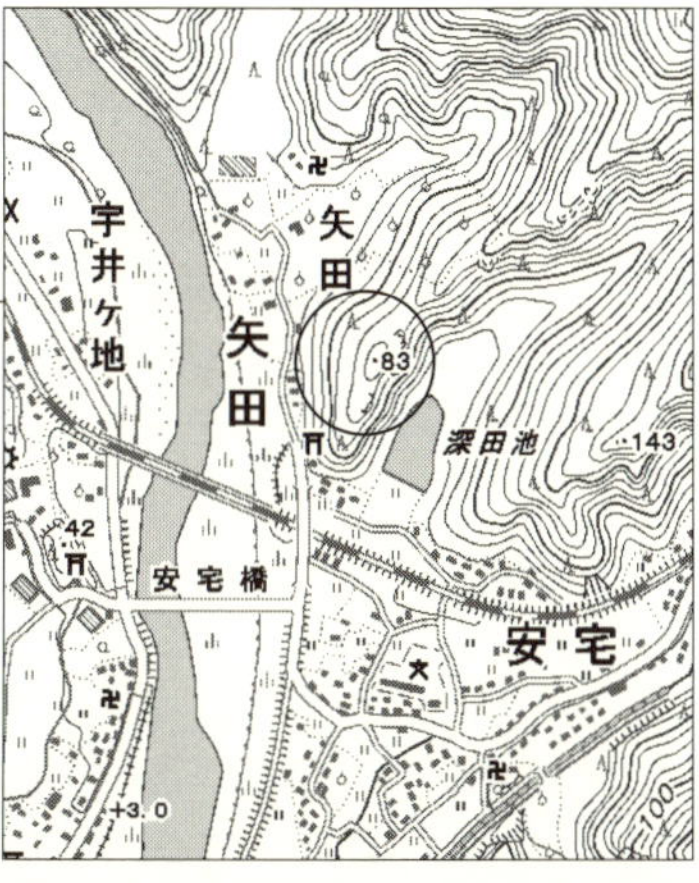


＊1　『八幡山城跡』（日置川町教育委員会、二〇〇四年）

城跡遠望　写真提供：水島大二（以下、同）

がってくる敵兵に弓矢などで掃射可能である。

山の西麓に登山口があり、近年は地元の方々により除草作業も行われている。

（堀口健弐）

［参考文献］『日置川町史』一（日置川町、二〇〇五年）

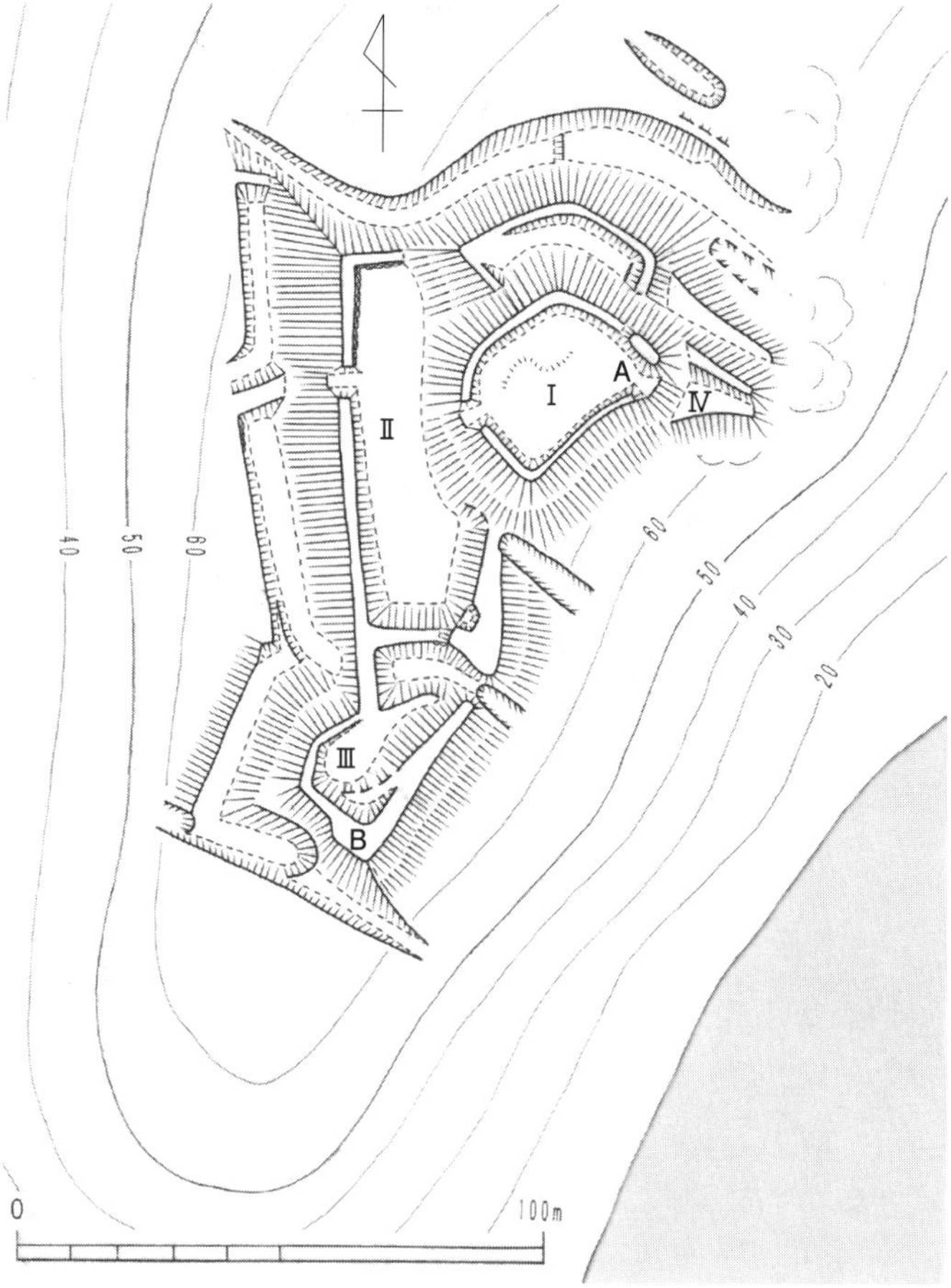


縄張り図　作図：堀口健弐

土塁内側の石積み

岩盤をくり抜いた堀切

石積みの五重堀切を持つ城

# 49 安宅勝山城《あたぎかつやまじょう》

①所在地：西牟婁郡白浜町塩野《しおの》
②別　称：なし
③標　高：二一一m／比　高：二一〇m
④遺　構：曲輪・土塁・雁木坂・堀切・石積み

日置川《ひきがわ》を眼下に望む勝山の山頂に立地し、頂上に立つと、安宅の里から日置川河口や紀伊水道まで一望することができる。

当城は、熊野水軍・安宅氏が、平地に築かれた安宅本城を守る支城群の一つとして築いた。『安宅一乱記』によると、大永六年（一五二六）に勃発した跡目相続による内乱の際、安宅安次丸が当城に立て籠もったと伝えられる。また、同町には、かつて二つの城が合戦をし、勝ったほうの城を「勝山城」、負けたほうの城を「負山城」と呼んだという伝承が残っている。

当城の縄張りは、山頂部に方形土塁囲みの曲輪を二つ並べて、その周囲を帯曲輪で囲い、各尾根筋を多重堀切で遮断する構造である。Ⅰ郭が主郭で、土塁囲みとなる。南西隅に土塁の開口部を持ち、ここがⅡ郭と連絡する虎口である。Ⅱ郭は三方を土塁で囲み、西面に平入り虎口を開口する。土塁内側は天端まで石積みが施され、Ⅱ郭には守備兵が土塁上面に上がるための雁木《がんぎ》坂状遺構Aが残る。

Ⅱ郭の直下には、射撃手が身を伏せる武者隠し（塹壕）Bを設け、さらにこの下方にも短い三条（怪しいものも含めると五条）の畝状竪堀群を設けており、東斜面の防御を担うと同時に、絶対に敵兵を近づけない構造となっている。

この城を特徴づける最大の防御施設は、東尾根に掘られた石積みを施した五重堀切である。石

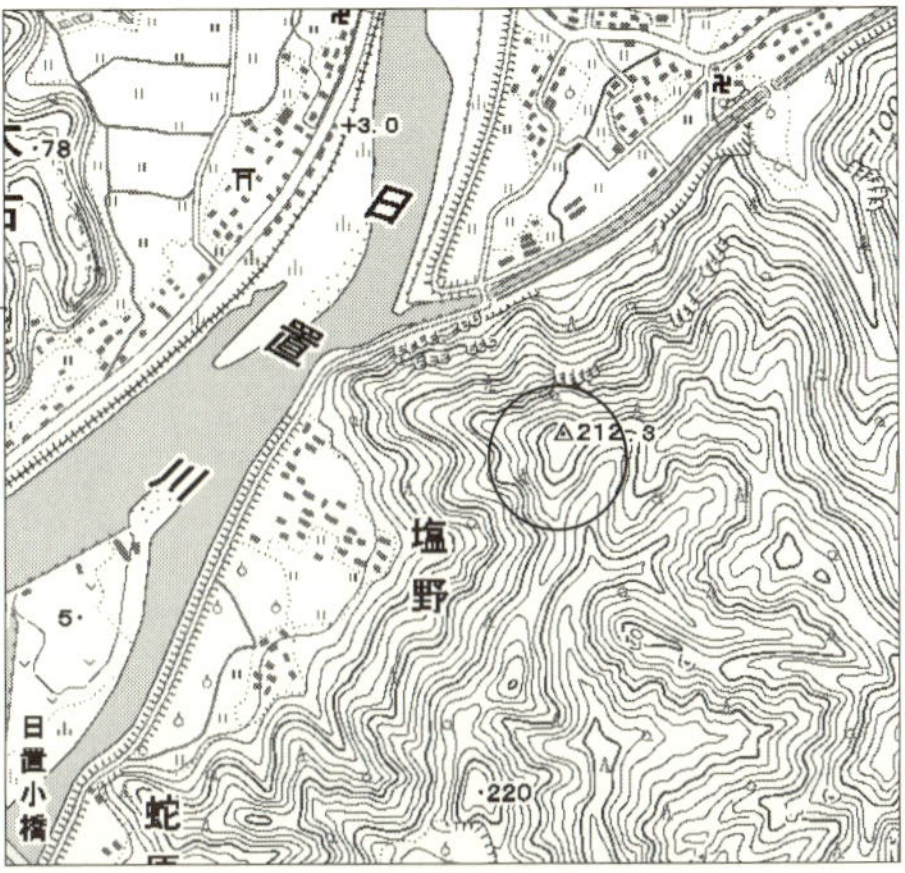


（左写真）主郭土塁

積みは堀の内外両面に積まれており、東尾根筋に集中防御を図っている。また、南尾根にも素掘りの三重の堀切を設け、尾根筋を完全に遮断しようとする意図が読み取れる。

城跡への登り道はなく、現在は塩野地区背後の谷を直登するコースが取られているが、斜面は急なうえに、岩石が散乱していて健脚向きである。

（堀口健弐）

[参考文献]『日置川町史』一（日置川町、二〇〇五年）

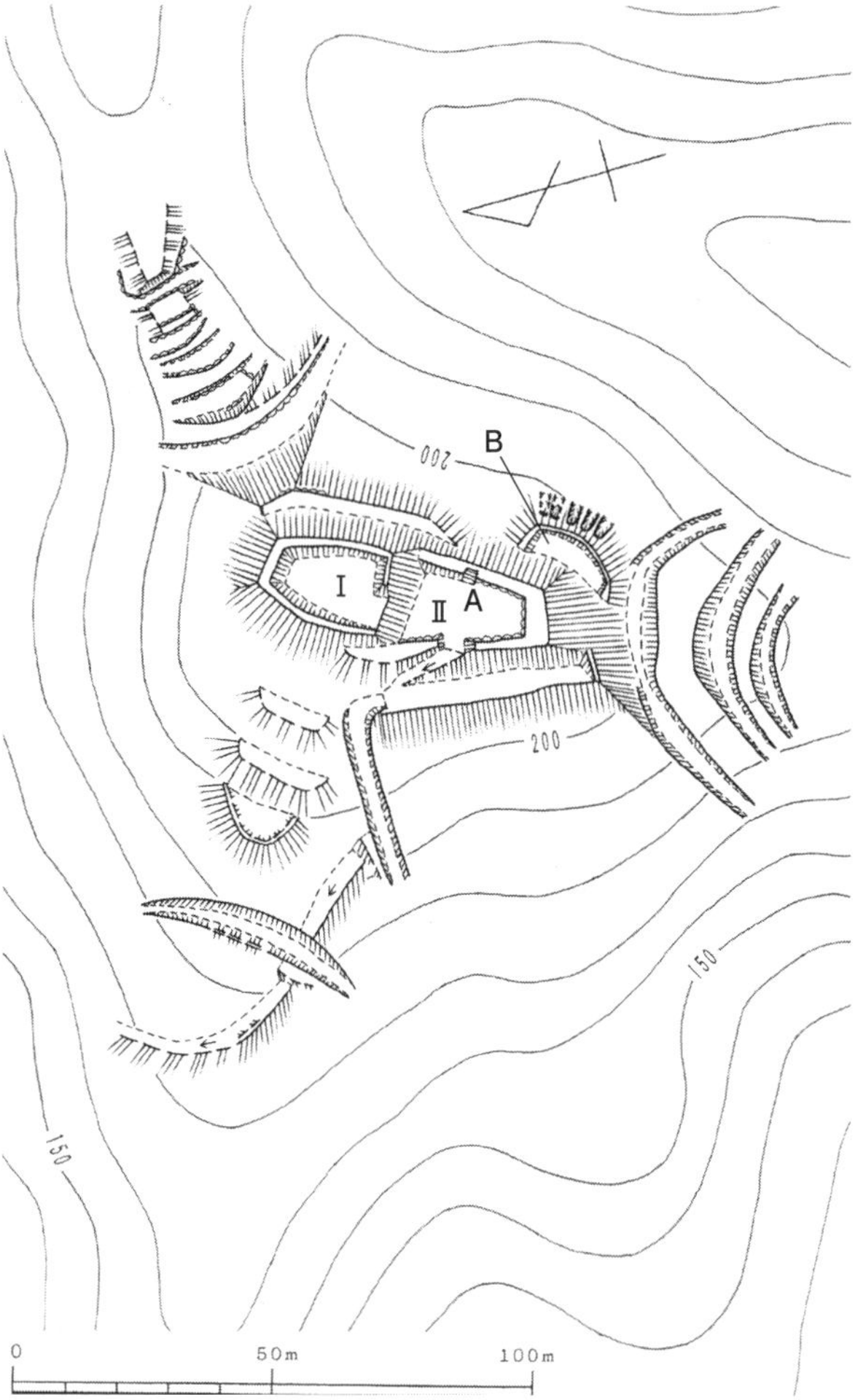


縄張り図　作図：堀口健弐（一部、白浜町教育委員会原図を参照）

西堀切から竪堀へ

小粒でも見どころの多い城

# 50 安宅大野城《あたぎおおのじょう》

①所在地：西牟婁郡白浜町大古《おおふる》
②別　称：なし
③標　高：四二m／比　高：三〇m
④遺　構：曲輪・土塁・横堀・堀切・石積み

当城は、日置川下流右岸の小高い丘頂に立地する。現在はあたかも独立丘の様相を呈するが、これは昭和四〇年代の土取り工事で尾根自体が大きく削り取られて、山の高さが半分以下になったためであり、元の姿は半島状丘陵の先端部に位置していた。

日置川をはさんだすぐ対岸の平地には安宅本城があり、本城を中心に輪形陣を描くように、安宅大野城と安宅八幡山城、安宅勝山城（ともに本書を参照）が配置されている。

史料上不明な点が多いが、『安宅一乱記』によると、安宅氏の執事を務めた大野氏の居城と伝わる。

全体的に非常に小規模な縄張りだが、その中に中世城郭の見どころが凝縮されている。Ⅰ郭が最高所で主郭である。周囲よりも一段高く築くが、削平はやや甘くて中央は若干高くなり、南面にごく低い土塁を設ける。この土塁の外周には、低い石積みが施されている。これに背後の北尾根と主郭前方のⅡ郭との間に堀切を掘ることにより、主郭の遮断性を高めている。西斜面にも帯曲輪を巡らすが、南西隅が一段低く窪んでいるのは、武者隠しA（塹壕）と思われる。西斜面の防御を担っている。ここから弓矢などの投射兵器を用いて、西斜面の防御を担っている。

堀切をはさんで台形状のⅡ郭がある。南面から東面にかけての二面に低い土塁を巡らし、さら

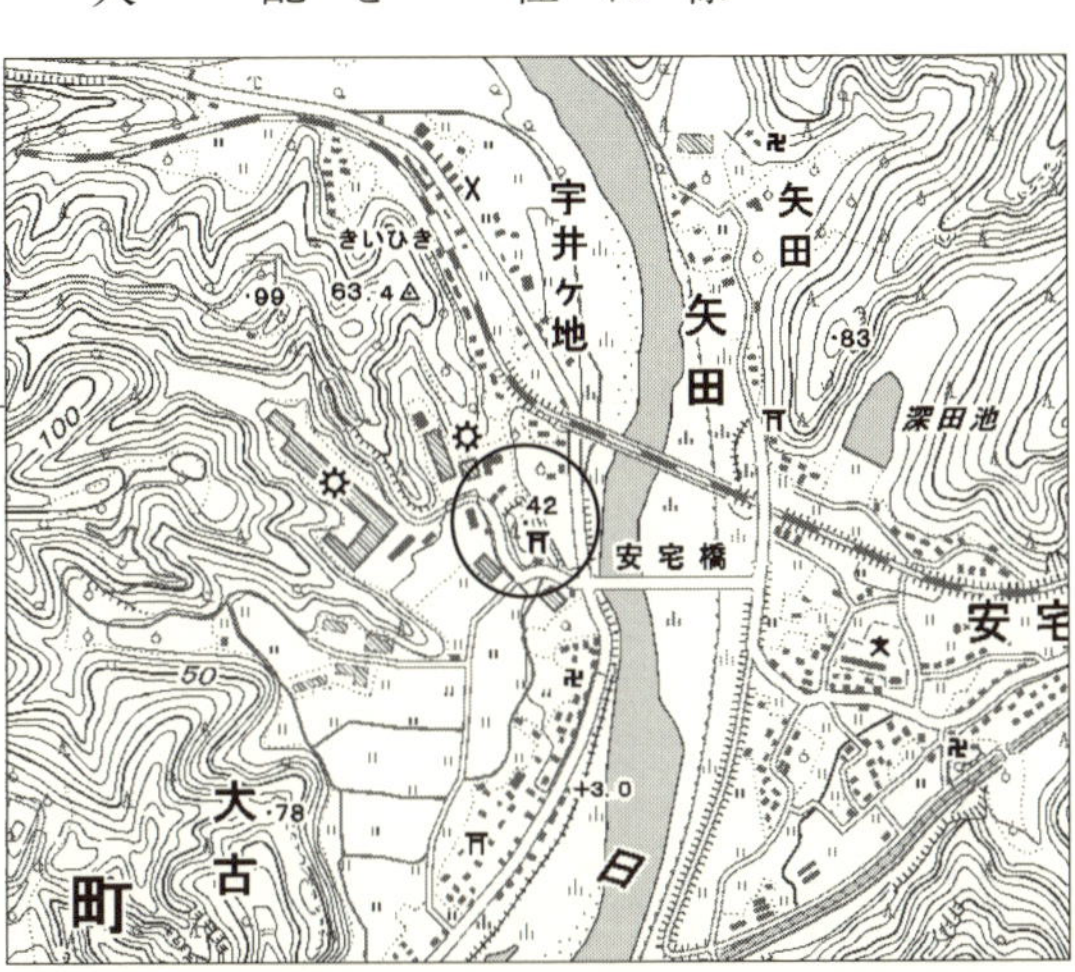

にその周囲にも横堀を巡らしており、主郭を守る橋頭堡《きょうとうほ》的な空間であったと思われる。

（堀口健弐）

城跡へは、南麓の春日神社境内の裏からすぐに上がることができる。

［参考文献］『日置川町史』一（日置川町、二〇〇五年）

縄張り図　作図：堀口健弐

堀切

城跡遠望　写真提供：水島大二（以下、同）

紀南地方では数少ない館城

# 51 中山城《なかやまじょう》

①所在地：西牟婁郡白浜町田野井《たのい》
②別　称：なし
③標　高：三八m／比　高：三〇m
④遺　構：曲輪・土塁・堀切・石積み

中山城は、還流地形が作り出した小さな盆地の中央部の小高い丘に立地する。『安宅一乱記』によると、中世に当地を支配した安宅水軍の被官・田井《たのい》氏の居城とされる。

当城は、土塁囲みの方形の曲輪を二つ並べて周囲に二重の堀を巡らし、その堀を西斜面にまで廻り込ませている。また、南尾根筋は三重堀切となり、より遮断性を増している。

二〇一二年、日置川町教育委員会（現白浜町）と滋賀県立大学により測量・試掘調査が行われた。その結果、複数の小穴や礎石一基が出土したほか、染付・青磁・白磁・瀬戸美濃系陶器・備前焼・土師器《はじき》・鉄釘・土錘《どすい》・投弾用石などの遺物が出土しており、遺物の下限年代を「一六世紀後半」としている。ただし、遺物量は少なめで、「館城」であっても決して生活の場でなかった可能性がある。

Ⅰ郭が主郭で、土塁は断ち割り調査でも石積みが確認されておらず、元から土塁であったことがわかった。曲輪内からは二条の小穴列が出土し、柵列か建物の一部と考えられている。Ⅱ郭の土塁は、外周と内周の一部に鉢巻状の低い石積みを設けている。この土塁上面とⅠ郭の曲輪面とが同一レベルとなっていて、Ⅰ郭を出た守備兵が、Ⅱ郭土塁上面を移動して防戦にあたる構造であったと解釈できる。Ⅲ郭は虎口受け風の小さな曲輪であるが、南端で礎石と見られる石が一基出土しており、ここが大手木戸口だったと考えられる。

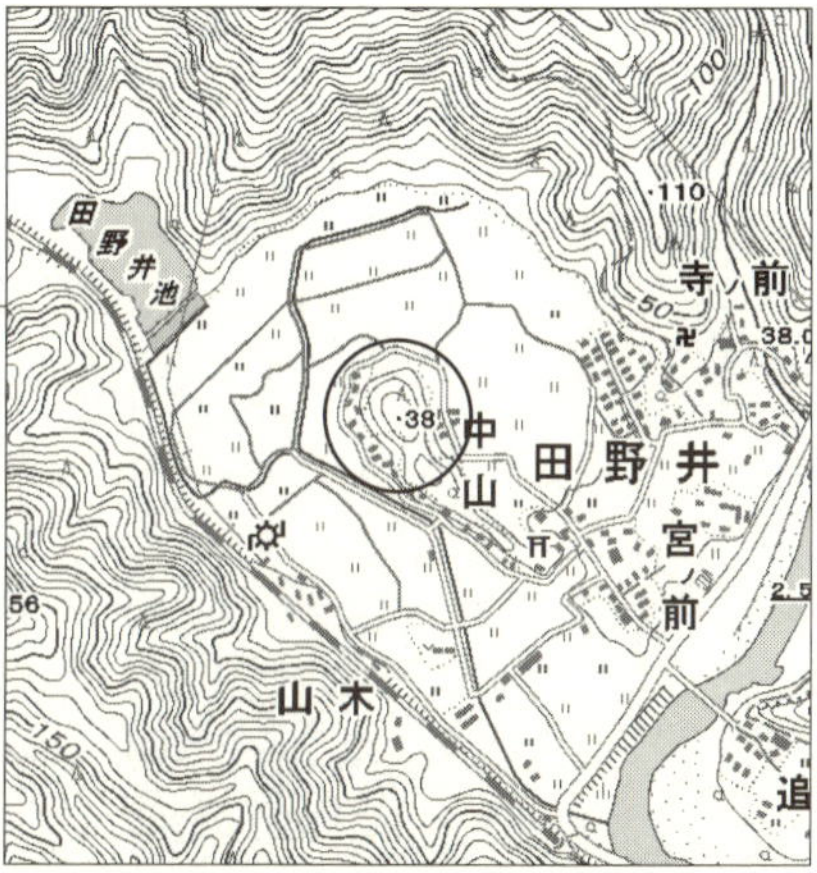

城跡遠望　写真提供：水島大二（以下、同）

丘の北麓に説明板があり、そこの脇道を上るとⅡ郭下の堀底に至る。

（堀口健弐）

［参考文献］『白浜町内遺跡発掘調査概報』（白浜町教育委員会、二〇一三年）／『日置川町史』一（日置川町、二〇〇五年）

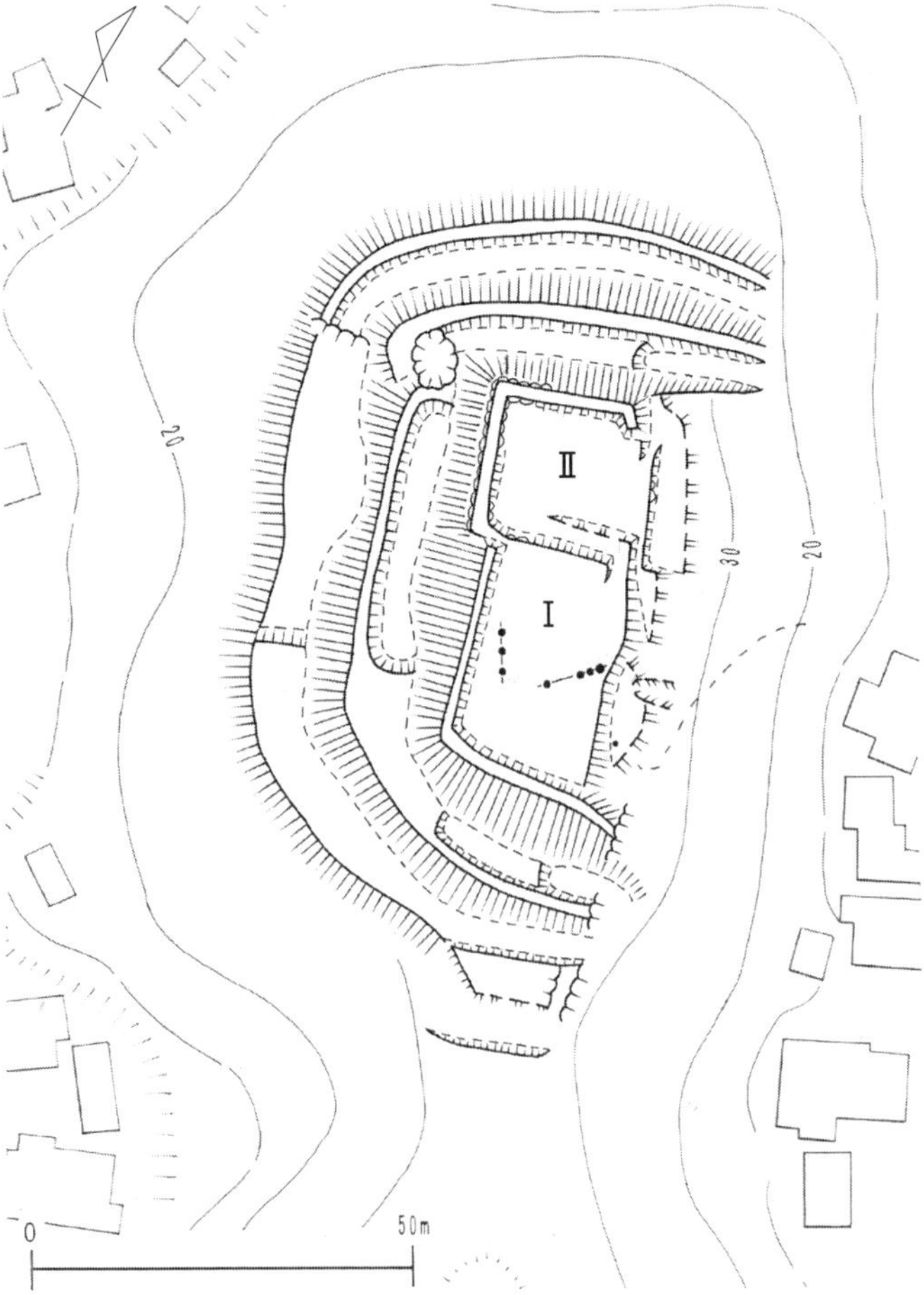


縄張り図　作図：堀口健弐

土塁

堀切

コンパクトだが防御の厚い境目の城

# 52 高瀬要害山城《たかせようがいやまじょう》

①所在地：西牟婁郡白浜町高瀬
②別　称：馬谷城《うまんたにじょう》
③標　高：七〇m／比　高：五五m
④遺　構：曲輪・畝状空堀群

熊野三山に至る熊野街道は、田辺に入ると山間ルートの中辺路と海岸ルートの大辺路に分岐する[*1]。大辺路は古来、坂の多い険阻な街道として名高い。とくに白浜町高瀬から安居辻松峠《あごつじまつとうげ》にいたる富田坂《とんださか》は、街道中最大の難所であると言われる。当城は、この富田坂の登り口を見下ろす標高七〇メートルの山上に築かれている。

『安宅荘中世城郭群総合調査報告書』[*2]の実測図によれば、主郭である曲輪Iは、東西二八×南北一二メートルの卵形で、西辺に土塁の痕跡がある。その西に曲輪IIがあり、東西八×南北二五メートルの規模である。東には小さい曲輪IIIがある。

城を守る要となるのは土塁で囲まれた曲輪IIで、土塁は高さ約一・五×幅約一メートルの規模で、西辺の一部が開口して虎口になっている。この虎口の下の北・西の斜面には、竪堀と横堀が合体した畝状空堀群が、横堀から竪堀が下るものが八本、竪堀単独のものは四本ある。この城の一番の見どころである。今はシダなどが繁茂して見づらいが、よく見ると横堀・竪堀が斜面を縦横に走り、斜面を容易に登れないようにしているさまが見て取れる。東南の尾根は、ほぼ自然地形で曲輪はないが、七本の堀切・竪堀が見られる。しかし、完全に尾根を掘り切っているのは一本だけで、堀切・竪堀を食い違いさせて尾根上のルートを屈曲させている。この尾根を南に行くと大辺路と合流するので、日置川方面への退路を確保するために尾根を掘り残しているのだろう。

富田坂周辺は、富田川流域を治める山本氏と日置川流域の領主・安宅氏、小山氏の勢力が拮抗し、

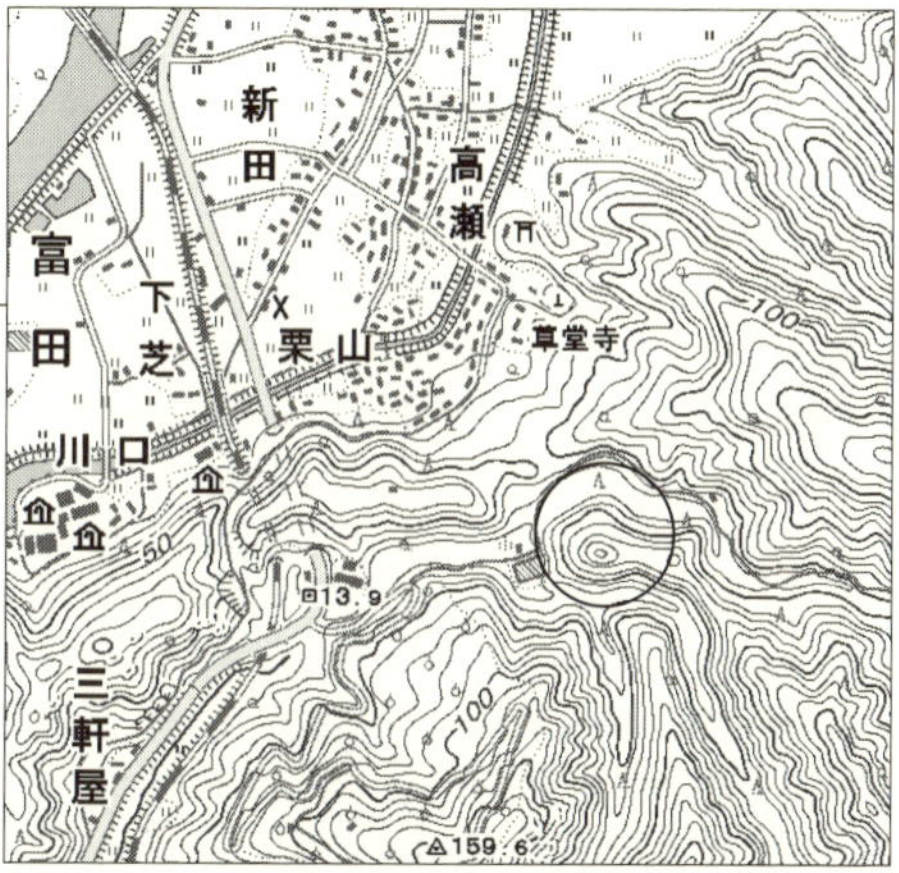


＊1　大辺路の名称が一般化するのは近世以降だが、中世にも生活道として同じルートが使われていたと考えられる。

＊2　白浜町教育委員会、二〇一四年。図中のゴシック数字は白石が加筆したものである。

たびたび攻防が行われたと伝承されている。したがって、この城は勢力圏の境界に築かれる「境目の城」として機能していたと考えられる。日置川に至る尾根道が確保されていることから、築城者は日置川側の領主・安宅氏と推測できる。天正十三年の秀吉の紀州攻め時には、山本氏は秀吉に抵抗し、安宅氏は恭順した。秀吉の天下統一の大きなうねりが軍事的な確執を生み、安宅氏にこの境目の城の改修を促したと考えられる。

なお、発掘調査は二次にわたって行われ、瀬戸美濃系天目《てんもく》茶碗や明代の染付、建物に使われた釘、茶臼、黒白の碁石も数点見つかり、虎口部分からは石階段や門柱と推定される柱穴、門の下に敷いたと思しき大きな敷石も確認された。

城跡へ上るには、国道四二号線白浜町高瀬からトンネルを抜け、すぐに東に入り小川に沿いに歩き、山本材木店前を越え、未舗装道路を少し行くと、駐車場・案内板と登り口がある。登りは一〇分ほど。なお、紀勢道の要害山トンネルの上が城の東南尾根にあたる。

（白石博則）

［参考文献］『日置川町史』一（日置川町、二〇〇五年）／『地宝のひびき』（和歌山県文化財センター、二〇〇七年）

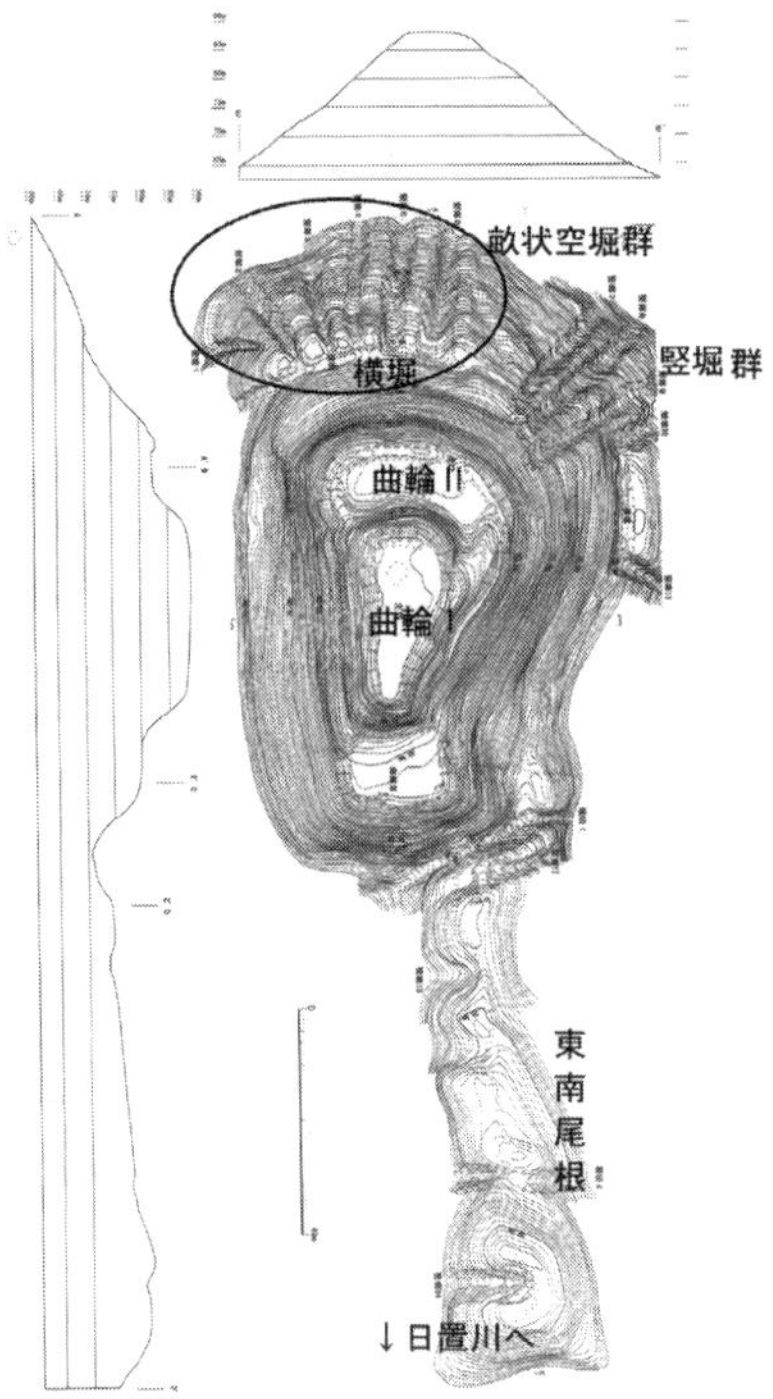

実測図　＊2による

城跡遠望

左は横堀、右は竪土塁の横堀との接続部分

地元でも知られていなかった幻の山城

# 53 土《ど》井《い》城《じょう》

①所在地：西牟婁郡白浜町田野井
②別　称：なし
③標　高：一一〇m／比　高：一〇〇m
④遺　構：曲輪・横堀・連続堀切

土井城は、近世の地誌や郷土史にもまったく取り上げられてこなかった城跡である。「土井」とは中世の館跡などを示す地名だが、当城名は「土井氏の城」という意味と思われる。『安宅一乱記』*1の「土井が城没落之事」の項に、田野井にある土井氏の城郭として登場する。ここでは、土井家を相続した安宅若狭守基定《もとさだ》（当主・安宅安定《やすさだ》の弟）が、兄安定を滅ぼし、安宅家当主の座を得ようと挙兵するが、逆に安定に攻められて没落する。そのとき、土井城が合戦の場になっている。この記述を裏付ける史料はないが、安宅氏の一族が城主を務める重要な城郭であった可能性は考えられる。おそらく、築城から廃城までの期間が極端に短く、地元との関りが薄かったため、伝えられることがなかったのだろうが、すばらしい遺構が残っているだけに不思議である。

遺構は、天徳寺《てんとくじ》裏山にある。主郭Ⅰの北の高まりが最高所で、現在、大日如来の石塔が祀られている。主郭は城内で最大の曲輪で、東西の縁には低い土塁が築かれている。東辺には石垣も認められる。この曲輪の下にも曲輪Ⅱがあり、東西が土塁と石塁で塞がれている。主郭の北方曲輪Ⅲは、ほぼ自然地形の平坦地で、さらにその北の尾根には、五本の連続堀切と竪堀が掘られ、大辺路の安居辻松峠からの侵入を防いでいる。

注目されるのは、横堀状の施設A～Dである。遮断用の横堀だが、西端D横堀は、西辺は土塁と竪堀でしっかり防御し、東端は前面に石積みを作って（写真参照）迫り出させて、虎口後方に

*1　一九七六年に名著出版から長谷克久編で刊行されたが、それ以前に日置川町教育委員会から手書きでまとめられていた。

虎口下の石積み

空間を作り出している。この点が他と異なる。しかも、前面の土塁は幅一メートル以上あり、その上に人が乗って戦うことのできるだけの規模と構造である。堀内の壁面には石積みが見られる。これは土塁を補強し、堀内の面積を確保することを意図している。このように見ていくと、Dは横堀として遮断するだけでなく、東側は虎口空間であり、西側は敵と戦うための足場である。

大辺路は富田坂を越えて、安居辻松峠から安居に至るルートと田野井に下るルートに分かれるが、当城は、大辺路の田野井側の出入り口を押さえる重要な拠点であったと推定される。天正十三年（一五八五）、羽柴秀吉の紀州攻めに、長年安宅氏と確執があった富田川の領主の山本氏は、臨時的な城郭を築いて対抗した。一方、安宅氏は早々に秀吉に恭順し、命脈を保った。土井城は、秀吉の統一政権軍襲来という中世から近世への転換点において、安宅氏が山本氏らの敵対する勢力が領域内に侵入することを防ぐ目的で、一時的に築いた城ではないだろうか。

田野井の東の高台にある天徳寺墓地の登り口から、約一五分で登れる。険しいので注意が必要である。（白石博則）

［参考文献］『日置川町史』一（日置川町、二〇〇五年）

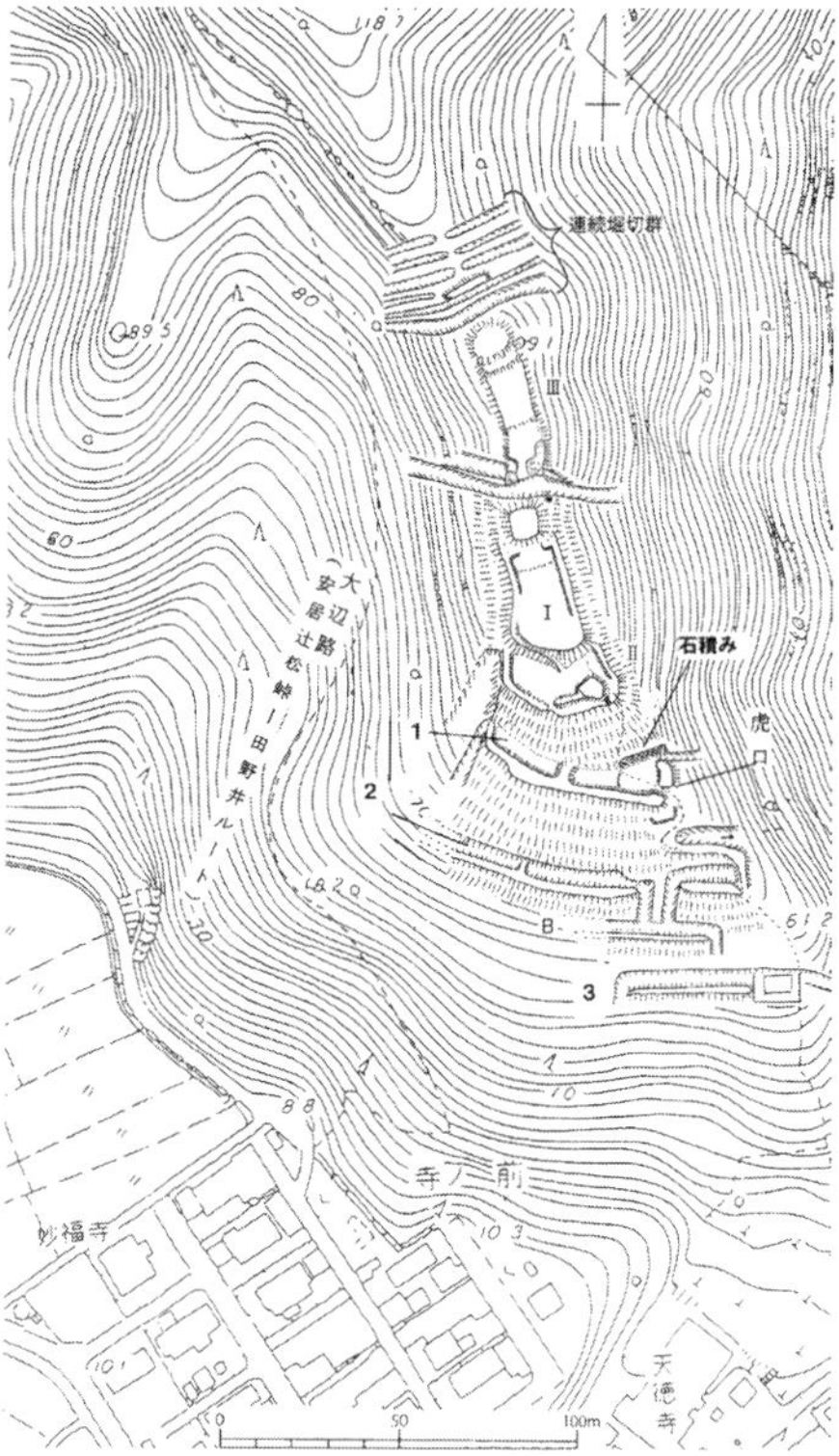

縄張り図　作図：白石博則

城跡遠望

横堀内

山本氏と安宅・小山氏の争奪の場

# 54 蛇喰城《じゃばみじょう》

①所在地：西牟婁郡白浜町久木・上富田町生馬《いくま》
②別　称：生馬城
③標　高：三七一m／比　高：約三二〇m（生馬から）
④遺　構：横堀・石垣

戦国期の紀中から紀南は、河川が形成する谷ごとに在地勢力がしのぎを削っていた。彼らは、情勢の変化に対応して、離合集散を繰り返していたようだが、史料が乏しく、その動向を詳細に追うことはできない。わずかな伝承の中にその痕跡を求めると、西牟婁郡の富田川流域は、室町幕府奉公衆・山本氏の影響の強い地域で、居城の龍松山城を中心に、周辺に出城と支城が配置されていた。その南の日置川流域は、下流域を国人・安宅氏、中流域と上流域を小山氏がそれぞれ支配していた。安宅氏と小山氏は、ともに水軍領主として知られるが、山林資源にも権益を持ち、富田川河口部の湊にも影響力を持っていた。山本氏と安宅・小山氏は、隣接するがゆえにたびたび紛争を起こしていたようだ。

蛇喰城は、富田川と日置川の分水嶺《ぶんすいれい》にあたる標高三七一メートルの城ノ森山《じょうのもりやま》の頂部にあり、まさに山本氏と安宅・小山氏の勢力の境目に位置する。当城の築城は、一六世紀初め、山本氏によると伝えられているが、『紀伊続風土記』などでは、城主として「山本式部」の名を伝えており、戦国期の文書から、畠山卜山[*1]（尚順《ひさのぶ》）に敵対する「牢人衆《ろうにんしゅう》[*2]」がこの城を占拠していたことがわかる。さらに、「牢人衆」がこの城を占拠していたのを、日置川流域の領主・小山定次《さだつぐ》らが追討したとされる。

城は、富田川と日置川の両流域をつなぐ街道の久木越え（ドン谷—城の東—生馬）を押さえる

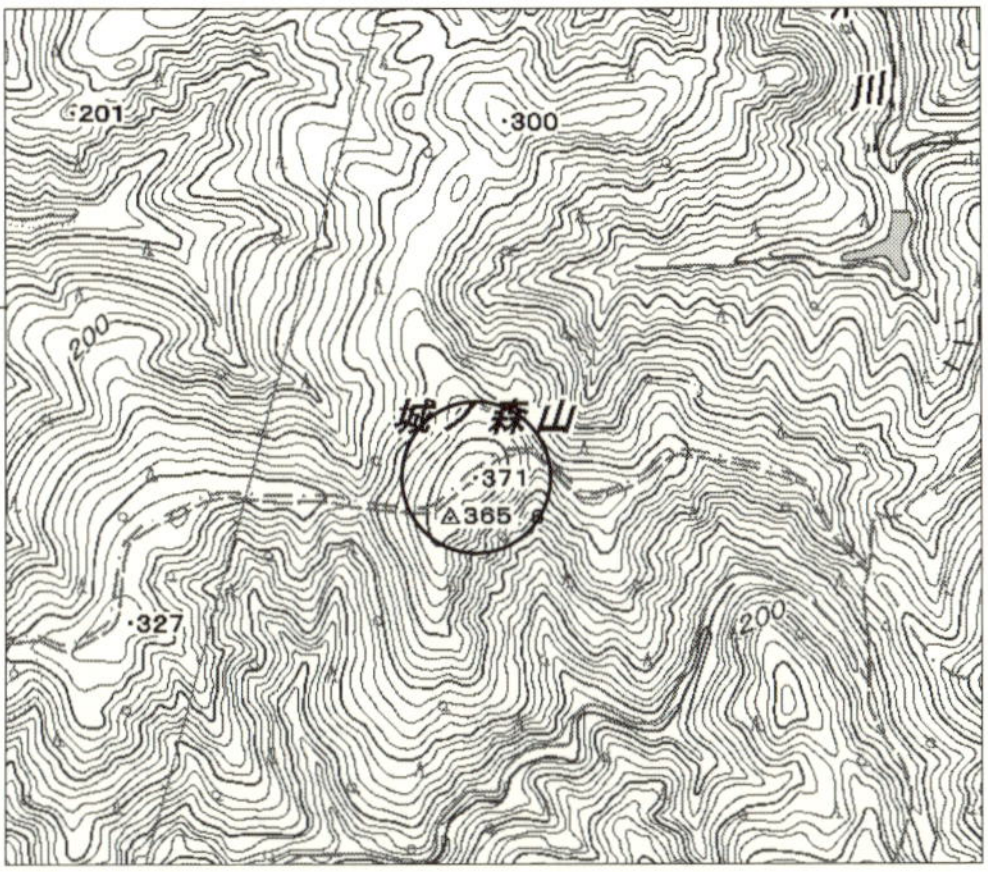


＊1　「年末詳小山定次宛畠山卜山感状」「久木小山家文書」（『日置川町史第一巻』所収、二〇〇五年）。
＊2　浪人に同じ。特定の主家を持たない流動的な軍勢のこと。
＊3　兵を横から矢や鉄砲で攻撃ができる城郭の構造のこと。

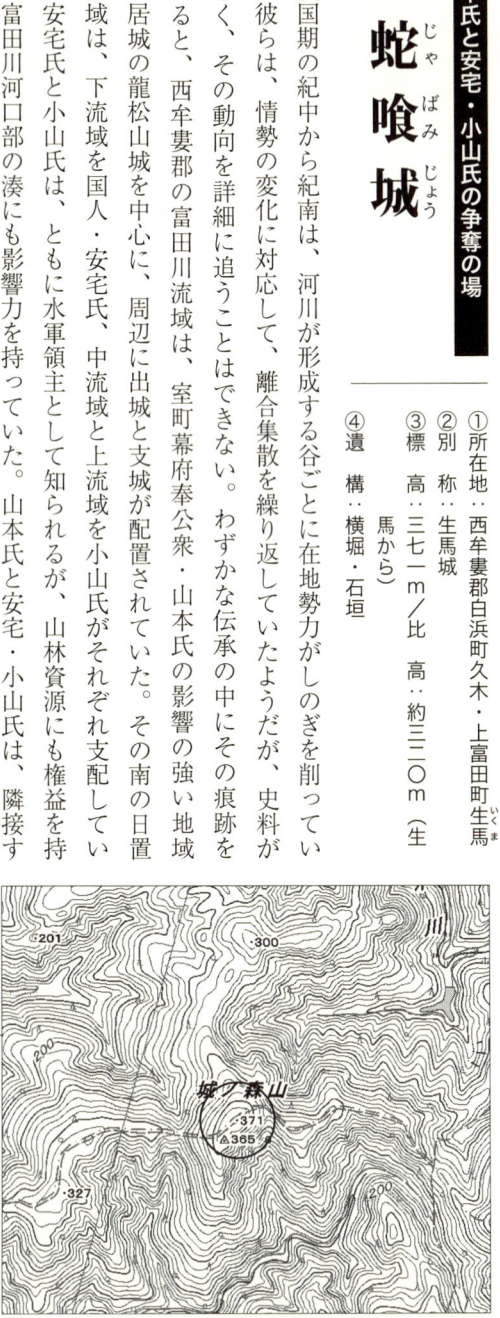

場所にある。山本氏と安宅・小山氏のどちらにとっても重要地点であり、城主は情勢によって目まぐるしく入れかわった可能性が高い。

遺構を見ると、曲輪は一つで東西六〇×南北三六メートルの規模である。曲輪の造成は不十分で自然地形が多く、長期間使う建物はあまりなかったようだ。緊張期だけ臨時的に使った城郭と思われる。空堀・石垣などは城の北と東にのみ造られ、とくに曲輪の北辺の石垣は高さ一・五×長さ一二メートルあり、北斜面に対して遮断する線を形成している。石垣のラインは一部で小さい折れ（②）を持ち、横矢掛かり[*3]を作っている。虎口（①）も明確で門跡の礎石も残る。

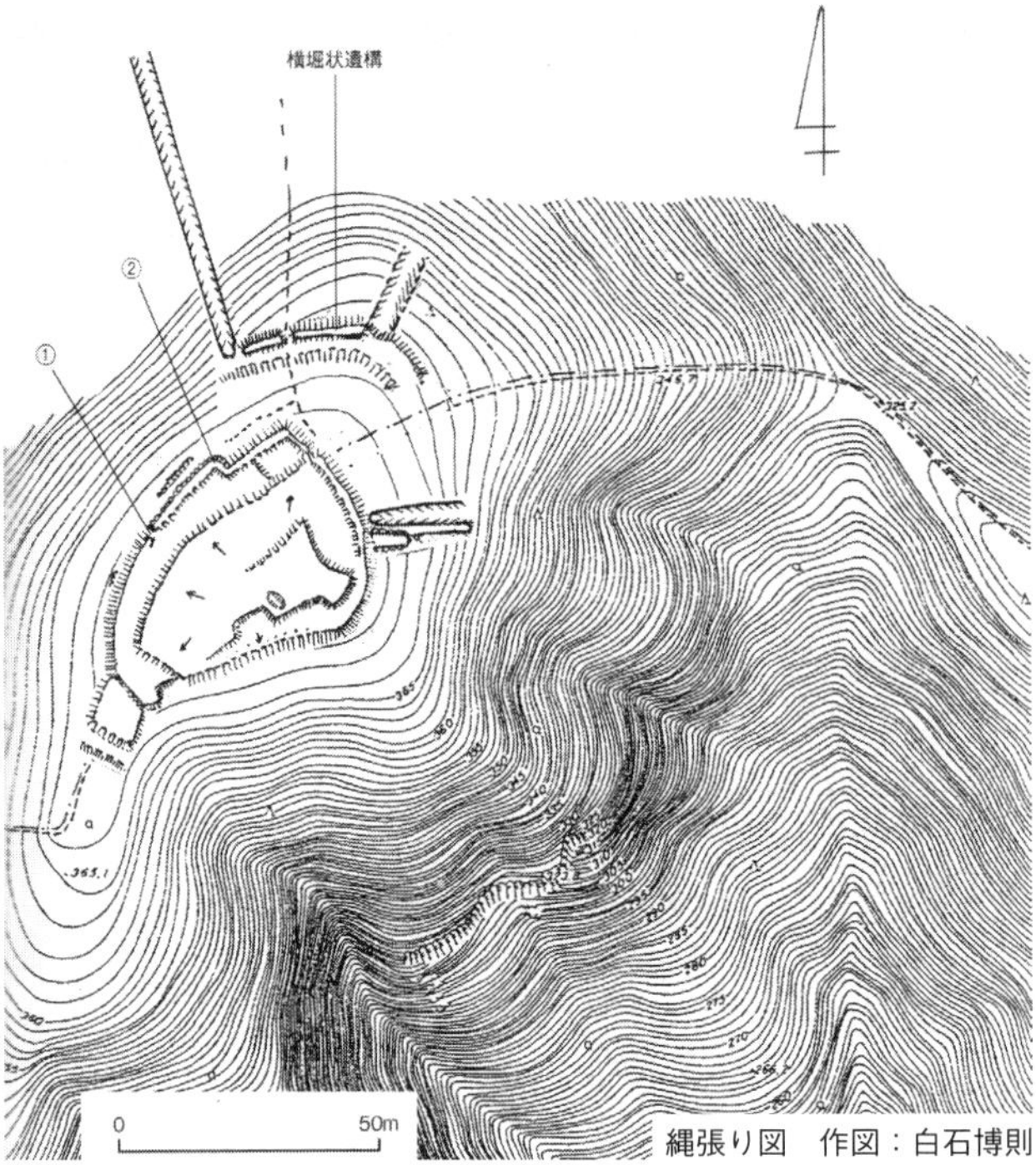

縄張り図　作図：白石博則

城跡に登るには、県道二三一号線が庄川口から郷地谷《ごうじだに》を経て城の南麓まで通じているが、詳細な道は二五〇〇〇分の一の地図をもとに地元で尋ねるのがよい。

（白石博則）

〔参考文献〕『白浜町史』（和歌山県白浜町、一九八六年）

城跡遠望

石垣

史料には見えない山中の臨時的城郭

# 55 市《いち》鹿《か》野《の》城《じょう》

①所在地：西牟婁郡白浜町市鹿野
②別　称：兵衛平
③標　高：一八〇m／比　高：一〇〇m
④遺　構：土塁

主郭の土塁　内側より

日置川河口より約二五キロ上流の狭小な盆地・市鹿野地区の中央部に所在する、比高約一〇〇メートルの丘の頂部に位置する。『紀伊続風土記』や『紀伊国名所図会』などには取り上げられていない城で、地元では城主を和田兵衛と伝えている。現在、主郭内に秋葉神社が祀られている。

市鹿野城のある丘陵は、西側と北側は河川によって浸食された急峻な崖、東と南は緩やかな崖で、それぞれ市鹿野の集落や茶畑につながっている。

城は単郭で、山頂部を北から東、南にかけて最大の高さ三メートル切岸が取り巻いている。切岸の下は幅五メートル前後の帯曲輪になっており、南東角から南側にかけては溝状の窪みが確認される。これは空堀（横堀）であったようだ。また、北側の尾根続きは浅い堀切状になっており、城側の切岸には石積みが見られる。

現在、南尾根から秋葉神社への参道があり、虎口のように見えるが、これは後世のものであろう。集落とは反対側の西辺の土塁に

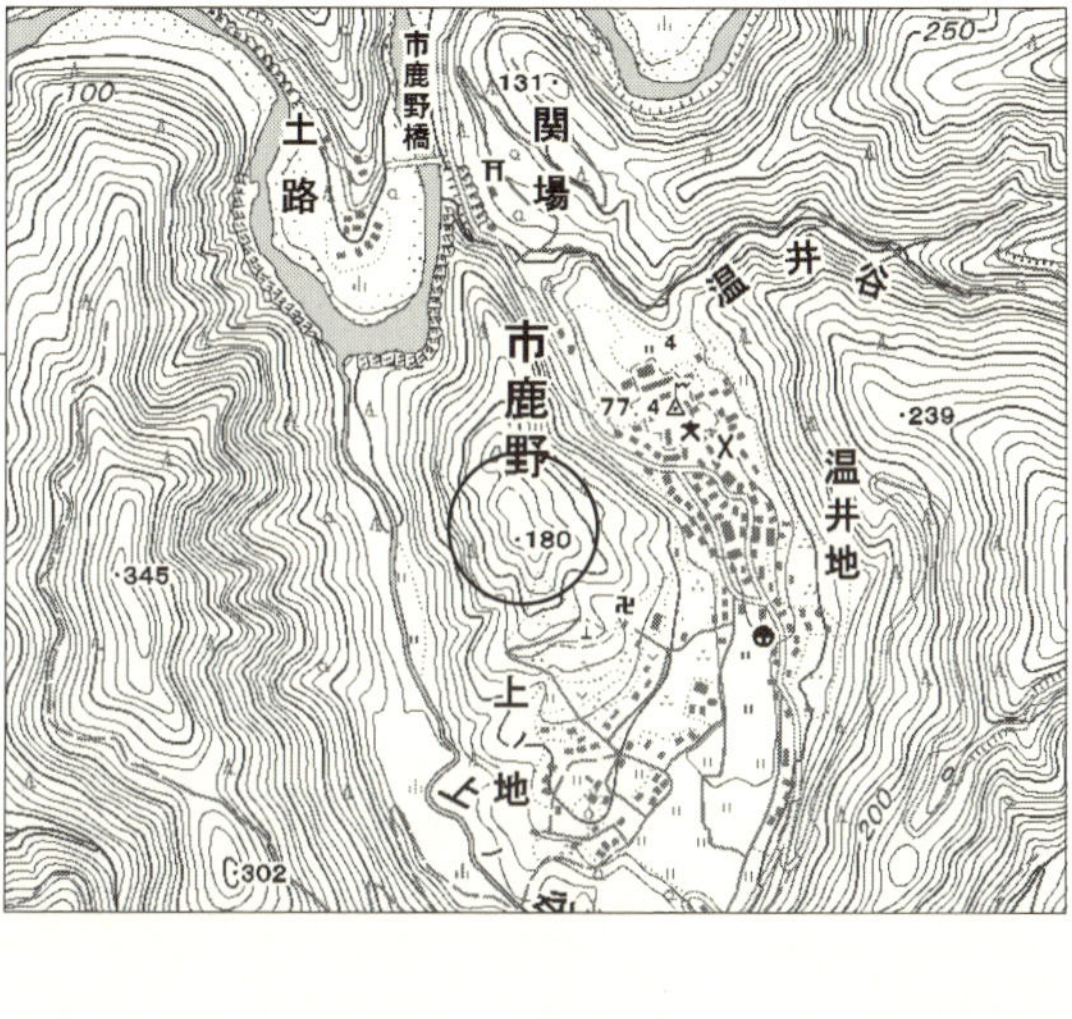

切れ目があり、こちらが虎口と考える。虎口付近の土塁の外側の切岸は高さ約一・五メートルで、切岸の下は通路状になって南方向に続いている。

市鹿野の集落の方向に高い切岸を作り、この方向から攻め上がられることを警戒していることや、虎口が集落と逆方向に開口していることなどから、地元に関連性の薄い外部勢力が築城に関わった陣城のようだ。

市鹿野は山間部にあるが、安宅・安居方面から富田川の中流域に越えるルートの中継地であり、日置川の水運の要所でもある。そのことをふまえると、日置川上流部の山林資源などの供出に関わった勢力が、臨時的に営んだ拠点なのかもしれない。

丘の南麓の吉祥寺《きちじょうじ》の背後に墓地があり、そこを通って秋葉神社への参道を上ってゆくと城跡に至る。

（増山政昭）

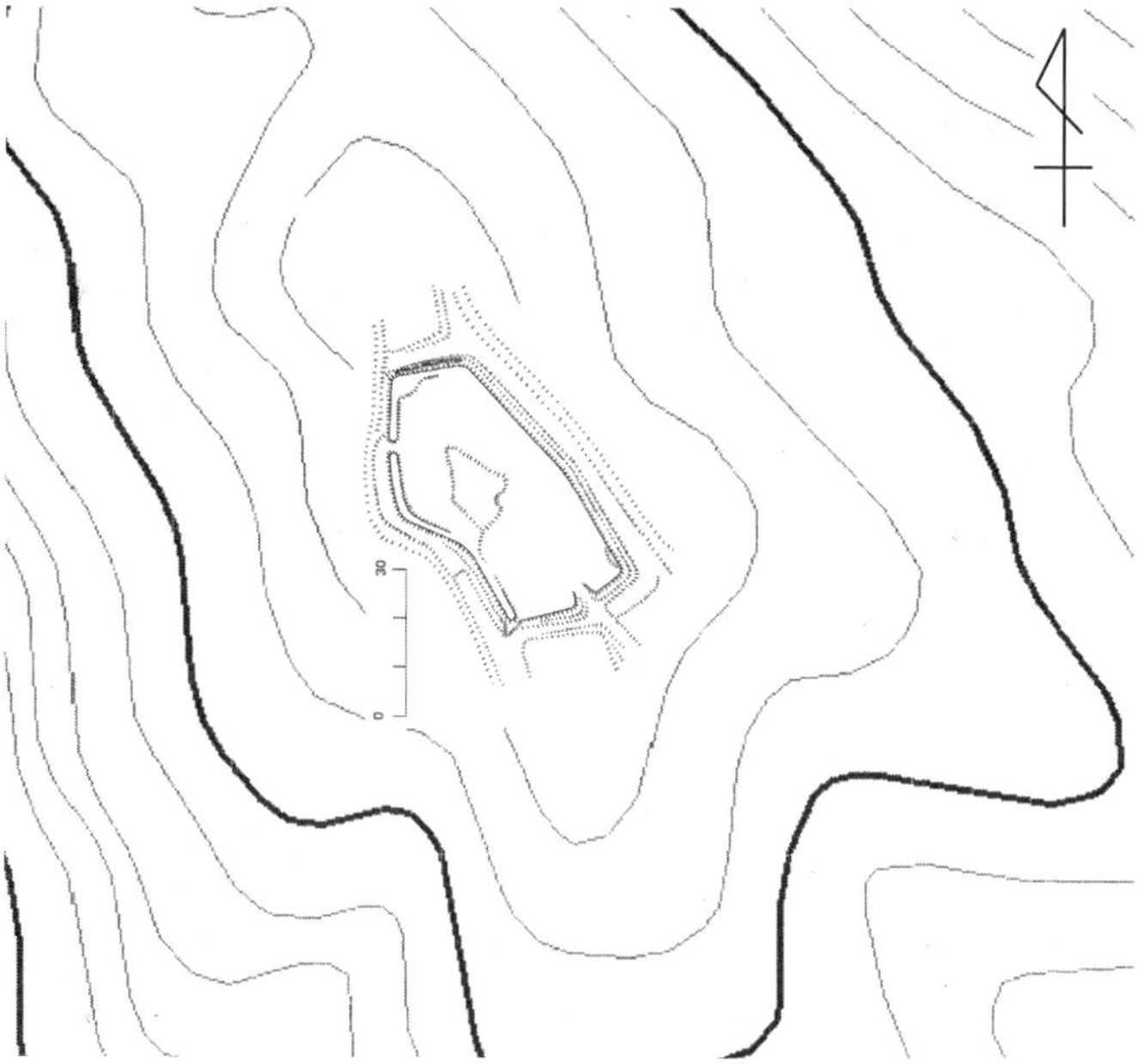

縄張り図　作図：増山政昭

［参考文献］『日置川町文化財シリーズ二　安宅荘の中世城館』（日置川町教育委員会、二〇〇六年）

主郭　東辺外側より

熊野水軍を率いた小山氏の根拠地

# 56 小山城《こやまじょう》・小山屋敷《こやまやしき》

【小山城】
①所在地：東牟婁郡串本町西向　②別称：城山
③標高：六八・七m／比高：六〇m
④遺構：土塁・堀切
【小山屋敷】
①所在地：同　②別称：なし　③標高：七・二m／比高：二m　④遺構：井戸

城跡遠望

ＪＲ紀勢本線古座《こざ》駅のホーム南端から、井戸とその脇に立つ「串本町指定史蹟・小山井戸」と書かれた説明板がすぐ近くに見える。この付近一帯が小山氏の屋敷跡で、駅背後の山の西端を「城山」と呼び、小山氏の居城地と伝わる。

藤原秀郷《ひでさと》の六代孫・光実《みつざね》が小山氏の祖で、その子・朝政《ともまさ》が源頼朝に仕えてのち、功績を認められ、下野国（栃木県）を預かったという。

光貞の五代孫・高明の長男秀朝《ひでとも》は、小山判官を名乗って新田義貞《にったよしさだ》に属し、鎌倉攻めに参加。元弘元年（一三三一）、二男の経幸《つねゆき》と三男の実隆《さねたか》は鎌倉幕府の命を受け、一族十三人と兵三百余騎を率いて、南海の海岸を守備する目的で、下野国から熊野地方にやってきた。

経幸は富田郷（白浜町）、実隆は西向《にしむかい》（串本町）へそれぞれ居住地を移した。やがて、実隆は熊野水軍として東は古座川、西は串本を勢力圏としたため、後世、古座水軍などと呼んだ。

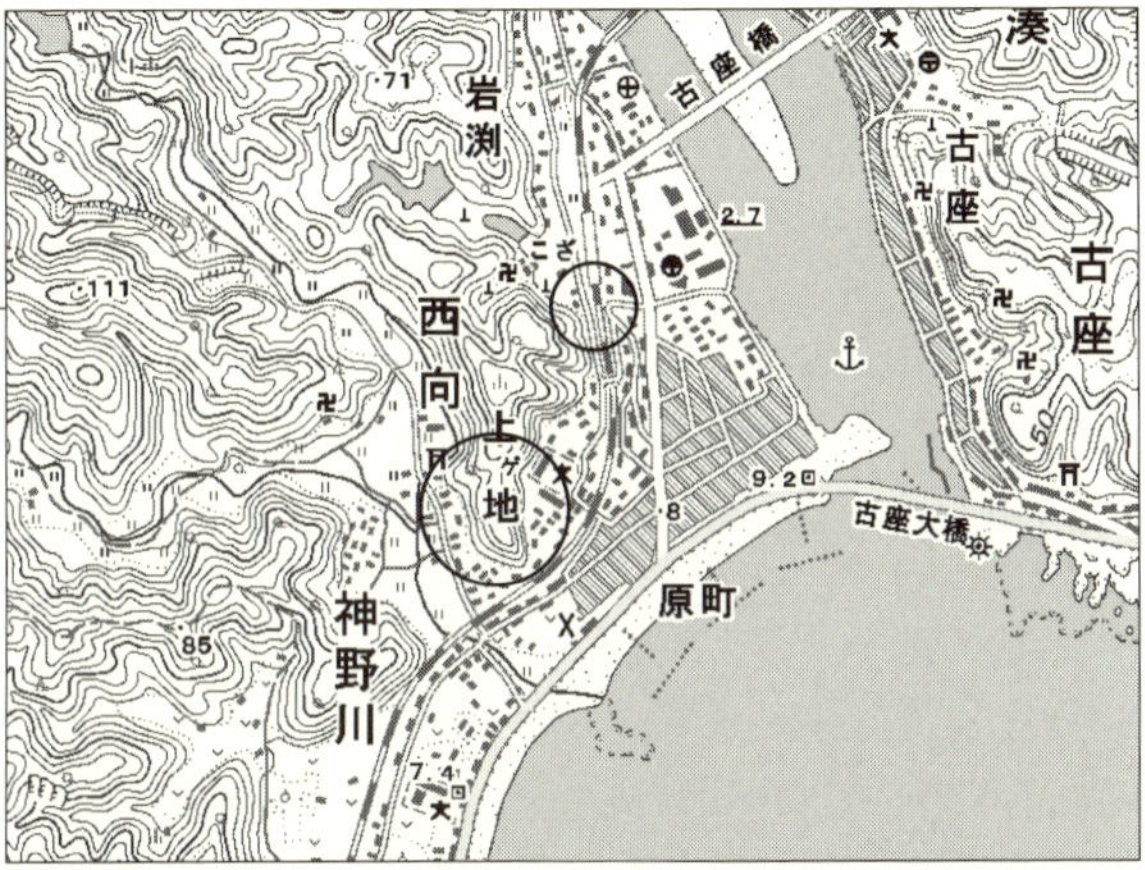


（左写真）小山屋敷跡の現状

それを裏付けるように、城山からは、麓の鶴ヶ浜を通して太平洋が一望に開け、串本の名勝・橋杭岩まで望める。南北朝時代も熊野水軍を維持して活躍をしたと伝えられているが、記録に乏しく詳細は不明である。

江戸時代は、大島遠見番所の責任者として、異国船の見張りを務めたと言われているので、小山屋敷は江戸時代に入っても使用されていた可能性が考えられる。『和歌山県聖蹟』掲載の写真にみる石垣は、中世のものとは思われない積み方で、戦前まで残っていたという。昭和四十年代には荒れ地となり、片隅に木枠の井戸があった。屋敷跡の雰囲気は、井戸と共に残されていたが、同五十年代初めに宅地化されていき、今では、周囲より少し高くなった地形以外に知るすべはない。

屋敷跡の井戸へは、ＪＲ古座駅から西へ徒歩三分、城山は駅の後山裾の道を歩いて約十分弱で登り道へ着き、山上の稲荷社を目指す。付近に駐車場はない。

（水島大二）

［参考文献］『和歌山県聖蹟』下（紀元二千六百年奉祝会和歌山県支部、一九四二年）

屋敷跡の井戸

一九七二年頃の小山屋敷跡

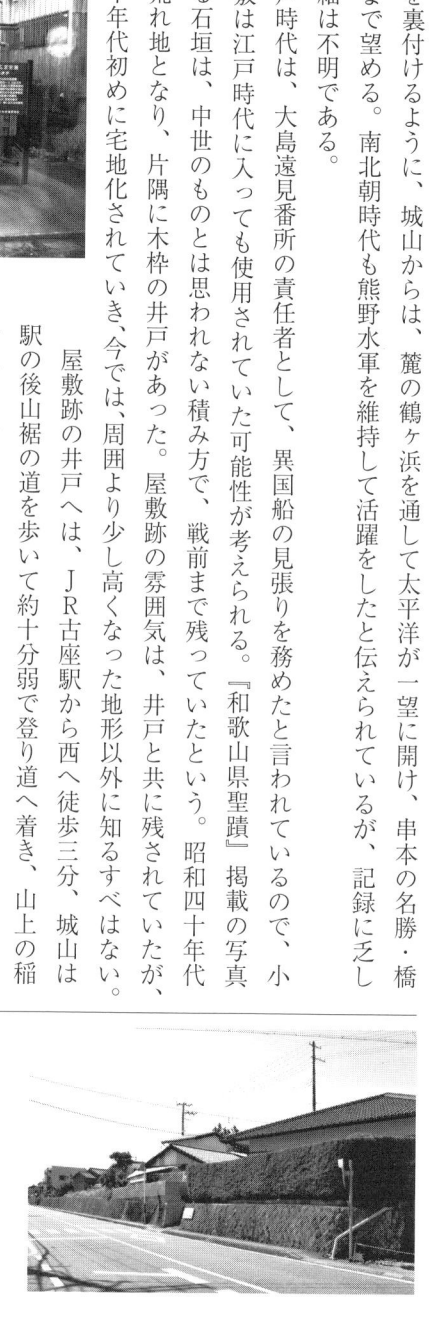

畝状竪堀群と石積みの横堀が同居する城

# 57 神田城《かんだじょう》

①所在地：西牟婁郡すさみ町神田
②別　称：なし
③標　高：八六m／比　高：七〇m
④遺　構：曲輪・土塁・堀切・畝状竪堀群・石積み

神田城は、藤原城《ふじわら》（すさみ町）から続く尾根先端部の小ピーク上に立地する。丘の東斜面は急崖となり、北尾根と西斜面は比較的緩やかである。

『神田家略系』によれば、下野国の宇都宮《うつのみや》城主であった直則《なおのり》を先祖とする宇都宮道直《みちなお》が、永禄十二年（一五六九）に築城したと伝えられる。

当城は小規模ながらも、厳重な防御施設を備えた城郭である。縄張りは、尾根のピークから稜線上にかけて二つの曲輪を並べ、背後の尾根筋に五条の堀切と、北斜面には堀切、西斜面には横堀と畝状竪堀群を構築する。また、急崖に面した東側には一部に石積みを伴った土塁を設けている。

Ⅰが主郭で、背後に土塁Aを設ける。この土塁は不定形だが、幅広であることから、櫓台状の役目を担ったとも考えられる。主郭Ⅰの下位にはⅡ郭があり、周囲は土塁（内側は石積み）となり、曲輪の側面も一部を石積みで覆う。

この城の最大の弱点は西の緩斜面で、これを補うための防御上の工夫が随所に見られる。北尾根を三条の堀切で遮断するが、そのうちの一条が山腹でほぼ九〇度角度を変えて横堀へと変化する。この横堀の内側法面には石積みを設けている。また、横堀に障壁を一か所設けることにより、堀底に侵入した敵兵の横移動を阻止している。

圧巻なのは、主郭直下に設けられた十条の畝状竪堀群である。南尾根筋を遮断して途中から竪

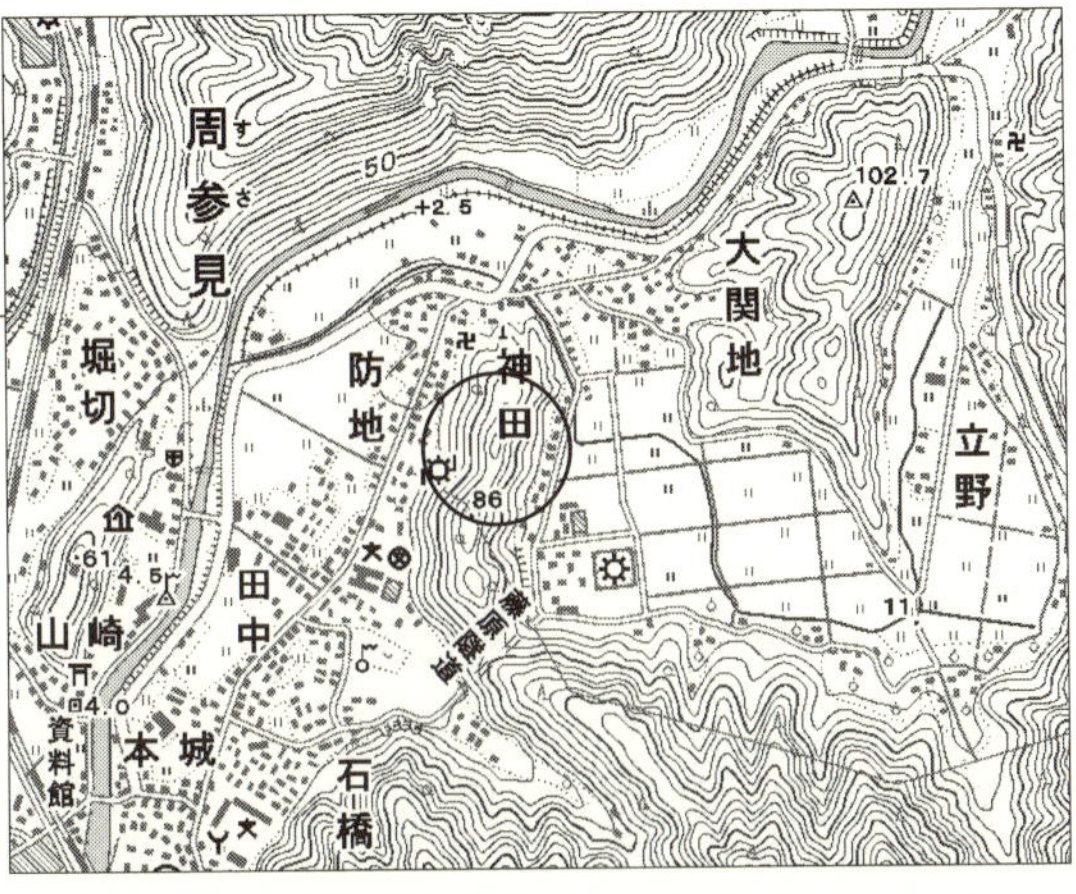


（左写真）横堀の石積み　写真提供：中口孝行（以下、同）

堀状に変化する堀切と併せると、事実上、十三条の竪堀群となり、畝状竪堀群と石積みの横堀という古式と新式の防御施設の組み合わせが面白い。

当城へは、西麓の金毘羅神社の裏から登る。

（堀口健弐）

[参考文献]『日本城郭大系』十（新人物往来社、一九八〇年）／水島大二監修『定本・和歌山県の城』（郷土出版社、一九九五年）

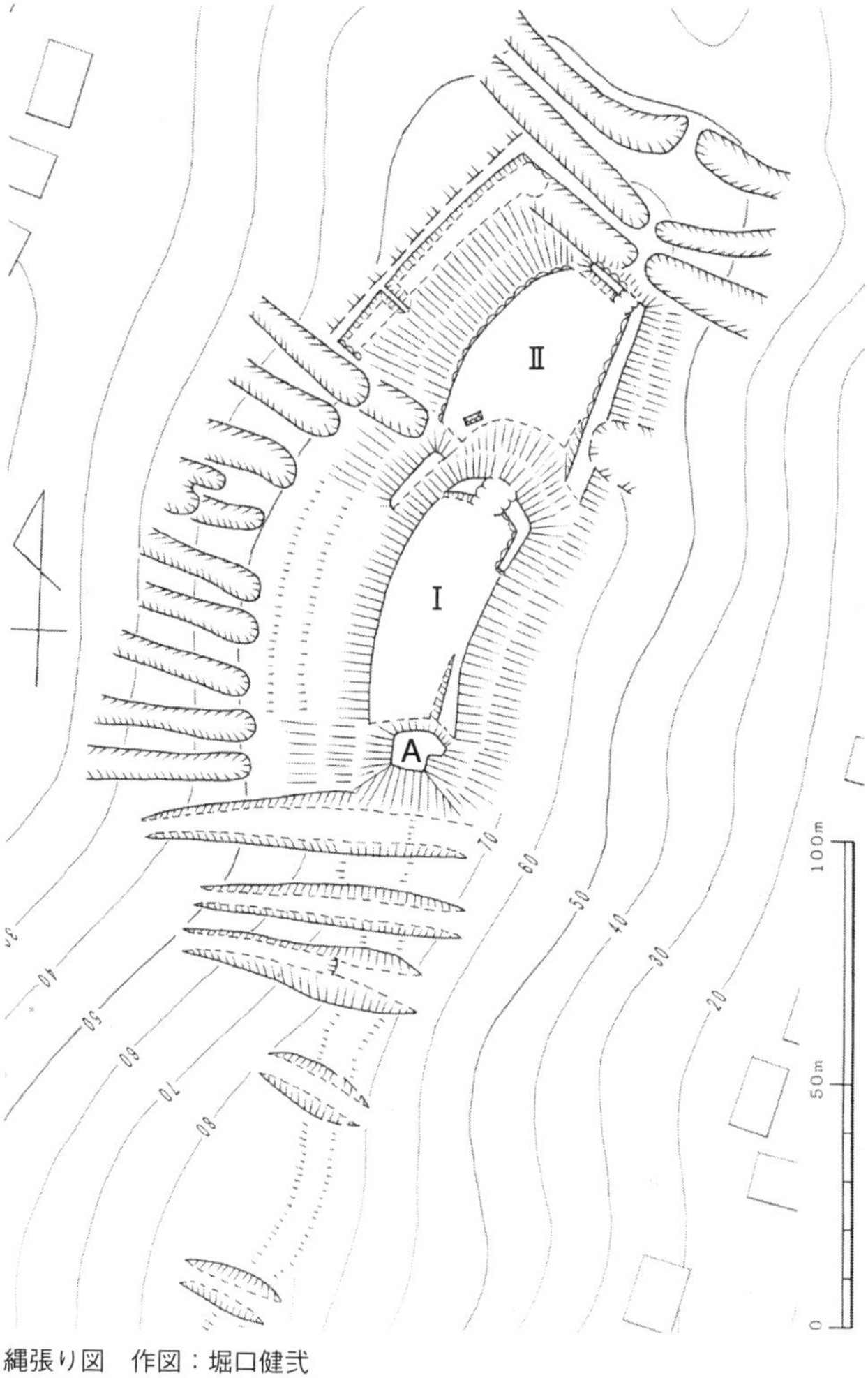

縄張り図　作図：堀口健弐

三重堀切

高所に築かれた多重堀切を持つ城

# 58 藤《ふじ》原《わら》城《じょう》

①所在地：西牟婁郡すさみ町藤原谷
②別　称：なし
③標　高：二七四m／比　高：二六〇m
④遺　構：曲輪・土塁・櫓台・堀切・竪堀・石積み

藤原城は、紀伊水道と周参見川筋を眼下に見下ろす山頂部に立地する。『安宅一乱記』に「藤原の要害」として登場し、周参見氏の持ち城であったことがわかる。周参見氏は熊野水軍の一派で、紀伊安宅氏の礎を築いた安宅頼藤《よりふじ》の弟を祖とするという。

城跡遠景　写真提供：中口孝行（以下、同）

最高所の主郭を中心に、そこからT字形に派生する尾根上に曲輪や堀切などを配置する。Ⅰ郭はおおむね長方形に近い台形状で、四周に石塁を巡らす。Aは土砂で埋まっているが、虎口と思われる。石塁の西南隅は櫓台と見られる高まりBがあり、海岸筋への眺望を意図したと考えられる。主郭から派生する西尾根筋には、石積みを施した三重堀切で遮断する。同じく東尾根筋にも堀切から変化する二重の竪堀を落とし、両翼に寄り添うように二条の竪堀が並走する。さらにⅡ郭とⅢ郭を隔てるように、三重の堀切で尾根筋を遮断する。

Ⅲ郭は小ピーク上に位置し、岩肌を残したまま曲輪を作り出し、その際に削り残した岩肌を高さ三メートルの土塁に見立てている。

さて、藤原城は白浜町に所在する安宅氏の安宅勝山城と、①曲輪は方形の石塁囲み、②尾根筋に石積みの多重堀切を設ける、の

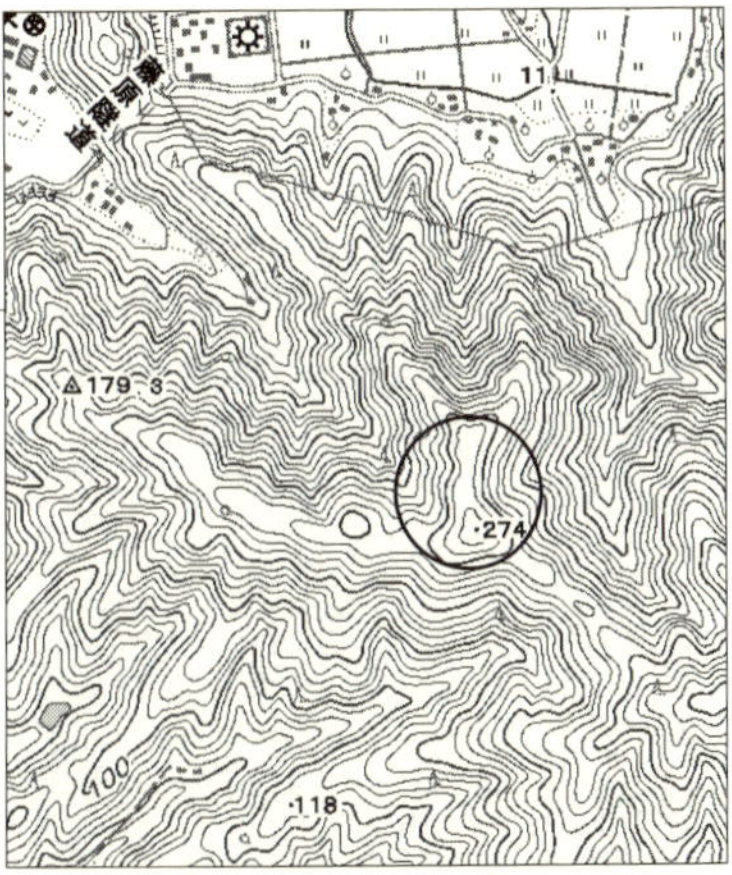

（左写真）堀切

二点で類似している。周参見氏と安宅氏とは祖を同じくし、安宅氏とはたびたび婚姻関係にあったとされることから、両家間に築城技術の交流があったとも考えられる。

当城へは、藤原隧道《ずいどう》の北口の脇から山道を進む。途中まで道があるが、中腹付近から道がなくなり、岩肌が露出する急勾配の尾根を直登するので上級者向きである。初心者や足腰の弱い方には危険でお奨めできない。

（堀口健弐）

［参考文献］『すさみ町誌』下（すさみ町、一九七八年）

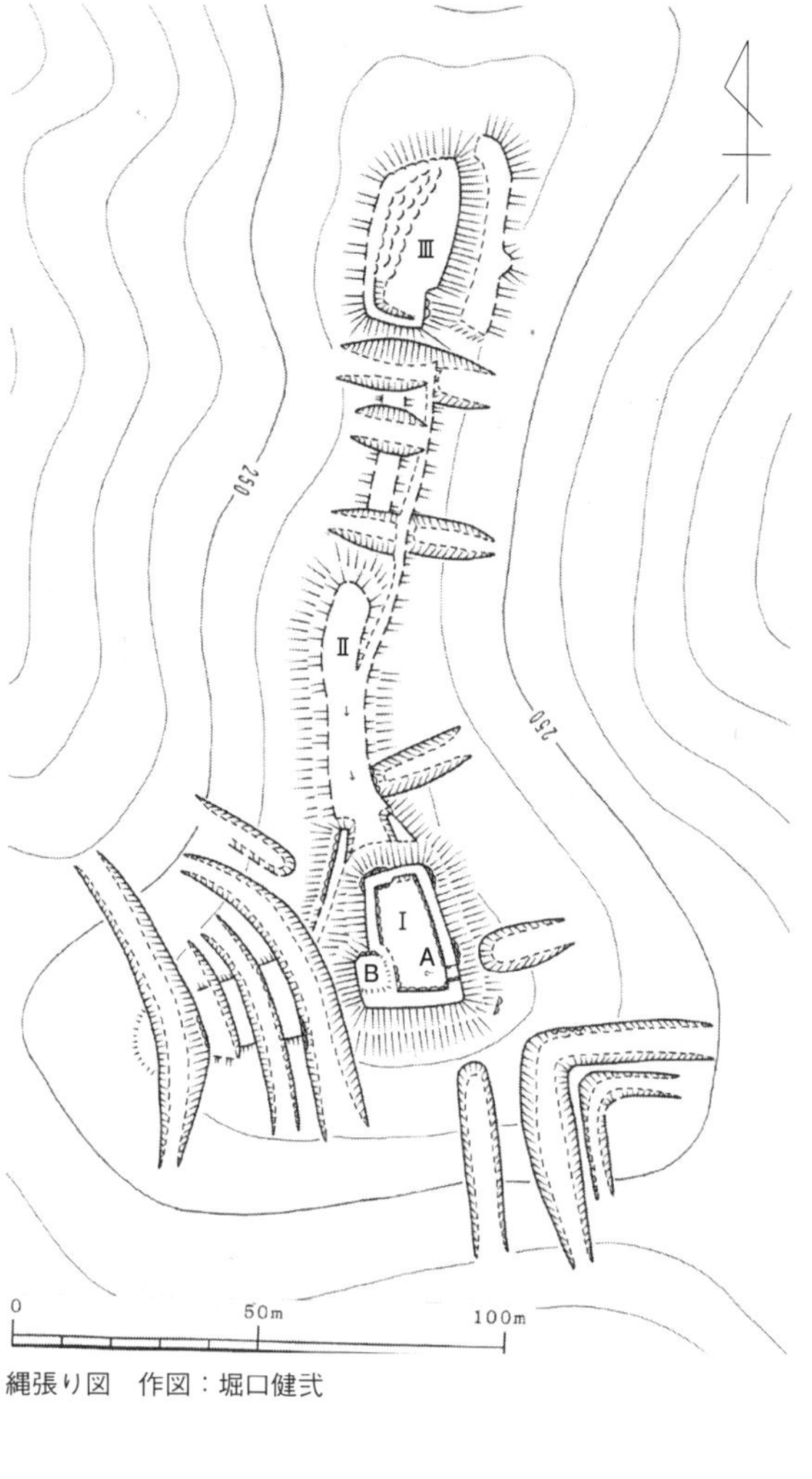


縄張り図　作図：堀口健弐

石積み

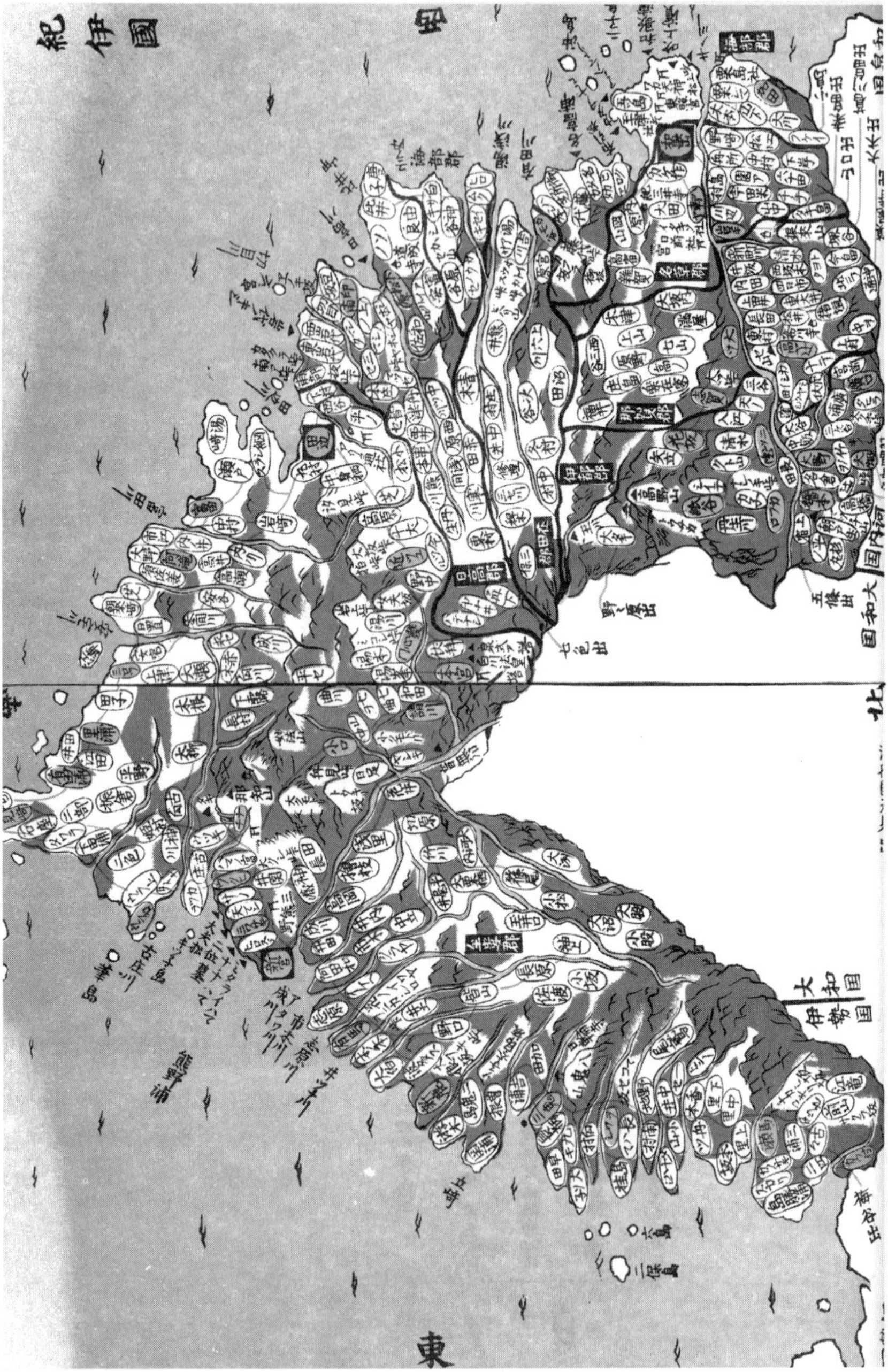


紀伊国絵図　『文政天保国郡全図』　当社蔵

# 第三部　宗教勢力の城館

| | |
|---|---|
| 59 | 岡城 |
| 60 | 平岩城 |
| 61 | 皮張東城・西城 |
| 62 | 志賀城 |
| 63 | 飯盛山城 |
| 64 | 今城山城 |
| 65 | 福井城 |
| 66 | 寺中城 |
| 67 | 勝谷城 |
| 68 | 坂ノ上城 |
| 69 | 猿岡山城 |
| 70 | 古和田城 |
| 71 | 根来寺 |
| 72 | 篠ヶ城 |
| 73 | 太田城 |
| 74 | 鷺森御坊 |

| | |
|---|---|
| 75 | 中野城 |
| 76 | 神田城 |
| 77 | 佐部城 |
| 78 | 虎松山城 |
| 79 | 古城山城 |
| 80 | 太地城 |
| 81 | 弥ノ森城・城ノ森城 |
| 82 | 石倉山城 |
| 83 | 御社森城 |
| 84 | 勝山城塞群 |
| 85 | 藤倉城 |
| 86 | 鷹巣山城 |
| 87 | 本宮城 |
| 88 | 新宮堀内屋敷 |
| 89 | 越路城 |
| 90 | 殿和田森城 |

# 7、高野山《こうやさん》の城館

高野山金剛峰寺《こんごうぶじ》は、弘仁七年（八一六）に空海《くうかい》が創建した。一〇世紀には東寺一長者《とうじいちのちょうじゃ》が金剛峰寺の座主《ざす》職を兼任し、高野山を管理下に置く。一一世紀から一二世紀にかけて、天皇や貴族らの参詣が相次ぎ、荘園の寄進や堂塔の整備が進められた。

鎌倉時代後期には、「御手印縁起《ごしゅいんえんぎ》」に記された荘園を高野山の所領であると主張し、元弘三年（一三三三）に後醍醐《ごだいご》天皇によりそのほとんどが認められた。これらの荘園では荘官が現地で実務にあたったが、彼らは守護との結び付きをもち、在地支配を強化していく。そのなかで、自身の館を城郭化する動きをみせるが、高野山はこれを警戒し、領内での築城を抑制する立場をとった。室町期には、高野山内で行人《ぎょうにん》（下級僧侶）の勢力が大きくなり、学侶《がくりょ》とのあつれきを生む。永享五年（一四三三）、守護代の遊佐国継《ゆさくにつぐ》が行人方を攻撃し、高野山上の諸坊の大半が焼失した。守護方が学侶に肩入れしていたことが、ここからうかがえる。

河内国から高野山へと至る高野街道は、紀伊・河内両国の守護をつとめる畠山氏の軍事戦略上、重要なルートであり、長薮城《ながやぶ》（橋本市）や烏帽子形城《えぼしがた》（大阪府河内長野市）などの拠点が築かれた。畠山義就は、伊都郡《いと》や大和国宇智《うち》郡方面でたびたび軍事行動を展開し、それを支持する勢力もいた。

その後、織田信長が河内国を制圧すると、高野山は信長に協力する姿勢を示す。しかし、天正九年（一五八一）に佐久間信盛《さくまのぶもり》の遺品の引き渡しを求めた信長方の使者を殺害したことがきっかけとなり、信長は高野山攻めに乗り出す。天正十年には、松山新介が信長の命を受けて多和《たわ》城（橋

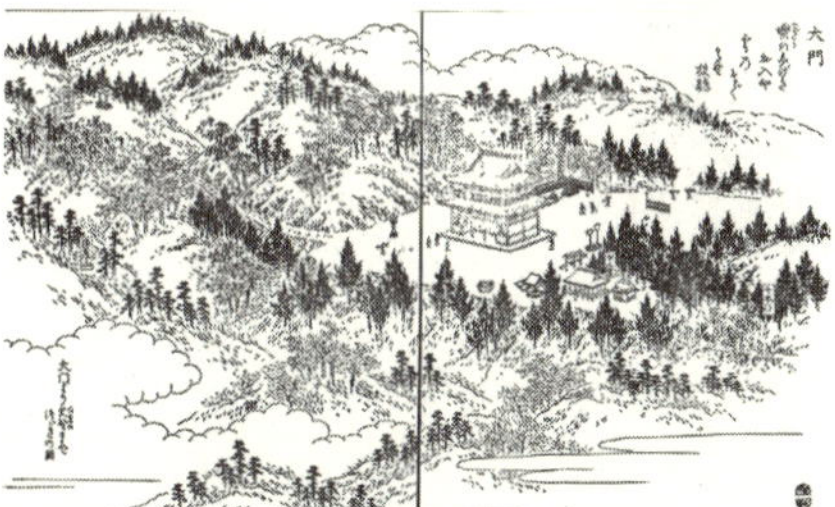


『紀伊国名所図会』に描かれた高野山大門　当社蔵

本市）を築き、九度山《くどやま》方面に攻め入った。[*1] しかし、信長の高野山攻めは本能寺の変により頓挫する。

天正十二年の小牧・長久手の戦いに際して、高野山は徳川家康から手紙を受け取っており、家康方と連携していたことがわかる。[*2] 天正十三年、雑賀《さいか》・根来《ねごろ》・粉河《こかわ》などの諸勢力は羽柴秀吉に攻められるが、高野山は木食応其《もくじきおうご》の交渉により攻撃を免れた。高野山は、秀吉から独自の支配領域を認められ、近世紀州藩の治世下でも高野山領として存続することとなった。

高野山の領域では、荘官や殿原《とのばら》層がもっぱら城を築いたと思われ、比較的小規模で、数もそれほど多くない。しかし、なかには皮張城《かわはりじょう》（かつらぎ町）や今城山城《いましろやま》（紀の川市）など、複雑な横堀を伴う城もみられる。これらは、天正期以降の軍事的緊張に際して、高野山のてこ入れにより整備されたと考えられている。また、異常に比高の高い小規模城郭は、見張りや情報伝達などの目的で築かれたと評価されている。このように、個々の在地領主の築城を規制しつつ、広域の軍事戦略に基づき城郭を配置した点が、高野山の特徴といえよう。

（新谷和之）

［参考文献］小谷利明「織豊期の南近畿の寺社と在地勢力―高野山攻めの周辺―」（小谷利明・弓倉弘年編『南近畿の戦国時代――躍動する武士・寺社・民衆』戎光祥出版、二〇一七年）／白石博則「高野山領における織豊期の城郭」（村田修三編『中世城郭研究論集』新人物往来社、一九九〇年）／藤岡英礼「高野山勢力の城郭」（『和歌山城郭研究』九、和歌山城郭調査研究会、二〇一〇年）／山陰加春夫『新編　中世高野山史の研究』（清文堂出版、二〇一一年）

---

＊1　「二見家文書」

＊2　「八尾市立歴史民俗資料館所蔵文書」

畠山義就が逃げ込んだ高野麓の城

# 59 岡《おか》城《じょう》

①所在地：伊都郡九度山町入郷《にゅうごう》
②別　称：なし
③標　高：一〇一m／比　高：二三m
④遺　構：空堀跡・櫓台

官省符荘《かんしょうふしょう》の四荘官の一氏で、南北朝期以降の政所《まんどころ》一族と呼ばれる地方武士団を構成する岡氏の城跡である。近世の書上《かきあげ》には、東西一町（約一〇九メートル）、南北二町（約二一八メートル）とある。城跡の南端には後裔の岡氏の屋敷がある。

四荘官とは、高野山の山麓の事務所であった政所に出仕した荘官である。*1 高坊《たかぼう》氏・田所氏・亀岡氏・岡氏が務め、それぞれが近隣の要所に居住した。ただし、四荘官の各氏の登場には年代の幅があり、最古は高坊氏の平安末期である。

岡氏は「河南執行《かなんしぎょう》」と称される荘官で、『高野山文書』などの確実な史料から、鎌倉後期からの就任が判明する。畠山氏の内紛期の寛正四年（一四六三）に河内地方から逃れてきた畠山義就《よしひろ(なり)》が岡城に籠城したことや、文明二年（一四七〇）に籠城した畠山政長と戦っていることがわかる。*2 これらの戦いでは、義就がことごとく退去しているが、政所一族が内部で義就方と政長方に分裂していたことが読みとれる。さらに、天正九年～十年（一五八一～八二）の織田信長の高野山攻めの際に、岡城は高野山方の陣営として使用されている。

遺構は、城跡北西部の櫓台とこれを南から東へ囲む空堀があり、上下二段の曲輪は田畑となり、これらを囲む下段の腰曲輪状の畑地は、かつての空堀とみられる。

（岩倉哲夫）

［参考文献］岩倉哲夫「高野政所一族の形成と動向」（安藤精一編『紀州史研究』五、国書刊行会、一九九〇年）／岩倉哲夫「庁番殿原と政所一族」（『和歌山地方史研究』三四、一九九八年）

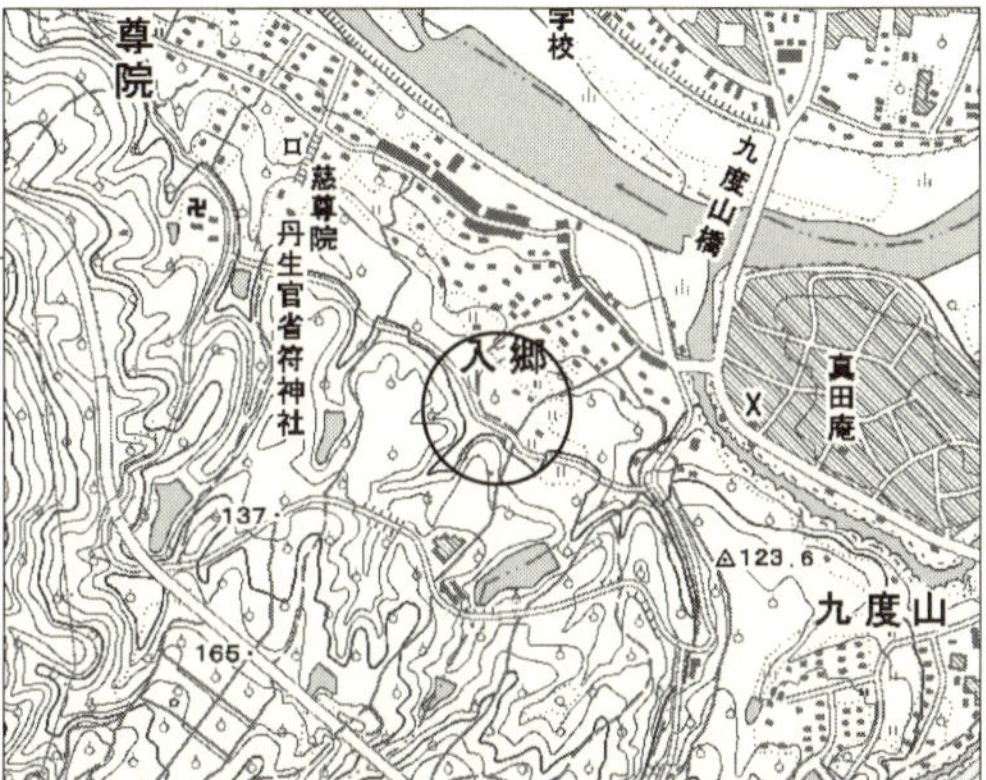


＊1　中世には、今の慈尊院《じそんいん》（九度山町）の北方、紀ノ川河川敷に存在していた。なお、当時の紀ノ川は現在よりも北部を流れていた。

＊2　『毛利家文書』一、『経覚《きょうがく》私要鈔《しようしょう》』六、「唐招提寺文書」

（左写真）櫓台　写真提供：水島大二（以下、同）

## 171 岡　城

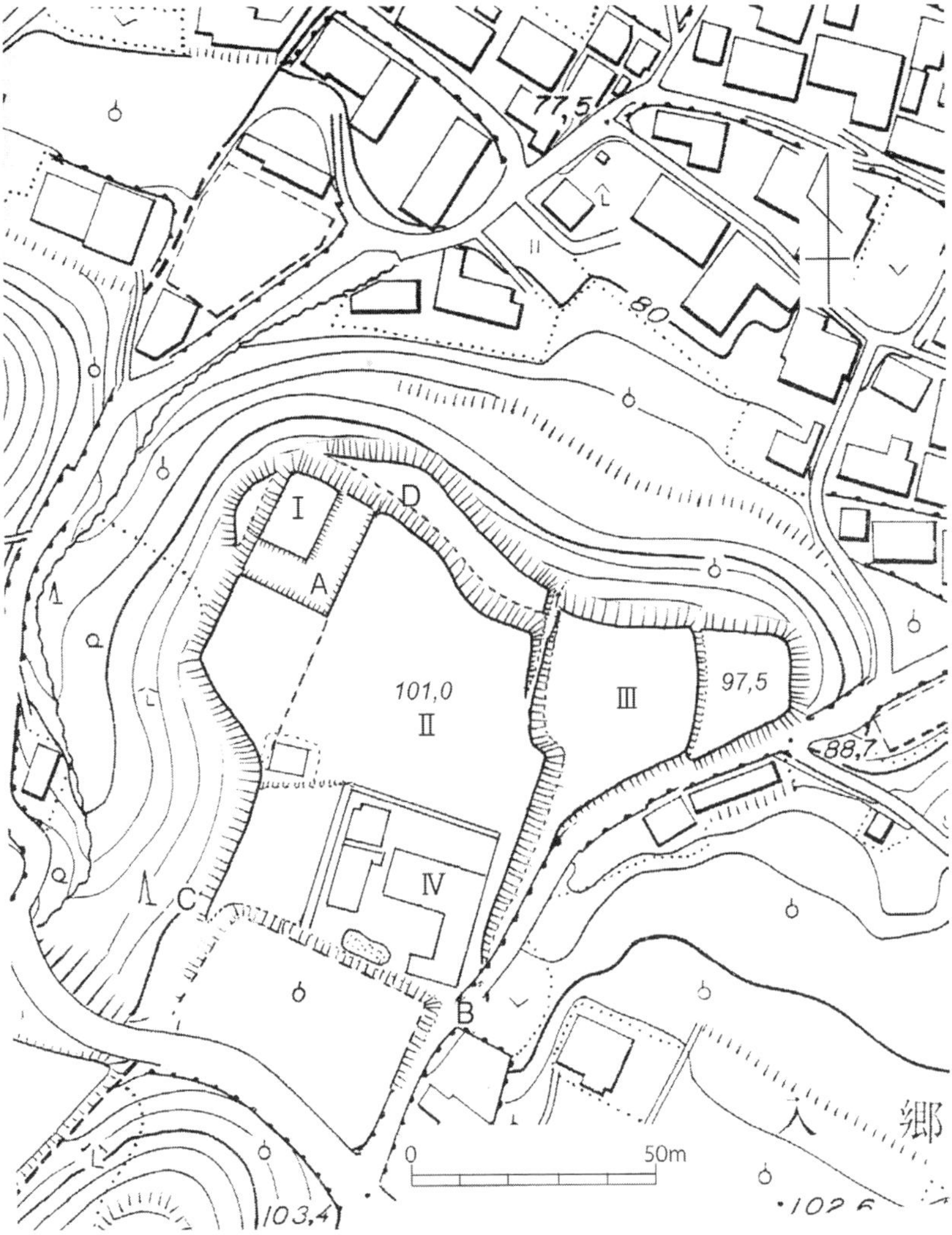


縄張り図　作図：白石博則

空堀跡

# 60 平《ひら》岩《いわ》城《じょう》

**枡形状の虎口を持つ高野山勢の山城**

①所在地：海草郡紀美野町毛原下・平岩
②別　称：鉢伏山城・鶴姫平
③標　高：四〇八m／比　高：約二〇〇m
④遺　構：曲輪・堀切・土塁

紀ノ川の支流の貴志川の上流部、通称「達磨《だるま》溪谷」を望む山塊に位置する。現在の県道は川沿いを通るが、近代以前は高野山に至る街道が城の周辺を東西に通っており、岬のように川に突き出たこの場所は、古来難所であったとされる。城のある鉢伏山は、高野山の膝下荘園である猿川（河）荘（神野《こうの》荘・真国《まくに》荘と合わせて三ヶ荘と呼ばれる）と同じく膝下荘園・毛原《けはら》郷（天野社領六箇七郷の一つ）の境界に当たっていたようだ。このように、膝下荘園では荘界に山城が築かれることが少なくない。

遺構はほとんど手付かずで残され、東西八〇×南北二七メートルの規模で東西を堀切で画している。全体的に段差が少ない、平板な曲輪配置である。曲輪内部は図のIが最高所で、方形の台地状を呈する。Iの周囲には、同心円状に帯曲輪IIが取り巻く。このような同心円状の縄張りは、同じ高野山領の皮張《かわはり》城（かつらぎ町）、今城山《いましろやま》城（紀の川市）でも見られる。注目されるのは、曲輪から南に向いて張り出したBである。ここは五×七メートルほどの空間で、西に向いて開口している。門の礎石となったと推定される石もあり、枡形虎口と評価される。また同時に、ここからBの東方斜面を側射することもできる。この城が南を通る街道からのBへの攻撃を想定して築かれていることがわかる。城内ルートは、Bに入るとその西の横堀状の通路から帯曲輪IIを通ってIに入ったようだ。Aの南辺の土塁上には、土塀の基礎となった列石が残る。このような手の込んだ動線や側射の技法を使った城を築城したのは、この場所が荘園領主高野山にとって

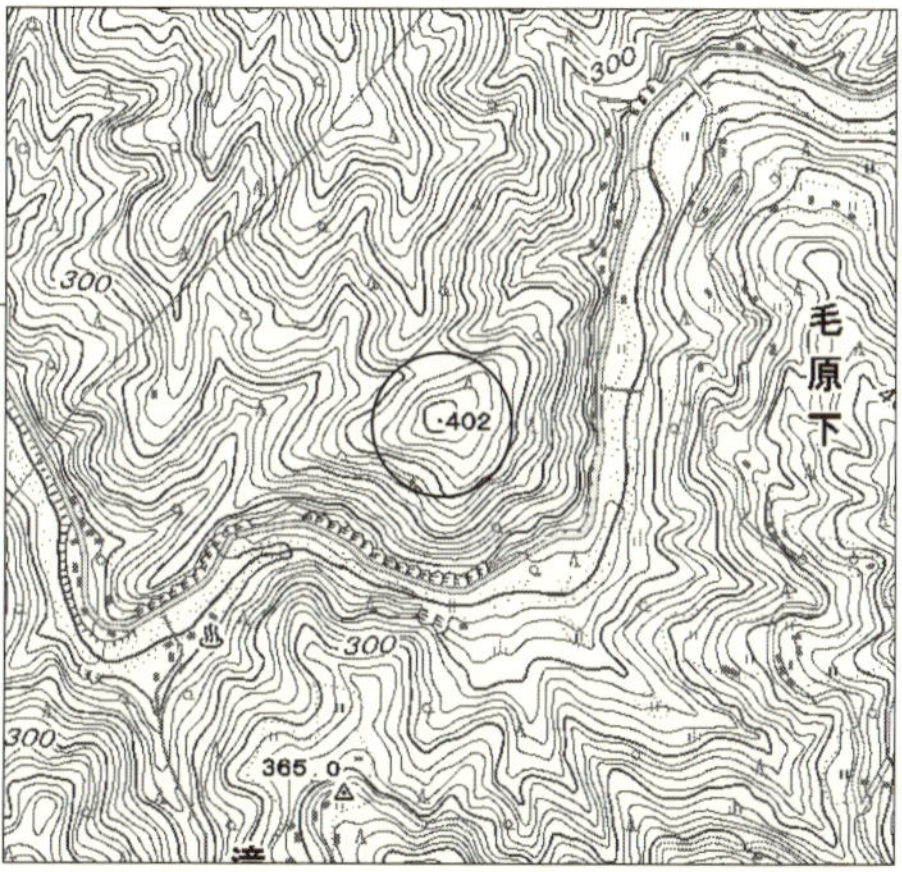


（左写真）城跡遠望

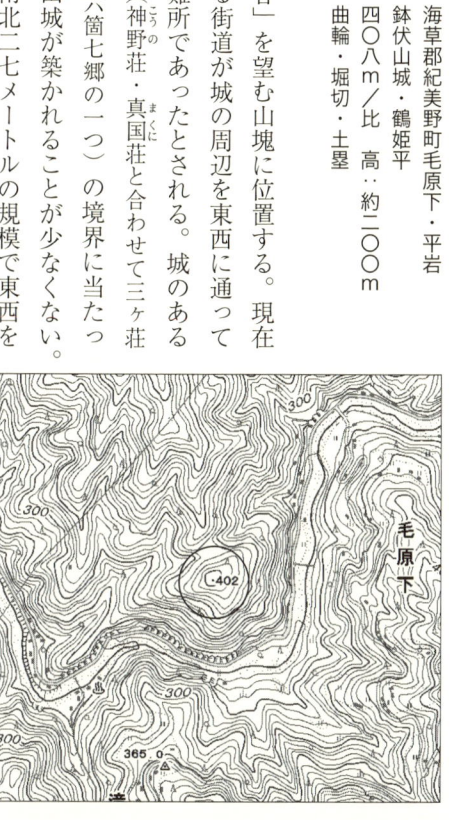

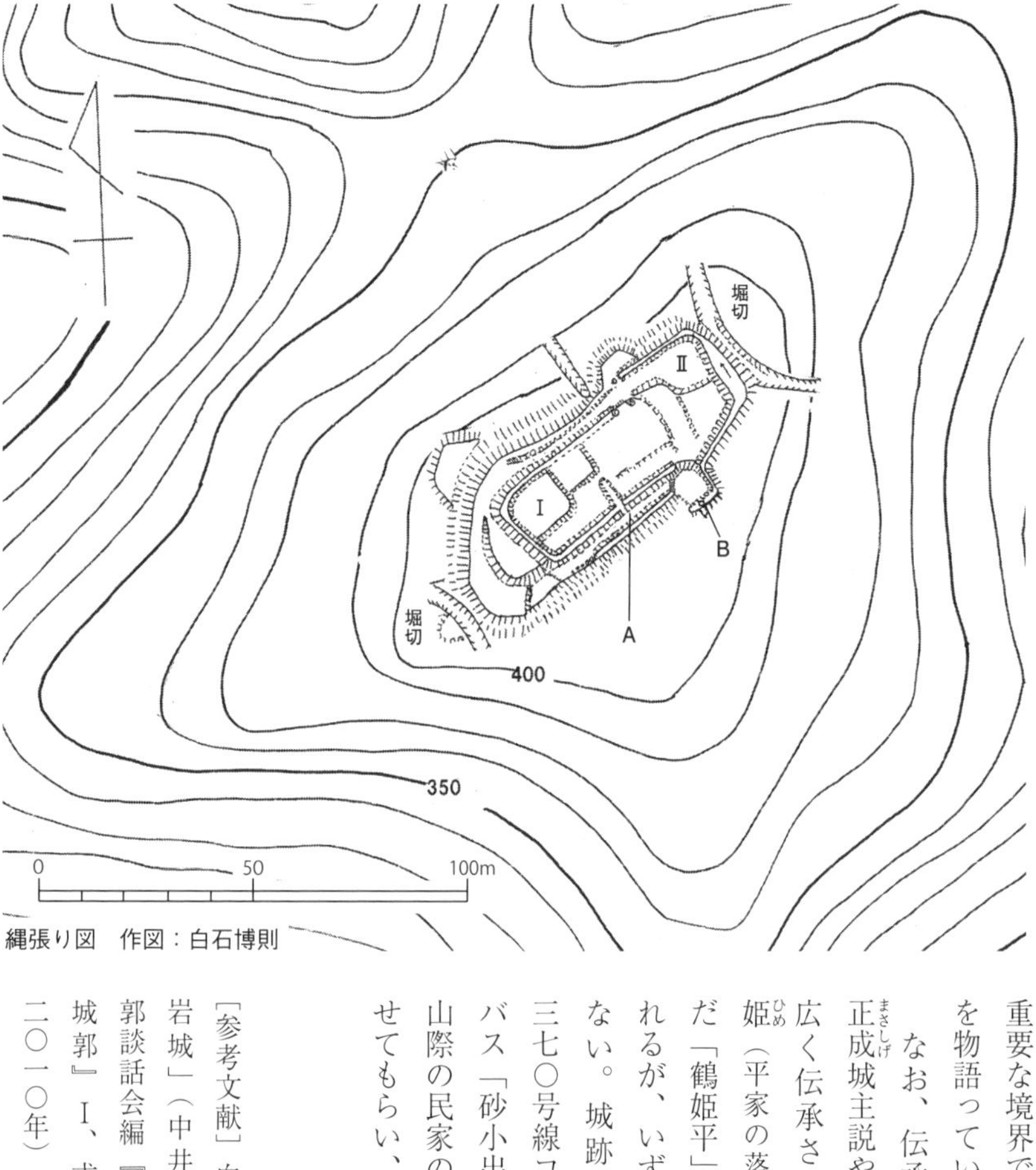

縄張り図　作図：白石博則

重要な境界であったことを物語っている。

なお、伝承では楠木《くすのき》正成《まさしげ》城主説や高野山麓で広く伝承されている鶴《つる》姫《ひめ》（平家の落人）が住んだ「鶴姫平」であるとされるが、いずれも根拠がない。城跡へは、国道三七〇号線コミュニティバス「砂小出バス停」の山際の民家の軒先を通らせてもらい、山に入る。

（白石博則）

［参考文献］白石博則「平岩城」（中井均監修・城郭談話会編『図解 近畿の城郭』Ⅰ、戎光祥出版、二〇一〇年）

北辺の岩盤

**天野盆地入口の峠を押さえる重要な城**

# 61 皮張東城《かわはりひがしじょう》・西城《にしじょう》

①所在地：伊都郡かつらぎ町宮本
②別　称：なし
③標　高：六一〇m／比　高：一四〇m
④遺　構：曲輪・横堀・土塁

かつらぎ町下天野と宮本の境の標高六一〇メートルの山頂に、東西約一〇〇メートル隔てて築かれている。『紀伊続風土記』には、「古城址二、一を東の城といひ、一を西の城址といふ、東西三十間を隔つ、倶《とも》に村の南八町にありて各方二十間許の地なり。今に堀の形あり誰の城なるか詳かならす」とあり、同じく高野山の部には「東城の跡平地周六十間廻に平坦の地多し。西城の跡平地周六十間余。其下に又平坦ある。二城の間八十間を隔つ」と記録がある。

東の城の北東には宮本峠、西の城の南西には渋田峠がある。紀ノ川筋の流域から天野盆地に入るためには、どちらかの峠を通る必要があり、重要な立地の築城といえる。

東の城は、東西約六〇×南北約四五メートルで、主郭を囲むように帯曲輪がめぐり、虎口が三か所確認されている。虎口Aは宮本峠から尾根筋を伝う導線を直接入れず土塁で遮断し、折れを入れて主郭に入るよう設定されている。主郭の造成は緩やかで、紀美野町の寺中《てらなか》城でも同じつくりである。東の城の特徴は、小さな曲輪を多く設けて遮断機能を持たせている。また、虎口に至る導線に折れを入れている。

西の城は東西約七〇×南北約五〇メートルあり、東の城と同規模である、虎口の導線に折れを入れているのは同じである。ただ、横堀を二重三重に配置し、遮断機能を持たせているのは、西の城の特徴である。両城ともに斜面に竪堀はなく、横移動を規制する機能を有していない。近距

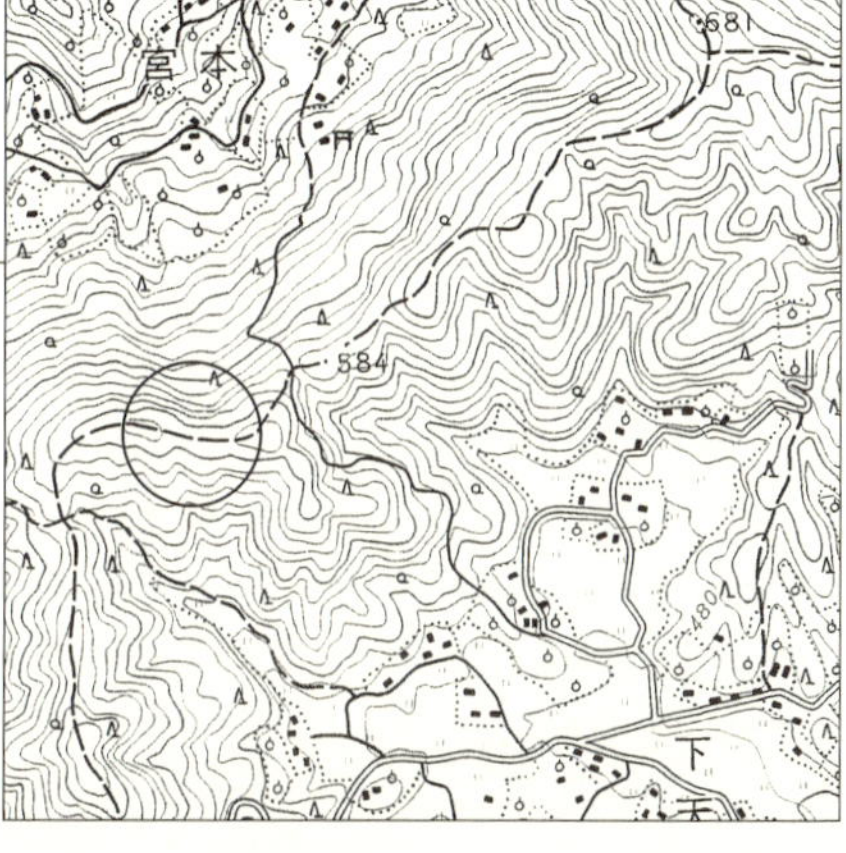

皮張東城　虎口

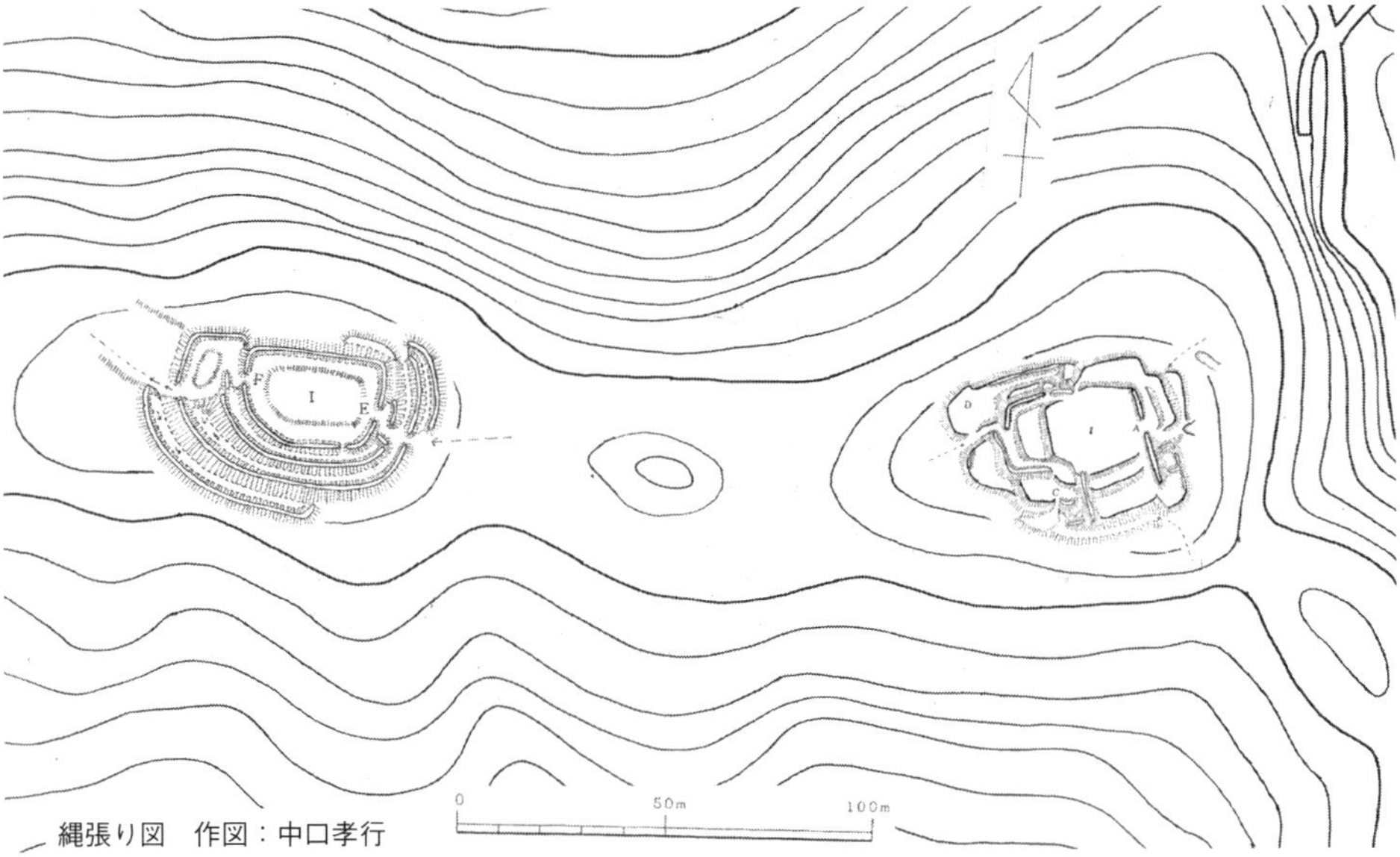


縄張り図　作図：中口孝行

離にあり、峠の監視および遮断の同じ目的であるにもかかわらず、城の構造の違いは地形に制約を受けているわけでもないと考えられるので、築城主体の違いがあると捉えることができる。

両城が近距離にあり、構造の違いがみられるのは見どころといえる。その違いを確認しながら、築城者の意識や思想を考えるには貴重な城といえるのではないだろうか。また、山中でのある意味楽しみでもある。

当城へは、宮本峠のピークを西に約八〇メートル入るとたどり着ける。宮本峠は舗装されているので、峠のピークまで車で近づくことが可能で、踏査しやすい。

（中口孝行）

［参考文献］『かつらぎ町史』（通史編かつらぎ町、二〇〇六年）／中井均監修・城郭談話会編『図解 近畿の城郭』Ⅰ（戎光祥出版、二〇〇四年）／『和歌山城郭研究』八号（和歌山城郭調査研究会、二〇〇九年）

皮張東城　石積み

皮張西城　横堀

複数郭で構成された高野山勢力の城

# 62 志《し》賀《が》城《じょう》

①所在地：伊都郡かつらぎ町志賀
②別　称：なし
③標　高：四四〇m／比　高：七〇m
④遺　構：曲輪・堀切

真国川《まくに》の上流、上志賀地区の小字内城《うちしろ》に城跡がある。この地は、高野山領六箇七郷のうちのひとつ志賀郷であった。『紀伊続風土記』や『紀伊国名所図会』をはじめ、過去の文献資料にも城に関する記載がない。もちろん、築城者・築城時期も不明である。しかし、高野山領であることから、高野山勢力を背景にした在地の土豪の城と考えられる。

城跡は、上志賀の大日堂《だいにちどう》の西の山上にあり、帯曲輪を伴う上下四段の曲輪で構成されている。主郭Ⅰは東西八×南北二〇メートルの大きさで、主郭南側の切岸には石積みが確認できるが、近世城郭で使用する石垣とは違い、中世城郭でよく見る土留めの積み方で、裏込め石を伴わない石の使い方である。ぜひ見ていただきたい。

主郭Ⅰの北の鞍部Aには幅約七メートルの堀切があり、現状は埋もれて浅くなっているが、築城当時は深さもあり、遮断機能も高かったであろう。主郭Ⅰ、曲輪Ⅱの南下にそれぞれ帯曲輪Ⅴ・Ⅵを伴い、南の尾根からの侵入に対処しており、重層的な遮断効果を考えているようである。また、帯曲輪Ⅵの直下に曲輪Ⅲに至るルートが確認でき、南下の尾根から曲輪Ⅲに入り、そこから主郭Ⅰに到達するものと考えるが、虎口は確認されておらず、小規模な城郭に多い特徴で、曲輪Ⅲと Ⅳは、それぞれの曲輪間に未造成の地形をそのまま残しているのも特徴の一つである。東西の斜面に横防御の想定は、鞍部と集落方面のルートからの侵入を考えているようである。東西の斜面に横

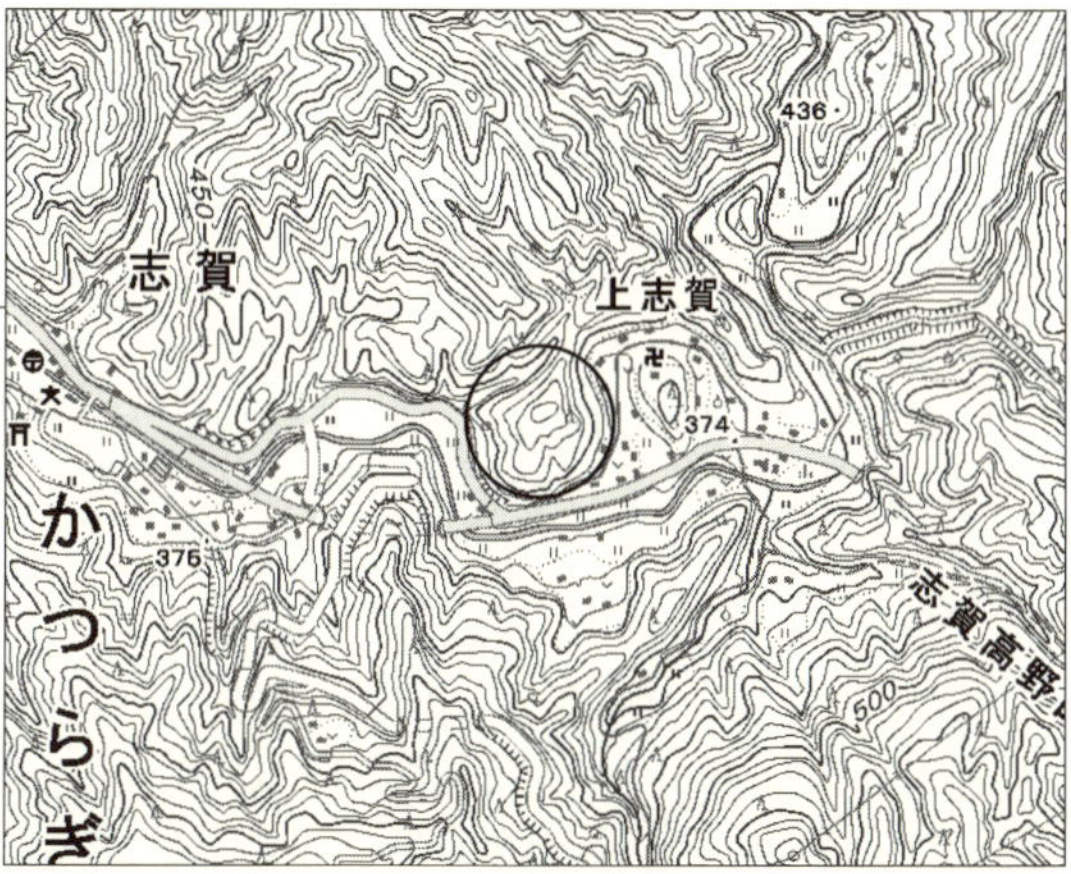

移動を規制する竪堀がないのは、想定される戦闘規模が小さいためか、必要でなかったのか、あるいは動員力不足によるものかは不明である。また、それぞれの曲輪も小さく、籠城に際し、多数での防御は想定されていないようである。高野山勢力圏の内側に位置するため、比較的安定していたとも考えられるので、遮断規模は高くする必要がなかったとも考えられる。

志賀城は、単郭の城郭が多い当地域の中で、複数の曲輪配置で防御していることも特徴の一つといえる。当城は、防御効果がそう大きくない在地の土豪の城と考えられる。

登城ルートは集落より城の東に至るが、道らしきものがなく、注意が必要である。（中口孝行）

［参考文献］『和歌山城郭研究』八（和歌山城郭調査研究会、二〇〇九）／『かつらぎ町史　通史編』（かつらぎ町、二〇〇六年）

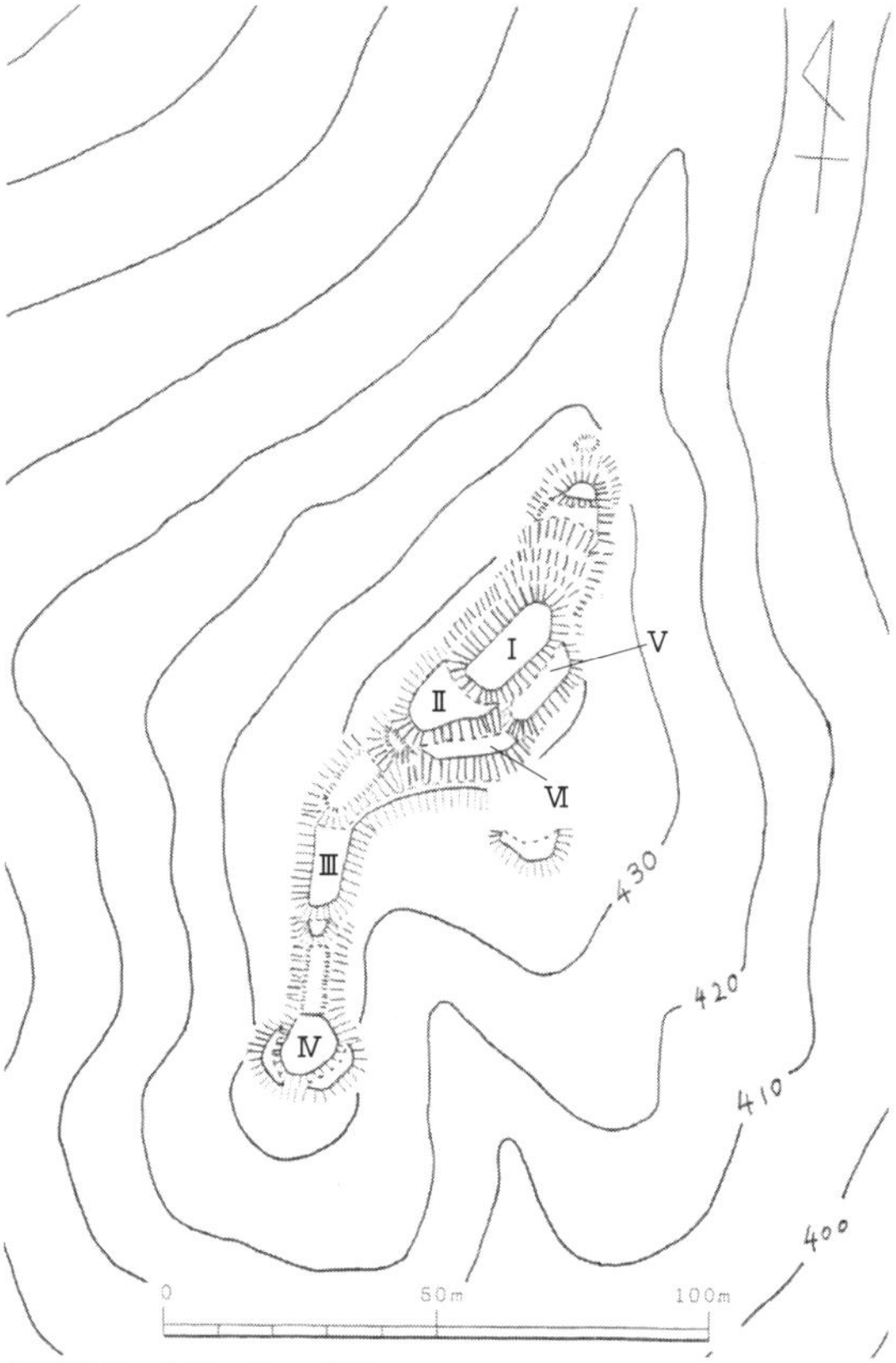

縄張り図　作図：中口孝行

曲輪Ⅱより Ⅲ方向を望む

曲輪Ⅲより主郭を望む

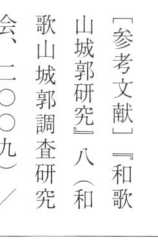

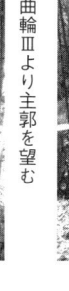

南北朝内乱の舞台になった山城

# 63 飯盛山城《いいもりやまじょう》

①所在地：紀の川市麻生津
②別　称：なし
③標　高：七四六m／比　高：七一〇m
④遺　構：曲輪・横堀

紀の川市内で紀の川南岸にそびえ立つ飯盛山・龍門山《りゅうもんざん》（標高七五六メートル）は、ともに南北朝内乱時に南朝方の拠点となった。建武元年（一三三四）十月から翌正月にかけて、飯盛山に籠もる六十谷定尚《むそたさだひさ》・佐々目憲法《さざめけんぽう》を木本宗元《きのもとむねもと》が攻めている。＊1 この飯盛山の山頂に築かれたのが、飯盛山城である。

室町期以降の状況は不明だが、織田信長の高野攻めの際に、飯盛山城が軍事拠点として取り立てられたという伝承がある。＊2 天正十年（一五八二）に麓の荒良見《あらみ》北殿らが築いた「やうかい」（要害）＊3 を当城に比定する説もある。なお、約二キロ東方に位置する今城山城《いましろやま》は、信長の進軍に備えて高野山の勢力が築いたと評価されている。

当城は、東西約三六×南北約三〇メートルの曲輪と横堀からなる、単郭の山城である。曲輪の中央に段差があり、造成は極めて甘い。曲輪の西縁には、虎口らしき開口部がみられる。横堀は約五メートルの幅で北面にのみめぐり、北側への備えを意識した造りとなっている。もっとも、横堀の外縁をめぐる土塁は〇・三〜一・五メートルほどの高さ

横堀　写真提供：中口孝行（以下、同）

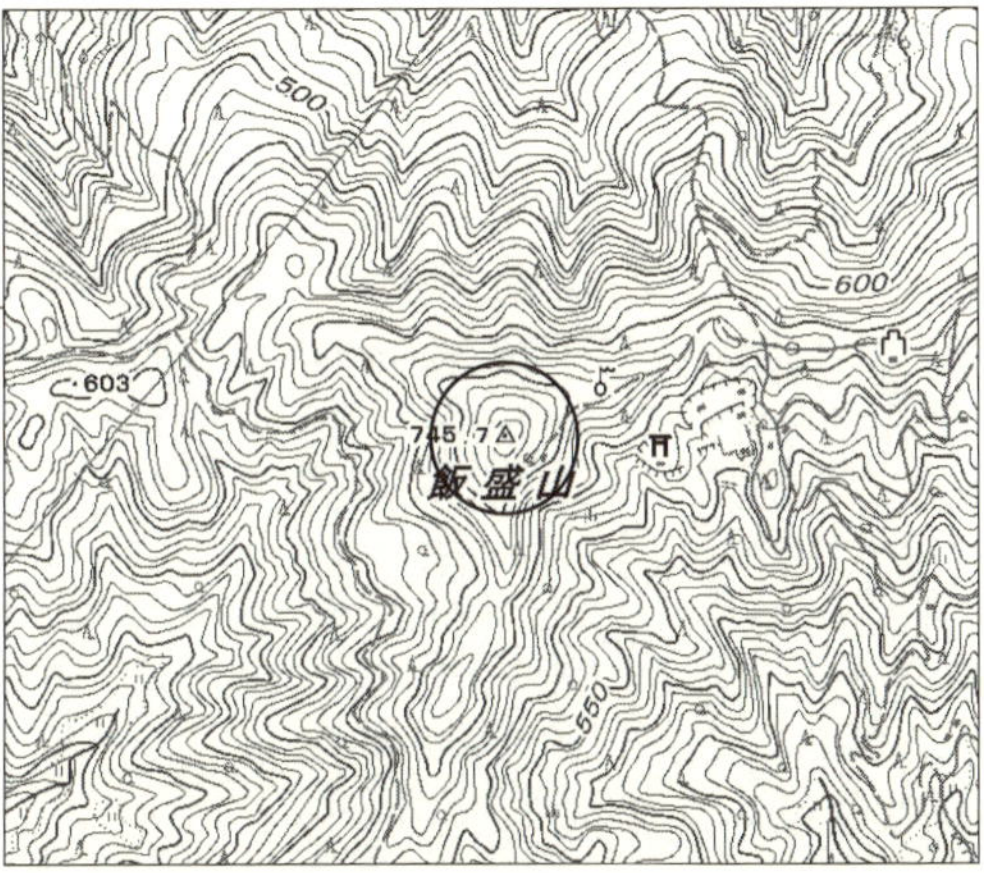


＊1 『太平記』
＊2 『紀伊続風土記』
＊3 「北家文書」

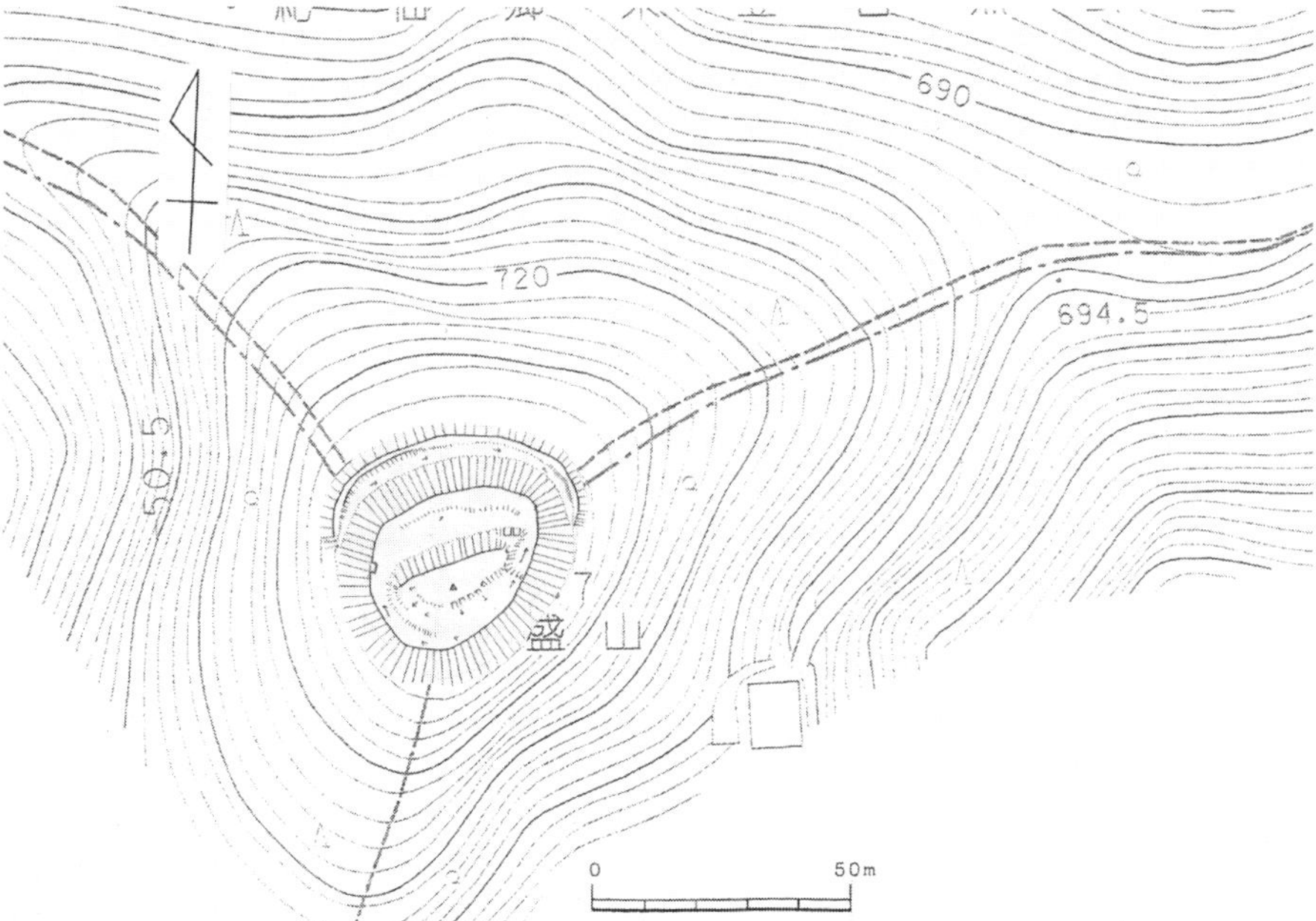


縄張り図　作図：新谷和之

しかなく、全体としては切岸を防御の中心に据えている。

こうした遺構は、南北朝期のものとは評価しがたいが、かといって、天正期の高野攻めまで下らせる必要もないと思われる。当該地域の中世史と照らし合わせて、さらに検討を深める必要がある。

飯盛山は山頂付近まで車道が通じており、車での来訪が簡便である。なお、途中に近世城郭風の模擬建造物があるが、当城とはまったく関わりがないので注意が必要である。

（新谷和之）

［参考文献］新谷和之「飯盛山城跡」（『和歌山城郭研究』七、和歌山城郭調査研究会、二〇〇八年）／高田徹「山城の選地と虎口―和歌山県紀の川市・飯盛山城を事例として―」（『戦乱の空間』十六、戦乱の空間編集会、二〇一七年）

横堀

信長に対峙した高野山勢の前線城郭

# 64 今城山城《いましろやまじょう》

①所在地：紀の川市赤沼田・清川
②別　称：清川城
③標　高：六三五m／比　高：六〇〇m
④遺　構：曲輪・土塁・横堀・虎口

今城山城は、紀ノ川沿いの平野部と紀伊山地の分水嶺《ぶんすいれい》となる竜門・雨引《あまびき》山地にあり、旧伊都郡と旧那賀郡の境界に位置する。城跡の北側直下にある麻生津《おうづ》峠は、高野山の大門に続く麻生津道が走り、高野山の重要街道の一つであった。

天下統一を目指した織田信長は、天正十年（一五八二）正月に、もと三好長慶の家臣であった松山新介を大将として、高野山を攻めさせた。松山新介は、紀ノ川北岸の田和《たわ》城（橋本市）を本陣として、九度山《くどやま》方面を押さえたが、麻生津方面は鎌倉時代より高野山の宿敵であった根来寺に分担させた。高野山は在地の武士らを動員し、急ぎ紀ノ川を見下ろす分水嶺上に、当城をはじめとする防衛拠点を構築した。幸い、信長の死（本能寺の変）で危機は脱したが、その恐怖は長く記憶された。

城跡は、中央の堀切を挟んで、頂上部の広い主郭を帯曲輪で囲むエリアⅠと、雛壇状の小曲輪群を横堀で囲み、複雑な虎口からの城道を備えた戦闘的なエリアⅡに機能分化する。Ⅱは、三重の喰い違い虎口を持ち、一見するとⅠに対する馬出しの機能を持っている。しかし、その位置は死守すべき麻生津峠とは逆方向の南尾根続きに向いており、主郭が直接的に峠の防衛を担うようになっている。これは、分水嶺上に砦を散開させたことで、背後の連絡道（尾根道）の確保を優先した結果と思われる。

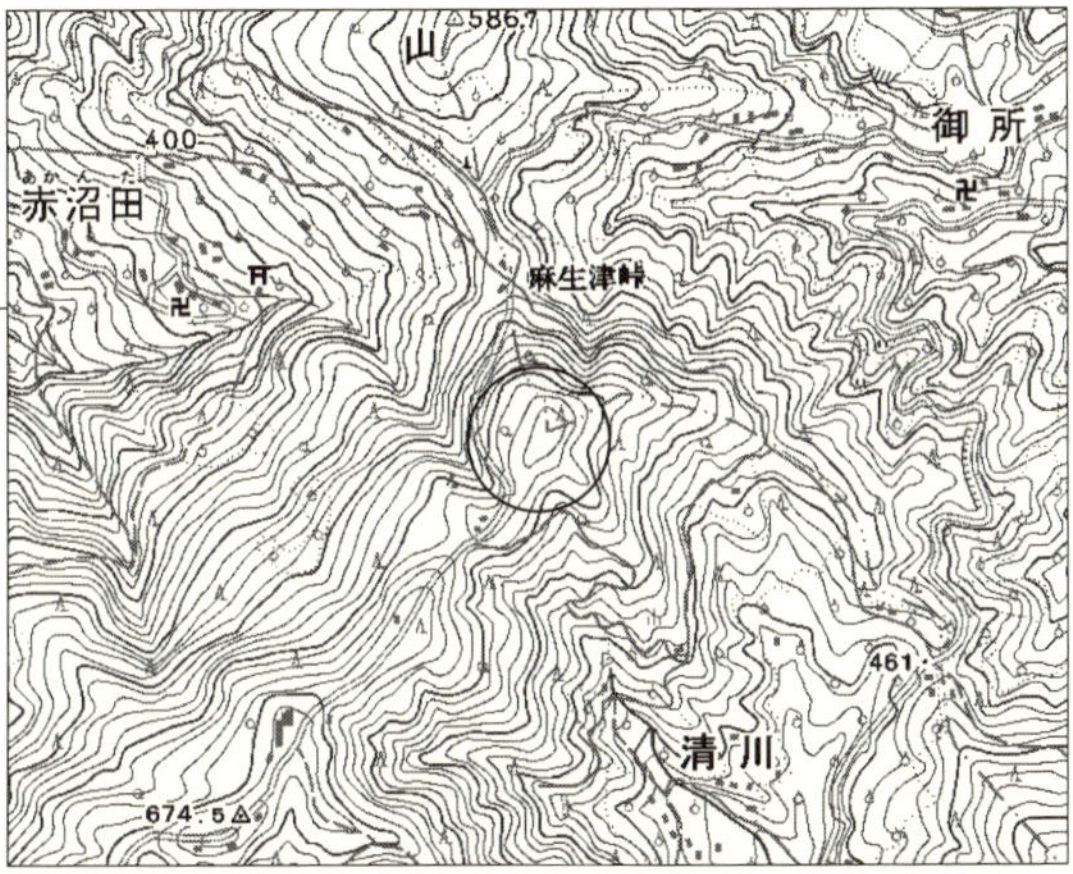


高野山は、寺領支配において在地の武士勢力を長く抑制しており、築城技術の蓄積に乏しいも

のがあった。このため、戦闘的な空間を楯にしながら前面に兵を繰り出すという軍事編成を取れなかった可能性がある。また、複雑な虎口を導入しながらも、曲輪の切岸は低く、ⅡからⅠに至る縄張りは極めてフラットで、遮断機能は低い。縄張りプランが極めて机上的といえる。

城跡はブッシュが繁茂しているが、林道に近く、見学は容易である。

（藤岡英礼）

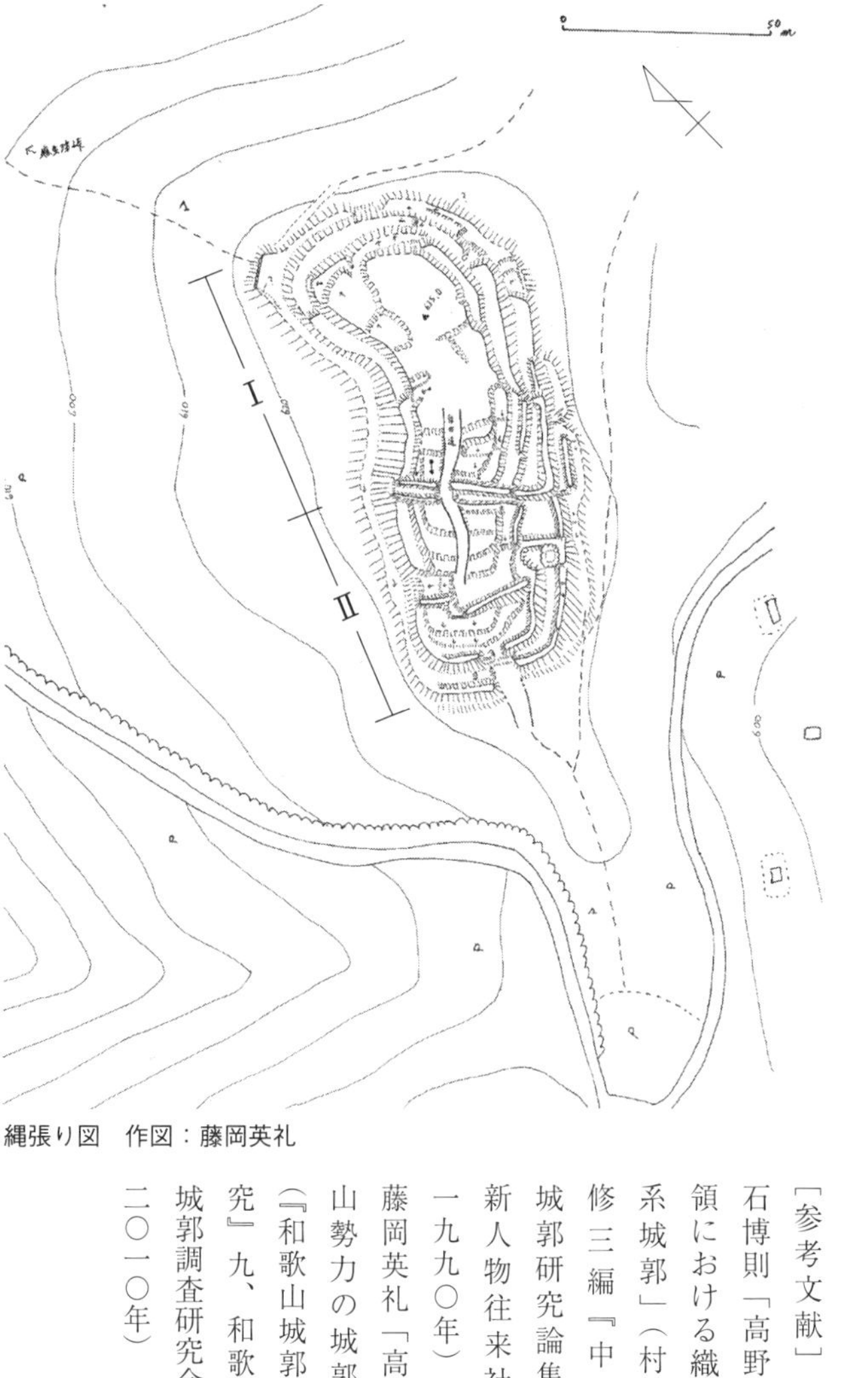

縄張り図　作図：藤岡英礼

［参考文献］白石博則「高野山領における織豊系城郭」（村田修三編『中世城郭研究論集』新人物往来社、一九九〇年）／藤岡英礼「高野山勢力の城郭」（『和歌山城郭研究』九、和歌山城郭調査研究会、二〇一〇年）

横堀　写真提供：中口孝行（以下、同）

石積み

# 65 福《ふく》井《い》城《じょう》

境界争いの紛争地を守る要の城

①所在地：海草郡紀美野町東福井
②別　称：なし
③標　高：一四二m／比　高：四二m
④遺　構：堀切・曲輪・竪堀・横堀

梅本《うめもと》川左岸、安養寺《あんようじ》裏山の標高一四二メートルの尾根の先端部にあり、『紀伊続風土記』に、古城跡として「村（福井村）の東にあり、誰の城跡か詳ならず」と記載されている。佐々小河（梅本川左岸）は、延久四年（一〇七二）の太政官牒《だじょうかんちょう》に、野上《のかみ》荘の東限として記されている。古くより、野上荘（石清水八幡領）と神野真国《こうのまくに》荘（高野山領）の境目にあり、境界争いが発生していた地であるので、この地の争奪のために築城されたものと考えられる。

当城は、四つの曲輪と主郭の背後にある尾根を遮断する大堀切で構成されている。主郭は東西二〇×南北八メートルで、堀切側に幅約二メートルの土塁があり、堀切は大きく尾根筋を完全に遮断していることから、防御を最大限優先し、尾根伝いに退避する意識が希薄ではないかと考える。なお、この大堀切はこの城の見どころである。

主郭の北には曲輪があり、東西約二九×南北約一〇メートルの広さがある。現状、風呂の谷より登城できるルートがあるが、後世の作道か城が機能していた時代の城道かは定かではない。曲輪の東下に小さな曲輪もある。主郭北の曲輪より主郭に至る道が曲輪の東端にある。南側の斜面は東の斜面より緩やかで、その斜面に小さな横堀があり、北側は開口している。この横堀は、南斜面の防御のために作られたものと考える。主郭北の曲輪の西にも曲輪があり、堀切らず端部を残して横堀となっている。この端部下には緩やかな斜面があり、防御のために削り残して使用し

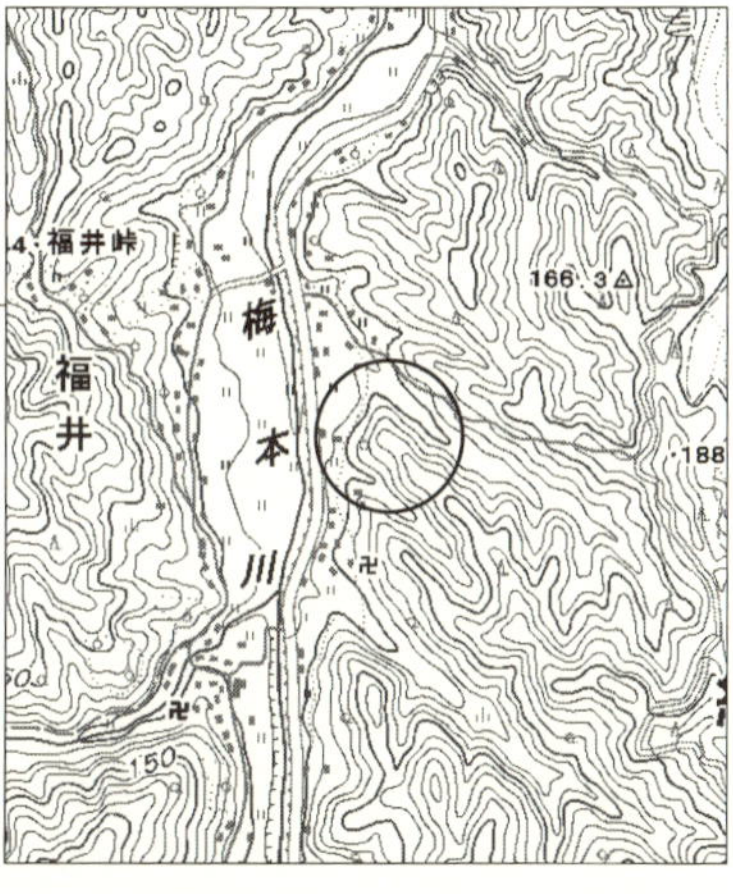

城跡遠望

たものと考えられる。主郭北の曲輪の北側にも曲輪があり、北尾根からの侵入に対処しているが、規模は小さい。東斜面には急峻ではあるが竪堀が一本、南斜面の横堀下にも竪堀が確認でき、それぞれ横移動を規制しているが、防御に竪堀を多用していないのは当城の特徴の一つでもある。

この城の直下に小字土居があり、屋敷があったものと考えられ、日常は屋敷に住み、緊張期には籠城したものと思われる。佐々小河（梅本川左岸）の東は高野山領であることから、地域の土豪が高野山勢力を背景に築城したものと考えられる。

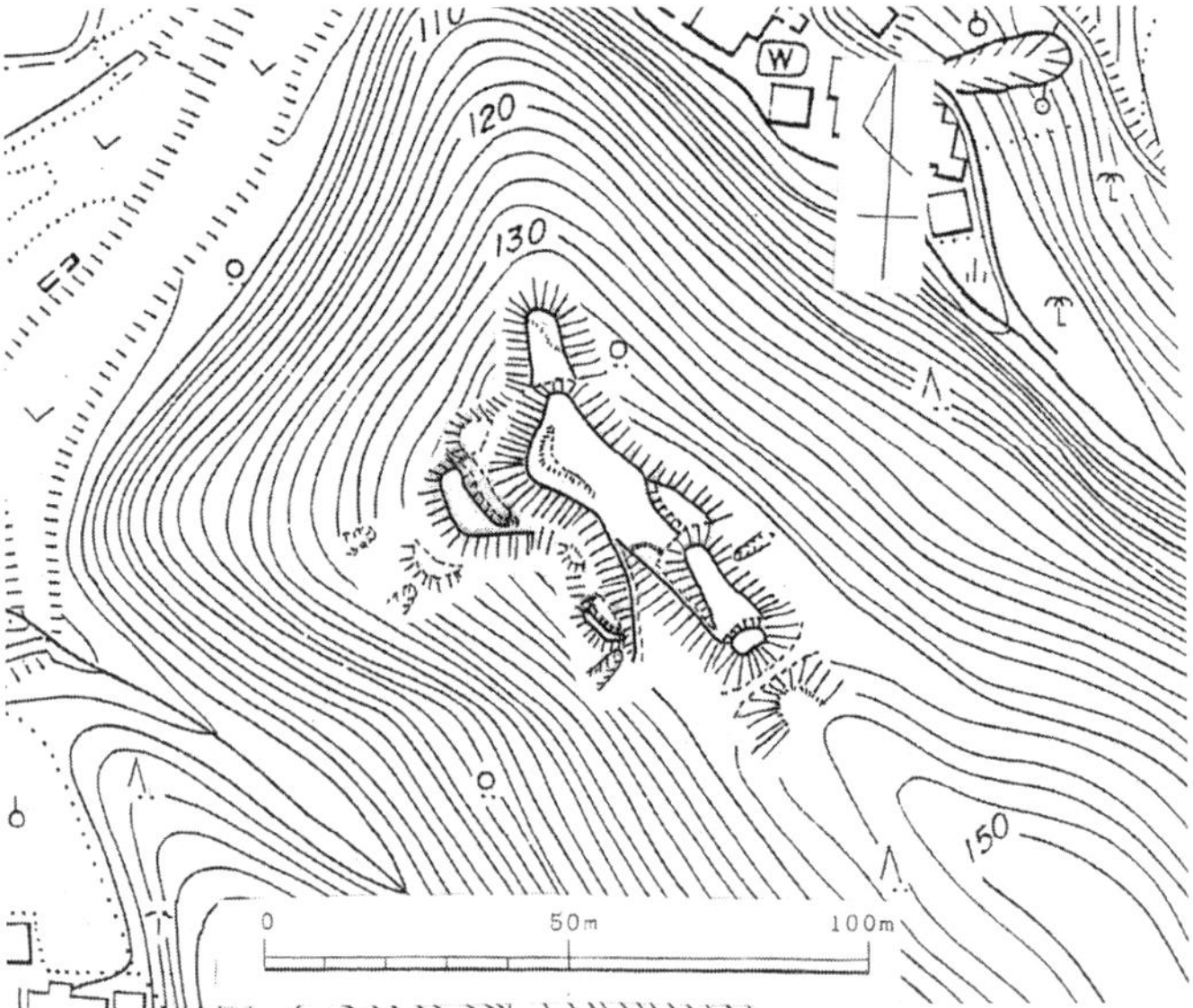

縄張り図　作図：中口孝行

城へは、福井集会所の南約一〇〇メートルを左に入り、風呂の谷より山道を登城する。山道の入口部分がわかりづらいので、地域の方に聞かれることをおすすめする。また、民有地があるので断りを入れてから登るようにお願いしたい。

（中口孝行）

［参考文献］『野上町誌』下（野上町、一九八五年）／『和歌山城郭研究』六（和歌山城郭調査研究会、二〇〇七年）／『和歌山県の地名』（平凡社、一九八三年）

主郭土塁

堀切

野上荘の地侍衆の拠った山城

# 66 寺中城《てらなかじょう》

①所在地：海草郡紀美野町小畑
②別　称：城屋敷・城ノ段
③標　高：二〇一m／比　高：一六〇m
④遺　構：堀切・横堀・土塁

旧野上町《のかみ》小畑《しょうばた》の北山に位置する山城で、伝承では寺中氏の城とされている。山上に二つの曲輪を囲む巨大な空堀がよく残っている。城跡の西麓には、石清水八幡領《いわしみずはちまん》・野上荘の土豪らの精神的な拠りどころとなった野上八幡宮が所在する。『紀伊続風土記・巻之三十六』那賀郡野上荘小畑村の条に、「鞍懸松　鞍懸岩　八幡宮の坤一町許にあり下司寺中木工ノ祐の屋敷跡なりといふ。（中略）これより北の方山上に城屋敷といふあり。木工ノ祐の城跡なりといふ」とある。

曲輪の主郭Ⅰと副郭Ⅱはともに内部の造成が不十分で、建物を建てるには適していない。ただし、主郭の中心部には、建物が建っていたと推定される高さ五〇センチ、一辺一〇メートル程度の方形の土壇がある。

当城の見どころは、主郭の三方を巡る深さ約二メートルの横堀（内堀）と高さ約二メートルの土塁で、外堀は、主郭と副郭を一体化するように「コ」の字に回っている。極めて遮断性が高い構造であることがわかる。一方で、曲輪造成が不十分なため、長期間使うことを想定しない臨時的な城と思われる。なお、城跡の横堀内には所々切れ目がある。これは、降雨を溜池に導くための「まかせ」と呼ばれる水利施設で、城郭遺構ではない。西方の眺望は、八幡山（八幡山城・伝本陣。高野山勢が拠ったとする）に隔てられてまったく効かないため、八幡山本陣と一体で機能したと考えられる。

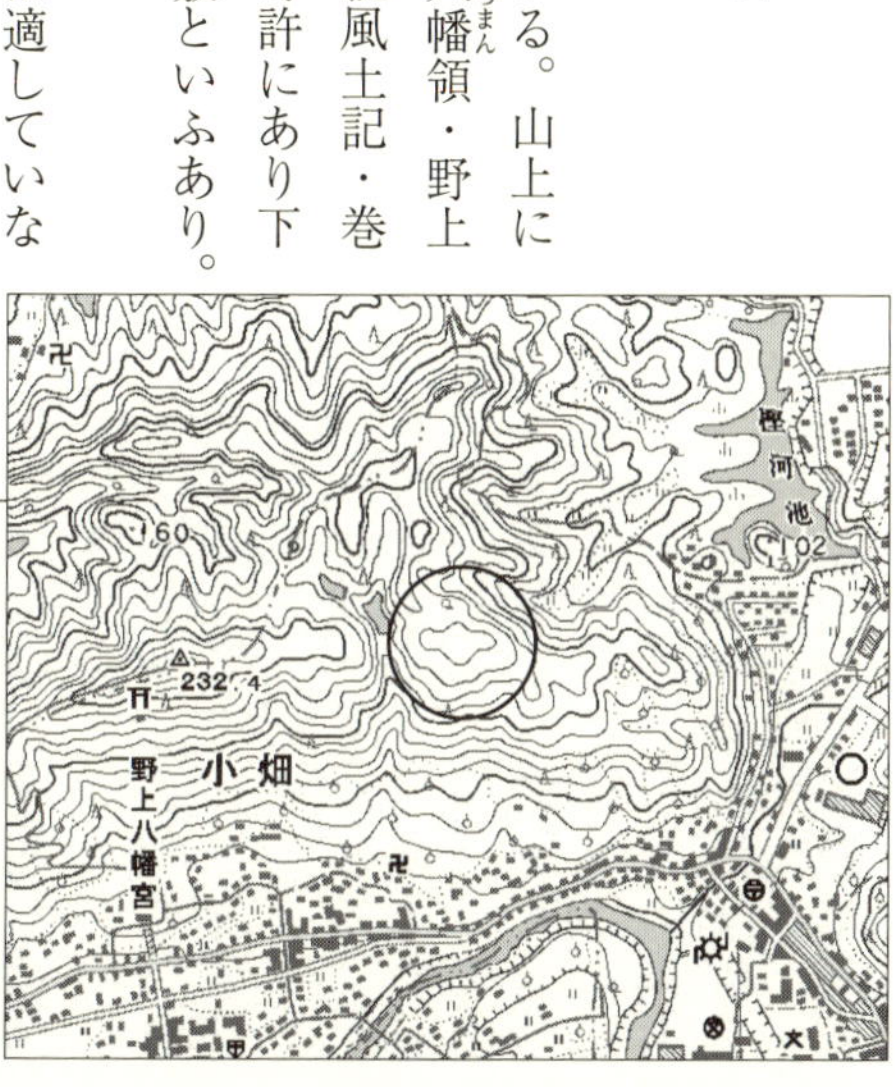

横堀

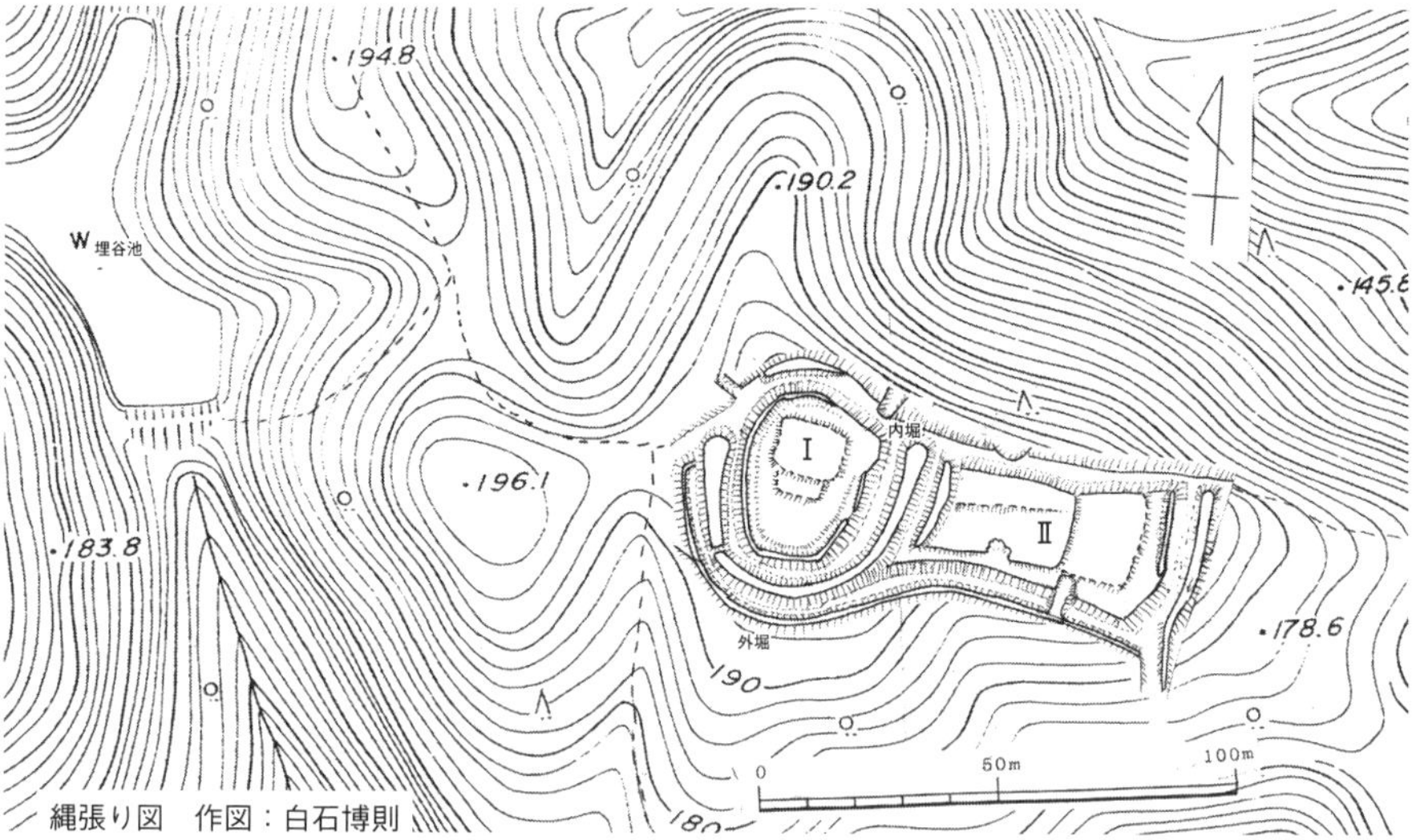

縄張り図　作図：白石博則

近世に編集された『南紀士姓旧事記《なんきしせいきゅうじき》』には、野上荘の五、六人の「郷士」が根来と通じて「主」を追い出したとある。野上荘内には、高野山につながる勢力と根来寺に通じる勢力が存在して対立していたようだ。『紀伊続風土記』によれば、野上八幡宮は「天文一〇年（一五四一）根来の衆徒不時に襲ひ来り所々を放火し社殿堂舎悉く灰燼となる」とある。また、八幡宮の北の八幡山本陣では高野山勢と根来衆が戦ったという言い伝えもある。当城や八幡山本陣の築城は、この根来寺と高野山の勢力を背景とした野上荘内の土豪らの対立が関わるものと考えられる。

城跡へは、野上八幡宮北東のふるさと農道・埋谷橋から谷に沿って上がると埋谷池に着き、さらに池から東の尾根を登ると到着する。

（白石博則）

［参考文献］『和歌山県中世城館跡詳細分布調査報告書』（和歌山県教育委員会、一九九八年）／白石博則「寺中城」（『和歌山城郭研究』六、和歌山城郭調査研究会、二〇〇七年）

土塁と横堀

武者隠し

高野山勢力が築いた城

# 67 勝《か》谷《ち》城《や》

①所在地：海草郡紀美野町勝谷
②別　称：城山
③標　高：七四六m／比　高：二八四m
④遺　構：曲輪・土塁・堀切

『紀伊続風土記』には、「村の東、勝谷峠より乾に當にて、城山といふあり。頂上に五間許の平したる所あり。下に堀切たる跡あり。傳へいふ織田三七信孝高野攻の時砦の跡なりといふ。此城跡眺望甚よし」と記されている。この記述は、天正九年から十年（一五八一～一五八二）にかけての織田信長の「高野攻め」を題材としたものと思われる。また、『紀伊国名所図会』では、勝谷峠は「勝谷村にあり。円明寺村より此峠をこえて長谷の新城村にでて花坂に達す。釜滝より高野への近道なり」と記され、高野参詣ルートの一つであったという。

山頂に築かれた曲輪は、東西八×南北五メートルの規模である。曲輪北端部には土塁が確認できるが、中央に向けて曲輪面が幾分沈んでいるので、土塁囲みの曲輪であったようだ。曲輪北端部の土塁の下方には、土塁で塞いだ溝が残されている。武者隠《むしゃがく》しに類する遺構と考えられ、火点（火器を主体とする陣地）がさらに下方の堀切に向く。山頂から東西に延びる緩く傾斜した斜面は、端部に切岸を設けることで城域を隔している。山城では、尾根から侵攻されることを想定した縄張りが基本であるが、当城では、東西に延びる尾根よりも、北斜面に力点をおいた防御構造であるのが特徴といえる。

現在は植林で眺望は期待できないが、巨大寺社勢力であった高野山が膝下荘園の一円支配を志したことを象徴するように、城跡に立つと荘園の大パノラマが一望できたはずだ。

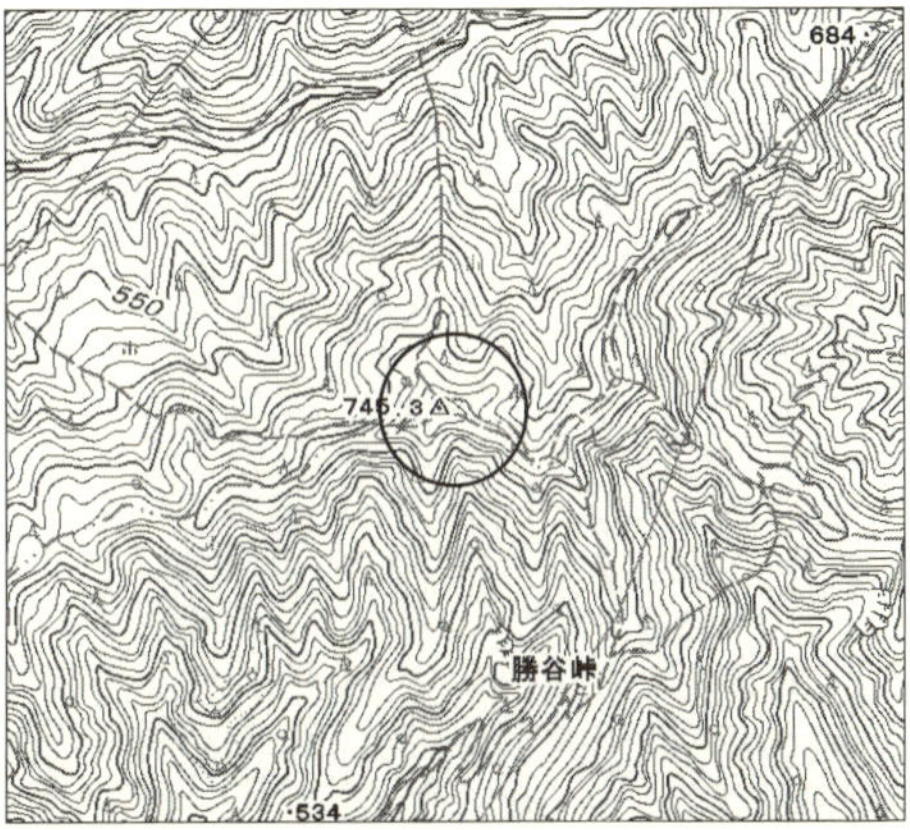

城跡遠望

城跡へは、海南市から国道三七〇号線の高野西街道を上り、毛原トンネル西詰から手前三〇〇メートルの林道毛《け》原《はら》勝谷《かちや》線を北進し、峠から徒歩で向かうとよい。林道毛原勝谷線は交通量もまばらで、峠周辺の道路脇にある空き地に駐車も可能である。

関連城郭としては、北西四・三キロ、タスキ峠の山塊に襷《たすき》城がある。標高四七〇メートルの高所に、平坦部を切岸で防御した構造をもつ。一部、土塁も確認できる。勝谷城と同様の伝承をもち、鐘をついて高野山に知らせたという。（野田 理）

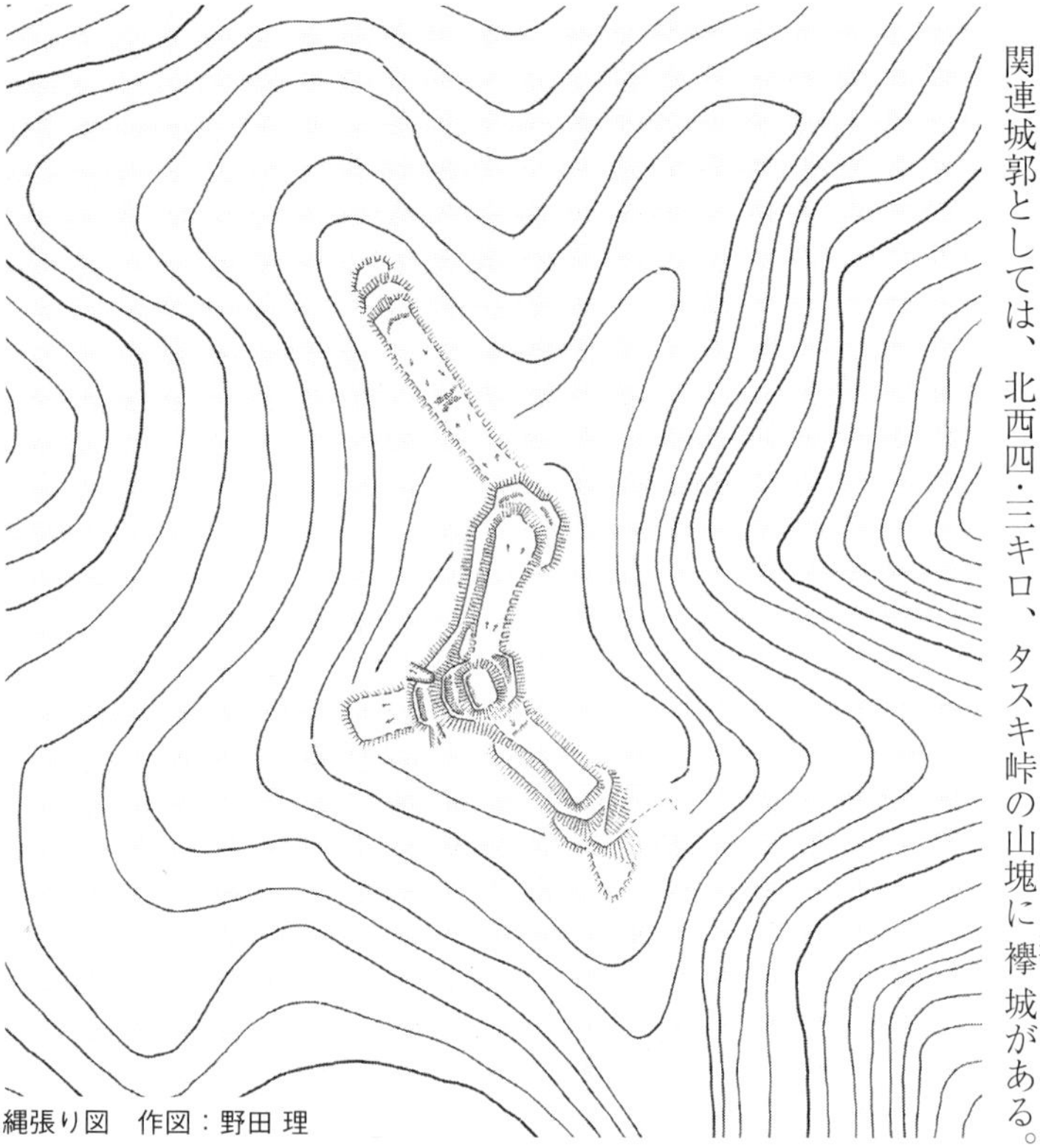

縄張り図 作図：野田 理

[参考文献]『和歌山城郭研究』六（和歌山城郭調査研究会、二〇〇七年）／中井均監修・城郭談話会編『図解 近畿の城郭』Ⅲ（戎光祥出版、二〇一六年）／水島大二監修『定本・和歌山県の城』（郷土出版社、一九九五年）

空堀

曲輪

関守から始まった坂上氏の城

# 68 坂《さか》ノ《の》上城《うえじょう》

①所在地：和歌山市谷
②別　称：平山城・山口城
③標　高：三六ｍ／比　高：五ｍ
④遺　構：土塁・堀切

熊野古道が和泉山脈（雄山峠《おのやま》）を越えて平野部に入ると、西側に和歌山市谷地区が広がり、山側に山口神社がある。城跡は、神社の西南下方に位置する。

『紀伊続風土記』の谷村の項には、「坂上五郎遺趾。村（谷村）より五十六歩西に、坂《さかの》ノ上の城跡とてあり。堀をそのまま池になして今にあり」とある。当地には、坂上田村麻呂《うえたむらまろ》にまつわる伝説が多く、将軍塚《しょうぐんづか》と呼ぶ田村麻呂の墓が伝えられている。大化《たいか》の改新《かいしん》直後に雄山峠に関所が置かれ、また、桓武《かんむ》天皇が官道として雄山峠を越えて紀伊に入ったことから、田村麻呂の一族が交通の要衝のこの地にとどまり、田村麻呂の五男五郎が、平山の台地に居城を構えたという。

正和年間（一三一二〜一七）には、坂上明継《あきつぐ》・明綱《あきつな》親子が当地の領主であったことは『山口神社古文書』[*1]に見え、居城していたことは確かであるが、元弘二年（一三三二）、明綱は居城を約一キロ西の西村（和歌山市山口西）に移した。康永年間（一三四二〜四四）には、明教《あきのり》とその子・明定《あきさだ》が居城していたことも『山口神社古文書』から明らかだが、明定が南朝方に味方して戦死したため、婚姻関係にあった橋本の上田城主・小島与一を養子に迎えている。このため、西村城は小島城ともいう。

のち、坂上氏の末裔は山口を名乗り、豊臣秀次《ひでつぐ》の落胤御菊《おきく》と婚姻関係を結んだ。真田信繁《さなだのぶしげ》の大坂出陣に加わった小島平吉や、大坂夏の陣に呼応し、豊臣方として戦った山口喜内もこの地にゆ

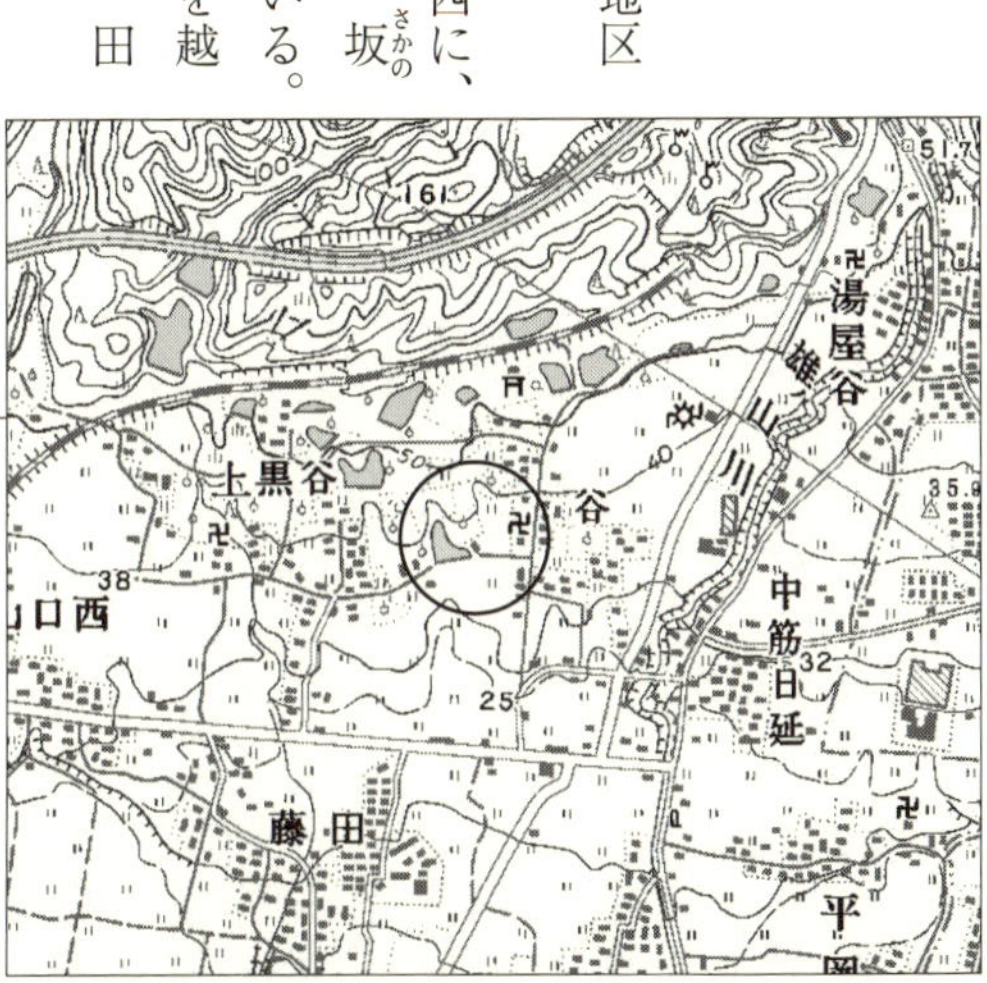


＊1　鴨口正紀『和歌山市山口の郷土史・雄の山超え・山口一族の興亡』（山口地区郷土史編纂委員会、一九九五年）

かりの群雄である。[*2]

現状は、東西六〇×南北七〇メートルほどの台地で、城跡の中心部分は近年、太陽光発電施設が設置されたが、北西角に高さ四メートルほどの櫓台と思われる台地が残る。そこは、山口神社神主・紀氏代々の墓地となっている。台地の西辺と南辺には、『紀伊続風土記』に記された池がある。池は、古くから地元で「城ノ池」と呼ばれている。

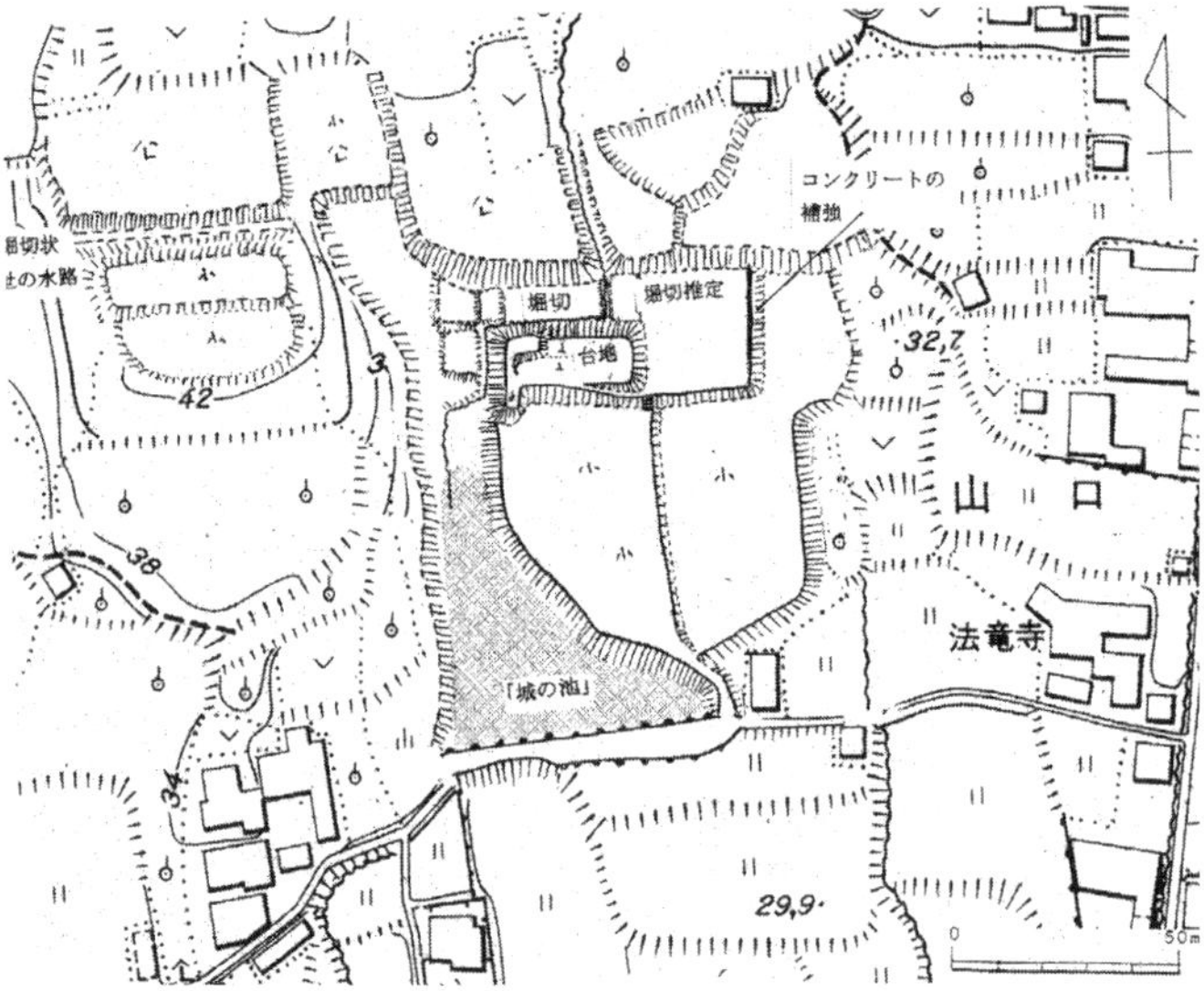

現状図　作図：白石博則

北側は竹藪になっているが、太陽光発電施設が設置された際に下草が刈られ、堀切遺構がはっきり見えるようになった。

城跡へは、JR阪和線紀伊駅からバスに乗り、池の川バス停にて下車し、西へ徒歩七分、山口神社鳥居を目指す。谷自治会館脇から城跡に入る。西村城跡へは、同西村山口バス停下車すぐである。（田中伸幸）

［参考文献］水島大二「坂ノ上城」（水島大二監修『定本・和歌山県の城』郷土出版社、一九九五年）／白石博則「坂ノ上城跡」（『和歌山城郭研究』一三、和歌山城郭調査研究会、二〇一四年）

*2　谷口健太郎『旧山口村風土記』（私家版、一九七〇年）

堀切

# 8、根来寺《ねごろでら》・粉河寺《こかわでら》の城館

紀伊国北中部の那賀郡には、紀伊国を代表する寺院が二つある。根来寺と粉河寺である。根来寺は、覚鑁《かくばん》が高野山内に開いた大伝法院《だいでんぽういん》にそのルーツがある。長承元年（一一三二）、鳥羽《とば》上皇は覚鑁に、大伝法院領として五ヶ所の荘園と末寺、豊福寺《ぶふくじ》を与えた。この豊福寺が、後に根来寺と呼ばれるようになる。大伝法院と金剛峯寺との間にはしばしばあつれきが生じ、南北朝期には本尊・堂塔・伽藍を根来寺に移し、高野山からの自立を遂げた。

中世後期には、紀北・泉南の土豪が根来山内に坊院を建立し、自らの子弟をそこに送り込んだ。こうして根来寺の伽藍は拡大し、行人《ぎょうにん》（下級僧侶）が次第に勢力を増していった。

戦国時代の根来寺は、強大な軍事力をもったことで知られる。寛正元年（一四六〇）、粉河円福寺との用水相論では、畠山義就の軍勢を撃退している。[*1] その軍事力は、坊院や足軽《あしがる》など山内の勢力と村の武力からなり、そうした地域社会との緊密な結び付きが、政治権力としての根来寺を支えていた。

粉河寺は、八世紀後半に大友孔子古《おおとものくじこ》が開いたとされる。一〇世紀には鎮護国家を担う寺院に成長し、一一世紀半ばには三井寺との関係を深めていった。南北朝期には行人・方衆と呼ばれる集団が勢力を拡大し、衆徒との間にあつれきを生んだ。しかし、一五世紀半ばには粉河寺全体の意思を決するための集会が催され、惣寺《そうじ》としての組織が整備される。粉河寺の門前は地域経済の拠点であり、室町期には畠山氏の郡代所が置かれ、豊臣期には一時、藤堂高虎が管轄した。

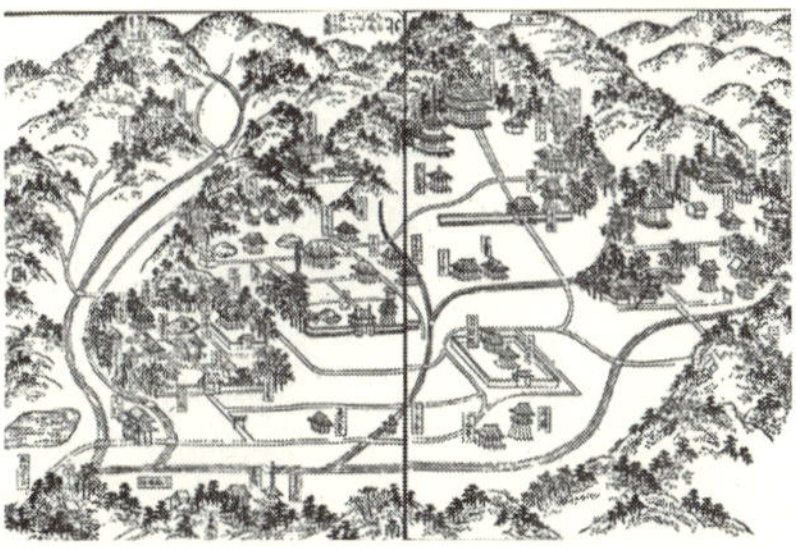

『紀伊国名所図会』に描かれた根来寺　当社蔵

＊1　『大乗院寺社雑事記《だいじょういんじしゃぞうじき》』など

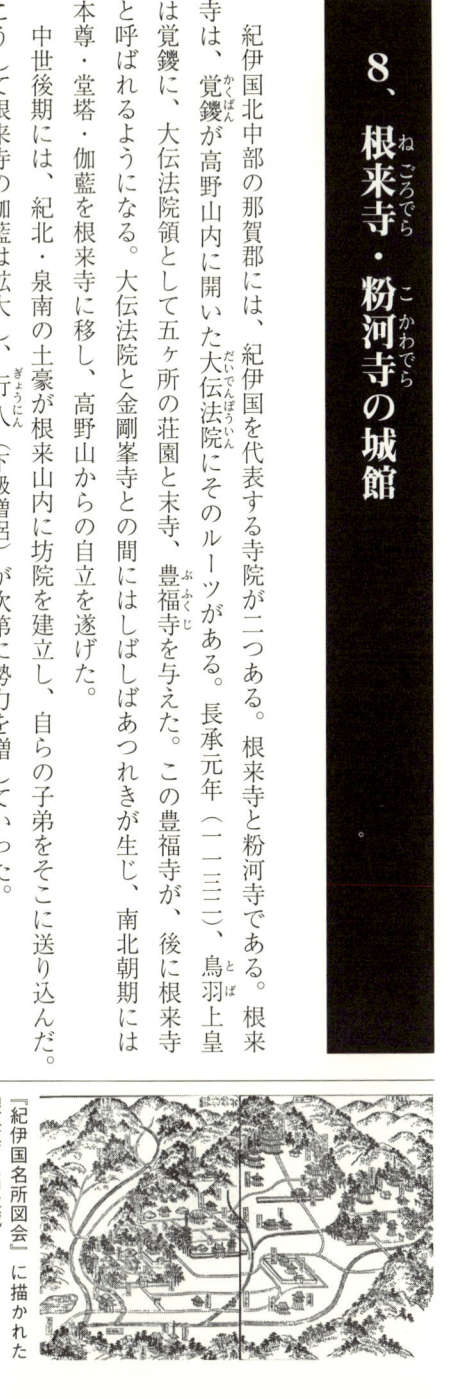

織田信長の畿内支配が進むなかで、根来寺は杉ノ坊を中心として織田方に協力し、旧来の権益を認められた。しかし、天正十二年（一五八四）の小牧・長久手の戦いでは、根来寺は雑賀《さいか》衆や湯河《ゆかわ》氏・玉置《たまき》氏らとともに岸和田城（大阪府岸和田市）を攻め、羽柴秀吉への対決姿勢を鮮明にする。[*2] 天正十三年、秀吉は根来方が泉南に築いた砦を攻略した後、根来・粉河両寺を攻めた。紀伊国内ではいずれも大きな抵抗をみせることなく、伽藍の多くが焼亡した。

このとき、根来寺は周囲の山々に砦を築き、秀吉軍に備えていたという。[*3] 実際に、発掘調査などで城郭らしい遺構がいくつか確認されているが、城郭とみなすことには異論もある。石垣や瓦葺きの建物、入り組んだ出入り口、堀切などが山内でどのような機能を果たしたのか、多角的に検証する必要がある。同様に、粉河寺の背後にも堀切の遺構が確認できるが、寺の結界を示す施設とみる余地もある。寺院の政治的・軍事的な活動と実際の遺構とをストレートに結び付けて解釈することは、厳に慎まなければならない。

（新谷和之）

［参考文献］海津一朗編『中世都市根来寺と紀州惣国』（同成社、二〇一三年）／小山靖憲『中世寺社と荘園制』（塙書房、一九九八年）／高木徳郎『日本中世地域環境史の研究』（校倉書房、二〇〇八年）／山岸常人編『歴史のなかの根来寺―教学継承と聖俗連環の場―』（勉誠出版、二〇一七年）

---

*2　『宇野主水《うのもんど》日記』

*3　「小早川家文書」

『紀伊国名所図会』に描かれた粉河寺　当社蔵

藤堂高虎最初の居城は粉河衆の城跡

# 69 猿岡山城《さるおかやまじょう》

①所在地：紀の川市粉河
②別　称：粉河城・粉河館
③標　高：九〇m／比　高：三五m
④遺　構：堀切・（城跡碑）

猿岡山城は、粉河寺大門の東脇に築かれた山城である。城跡の展望台から同寺大門や門前町の家並みが一望できる。藤堂高虎もこの絶景地に居城を構えたが、粉河寺周辺には、戦国期の自衛目的の防御施設も構えられていた。

粉河寺大門前を流れる中津川が天然の堀をなし、東に猿岡山城、西に矢倉山城《やぐらやま》が大門を挟むように築かれ、境内北方の山中には、防御目的と思われる堀切の痕跡が残る。

城跡現況

猿岡山城の築城は、「粉河領旧跡之覚」[*1]の記述が詳しい。同書には、「粉河寺の前山、弁天之社の所を猿柵と言った。のち小猿岡と言い、山之四辺ニ堀跡がある。山麓の廻りは七町（約七五〇メートル）東西廿九間（約五二メートル）南北三十間（約五四メートル）高八間（約一五メートル）で、天正元年（一五七三）粉河寺の僧侶が、立て籠もる要害として築城した堀切がある。この所に暫く藤堂高虎が居住した」と書かれている。だが、『紀伊続風土記』は「粉河村中より東、粉河寺境内猿岡山というあり。城跡東西一町　南北四十町許

慶長の頃藤堂大学ノ居城の跡と言い伝う。明和年中、粉河寺よりその地に秋葉権現を祀る」と、藤堂高虎のみのことを

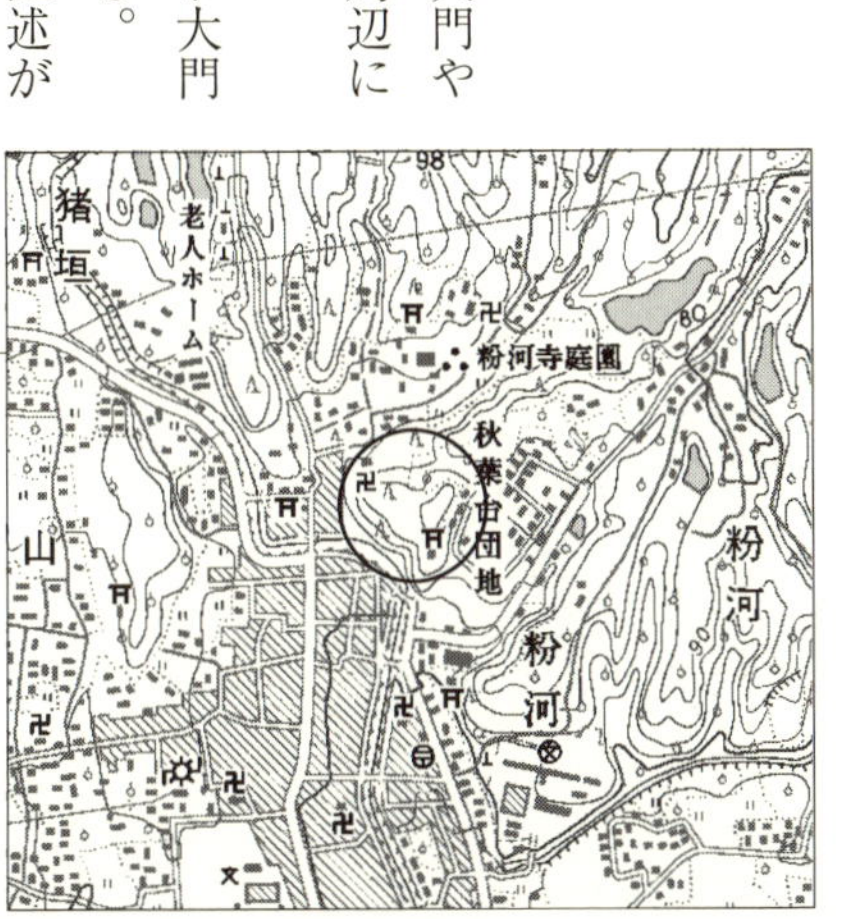


＊1　『粉河町史』三（粉河町、一九八八年）

（左写真）昭和四十年代のようす

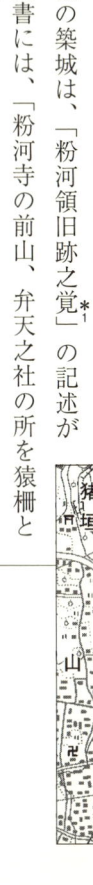

記し、粉河寺の城としての記載は見られない。

高虎は天正十三年（一五八五）、秀吉の紀州攻めの功績で一万石の領地を得て、粉河衆の城跡に館を築き、根来・雑賀の残党などの監視を兼ねて入城したと考えられている。同十五年には九州攻めの功績が認められ、二万石の領主となった高虎だが、秀吉の命で土佐や長崎に赴くなど、ほとんど粉河には居なかったという。そして、文禄元年（一五九二）四月の文禄の役に参加したのち、粉河を完全に離れていった。

現在、城跡は秋葉山公園となっている。車の場合は、大門近くの有料駐車場を利用し、大門をくぐってすぐ右手の小橋を渡って舗装道を五分ほど登る。ＪＲ和歌山線粉河駅からは、徒歩二〇分ほどで山頂に到達する。公園内には大きな城跡の石碑が建つ。

（水島大二）

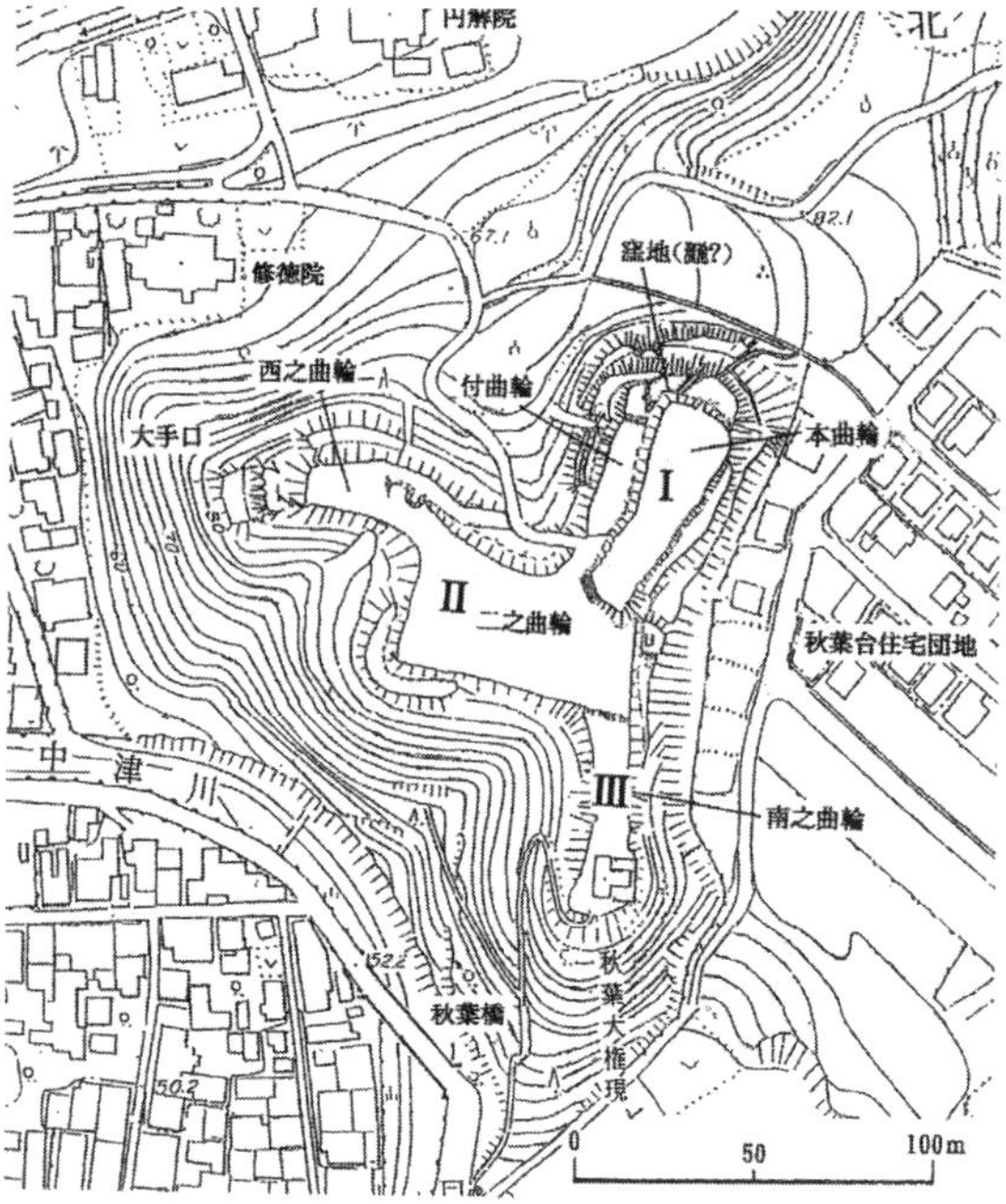

縄張り図　水島大二指導　作図：和歌山県立粉河高校地歴部

［参考文献］『粉河町史』四（粉河町、一九八八年）／水島大二監修『定本和歌山県の城』（郷土出版社、一九九五年）／水島大二「寺を守った城砦群─根来寺と粉河寺」（『摂河泉文化資料所収』摂河泉文化資料編集委員、一九九三年）

矢倉山城跡堀切

泉州岸和田城主のルーツの城？

# 70 古和田城《ふるわだじょう》

①所在地：紀の川市古和田
②別　称：和田城
③標　高：五三m／比　高：二m
④遺　構：曲輪・堀跡の一部

紀の川市古和田の光円寺《こうえんじ》の場所は、小字「城跡」と呼ばれ、西側に春日川《かすが》、東側に海神川《うながみ》が流れる間の台地にある。現在、目立った遺構は残っていないが、台地と周辺の低地との高低差から、城域が推定されている。

『紀伊続風土記』の古和田村の項に、「城の内という。東西は一町余りにして、南北はやや長し（中略）今は皆畑なれど、堀形なお残れり。中央に天守跡と称する所あり」と現状を伝え、「村民相伝えて、この地の城主泉州岸和田（大阪府岸和田市）の城に移れり」とある。その後、この地は楠木一族の和田氏の故地であるから「和田」と呼ばれたが、和田氏が岸和田に進出したのち、古《いにしえ》の和田となり、「古和田」と称して村名になったという。

しかし、堀内和明氏による当時の軍忠状[*1]の研究により、楠木正成の活躍する時代にはすでに、岸和田の名字を名乗る武士の存在が明らかになった。[*2]そのため、和田氏が岸和田城を築城したという説は成立し難くなっているという。なお、古和田の地は、のちに根来寺の影響が強くなっていった地域でもある。

城跡

＊1　戦などの時に示す忠節・忠義・軍功などを記した文書のこと。

＊2　堀内和明「南北朝内乱における岸和田氏とその周辺」（大澤研一・仁木宏編『岸和田古城から城下町へ　中世・近世の岸和田』和泉書院、二〇〇八年）。

また、当地には古和田城の他にも、南朝の天皇も寄ったのではないかという王城跡（同市古和田）や、南北朝期には松岡宰相《まつおかさいしょう》という者が住んでいたという宰相屋敷（同市田中）、荘園領主の地頭屋敷などが、狭い範囲に複数存在する地域でもある。

古和田城跡は、ＪＲ和歌山線打田駅から北へ紀の川市役所を目指して、さらに西へため池を目指して歩き、再び北上すると城跡がある光円寺に着く。周辺に駐車場はない。

（田中伸幸）

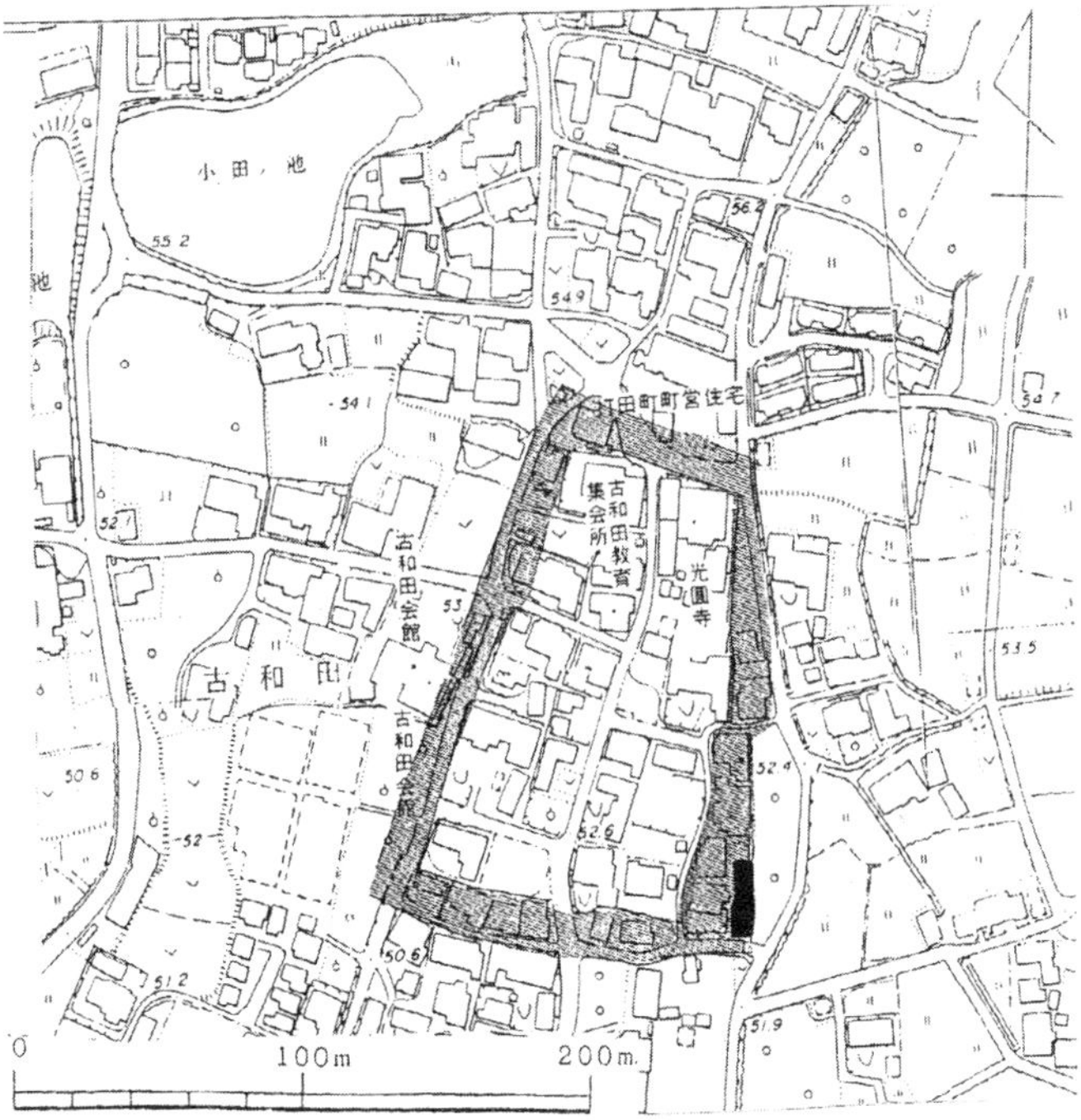


城跡周辺（網かけ部分は堀跡推定地　作図：白石博則

［参考文献］水島大二監修『定本・和歌山県の城』（郷土出版社、一九九五年）／大澤研一・仁木宏編『岸和田古城から城下町へ』（和泉書院、二〇〇八年）／白石博則「古和田城」（『和歌山城郭研究』八、和歌山城郭調査研究会、二〇〇九年）／伊藤俊治「古和田城」（中井均監修・城郭談話会編『図解 近畿の城郭』Ⅳ、戎光祥出版、二〇一七年）

堀跡

日本中世史を代表する巨大寺院

# 71 根来寺《ねごろでら》

①所在地：岩出市根来
②別　称：なし
③標　高：一四〇m／比　高：八〇m（前山）
④遺　構：削平地・堀切・石積み

根来寺は、岩出市の中央からやや東寄りの山間部に位置する。北と南に山地を擁する袋状の谷のなかに伽藍が展開し、さながら天険の要害となっている。寺の西方には、泉南方面へ抜ける街道が南北に走り、街道沿いの坂本は門前町として発展した。

根来寺の歴史については冒頭で触れたので割愛し、ここでは城郭研究の立場から、山内の特徴的な遺構に触れておきたい。

寺の南を限る通称「前山」には、長大な土塁ラインと、一部堀切を伴う小規模な削平地が残る。これらは、根来寺が築いた城郭の遺構であると評価されている。しかし、東西の土塁ラインは、根来寺が近世につくった境界土塁の可能性が高い。堀切とされる遺構も、前山を横断する山道につながるものが多く、後世の切通しではないかと思われる。

西坂本の西方に位置する通称「西ノ山」は、岩室坊の持ち分であった。この西ノ山の東山裾で、幅七・三〜一・七メートルの溝が検出された。溝のなかから多数の石塔がみつかり、その年記から、溝は天正七年（一五七九）以降に構築されたことが判明した。この溝は西ノ山を城塞化したことにともなう遺構と評価されているが、住持池・中左近池の用水系との関係で評価する論者もおり、見解の一致をみない。この場所はゴルフ場として開発され、今は遺構をみることができない。

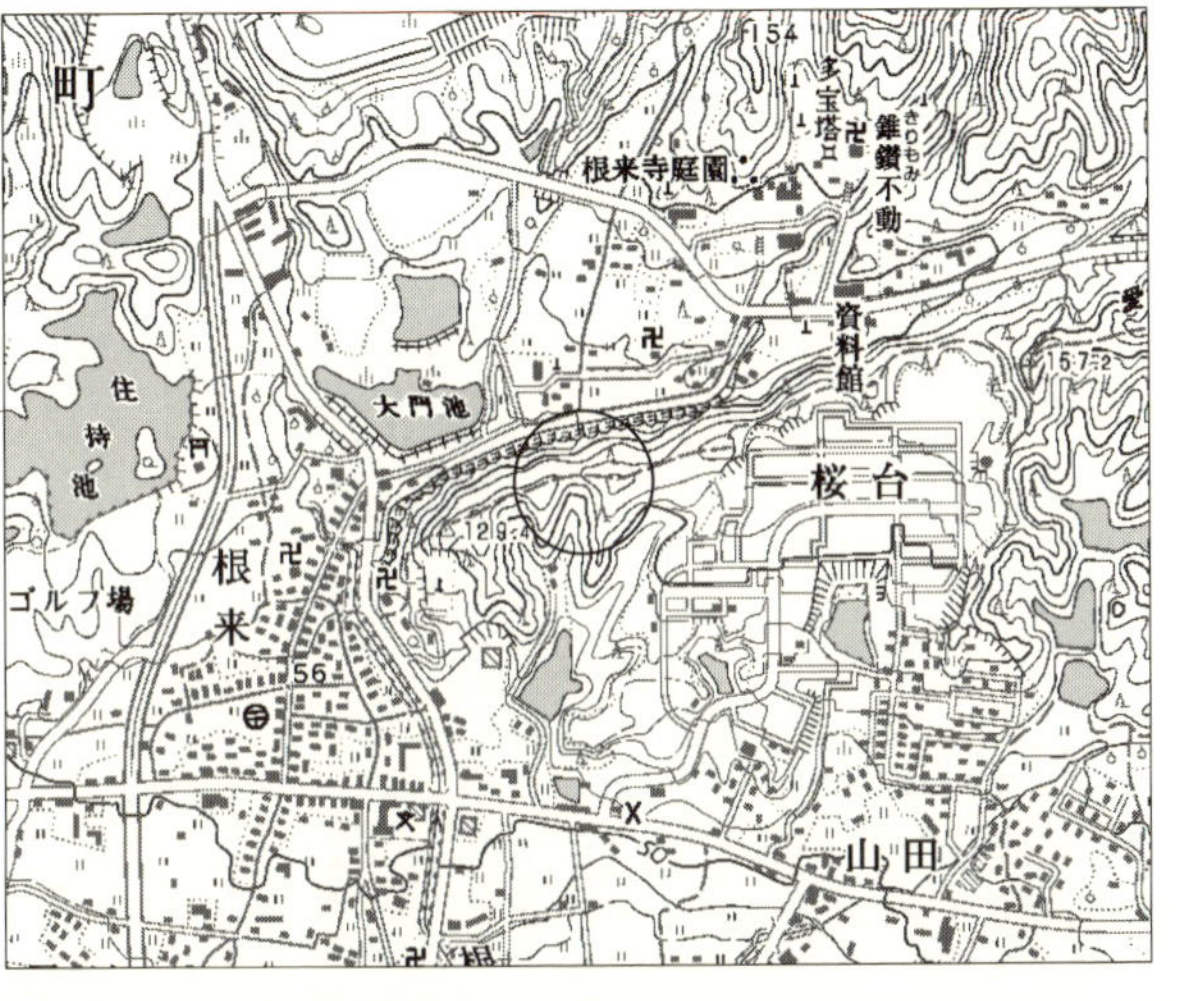


＊1　通称「一乗閣」。二〇一六年に根来山内より移築整備、二〇一七年に重要文化財指定。

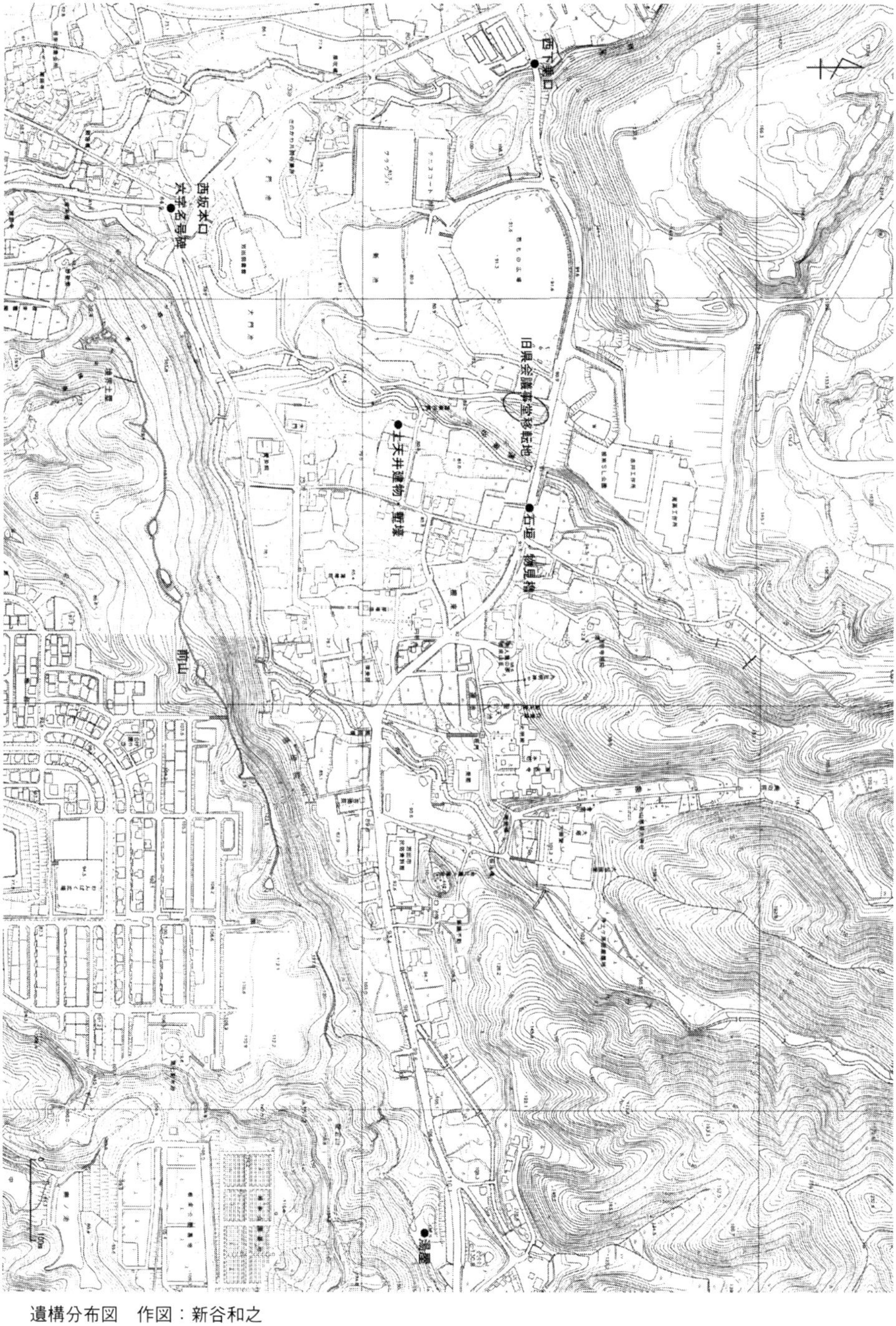


遺構分布図　作図：新谷和之

現在、旧和歌山県会議事堂[*1]が建つ場所では、土塁や石垣を伴う平坦地が発掘調査で確認された。この平坦地の出入り口は、城郭の枡形虎口のように直角に折れ曲がる格好となっている。石組の階段を伴い、入り口で直角に折れる構造をとる。出土遺物では、鯱瓦《しゃちがわら》の存在が注目される。鯱瓦の導入を天正四年（一五七四）の安土築城以降とみるならば、天正期に鯱瓦を葺いた特異な建物がこの場所に営まれたことになる。調査後、これらの遺構は埋め戻され、現地には遺構の解説看板が設置されている。

このほか、山内でも塹壕《ざんごう》とみられる遺構や、石垣の上に構築された櫓状の建物が確認されており、城郭としての側面を示す遺構と評価されている。

このように、根来寺の山内やその周辺では、寺の防御を目的とした施設と評価されている遺構がいくつかある。ただし、その是非をめぐっては論争があり、寺院そのものの防御性をどこまで評価すべきかは、慎重に判断しなければならない。その際、城なのか寺なのかの二者択一に陥るのではなく、根来寺固有の歴史的・地域的な状況をふまえて、個々の遺構を評価することが重要となろう。

京奈和自動車道岩出根来ICを降りて東に進むと、すぐに伽藍の中枢にたどり着く。公共交通機関を利用する場合は、JR阪和線和泉砂川駅もしくは紀伊駅で下車し、近畿大学方面行きのバスに乗車するのがよい。二〇一六年には、根来寺のガイダンス施設として、ねごろ歴史資料館が新たに開館した。根来寺散策と合わせて訪れたいスポットである。

（新谷和之）

［参考文献］海津一朗編『中世都市根来寺と紀州惣国』（同成社、二〇一三年）／新谷和之「根来寺」（仁木宏・福島克彦編『近畿の名城を歩く―大阪・兵庫・和歌山編―』吉川弘文館、二〇一五年）

根来寺大門　写真提供：水島大二（以下、同）

根来寺内の石造物

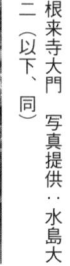

南朝方の拠点を根来寺が改修

# 72 篠《しの》ヶ《が》城《じょう》

①所在地：和歌山市黒岩・海南市孟子《もうこ》
②別　称：大旗山城・宝光寺山城・最初ヶ峰城
③標　高：二四四m／比　高：約二二〇m
④遺　構：曲輪・堀切・竪堀・石積み

篠ヶ城は、県下随一の規模を誇るばかりか、南北朝期に南朝の拠点として築かれ、のちに根来寺によって改修されたという特異な歴史を持つ山城である。城のある大《おお》旗《はた》山・楊柳《ようりゅう》山は、和歌山市南東部の山東荘（根来寺の荘園）と高野山の影響の強い貴《き》志《し》川流域を画する山塊の最高所である。中世、根来寺末の宝光《ほうこう》寺《じ》が山麓・山腹に営まれ、山岳寺院と山城が複合する遺跡である。

城跡山頂を望む

永和元年（天授元年・一三七五年）に「紀伊ノ南軍」が「楊柳城」に拠ったという史料*1がある。篠ヶ城のある山を「楊柳山」と呼ぶので、篠ヶ城を指すと考えられる。また、至徳二年（元中二・一三八五）の銘のある宝光寺伝来の位牌（現在は失われている）には、「楠二郎正久於當山篠ヶ城討死　一如閑雪位　命日至徳二年十月三日了山建立」*2とある。その「楠《くすのき》二郎正久《まさひさ》」は、楠木正儀《まさのり》の近親者とされるので、南朝方の武将と考えられる。当時の北朝方守護・山名義理《やまなよしまさ》に攻められて落城したようである。

山名義理は、南朝方が紀州で一時的に勢力を興隆させたときに、室町幕府から派遣された有力武将で、次々と紀北・紀

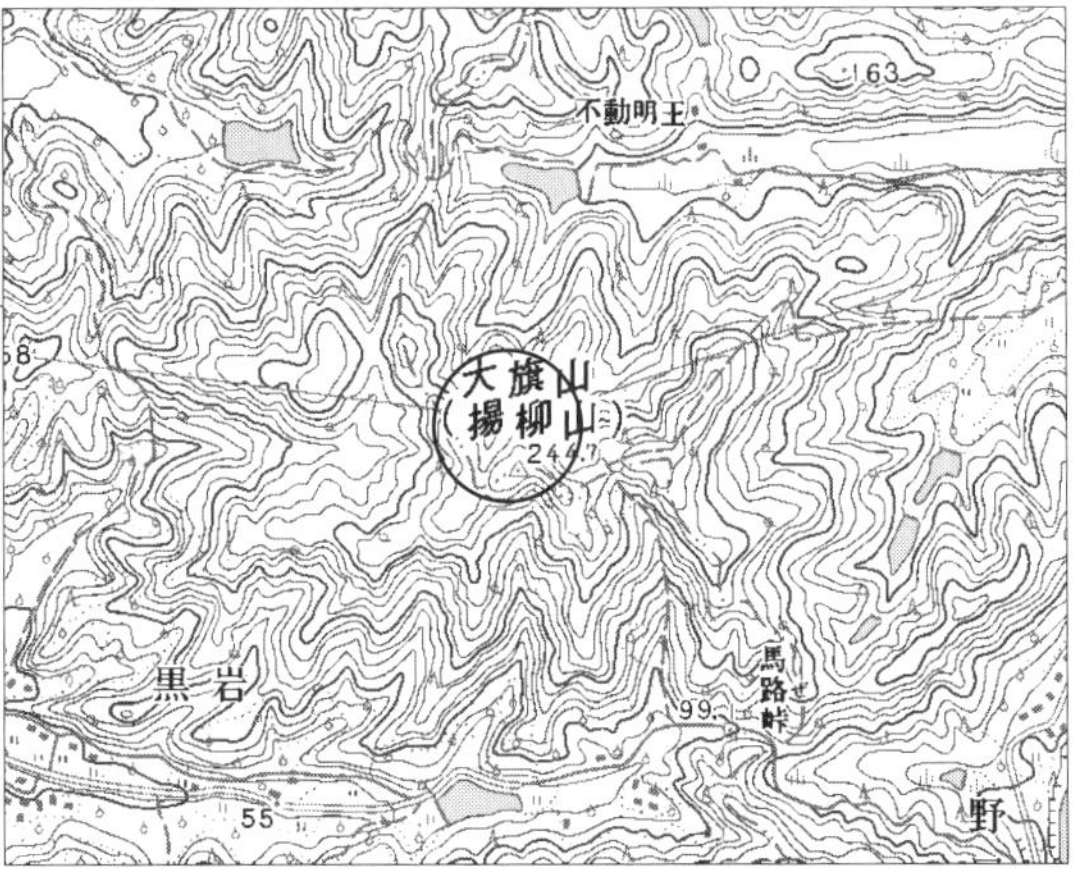


＊1　「東寺文書」（『史料綜覧』所収）
＊2　『南狩遺文《なんしゅいぶん》』　江戸後期、紀州藩士山中信古によって編まれた南朝に関する史書。

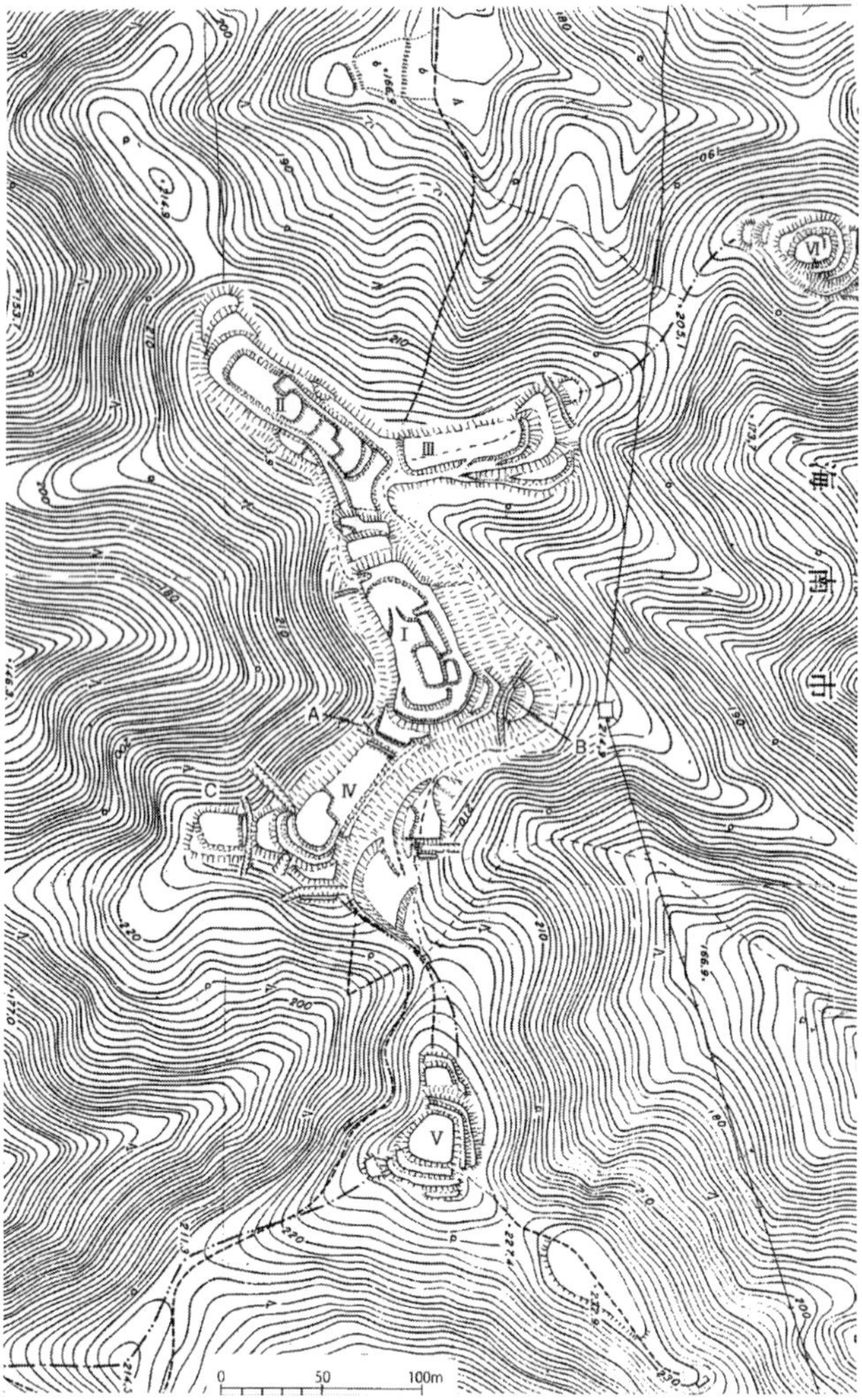

縄張り図　作図：白石博則

中の南朝方の拠点を攻略し、一帯を制圧した。篠ヶ城の落城も、義理の活動の一環だったのだろう。その後、嘉慶二年（元中五・一三八八）三月に足利義満の和歌浦巡遊、翌年には高野参詣が行われ、紀州は完全に北朝方に平定された。

地元の伝承によると、城はその後、根来寺の勢力が改修して使用したとされる。貴志川流域の高野山膝下荘園と根来寺領山東荘の間で、たびたび紛争があったとされるので、その影響による改修であろう。

篠ヶ城は、山頂曲輪Ⅰを中心に南・西・東の三方の尾根に曲輪が広がり、さらに、東・西に出城が二か所ある。これらの遺構は二種類に大別できる。一つは、曲輪の造成が不十分で、堀切ではなく切岸で遮断し、自然地形に近い箇所。もう一つは、堀切や土塁・石積みなどが使われ、曲輪の造成がしっかり行われている部分である。曲輪Ⅱ・Ⅲと出城Ⅴ・Ⅵは前者で、堀切はほとんど使われず、主に切岸で遮断し曲輪の造成は甘い。一方、Ⅰ・Ⅳは堀切四本（図のA・Bなど。竪堀含む）、曲輪の縁には土塁が使われ、石積みまで見られる。遺構の差異は時期差によるものであろう。南北朝期の城郭は一般に曲輪造成が不十分で、遮断施設は切岸が主体である。南北朝期にⅠ～Ⅵの曲輪群が築かれ、その後（戦国期か）Ⅰ・Ⅳの部分のみが、遮断性を高め、曲輪間のつながりをよくするために石積みや堀切で改修したのだろう。この改修は東から敵が来ることを想定して、山腹の宝光寺を守ることが主目的であったようだ。戦国期の改修時に曲輪Ⅱ・Ⅲと出城Ⅴ・Ⅵは改修されずに放置されたのであろう。

石積み

城跡を歩くときに、南北朝期の造成の不十分な曲輪・出城群と戦国期の堀切・竪堀が使われた曲輪群を見比べながら歩くとよい。和歌山市黒岩の観音寺から、「僧兵の道」というハイキング道に入れる。また、海南市孟子の「ビオトープ孟子」からも登ることができる。

（白石博則）

［参考文献］白石博則「篠ヶ城」（中井均監修・城郭談話会編『図解 近畿の城郭』Ⅱ、戎光祥出版、二〇一四年）

# 9、雑賀衆《さいか》の城館

雑賀衆（読みは「さいか」であり、「さいが」とは濁らない）は、戦国時代に紀伊国北部で形成された地縁的共同体である。その領域は、現在の和歌山市から海南市の一部に及び、雑賀庄・十ヶ郷・宮郷（社家郷）・中郷・南郷の五組で構成される。それぞれの郷（組）は、数ヶ村から十数ヶ村程度の村々からなり、各村を代表する土豪が寄り集まり、自治を行ったことが知られる。

雑賀衆は、地域の紛争解決や対外的な戦争などの場面で「惣国《そうこく》」と名乗り、みずからが治める領域を「国」と認識していたことがわかる。ポルトガルの宣教師《せんきょうし》ルイス・フロイスは、雑賀衆をヨーロッパにおける富裕な農夫になぞらえ、紀伊国にあった宗教共和国の一つと捉えている。[＊1]

このように、対外的には「国」としてのまとまりを示す一方で、それぞれの組の成り立ちや性格は一様ではなかった。雑賀庄は矢宮《やのみや》神社（和歌山市）を産土神《うぶすながみ》とし、永禄六年（一五六三）には鷺森《さぎのもり》（同市）に御坊《ごぼう》が営まれ、紀伊国における浄土真宗の拠点として隆盛を誇った。十ヶ郷は、紀伊国の最西端に位置する。加太《かだ》の向井家が村上水軍より交付された過所旗《かしょき》（個人蔵・国重要文化財）が現存しており、瀬戸内方面との海上の行き来が活発であったことが偲ばれる。宮郷（社家郷）は、紀伊国の一宮である日前宮《にちぜんぐう》の影響下にあった地域である。条里地割がまとまってみられ、宮井《みやゆ》という用水の恩恵を受けて農業が盛んに行われたことがうかがえる。中郷は、紀伊国の国衙《こくが》にほど近く、在庁官人《ざいちょうかんじん》をつとめていた領主が支配する地域である。南郷は、春日神社（海南市）を紐帯とし、大野十番頭と呼ばれる土豪連合が地域支配にあたった。

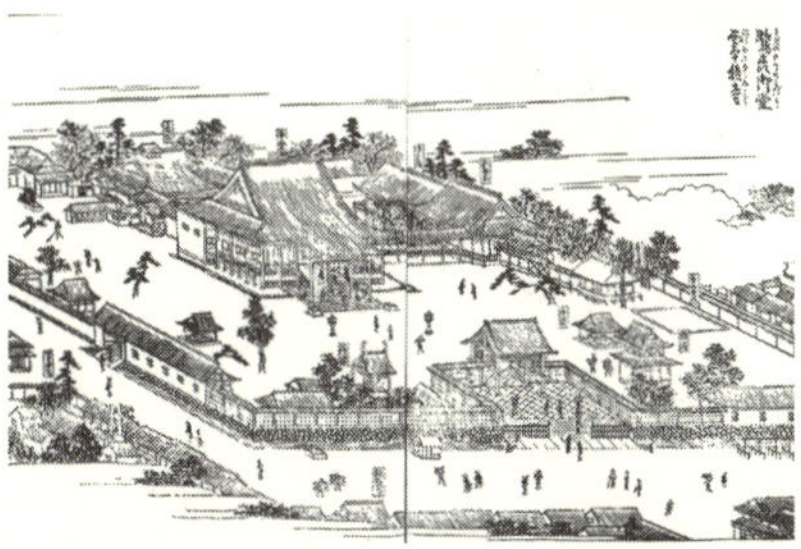
『紀伊国名所図会』に描かれた鷺ノ森御坊　当社蔵

＊1　『日本史』

右のような成立背景の違いから、五組は決して一枚岩ではなかった。天正五年（一五七七）、織田信長が雑賀を攻めた際には、雑賀庄・十ヶ郷が信長に敵対し、宮郷・中郷・南郷は信長に恭順する姿勢をみせた。中野《なかの》城（和歌山市）は、このときに雑賀方が籠もった城である。また、雑賀衆はしばしば大坂本願寺の要請に応じて傭兵として戦ったが、全員が浄土真宗に帰依していたわけではなく、いわゆる一向一揆《いっこういっき》とは区別すべき存在である。

雑賀五組では、村を代表する土豪クラスが城を築く主体であったと思われるが、その実態は必ずしも明らかにはなっていない。天正十年六月、本能寺の変の直後に起きた騒動では、鈴木孫一《すずきまごいち》以下の城が、土橋《つちはし》氏に攻め落とされている。*2 ここでは、鈴木氏の一族がそれぞれに城を構えており、氏族ごとに拠点が確立していなかったことがわかる。

天正十三年、羽柴秀吉は敵対する一揆勢を鎮圧するため、紀伊国に攻め入った。このとき、雑賀衆内でも秀吉を引き入れる動きがあり、一揆の主力は早々にゆくえをくらました。秀吉は、一揆の残党が籠もる太田《おおだ》城（和歌山市）を水攻めし、圧倒的な動員力を紀州の人々にみせつけた。こうして一揆の支配は終焉を迎え、紀伊国は統一政権の支配下に置かれることとなった。

（新谷和之）

［参考文献］石田晴男「守護畠山氏と紀州「惣国一揆」」（峰岸純夫編『本願寺・一向一揆の研究』吉川弘文館、一九八四年）／海津一朗編『中世終焉―秀吉の太田城水攻めを考える』（清文堂出版、二〇〇八年）／川端泰幸『日本中世の地域社会と一揆―公と宗教の中世共同体―』（法藏館、二〇〇八年）／小山靖憲『中世寺社と荘園制』（塙書房、一九九八年）／武内善信『雑賀一向一揆と紀伊真宗』（法藏館、二〇一八年）

*2　『宇野主水日記』

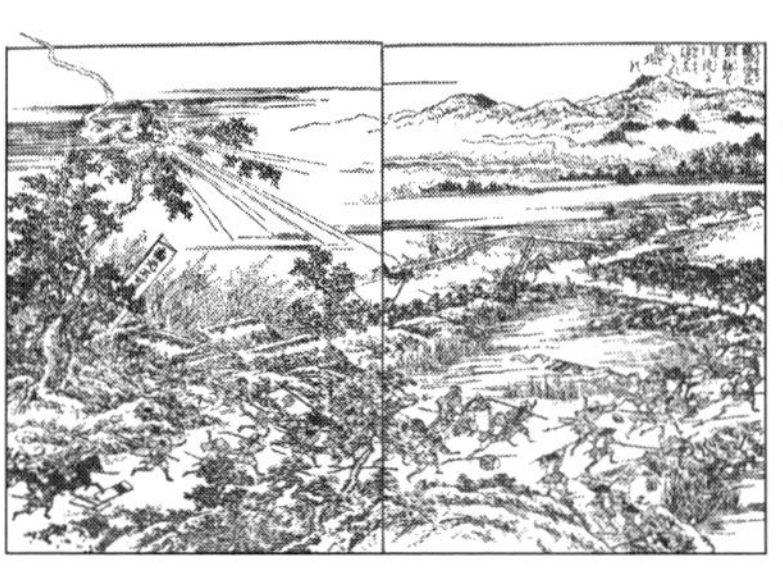

『紀伊国名所図会』に描かれた雑賀衆と織田信長軍との攻防戦　当社蔵

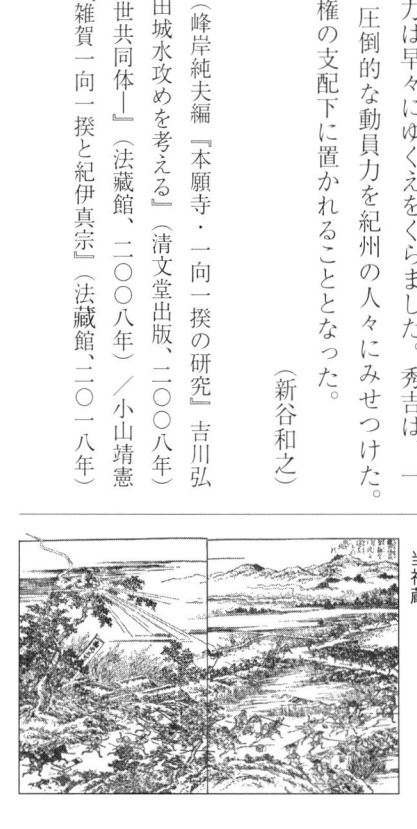

秀吉に水攻めされた城

# 73 太田城《おおだじょう》

①所在地：和歌山市太田
②別　称：なし
③標　高：四・八m／比　高：〇m
④遺　構：堀

太田城は、天正十三年（一五八五）、羽柴秀吉によって水攻めされたことで有名である。秀吉の紀州攻めでは、一揆の主な陣営が早々に瓦解し、根来衆・雑賀衆の残党が籠もる太田城の攻略が焦点となった。太田の人々は当初、秀吉方に従う姿勢をみせていたが、一揆の残党が潜んでいることが発覚し、秀吉から敵方と認定されたのである。その際、秀吉方の兵力の大きさを対外的にみせつけるために、労力を要する水攻めという戦法をあえて選択したものと思われる。

秀吉勢は、太田城の周囲に長大な堤防を短期間で築き、紀ノ川南岸を潤す宮井《みやゆ》の水を引き込んだ。堤の一部が水圧に耐えかねて崩壊するが、速やかに修築し、再び導水が行われる。同年四月二十二日には和睦がなり、一揆方の張本人五十名ほどが処刑され、残りの百姓は武装解除を条件に赦免された。[*1]

ＪＲ和歌山駅の東方では、発掘調査で一六世紀の溝が複数確認されている。これらは、明治期の地籍図にみえる水路とおおむね重なる。そこから、太田城は東西約四五〇×南北約三五〇メートルの環濠集落であったと評価されている。ただし、環濠を集落の区画や防御のために敷設すること自体はそう珍しくなく、秀吉との対戦に備えて一気に整備されたとみるべきではない。環濠自体は、天正十三年より前から存在した可能性が高いと思われる。

太田城の本丸跡と伝承される来迎寺《らいこうじ》の境内には、徳川頼倫《よりみち》の揮毫《きごう》による城跡碑が建ってい

＊1　「太田家文書」「中家文書」など。

（左写真）太田城跡碑　写真提供：水島大二（以下、同）

る。来迎寺の北東隅にある「小山塚」は、戦死した籠城衆の首を埋めた塚の一つとされ、もとは一〇〇メートルほど南東にあった。

来迎寺から七〇〇メートルほど北東に、出水《でみず》堤がある。これは、水攻めのために秀吉方が築いた堤の一部である。基底部は、最大で三一メートルにも及び、大がかりな土木工事がなされたことがうかがえる。なお、近年の発掘調査で、堤を築いた際の土取り穴とみられる遺構が確認され、考古学の分野で築堤の検証が進んでいる。

ＪＲ紀勢本線と和歌山電鉄貴志川線の合流点付近に、惣光寺《そうこうじ》がある。当寺には、太田城水攻めの様子を描いた「総光寺由来并太田城水責図」が残されている。

（新谷和之）

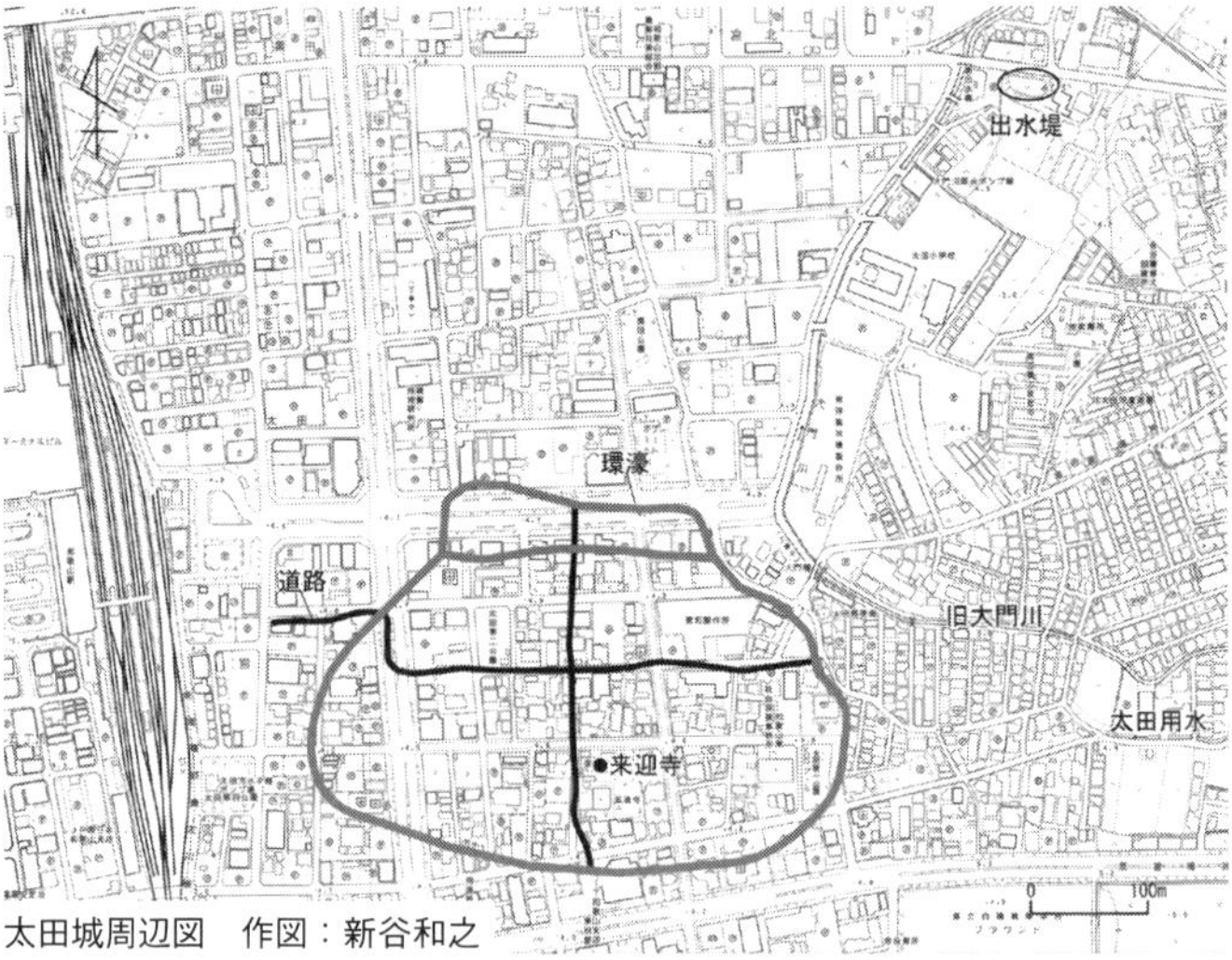

太田城周辺図　作図：新谷和之

［参考文献］大木要・菊井佳弥「太田城水攻めの関連遺構について―友田町遺跡第十次発掘調査成果を中心に―」（『研究紀要』三一、和歌山市立博物館、二〇一六年）／海津一朗編『中世終焉』（清文堂出版、二〇〇八年）／新谷和之「天正一三年「太田城」の実像」（『和歌山城郭研究』一二、和歌山城郭調査研究会、二〇一三年）

出水堤

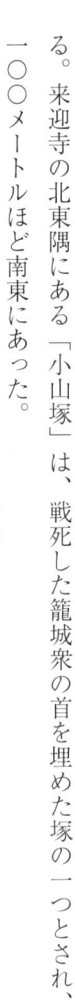

巨大な堀で守られた寺

# 74 鷺森御坊《さぎのもりごぼう》

①所在地：和歌山市鷺ノ森
②別　称：雑賀御坊
③標　高：四m／比　高：〇m
④遺　構：なし

和歌山市駅から東に三〇〇メートルほど進むと、鷺森別院がある。当地は、中世には雑賀五組の一つ雑賀庄に含まれ、そのなかの宇治郷《うじ》に属していた。また、近世和歌山城下町の北部にあたり、和歌山城とは七〇〇メートルほどの隔たりがある。城下町の道筋がほぼ真北に延びるのに対して、当寺の区画は東に一五度ほど傾く格好であり、城下町形成以前の古い様相を示していた。しかし、戦後の都市計画で新しく道路が整備され、現在では寺の西面に古い道が残るのみとなっている。

浄土真宗の拠点である御坊は、紀州では永正四年（一五〇七）に黒江《くろえ》（海南市）に営まれ、天文十九年（一五五〇）に御坊山（和歌山市）に移る。当地に御坊が移るのは、永禄六年（一五六三）のことである。天正八年（一五八〇）、本願寺《ほんがんじ》門主・顕如《けんにょ》は織田信長と和睦し、大坂本願寺を退去して当寺に移る。その後、天正十一年に貝塚《かいづか》（大阪府貝塚市）に移るまで、ここが本願寺となった。

現・伏虎《ふっこ》義務教育学校の敷地で発掘調査を実施したところ、幅約一七メートルの堀が検出された。出土遺物の年代から、堀が掘削されたのは一六世紀後半とみられる。その後、一七世紀前半には堀幅が大幅に縮小されて水路となり、一七世紀中葉以降にはその水路も埋められた。堀の北肩部では同時期の遺構はほとんど確認されていないことから、堀の内側には土塁がめぐっていた可能性が高い。また、堀にかかる橋脚の一部も発見され、南側に門が開いていたことも明らかに

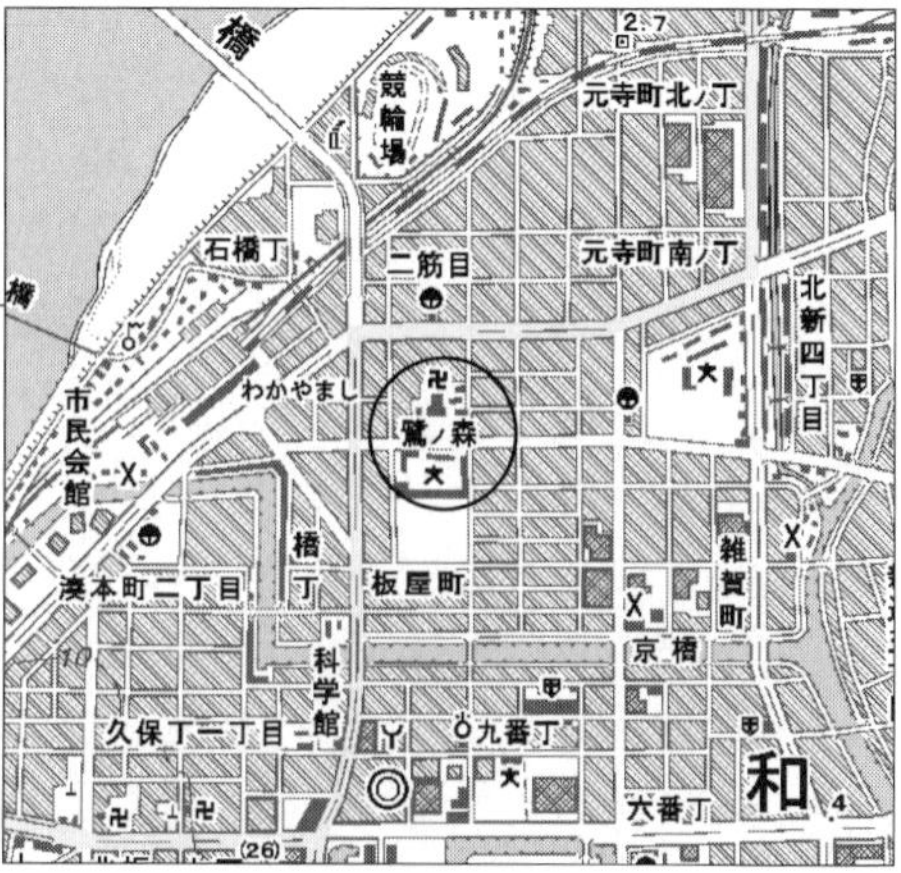


＊1　「鷺森旧事記」

（左写真）鷺森別院　写真提供：水島大二（以下、同）

なった。

鷺森御坊は、天正初年に御堂と御主殿を新造し、もとの本堂を対面所に改修した。[*1] このうち、御主殿は天正二年に造営されたことが、空襲で焼失した棟札からわかる。この一連の改修は、いざというときに本願寺が大坂から鷺森へ退去するための備えとしてなされたと評価されている。したがって、発掘調査で見つかった堀も、この頃に整備された可能性が高いといえる。

寺内と堀の配置図　作図：西村 歩

堀の内部からは、陶磁器や瓦に加えて、鎧の小札《こざね》片や鉄砲玉といった武器・武具の遺物も出土している。これらも含めた調査成果の全容については、今後刊行される発掘調査報告書で明らかにされることだろう。

（新谷和之）

［参考文献］武内善信『雑賀一向一揆と紀伊真宗』（法藏館、二〇一八年）／『和歌山市埋蔵文化財発掘調査年報─平成二四年度（二〇一二年度）─』（公益財団和歌山市文化スポーツ振興財団、二〇一五年）／『和歌山市埋蔵文化財発掘調査年報─平成二六年度（二〇一四年度）─』（同右、二〇一七年）

発掘調査で出土した堀。二〇一五年

『信長公記』が語る雑賀衆の城

# 75 中野城《なかのじょう》

①所在地：和歌山市中野
②別　称：なし
③標　高：五m／比　高：0m
④遺　構：伝石垣・堀

和泉山脈を越えて和泉南部と和歌山平野を結ぶ結節点の一つ、孝子峠《きょうし》を南下して雑賀庄の中心部に至るルートの途中に中野城がある。天正五年（一五七七）、織田信長の雑賀攻めでもこのルートが使われた。このときの信長方の陣城と考えられている木本城《きのもと》（城山遺跡・和歌山市）が、中野城の北西約一・五キロに位置している。*1

戦国時代の和歌山には、俗に「雑賀衆」と呼ばれる土豪の共同体があった。雑賀衆は、地域ごとに大きく雑賀五搦《ごからみ》と呼ばれる自治組織に分かれ、紀ノ川北岸の西側は「十ヶ郷」と呼ばれていた。中野城（中野遺跡に比定される）はその中心部に位置し、かつて紀ノ川の本流であった土入《どにゅう》川とその支流に囲まれた微高地に立地する。

中野城は、『紀伊続風土記』には「貴志教信の持城」と記載されている。貴志氏は、旧中野村を含む貴志庄の土豪と思われ、隣接する梅原村の記事にも登場する。中野城を擁する十ヶ郷の一員だったのだろう。

中野城が登場する史料は、ほぼ信長の雑賀攻めに関連するものである。天正五年二月、大坂本願寺と争う信長は、本願寺の主戦力となっていた紀州雑賀へ侵攻する。十万余ともいわれる大軍*2などで、山手（おそらく雄ノ山《おのやま》峠）、浜手（孝子峠）の二方面から和歌山平野に侵入した信長の軍勢は、

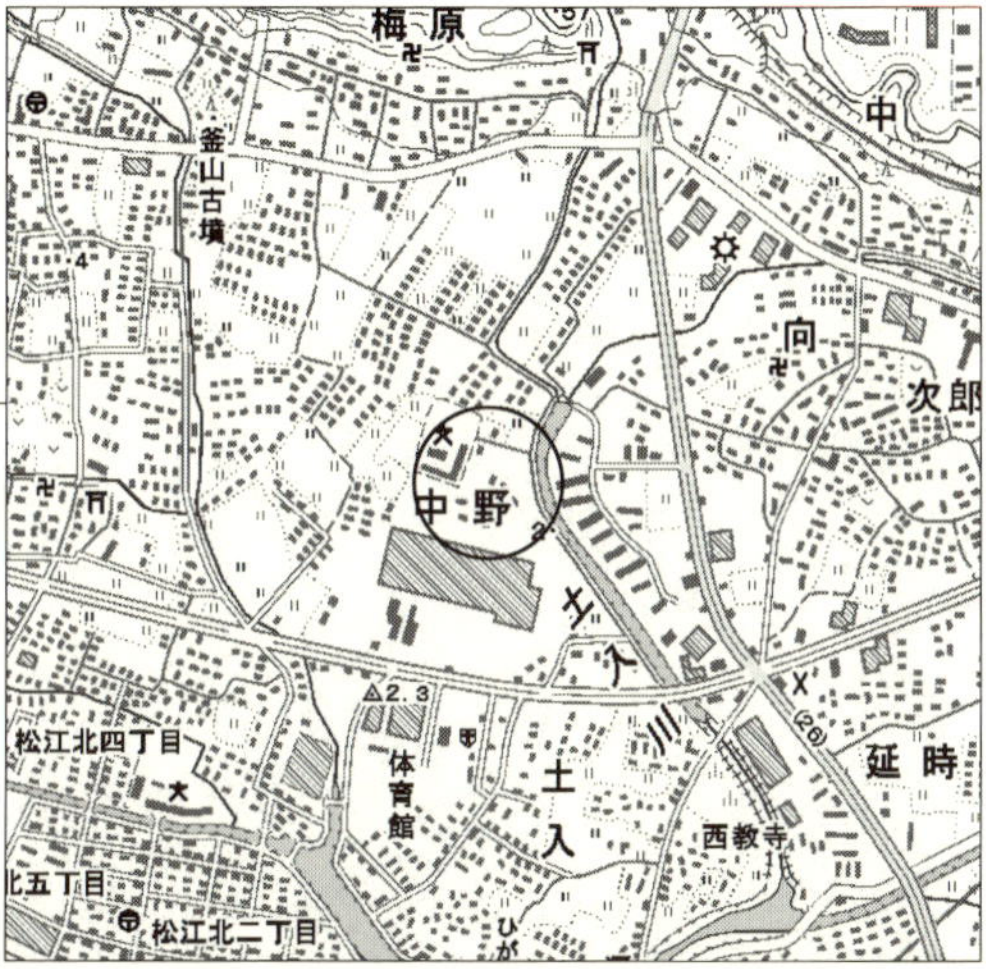


＊1　一九九三年、全面発掘されて、鉛塊などが出土。また、中野城側に四脚門の存在を示す礎石が出土した。

＊2　『兼見卿記《かねみきょうき》』

本願寺方であった十ヶ郷、雑賀本郷を攻め、四〇日余りの戦いの後、和睦して撤退した。

『信長公記』には、「(二月)二十二日(中略)、所々を焼き払い、中野城を取り巻いた」「二十八日(中略)中野城は降参を申し出たのでそれを認めた。その上で城介(織田信忠)は、中野城を取りたてて本陣とした」と記録されている。

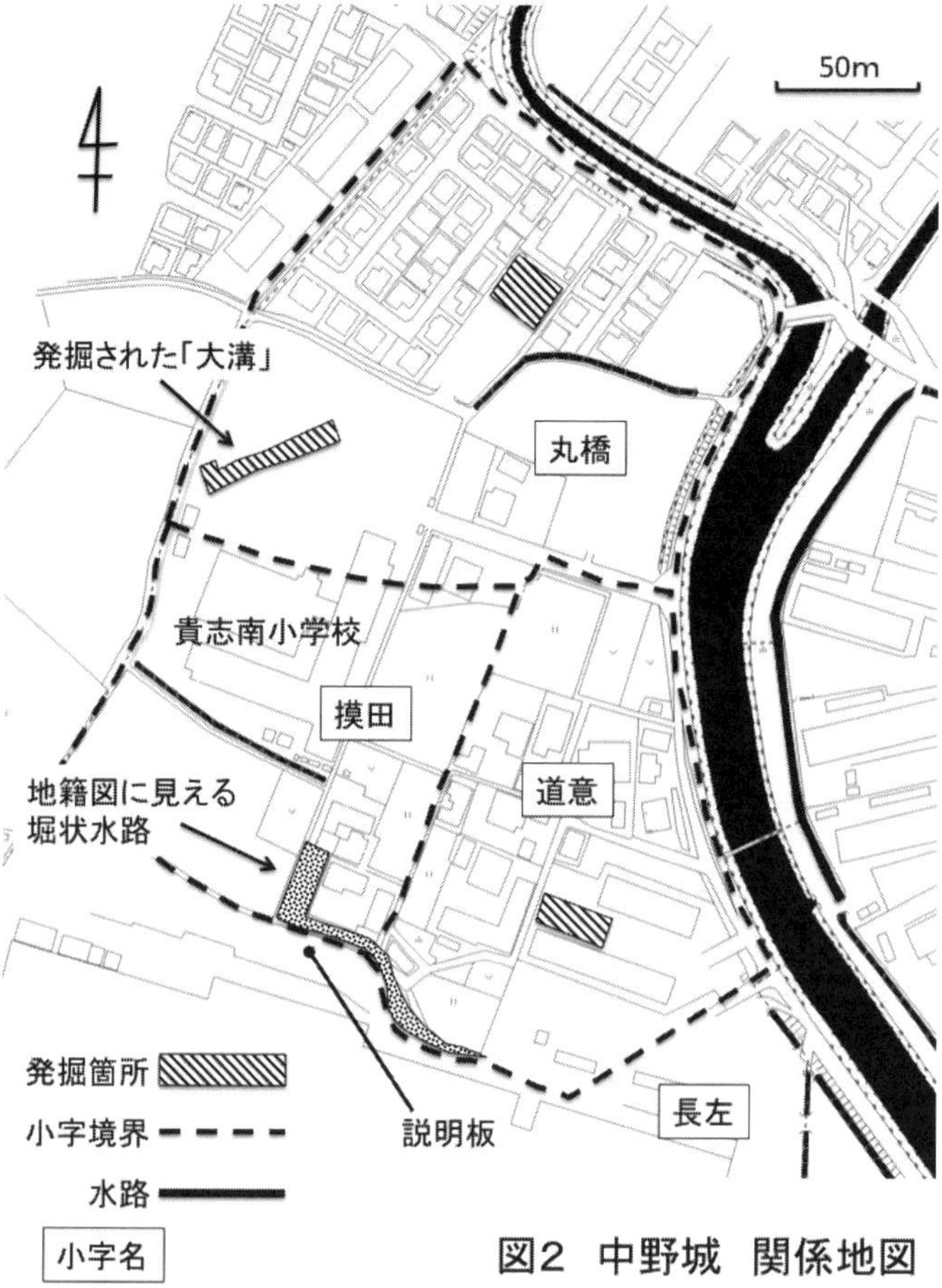


図2　中野城　関係地図

中野城図　作図：伊藤俊治

その後、大坂本願寺から「中野城に在城した者たち、敵に降参し城を明け渡したこと言語道断である」と叱責を受けていること[*3]、貴志氏がその後、信長に仕えたらしいことから[*4]、七日間にわたって行われたという戦いは、激しい攻城戦というよりは、短い籠城の末、調略されたものかもしれない。

現在、パームシティと呼ばれるショッピングセンターの北側に、中野城の所在を示す説明板が和歌山市によって建てられている。その背後の石垣が中野城の堀の石垣と伝えられ、かつて石垣の中程には雁木があったが、現在は埋め立てられて、個人邸の庭になっている。古写真を見ると、石垣の前面には幅数メートルの窪地が沼のようになって東西に走っており、これが堀跡とされる。[*5]

伝石垣と堀跡

中野城付近の発掘調査は、三度行われている。貴志南小学校の建設時に行われた調査では、火縄銃の弾が発見され、また、幅七メートル、深さ九〇センチの「大溝」が六五メートルほどにわたって検出された。大溝は、北東の端で途切れており、外郭線の堀というよりは、輸送路と思われる。また、近傍から瓦溜が見つかっており、瓦葺建物を備えた荷揚げ施設ではないかと評価されている。

しかし、この大溝から北東へ五〇メートルほど離れた地点では、中世の水田後は検出されたが、城の施設は発見されなかった。[*6] さらに、現地に立つ説明板から東へ八〇メートルほど離れた水田調査でも、遺構は発見されていない。[*7]

＊3　「下津徳眼寺文書」
＊4　『紀伊続風土記』
＊5　『定本・和歌山県の城』
＊6　『中野遺跡第二次発掘調査概報』
＊7　『平成十九年度　和歌山市内遺跡発掘調査概報』

また、明治期の地籍図によると、大字「中野」は四つの小字からなり、城の中心は小字「道意《どうい》」(「土居」の転化か)と推定される。周辺には、発掘で見つかった大溝や堀跡とつながるように水路が走っているものの、後世の開発と近年の都市化のため、中野城の構造については、ほとんどわからない。『紀伊続風土記』を見ても、中野村は周辺の村に比べて四分の一ほどの規模である。

新谷氏の研究や発掘の結果を総合すると、中野城は大きく見積もって一〇〇メートル四方ほどの規模だったのではないかと推定される。信長の侵攻を前に、雑賀衆は土入川とその支流に囲まれた、比較的守りやすい土地に臨時の城を設けたのではないだろうか。

中野城跡へは、南海和歌山市駅からバス(坂田行)で市民体育館前バス停を下車。ショッピングセンター・パームシテイ駐車場北奥を目指すと、案内標柱のある場所に着く。　(水島大二)

[参考文献] 水島大二監修『定本・和歌山県の城』(郷土出版社、一九九五年)/『中野遺跡第二次発掘調査概報』(和歌山市文化体育推進事業団、一九九八年)/『和歌山市内遺跡発掘調査概報』(和歌山市都市整備公社、二〇一三年)/伊藤俊治「織田信長の雑賀攻めについて」(『和歌山城郭研究』一二、和歌山城郭調査研究会、二〇一三年)/新谷和之「織田信長の雑賀攻めと中野城」(『和歌山城郭研究』一三、和歌山城郭調査研究会、二〇一四年)

※本項は、中井均監修・城郭談話会編『図解 近畿の城郭』Ⅲ(戎光祥出版、二〇一六年)所収の「中野城」(伊藤俊治氏執筆)を水島が要約したものである。

枝尾根に三つの城跡

# 76 神田城《かんだじょう》

①所在地：海南市日方
②別　称：神田山の城・妙見山城
③標　高：八七m／比　高：六五m
④遺　構：曲輪・堀切

城が立地する海南市は、熊野古道と西高野街道の分岐点にあたり、古くからの要衝地である。一五世紀中頃、現・広川町（有田郡）に守護所が移る以前は、海南市大野に守護所が置かれていたといわれている。城は、大野を一望する城ヶ峰（標高一七四メートル）から派生した標高八七mの枝尾根と、さらに東西に枝分かれした先端に築かれている。本稿では、便宜上三か所の城跡を「西の城」・「中の城」・「東の城」と表記するが、文献史料でも三か所の城跡が確認できる。地誌『日方記』によれば、「此妙見山の頂上に城跡上下段」「北の山の頂上に城跡上下段」「此山の次ぎ北の方峯筋に城跡上下段」と記され、若干方位に違いはあるが、信用に値する記述である。

西尾根先端の「西の城」は、北方鞍部に幅約四メートルの堀切を一本設け、東斜面へ竪堀として落としている。曲輪の規模は、五〇×二五メートルの楕円形。曲輪面は、数か所に区画されているが、目的が判然とせず、耕作跡の可能性がある。「中の城」は、城ヶ峰から派生した尾根鞍部を二本の連続した堀切で遮断し、両斜面に竪堀が続く。曲輪面は、シダ植物が生い茂り、詳細な観察は不可能だが、削平は曖昧なようだ。「東の城」は、三か所の城跡で最も土木量が多い。南北に堀切を配し、やや緩い東斜面には短い横堀も築かれている。曲輪面は南北に二分され、北側はわずかに高く、中央に方形の高まりが残る。

当城の見どころは、枝尾根に三か所の城跡が築かれていることである。三つの城跡は、堀切の

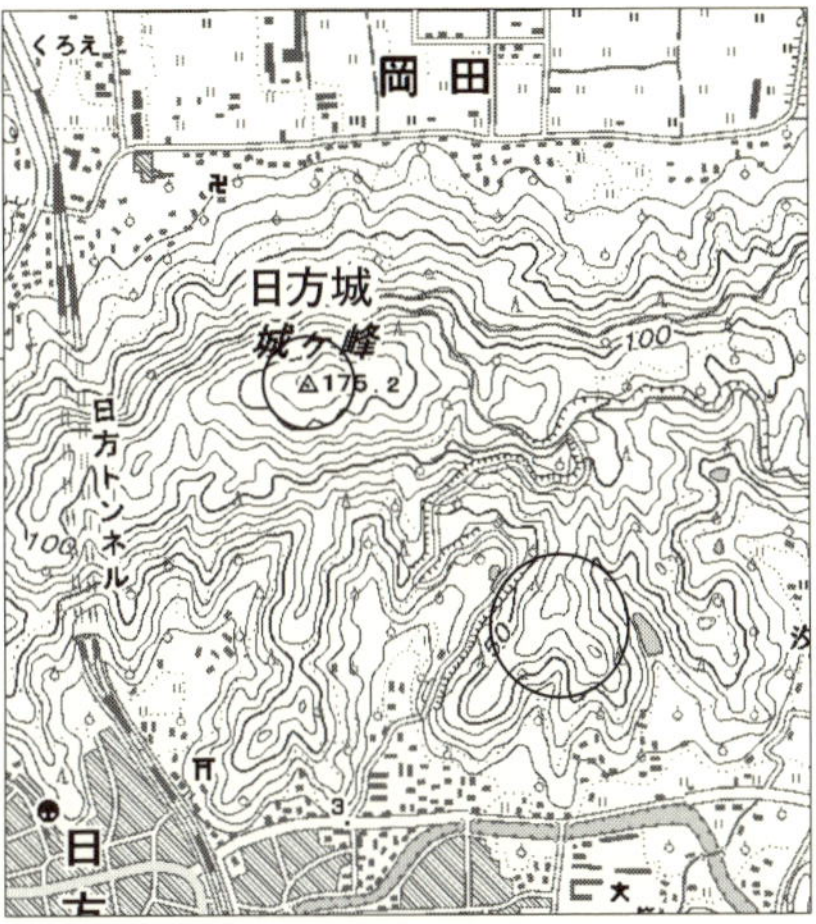

西の曲輪堀切

立地から推測すると、単独に機能していたようで、それぞれ主体が異なっていたのかもしれない。そのような特徴に思いを馳せながら城跡を散策するのもよい。

神田城が築かれた尾根の最頂部、城ヶ峰の山頂に日方《ひかた》城（海南市）が築かれていた。築城者は山名義理や桑原弾正、在地武士などと伝わる。山頂の西側はやや高所で、東側には低い土塁がめぐり、ほとんどが自然地形の平坦部である。東鞍部に延びる斜面に空堀も築かれているが、塹壕跡との評価もある。現状は、自然公園となり改変も受けている。

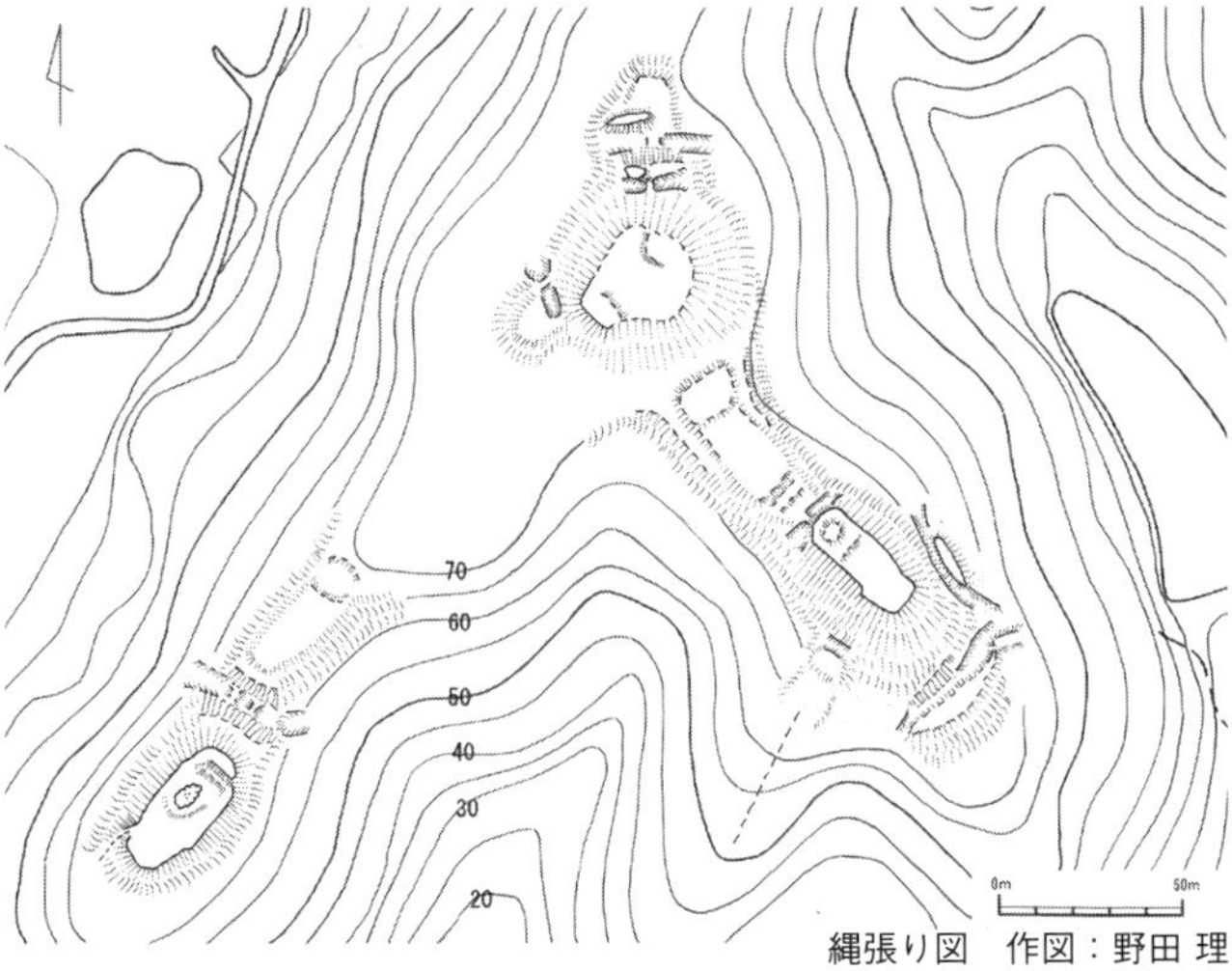

縄張り図　作図：野田 理

神田城へは、海南市中心街から北に延びる城ヶ峰に並行して通る、県道一八号線を東進し、日方公民館あるいは神田地蔵寺を目指すとよい。神田地蔵寺の背後にある山塊が神田城である。城域に至るルートは、中腹からでも可能であるが、直登することをお勧めする。公的な駐車場所は日方公民館となるが、無断駐車は厳禁である。（野田　理）

［参考文献］水島大二監修『定本・和歌山県の城』（郷土出版社、一九九五年）／中井均監修・城郭談話会編『図解 近畿の城郭』Ⅰ（戎光祥出版、二〇一四年）／『和歌山城郭研究』一一（和歌山城郭調査研究会、二〇一二年）

城跡遠望

## 10、熊野三山《くまのさんざん》の城館

熊野三山は、紀伊国南部に所在する本宮《ほんぐう》大社（田辺市）・那智《なち》大社（那智勝浦町）・速玉《はやたま》大社（新宮市）の総称である。それぞれはもともと別々の神を祀っていたが、次第に共通の神を祀るようになり、さまざまな信仰が融合して、独特の宗教的環境を形成していった。院政期には、天皇・上皇・貴族らがこぞって参詣し、京都と熊野を結ぶ参詣道が整備された。参詣者はやがて地方の武士や一般の民衆にまで広がり、一五世紀後半には「蟻の熊野詣」と称されるような盛況をみせた。

三社はそれぞれ独自の組織を編成し、そこに属する神官らは在地領主としての側面ももった。そのなかには、御師《おし》として参詣者を現地で迎え入れ、莫大な収入を得る者もいた。このような三山と在地領主との緊密なつながりは、牟婁郡のほぼ全域に及び、宗教を紐帯とした独特な地域構造が育まれた。

熊野三山は独自の軍事力をもち、守護と敵対することもあった。応永二十五年（一四一八）、本宮大社は守護・畠山満家《みついえ》が田辺を押領したことに反発し、神輿《しんよ》をかついで田辺まで押し入った。そして田辺で守護方と合戦し、勝利している。[*1] また、一五世紀半ばの畠山氏家督の分裂に際して、土居・西・坂本・愛洲《あいす》ら牟婁郡の土豪は畠山義就《よしひろ》方に付いている。文正元年（一四六六）、義就の養子政国《まさくに》は、湯河《ゆかわ》氏が治める芳養《はや》荘（田辺市）を速玉大社に寄進しており、[*2] 熊野勢の懐柔を試みたことがわかる。

一六世紀後半には、新宮の堀内《ほりうち》氏が台頭し、熊野において大きな影響力を及ぼすようになる。

＊1　『看聞《かんもん》日記』など

＊2　「速玉大社文書」

天正九年（一五八一）、堀内氏善《うじよし》は織田信長より牟婁郡の境目、相賀《おうが》（三重県紀北町）までの知行を認められた。[*3] 氏善は那智山実報院《じっぽういん》（米良《めら》家）との関係を深め、天正九年には実報院と対立する廊之坊《ろうのぼう》（塩崎《しおざき》氏）の居城、勝山《かつやま》城（白浜町）を攻め落とした。[*4] 豊臣政権下では、二万七千石と紀伊国の在地領主のなかで最大の石高を誇り、熊野の軍事的な征圧と材木の調達などを担った。しかし、慶長五年（一六〇〇）の関ヶ原の戦いで西軍に味方し、没落する。

熊野では、三山の影響下にある在地領主がそれぞれ城を築いた。そのため、築城には神社の側の意向がある程度反映され、実力に見合った城づくりが必ずしもなされたわけではない。また、堀内氏が豊臣政権に従ったため、天正十三年以降も城の整備がなされた点が、この地域の特徴である。越路《こしじ》城（新宮市）のように、石垣や複雑な虎口をもつ城は、堀内氏の手で改修されたと考えられる。

なお、那智山実報院の居城とされる藤倉《ふじくら》城（那智勝浦町）では発掘調査が行われ、麓の館や港湾との関わりが明らかになった。こうした考古学の成果も踏まえて、地域のなかでの城の役割を探ることが今後求められよう。

（新谷和之）

［参考文献］伊藤裕偉『聖地熊野の舞台裏―地域を支えた中世の人々―』（高志書院、二〇一一年）／小山靖憲『熊野古道』（岩波書店、二〇〇〇年）／阪本敏行『熊野三山と熊野別当』（清文堂出版、二〇〇五年）／藤岡英礼「戦国期における在地城館の構成秩序について―紀伊国奥熊野地方熊野三山領域を中心として―」（『中世城郭研究』十一、中世城郭研究会、一九九七年）／弓倉弘年『中世後期畿内近国守護の研究』（清文堂出版、二〇〇六年）／『安宅荘中世城郭群総合調査報告書』（白浜町教育委員会・安宅荘中世城郭発掘調査委員会、二〇一四年）

---

＊3　「堀内文書」
＊4　「熊野年代記」

堀内氏の西方への進出拠点

# 77 佐《さ》部《べ》城《じょう》

①所在地：東牟婁郡串本町下田原・佐部
②別　称：佐目城
③標　高：一三二m／比　高：一二〇m
④遺　構：堀切・曲輪・土塁

戦国時代の那智山周辺では、実報院米良《じっぽういんめら》氏と廊ノ坊塩崎氏が台頭し、さらに紀南において堀内氏が勢力を伸ばしていた。堀内氏が西方への進出拠点として、下田原《しもたはら》に築城したのが佐部城である。

この動きに対して、天正十一年（一五八三）に田原周辺の在地勢力である高川原《たかがわら》氏・小山氏・安宅氏・山本氏らが連合して、佐部城に攻め寄せている。『熊野年代記』によると、天正十一年六月二十三日の記事に「田原ニテ合戦湯川衆下ハヤ衆ヲ打トル人数八百人」とあり、佐部城合戦があったことが伺える。

当城は、上田原と佐部ノ口の境目の標高一三二メートルの尾根の先端に築かれ、二つの曲輪と二重の堀切、さらに麓に平坦部と小さな曲輪によって構成されている。最頂部の主郭は、東西約一一×南北約四〇メートルで、西側のみに土塁が構築されている。さらに主郭の一段下の北西に、東西約四五×南北約四〇メートルの細長い曲輪がある。この曲輪の北西側にも土塁が築かれ、両曲輪ともに北西面に意識が働いていることから、防御の重点が北西にあったといえる。さらに鞍部には二重の堀切があり、当方からの攻撃を遮断している。この堀切部分は、岩盤を二重に掘り切るという労力を要する工事をしており、大きな見どころである。麓に続く尾根筋の先端にも、土塁囲みの数名しか入れないような小さな曲輪がある。街道に近い位置にあることから、監視のために造られたものと考えられる。

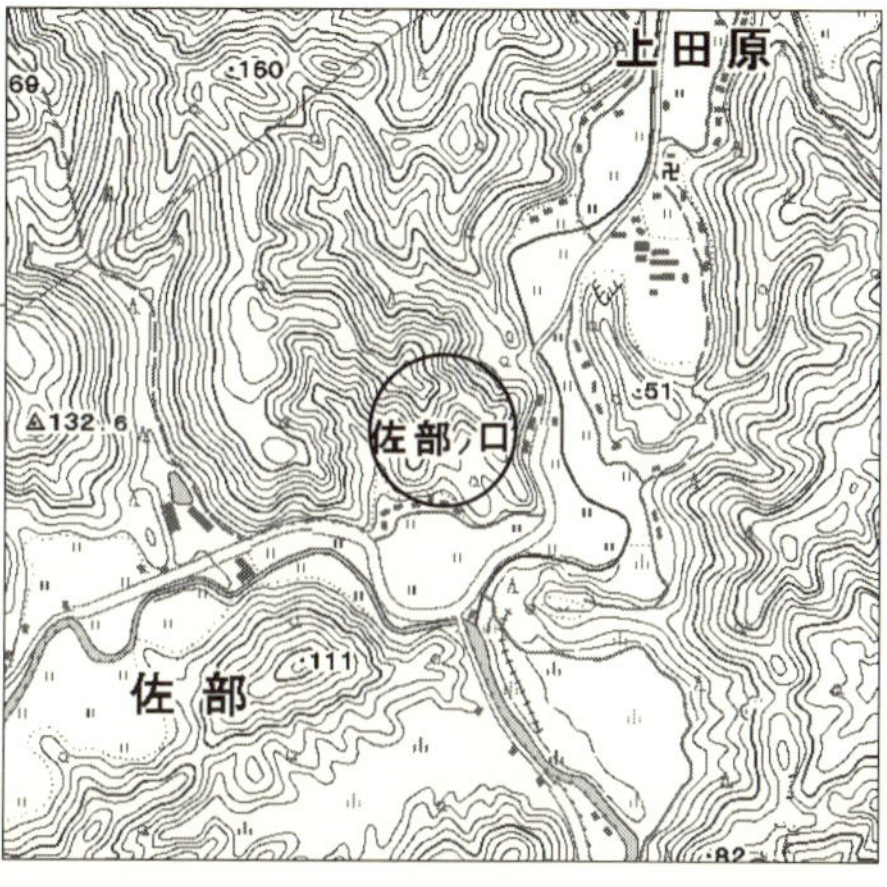

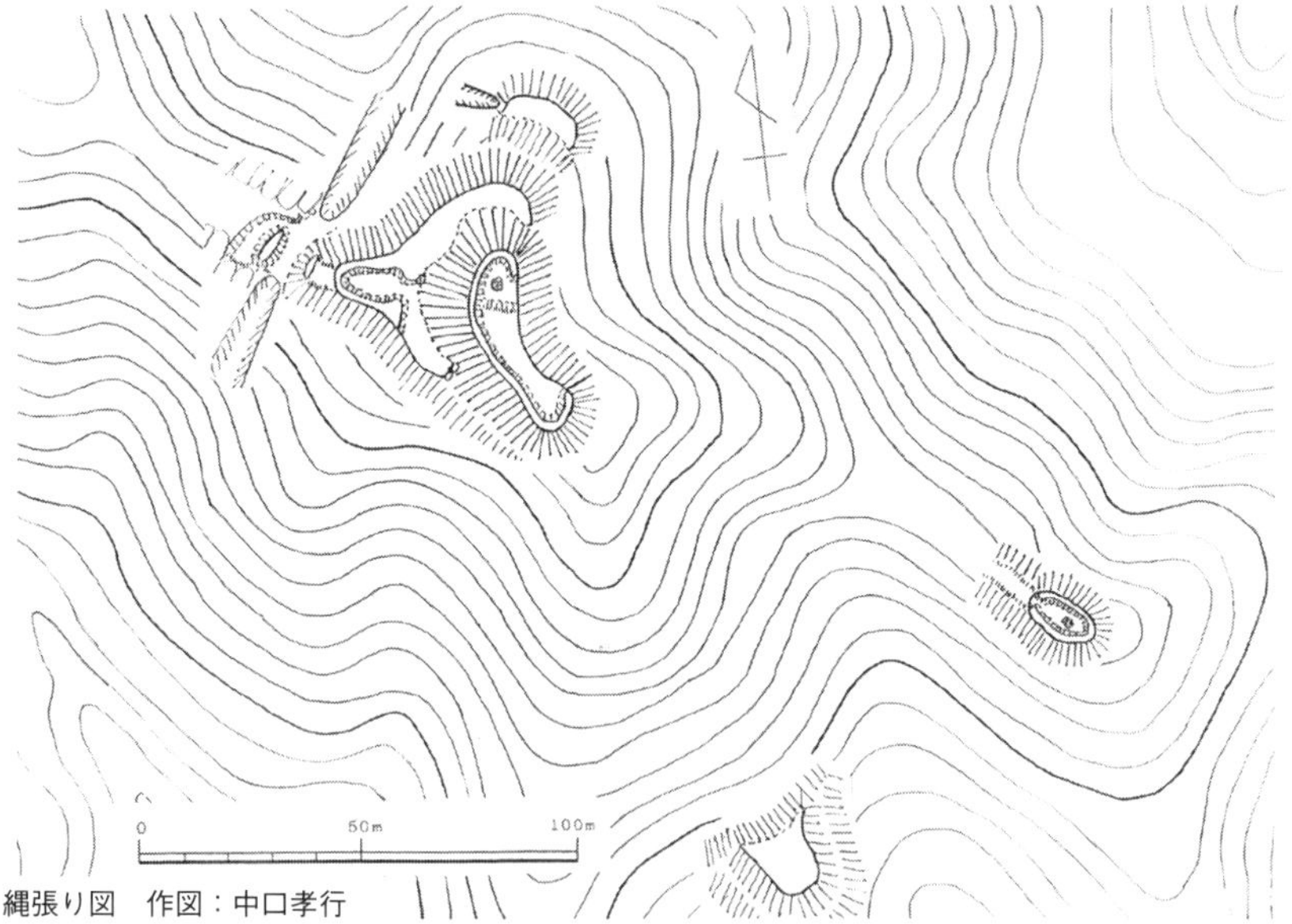

縄張り図　作図：中口孝行

当城は、曲輪の面積も小規模であり、北西にある面積の広い尾根を使用していない点を見れば、多数の軍勢が籠城するのには不適である。当初より少数での防御が考えられていたと思われる。また、当城の直下を通る街道の封鎖を念頭に曲輪を築造している。堀内氏が田辺方面に進出する際に、街道封鎖や監視のために、機能的に防御が容易な城郭として造ったのが当城である。

主郭に至る道は整備されておらず、明確な道も確認できないので、登城は南側の緩やかな斜面から登ることをおすすめするが、注意が必要である。（中口孝行）

［参考文献］水島大二監修『定本・和歌山県の城』（郷土出版社、一九九五年）／中井均監修・城郭談話会編『図解 近畿の城郭』Ⅰ（戎光祥出版、二〇一四年）

堀切

主郭

二種の畝状空堀群が共存する城

# 78 虎松山城《とらまつやまじょう》

①所在地：東牟婁郡串本町和深
②別　称：なし
③標　高：一一〇m／比　高：一〇〇m
④遺　構：曲輪・連続堀切・畝状空堀群

当城が築かれている串本町和深《わぶか》は、和深川河口の漁村を中心に海岸沿いに家屋が散在し、附近一帯は熊野枯木灘《くまのかれきなだ》海岸県立公園と呼ばれる景勝地である。城跡は、牟《む》礼《れ》山系（標高・三三六メートル）から派生した尾根南端に位置し、和深川と鹿淵《かぶち》根川の合流点を見下ろす山上に築かれている。

『紀伊続風土記』によれば、村上某の城跡と記されている。村上氏は和深八幡神社の神主で、築城の際に同家の守護神に勧請《かんじょう》したという。また、地元の伝承では、天正十三年（一五八五）の羽柴秀吉の紀州攻めの際、村上伝十郎が抵抗し、のちに降ったといわれている。

城跡は、南北約二五〇メートルの城域を連続堀切で遮断し、二つの曲輪を中央に配した後、東斜面に防御装置を集めた構成である。南曲輪は全周を土塁で囲んでおり、虎口も明確に残る。本曲輪の北土塁には、犬走り状の平坦面が付加され、足場にできる規模をもつ。大堀切で隔てた北曲輪は虎口や土塁が曖昧で、南曲輪に比べて普請は甘い。南曲輪が主郭、北曲輪が副郭と位置づけられる。ともに東斜面に横堀も築かれているが、主郭（南曲輪）の横堀が明確に遮断されており、優位性をもつ。副郭（北曲輪）を越えた北に続く尾根上には、四本の土塁が平行に並んで普請された特異な遺構がある。また、その尾根の西斜面には、畝状空堀群が築かれている。

当城の評価について、「同規模の曲輪が並ぶことや、土木量の多さ」などから、「周辺地域の住

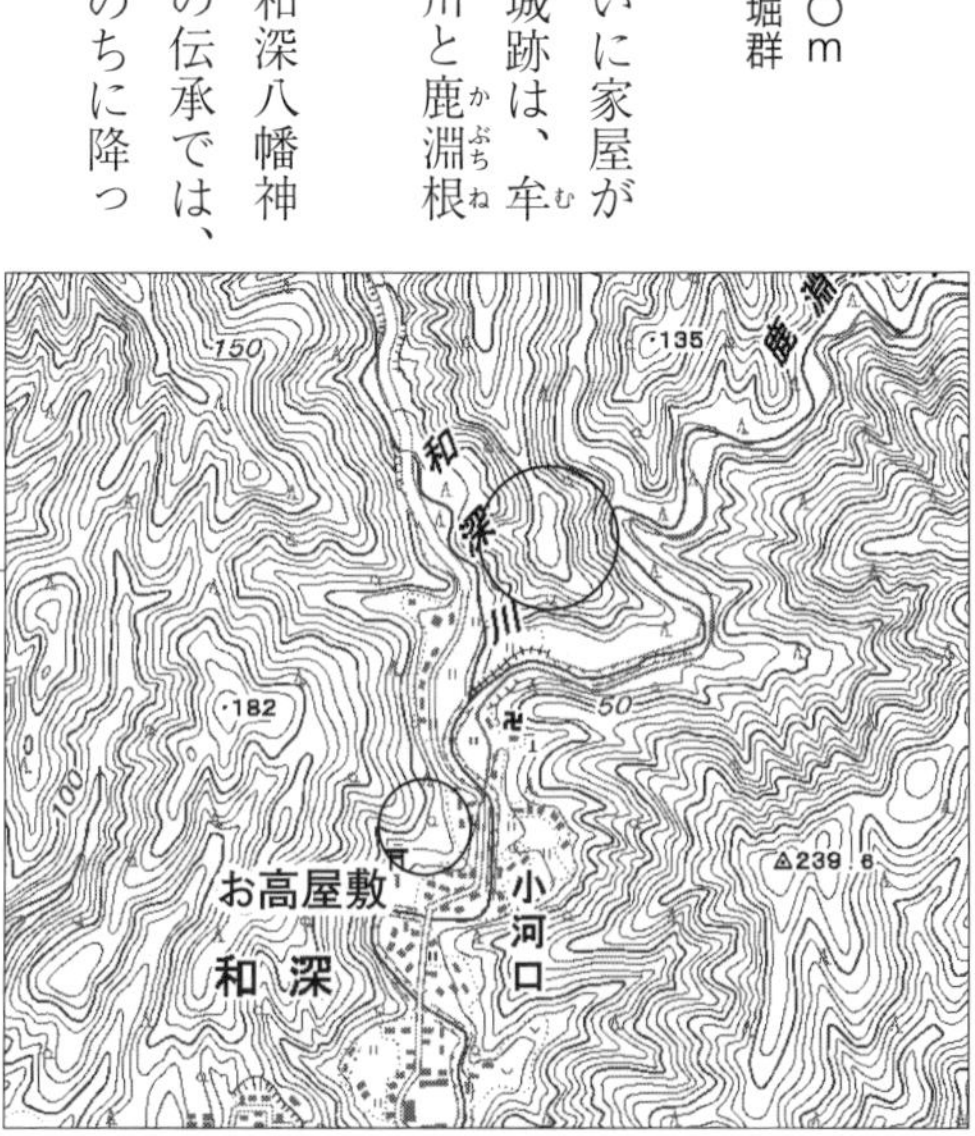

城跡遠望

民が一揆的な結合を呈して籠った城」とした研究もある。[*1]

城跡へは、国道四二号線の和深交差点から和深川に沿って県道三九号線に入り、和深川と鹿淵根川の合流地点付近に駐車が可能である。合流地点から一〇〇メートルほど北上して簡易橋を渡り、植林跡を山に沿って東へ回り込んだ南東尾根先から直登すると、城跡にたどり着く。ただし、駐車する場合には、地元住民に一声かける必要がある。

虎松山城への途中、和深浦《わふかうら》城（同串本町）があり、和深八幡神社の北隣に通称「御高屋敷」と呼ばれる個人宅がある。個人宅の裏山（麓から約一〇メートル）が和深浦城で、尾根を断ち切った堀切と土塁、小曲輪が残る。比高の低さや、個人宅が御高屋敷と呼ばれている関係から、根古屋式城郭との評価がある。[*2]（野田　理）

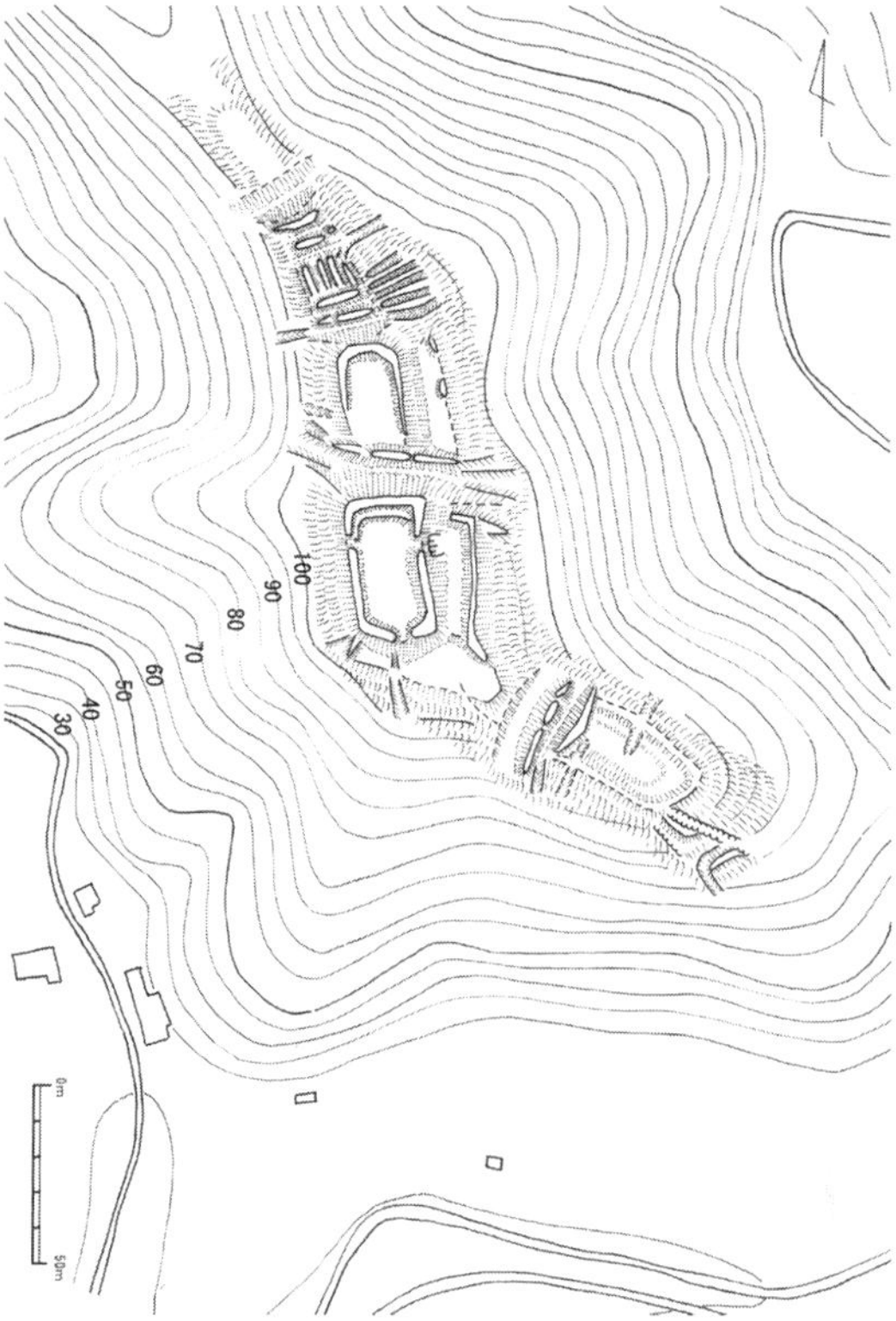

縄張り図　作図：野田 理

［参考文献］水島大二監修『定本・和歌山県の城』（郷土出版社、一九九五年）／中井均監修・城郭談話会編『図解 近畿の城郭』Ⅰ（戎光祥出版、二〇一四年）

横堀

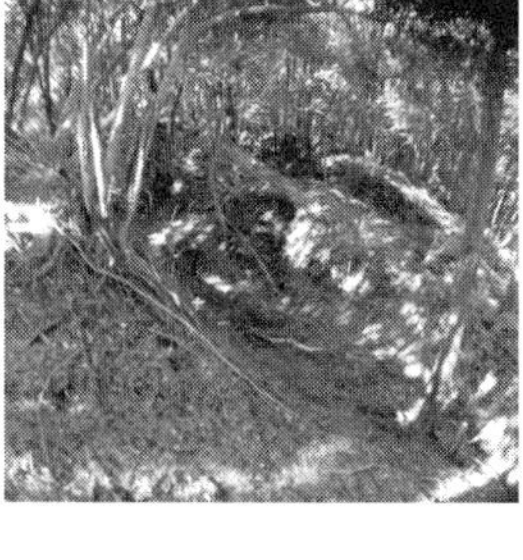
連続堀切

＊1　白石博則「虎松山城」（中井均監修・城郭談話会編『図解 近畿の城郭』Ⅰ（戎光祥出版、二〇一四年）

＊2　前掲＊1

古座川河口と太平洋を望む拠点

# 79 古城山城《こじょうさんじょう》

①所在地：東牟婁郡串本町古座
②別　称：上野山城
③標　高：五七m／比　高：五〇m
④遺　構：曲輪・堀切

上野山と呼ばれる丘陵の南端、太平洋を一望し、遠くに名所の橋杭岩《はしぐいいわ》が望める立地に築かれていた。堀切は北東の尾根を遮断する一本のみだが、三方の急峻な山肌を登るのは不可能に近い。

天正十一年（一五八三）、熊野地方の統治を目指す新宮の堀内氏善は、上野山城にほど近い佐部城（串本町）を築き、さらなる北進を試みる構えであった。これを防止するため、高河原（高瓦）貞盛《さだもり》は、佐部城の約一キロ南の岩屋山（通称・城越）に布陣した。この戦いに小山・安宅・山本・米良・脇田の各氏が同調して連合軍を結成。堀の深い佐部城を容易に攻めきれず、膠着状態が続いたが、何とか氏善を撤退させた。この高河原貞盛の居城が上野山城である。

上野山の頂には、四つの曲輪と堀切が残る。しかし、中世山城特有の急峻な切岸は見られず、低い段の接続のみで、平坦な城構えに見える。戦う城というよりは居住性が高く、合戦時の本陣や駐屯地のような印象を受けるが、昭和の初めに公園化された際、若干手が加えられた可能性も考慮しないといけない。公園化の際、和歌山城の虎伏城にちなみ、「古城山」の文字を「虎」に変えた経緯があり、山上の石碑も「虎城山公園」と表記がある。しかし、古絵葉書には「古城山から望む」と書かれたものが複数見られることからも、もともと古城山と表記されていたことがわかる。一九七七年に設置された案内板にも、「古座町指定史蹟　古城山」と書かれていた。現

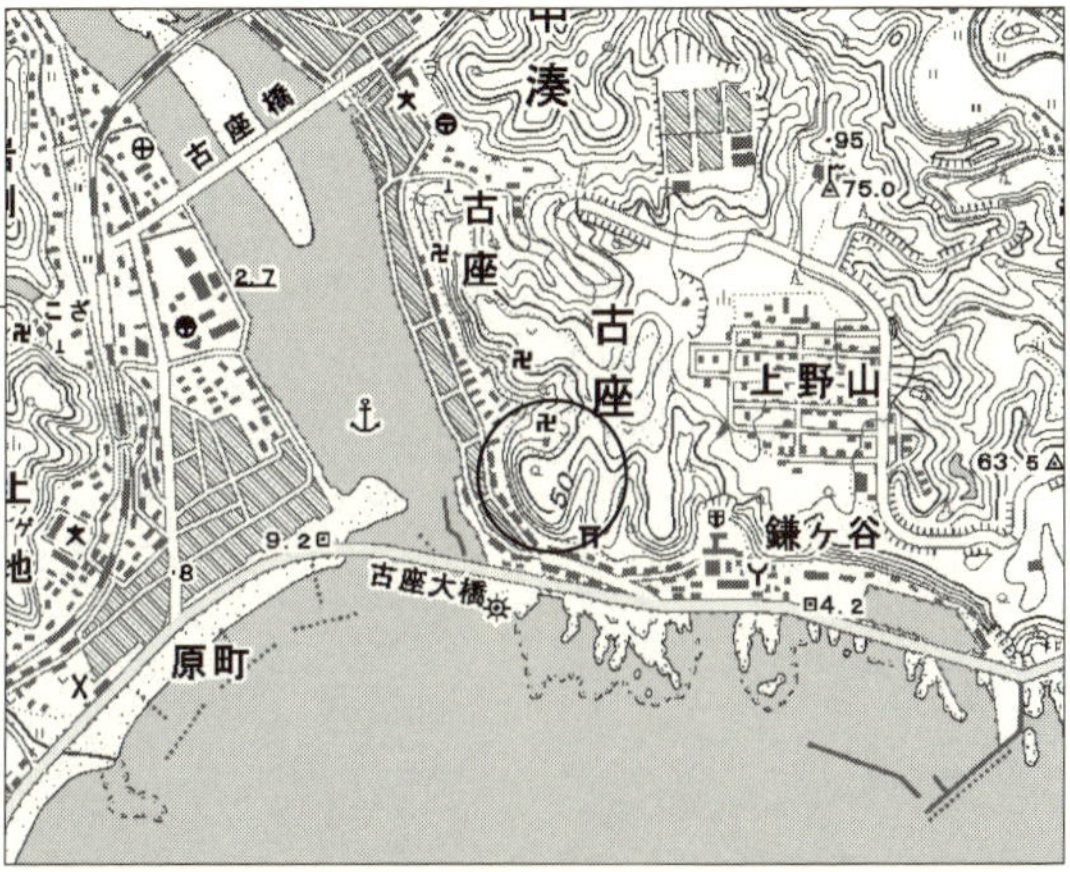


（左写真）城跡遠望

在は串本町と合併したので、新しく「串本町指定史蹟　古城山」の案内板が登り口に建てられている。案内板脇の石段を登ると、居館跡と伝えられる青源寺《せいげんじ》に至る。上野山城廃城後、同城の部材を寺の柱に使用したという言い伝えがあったが、確証はなく、この伝承の詳細について今は知る人もいない。青源寺の山門脇からさらに山道を歩くと、すぐに城跡に着く。堀切は「忠魂碑」の裏手に残る。

城跡へは、JR紀勢本線古座駅から古座大橋を渡って旧在所を西に歩く。約一五分で登り口の案内板に着く。付近に駐車場はない。（水島大二）

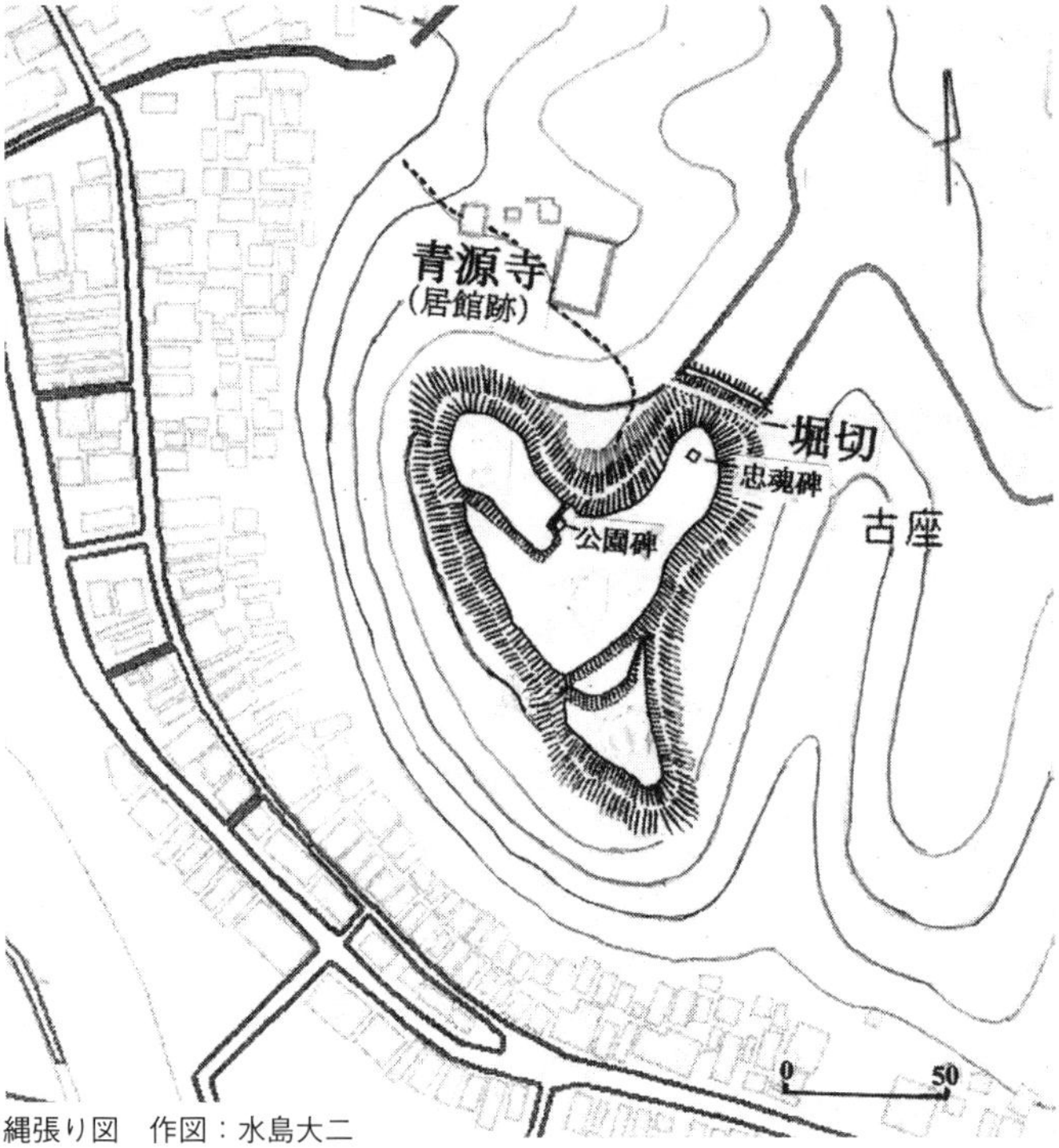

縄張り図　作図：水島大二

［参考文献］前千雄『奥熊野の城跡』（私家版、一九七三年）／水島大二監修『定本・和歌山県の城』（郷土出版社、一九九五年）／熊野歴史懇話会編『繪葉書に見る・大正～昭和初期の歴史と文化の町　古座・古座川』（あおい書店、二〇一七年）

堀切の土塁

湾を見下ろす水軍領主太地氏の山城

# 80 太地城《たいじじょう》

①所在地：東牟婁郡太地町太地
②別　称：泰地城
③標　高：五〇m／比　高：四五m
④遺　構：堀切・曲輪・土塁

太地湾の最奥部を見下ろす「城山《しろやま》」の丘陵先端に、太地城は築かれている。比高は五〇メートルほどと低いが、太地湾内をくまなく見渡せる場所である。

城は大きく四つの部分からなる。城の中心部の主郭Ⅰは、二五×三〇メートルの規模で不整形をなし、上下二段に造成されている。曲輪の周囲には、土塀の基礎になったと思われる人頭大の石が置かれている。土塁に挟まれた虎口Aが東に開口し、大きな堀切と竪堀を経て丘陵先端に至るが、未調査である。

主郭の西辺には土塁が築かれ、斜面の堀切・竪堀とあいまって谷からの侵入を防いでいる。土塁の西端は虎口Bとなっている。Aが大手なら、Bは搦め手となる。ここから西北に続く曲輪Ⅲは、ほとんど自然地形といえる平坦地だが、西辺に切岸や土塁があり、尾根続きには数本の堀切が掘られている。西北尾根からの侵入を想定していたことがわかる。Ⅳは、自然地形の先端部の一部を平らに造成した場所で、見張り所があったかもしれない。

当城は、規模からみて太地氏の本城の可能性が高い。在地領主・太地氏の居館は城の北の中腹の現・東明寺《とうみょうじ》にあったとされる。山城を詰城とし、平時の居館を東明寺の場所に置いたのであろう。『太地町史』*1では、太地氏は佐々木高綱《たかつな》の弟・隠岐守義清《よしきよ》から五代後の隠岐守頼貞《よりさだ》が太地の寄子《よろこ》（頼子《よろこ》）に来て、寄子（頼子）城を築き太地氏を名乗ったとする。また、頼貞七代の子孫・頼虎《よりとら》の代になって、この場所に移動したとされる。あくまで伝承であるが、太地の浦々を取り仕切る水

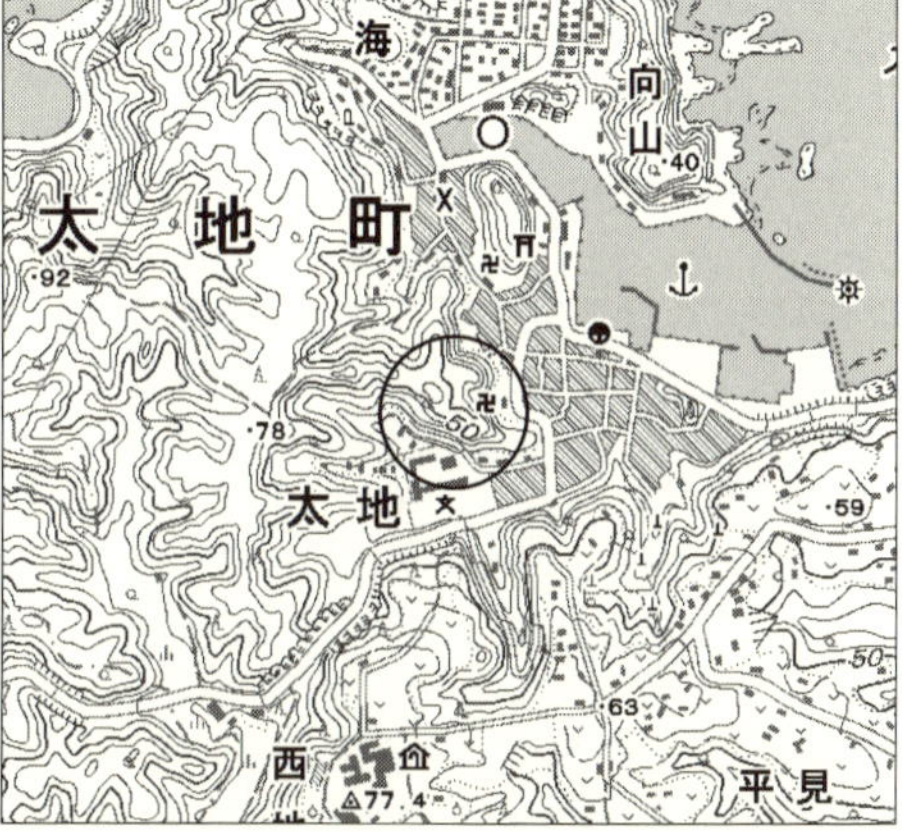


（左写真）主郭土塁

＊1　『太地町史』（太地町、一九七九年）

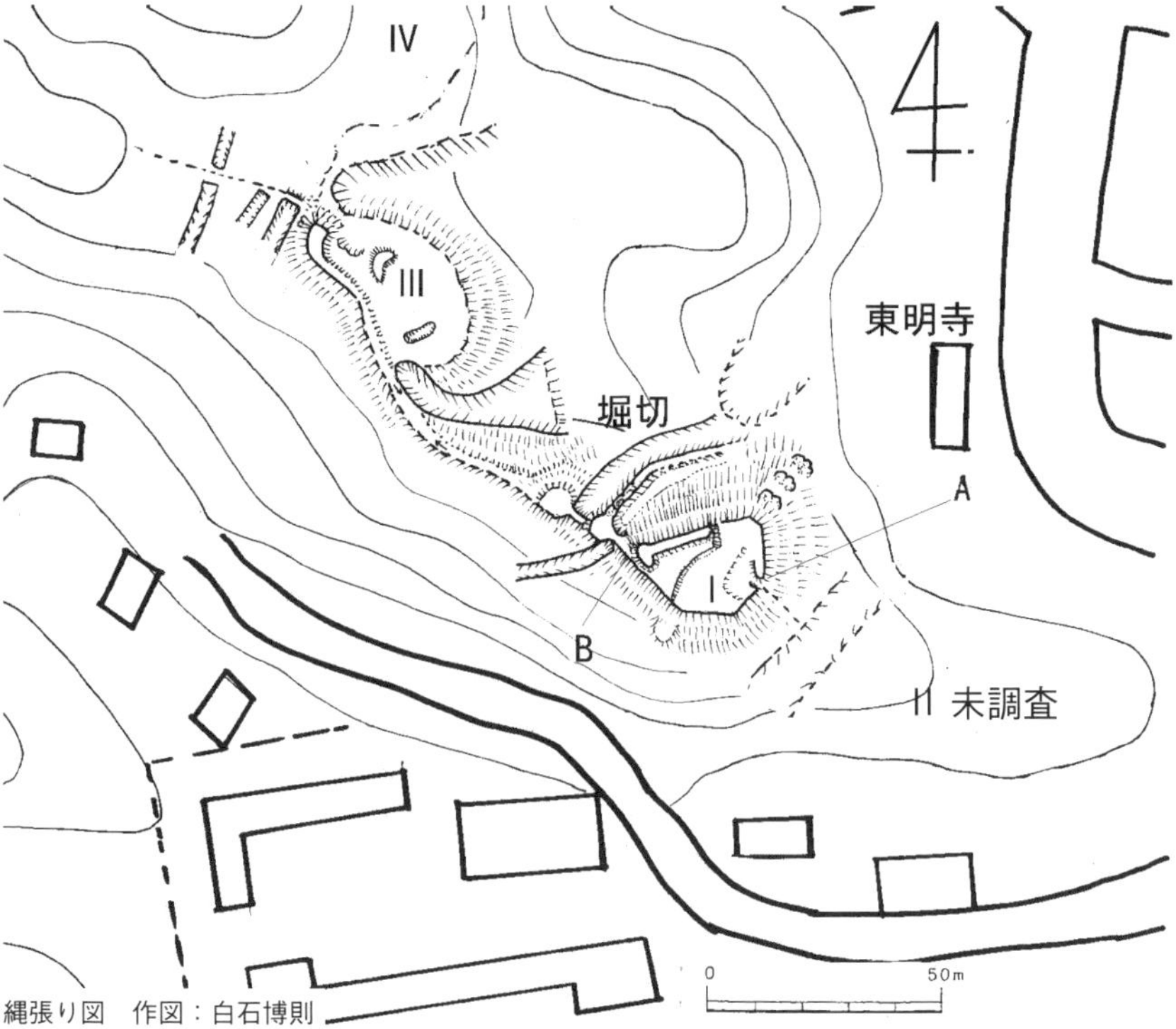

縄張り図　作図：白石博則

軍領主の山城にふさわしい規模と構造をもっている。

城跡へは、東麓の東明寺の北から、Ⅳへ登るルートがある。　（白石博則）

［参考文献］「中世に於ける和田氏と泰地氏」（『熊野太地浦捕鯨史』平凡社、一九六九年）／伊藤徳也「太地城」（中井均監修・城郭談話会編『図解近畿の城郭』Ⅳ、戎光祥出版、二〇一七年）／『太地町史』（太地町、一九七九年）

石積み

奥熊野の堀内氏の侵攻を阻んだ山城

# 81 弥《や》ノ森城《のもりじょう》・城ノ森城《じょうのもりじょう》

①所在地：東牟婁郡那智勝浦町口色川《くちいろがわ》
②別　称：鳴滝城
③［弥ノ森城］標高：二七〇m／比高：一二〇m　［城ノ森城］標高：二四六m／比高：九〇m
④遺　構：［弥ノ森城］堀切・土塁・曲輪

色川郷は太田川《おおた》の上流にあたる山間の地で、近世には大野《おおの》・田垣内《たがいと》・口色川など七ヵ村からなっていた。平維盛《たいらのこれもり》の子孫と称し、山間の水軍領主として知られる色《いろ》川《かわ》氏（清水氏）が代々の領主であった。色川郷は那智山の西方にあたり、那智山とは那智街道で結ばれていた。城跡は、この那智街道をはさんで向かい合って築かれている。

弥ノ森城は、那智街道が平野《ひらの》から口色川に下る地点に立地する。山頂部の東西を堀切・竪堀で画して、その間に主郭Ⅰ、その周りに「く」の字型に曲輪Ⅱが築かれている。Ⅰの堀切側には土塁が造られ、スロープ状になってⅡとつながる。明確な虎口などはなく、東西五〇×南北三〇メートルほどの小規模な城郭だが、東の堀切・竪堀は幅六メートル、Ⅰからの比高八メートルを測り、遮断性が高く見どころである。

城ノ森城は、弥ノ森城の北に位置し、両城の間には谷を隔てて那智街道が通る。弥ノ森城より三〇メートルほど低い。現在、中心部に「風の宮」とされる小祠が置かれ、周辺はこの宗教施設や茶畑、山畑のために相当な改変が加えられており、また、堀切も築かれていないため、城郭遺構は明確ではない。中心部周辺の見事な石垣も、城郭遺構ではないと思われる。

両城は、新宮に起こり、奥熊野を手中にした地生えの戦国大名・堀内氏の侵攻に備えた色川郷

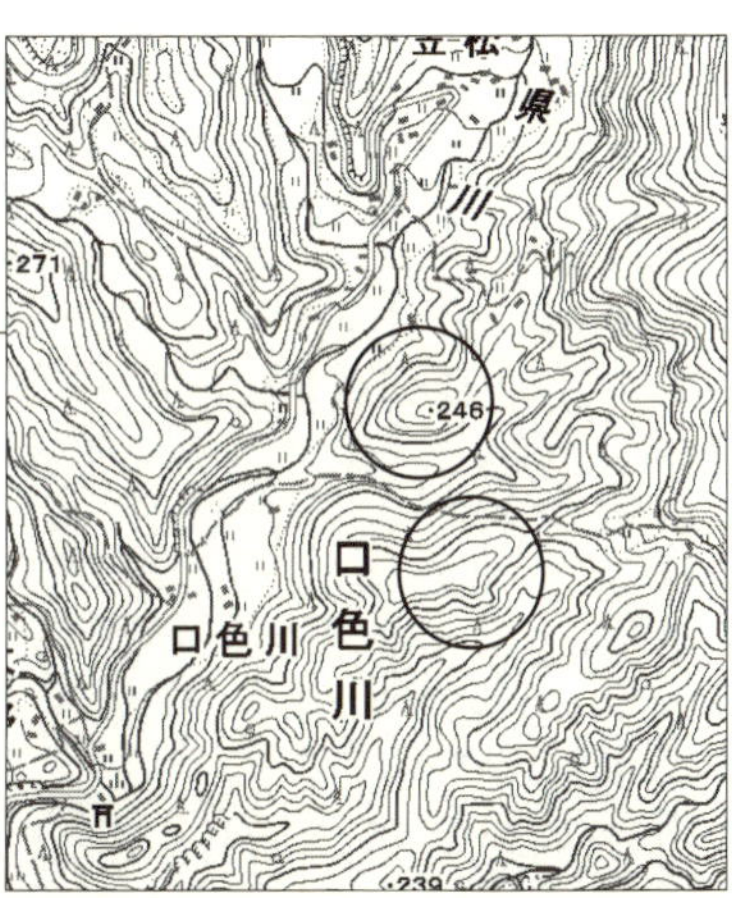

清水氏館跡（近世）

側の城であるとされる。堀内氏は那智川流域を手中にした天正九年（一五八一）以降、色川郷を支配下に収めるためにたびたび兵を送ったが、いずれも色川氏をはじめとする在地武士と郷民らの連合軍の奮戦で撃退されたとされる。その拠点となったのが両城である。

色川郷の東の関門を押さえるこの城には、今も石段が残る那智街道とともに訪問してほしい。口色川には、近世の清水家の石垣囲みの屋敷地が残る。

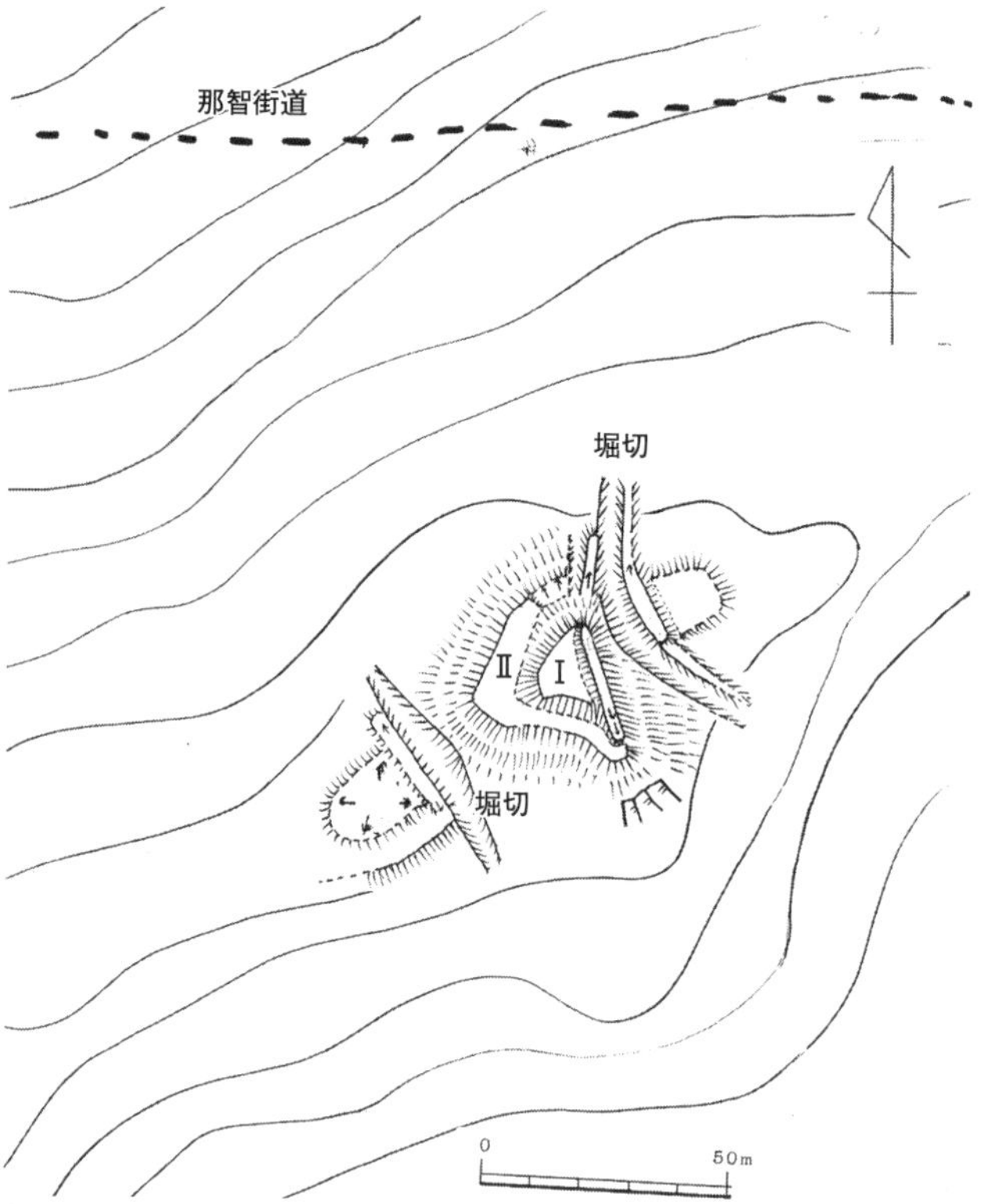

縄張り図　作図：白石博則

弥ノ森城跡に登るには、清水屋敷から県道を南に下り、太田川にかかる色川田大橋を東に渡り、那智街道をたどって鞍部から尾根に入るとよい。城ノ森城は弥ノ森城の谷を隔てて北にある。

（白石博則）

［参考文献］『那智勝浦町史』上（那智勝浦町、一九八〇年）

那智街道

弥ノ森城堀切

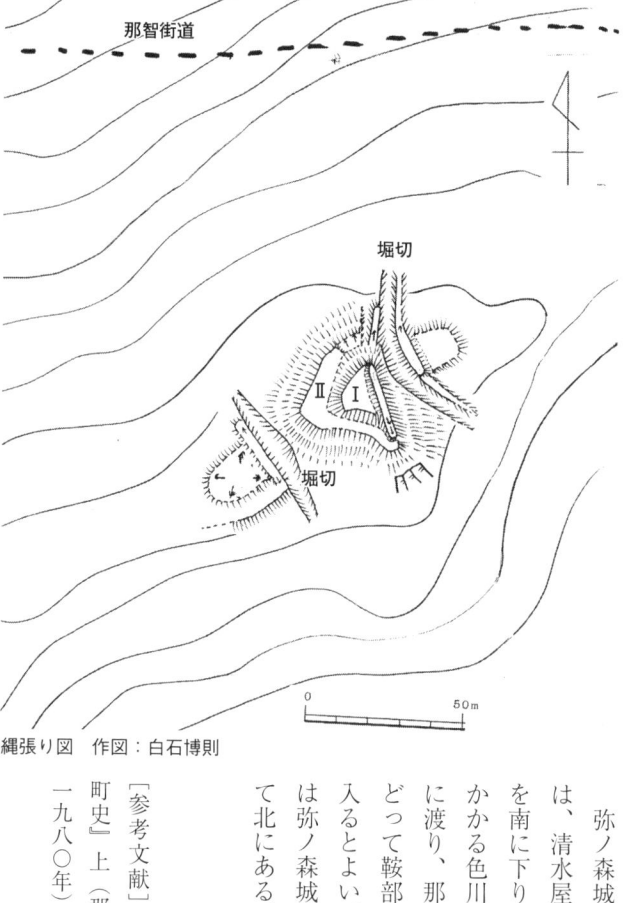

山城・坊院・屋敷が一体化した城

# 82 石倉山城《いしくらやまじょう》

①所在地：東牟婁郡那智勝浦町井関牧野々
②別　称：門善坊屋敷
③標　高：五〇m／比　高：四〇m
④遺　構：石積み・空堀・土塁・水溜め

石倉山城の城主は清水門善坊《しみずもんぜんぼう》といい、那智山内に坊院を持つ有力社家であった。戦国期の那智山は、有力社家によって運営されていたが、中でも実報院米良氏と廊之坊塩崎氏が実権を争っていた。

米良氏は、那智川右岸に藤倉城《ふじくら》（那智勝浦町）を築き、奥熊野の戦国大名・堀内氏に近づいて、その力を背景に天正九年（一五八一）、塩崎氏の勝山城《かつやま》（同町）を攻めて落城させた。それに先立って塩崎氏に縁の深い清水門善坊の石倉山城が、堀内氏の攻撃を受けた。天正元年のこととされる。堀内氏は対岸に蚤ケ《のみが》城（那智勝浦町）の付城を構えて対峙し、攻め立てたといわれる。

城跡は、牧野々集落の北にある。岩が累々とする細尾根に、堀切を数条掘って城域を造っている。東西一〇〇×南北一五メートルほどの尾根の西寄りの部分が城の中心部の主郭Ⅰで、堀切を隔ててⅡの郭がある。その東の岩山Ⅲには堀切はあるが、ほぼ自然地形で、城外にあたると言ったほうがよさそうである。北西の尾根続きからの侵入は、二重の堀切で防ぎ、北の斜面からの侵入への備えは、尾根筋に沿った削り残しの土塁が担っている。この土塁は東西六〇メートルほど続き、防御の要になっており、見どころの一つである。

主郭の下には、石段や井戸（水溜め）跡も確認され、長期間の使用に耐える構造をもっている。山城のすぐ下の平坦地Ⅳは、坊院跡の可能性がある。山麓に「モンジロ藪」と呼ばれる地があるが、

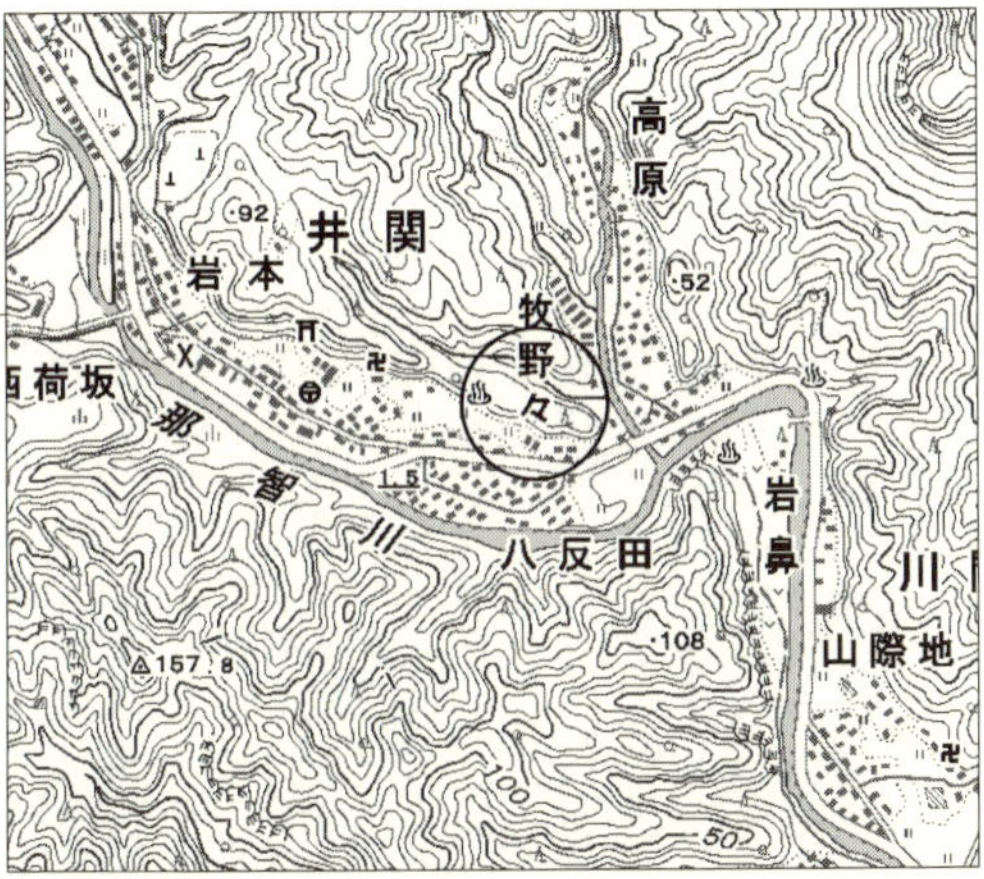

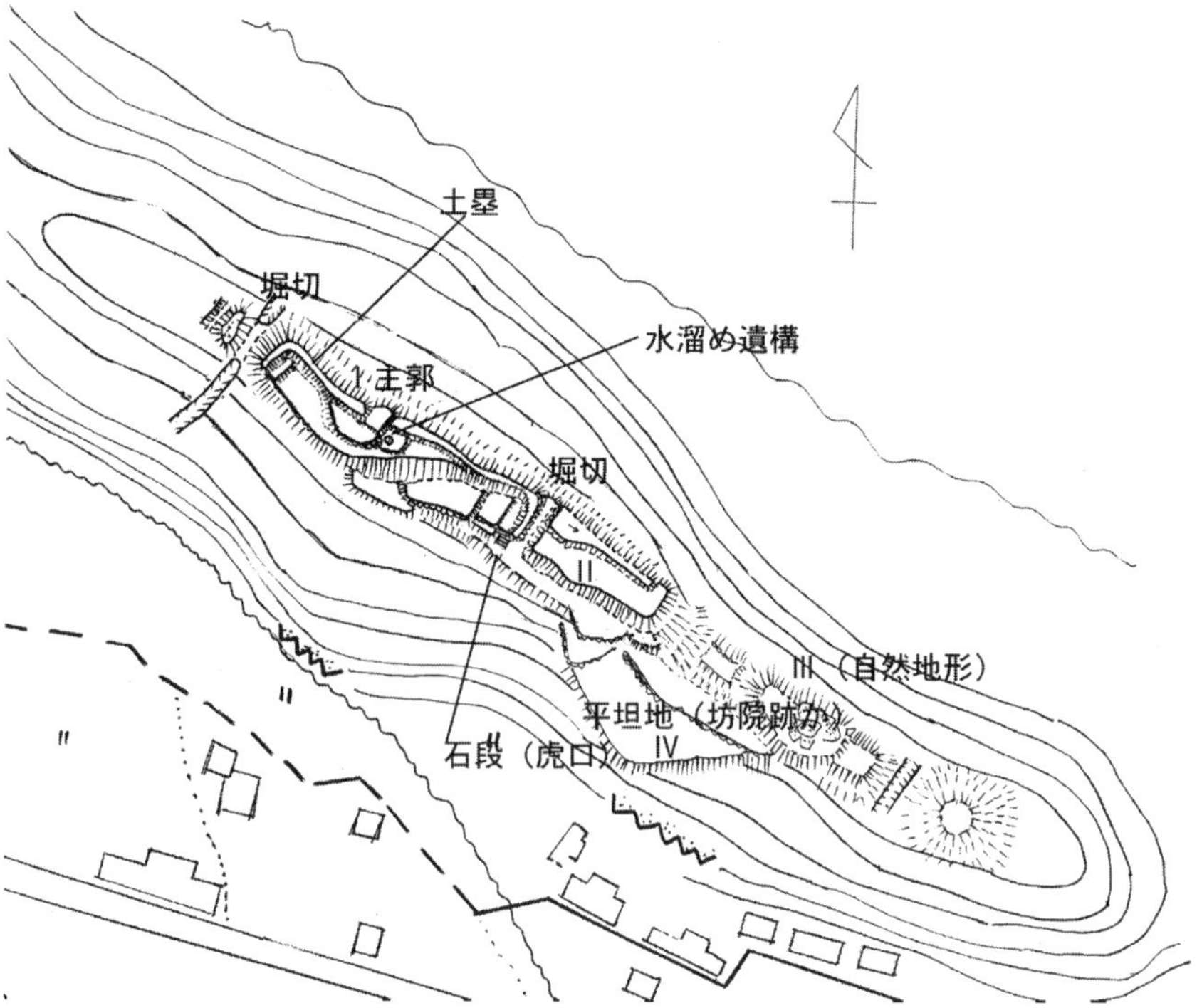

縄張り図　作図：白石博則

「門善坊藪《もんぜんぼうやぶ》」がなまったものではないかとされ、屋敷跡の可能性がある。おそらく、山麓か山腹に日常の居住空間の坊院があり、有事の際の詰め城にしていたものと考えられ、山城と坊院・屋敷が一体化した城郭と言える。

城跡に登るには、一声かけるマナーを守って、民家の裏畑の道をたどるのがよい。尾根の手前にある平坦地からが城域となる。

（白石博則）

［参考文献］水島大二監修『定本・和歌山県の城』（郷土出版社、一九九五年）

主郭南の石積み

堀内氏に反抗した在地勢力の拠点

# 83 御社森城《みやしろのもりじょう》

①所在地：東牟婁郡那智勝浦町南大居
②別　称：宮城山城
③標　高：七四m／比　高：六三m
④遺　構：曲輪・土塁・空堀

城跡遠望　写真提供：中口孝行（以下、同）

南海の聖地・熊野三山の一つである那智山は、本拠地の那智荘周辺に寺社領を有していた。南に位置する太田荘もその一つで、太田川流域の谷低平野に豊かな耕地を抱えていた。この平野には三つの独立丘があり、いずれも城郭としての伝承を有するが、最大規模を誇るのが御社森城である。

城主は政所《まんどころ》氏とされる。熊野地方の統一を目指す堀内氏善に立ちはだかり、天正十二年（一五八四）に攻防のすえ、滅ぼされたと伝えられる。

遺構は、一五メートル角の主郭を中心に、同心円状に帯曲輪を回している。城域の端部は、南では土橋を伴う二つの堀切、北では地形に沿って内湾する横堀で囲んでいる。虎口は南側にあったようで、堀切端部や堀切の外縁土塁を食い違いにさせて、敵兵の直進を阻んでいる。

熊野地方の城は、連郭を帯曲輪で囲むケースが多いが、当城は横堀と堀切を用いて城域を挟んでおり、不十分ながら防御ラインを企図している。

こうした手法は、慶長十九年（一六一四）に、新宮城《しんぐう》（新宮市）

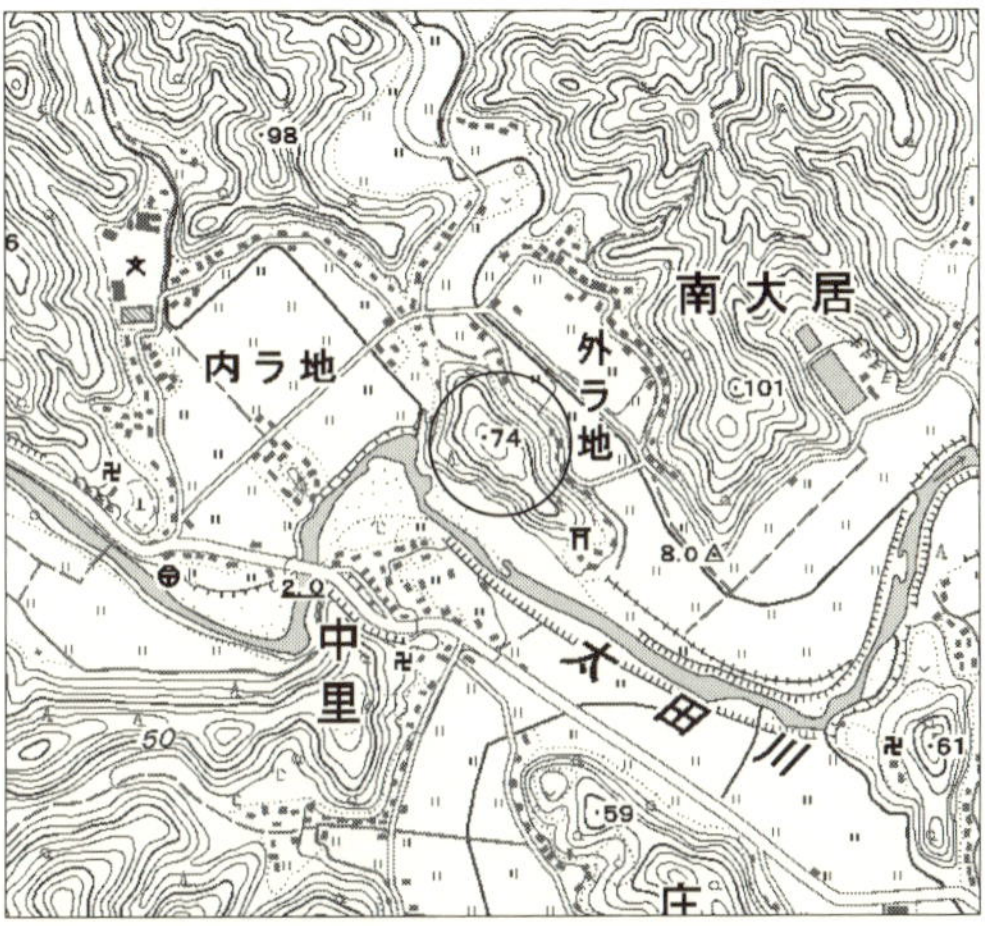


（左写真）堀切

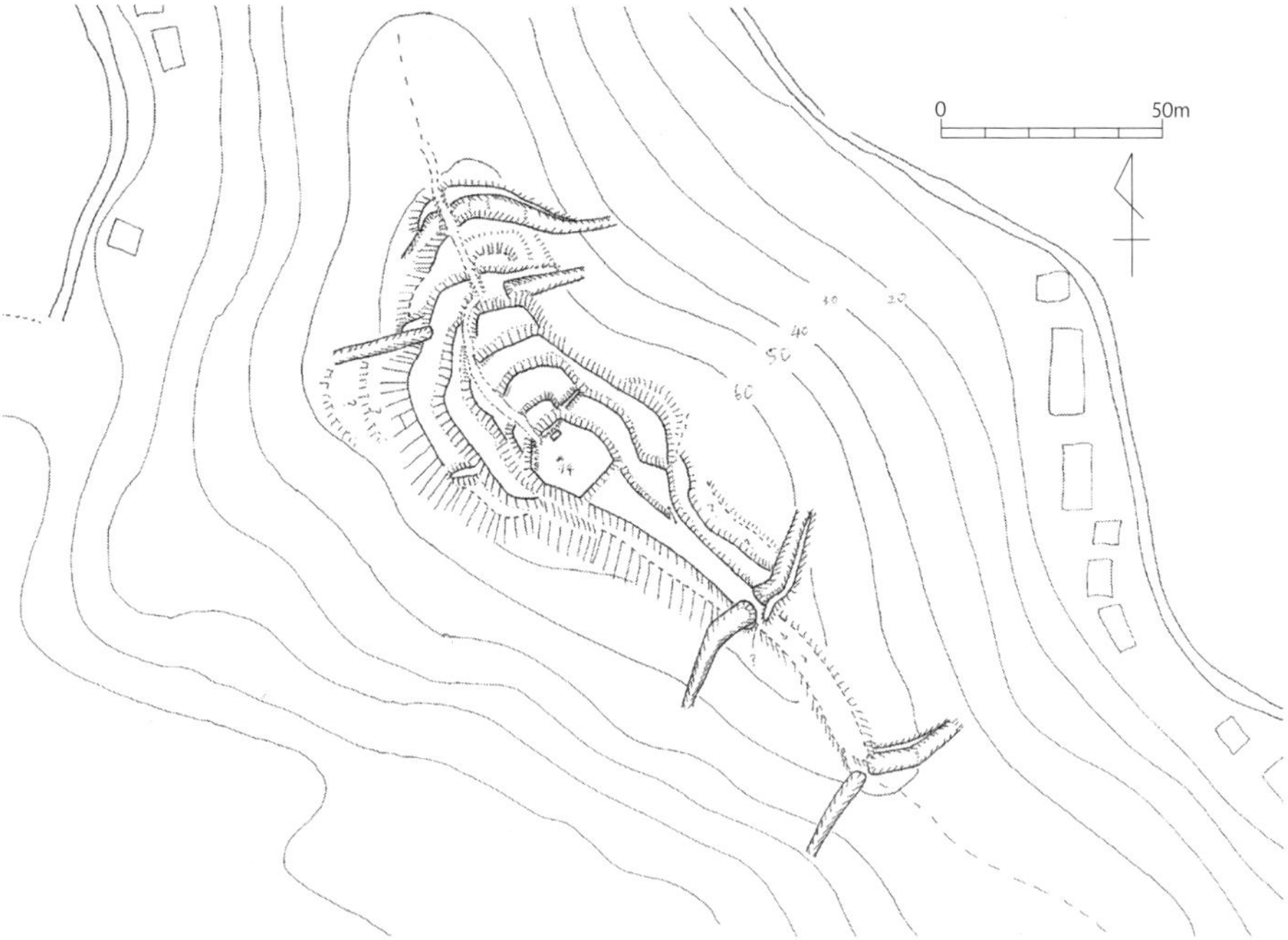


縄張り図　作図：藤岡英礼（白石博則氏図面を参考に）

に拠る徳川政権の大名・浅野氏に対抗した北山一揆《きたやまいっき》勢が築いた神上《こうのうえ》要害城（三重県熊野市）でも見られる。ここでは、堀切と横堀を曲輪外縁の土塁で結びつけ、城域全体を防御ラインで囲んでいる。

在地における防御ラインの構築技術が天正期に比べて格段に進歩したことが理解されるが、当城は天正末期の熊野地方の築城の水準を知ることができる、貴重な遺構といえよう。

見学にあたっては、南山麓の神社から山頂の祠を目指して登るのがよい。　（藤岡英礼）

［参考文献］藤岡英礼「御社森城」（中井均監修・城郭談話会編『図解 近畿の城郭』Ⅰ、戎光祥出版、二〇一四年）

曲輪

堀内氏と争った廊之坊の城塞群

# 84 勝山城塞群《かつやまじょうさいぐん》

①所在地：東牟婁郡那智勝浦町浜の宮
②別　称：廊之坊屋敷《ろうのぼう》
③標　高：六九ｍ／比　高：六九ｍ
④遺　構：曲輪・空堀・井戸

城跡遠望（右）

ＪＲ紀勢本線那智駅の北、補陀落山寺《ふだらくさんじ》や浜《はま》の宮王子《みやおうじ》の裏山に位置する城塞群である。中心となるのは、標高六九メートル地点にある廊之坊屋敷（図Ⅰ）である。ここから二本の尾根が伸びるが、南の尾根の先端に築かれているのが、伝神光坊《しんこうぼう》屋敷（出城Ⅱ）で、東の尾根の先端に築かれている出城が伝橋《はし》爪坊《づめぼう》屋敷（図Ⅲ）である。

廊之坊屋敷は、上下二段の曲輪の北東端に、上部が約八メートル、底部が約三メートルの堀切と竪堀が掘られている。この堀切の対岸の平坦地Ⅳも、曲輪あるいは坊院であった可能性がある。しかし、平坦地の北東端に堀切はなく、緩やかな斜面となっている。

Ｉの上段の曲輪は五角形で、周囲は土塁で囲まれている。北西のコーナー部分には、今も水を湛えた井戸が残る。井戸の存在は、居住性の高さを裏付けるものである。周囲の土塁は、上部で幅三×高さ一メートルほどであるが、堀切に面した部分のみ幅が四～五メートル、高さ約二メートルと他より

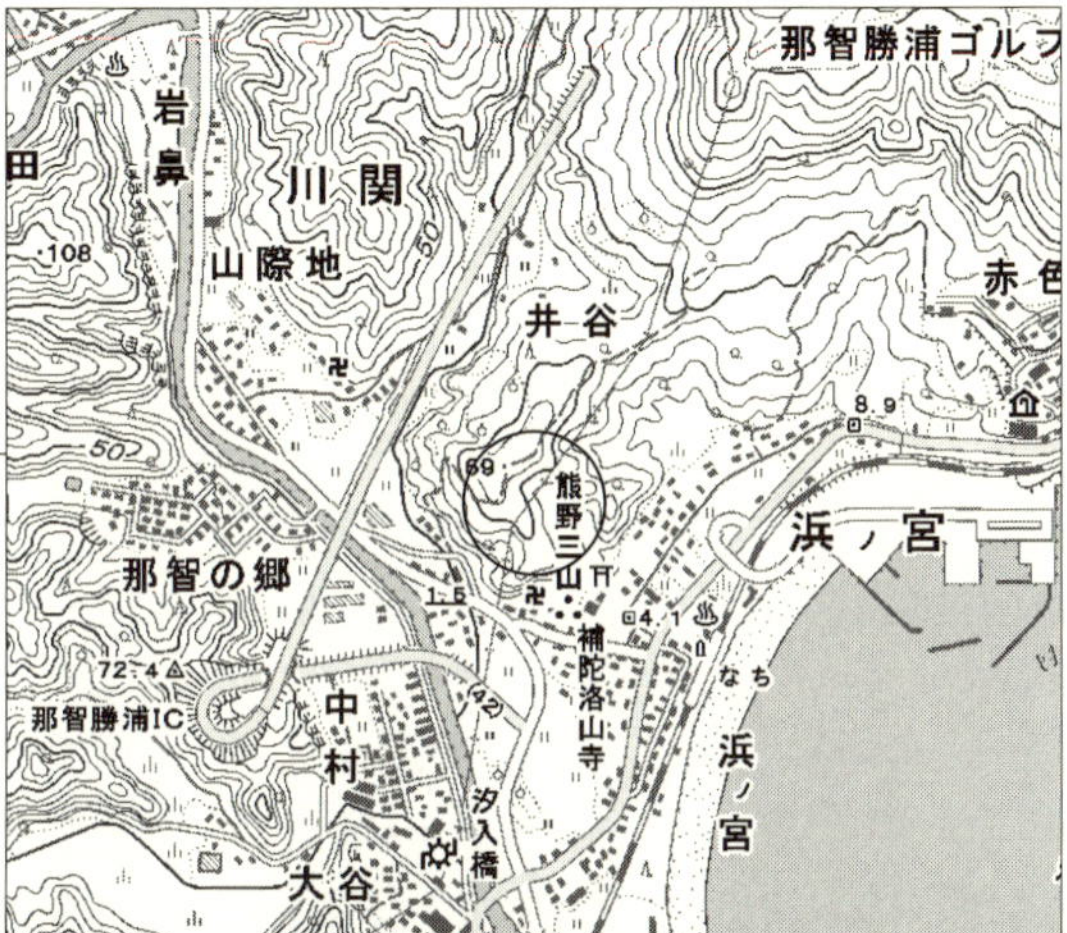

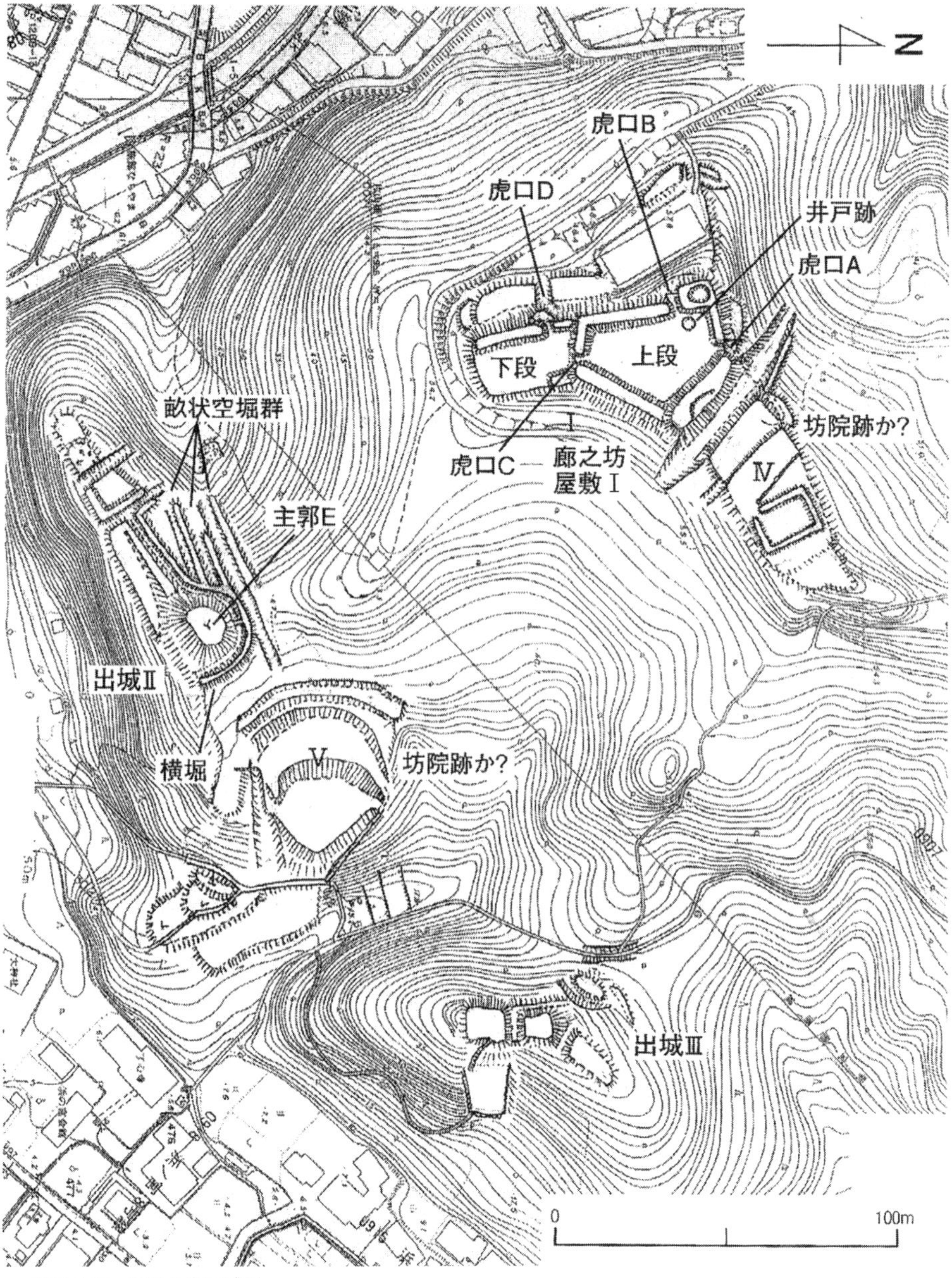
N
虎口B
虎口D
井戸跡
虎口A
上段
下段
畝状空堀群
坊院跡か?
虎口C
廊之坊
屋敷Ⅰ
Ⅰ
Ⅳ
主郭E
出城Ⅱ
横堀
Ⅴ
坊院跡か?
出城Ⅲ
0
100m

縄張り図　作図：白石博則

大きい。

主郭には虎口と思われる開口部が三か所ある。虎口Aは堀切のほうに開き、Bは西の細長い曲輪（一部、貯水槽のため破壊）に通じている。Cは廊之坊屋敷の下の段に向いて開口している。Cから虎口Dにつながり、スロープ状になって城外に至る。このように、主郭の虎口の多さは本来ここが城ではなく、居住性の高い屋敷もしくは坊院であったことを示しているものであろう。

ⅡはE（一〇メートル四方）を最高所とする出城で、横堀Fと堀切GでⅠとⅡの間の谷からの攻撃に備えている。出城Ⅱは平坦地が狭く、また、構造から坊院とは考えられない。敵が西・南か

上：出城Ⅱ横堀　中：D廊之坊屋敷（上段）虎口C石積み
下：井戸跡

らⅠやⅡとⅢの谷部Ⅴに攻め登ることを防ぐことを目的とした城郭で、西斜面には畝状空堀群も認められる。むしろ、神光坊屋敷はこの南下の平坦地Ⅴにあったものではないか。

Ⅲは四つの曲輪からなり、西側の二段は現在、神社の境内になっている。Ⅰとは堀切状の自然地形で画される。土塁などはなく、Ⅰ・Ⅱと比較すると単純な構造である。

勝山城塞群は天正九年（一五八一）四月、那智川の対岸の藤倉城に拠る実報院米良氏（堀内氏善が加勢）と那智山の利権をめぐる戦いに破れて落城したと考えられる。この戦いの中で、廊之坊は係累の社家を巻き込んで、坊院を改修して造ったのがこの城塞群であろう。

補陀落山寺の北から登り、平維盛の墓を通り、現在避難所になっているⅤを経てⅡからⅠへ行くのがよい。城跡はほとんど整備されていないので、冬場の訪問をお薦めする。さらに、主郭Ⅰの井戸跡はきわめて危険なので、注意して見学してほしい。

（白石博則）

［参考資料］勝山城跡測量調査（『白浜町内遺跡発掘等調査事業報告書』白浜町教育委員会、二〇〇九年）／白石博則「勝山城塞群」（中井均監修・城郭談話会編『図解 近畿の城郭』Ⅰ、戎光祥出版、二〇一四年）

那智山の有力者・実報院米良氏の居城

# 85 藤《ふじ》倉《くら》城《じょう》

①所在地：東牟婁郡那智勝浦町川関
②別　称：八幡山城
③標　高：八〇m／比　高：七五m
④遺　構：なし

藤倉城は、那智山の覇権を廊之坊塩崎氏と争った実報院米良氏の居城とされる。天正九年（一五八一）四月末、実報院は堀内氏とともに廊之坊（勝山城）を下した。

残念ながら、新宮市と那智勝浦町を結ぶ高速道路（那智勝浦新宮道路）のＩＣ建設のため、中心部分が破壊され、現状は東・南の尾根の出城と谷を隔てて南に位置する出城（仮称・天満城）を残すのみである。開発に先立ち、一九九八年から二〇〇一年にかけて、藤倉城跡だけでなく川関一帯の発掘調査が行われ、その成果は『藤倉城跡・川関遺跡埋蔵文化財発掘調査報告書』[*1]に詳しい。

藤倉城の中心部は、谷部の居館と寺院（図1）とその背後（西）の岩山に営まれた山城部分からなる。谷部は主屋のあった約千㎡の平坦地（図1のC）を中心に南に二段、西に二段、東に二段の平坦地（図中A～F）からなる。

山城部分

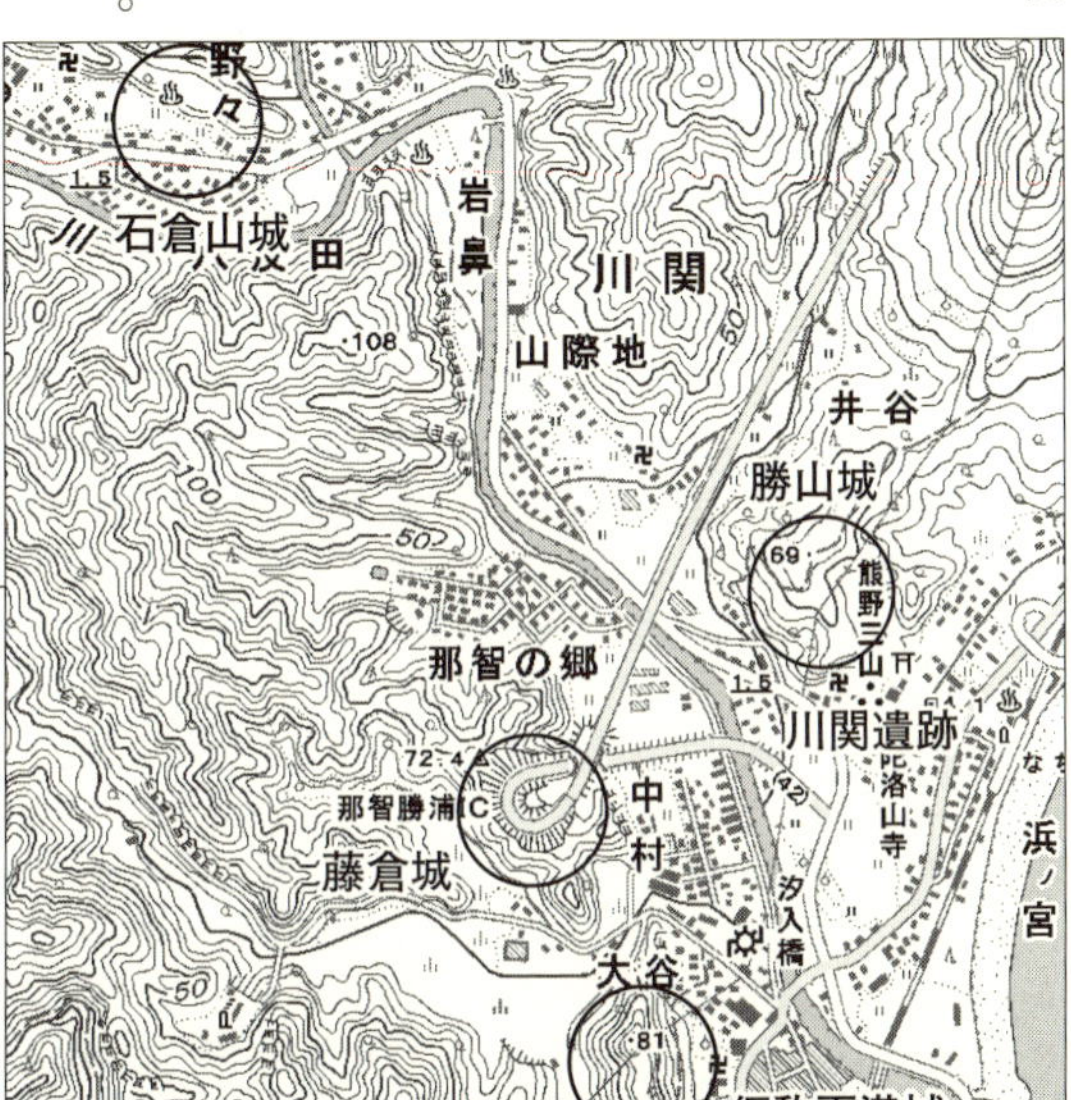


＊1　『藤倉城跡・川関遺跡埋蔵文化財発掘調査報告書』（財団法人和歌山県文化財センター、二〇〇四年）

館の前庭にあたるA区は、堀・土塁などがある防御的な空間、B区とC区は主屋や厨房施設や蔵があった生活空間、最も奥まったF・G地区には池泉があり、茶の湯などで来客をもてなす空間と、それぞれ別々の機能があった。この広大な山麓居館は、戦国から近世初頭までの地域の政治・経済・文化の中心的な空間であったようだ。

一方、山城（図2の山城部）は、北に延びる尾根を二本の堀切で遮断して出丸を設け、主郭部分は痩せ尾根の東に石垣で積んで曲輪を造成しているという、岩山を利用した極めて象徴的な施設だった。当地からは遺物や明確な建物跡は見つかっていない。比高八〇メートルを超える岩山に人工の構造物を作ること自体が、富と権威の象徴であり、那智山参詣者に地域の支配者として強いインパクトを与えただろう。

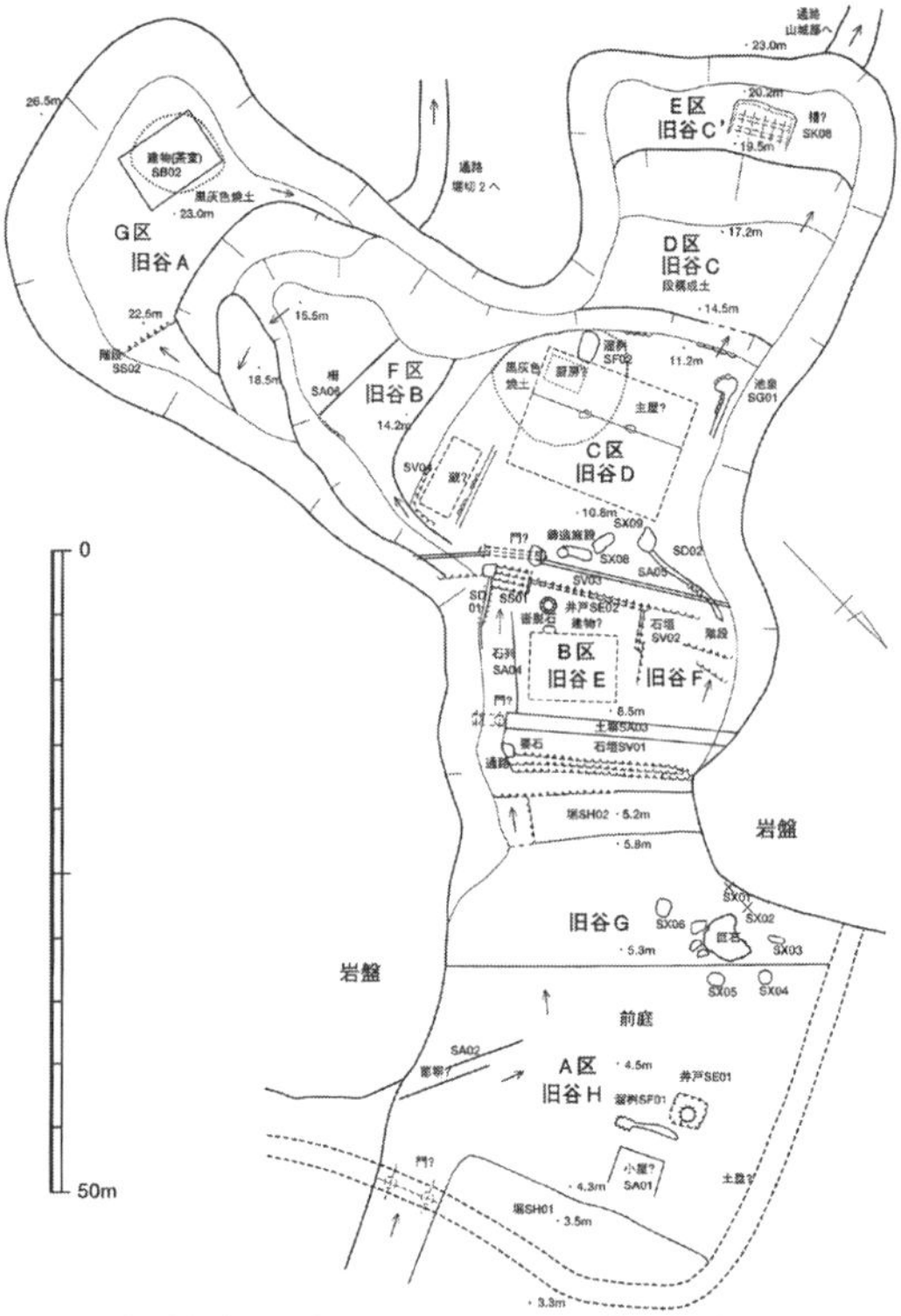


図1　藤倉城館部分発掘調査後の模式図（『藤倉城跡・川関遺跡埋蔵文化財発掘調査報告書』より転載）

城の東の平地部も、「川関遺跡」として発掘された。ここには幅約五×深さ一・五メートル、長さは検出されただけでも八二メートルの、南北に貫流する

山城部の石積み

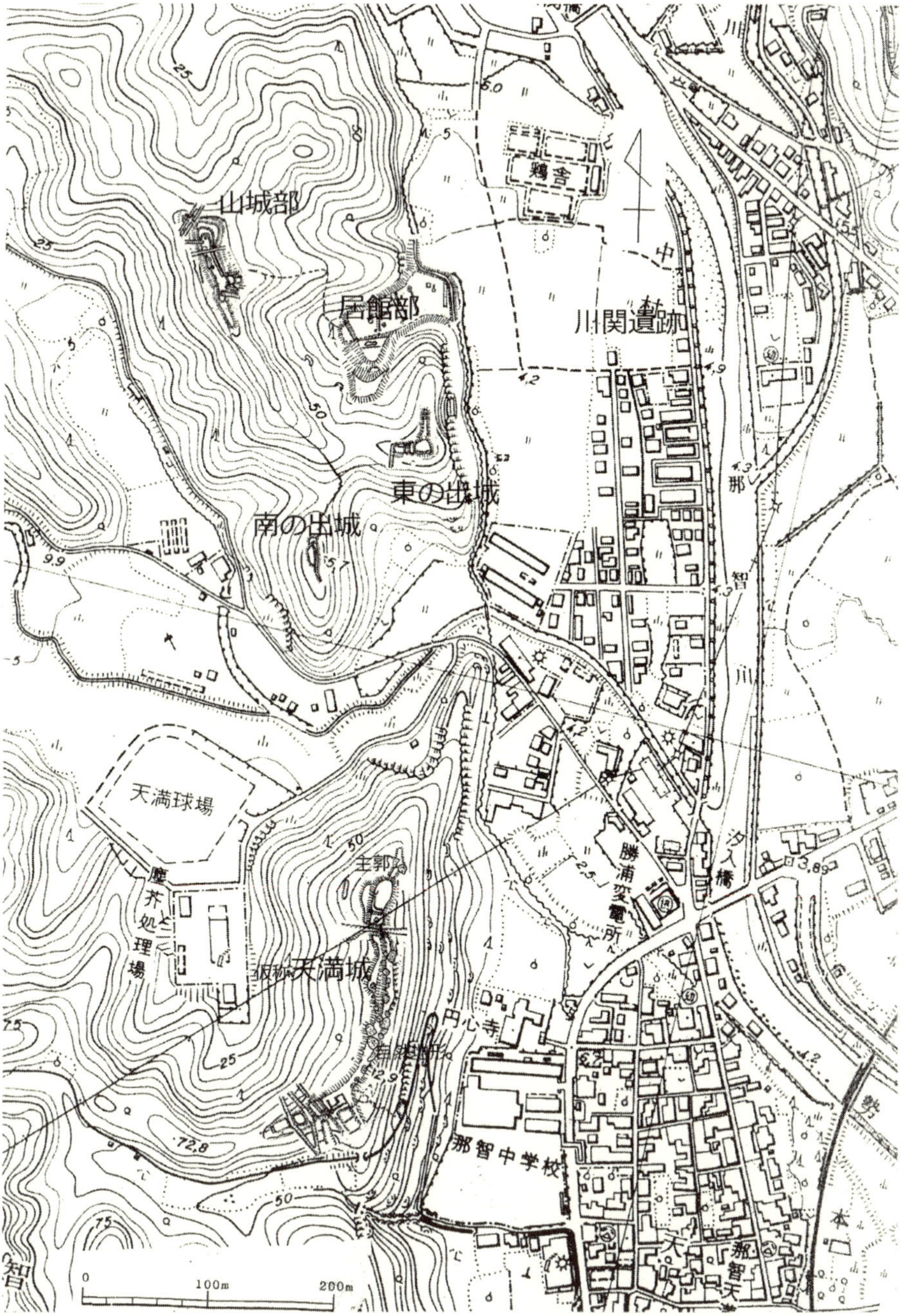


図２　藤倉城塞群復元図　作図：白石博則

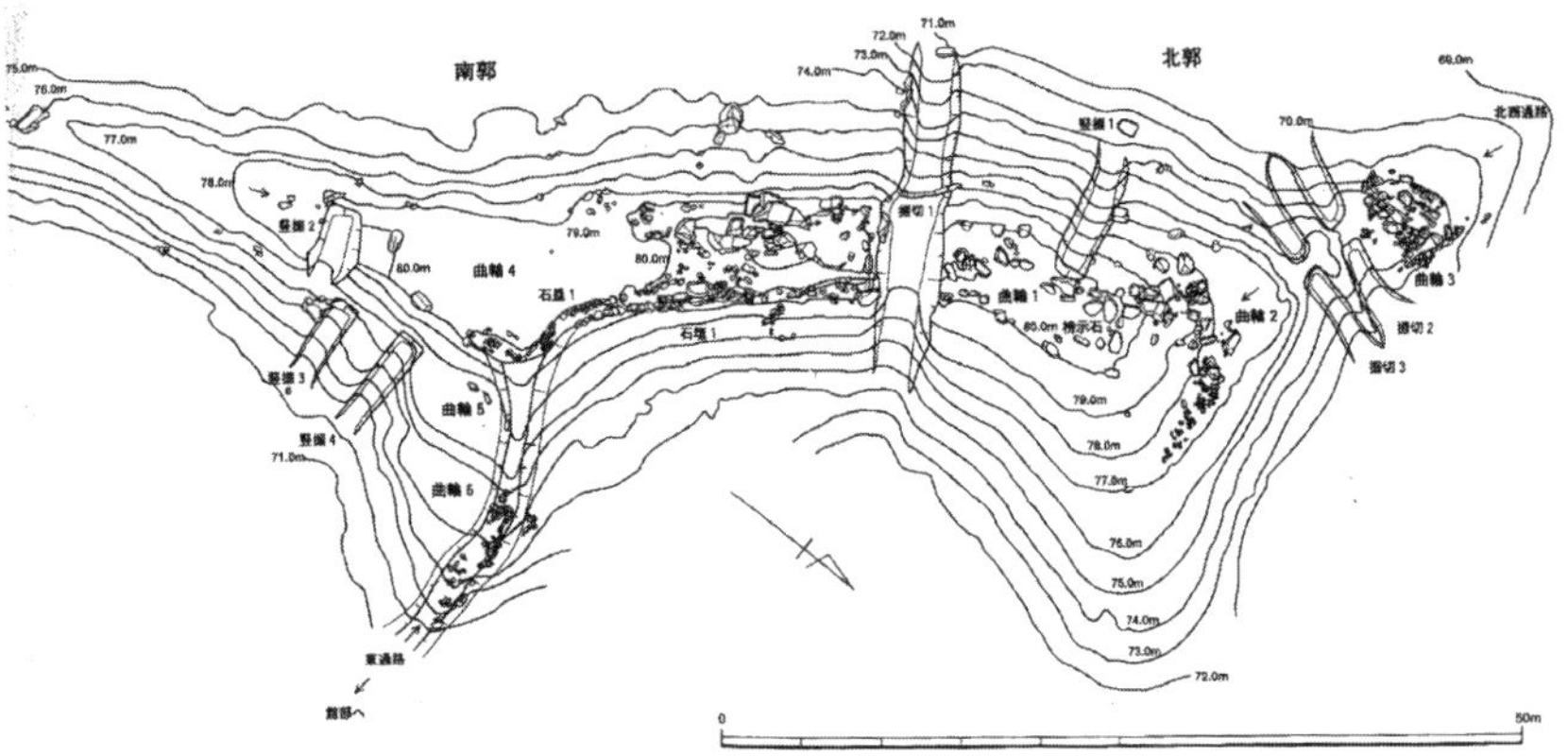


藤倉城山城部分実測図（『藤倉城跡・川関遺跡埋蔵文化財発掘調査報告書』より転載）

水堀が確認された。これは、藤倉城から直線距離で約一〇五メートル離れた城の最前線の防御ラインと考えられ、堀の内側は臨時的に軍勢が駐屯する場所であったと推定される。実報院米良氏と堀内氏は、雑賀衆などの傭兵も引き込んで大規模な廊之坊攻めを行っており、その際の駐屯空間であったと思われる。

今も遺構を残すのは三つの出城（図2）で、本城から直近の東・南の出城はいずれも単郭で単純な構造である。仮称・天満城は、自然地形を挟んで曲輪や堀切が南北にあり、やや大きな規模の山城である。本城が破壊された今となっては、藤倉城の往時の規模を彷彿させる遺構である。天満城に登るには那智中学校の裏の車道を上り、トンネルの辺りから北の山にとりついて尾根に出て、電力会社の鉄塔を目印にたどるとよい。

（白石博則）

［参考文献］前千雄『奥熊野の城跡』（私家版、一九七三年）／水島大二監修『定本・和歌山県の城』（郷土出版社、一九九五年）／中井均監修・城郭談話会編『図解 近畿の城郭』Ⅱ（戎光祥出版、二〇一五年）／『藤倉城跡・川関遺跡埋蔵文化財発掘調査報告書』（和歌山県文化財センター、二〇〇四年）

天満城主郭堀切

南の出城（藤倉城山城部分から）

堀内氏に抗した奥熊野の在地勢力の城か

# 86 鷹巣山城《たかのすやまじょう》

①所在地：田辺市本宮町大居《おおい》
②別　称：なし
③標　高：一四〇m／比　高：約四〇m
④遺　構：曲輪・堀切・帯曲輪

本宮町大居は、二二八メートルをピークとする「陣屋の平」と呼ばれる独立した山と、ほかの三方が熊野川に浸食された半島状の台地に営まれた集落である。

鷹巣山城は、集落南端の尾根先に築かれている。眼下に本宮《ほんぐう》と十津川《とつかわ》をつなぐ果無《はてなし》街道が通る。九鬼《くき》（同町）と大居をつなぐ山道を見下ろす位置に築かれた当城は、大居の出入り口を押さえる場所にあたる。

当城は、「陣屋の平」から南に派生した尾根を、二本の堀切で遮断して、城域を構成している。城跡は一部改変されているが、天保五年（一八三四）の銘が彫られた宝篋印塔《ほうきょういんとう》の立つ周辺が城の中心である。曲輪はここから階段状に南に向かってつながっている。山頂の曲輪Ⅰの造成はていねいであるが、南に下るにしたがって甘くなり、先端に近い曲輪Ⅱ以下は、またていねいに造成されている。山道を押さえる足場となる曲輪は、十分な造成を行ったものと思われる。

見どころは、曲輪の東に帯状に続く、人工的に造られた急斜面である切岸のラインⅢである。目立たない場所にあり見落としがちだが、城の南端から堀切まで斜面を線状に走り、城全体を東麓からの侵入から守れる構造である。この切岸ラインが、大居の集落側に設けられていることは、仮想される敵が集落側から侵入することを示しており、この城の歴史を考えるうえで重要である。

鷹巣山城は、堀内氏が奥熊野に侵攻した天正十六年（一五八八）に、「（大居の）近在の者が籠城し、

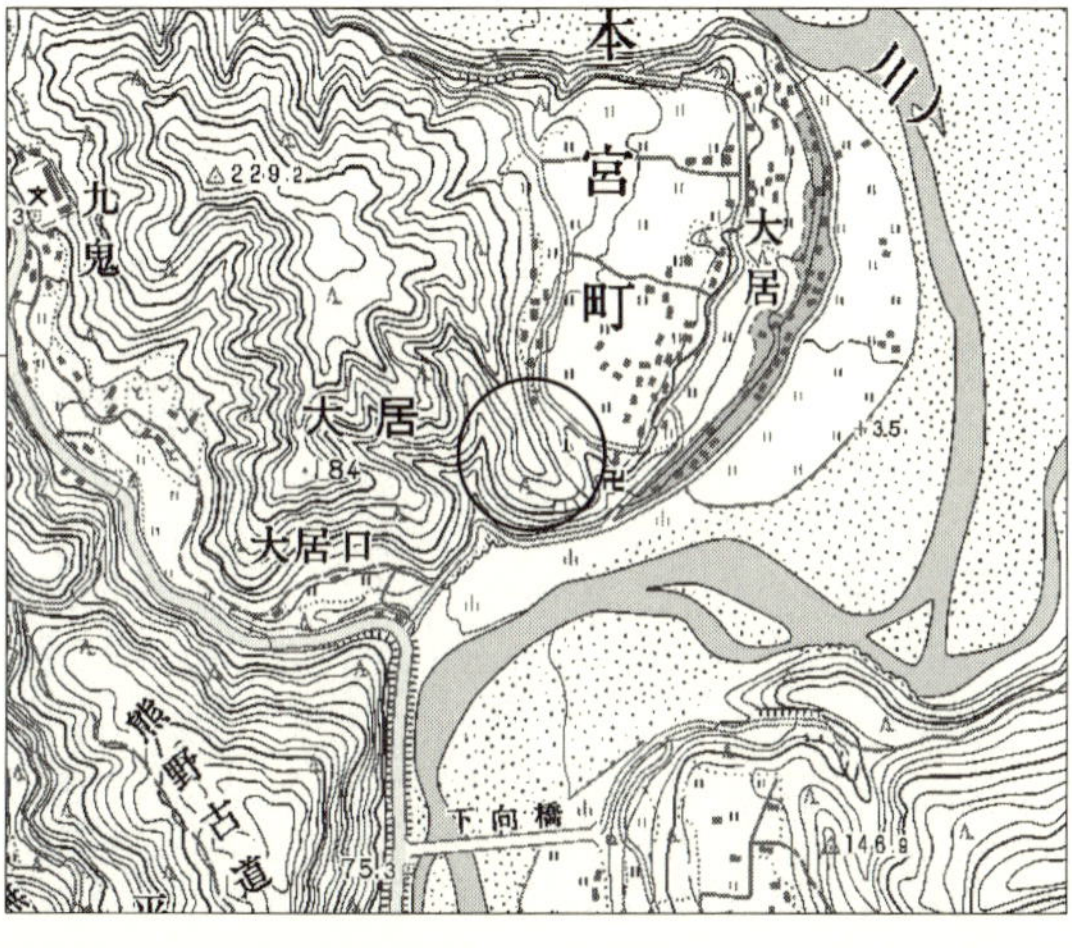


＊1　『本宮町史』四（本宮町、一九九九年）

（左写真）城跡遠望　左下の山、背後は陣屋の平

堀内安房守（氏善）が攻撃し、七日間籠城戦を行い双方で三〇余人の討ち死にを出した後、曖昧《あつかい》（調停）によって停戦した」*1とされる。これには裏付ける根拠がないが、堀内氏が天正期に奥熊野に勢力を拡大していたことは『熊野年代記』などにも記されており、その時期は不明ながら、堀内氏と在地勢力が戦った際、在地勢力側が築いた城と考えられる。

城跡に登るには、大居の共同墓地に車を置いて、墓地の間を通り、西の山に登る道をたどるのがよい。一〇分ほどで曲輪の段が見えてくる。

（白石博則）

［参考文献］前千雄『奥熊野の城跡』（私家版、一九七三年）／『和歌山城郭研究』一六（和歌山城郭調査研究会、二〇一七年）

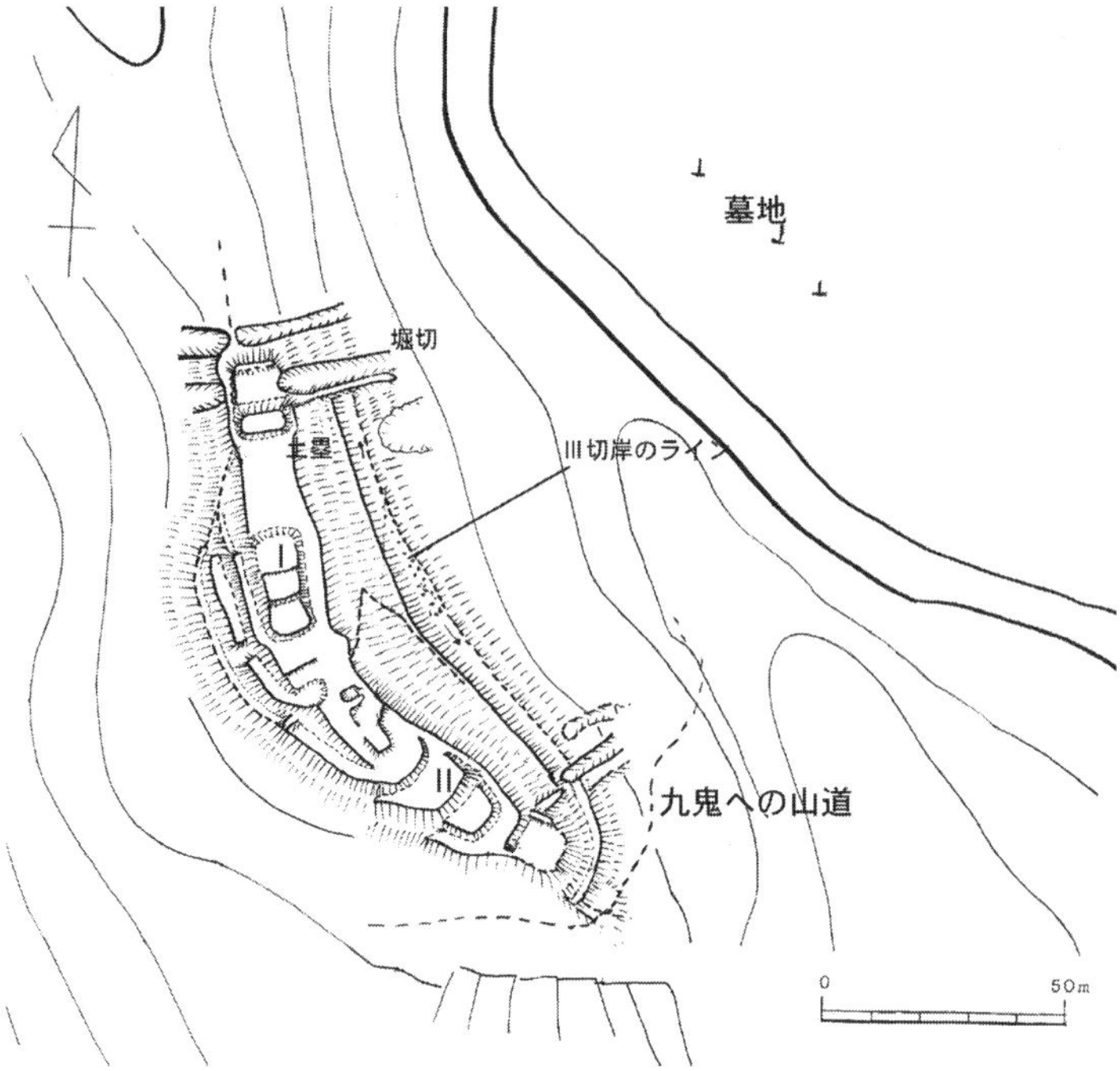

縄張り図　作図：白石博則

主郭

大斎原を眼下にする小規模山城

# 87 本宮城《ほんぐうじょう》

①所在地：田辺市本宮町本宮
②別　称：なし
③標　高：二八三m／比　高：二二〇m
④遺　構：堀切

中世・近世を通して多くの参詣者が訪れた本宮大社は、明治二十二年（一八八九）の大水害に遭うまでは、熊野川畔の大斎原《おおゆのはら》を社地としていた。現在の社地（大斎原の西の丘陵）に移ったのは、明治二十四年のことという。この大斎原を見下ろす位置に築かれているのが、本宮城（城山）である。

主郭の東西を堀切で遮断した単郭の城で、南斜面に腰曲輪が付属する。西の堀切から五〇メートルの位置に、西方を熊野参詣道の一部である本宮の小森と一本松が切り通しとなって通っている。城は、尾根道が斜面に下る要所を押さえる所に築かれている。

すでに述べたように、城が機能した時代の社地は、現在地ではない。したがって、社地の背後を直接守るためという意味の築城ではなく、本宮大社を核とした門前町全体に睨みを利かせ、平野部に入ってくる参詣者などの人びとをチェックする機能をもった山城であったように思われる。時には関所のような、関銭《せきせん》を徴収する機能を持っていたかもしれない。

西の堀切には土橋を残して、主郭とのつながりを保っているのは、街道を押さえることを考えて、街道側の鞍部に城内から兵を送りやすくしているためかもしれない。

奥熊野には、街道の要地に山城が築かれることが多い。口熊野《くちくまの》＊1と奥熊野を隔てる三越《みこし》峠の要害

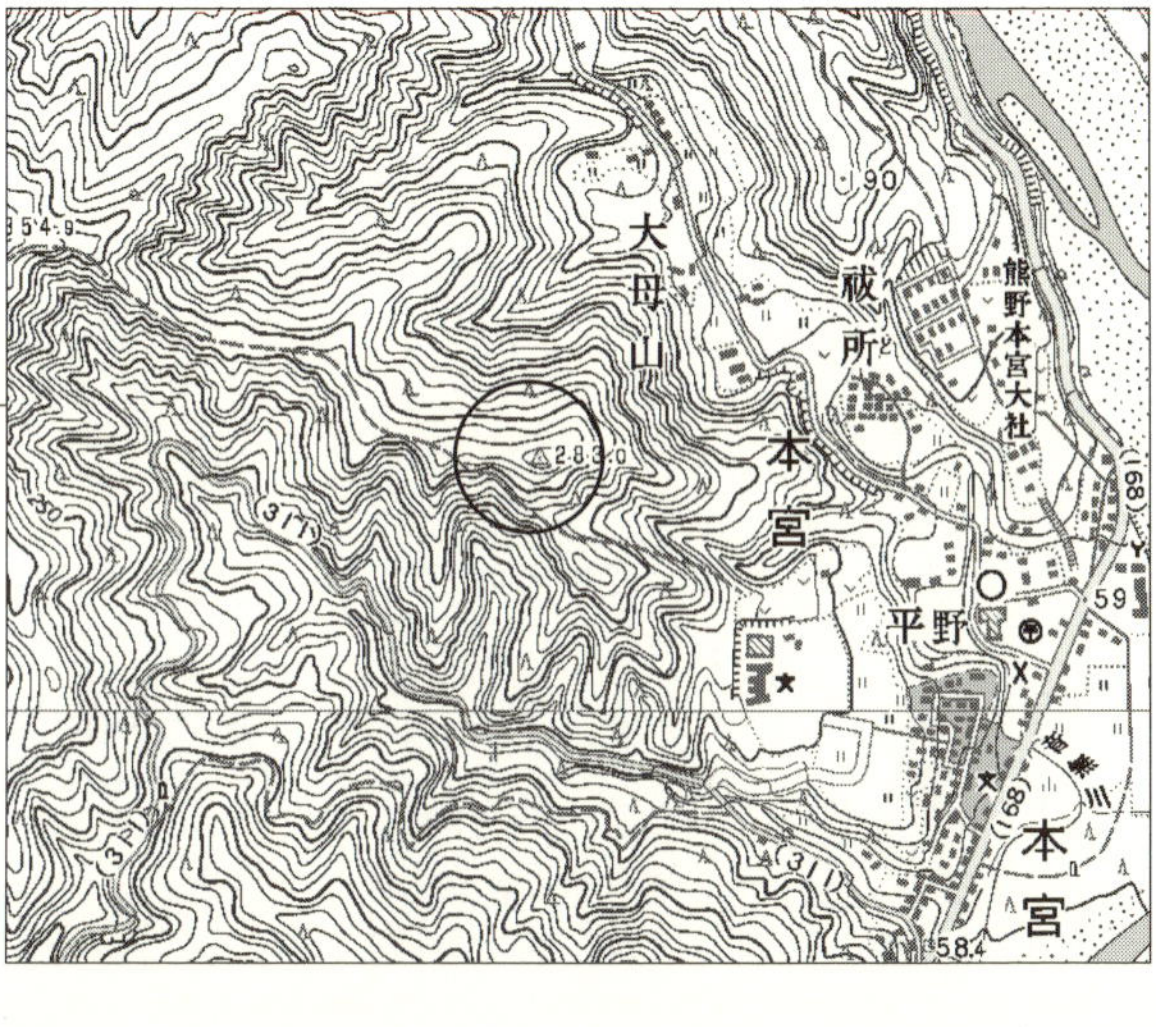


＊1　熊野街道が田辺から海沿いを離れて山中に入るため、口熊野と呼ばれた。

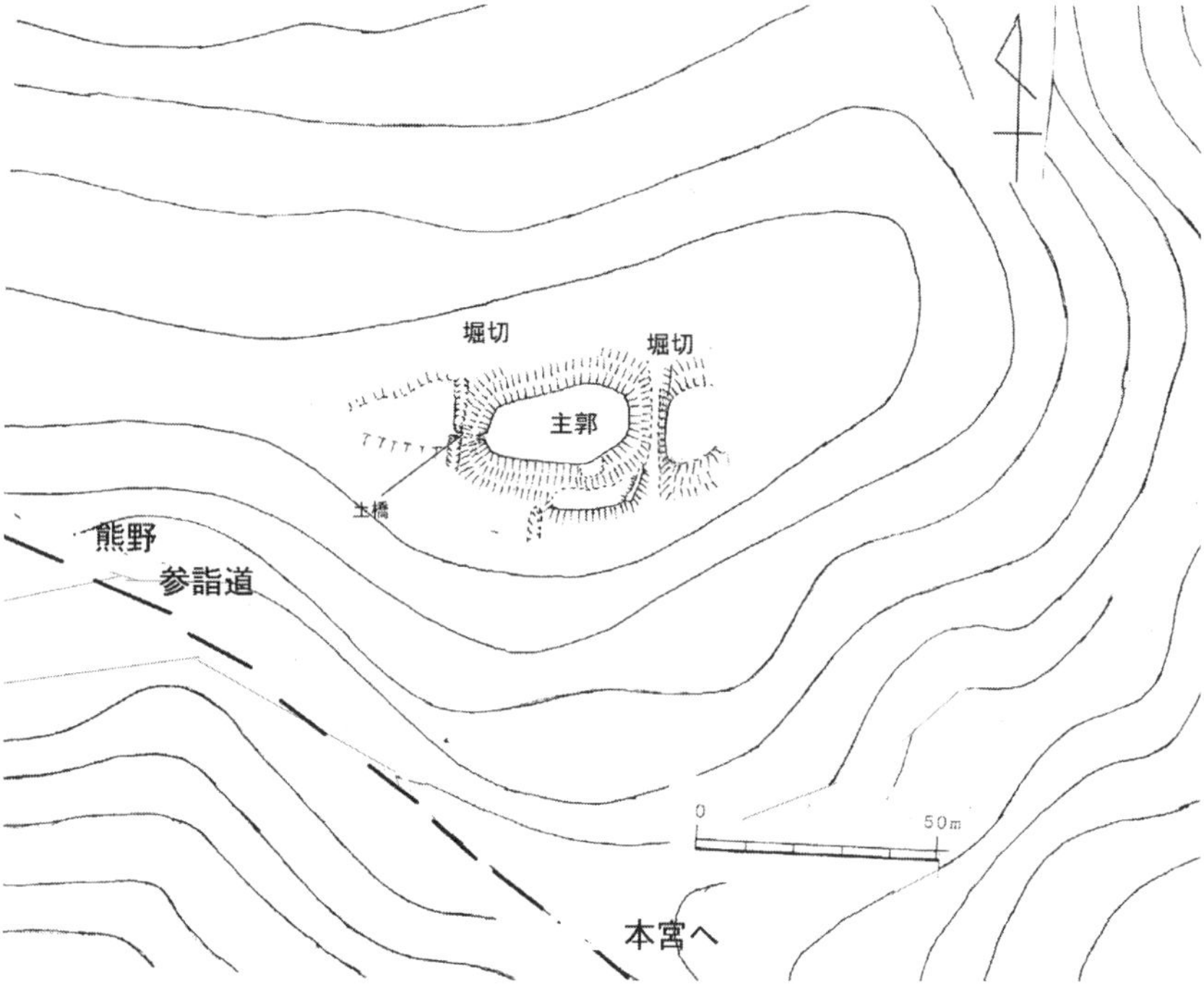


縄張り図　作図：平阪貞敏

森山城（田辺市）、あるいは、果無街道を押さえる鬼ヶ城《おにがじょう》（同市）などで、いずれも規模は大きくはないが、要所をむだなく押さえる構造をもっていた。本宮城も、街道と密接な関係のある城の一つであろう。

城跡に登るには、本宮中学北の熊野参詣道を西に歩き、尾根に出て東に尾根を伝わっていけばよい。シダ植物が生い茂っているが、堀切は明確である。　（平阪貞敏）

［参考文献］前千雄『続奥熊野の城跡』（私家版、一九九二年）／『本宮町史』文化財編（本宮町、二〇〇二年）

堀切

水堀で囲まれた方形の平城

# 88 新宮堀内屋敷《しんぐうほりうちやしき》

①所在地：新宮市千穂一
②別　称：堀内新宮城・堀内屋敷
③標　高：七m／比　高：〇m
④遺　構：水堀の一部（屋敷跡碑）

全龍寺《ぜんりゅうじ》の山門脇に、堀内氏の屋敷跡を示す小さな石碑がある。『紀伊続風土記』には、「宇井野地の西、今の全龍寺の地なり、周五町（約五三〇メートル）あまり四方に堀あり。あるいは言う、堀の東もなお其屋敷地なり」とある。四方の堀は、『正保城絵図』の「紀伊新宮城之図」（国立公文書館内閣文庫蔵）のほぼ中央に描かれている。現在、その堀のほとんどが道路と化し、全龍寺の北西隅の堀と推定される部分が、小川となって残っている。幕末には、幅二メートルばかりの水堀があって、石橋を渡って境内に入ったが、明治三年（一八七〇）十二月の大火後は、幅七〇センチほどになってしまったそうである＊1。

さらに、『紀伊続風土記』に「此屋敷跡より東西一町の外小名を砦と云ふ。疑ふらくは堀内氏の砦ならむ」とある。この砦について、矢倉町の東（旧取出町付近）にある明神山城《みょうじんさん》（新宮市）の丘を、『新宮文化財』は七上綱《しちじょうこう》の一人、矢倉氏のものという可能性を示唆しつつ、同時に堀内氏の砦に比定している。この堀内氏とは、堀内氏善のことである。

堀内氏による熊野地方の統治は、氏善の父・氏虎《うじとら》から始まる。熊野の豪士であった氏虎は、当時、新宮周辺を支配していた七上綱との摩擦をさけて、新宮の中心部から北の佐野（新宮市）に殿和田森城（和田森城）を築いて根拠地とした。そのあとで、息子の氏善に代を引き継いだ。

一方、新宮の南、現在の熊野市周辺では、七上綱から独立した有馬忠親《ありまただちか》が、十六ヶ村を領有し

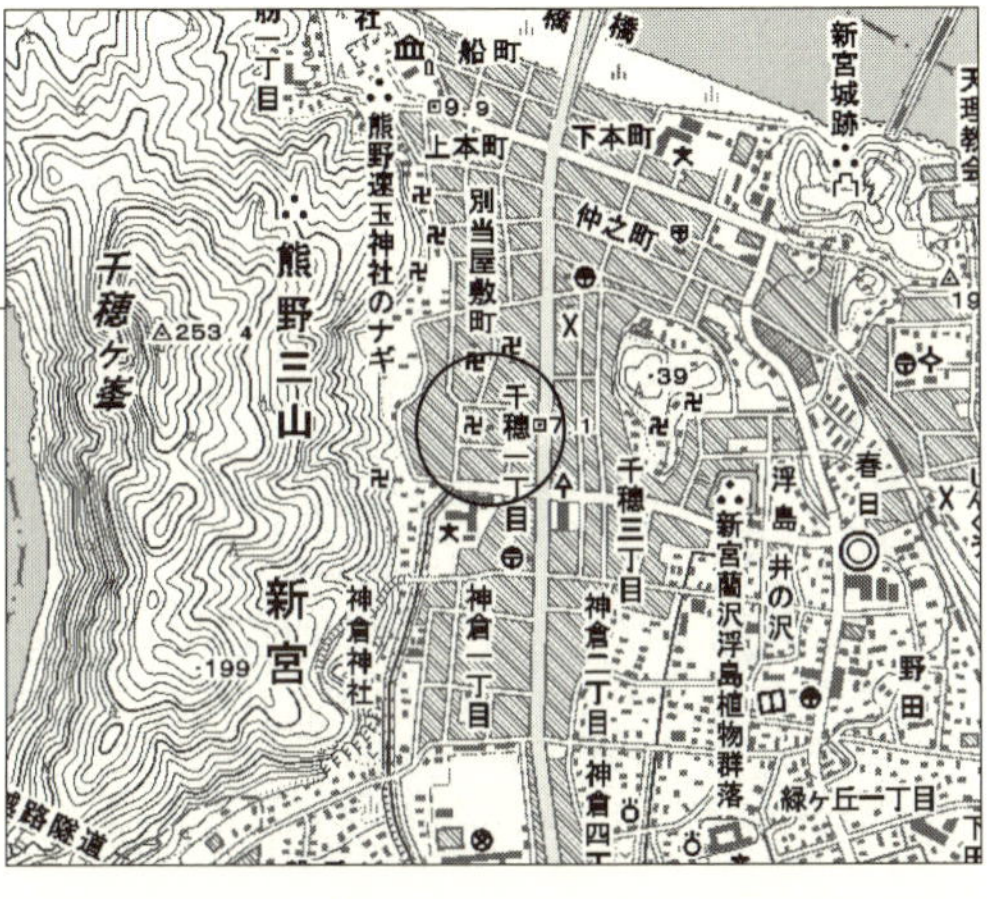


＊1「続新紀州物語・歴史編―城の巻⑤」（一九六一年、朝日新聞和歌山版）に「新宮城跡」として掲載された記録による。

ていた。しかし、忠親には子がなかったので、氏虎はわが子楠若《くすわか》を養子に出し、有馬家を継がせた。ここに、堀内兄弟が新宮の北と南に勢力圏を作り上げ、その結果、熊野地方統治を加速させる要因となったと考えられる。のち、この兄弟を有馬堀内氏、新宮堀内氏と呼んで区別した。

新宮へ侵攻した氏善は、最後まで抵抗を続けた七上綱の新宮周防守屋敷の近くに[*2]、方一町四方の屋敷を構えた。これが新宮堀内氏の根拠地である。

慶長五年（一六〇〇）、関ヶ原の合戦で氏善は西軍に付いたため改易され、新宮は浅野氏の領地となった。

屋敷跡へは、JR紀勢本線新宮駅から北へ徒歩で約一五分。道が狭く、駐車場はない。

（水島大二）

［参考文献］水島大二「堀内新宮屋敷」（中井均監修・城郭談話会編『図解 近畿の城郭』Ⅲ、戎光祥出版、二〇一六年）

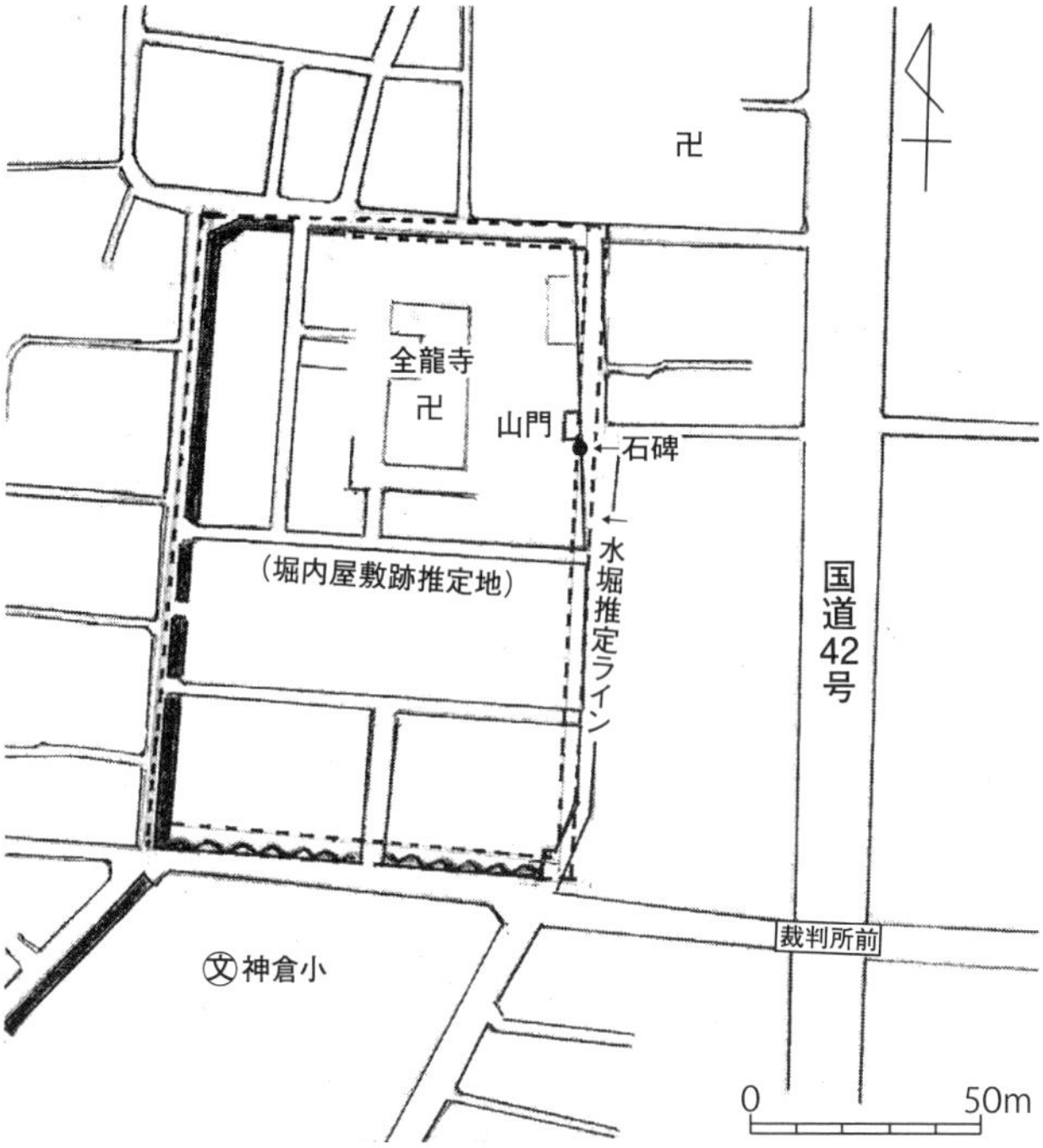

屋敷跡現状図　作図：水島大二

＊2　現在、本広寺の山門脇に新宮屋敷跡の小さな石碑が建てられている。

屋敷跡の全龍寺山門と電柱の案内板

聖地に築かれた石垣を備える大規模山城

# 89 越路城《こしじじょう》

①所在地：新宮市磐盾
②別　称：なし
③標　高：二三一m／比　高：一八〇m
④遺　構：曲輪・石垣・虎口・堀切

新宮市街地の西にそびえる千穂ヶ峯《ちほがみね》は、神武東征《じんむとうせい》で記紀《きき》（『日本書紀』・『続日本記』）に名高い、天磐盾《あまのいわだて》の故地とされる神倉山《かみくらやま》を擁する聖山である。山麓には、熊野三山の一つ新宮速玉大社（新宮市）が鎮座し、蛇行する熊野川を見下ろしている。古代の聖地は、そのまま軍事・政治・交通の要衝であり、中世には熊野の寺社勢力が独占する所であった。しかし、戦国期に新宮の社家の出身を自認する堀内氏善が、割拠する寺社家や在地勢力を討伐し、豊臣政権下で熊野地方の統治を承認された。

堀内氏の平素の居館（本書「新宮堀内屋敷」参照）は、千穂ヶ峯の山麓にあった。規模は方一町（約一〇〇メートル四方）で、大名の居館としては極めて小さい。さらに、他の社家屋敷と並び建つなど、豊臣大名といってもいまだに社家勢力の規制を受けていたといえる。堀内氏の大名化は、豊臣政権から水軍の編成と熊野山地の木材供給への対応に即しており、新体制に呼応した築城が希求されていた。それを具現化したのが越路城であった。

城跡は、千穂ヶ峯から南に五〇〇メートル伸びた尾根上にある。堀内屋敷からは神倉山に阻まれ、市街地からも死角になっているため眺望は限定的だが、熊野川と新宮をつなぐ山越えの最短ルートに位置している。

遺構は、大別すると四つのエリアからなる。最高所のⅣは土塁に囲まれ、南北に食い違い虎口をもつ。小規模であり、物見に利用されたと思われる。ⅠからⅢはいずれも石垣で塁線を固め、

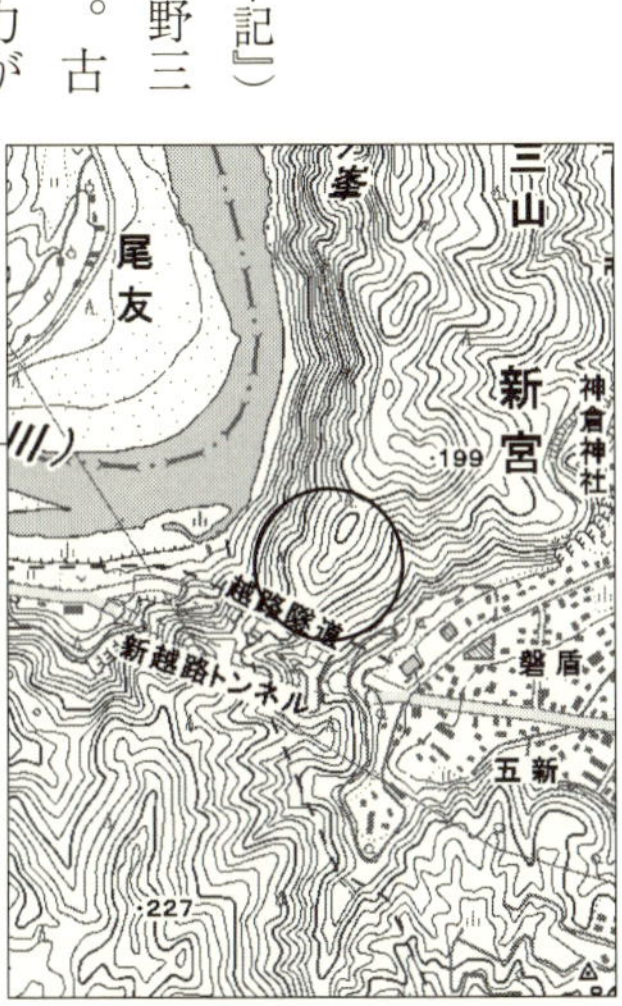


＊1　神倉神社を祀る大岩「ことびき岩」が有名である。

城跡遠望　西より　写真提供：白石博則（以下、同）

食い違い虎口や枡形状の虎口をもっている。Ⅲはほぼ総石垣で、比高も高所にあるので、遺構の中心と見られる。規模はⅠとⅡに比べても等しく、どちらが傑出するとはいえない。また、石垣も隅角《ぐうかく》が鈍角を呈し、傾斜も緩く、熊野の伝統的な石積み技術で積まれている。

このように、越路城は豊臣政権が推し進めた築城技術を部分的に模倣はしていたが、ⅠからⅢの曲輪が並立するなど、求心的な主郭（本丸）の創出を目指す大名拠点の確立には至らなかった。しかし、地方における豊臣大名化の多様な模索がうかがえる貴重な山城といえよう。（藤岡英礼）

［参考文献］藤岡英礼「戦国期における在地城館の構成秩序について―紀伊国奥熊野地方熊野三山領域を中心として」（『中世城郭研究』一一、中世城郭研究会、一九九七年）／佐分清親「越路城」（中井均監修・城郭談話会編『図解 近畿の城郭』Ⅰ、戎光祥出版、二〇一四年）

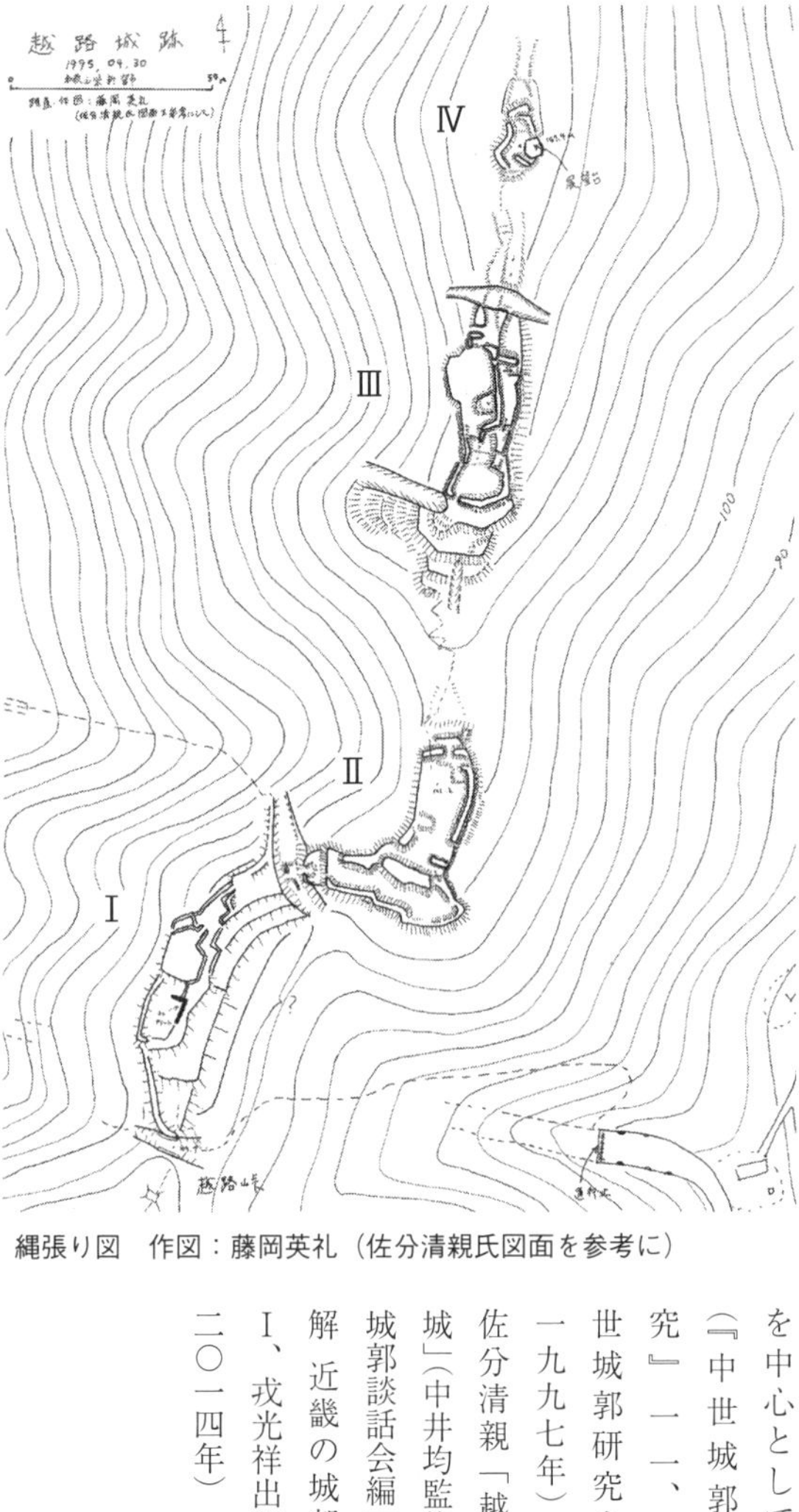

縄張り図　作図：藤岡英礼（佐分清親氏図面を参考に）

越路城曲輪間の石段

越路城主郭北の隅角部

大辺路も熊野灘も押さえる岬の城

# 90 殿和田森城《とのわだのもりじょう》

①所在地：新宮市佐野
②別　称：和田森城
③標　高：八七m／比　高：約八〇m
④遺　構：堀切・土塁

殿和田森城は、新宮市佐野と那智勝浦町宇久井《うくい》を隔てる袖摺岬《そですりみさき》に位置する。北麓には佐野川が、東麓には海が迫っている。国道四二号線が城跡の東の海岸沿いを通り、城跡の下をJR紀勢本線の袖摺トンネルが貫通している。熊野街道（大辺路・那智街道）の宇久井と佐野間は、旧熊野街道と国道四二号線と重なるものとされているが、海に面した不安定なルートで、荒天時などの通行は難しかった。そのため、宇久井から袖摺岬の北を越えるルートも併用されていた。このルートの峠を押さえる場所にあるのが殿和田森城で、那智荘（那智勝浦町）と佐野荘（新宮市）の両方に睨みをきかせることができる。

標高八七メートルの主郭Iを中心とした単郭の城である。北西の尾根と南東の尾根に堀切が設けられている。堀切は幅（開口部）約四メートルあり、現状で底部と曲輪の落差が四メートル以上と遮断性が高い。宇久井と佐野を結ぶ峠に向いて連続する平坦地IIは、耕作地の可能性もあり評価が難しいが、駐屯する場所と考えることができる。

『紀伊続風土記』の「和田森城蹟」の項に「堀内安房守の砦」とあることや、その居館跡とされる「房州殿ノ芝《ぼしどののしば》」の伝承から、堀内氏の山城跡であると考えられている。堀内氏は、戦国期以降に奥熊野で台頭してきた勢力で、氏虎・氏善の二代にわたり、奥熊野の諸勢力を集め、天正九年（一五八一）には織田信長から奥熊野の知行を安堵され、天正十三年の羽柴秀吉の紀州攻めでは、

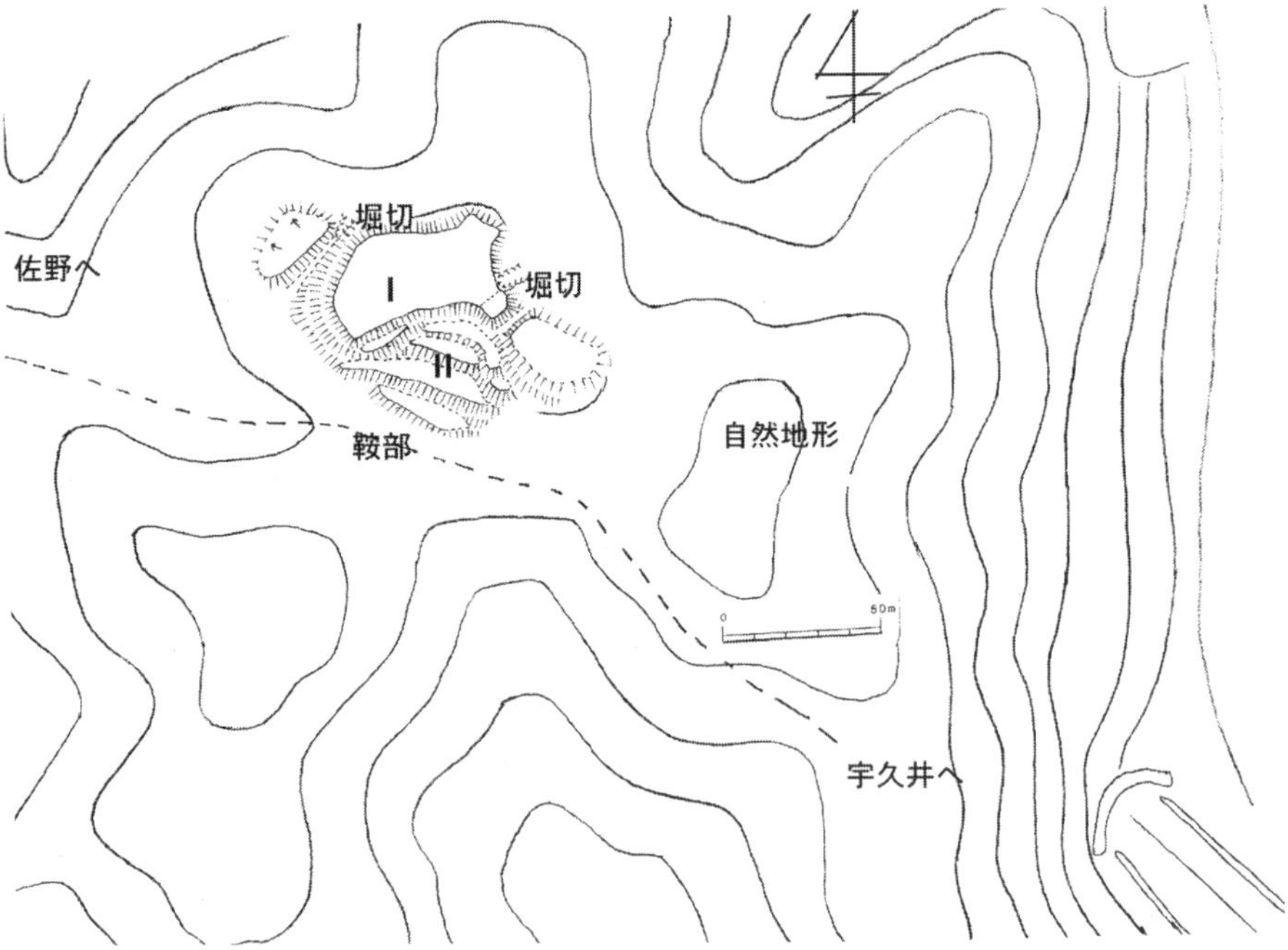


縄張り図　作図：平阪貞敏

いち早く秀吉政権に従った。その後、国内統一戦や朝鮮出兵にも参加し、豊臣政権下において二万七千石の大名となって、新宮を拠点とした。

堀内氏は天正期に那智荘・那智山を支配下に置き、さらに古《こ》座《ざ》の田原《たはら》（佐部城・串本町）まで進出している。堀内氏の勢力が南下する足掛かりとしたのが、この城ではなかったと考える。

（平阪貞敏）

[参考文献]『本宮町史』（文化財編・古代中世史料編、本宮町、二〇〇二年）／紀南文化研究会、熊野歴史研究会監修・編『熊野古道　大辺路調査報告書—田辺市から新宮市まで』（大辺路再生実行委員会、二〇〇八年）

城跡遠望　東より

案内看板（ほとんど消えている）

# 和歌山県中世城館一覧表

二〇一八年十一月現在　※（仮）は仮称、（推）は推定、（伝）は伝承、和城研は『和歌山城郭研究』の略

| 城名 | 別名 | 呼称 | 所在地 | 現状 | 築城年代 | 築（居）城者 | 種別 | 遺構 | 主な出典文献 |
|---|---|---|---|---|---|---|---|---|---|
| 橋本市 | | | | | | | | | |
| 長藪城 | | 城山 | 細川・堂垣内 | 山林 | 文明年間（一四六九～八七） | 牲川義春、畠山氏 | 山城 | 堀切・土塁 | 紀伊続風土記・和城研9・橋本市史 ほか |
| 牲川下屋敷 | 胡麻生館 | 天守畠 | 胡麻生・尾崎 | 果樹地 | | 牲川氏 | 台地 | 段構え・堀切 | 紀伊続風土記・和城研9 |
| 東家館 | | | 東家・橋本小学校敷地 | 学校 | | | 丘城 | 堀跡（発掘で確認） | 紀伊続風土記・和城研9・東家遺跡発掘調査概報 |
| 小原田城 | | 城山 | 小原田・上垣内 | 竹藪 | | | 丘城 | 段の一部 | 紀伊続風土記 |
| 吉原城 | 吉田城・城山城 | 城山・城の越 | 吉原・上吉原 | 山林 | | 吉田佐衛門重盛 | 丘城 | 三段の曲輪 | 紀伊続風土記・和城研9 |
| 岡山城 | 平野城・尾崎城 | 城山 | 上兵庫・岡山 | 田地 | 室町時代 | 平野源太夫、権平 | 丘城 | 空堀一部・土塁 | 紀伊続風土記・和城研9 |
| 高尾城 | | | 隅田町霜草・高尾・同中島高尾添 | 不明 | 室町時代 | 隅田右衛門の祖 | 不明 | 不祥 | 紀伊続風土記・橋本市史 |
| 松岡土居屋敷 | | | 隅田町下兵庫・土居・羽根 | 幼稚園 | | 松岡右京 | 丘城 | なし | 橋本市あさもよし歴史館報31 |
| 銭坂城 | 相賀城・生地城 | 土居垣内 | 野・城の内 | 宅地 | 永享元年（一四二九） | 生地石見守俊澄 | 丘城 | 土塁・空堀・櫓跡碑 | 紀伊続風土記・和城研9・県中世城館詳細分布調査 |
| 坂ノ上城 | | 矢倉脇 | 慶賀野 | 不明 | | 坂上田村麻呂 | 不明 | 不祥 | 橋本市史 |
| 霜山城 | 下山城・野口城 | | 隅田町中島・霜山 | 畑地 | 室町時代 | 隅田党（野口氏）、伝畠山氏 | 丘城 | 堀切・土塁・土橋 | 紀伊続風土記・和城研9 |
| 岩倉城 | | 城山 | 隅田町垂井・岩倉 | 山林 | 鎌倉時代 | 隅田党 | 丘城 | 堀切・土塁・城跡石碑 | 紀伊続風土記・和城研9 |
| 尾崎城 | | 城山 | 隅田町山内・尾崎 | 畑地 | 室町時代 | 隅田党（尾崎氏） | 丘城 | 堀切・土塁一部 | 紀伊続風土記・橋本市史 |
| 待乳山城 | | | 隅田町・奈良県五條市 | 山城 | 南北朝時代 | 桜井氏、赤井氏 | 山城 | 不詳 | 大塔宮之吉野城 |
| 真土山出城 | | | 隅田町真土 | 貯水 | | 高野山珠徳院 | 丘城 | なし | 真土を歩く |

| | | | | | | | | | |
|---|---|---|---|---|---|---|---|---|---|
| 高橋屋敷 | | | 隅田町中島 | | | 隅田次郎、高橋又四郎 | 不明 | 不詳 | 伊都郡誌 |
| 武田土居 | | | 隅田町芋生 | | | 竹田与三 | 不明 | 不祥 | 橋本市史民俗・文化財編 |
| 芋生土居 | 土井屋敷 | | 隅田町芋生・芦原 | | | 芋生氏、竹田氏 | 平城 | 堀跡? | 隅田相続記・橋本市史・和城研9 |
| 樽井土居 | | | 隅田町垂井 | | | 樽井式部 | 不明 | 不祥 | 隅田相続記・橋本市史 |
| 青木土居 | | | 隅田町中下 | | | 青木才吾 | 不明 | 不祥 | 隅田相続記・橋本市史 |
| 小峰城 | | | 榊原・小峰台 | 寺院跡 | | 畠山氏? | 丘城 | 発掘にて確認 | 和高社研57・橋本市史 |
| 十郎入道屋敷 | | 古垣内・殿垣内 | 境原・堀越 | | | 隅田党（十郎入道） | 不明 | 不詳 | 高野山領庄園の支配と構造 |
| 小西屋敷 | | | 境原・湯屋谷口 | | | 隅田党（小西氏） | | 石垣一部・井戸 | 高野山領庄園の支配と構造 |
| 葛原屋敷 | | | 境原・湯屋谷口 | | | 隅田党（葛原氏） | 不明 | 不詳 | 高野山領庄園の支配と構造 |
| 葛原屋敷 | | 横手垣内 | 境原・湯屋谷奥 | | | 隅田党（葛原氏） | 不明 | 不詳 | 高野山領庄園の支配と構造 |
| 織田屋敷 | | 土井 | 向副・東垣内（薬師堂） | | | 織田秀信 | 丘城 | 不詳 | 学文路郷土史の記録 |
| 菖蒲谷田和城 | 多和ノ城・松山城 | 城山 | 菖蒲谷・清谷 | 山林 | | 松山新助（織田信長家臣） | 山城 | 不詳 | 紀伊国名所図会・和城研9 |
| 贄川土居 | | 城の塙・土居の腰 | 向副・土井 | | | 贄川久蔵（南贄川殿） | 丘城 | 不詳 | 学文路郷土史の記録 |
| 小島土居 | | 土居 | 上田・上垣内 | 宅地 | | 隅田党（小島壱岐守） | 丘城 | 土塁の一部 | 伊都郡誌・歴史館報21 |
| 神谷屋敷 | | | 西畑・柳尾 | | | 神谷土佐入道 | 丘城 | 不詳 | 伊都郡誌・橋本市史 |
| 国城山砦 | 学文路砦 | 城ノ尾 | 東畑・国城山 | 山林 | 天正九年（一五八一） | 金光院覚応（高野山） | 山城 | 段構え | 学文路村誌・和城研9 |
| 赤塚土居 | 榊山城・小林城 | 土居・城ノ尾 | 赤塚・土井 | 宅地 | | 上田正尚 | 丘城 | 土塁の一部 | 紀伊続風土記・橋本市あさもよし歴史館報13 |
| 上田土居 | 榊ヶ城 | 土居 | 中道・土居 | 田地 | 貞和年間（一三四五～五〇） | 上田定国 | 丘城 | 堀跡 | 橋本市史・和城研9 |
| 中山土居屋敷 | 恋野土居 | | 恋野 | 畑墓地 | | 隅田党（中山氏） | 丘城 | 不詳 | 橋本市あさもよし歴史館報・和城研9 |

| | | | | | | | | | |
|---|---|---|---|---|---|---|---|---|---|
| 恋野土居屋敷 | | 土居 | 恋野中 | 畑地 | | 小島氏 | 丘城 | 昭和50・9・6瀬戸陶器出土 | 伊都郡誌 |
| 土居屋敷 | | | 学文路 | | | 土居氏 | 不明 | 不詳 | 学文路村誌・橋本市史 |
| 西尾山砦 | 西の尾砦 | | 学文路・西尾山 | | 天正九年（一五八一） | 金光院覚応（高野山） | 山城 | 不詳 | 那賀郡誌 |
| 畑山城 | 生地城 | 城山 | 学文路・茂原、九度山町河根 | 山城 | | | 山城 | 不詳 | 学文路村誌・橋本市歴史館報20 |
| 畑山支城 | （西尾山砦と同じか） | | 学文路・茂原 | | | | 丘城 | 不詳 | 学文路村誌・橋本市史 |
| 薬師山砦 | | | 学文路・茂原、薬師寺 | 古寺院 | 南北朝時代 | 金光院快応、神谷入道 | 山城 | 土塁の一部・段構え | 学文路村誌・橋本市歴史館報29 |
| （城ノウラ） | | | 横座 | | | | 不明 | 不詳 | 和歌山県史・中世史料 |
| 名倉城 | 亀岡氏館 | | 高野口町名倉・小字城跡 | 宅地 | 室町時代 | 亀岡氏 | 丘城 | 土塁・殿井戸 | 伊都郡誌・和城研9 |
| 高坊屋敷 | 高尾城・高雄屋敷 | 上ノ段 | 高野口町高尾 | 宅地 | | 多々良氏、湯浅氏、高坊氏 | 不詳 | 不詳 | 伊都郡誌・和城研9 |
| 塙坂屋敷 | 名古曽城 | | 高野口町名古曽 | 宅地 | | 塙坂氏（隅田党） | 丘城 | 空堀跡・城跡碑 | 紀伊続風土記・和城研9 |
| 小田屋敷 | | | 高野口町名古曽 | 宅地 | | 小田氏 | 丘城 | 段構え | 紀伊続風土記 |
| 古小田屋敷 | | | 高野口町小田 | 宅地 | | 小田氏 | 丘城 | 土塁の一部 | 遺構から推測 |
| 塙田屋敷 | | | 高野口伏原 | 宅地 | | 塙田六郎衛門 | 平城 | 不詳 | 紀の川の民話 |
| 大野城 | 西山城・土居城 | | 高野口町大野 | 宅地 | 文治三年（一一八七） | 鎮西満義（のち西山氏） | 平城 | なし | 西山氏系図・和城研9 |
| 平山城 | | 城山 | 高野口町応其・平山城団地 | 宅地 | 南北朝時代 | 吉田左衛門重盛、松山新介 | 丘城 | なし | 高野口町誌・和城研9 |
| **伊都郡** | | | | | | | | | |
| 高門城 | | 公門 | かつらぎ町金谷・公門 | | 文治二年（一一八六） | 鎮西満義（のち西山氏） | 丘城 | なし | 紀伊続風土記・かつらぎ町史 |

| | | | | | | | | | |
|---|---|---|---|---|---|---|---|---|---|
| 鉢伏山城 | （鉢覆山城） | 城山 | かつらぎ町高田 | みかん畑 | 天正九年（一五八一） | 堀秀政、阿波宰相 | 山城 | 段構え | 紀伊続風土記・かつらぎ町史 |
| 背の山城 | | 城の跡 | かつらぎ町高田 | 中継所 | 天正九年（一五八一） | 阿波宰相、織田三七郎信孝 | 山城 | なし（万葉故地） | 紀伊続風土記・かつらぎ町史 |
| 飯降城 | | 城山 | かつらぎ町中飯降 | 墓地 | | 田所氏 | 丘城 | 段構え | 妙寺町誌・かつらぎ町史通史 |
| 今城山城 | 丸山城・清川城 | 城山・城ノ肩 | かつらぎ町清川・那賀町赤沼田 | 山林 | 天正九年（一五八一） | 林荘司、高野衆徒 | 山城 | 横堀・石垣・土塁 | 紀伊続風土記・かつらぎ町史 |
| 柏木城 | | 城山 | かつらぎ町柏木・東柏木 | 畑地 | | 岡氏 | 丘城 | 堀切跡 | 紀伊続風土記・かつらぎ町史 |
| 草田山城 | | どしぼ | かつらぎ町大谷 | 柿畑 | | | 丘城 | なし | 紀伊続風土記・かつらぎ町史 |
| 窪山城 | | 城の山 | かつらぎ町窪 | 柿畑 | | 木村氏 | 丘城 | なし | 紀伊続風土記・かつらぎ町史 |
| 城屋敷 | | | かつらぎ町星川 | 柿畑 | 天正九年（一五八一） | 高野勢 | 山城 | 土塁 | 紀伊続風土記・かつらぎ町史 |
| 津田城 | | ゴンゲの段 | かつらぎ町大畑 | 山林 | | 津田氏 | 山城 | 不詳 | 紀伊続風土記・かつらぎ町史 |
| 成高山城 | | | かつらぎ町平・成高山 | 山林 | | | 山城 | 不詳 | 四郷村誌・かつらぎ町史通史 |
| 皮張東城 | | | かつらぎ町宮本 | 山林 | | | 山城 | 石垣・土塁 | 紀伊続風土記・かつらぎ町史・和城研8 |
| 皮張西城 | | | かつらぎ町宮本 | 山林 | | | 山城 | 土塁・堀切 | 紀伊続風土記・かつらぎ町史・和城研8 |
| 大久保城 | 大久保屋敷 | 殿屋敷 | かつらぎ町大久保 | 田地 | | 大久保彦左衛門 | 山城 | 堀切跡 | 四郷村誌・かつらぎ町史 |
| 清盛城 | | | かつらぎ久保 | 田地 | 鎌倉初期 | 佐々木高綱 | 山城 | 段 | 四郷村誌 |
| 佐々木屋敷 | | | かつらぎ町滝 | | | | | 不詳 | 紀の川の民話 |
| （城の岡） | | | かつらぎ町滝 | | | | | 不詳 | 四郷地区古文書 |
| （上の平垣内） | | | かつらぎ町丁の町 | | | 平原彦六 | 丘城 | 不詳 | 高野山領庄園の支配と構造 |

| | | | | | | | | | |
|---|---|---|---|---|---|---|---|---|---|
| 三谷城 | | 城の壇・城屋敷 | かつらぎ町三谷 | 畑地 | | 三位中将桃小太郎 | 丘城 | 段遺構 | 紀伊続風土記・かつらぎ町史 |
| 三谷土居 | | 土居谷 | かつらぎ町三谷 | 宅地 | | | 平城 | 段 | 紀伊続風土記・かつらぎ町史 |
| 城ノ尾 | | | かつらぎ町下天野・下居 | | 伝天正九年（一五八一） | | 山城 | 不詳 | 紀伊国天野郷現地調査報告 |
| 志冨田屋敷 | | 土居谷 | かつらぎ町笠田東渋田 | 公園 | | 志冨田氏 | 平城 | 堀切跡 | 伊都郡誌・かつらぎ町史通史 |
| 志賀城 | | 内城 | かつらぎ町上志賀 | 山林 | | | 山城 | 土塁・堀切 | かつらぎ町史通史 |
| 松尾城 | 久木城 | | かつらぎ町花園・久木 | | | | | 不詳 | 紀伊続風土記 |
| 平家屋敷 | | | かつらぎ町花園・久木 | | | | | 不詳 | 高野花園の民話 |
| 大南城 | | | かつらぎ町花園・久木 | 山林 | | 中南三郎舎弟 | 丘城 | 不詳 | 和城研8 |
| 親王城 | | | かつらぎ町花園 | | | 大塔宮 | 山城 | なし | 花園遺史 |
| 堂尾氏館 | イジリ陣所 | | かつらぎ町花園 | | | 堂尾氏 | | 不詳 | 花園遺史 |
| 臼谷城 | 八郎屋敷 | 観音屋敷 | かつらぎ町花園・臼谷 | | | | | 不詳 | 花園遺史 |
| 坂本城 | 長屋屋敷 | | かつらぎ町花園・坂本 | | | | 山城 | 不詳 | 花園遺史 |
| 権守城 | | | かつらぎ町花園・中南 | | | 上野権守 | 山城 | 段 | 花園遺史 |
| 玉置庄司館 | | | かつらぎ町花園・中南小原 | 山林 | | 上垣内平孫次郎 | 山城 | 段・石積み | 花園遺史・平阪氏調査 |
| 笠松城 | 丹波山城・亀山城 | 城屋敷 | かつらぎ町花園・中南 | | | 中南三郎 | 丘城 | 段・堀切 | 花園遺史・紀伊続風土記 |
| 小鼓ヶ城 | 鼓ヶ城 | ツル姫平 | かつらぎ町花園 | | | 中南氏 | 山城 | なし | 花園遺史・和城研8 |
| 小松屋敷 | | | かつらぎ町花園・ | | | | | 不詳 | 花園遺史 |

| | | | | | | | | | |
|---|---|---|---|---|---|---|---|---|---|
| 井本屋敷 | | | かつらぎ町花園・ | | | | | 不詳 | 花園遺史 |
| 次郎屋敷 | | | かつらぎ町花園・ | | | | | 不詳 | 花園遺史 |
| 芋瀬庄司屋敷 | | | かつらぎ町花園・堂原 | 山林 | | 芋瀬二郎兵衛 | 山城 | 段遺構 | 高野花園の民話・和城研8 |
| 小南屋敷 | | 古館 | かつらぎ町花園・ | | | | 不詳 | 不詳 | 高野花園の民話 |
| 森本屋敷 | | | かつらぎ町花園・ | | | 森本兵衛 | | なし | 高野花園の民話 |
| 維盛屋敷 | | | かつらぎ町花園・杖ヶ薮 | | | | | 不詳 | 高野花園の民話 |
| 岡城 | | 古土居・城の内 | 九度山町入郷 | 果樹地 | | 岡氏 | 丘城 | 堀跡・櫓台状 | 高野口町誌下 |
| 真田昌幸屋敷 | | | 九度山町九度山・善名称院（真田庵） | 寺院 | | 真田昌幸 | 平城 | なし | 紀伊続風土記 |
| 真田信繁屋敷 | | | 九度山町九度山・遍照寺 | 寺院・宅地 | | 真田信繁（幸村） | 平城 | 石垣・井戸（民家内） | 紀伊続風土記 |
| 槇の尾砦 | 槇尾山砦 | 明神山 | 九度山町九度山・槇尾山明神社 | 学校 | 天正九年（一五八一） | 智荘院応政（高野勢） | 山城 | なし | 那賀郡誌下 |
| 雨壷山砦 | | 大日山 | 九度山町山崎 | | 天正九年（一五八一） | 橋口正重藤（高野勢） | 山城 | なし | 続風土記 |
| 大滝城 | | 城の尾・城どの | 高野町大滝 | | | 大家氏（高野勢） | 山城 | 石垣・土塁 | 紀伊続風土記 |
| 尾崎城 | | 尾城平 | 高野町大南・宮の尾 | | | 尾崎平五郎 | 山城 | 不詳 | 花園遺史 |
| 貞藤屋敷 | | | 高野町相之浦 | | | 藤原貞藤 | | 不詳 | 花園遺史 |
| 陣ヶ峰 | | | 高野町陣ヶ峰 | 山林 | | 高野勢 | 山城 | 不詳 | 紀伊続風土記 |
| **紀の川市** | | | | | | | | | |
| 高田城 | | 城の口 | 神領 | 畑地 | | 山田氏 | 台地 | 曲輪・堀切 | 県中世城館跡詳細分布調査 |
| 田中城 | | | 田中？ | | | 田中氏 | | 不詳 | 打田町史 |

| | | | | | | | | | |
|---|---|---|---|---|---|---|---|---|---|
| 春日山城 | | 城ヶ峰 | 中三谷 | 山林 | 南北朝～室町時代 | 根来衆徒 | 山城 | 堀切・曲輪 | 打田町史・太平記・和城研8ほか |
| 和田城 | 古和田城 | 古城跡・城の内 | 古和田・古城跡 | 宅地 | 南北朝時代 | 和田氏 | 平城 | 堀跡 | 打田町史・那賀郡誌・池田村誌 |
| 王城 | | 王城 | 古和田・王城 | 田地 | 南北朝時代 | 和田氏、（南朝方の城） | 平城 | 曲輪一部 | 歴史旧草案地理・打田町史・和城研8 |
| 宰相垣内 | | 宰相垣内 | 田中馬場 | 畑地 | 南北朝時代 | 松岡宰正、久我宰相 | 平城 | 曲輪一部 | 県中世城館跡詳細分布調査・花園遺史 |
| 最初ヶ峰城 | | 百合山 | 最初ヶ峰 | 公園 | 南北朝時代 | 塩谷伊勢守（南朝方） | 山城 | なし | 太平記・打田町史 |
| 長明の城（推） | | | 東大井・下司明 | 宅地 | 平安末期～鎌倉時代 | 佐藤長明 | 台地 | （粟島遺跡・県発掘） | きのくに文化財24 |
| 佐藤城 | | 佐藤城址 | 竹房・龍蔵寺付近 | 寺院 | 平安末期～鎌倉時代 | 佐藤氏 | 台地 | 説明版 | 打田町史・和城研8 |
| 重行城 | | 城山 | 重行 | 畑地 | | 津田三佐左衛門重行 | 丘城 | 空堀 | 打田町史・紀伊続風土記 |
| 城ヶ峰城 | 今畑城 | 城ヶ峰 | 今畑 | 山林 | 南北朝時代 | 白髭氏（佐々木氏） | 山城 | なし | 紀伊続風土記・和城研8 |
| 中畑城 | | | 中畑 | | 南北朝時代 | 田村氏（阪上氏一族） | 不明 | 不詳 | 打田町の民話と伝説 |
| 浦上（神）城 | | | 神通 | | 南北朝時代 | 浦上（神）氏 | 不明 | 不詳 | 打田町の民話と伝説 |
| 長田の陣 | | | 長田中？ | | | | 不明 | 不詳 | 打田町史 |
| 恩賀屋敷 | | 恩賀ノ鼻 | 松井 | 果樹地 | 宝亀年間（七七〇～七八一） | 大伴孔古 | 丘城 | 不詳 | 紀伊国名所図会 |
| 小川城 | | | 松井か小川 | | 文明年間（一四六九～八七） | 小川中務之丞澄景 | 不明 | 不詳 | 粉河旧紀・南紀徳川史・和城研8 |
| 猿岡山城 | 秋葉山城・粉河城 | 城山 | 粉河 | 公園 | 天正元（一五七三）、十五年（一五八五） | 粉河衆、藤堂高虎 | 山城 | 城跡碑 | 粉河旧記・近畿の城郭Ⅳ・摂河泉文化資料42・粉河町史 |
| 矢倉山城 | 東毛城 | 矢倉岡 | 矢倉 | 果樹地 | 天正初期 | 山本氏、粉河衆 | 丘城 | 堀切 | 紀伊続風土記・摂河泉文化資料42 |
| 名手城 | 馬宿城・名手殿城 | 城山 | 馬宿 | 宅地 | 南北朝時代 | 名手新九郎 | 丘城 | なし | 那賀町史・和城研8 |

| | | | | | | | | | |
|---|---|---|---|---|---|---|---|---|---|
| 丹生谷城 | 丹生屋屋敷 | まんどり山 | 下丹生 | 荒地 | | 鎮西蔵人左衛門満隆 | 丘城 | 曲輪 | 紀伊続風土記・和城研8 |
| 岡城 | | | 下丹生・西岡 | 墓地 | 南北朝時代 | 山中弾正忠政 | 丘城 | 土塁一部・堀切 | 紀伊続風土記・和城研8 |
| 岡城（仮） | | （城跡伝承あり） | 上丹生・南岡 | 果樹地 | | | 丘城 | 土塁一部 | 和城研情報紙227 |
| 江川城（仮） | | 殿田 | 江川・城 | 畑地 | | 江川氏？ | 丘城 | なし（平地のみ） | 地名考証・和城研8 |
| 野上城 | | 城 | 野上・城 | 畑地 | | | 丘城 | 不祥 | 粉河旧記（粉河町史） |
| 義賢屋敷 | | 九郎殿薮 | 杉原・尾首 | 竹藪 | 天正の頃 | 山本河内守九郎義賢 | 丘城 | なし | 那賀郡誌・和城研7 |
| 尾首土居 | | 土居 | 杉原・尾首 | 畑地 | | | 丘城 | なし | 高野山領紀伊国－荒川庄史 |
| 尾首山城 | | 城山 | 杉原 | | | | 不明 | 不祥 | 高野山領紀伊国－荒川庄史 |
| 雲路砦 | | | 龍門山系 | | | 大光明院乗覚（高野山） | 山城 | 不詳 | 那賀郡誌 |
| 龍門山城 | | | 龍門・龍門山 | | 延文五・正平十五年（一三六〇） | 四条中納言、南朝方 | 山城 | 不詳 | 太平記　ほか |
| 小沢城 | | | 龍門・荒見 | | 天授五年（一三七九） | 山本右京亮、細川大輔氏春 | 不明 | 不詳 | 那賀郡誌・和城研7 |
| ミササ峰城 | | | 荒見・畑野 | 山林 | | | 山城 | 不詳 | 那賀郡誌・和城研7 |
| 妹背屋敷 | | | | 宅地 | | 妹背荘司勘左衛門 | | 不詳 | 紀伊続風土記 |
| 庄司屋敷 | （やぐらの城） | | 和田（鞆渕） | 宅地 | 室町中期以降 | 庄司氏 | | 石段 | 鞆渕荘地域総合調査 |
| 狼煙台 | | 山戸垣内 | 山戸・芝（鞆渕） | | | 伝・楠正成一族 | 山城 | （地蔵寺跡） | 鞆渕荘地域総合調査 |
| 土居氏館 | | 土居の原 | 咲林（鞆渕） | 宅地 | | 土井隼人介、公文職一族 | 丘城 | 段構え | 鞆渕荘地域総合調査・和城研7 |
| 林垣内城 | 林氏居館 | 城のかた | 上鞆渕・林垣内 | 雑木林 | | 林氏 | 山城 | 土塁・曲輪 | 鞆渕荘地域総合調査・和城研7 |
| 連貫城 | | レンガンジョ | 上鞆渕・かつらぎ町日高 | 山林 | | | 山城 | 不詳 | 鞆渕組絵図・和城研7 |
| 大森城 | | | （旧粉河町鞆渕） | | | | | 不詳 | 文書 |

| | | | | | | | | | |
|---|---|---|---|---|---|---|---|---|---|
| 火箸峠城（仮） | | 城山 | 日待峠（鞆渕） | 雑木林 | | | 山城 | 土塁 | 紀州古城館情報No.209 |
| 秋葉山城 | 中野城 | 秋葉権現 | 中野南（鞆渕） | 雑木林 | | 下司（鞆渕氏） | 山城 | 堀切・土橋 | 鞆渕荘地域総合調査・和城研7 |
| 中野南城 | 中野城 | 城の天 | 中野南（鞆渕） | 雑木林 | | 下司（鞆渕氏） | 丘城 | 段構え | 鞆渕荘地域総合調査・和城研7 |
| 下司館 | | 荘の岡 | 中野南（鞆渕） | 墓石群 | | 下司（鞆渕氏） | 丘城 | 不詳 | 県博研究紀要7 |
| 土佐坊城 | 蘆屋ヶ城 | 城山 | 東川原 | 雑木林 | | 土佐坊昌俊 | 山城 | 段構え | 紀伊続風土記 |
| 篠　館 | | | 東出（上段氏宅） | 宅地 | | 篠氏 | 丘城 | なし | 紀伊続風土記 |
| 茶臼山城 | 篠城・庵の砦 | | 東出、西脇 | 畑地 | 天正九年（一五八一） | 篠氏、高野山衆徒 | 山城 | 堀切 | 紀伊国名所図会・和城研7・定本和歌山県の城 |
| 昌俊屋敷 | | 大城 | 切畑・ごぼう沢 | 果樹地 | | | 丘城 | なし | 紀伊続風土記 |
| 穴伏城 | | 上ノ段 | 穴伏 | 果樹地 | 天正九年（一五八一） | 高野山宝護院 | 丘城 | 堀切状の一部 | 紀伊続風土記 |
| 宇野城 | 市場城 | 城山団地 | 名手市場・城山 | 団地 | 天正九年（一五八一） | 宇野若狭守 | 丘城 | なし | 那賀町史・那賀郡誌・和城研8 |
| 飯盛山城 | | | 麻生津・中 | 雑木林 | 建武一年（一三三四） | 佐々目憲法、六十谷定尚 | 山城 | 堀切・土塁 | 太平記・歴史館報22・和城研7 |
| 小飯盛山城 | | | 麻生津・中 | 山林 | | 高野衆徒 | 山城 | 土塁一部 | 那賀郡誌・和城研7 |
| 楠木段城 | | | 麻生津・中 | | | 楠氏 | 丘城 | なし | 那賀郡誌 |
| ヒバシ峠城 | 日橋峠城・日待峠城 | 城山 | 桃山町黒川・紀の川市下鞆淵 | 山林 | | | 山城 | 段構え | 友淵組四方町間帳・野田理氏確認 |
| 長田城 | | | 桃山町野田原・中番 | 山林 | | | 山城 | 平坦地 | 桃山町史・和城研7 |
| 神縄掛城（仮） | | 城ノ段・城 | 桃山町野田原・神縄掛 | 畑地 | | | 丘城 | 平坦地 | 桃山町の文化財・和城研7 |
| 欅峠城 | | | 桃山町野田原・上 | 山林 | | | 山城 | 不明 | 桃山町の文化財・和城研7 |
| 欅　城 | 貝合城 | 欅城山 | 桃山町野田原・隠田 | 山林 | 天正九年（一五八一） | 高野山衆徒 | 山城 | 段構え | 桃山町史・和城研7 |

| | | | | | | | | | |
|---|---|---|---|---|---|---|---|---|---|
| 野田原城 | | 城原 | 桃山町野田原・下 | 山林 | 天正十三年（一五八五） | 根来衆徒 | 丘城 | 堀切・段構え | 桃山町の文化財・和城研7 |
| 土井屋敷 | 土井長者屋敷 | 土井 | 桃山町調月・井の上 | 田地 | | 土井氏 | 丘城 | なし | 那賀郡誌・桃山町の文化財・和城研7 |
| 中殿屋敷 | 中城・中氏屋敷 | 城の檀 | 桃山町調月 | 畑地 | | 中家氏 | 丘城 | 水堀一部 | 桃山町史・桃山町の文化財・和城研7 |
| 平野屋敷 | | | 桃山町神田 | 宅地 | | 平野氏 | 丘城 | （石垣の一部） | 高野山領庄園の支配と構造 |
| 奥氏屋敷 | 公文屋敷 | | 桃山町小林（奥家宅） | 宅地 | | 奥氏 | 丘城 | （水堀・馬出土塁） | 高野山領庄園の支配と構造 |
| 荒川戸畔屋敷 | | 妙法檀 | 桃山町段・八坂神社 | 神社 | | 荒川戸畔 | 丘城 | 堀一部？（池） | 桃山町史・桃山町の文化財 |
| 八岡山城 | 鉢岡山城 | 城山 | 貴志川町岸宮 | 果樹地 | | （雑賀党） | 丘城 | 段構え | 貴志川町史・和城研7 |
| 尼寺南城 | 上野原城 | 城山 | 貴志川町上野原・北畑 | | 応永六年（一三九九） | 二川河内守深春 | 丘城 | なし | 貴志川町史・和城研7 |
| 貴志氏館 | | 堀垣内 | 貴志川町神戸 | 畑地 | | 貴志氏 | 台地 | なし | 紀伊続風土記・貴志川町史 |
| 北城垣内城 | 城垣内城 | 城 | 貴志川町北・城垣内 | 田地 | | | 丘城 | 段構え | 貴志川町史・和城研7 |
| 井ノ口城 | 井ノ口の関 | 休みの場 | 貴志川町井の口 | 果樹地 | | | 丘城 | なし | 志賀野村郷土史・和城研7 |
| **海草郡** | | | | | | | | | |
| 堀　城 | | 城ノ段・堀垣内 | 紀美野町東野 | 畑地 | | 堀氏 | 平山 | 堀切 | 紀伊続風土記・和城研6 |
| 蓮華寺ノ砦 | | | 紀美野町下佐々 | 寺院 | | | 丘城 | 不詳 | 野上町誌 |
| 中ノ城 | | なかのしろ | 紀美野町下佐々 | 山林 | | 高野勢か | 山城 | 土塁・空堀 | 野上町誌・和城研6 |
| 龍光寺ノ砦 | | | 紀美野町動木 | 寺院 | | | 丘城 | 土塁 | 野上町誌 |
| 八幡山本陣 | 八幡山城 | | 紀美野町小畑・西垣内 | 神社 | | 高野勢 | 山城 | 曲輪・堀切 | 和城研6 |

| | | | | | | | | | |
|---|---|---|---|---|---|---|---|---|---|
| 寺中屋敷 | | 城 | 紀美野町小畑・中垣内 | マンション | | 寺中木工ノ祐 | 丘城 | なし | 紀伊続風土記・野上町誌 |
| 寺中城 | | 城ノ段 | 紀美野町小畑・中垣内 | 雑木林 | | 寺中木工ノ祐 | 山城 | 内・外堀・土塁 | 紀伊続風土記・野上町誌・和城研6 |
| 鉾ヶ城 | 鉾ヶ峰城 | | 紀美野町松瀬 | 荒地 | | 畠山氏 | 山城 | なし | 志賀野村郷土誌 |
| 福井城 | | 城 | 紀美野町福井 | 山林 | | 畠山氏（推） | 丘城 | 土塁・堀切 | 紀伊続風土記・野上町誌 |
| 梅本屋敷 | | | 紀美野町宮前・島 | 学校 | | 梅本（興津）権之丞 | 平城 | なし | 紀伊続風土記・野上町誌 |
| 応神ヶ城 | 大神山城・神応山城 | 城段山 | 紀美野町国木原 | 畑地 | | 高野勢、楠氏、井奥氏 | 山城 | 土塁・空堀一部 | 紀伊続風土記・野上町誌 |
| 鳶ヶ巣城 | | | 紀美野町坂本 | 雑木林 | | 貴志氏 | 山城 | 曲輪・堀切 | 紀伊続風土記・野上町誌 |
| 勝谷城 | 勝屋城・出城山 | 城山 | 紀美野町勝谷 | 山林 | 天正九年（一五八一） | 高野山衆徒 | 山城 | 土塁・堀切 | 定本和歌山県の城・和城研6・野上町誌 |
| 松の峰城 | 嫌ヶ城 | | 紀美野町高畑・松の峰 | 山林 | | | 山城 | なし | 伝承・和城研6 |
| 土居屋敷 | | 土井森 | 紀美野町長谷宮・谷口 | 神社 | | | 丘城 | なし | 紀伊続風土記・和城研6 |
| 長谷城（仮） | 土井城 | 城の址 | 紀美野町長谷・長谷寺の上 | 山林 | | | 山城 | 堀切 | 定本和歌山県の城・和城研6 |
| 権別当の城 | 薄月山城 | 城山・城・小城 | 紀美野町北野・円明寺 | 雑木林 | | | 山城 | 段構え | 和歌山県の地名・和城研6 |
| 高岡氏屋敷 | | 射藪 | 紀美野町蓑垣内 | 宅地 | | | 山城 | なし | 和城研6 |
| 河野城 | （河野城Ⅰ） | 城山 | 紀美野町福田 | 畑地 | | 河野秀道 | 丘城 | なし | 和歌山県の地名・和城研6 |
| 河野城 | （河野城Ⅱ） | 城山・城跡 | 紀美野町福田 | 畑地 | | 河野氏 | 丘城 | 発掘調査あり | 紀伊続風土記・福田地区遺跡発掘調査報告 |
| 河野城 | （河野城Ⅲ） | 愛宕山 | 紀美野町福田 | 寺社 | | 河野氏 | 丘城 | なし | 紀伊続風土記 |
| 椿森屋敷 | | 殿屋敷 | 紀美野町上井 | | 元亀年間（一五七〇～七三） | 殿長之祐、河野通直 | | 不詳 | 紀伊続風土記 |

| | | | | | | | | | |
|---|---|---|---|---|---|---|---|---|---|
| 上ノ城 | 津川城・吉井城 | 上ノ城山 | 紀美野町津川 | 山林 | | 楠氏、吉井氏、高野勢 | 山城 | 土塁一部 | 紀伊続風土記 |
| 雨乞山城 | | 城山 | 紀美野町明添 | 雑木林 | | | 山城 | 曲輪 | 紀伊続風土記・和城研6 |
| 幸寿院屋敷 | | | 紀美野町田 | | | 川村幸寿院 | 不明 | 不詳 | 紀伊続風土記 |
| 平岩城 | 鉢伏山城 | 城山 | 紀美野町毛原・下 | 雑木林 | | | 山城 | 土塁・空堀・発掘調査あり | 紀伊続風土記・和城研6 |
| 城山城 | （仮・毛原中城） | 出城ヤシキ | 紀美野町毛原・中 | 大師堂 | | | 山城 | 土塁一部・堀切 | 紀伊続風土記・紀伊国名所図会 |
| **岩出市** | | | | | | | | | |
| 根来寺 | | | 岩出市根来 | 寺院 | 大治一年（一一二六） | 覚鑁上人、根来衆徒 | 丘陵 | 堀切一部 | （国指定史跡）多数 |
| 根来西山城 | 根来城 | | 岩出市根来 | ゴルフ場 | 室町時代 | 根来衆徒（岩室坊） | 丘城 | （発掘で堀確認） | 那賀郡誌 |
| 前山砦 | | | 岩出市根来・前山 | 雑木林 | 戦国時代 | 根来衆徒 | 山城 | 櫓台・堀切・土塁 | 図録根来寺 |
| **和歌山市** | | | | | | | | | |
| 岡山城 | 奥山城・岡城 | | 岡山町・時鐘堂付近 | 美術館・博物館 | 室町時代 | 畠山高政 | 丘城 | なし | 和歌山史要・紀州繁昌誌 |
| 足利氏館 | | | 屋形町 | 市街地 | 室町時代 | 足利義昭 | 平城 | なし | 紀伊続風土記・和歌山史要 |
| 太田城 | | 城跡 | 太田・来迎寺付近 | 宅地 | 延徳年間（一四八九〜六二一）、天正四年（一五七六） | 紀俊連、太田源太夫 | 平城 | 水攻め堤・城跡碑 | 紀伊続風土記・和城研12・ほか多数 |
| 土居 | 土井 | 土居 | 太田・向陽高グランド内 | 学校 | | 紀氏？ | 平城 | 発掘で溝確認 | 和城研12 |
| 秋月城 | 飯垣城 | 城の内 | 秋月・城の内周辺 | 畑地 | 延徳年間（一四八九〜六二一） | 紀俊連（飯垣周防守：守備） | 平城 | 曲輪一部 | 紀伊続風土記・和城研12 |
| 黒田はな城 | | | 黒田 | 不明 | | 宮郷 | 不明 | なし | 戦国鉄砲傭兵隊 |
| 神前館 | 神前中務館 | | 神前 | 道路 | 室町時代 | 神前のち中務丞 | 平城 | 発掘で溝等 | 地宝のひびき平成23 |

| | | | | | | | | | |
|---|---|---|---|---|---|---|---|---|---|
| 忌部山城 | 忌部城 | | 井辺・総綱寺山付近 | | 延徳年間（一四八九〜六二） | 国造紀俊連、村垣蔵人（守備） | 丘城 | 不詳 | 紀伊続風土記 |
| 鷺森御坊 | 雑賀御坊 | | 鷺の森 | 別院 | 永禄六年（一五六九）、天正八年（一五八〇） | （顕如上人） | 平城 | 発掘で堀等 | 和歌山城と城下町の風景 |
| 湊　城 | | 城山・城の壇 | 久保町 | 宅地 | 室町時代 | 陶晴賢、羽柴秀吉、吉川平介 | 丘城 | なし | 和歌山史要・和城研12 |
| 弥勒寺山城 | 弥勒山城 | 秋葉山・御坊山 | 秋葉町・秋葉山頂 | 公園 | 天正五年（一五七七） | 鈴木（雑賀）孫市 | 丘城 | 説明板のみ | 紀伊国名所図会・和城研12 |
| 甲崎砦 | | | 秋葉町・秋葉山南嶺 | 宅地 | 天正五年（一五七七） | 関掃部太夫（雑賀一族） | 丘城 | なし | 紀伊国名所図会 |
| 東禅寺山城 | | | 打越町 | 雑木林 | 天正五年（一五七七） | 乾源内太夫 | 丘城 | 不詳 | 紀伊国名所図会 |
| 宇須山砦 | | 浄心寺山 | 宇須 | 雑木林 | 天正五年（一五七七） | 雑賀一族 | 丘城 | なし | 紀伊国名所図会 |
| 上下砦 | | | 小雑賀 | 宅地 | 天正五年（一五七七） | 雑賀一族 | 丘城 | なし | 紀伊国名所図会 |
| 中津城 | 中州城・中野島城 | 古城 | 中之島・JR紀和駅周辺 | 宅地 | 天正年間（一五七四〜九二） | 土橋平右衛門（雑賀一族） | 平城 | なし | 和歌山史要・和城研12 |
| 玉津島砦 | 玉津島山砦 | | 和歌浦・玉津島神社裏山か | 荒地 | 天正五年（一五七七） | 雑賀一族 | 丘城 | なし | 紀伊国名所図会 |
| 布引砦 | | | 布引 | 不明 | 天正五年（一五七七） | | 不明 | 不詳 | 紀伊国名所図会 |
| 名草浜砦 | | | 布引か | 不明 | 天正五年（一五七七） | | 不明 | 不詳 | 紀伊国名所図会 |
| 雑賀城 | 妙見山城 | 妙見山・千畳敷 | 和歌浦・東和歌浦・津屋 | 雑木林 | 戦国時代 | 鈴木佐太夫 | 丘城 | 説明板あり | 紀伊続風土記 |
| 雑賀崎城（伝） | | ドンベイ・城の内 | 雑賀崎 | 元学校 | | 鈴木（雑賀）孫市 | 丘城 | なし | 雑賀崎小学校百年誌・和城研12 |

| | | | | | | | | | |
|---|---|---|---|---|---|---|---|---|---|
| 蔵禄城 | | | 手平 | 宅地 | | 原田大輔元種 | 不明 | なし | 原田家系図 |
| 中野城 | | | 中野 | 宅地 | | 貴志教信、雑賀一族 | 平城 | 堀跡の一部・標柱 | 定本和歌山県の城　ほか |
| 長尾城 | 宗固城 | 宗固松 | 木ノ本 | 山林 | | 信長軍 | 山城 | 土塁・曲輪 | 紀伊続風土記・和城研12 |
| 有本城 | 城 | 城の浦・城の前 | 有本 | 宅地 | | 結城氏 | 平城 | なし | 紀伊続風土記・定本和歌山県の城 |
| 佐々木屋敷 | | | 栄谷・東出 | | | 佐々木孫之丞 | 不明 | 不詳 | 紀伊続風土記 |
| 高芝城 | 栄谷城・小山城 | | 栄谷・和大キャンパス | 大学 | | (信長軍陣城か) | 山城 | 発掘で堀切 | 発掘調査報告・伝承・和城研13 |
| 梶取の古城 | | | 梶取・総持寺 | 寺院 | | 興三大夫、同左衛門 | 平城 | なし | 紀伊続風土記 |
| 南川文献土居 | 南川屋敷 | 土居 | 梶取 | 宅地 | | 南川形部文献 | 平城 | 井戸 | 紀伊続風土記 |
| 平井城 | 平井屋敷・鈴木屋敷 | 政所の坪 | 平井・東 | 畑地 | 戦国時代 | 平井(鈴木)孫市 | 平城 | なし | 紀伊続風土記・和城研13 |
| 弾塚城 | | | 楠見中 | 宅地 | | 弾塚(楠見)四郎大夫 | 平城 | なし | 和歌山史要 |
| 弾塚土居 | | | 楠見中 | 店舗 | | 弾塚(楠見)四郎大夫(推) | 平城 | なし | 和歌山史要 |
| 粟　城 | 土橋屋敷 | 城の坪 | 粟 | 宅地 | | 土橋十郎、次郎 | 平城 | なし | 紀伊続風土記・和城研13・和歌山史要 |
| 土橋平次屋敷 | | | | 宅地 | | 土橋平次 | 平城 | なし | 紀伊続風土記 |
| 幸物十郎次郎屋敷 | | | | 宅地 | | 幸物十郎次郎 | 平城 | なし | 紀伊続風土記 |
| 薗部城 | | 城・城跡 | 園部・一楽寺周辺 | 寺院 | 室町時代 | 薗部兵衛重茂 | 丘城 | なし | 平家物語・紀伊続風土記 |
| 国　府 | | | 府中・府中神社 | 神社 | | | 平城 | なし | 和歌山史要 |
| 府中の陣 | | 御舘 | 府中・影臨寺 | 寺院 | | 大内義弘 | 丘城 | なし | 和歌山史要 |
| 中尾城山 | 六十谷城? | | 六十谷(小字中尾) | 宅地 | | (六十谷氏?) | 丘城 | なし | 和歌山市史4・あかね29・和城研13 |
| 北野城屋敷 | 弘西城 | | 北野 | 施設 | | 土井氏 | 丘城 | なし | 紀伊続風土記・和城研13 |

| | | | | | | | | | |
|---|---|---|---|---|---|---|---|---|---|
| 北野城 | 平田土井屋敷 | 城屋敷 | 北野・城屋敷 | 宅地 | | 土井権之守 | 丘城 | なし | 紀伊続風土記・和城研13 |
| 坂ノ上屋敷 | 山口城・小島城 | 堀代 | 山口西 | 宅地 | 元弘年間（一三三一～三四） | 坂上（小島）新左衛門 | 丘城 | なし | 旧山口風土記・和城研13 |
| 坂ノ上城 | 平山城 | 城の池 | 谷 | 発電施設 | 鎌倉時代 | 坂上五郎、山口氏 | 丘城 | 内堀 | 旧山口風土記・和城研13・定本和歌山県の城 |
| 土屋屋敷 | 土屋ノ坪 | 権之守 | 中筋日延 | 田地 | | 土屋氏 | 丘城 | 曲輪・板碑 | 地主伝承 |
| 城の内 | | | 川辺正念寺北東か | 宅地 | | （木村氏？） | 平城 | 不明 | 紀伊続風土記 |
| 東城 | 中村城・楠本城 | トウジョウ | 楠本・宮西（東川辺） | 田地 | 鎌倉時代（発掘結果） | 中村氏 | 平城 | 発掘調査で堀出土 | 海草郡誌・郷土地図説明（明治39） |
| 山名城 | 西城 | 城の内 | 永穂西 | 田地 | 南北朝時代 | 山名修理太夫義理 | 平城 | 堀跡 | 紀伊国名所図会・和城研12 |
| 小豆島の古城 | | 城の内 | 小豆島・善勝寺南 | 宅地 | 天正期以前 | 郷士 | 平城 | なし | 紀伊村郷土誌・和城研12 |
| 栗栖城（推） | | 城地面 | 栗栖・城地面 | 田地 | | （栗栖氏） | 平城 | なし | 和歌山県地名大辞典 |
| 岩橋城 | | 城屋敷・城垣内 | 岩橋・高柳 | 宅地 | 承安元年（一一七一） | 岩橋吉良太夫里政 | 平城 | なし | 紀伊続風土記・和城研12 |
| 吐前城 | 津田屋敷 | 土井山 | 吐前 | 畑地 | 天文十三（一五四四） | 津田監物 | 平城 | 段構え・堀跡 | 紀伊国名所図会・那賀郡誌 |
| 和佐山城 | （楠の城） | 城ヶ峰 | 和佐・城ヶ峰（和佐山） | 雑木林 | 延文五年（一三六〇）、天正十三年（一五八五） | 畠山義深、大橋新兵衛 | 山城 | 土塁・堀切 | 太平記・埋蔵文化財情報・和城研12 |
| 和佐関戸城 | | 土肥 | 和佐関戸・土肥か（西行寺の西） | 畑地 | | 鳥居寿法院入道時澄 | 平城 | なし | 紀伊続風土記 |
| 冬野城 | | 城山 | 冬野・城山 | 果樹地 | | 国造紀俊連（前岸某） | 丘城 | 段構え | 紀伊続風土記・和城研12 |
| 岡崎城 | | 城山 | 岡崎・森小手穂 | 果樹地 | | 岡崎（畠山）彦二郎入道 | 丘城 | なし | 海草郡岡崎村誌・和城研12 |
| 岡崎土橋城 | | 黄道山 | 岡崎・森小手穂 岡崎御坊 | 寺院 | | 岡崎平九郎 | 丘城 | なし | 海草郡岡崎村誌・和城研12 |
| 忌部山城 | 忌部城 | | 井辺 | 不明 | | | 不明 | 不詳 | 紀伊続風土記・和城研12 |

| | | | | | | | | | |
|---|---|---|---|---|---|---|---|---|---|
| 吉礼城 | | 城腰山 | 吉礼 | 果樹地 | | 木村平左衛門景綱 | 丘城 | 段構え | 紀伊続風土記・和城研12 |
| 城ヶ森城 | | 城の森 | 吉礼・小谷山 | 果樹地 | | 塩谷伊勢守高貞 | 丘城 | 土塁 | 西山東村誌・和城研12 |
| 高岡城（伝） | | | 朝日・大池の北上 | 不明 | | | 丘城 | 詳細不明 | 土地の伝承 |
| 桜山城 | 東勝寺城 | | 大河内・桜山 | 果樹地 | | 山東三郎宣意 | 丘城 | 土塁・説明板 | 紀伊続風土記・和城研12 |
| 篠ヶ城 | 揚柳城・最初ヶ峰城 | | 黒岩・大河内、大旗山 | 雑木林 | 南北朝時代 | 楠木正久、畠山尾張守 | 山城 | 石垣・土塁・堀切 | 紀伊続風土記・和城研11 |
| 南山城 | 祇園山城 | 城山 | 吉里 | 雑木林 | 南北朝時代 | 塩谷伊勢守高貞 | 丘城 | 土塁・土橋・堀切 | 西山東村誌・和城研12 |
| 田中城 | | | 伊太祁曽・宮ノ前 | 宅地 | 永禄年間（一五五八～七〇） | 山東三郎宣意 | 平城 | なし | 西山東村誌・和城研12 |
| 福富山城 | 福留山城 | | 伊太祁曽・内村 | 果樹地 | 南北朝時代 | 福富氏 | 丘城 | なし | 西山東村誌 |
| 高政ノ陣 | | | 安原・大林寺 | 寺院 | | 畠山高政 | 平城 | なし | 紀伊続風土記・和城研12 |
| 鳶ヶ峰城 | | | 安原・海南市亀川 | 雑木林 | | | 山城 | 堀切 | 西山東村誌・和城研12 |
| 中坂古城 | | | 黒谷 | 雑木林 | | | 山城 | 段構え | 紀伊続風土記・和城研12 |
| 永山城 | | （殿山） | 永山（寺の前の丘） | 果樹地 | | 山東三之右衛門 | 丘城 | なし | 海草郡誌・土地伝承 |
| 永山土居 | 土居城 | 土井山・土井垣内 | 永山 | 果樹地 | | 山東三郎宣意 | 平城 | なし | 西山東村誌 |
| 長尾城 | 宗固城 | | 木ノ本（大阪府境界） | 雑木林 | 天正五年（一五七七） | 上田宗箇 | 丘城 | 土塁 | 紀伊続風土記 |
| 城山遺跡 | 木本城 | 城山 | 木ノ本・鉢伏山 | 墓地 | 鎌倉時代・天正五年（一五七七） | 木本源太宗保、織田信長軍 | 山城 | なし（発掘後消滅） | 木の本物語・紀伊続風土記・和城研12 |
| 沖之城 | | 沖の城 | 木ノ本・沖の城団地 | 宅地 | 鎌倉時代 | （湯浅党） | 平城 | なし | 和歌山史要・紀伊続風土記 |
| 平氏盛館 | | 城ヶ谷 | 西ノ庄・城ヶ谷・土井 | | | 平氏盛（杉原盛直） | 丘城 | なし | 木の本物語 |
| 城ノ峯 | | 城の峯 | 西ノ庄・医徳寺の東 | 畑地 | | 不明 | 丘城 | 段構え？ | 紀伊続風土記 |

| | | | | | | | | | |
|---|---|---|---|---|---|---|---|---|---|
| 阿振坂城 | | 城山・城鼻 | 加太町深山・城ヶ崎 | 雑木林 | | | 丘城 | なし | 紀伊続風土記・加太名所 |
| 出鼻山城 | 出鼻の城山 | あんばい山 | 加太町加太 | 雑木林 | | 伝・根来衆 | 丘城 | 堀切・土塁 | 紀伊続風土記・加太名所 |
| 日野城 | | | 加太町日野 | | | 日野左衛門光福 | 不明 | 不祥 | 海草郡誌・和歌山市の民話 |
| 天守山城 | 三葛城・熊ヶ崎城 | 雁頭の鼻 | 三葛 | 道路 | | | 丘城 | なし | 和歌山史要・和歌山市の民話 |
| 弁財天山城 | 三葛城・弁財天城 | 元屋敷 | 三葛・正行寺の南尾根 | 墓地 | | 田所氏 | 丘城 | なし | 和歌山史要・和城研12 |
| 海南市 | | | | | | | | | |
| 大野城 | 藤白城 | 東・西城・厩の檀 | 大野中・藤白山 | 雑木林 | 南北朝〜戦国末期 | 畠山、浅間、保田、細川、山名他 | 山城 | 土塁・空堀・城跡碑 | 海南郷土史・紀伊続風土記・定本和歌山県の城 ほか |
| 山名屋敷 | 山名土居 | | 大野中・高畑 | 畑地 | 南北朝 | 山名修理太夫義理 | 丘城 | なし | おおの百年史 |
| 箕浦屋敷 | | | 大野中・寶珠寺 | 寺院 | 至徳年間（一三四八〜八七） | 箕浦左衛門佐（山名氏家老） | 丘城 | なし | おおの百年史 |
| 春日山城 | 三上山城 | | 大野中・春日神社西 | 荒地 | 南北朝時代 | 北畠具親、山名氏？ | 丘城 | 城跡碑 | 太平記・紀伊国名所図会 |
| 日方城 | 岡田城 | 城ヶ峰 | 日方、岡田 市民の森 | 雑木林 | 南北朝〜戦国末期 | 遊佐氏、山名氏 | 山城 | 土塁・竪堀 | 海南郷土史・紀伊続風土記・和城研11 |
| 扇子ヶ城 | | 憩い広場 | 岡田・城山 | 雑木林 | 南北朝時代 | 桑原弾正 | 山城 | 標柱 | 海南市史2・和城研11 |
| 池崎城 | 黒江城 | 一城山 | 黒江・城山トンネル上 | 雑木林 | 南北朝時代 | 西島氏守備（国造家）、草山高義 | 丘城 | なし | 海南市史2・城山・和城研11 |
| 城の平 | | 二城山 | 黒江・伝「大人の足跡」 | 雑木林 | 南北朝時代 | 稲井秀次、岡本弥助 | 山城 | 伝「大人の足跡」＝城池跡 | 城山・和城研11 |
| 神田城 | 妙見山城 | 城山 | 馬場町・神田 | 雑木林 | 南北朝時代 | 陸奥守氏清、播磨守満幸（山名） | 山城 | 堀切・土塁一部 | 海南市史2・和城研11 |
| あわへの城 | 粟ノ城・あわしろ | | 井田・粟田の森西方 | 宅地 | 南北朝時代 | | 丘城 | 消滅 | 海南地方の研究 |
| 今市仮城 | 干潟今市砦 | | 日方・今市 | 宅地 | 南北朝時代 | 稲井内蔵之秀次 | 平城 | なし | 海南市史2 |

| | | | | | | | | | |
|---|---|---|---|---|---|---|---|---|---|
| 名高砦 | | | 名高、JR海南駅付辺 | 駅舎 | 天正五年（一五七七） | 織田信長方 | 丘城 | なし | 海南市史2 |
| 東畑城 | | 城山 | 東畑 | 雑木林 | 室町時代 | 畠山氏 | 丘城 | 土塁 | 紀伊続風土記・和城研11 |
| 且来城 | | 城の内 | 且来・城の内 | 雑木林 | 大永年間（一五二一～二八） | 梶原大和守、畠山氏 | 丘城 | なし | 亀川郷土史・和城研11 |
| 野田屋敷 | | 古屋敷 | 且来・古屋敷 | 不明 | | | 不明 | 不詳 | 亀川百年史 |
| 小野田城 | | 城山 | 小野田・宇賀部神社裏山 | 雑木林 | | 小野田氏？ | 山城 | 石垣一部・堀切 | 紀伊続風土記・和城研11 |
| 青井谷の城 | | 城 | 小野田 | 不明 | | 小野田氏？ | 不明 | 不詳 | 紀伊続風土記 |
| 九品寺城 | | 古城 | 九品寺・古城 | 雑木林 | | | 山城 | 土塁・曲輪 | 海南郷土史（続編）・和城研11 |
| 岡殿屋敷 | | | 沖野々・野上橋西詰 | 荒地 | | 岡氏（岡殿） | 丘城 | なし | 海南郷土史（続編） |
| 中殿屋敷 | | | 野上中・藤井 | 雑木林 | | 中氏（中殿） | 山城 | なし | 海南郷土史（続編） |
| 中殿土居 | | 土居 | 野上中・藤井 | 雑木林 | | 中氏（中殿） | 丘城 | なし | 紀伊続風土記 |
| 烏帽子ヶ峰城 | | | 下津野・東烏帽子ヶ峰 | 雑木林 | | 下氏（下殿） | 山城 | なし | 紀伊続風土記 |
| 下殿土居 | | | 下津野・小崎 | 雑木林 | | 下氏（下殿） | 丘城 | なし | 紀伊続風土記 |
| 伏山城 | | | 多田・妙台寺 | 寺院 | | | 平城 | 不祥 | 南紀徳川史 |
| 城山 | 新村城 | | 野上新 | 山林 | | | 丘城 | なし | 紀伊続風土記・和城研11 |
| 城山 | 城山遺跡 | | 塩津・山下・城山（元遊園地？） | 雑木林 | | （貴志氏） | 山城 | なし | 紀の国へのいざない・和城研11 |
| 加茂城 | 紫雲山城・小松原城 | 城山・本城 | 下津町小松原 | 広場 | 南北朝～戦国時代 | 加茂氏 | 丘城 | 堀切跡 | 和歌山県聖蹟・和城研11 |
| 八王子砦 | 加茂城見張所 | | 下津町梅田 | 雑木林 | 南北朝～戦国時代 | 加茂氏 | 山城 | 土塁・空堀・曲輪 | 和歌山県聖蹟・和城研11 |
| 入佐山城 | | | 下津町橋本 | 果樹地 | | 前山氏 | 山城 | なし | 和歌山県聖蹟・和城研11 |
| 地蔵峰城 | 地蔵峰寺城 | 城跡 | 下津町橋本・地蔵峰寺裏 | 山城 | | 畠山氏 | 山城 | 堀切 | 海南市史・和城研11 |

| | | | | | | | | | |
|---|---|---|---|---|---|---|---|---|---|
| 西光寺城 | | | 下津町松尾 | 山城 | 建文四年（一三五九） | 南朝方 | 丘城 | なし | 下津町の文化財・和城研11 |
| 曽根田城 | | | 下津町曽根田 | 不明 | | 竹中左衛門五郎 | 不明 | 不詳 | 海南市史2 |
| 倉ノ城 | 蔵城 | | 下津町笠畑 | | | 笠井左衛門太郎 | 山城 | なし | 仁義郷土誌 |
| 小畑城 | 小野城 | 城山 | 下津町小畑 | 山林 | | 畠山一族、森喜内朝明、奥氏 | 山城 | 堀切 | 海草郡誌・和城研11 |
| 白倉山城 | 東岳ノ城 | | 下津町小旗 | 山林 | | 森氏 | 山城 | 堀切 | 海草郡誌・和城研11 |
| 飯盛山城 | | 一城裏 | 下津町引尾・鏡石 | 山林 | | | 山城 | 土塁・堀切 | 和城研11 |
| 梶原城 | | | 下津町大崎 | 畑・林 | | 梶原氏 | 山城 | 不詳 | 紀伊続風土記・和城研11 |
| 梶原居館 | | 城屋敷 | 下津町大崎・常行寺 | 寺院 | | 梶原氏 | 丘城 | なし | 紀伊続風土記 |
| 宇野辺屋敷 | （大野十番頭屋敷） | | 大野中・蓮花寺北方 | 果樹地 | 鎌倉～室町時代 | 宇野辺和泉守直久 | 平城 | なし | おおの百年史 |
| 中山屋敷 | （大野十番頭屋敷） | | 大野中・高畑・山名屋敷北西前 | 畑地 | 鎌倉～室町時代 | 中山出羽守 | 平城 | なし | おおの百年史 |
| 井口屋敷 | （大野十番頭屋敷） | | 大野中・井田・地蔵寺山南麓 | | 鎌倉～室町時代 | 井口氏 | 平城 | なし | おおの百年史 |
| 藤田屋敷 | （大野十番頭屋敷） | | 大野中・幡川・禅林寺西方 | | 鎌倉～室町時代 | 藤田豊後守 | 平城 | なし | おおの百年史 |
| 田嶋屋敷 | （大野十番頭屋敷） | | 大野中・浄土(日限)寺正面道の北側 | | 鎌倉～室町時代 | 田嶋丹後守 | 丘城 | なし | 海南市史研究12 |
| 三上屋敷 | （大野十番頭屋敷） | | 大野中・鳥居・如来寺前付近 | | 鎌倉～室町時代 | 三上美作守 | 丘城 | なし | 海南市史研究12 |
| 坂本屋敷 | （大野十番頭屋敷） | | 大野中・鳥居・如来寺正面でＪＲ線路付近 | | 鎌倉～室町時代 | 坂本讃岐守 | 丘城 | なし | 海南市史研究12 |
| 稲井屋敷 | （大野十番頭屋敷） | | 大野中・黒江小学校敷地 | | 鎌倉～室町時代 | 稲井内秀次 | 丘城 | なし | 海南市史研究12 |

| | | | | | | | | | |
|---|---|---|---|---|---|---|---|---|---|
| 石倉屋敷 | （大野十番頭屋敷） | | 大野中・安養寺付近 | | 鎌倉～室町時代 | 石倉氏（筆頭頭） | 丘城 | なし | 海南市史研究12 |
| 尾崎屋敷 | （大野十番頭屋敷） | | 大野中・久豊寺付近 | | 鎌倉～室町時代 | 尾崎氏 | 平城 | なし | 海南市史研究12 |
| **有田市** | | | | | | | | | |
| 野井ノ土居 | | 堀ノ内 | 千田・野井 | 果樹地 | | 野井次郎兵衛尉 | 丘城 | 水堀 | 有田市誌 |
| 保田城 | 星山城 | 城 | 辻堂 | 果樹地 | | 貴志掃部助宗朝 | 平城 | なし | 和歌山県聖蹟 |
| 宮原屋敷 | | | 宮原町（土居） | | | 宮原宗貞 | 不明 | なし | 紀伊国名所図会 |
| 宮崎城 | | 城の内 | 野・城の内 | 宅地 | 嘉応元年（一一六九） | 宮崎越前守定範 | 平城 | なし | 紀伊続風土記 |
| 岩室山城 | 岩村城 | 城山 | 東（有田川町吉備の境） | 雑木林 | 鎌倉期、応永六年（一三九九） | 湯浅宗重、畠山基国 | 山城 | 土塁・空堀・城跡碑 | 紀伊国名所図会・有田市誌 |
| 瀧川原城 | | | 宮原町瀧川原 | 不明 | | 畠山政能 | 不明 | 不詳 | 紀伊続風土記 |
| 星尾屋敷 | 星尾館・神光寺城 | | 星尾・神光寺 | 雑木林 | 鎌倉時代 | 湯浅宗光、宗重 | 丘城 | なし | 金屋町誌上・海南市史2 |
| 城之越（推） | | | 星尾・秋葉山 | | | | 丘城 | なし | 有田市誌 |
| 城山 | | 城山 | 箕島・城山 | | | | 丘城 | なし | 有田市誌 |
| 島田氏館 | | 島垣内 | 下中島・光明寺 | | | 川島左近蔵人惟員（島田氏） | | （島田氏旧趾碑） | 有田郷土誌研究のしおり |
| **有田郡** | | | | | | | | | |
| 湯浅城 | 平野城 | | 湯浅町青木 | 雑木林 | 南北朝時代 | 湯浅権守宗重 | 丘城 | 土塁・空堀 | 和歌山県聖蹟下・県史跡報告書・湯浅町誌 ほか |
| 湯浅殿屋敷 | 湯浅館 | | 湯浅町鍛冶町 | 宅地 | 南北朝時代 | 湯浅氏代々 | 平城 | なし | 湯浅町誌 |
| 湯浅景基館 | | | 湯浅町田 | | 南北朝時代 | 森九郎景基（湯浅宗重の弟） | 平城 | 不詳 | 紀伊国名所図会 |
| 本正寺ノ城 | | | 湯浅町・本勝寺 | 寺院 | | 畠山卜山 | 平城 | なし | 海南市史・系図記録 |
| 湯浅五郎館 | | | 湯浅町 | | 南北朝時代 | 湯浅五郎（宗重の子） | 平城 | なし | 紀伊国名所図会 |

| | | | | | | | | | |
|---|---|---|---|---|---|---|---|---|---|
| 白樫城 | 満願寺城 | 城山 | 湯浅町・城山 | 畑地 | 天正年間（一五七三～九二） | 白樫左衛門 | 丘城 | 段構え | 有田郷土誌研究のしおり・湯浅町誌 |
| 岩崎城 | 石崎館 | | 湯浅町道町 | 宅地 | 南北朝時代 | 湯浅宗重、宗景、宗弘 | 平城 | なし | 湯浅町誌 |
| 広保山城 | 方寸峠・岩崎谷城 | | 湯浅町吉川 | 雑木林 | 鎌倉時代末期 | 湯浅権守宗重 | 丘城 | 堀切の一部 | 湯浅町誌・和城研5 |
| 山田館 | | | 湯浅町山田 | | | | 丘城 | なし | 湯浅町誌 |
| 土屋城 | | | 湯浅町 | 不明 | | 橋本正員（楠正成一族） | 不明 | 不詳 | 南紀徳川史 |
| 広城 | 高城・名島城 | 高城山・天守の平 | 広川町名島、湯浅町 | 雑木林 | 戦国時代 | 畠山持国から五代 | 山城 | 空堀・土塁 | 広川町誌・紀伊続風土記・広川町のむかし・和城研5 |
| 畠山館 | | | 広川町広・養源寺 | 寺院 | 寛政年間（一四六〇～六六） | 畠山氏 | 平城 | 石垣の一部 | 紀伊続風土記 |
| 湯河古館 | 湯河氏邸 | 御殿跡 | 広川町広・養源寺 | | | 湯河氏 | 平城 | なし | 広川町誌・紀伊続風土記・和城研5 |
| 鹿ヶ瀬氏館 | | | 広川町河瀬 | | | 鹿ヶ瀬氏 | 不明 | 不詳 | 広川町のむかし |
| 猿川城 | | | 広川町津木 | | | 宮崎民部親好 | 不明 | 不祥 | 広川町誌上・下 |
| 椎崎屋敷 | | 公文原 | 広川町津木 | | | 椎崎氏 | 丘城 | 不詳 | 広川町のむかし |
| 中野城 | | 堀の平 | 広川町上中野 | 田地 | 室町時代 | 崎山飛騨守家正 | 丘城 | なし | 広川町誌上・和城研5 |
| 津守屋敷 | | | 広川町上中野・広正覚寺 | 寺院 | 南北朝時代 | 津守浄道（南朝方） | 平城 | なし | 広川町誌下 |
| 御所野陣 | | 竜の口・ | 広川町井関・御所野 | 墓地 | | 阿波民部大夫成良 | 丘城 | なし | 紀伊国名所図会 |
| 湯浅宗正館 | | 堀の内 | 広川町東中 | 国道 | 鎌倉時代 | 湯浅宗正（推・広弥太郎） | 平城 | なし | 広川町誌・和城研5 |
| 殿ノ土居 | | 土居 | 広川町殿 | 畑地 | | | 丘城 | 段構え | 広川町誌 |
| 土居 | | 土井 | 広川町南金屋 | 畑地 | | 湯浅宗正、広弥太郎 | 平城 | なし | 広川町誌 |
| 鳥羽城 | | 城垣内 | 広川町西広 | 畑地 | | | 丘城 | 土塁の一部 | 広川町誌 |
| 長峰城 | | | 有田川町・海南市 | | | | 山城 | 不詳 | 有田川町文化財マップ |

| | | | | | | | | | |
|---|---|---|---|---|---|---|---|---|---|
| 水尻城 | （中村館） | 堀の内 | 有田川町水尻 | | | 藤並氏 | 不明 | 不詳 | 吉備町誌下 |
| 藤並城 | 土田城・野田城 | 土居前・土居の内 | 有田川町下津野・北筋 | 果樹地 | 鎌倉時代 | 伝・藤並氏、土居権守、堅田次郎八 | 平城 | 空堀・土塁 | 和歌山県聖蹟下・和城研10・吉備町誌 ほか |
| 宗祇屋敷 | | | 有田川町下津野・北筋 | 公園 | | 宗祇法師 | 平城 | 石碑・井戸 | 有田郷土誌研究のしおり |
| 上野山城 | 尾崎山城 | 笹尾山 | 有田川町小島 | 果樹地 | | 畠山一族 | 丘城 | 堀切の一部 | 紀伊続風土記 |
| 小島土居 | | 中坪 | 有田川町小島 | 果樹地 | | | 平城 | なし | 地元伝承 |
| 土生城 | | 城山 | 有田川町藤並 | 果樹地 | | | 丘城 | なし | 有田郷土誌研究のしおり |
| 明恵上人ゆかりの屋敷 | | | 有田川町観喜寺西原 | 整備 | | 明恵上人関連氏 | 平城 | なし・説明板 | 有田郷土誌研究のしおり |
| 藤並氏館（推） | | | 有田川町土生・禅長寺 | 寺院 | | 藤並一族 | 平城 | 堀の一部 | 吉備町誌 |
| 崎山屋敷 | 内崎山屋敷 | | 有田川町井口 | | 鎌倉時代 | 崎山兵衛良貞 | 丘城 | 不詳 | 紀伊続風土記 |
| 勝真山館 | 勝丸山館 | | 有田川町田殿 | 畑地 | | 勝真美濃守（崎山氏の祖） | 山城 | なし | 湯浅党と明恵・有田川町文化財マップ |
| 白山城 | | 鷲ヶ峰 | 有田川町船坂・白山北嶺続き | | | 永石権之守、畠山氏 | 山城 | なし | 吉備町誌 |
| 御坊屋敷 | | | 有田川町長田 | 果樹地 | 文明八年（一四七九）頃 | 三枝平右衛門 | 不明 | 不詳 | 吉備町誌 |
| 丹生屋敷 | | お城田 | 有田川町西丹生図 | | | 丹生図三郎宗経（得田氏分家） | 平城 | なし | 吉備町誌 |
| 得田館 | | 殿井 | 有田川町徳田 | | | 得田氏 | 平城 | なし | 吉備町誌 |
| 神保屋敷 | | | 有田川町垣倉 | 果樹地 | 室町時代 | 神保氏 | 平城 | なし | 吉備町誌 |
| 二階城 | | | 有田川町垣倉 | 果樹地 | 室町時代 | 神保長治、川口友光 | 丘城 | なし | 吉備町誌・和城研10 |
| 鳥屋城 | 石垣城・外山城 | | 有田川町中井原 | 雑木林 | 南北朝~戦国時代 | 神保氏、畠山氏 | 山城 | 石垣・土塁・井戸跡・曲輪 | 和歌山県聖蹟・金屋町誌・和城研10 ほか |
| 畠山屋敷 | 畠山城・金屋土居 | 堀の内・土井 | 有田川町中井原 | 雑木林 | 室町時代 | 畠山形部大夫景友 | 平城 | 堀跡の一部 | 金屋町誌・和城研10 |

| | | | | | | | | | |
|---|---|---|---|---|---|---|---|---|---|
| 神保屋敷 | | | 有田川町市場 | | | 神保式部大夫春茂 | 平城 | なし | 金屋町誌 |
| 来見屋城 | 久留見城・吉田城 | 城の天 | 有田川町小川 | 雑木林 | 南北朝〜戦国時代 | 楠正成、秀吉南征軍 | 山城 | 土塁・堀切・竪堀 | 金屋町誌・有田川町文化財マップ・和城研10 |
| 三輪屋敷 | | | 有田川町小川 | | | 三輪左衛門（畠山友景の臣） | 不明 | 不詳 | 紀伊続風土記 |
| 上田城 | | | 有田川町小川 | | | | 山城 | 不詳 | 金屋町誌 |
| 湯浅宗光館 | 糸野館 | | 有田川町糸野 | | 鎌倉時代 | 湯浅宗光（糸野兵衛殿） | 丘城 | なし | 湯浅と明恵 |
| どうしょうの段 | | | 有田川町修理川 | | | | 山城 | 不詳 | 金屋町誌 |
| 中家城 | | | 有田川町修理川・山の谷 | | 南北朝時代 | 楠一族 | 山城 | 不詳 | 金屋町誌 |
| 若田城 | 小野城 | | 有田川町修理川上 | 雑木林 | 南北朝時代 | 畑山勘助為朝 | 山城 | 土塁・堀切・曲輪 | 町文化財マップ・和城研10 |
| 大谷古城 | 城空山城 | | 有田川町東大谷・小原 | | | | | 不詳 | 早月谷生石原の研究・有田川町文化財マップ |
| 仙道城 | | | 有田川町岩野河・中戸 | 山林 | | 岩倉三郎宗高 | 山城 | なし | 金屋町誌・和城研10 |
| 北山城 | 岩野城・白岩城 | | 有田川町小原・北大谷 | 山林 | | 高垣氏（檀那浄雲）、板倉氏 | 山城 | 曲輪跡・堀切 | 金屋町誌・有田川町文化財マップ・和城研10 |
| 尾の上城 | 坂尾城・阿武神山城 | | 有田川町谷・尾上・延坂 | 山林 | | 伝愛徳川和泉守宗長 | 山城 | 曲輪・堀切 | 早月谷生石原の研究・和城研10 |
| 岡村城 | | | 有田川町金屋町 | | | | 不明 | 不詳 | 紀伊続風土記 |
| （鈴屋城） | | | （有田地方） | | | | 不明 | 不詳 | 広川町誌 |
| （鈴寄城） | | | （有田地方） | | | | 不明 | 不詳 | 広川町誌 |
| （鈴形城） | | | （有田地方） | | | | 不明 | 不詳 | 広川町誌 |
| ミノ城 | | | 有田川町楠本　生石神社馬場前 | | | | 丘城 | 不詳 | 清水町誌史料編・有田川町文化財マップ |

| | | | | | | | | | |
|---|---|---|---|---|---|---|---|---|---|
| 阿瀬川古城 | 保田氏古城 | 古城 | 有田川町寺原・有田中央高分校 | 学校 | | 保田氏 | 丘城 | なし | 清水町誌史料編・和城研10 |
| 保田氏館 | 保田屋敷・土居屋敷 | 土居跡 | 有田川町寺原 | 宅地 | | 保田重定、重高、定弘三代 | 丘城 | なし | 有田川町文化財マップ・和城研10 |
| 阿瀬川城 | 中原大城 | 古城・下城 | 有田川町中原 | 雑木林 | 南北朝時代 | 阿瀬川孫六 | 山城 | 段構え | 和歌山県聖蹟・和城研10 |
| 堀江屋敷 | | 堀井殿 | 有田川町清水 | 宅地 | | 堀江十郎左衛門 | 丘城 | なし | 清水町誌史料編・和城研10 |
| 紅葉山城 | 阿瀬川城・八幡城・清水城 | 城山 | 有田川町清水 | 雑木林 | 南北朝〜戦国時代 | 阿瀬川氏、保田氏 | 山城 | 畝堀・土塁 | 阿瀬川城址・和城研10・和歌山県聖蹟 |
| 城の天城 | | | 有田川町清水 | 雑木林 | | | 山城 | 不詳 | 有田川町文化財マップ |
| 亀田邸 | 橘高綱屋敷 | 屋形 | 有田川町清水 | | 慶長元年（一五九六） | 亀田大隅守橘高綱 | 丘城 | 不詳 | 清水町誌史料編 |
| 小峠城 | | | 有田川町小峠 | 山林 | 天正元年（一五七三〜九二） | 保田氏 | 山城 | 堀切・曲輪 | 清水町誌史料編・和城研10 |
| 西原城 | 城山館・丸山陣屋 | 城山・城の丸 | 有田川町西原 | 雑木林 | | | 山城 | 空堀・段構え | 有田郡誌・清水町誌史料編・和城研10 |
| 西原土居 | | 土居・土居垣内 | 有田川町西原 | | | | 平城 | 不詳 | 和城研10・有田川町文化財マップ |
| 二川屋敷 | 古屋敷 | | 有田川町二川東光寺伽藍跡付近 | | 南北朝〜戦国時代 | 二川氏（東殿） | 平城 | 殿様井戸 | 清水町誌史料編 |
| 二川天城 | 阿瀬川中城 | 中城 | 有田川町二川東光寺 | 雑木林 | 南北朝〜戦国時代 | 二川氏、保田氏 | 山城 | 空堀・檀構え | 清水町誌史料編・和城研10 |
| 城空山城 | 大谷城 | | 有田川町東大谷東光寺 | 大師堂 | | | 山城 | 土塁一部・堀切 | 有田川町文化財マップ・和城研10 |
| 鬼ヶ城 | | | 有田川町杉野原 | 山林 | | 伝・高野山 | 山城 | 不詳 | 高野山領庄園の支配と構造・和城研10 |
| 愛宕山城 | | | 有田川町杉野原、神矢出 | 愛宕社 | | | 山城 | 横堀・曲輪 | 高野山領庄園の支配と構造・和城研10 |

| | | | | | | | | | |
|---|---|---|---|---|---|---|---|---|---|
| 天子山城 | 阿瀬川上城 | 上城 | 有田川町杉野原・堂浦 | 神社 | 南北朝時代 | 湯浅（保田）定仏宗藤 | 山城 | 堀切・段 | 和歌山県聖蹟・和城研10 |
| 能登守屋敷 | | | 有田川町遠井 | | | | 不明 | 不詳 | 清水町誌付図 |
| 遠井城 | 花田城 | | 有田川町遠井 | 山林 | | 花田氏 | 山城 | 土塁 | 清水町誌史料編・和城研10 |
| 三田城 | | | 有田川町中谷 | | | | 不明 | 不詳 | 伝承 |
| 宮本屋敷 | 勘解由屋敷 | 宮ノ下 | 有田川町川合 | | | 宮本十郎左衛門 | 山城 | 不詳 | 清水町誌史料編 |
| 平野屋敷 | | | 有田川町小和田 | | | | 不明 | 不詳 | 伝承 |
| 平野屋敷 | | | 有田川町奥田 | | | | 不明 | 不詳 | 伝承 |
| 維盛屋敷 | | | 有田川町上湯川 | | | 平維盛 | 不明 | 不詳 | 清水町誌史料編 |
| 中家城 | | | 有田川町上湯川 | | | | 不明 | 不詳 | 伝承 |
| 大日城平城 | | | 有田川町下湯川 | | | | 不明 | 不詳 | 清水町誌 |
| 佐水城 | | | 有田川町三瀬川・さみず | | | 清和帝の末裔 | 不明 | 不詳 | 清水町誌別冊 |
| 兵ヶ城 | | | 有田川町北野川 | 山林 | | | 山城 | なし | 清水町誌別冊・和城研10 |
| **御坊市** | | | | | | | | | |
| 蛭ヶ崎陣 | | | 湯川町丸山 | 避難地 | 室町時代初期 | 湯河光春 | 丘城 | なし | 御坊市史 |
| 亀山城 | 丸山城・湯河城 | | 湯川町丸山・亀山 | 整備 | 室町時代初期 | 湯河光春 | 山城 | 土塁・各曲輪・城跡碑 | 日高郡誌・和城研4・定本和歌山県の城 ほか |
| 小松原土居 | 小松原城 湯河氏館 | 土居ノ坪 | 湯川町小松原・紀央館高・湯川中 | 学校 | 天文十八年（一五四九） | 湯河直光 | 平城 | 水堀の一部・城跡碑 | 日高近世史料・和城研4・発掘調査報告書 ほか |
| 富安城 | | | 湯川町下富安 | 雑木林 | | 湯河氏 | 山城 | 二段曲輪 | 176日高近世史料・古城館情報 |
| 八幡山城 | 吉田城 | 城ヶ峰 | 藤田町吉田 | 雑木林 | 興国七年（一三四六） | 吉田蔵人 | 丘城 | 土塁・堀切 | 紀伊続風土記・和城研4 |
| 古寺内町 | | 古寺内 | 御坊・浄国寺 | 寺院 | | | 平城 | | 和城研4 |
| 名屋陣屋 | | | 名屋町付近 | 宅地 | | 湯河左衛門次郎 | 平城 | なし | 日高近世史料 |
| 岩内城 | | じょう | 岩内町名積 | 宅地 | | | 平城 | 堀跡・井戸 | 御坊市史 |

| | | | | | | | | | |
|---|---|---|---|---|---|---|---|---|---|
| 野口城 | 野尻ヶ丘城 | 城ノ越・城山 | 野口町熊野 | 宅地 | | 玉川義為（野口殿） | 丘城 | なし・城跡碑 | 御坊市史・和城研4 |
| 中村氏館 | 天田城・中村城 | | 塩屋町北塩屋・天田 | 寺院 | 永正年間（一五〇四～二一） | 中村氏 | 平城 | なし | 日高近世史料・日高郡誌下人物 |
| 鍋倉山城 | 中村城 | | 塩屋町北塩屋 | 雑木林 | 永正年間（一五〇四～二一） | 鍋倉（中村）井原左衛門信正 | 山城 | 土塁の一部 | 日高郡誌下・塩屋村郷土誌 |
| 満留山城 | 南塩屋城 | | 塩屋町南塩屋（工場跡） | 荒地 | 玉置氏（推定） | 玉置氏（推） | 丘城 | なし | 紀伊続風土記・塩屋村郷土誌 |
| 原城 | 野島城 | 古谷ノ段 | 名田町野島 | 果樹地 | | 古谷上野守、湯河春房 | 丘城 | なし | 日高近世史料・あかね6 |
| 上野城 | | 花屋敷 | 名田町楠井 | 宅地 | | 湊上野守 | 丘城 | なし | あかね6 |
| 高城山城 | | | 名田町上野・印南町高城山 | 雑木林 | | 湊上野守（湯河氏重臣） | 山城 | 曲輪・堀切跡 | あかね6・名田村誌・近畿の城郭V |
| 城ヶ峰 | | | 城ヶ峰 | 雑木林 | | 湯河氏 | 山城 | なし | 御坊市史 |
| 島城 | | | 島（不詳） | 宅地 | | 湯河氏 | 平城 | なし | 御坊市史 |
| 明神川城 | | 城山 | 明神川・印南町南谷琴平山 | 雑木林 | | | 山城 | 不詳 | 御坊市史 |
| **日高郡** | | | | | | | | | |
| 門前由良城 | 左兵衛前屋敷 | 蔵ノ段 | 由良町門前・寺谷 | 果樹地 | | 由良庄左衛門 | 丘城 | 空堀・櫓台 | 紀伊続風土記・由良村郷土誌・定本和歌山県の城 |
| 由良城 | | 十善段 | 由良町門前・興国寺裏山 | 山林 | 天正十三年（一五八五） | 興国寺僧兵 | 山城 | なし | 由良町探訪 |
| 植松城 | 中村城 | | 由良町中・植松白山神社周辺 | 果樹地 | | 植松兵衛（畠山高政の臣） | 丘城 | なし | 由良町の地名 |
| 吹井城 | 吹城 | | 由良町吹井 | 雑木林 | | 伝・湯河直春 | 山城 | なし | 由良今昔物語 |
| 武田屋敷 | | 武田段 | 由良町里・竹田谷 | 雑木林 | | 武田氏（湯河氏の祖） | 丘城 | なし | 由良町の地名 |
| 鹿ヶ瀬城 | 鹿背城 | 小城山・城ノ腰 | 由良町・日高町・広川町 | 雑木林 | 治承五年（一一八一） | 鹿瀬荘司 | 山城 | 石垣・空堀 | 日高郡誌・和城研2・定本和歌山県の城 |

| | | | | | | | | | |
|---|---|---|---|---|---|---|---|---|---|
| 小城 | | （小城山） | 日高町・水越峠元元店舗跡 | 店舗跡 | 治承五年（一一八一） | （鹿瀬氏） | 山城 | なし | 伝承 |
| 小坊子ヶ城 | 種ヶ城・池田城 | 城ヶ峰・城ヶ谷 | 日高町池田・由良町 | 雑木林 | 大永二年（一五二二） | 三好義長、義種 | 山城 | 空堀 | 鞍賀多和長尾記・和城研2・定本和歌山県の城 |
| 深山城 | | 城ヶ峰 | 日高町池田・深山 | 山林 | | | 山城 | 不詳 | 日高町の文化財 |
| 鞍賀多和城 | 長尾城 | | 日高町原谷・内原 | 雑木林 | 大永二年（一五二二） | 崎山飛騨守家正 | 山城 | 空堀・石垣 | 鞍賀多和長尾記・近畿の城郭Ⅲ・定本和歌山県の城 |
| 田島城 | 岡田城・和佐城 | 城の尾 | 日高町原谷・内原 | 雑木林 | | 田島石見守実盛 | 丘城 | 堀切 | 南紀土俗資料・日高郡誌下・和城研1 |
| 平城（伝） | | | 日高町原谷・今熊野神社 | 神社 | | | 丘城 | なし | 日高町の文化財 |
| 天路山城 | 比井城 | 城山・城ノ下 | 日高町比井 | 雑木林 | 天正年間（一五七三～九二） | 湯河弘春 | 山城 | 石垣・土塁 | 日高近世史料・和城研1・日高町の文化財 |
| 小浦城（仮） | | 城の越 | 日高町小浦 | 田地 | | 伝・湯河直春 | 丘城 | なし | 続日高郡誌 |
| 志賀城 | | 城の檀 | 日高町・中志賀 | 雑木林 | 室町時代 | 阿波四宮、三好氏 | 丘城 | 曲輪・旗立石 | 紀伊続風土記・和城研1 |
| 舞鶴城 | | 大平・舞城谷 | 日高町・上志賀 | 雑木林 | 天正年間（一五七三～九二） | 伝・湯河直春 | 山城 | なし | 紀州の峠をゆく・志賀村郷土誌・和城研1 |
| 山城城 | | | 日高町小中・本谷 | 雑木林 | | | 山城 | 石垣・堀切 | 日高町の文化財・和城研1 |
| 小中城 | | 城の越・城山 | 日高町小中 | 畑地 | | 大橋氏 | 丘城 | なし | 日高郡誌下（人物編） |
| 高家城 | | 城ノ野 | 日高町高家 | 雑木林 | | | 山城 | 堀切 | 日高民話伝説 |
| 東光寺陣 | | | 日高町萩原 | 宅地 | | 崎山飛騨守家正 | 丘城 | なし | 日高郡誌下（人物編） |
| 深ヶ谷城 | | | 日高町萩原・深谷 | | | | | 不詳 | 日高町の文化財・和城研1 |
| 阿尾城 | | 城山 | 日高町阿尾・美浜町三尾 | 雑木林 | | 阿尾監物 | 山城 | 石垣の一部 | 紀伊続風土記 |
| 三尾城（仮） | | | 美浜町三尾・大谷 | 雑木林 | | 伝安野六郎（湯河直春家臣） | 山城 | 石垣の一部・井戸 | 美浜町誌・紀州日高地方の民話 |
| 慶本山城（仮） | | | 美浜町三尾・田杭 | 雑木林 | | | 山城 | 石垣跡 | 日高町誌下 |

| | | | | | | | | | |
|---|---|---|---|---|---|---|---|---|---|
| 本之脇城 | | | 美浜町和田 | 雑木林 | | 美濃左衛門 | 山城 | 石垣・土塁 | 美浜町誌・和城研1 |
| 古屋敷 | | | 美浜町和田 | 畑地 | | （伝・海賊） | 丘城 | なし | 日高町誌下 |
| 塩崎屋敷 | | | 美浜町和田 | | | 塩崎氏 | 平城 | なし | 日高町誌下 |
| 入山城 | | 本丸・青木ノ段 | 美浜町和田・入山 | 雑木林 | | 青木勘兵衛由定 | 丘城 | 石垣の一部・土塁・曲輪 | 美浜町誌・和城研1・定本和歌山県の城　ほか |
| 入山城 | | 城山 | 美浜町和田 | 雑木林 | | 青木氏、（三好氏） | 山城 | 土塁・堀切・石垣の一部・曲輪 | 美浜町誌・和城研1・美浜町誌　ほか |
| 吉原御坊 | | | 美浜町和田・松見寺 | 寺院 | | （湯河氏） | 平城 | 土塁・堀跡 | 湯川一族史・和城研1・美浜町誌 |
| 大山砦 | | | 日高川町入野 | 雑木林 | | 川上則秋一族 | 丘城 | なし | 矢田村誌 |
| 菅原城 | | 城山・城ノ腰 | 日高川町土生 | 果樹地 学校 | | 菅原氏 | 丘城 | 堀切一部 | 日高郡誌下・和城研3・川辺町史 |
| 土生城 | | 城の内 | 日高川町土生 | 田地他 | 正平年間（一三四六～七〇） | 瀬見氏、逸見万寿丸清重 | 平城 | なし | 紀伊続風土記・丹生村郷土誌 |
| 山崎城 | | 城ヶ段 | 日高川町山崎 | 果樹地 | 正平年間（一三四六～七〇） | 川上兵衛則秋 | 丘城 | 土塁・説明板 | 紀伊続風土記・丹生村郷土誌 |
| 手取城 | | 城山 | 日高川町別所谷 | 整備 | 南北朝～戦国末期 | 玉置氏（大宣） | 山城 | 各曲輪・土塁・堀切 | 玉置氏と手取城・和城研3ほか |
| 玉置土居 | 玉置明屋敷 | 土居 | 日高川町和佐 | 社 | | 玉置氏 | 平城 | なし | 紀伊国名所図会・笑い祭 |
| 坂ノ瀬城 | | | 日高川町和佐 | 河原 | | 玉置氏 | 平城 | なし | 川辺町史 |
| 山野城 | | 城山 | 日高川町山野 | 山林 | | （西川氏・玉置氏の家臣） | 山城 | 土塁・堀切 | 川辺町史・丹生村郷土誌・和城研3 |
| 小山城（伝） | 雄山城 | | 日高川町平川・小山権現 | 社 | | 伝・玉置氏 | 山城 | なし | 手取城跡碑文・伝承 |
| 藤谷城 | 下屋敷 | 馬背辺・藤谷奥池 | 日高川町玄子 | 荒地 | | 伝・玉置氏一族、大塔宮関係 | 丘城 | 馬場跡 | 続日高地方の民話・和城研3・川辺町史 |
| 飯盛城 | 飯盛山城 | | 日高川町高津尾 | 雑木林 | | 湯河光秀 | 山城 | 石垣一部 | 南紀土俗資料・中津村史上 |
| 広瀬屋敷 | | 殿屋敷 | 日高川町広瀬 | | | | | 殿井戸 | 紀州の峠をゆく |

| | | | | | | | | | |
|---|---|---|---|---|---|---|---|---|---|
| 土井館 | 平城 | 土肥・岡本の平 | 日高川町岡本・大沼 | 田地 | 戦国時代 | 玉置雅楽助のち家老土井氏 | 平城 | 方形区画 | 中津村史上・和城研11 |
| 後山城 | | 城ノ谷 | 日高川町川中・後山 | 雑木林 | | | 山城 | 石垣の一部？ | 伝承・中津村史下 |
| 田尻城 | | | 日高川町川中・矢筈嶽中腹 | 雑木林 | | 玉置氏 | 山城 | 石垣・堀切 | 日高近世資料・和城研３・中津村史下 |
| 三佐土居 | 出屋敷 | | 日高川町三佐 | 田地 | | 原要助（玉置直和の家老）のち土居原氏 | 丘城 | 段構え・切岸 | 紀州日高地方の民話・中津村史上 |
| 城内屋敷 | | | 日高川町高津尾 | | | 平家落人 | 不明 | 不詳 | 紀州の峠をゆく・日高郡誌 |
| 皆瀬城 | | 城山 | 日高川町皆瀬 | 雑木林 | 室町時代後期 | | 山城 | 石積み跡 | 戦国合戦大事典・美山村史 |
| 土井 | 古土居 | 堀切・南屋敷堀 | 日高川町川原河 | 旧役場 | | 西川平之進 | 丘城 | なし | 西川系図・中津村史上 |
| 枡形城 | 寒川城・地頭屋敷 | 土居 | 日高川町寒川 | 宅地 | 建久元年（一二〇四）頃 | 寒川小川三郎朝玄 | 平城 | なし | 寒川村誌・美山村誌 |
| 秋葉山砦 | | | 日高川町寒川 | 社跡 | | 寒川氏（推） | 丘城 | なし | 伝承 |
| 伊藤の陣 | | | 日高川町寒川 | 雑木林 | 天正十三年（一五八五） | 伊藤三之丞 | 丘城 | 不詳 | 寒川村誌 |
| 新行屋敷 | | | 日高川町新行・小仙谷 | | 寿永年間（一一八二～八五） | 新行庄司正慶 | 山城 | 馬場跡 | 寒川村誌 |
| 筒井屋敷 | | | 日高川町寒川・上小藪川 | | 長禄年間（一四五七～六〇） | 新行氏 | 不明 | 不詳 | 寒川村誌 |
| 川合屋敷 | | | 日高川町寒川・合象座谷 | 雑木林 | 嘉慶二年（一四四二） | 川合（玉置）権守 | 山城 | 不詳 | 寒川村誌 |
| 小川屋敷 | | | 日高川町寒川・小川 | | 寿永二年（一一八三） | 小川新右衛門藤原直吉 | 山城 | 段構え | 寒川村誌 |
| 献上屋敷 | | | 日高川町寒川・上西野川 | | 寿永年間（一一八二～八五） | 矢萩氏（平維盛の臣） | 不明 | 不詳 | 寒川村誌 |
| 城の頂 | | 城のほて | 日高川町上坂・上坂垣内 | | | 寒川氏（推） | 山城 | なし | 地名考・中津村史上 |

| | | | | | | | | | |
|---|---|---|---|---|---|---|---|---|---|
| 妹尾上屋敷 | 御屋敷 | 上屋敷 | 日高川町初湯川・妹尾 | | | 妹尾氏（平家残党） | 山城 | 石垣一部 | 美山の歴史Ⅰ・日高郡誌下 |
| 妹尾下屋敷 | 御屋敷 | 下屋敷 | 日高川町初湯川・妹尾 | 雑木林 | | 妹尾氏（平家残党） | 丘城 | 水害流失 | 中津村史上 |
| 瀬之上屋敷 | 御屋敷 | | 日高川町初湯川・瀬之上 | | | 平家残党（平維盛説あり） | 山城 | 不詳 | 紀州日高地方の民話 |
| 赤松城 | 赤松山城 | | 印南町・赤松山 | 山林 | 鎌倉時代 | 赤松入道円心（則村） | 山城 | 堀切 | 印南町の文化財・和城研4 |
| 光川館 | 殿平 | 紋平 | 印南町光川 | | | 赤松氏 | 平城 | なし | あかね7 |
| 八千貫城 | | 城ノ中・城ノ腰 | 印南町切目 | 畑地 | | 津村信秀（湯河の臣） | 丘城 | 段構え | 日高郡誌下・印南町誌・和城研4 |
| 榎本城 | | | 印南町切目・中山王子前 | 畑地 | | 榎本（榎木）氏 | 丘城 | なし | 南紀土俗資料・印南町の歴史 |
| 太鼓屋敷 | | | 印南町西ノ地・上道・切目神社跡 | | | 大塔宮（護良親王） | 丘城 | 大塔宮御旧跡地碑 | 紀州の伝説 |
| 上野山城 | | | 印南町印南 | | | 上野山新九郎 | 丘城 | | 印南町史上 |
| 南谷城山城 | 南谷城Ⅰ | 城山 | 印南町南谷 | 田地 | | | 丘城 | なし | 印南町史 |
| 南谷尻掛城 | 南谷城Ⅱ | 城山 | 印南町南谷・尻掛 | 畑地 | | | 丘城 | なし | 印南町の文化財 |
| 印南原城 | 八栗城・中越城 | | 印南町南原・八栗 | 畑地 | | 冨田牛之助（畠山一族） | 丘城 | なし | 印南町の文化財・和城研4 |
| 塩路城 | | | 印南町南原 | 果樹地 | | 塩路氏（冨田氏一族） | 丘城 | 堀切跡 | 和歌山県の城・和城研4 |
| 熊城 | | | 印南町田ノ垣内 | | | 熊代氏 | 不明 | 不詳 | 紀州日高の民話 |
| 隠野城 | | | 印南町滝ノ口 | 果樹地 | | 湯河氏 | 丘城 | なし | 印南町の文化財 |
| 牙城山城 | | | 印南町山口 | 岩場 | | 湯河氏？ | 山城 | 堀切跡 | 日高町の民話伝説集・和城研4 |
| 要害城 | | 城山 | 印南町印南・中村 | 荒地 | | 湯河右衛門（直光の弟） | 丘城 | なし | 印南町の文化財・和城研4 |
| 寺山城 | | 城山・城の丘・城 | 印南町南畑 | 雑木林 | | （玉置氏） | 山城 | なし | 日高町の民話伝説集 |
| 西南畑城（仮） | | 城の丘 | 印南町南畑 | 果樹地 | | | 丘城 | 堀切 | 和城研3・4 |

| | | | | | | | | | |
|---|---|---|---|---|---|---|---|---|---|
| 榎木城 | | | 印南町島田 | 果樹地 | | | 山城 | 不詳 | 紀伊続風土記 |
| 榎城Ⅰ～Ⅱ | | 前城山 | 印南町楠本 | 果樹地 | | | 山城 | 堀切・土塁・曲輪 | 文化五年風土記書上帳・和城研4 |
| 榎城Ⅲ～Ⅳ | | 後城山 | 印南町楠本 | 雑木林 | | | 山城 | 堀切・曲輪 | 和歌山県の城・和城研4 |
| 鳴神城 | 明神ヶ城 | 城山 | 印南町名杭・みなべ町西岩代 | 雑木林 | | | 山城 | 堀切・土塁・曲輪 | 文化五年風土記書上帳 |
| 市谷山城 | 市井谷城 | | みなべ町西岩代・戸中 | 梅林 | 室町時代 | 岩代兵庫信春 | 山城 | 開拓消滅・城跡碑 | 市谷山城跡発掘調査報告書・南部町史 |
| 土井城 | 後城 | 前城 | みなべ町西岩代 | 田地 | 室町時代 | 岩代氏 | 丘城 | 開拓消滅 | 紀南郷導記・和城研14 |
| 扇山城 | | | みなべ町西岩代 | 山林 | 天正十三年（一五八五） | 湯河直春軍 | 山城 | 土塁・曲輪 | みなべの民話伝説集・和城研14 |
| 市栗山城 | | 城山 | みなべ町山内 | 山林 | | | 丘城 | なし | 紀南土俗資料・和城研14 |
| 岡山城 | 城山城 | 城山 | みなべ町気佐藤・城山 | | | | 丘城 | なし | 県中世城館跡詳細分布調査報 |
| 上城 | | うえんじょう | みなべ町吉田 | 梅林 | | 上城氏 | 丘城 | 土塁 | 南部町の文化財・和城研14・南部町史 |
| 高田土居 | | | みなべ町気佐藤 | 畑地 | | 野辺弾正 | 平城 | 堀跡一部 | 南部町の文化財・和城研14 |
| 山田館 | | 上の段 | みなべ町下の尾 | 宅地 | | 山田下野守 | 丘城 | 堀切・井戸 | 日高郡誌・紀州日高の民話伝説・南部町史 |
| 津戸野館 | | | みなべ町津殿 | 田地 | 建武三年（一三三六） | 野辺快行 | 平城 | 不詳 | 上南部誌・南部町史 |
| 高田城 | 高田要害 | 城所 | みなべ町晩稲 | 宅地 | | 野辺忠秀（弥惣） | 丘城 | なし | 日高郡誌・南部町史 |
| 平須賀城 | 平主山城・平柄城 | 城山 | みなべ町西本庄 | 整備 | 室町時代 | 野辺忠房（弾正忠） | 山城 | なし | 発掘調査報告書・文化五年書上・和城研14 ほか |
| 要害城 | 幡山城 | 城山 | みなべ町滝・高畑山 | 不明 | | 野辺春弘 | 山城 | 不詳 | 文化五年風土記書上帳・和城研14・南部町史 |
| 高幡山城 | 高畑山狼煙所 | | みなべ町滝 | 雑木林 | | 不明 | 山城 | 土塁・曲輪 | 南部川村戦後五十年史 |

| | | | | | | | | | |
|---|---|---|---|---|---|---|---|---|---|
| 愛須氏館 | | （土居） | みなべ町西本庄 | | 正慶元年（一三三二） | 愛須氏 | 不明 | 不詳 | くちくまの48 |
| 受領城 | | 城の谷 | みなべ町東本庄 | | | | 山城 | 不詳 | 上南部誌 |
| 和田城 | 青岸寺城 | 崎城山 | みなべ町筋 | 畑地 | | 和田千宮（千官） | 丘城 | なし | 上南部誌・和城研14 |
| 鳶之巣城 | 鳶巣山城 | 鳶巣山 | みなべ町高城 | 山林 | 応永六年（一三九九）頃 | 龍神山城頼綱 | 山城 | 土塁・堀切・曲輪 | 文化五年風土記書上帳・和城研14 ほか |
| 龍神氏土居 | | （土居） | みなべ町高城 | | | 源（龍神）頼氏（龍神山城頼綱） | | 不詳 | 上南部誌 |
| 島之瀬城 | | 城山 | みなべ町島之瀬 | 雑木林 | | 龍神氏（龍神山城頼綱） | 丘城 | 堀切 | 南部町史・和城研14 |
| 中平屋敷 | 花地氏館 | お屋敷田 | みなべ町清川 | | | 花地源兵衛 | | 不詳 | 上南部誌 |
| 桜木山城 | お城垣内 | お屋敷田 | みなべ町清川・名之内 | 墓地 | | 花地源兵衛 | 山城 | 花地源兵衛の墓 | 南部川村戦後五十年史・下巻・南部川村の文化財 |
| 虎ヶ峰城 | | | みなべ町清川 | | | 花地源兵衛 | 山城 | 不詳 | 上南部誌 |
| **田辺市** | | | | | | | | | |
| 泊　城 | 泊山城 | | 芳養町・井原 | 消滅 | 室町時代 | 湯河（宮内少輔）光春 | 丘城 | なし | 文化五年風土記書上帳・紀伊続風土記・和歌山県の城 |
| 芳養城（仮） | | | 芳養町・崖 | 梅畑 | | （湯河熊ノ助） | 丘城 | 曲輪・土塁一部 | 田辺市史4・和城研15 |
| 峰山城 | 丸山城 | 城之段 | 芳養町・境 | 雑木林 | 室町時代 | 湯河氏 | 丘城 | 土塁・堀切・曲輪 | 田辺市誌二・和城研15 |
| 水取山城 | 田川谷城 水鳥山城 | | 芳養町・境 | 雑木林 | | 湯河教春の祖 | 丘城 | 段構え | 紀伊続風土記・紀伊国名所図会 |
| 四方城 | | | 芳養町・芳養小の裏山 | 雑木林 | | | 丘城 | 不詳 | 和城研情報131 |
| 曽和城 | | 天城之段・曽和ノ段 | 芳養町・田尻 | 雑木林 | | 林源右衛門春當 | 丘城 | なし | 紀伊続風土記・紀州田辺名所旧跡 |
| 内羽位城 | 内梅城 | | 芳養町・林 | 畑・道 | 室町時代 | 湯河三郎忠長 | 丘城 | なし | 紀伊続風土記・和城研15 |
| 脇田城（伝） | 角田山城 | 公文垣内 | 芳養町・林 | 雑木林 | | 脇田俊継（湯河光春の臣） | 丘城 | 土塁 | 牟婁風土記・和城研15 |

| | | | | | | | | | |
|---|---|---|---|---|---|---|---|---|---|
| 土井城 | | 土井段・土井前 | 芳養町・西野 | 畑地 | | 平井部頭（湯河の臣） | 平城 | 段構え | 文化五年風土記書上帳 |
| 横手山城 | | 城山・小城・大城 | 芳養町・平野 | 畑地 | | 湯河一族 | 山城 | 土塁・空堀・曲輪 | 文化五年風土記書上帳・和城研15 |
| 兼定山城 | | 兼(見)城 | 芳養町・小野 | | | (湯河一族) | 丘城 | なし | 文化五年風土記書上帳・ふるさと再現 |
| 土井山城 | 日向館 | 城山・土井・シロンダン | 芳養町・日向 | 畑地 | 大永年間（一五二一～二八） | 湯河（宮内少輔）光春 | 丘城 | 曲輪？ | 田辺市誌二・ふるさと探訪 |
| 日向山城 | | 城ノ段 | 芳養町・東郷 | 雑木林 | | | 山城 | 土塁・堀切・畝状堀 | 和城研15 |
| 城之段 | | | 芳養町・西山 | | 天正十三年（一五八五） | (湯河一族) | 山城 | 段構え | 田辺市誌二 |
| 稲荷谷塞 | 小屋籠城塞 | | 稲荷町 | 岩山 | | | 山城 | 柱穴362個・詳細不明 | 史蹟名所天然記念物調査報告・和城研15 |
| 薮古城 | | | 稲荷町 | | | | 不明 | 不詳 | 史蹟名所天然記念物調査報告 |
| 神子浜陣 | | | 神子浜 | 不明 | 天正十三年（一五八五） | 羽柴秀長 | 不明 | なし | 田辺―ふるさと再現・牟婁風土記 |
| 大手城 | | | 神子浜・大戸 | 国道 | 南北朝時代 | 小山氏（古座） | 丘城 | なし | 熊野古道田辺東部郷土史 |
| 上野山城 | 八王寺城 | | 上の山・古尾 | 宅地 | 南北朝時代・戦国時代 | 湯河氏、杉若氏、浅野氏 | 丘城 | なし | 万代記1・南紀徳川史・和城研15 |
| 洲崎城 | | | 江川町洲崎 | 宅地 | 慶長九年（一六〇四） | 浅野左衛門氏定 | 平城 | なし | 万代記1・紀伊国名所図会ほか |
| 中山城 | | 城山・馬場 | 新庄町中山 | 荒地 | | 安宅氏、山本氏（楠本氏、万呂氏） | 丘城 | なし | 田辺歴史散策10選・和城研15 |
| 初山城 | | 城山 | 下万呂 | 畑地 | | 初山氏 | 丘城 | 段構え | 紀伊続風土記・紀南郷導記・和城研15 |
| 楠本城（伝） | | 状縄 | 下万呂 | 畑地 | | 兵部守 | 丘城 | なし | 田辺歴史散策10選 |

| | | | | | | | | | |
|---|---|---|---|---|---|---|---|---|---|
| 高地城 | | 城ノ段 | 秋津町左向谷 | 畑地 | | 高垣氏（湯河氏） | 山城 | 土塁跡 | 紀州田辺名勝旧跡 |
| 堀ヶ峰城 | | 木戸口 | 秋津町左向谷 | 畑地 | | | 山城 | 不詳 | 田辺市史10巻地理編付図 |
| 岡畑城 | 岡鼻城 | | 上秋津町・奥畑 | | | 塩屋三郎行久 | 山城 | 不詳 | 紀伊続風土記・牟婁風土記 |
| 鷹之巣城 | | | 上秋津町井戸谷 | 岩山 | 室町時代 | 愛洲三郎長俊 | 山城 | 堀切・石組み | 田邊―図録集・紀伊続風土記・和城研15 |
| 鏡子山城 | | 城山・城ノ森 | 上秋津町下畑 | 果樹地 | | 愛洲元俊、長俊、五郎太郎 | 山城 | 土塁・竪堀 | 近畿の城郭Ⅲ・和城研15 |
| 龍神山城 | 龍仙山城・龍ノ山城 | | 上芳養・東山 | 雑木林 | 天正十三年（一五八五） | 伝栗山三郎勝重、湯河直春 | 山城 | 堀切・石積・曲輪 | 田辺市誌二・近畿の城郭Ⅲ |
| 城ノ平城 | | 上ノ平・城ノ腰 | 下秋津町・田尻 | 道路 | | | 丘城 | 消滅（自動車道） | 紀伊国名所図会・文化五年風土記書上帳 |
| 龍口城 | 岩谷城・龍口山城 | 城山 | 下三栖・岩屋谷 | 雑木林 | 室町時代 | 楠本六郎、熊野衆 | 山城 | 土塁・柱穴・城跡碑 | 史蹟名所天然記念物調査報告・和城研15 |
| 衣笠城 | 愛洲城・衣笠山 | 城山 | 中三栖 | 雑木林 | 文永年間（一二六四～七五） | 愛洲八郎経信 | 山城 | 土塁・堀切・曲輪 | 和歌山県聖蹟・紀伊続風土記・和城研15 |
| 高地山城 | 尻付山城 | | 中三栖・上富田町岡 | 雑木林 | 室町時代 | | 山城 | 土塁・曲輪・城跡碑 | 紀南郷導記・和城研15 |
| 浄土山城 | 峰ノ城 | 城土山・城ノ壇 | 上三栖・浄土山（願王山） | | 天正十三年（一五八五） | 宇野若狭守、藤堂氏、青木氏 | 山城 | なし | 紀南郷導記・牟婁風土記・和城研15 |
| エコン城 | | 殿壇 | 上三栖・馬場 | 梅畑 | 室町時代 | 那須定守 | 山城 | 宝篋印塔 | 紀伊民報02・和城研15 |
| 目吉良城 | | | 長野・伏菟野 | | | 目良氏 | 山城 | 不詳 | 田辺市誌二 |
| 西原城 | 不動寺城 | | 長野・西原 | 雑木林 | 天正十三年（一五八五）か | 羽柴秀吉軍か | 山城 | 土塁・横堀・曲輪 | 田辺歴史散策10選・和城研15 |
| 宿ノ城 | | （城山） | 磯間 | 雑木林 | | 伝・安宅氏（宿ノ権六） | 山城 | 石垣・土塁 | 和城研15 |
| 中峰城 | （中岸城） | | 秋津川・鍛原 | 雑木林 | 天正初期（一五七三～九二） | 目良春堪 | 山城 | 土塁一部・堀切 | 和城研15・田辺沿革小史記事本末 |
| 目良屋敷 | | | 秋津川 | 畑地 | | 目良氏 | 丘城 | 不詳 | 牟婁風土記 |

| | | | | | | | | | |
|---|---|---|---|---|---|---|---|---|---|
| 下崎城 | | | 秋津川・下崎 | 山林 | | 目良氏 | 山城 | 曲輪・空堀 | 和城研15・ふるさとの昔をしのんで |
| 殿屋敷城 | | | 秋津川・下 | 山林 | | 目良氏 | 山城 | 曲輪・空堀 | 西牟婁郡史跡名所天然記念物調査報告 |
| 大転城 | 花尻城・花光城 | 屋敷ノ段 | 秋津川・竹藪 | 宅地 | | 大転兵庫守、花尻藤兵庫 | 平城 | なし | 西牟婁郡史跡名所天然記念物調査報告 |
| 巻山城 | | | 秋津川 | | | | 不明 | 不詳 | 西牟婁郡史跡名所天然記念物調査報告 |
| 金比羅山城 | 金毘羅山城 | | 秋津川・中村 | 山林 | | | 山城 | 曲輪・空堀 | 西牟婁郡史跡名所天然記念物調査報告 |
| 海東山城 | | | 秋津川 | | | | 不明 | 不詳 | 西牟婁郡史跡名所天然記念物調査報告 |
| 城山 | | | 秋津川 | | | | 不明 | 不詳 | 西牟婁郡史跡名所天然記念物調査報告 |
| 龍神氏土居 | | 殿屋敷 | 龍神村殿垣内 | | | 龍神（源）和泉守頼氏 | 丘城 | 不詳 | 紀伊続風土記・和城研15 |
| 高水殿屋敷 | | | 龍神村龍神・古川 | | | 奈目良雅楽頭（高水殿）平家一族 | 丘城 | 馬場跡 | 紀伊続風土記・和城研14 |
| 五百原殿屋敷 | いもばら | 弓垣内 | 龍神村龍神・古川 | | | 五百原重次郎（奈目良の臣） | 丘城 | 不詳 | 日高郡誌・和城研14 |
| 維盛屋敷 | | 御屋敷 | 龍神村亀谷・小森谷 | | | 平維盛 | 丘城 | 馬場跡・石垣の一部 | グラフ14和歌山県　ほか |
| 鶴ヶ城 | 増賀城 | | 龍神村東 | 雑木林 | 文治初年（一一八五～九〇） | 玉置下野守直虎 | 山城 | 石垣・堀切 | 紀伊国名所図会・発掘調査報告・定本和歌山県の城ほか |
| 御屋敷 | 殿屋遺跡 | | 龍神村東・鶴ヶ城跡の麓 | 竹藪 | | 玉置下野守直虎 | 丘城 | 発掘で土塁・柵列 | 鶴ヶ城跡発掘調査報告書 |
| 松本氏土居 | | 土居 | 龍神村東・東小グランド | 小学校 | | 松本氏（玉置氏の臣） | 平城 | なし | 龍神村誌 |
| 和田久保土居 | | | 龍神村東・和田久保 | | | 松本氏（玉置氏の臣） | 不明 | 不詳 | 龍神村誌 |

| | | | | | | | | | |
|---|---|---|---|---|---|---|---|---|---|
| 栃久保土居 | | | 龍神村東 | | | 栃久保氏（玉置氏の臣） | 不明 | 不詳 | 龍神村誌 |
| 鏡ヶ城 | | | 龍神村西 | 雑木林 | | 古久保氏（玉置氏の臣） | 丘城 | 堀切跡 | 龍神村誌 |
| 平ヶ城 | | 安土山 | 龍神村安井 | 畑地 | | 小川氏（玉置氏の臣） | 山城 | なし | 日高郡誌・和城研14 |
| 宮代山砦 | | | 龍神村宮代 | 雑木林 | 天正十三年（一五八五） | 玉置氏 | 丘城 | なし | 宮代の口碑・日高郡誌・和城研14 |
| 福井館 | 福井城 | 坊屋敷 | 龍神村福井・坊垣内 | 畑地 | | 福井氏（玉置氏の臣） | 丘城 | なし | 日高民話伝説集・和城研14 |
| 北郡砦 | 北郡陣 | | 中辺路町北郡 | | | 稗田三郎兵衛 | 丘城 | 不詳 | 中辺路文化・中辺路町誌 |
| 千丈山城 | | 城ノ森・城ノ峰 | 中辺路町近露 | 山林 | 南北朝時代 | 野長瀬（横矢）六郎 | 山城 | 土塁・曲輪 | 紀伊続風土記・牟婁風土記・和城研16 |
| 野長瀬七郎屋敷 | 庄司屋敷 | | 中辺路町野中 | | | 野長瀬七郎 | 不明 | 不詳 | 紀伊国名所図会 |
| 小野辻砦 | 松山城 | | 中辺路町小野 | | 天正十三年（一五八五） | 山本、横矢、小野沢地元民連合 | 山城 | （古戦場の碑） | 紀伊国名所図会・中辺路文化 |
| 沢城 | 沢の塁 | | 中辺路町沢 | | 天正十三年（一五八五） | 能城氏、判官 | 山城 | 不詳 | 紀伊続風土記・田辺沿革小史記事本末 |
| 鎌倉峠城 | 高山城 | | 中辺路町温川・水上 | | | 西史朗 | 山城 | 石垣・土塁・井戸 | 県中世城館跡詳細分布報告書 |
| 潮見嶺城 | （潮見ノ関） | | 中辺路町西谷・潮見峠 | 山林 | 天正十三年（一五八五） | 湯川氏、山本氏 | 山城 | 不詳 | 栄枯盛衰・中辺路町誌下巻 |
| 真砂氏館 | 丸山城・庄司屋敷 | 射場之段 | 中辺路町真砂・羽田 | 畑地 | | 真砂庄司清重 | 山城 | 石垣・井戸 | 中辺路文化・ふるさと探訪73 |
| 城屋敷 | | | 中辺路町真砂・丸山 | 寺院 | | 真砂氏 | 山城 | 石垣 | 紀伊国名所図会 |
| 堀屋敷 | | | 中辺路町真砂・丸山続き | 不明 | | 真砂氏 | 山城 | 不詳 | 中辺路町誌 |
| 鈴屋屋敷 | はちりん山 | | 中辺路町真砂・門谷 | 山林 | | 真砂氏 | 山城 | 石垣 | 中辺路町誌・県中世城館跡詳細分布報告書 |
| 権ノ平屋敷 | | | 中辺路町高原 | | | 権ノ兵衛定 | | 不詳 | 牟婁風土記 |

| | | | | | | | | | |
|---|---|---|---|---|---|---|---|---|---|
| 御屋敷 | | | 中辺路町兵生・坂泰（山） | 山林 | | 西新左衛門？（伝・平家落人） | 山城 | 削平地のみ | 伝承 |
| 西氏館 | | | 中辺路町兵生・春日神社 | | | 西（新左衛門）四郎 | 丘城 | （石垣） | 牟婁風土記・中辺路町誌 |
| 鍛治屋屋敷 | | 垣内 | 中辺路町鍛治屋川 | | | 三条小鍛治宗近 | 不明 | 不詳 | 伝承 |
| 湯河氏館 | 城屋敷 | 的場の段 | 中辺路町道湯川・湯川 | 山林 | | 湯河氏 | 丘城 | 堀切 | 中辺路町誌下巻・和城研16 |
| 要害ノ森城 | 要害森山城 | 城屋敷・要害ヶ森 | 中辺路町道湯川・本宮町平治川要害森山 | 山林 | 天文三年（一五三四）か天正十三年 | 平家一族湯河氏か山本氏 | 山城 | 堀切 | 中辺路町誌下巻・和城研16・本宮町史・熊野列石 |
| かもふちノ城 | | | 中辺路町道湯川・鴨折 | | | 小山氏？ | | 堀切か | 中辺路町史 |
| 庄司館 | | | 中辺路町道湯川 | | | 武田信忠（湯河氏の祖） | | 不詳 | 伝承 |
| 麦小森砦 | | | 麦粉森山 | 山林 | 天正十三年（一五八五） | 山本主膳 | 山城 | 不詳 | 興禅寺文書・大塔村史 |
| 宮代城 | | 城ノ山・城の裏 | 鮎川・宮代 | 雑木林 | 天正年間 | 恩地左衛門、（山本氏家臣） | 山城 | 堀切・曲輪・石垣 | 鮎川村郷土誌・大塔村史 |
| 音城 | | | 中ノ又 | なし | | | 山城 | なし | 美夫君志9・明治22土砂災害で消滅 |
| 原垣内城 | | | 原・中平 | 雑木林 | | 伝・落人 | 丘城 | 段構・堀切 | 三川郷土誌・大塔村史 |
| 堀口氏屋敷（伝） | | | 面川・水垣内山中腹 | 雑木林 | | 堀口貞勝 | 山城 | なし | 大塔村史調査書・伝承 |
| 御屋敷 | 下屋敷・恩地屋敷 | | 鮎川・成道寺の西 | 畑地 | 天正年間 | 恩地左衛門、山本氏家臣 | 丘城 | 井戸跡 | 大塔村誌 |
| 深谷城 | | 城の跡 | 深谷 | 雑木林 | | 木村内膳、橋本伊賀守 | 丘城 | 段構・石垣一部 | 大塔村史・すさみ風土記・和城研16 |
| 打越城 | | 城の腰 | 富里・打越 | 雑木林 | | 打越氏？ | 山城 | 堀切・曲輪 | 地名考・大塔村史・和城研16 |
| 和田屋敷 | | 殿田 | 和田 | 宅地 | | 打越氏 | 丘城 | 井戸 | 牟婁風土記・大塔村史 |

| | | | | | | | | | |
|---|---|---|---|---|---|---|---|---|---|
| 久留栖屋敷 | 栗栖垣内 | | 和田 | 宅地 | | 久留栖氏 | 平城 | なし | 紀伊続風土記・大塔村史 |
| 御屋敷砦 | | | 西大谷・水泉寺境内 | 寺院 | | （平家落人）、畠山新兵衛 | 丘城 | 不詳 | 大塔村史 |
| 御屋敷 | | | 下川上、安上 | 山林 | 南北朝時代 | 大塔宮護良親王 | 山城 | 段構え | 大塔村史 |
| 公家平 | | | 下川上、陸 | 山林 | 南北朝時代 | 大塔宮護良親王一族 | 山城 | 不詳 | 熊野中辺路伝説（下） |
| 成瀬屋敷 | | | 川合 | 宅地 | | | 丘城 | 不詳 | 伝承 |
| 七越城 | | | 本宮町七越・高山 | | | | 山城 | 段構え | 本宮町史 |
| 本宮城 | | 城山 | 本宮町本宮・城尾（大社西） | 雑木林 | | | 山城 | 堀切・曲輪 | 続奥熊野の城跡・和城研16 |
| 竹之坊屋敷 | | | 本宮町本宮小学校 | 学校 | | 熊野別当湛快 | 丘城 | 石垣一部 | 中辺路町誌 |
| 鬼ヶ城 | | | 本宮町小津荷・上ノ平 | 山林 | | 鷹山検校？ | 山城 | 堀切・曲輪 | 東牟婁郡誌・続奥熊野の城跡・和城研16 |
| 三里城 | 鬼ヶ城 | 城の平 | 本宮町伏拝・萩 | 社跡 | 元徳元年（一三二九） | 鬼城（松本）氏、城（松本）氏 | 丘城 | なし | 本宮町史・奥熊野の城跡・和城研16 |
| 松本氏屋敷 | | 城栗栖 | 本宮町伏拝・萩 | | | | 丘城 | 不詳 | 和城研16 |
| 山在城 | 上切原城 | 城の森・城ノ藪 | 本宮町上切原・山在 | | | | 山城 | 堀切 | 本宮町史・熊野めぐり・和城研16 |
| 鷹峰陣屋平城 | 鷹巣陣屋城 | 陣屋の平 | 本宮町大居・瀧頭通り | | 天正十三年（一五八五）か | 鷹巣氏 | 山城 | なし | 奥熊野の城跡・熊野本宮の民話 |
| 鷹巣山城 | | 城山 | 本宮町大居・松山 | 雑木林 | | | 丘城 | 土塁・堀切 | 奥熊野の城跡・和城研16 |
| 山本氏館 | | | 本宮町 | | | 山本氏 | 不明 | 不詳 | 伝承 |
| 雄滝屋敷 | | タカヘヤタニ | 本宮町平治川・雄滝 | | | 平家一族 | 不明 | 不詳 | 熊野本宮の民話 |
| 平家屋敷 | | 矢しらべの岡 | 本宮町平治川・堂地（童子） | | | 平家一族 | 不明 | 石垣の一部 | 熊野本宮の民話 |
| すみや森の屋敷 | | | 本宮町伏拝 | | | 平清盛 | 不明 | 不詳 | 熊野本宮の民話 |

| | | | | | | | | | |
|---|---|---|---|---|---|---|---|---|---|
| 静川城 | 城之森城 | 城之森 | 本宮町静川・寺垣内 | 雑木林 | | | 山城 | 土塁一部 | 本宮町史・続奥熊野の城跡・和城研16 |
| 和田城之森城 | | | 本宮町東和田・池ノ谷 | 雑木林 | | | 山城 | 堀切 | 本宮町史・奥熊野の城跡・和城研16 |
| 鵜壺屋敷 | | | 本宮町野竹 | 雑木林 | | | 山城 | 堀切 | 和歌山県の地名 |
| 弓場屋敷 | | | 本宮町三越 | | | | 不明 | 不詳 | 熊野本宮の民話 |
| 池山城 | 大塔山城 | | 本宮町・大塔村大塔山西峯 | | | | 山城 | 不詳 | 本宮町史・続奥熊野の城跡 |
| **西牟婁郡** | | | | | | | | | |
| 平城 | | 三千二百貫ノ森 | 白浜町平 | 雑木林 | | 土居氏 | 丘城 | なし | 牟婁風土記 |
| 阿弥陀城 | 池田(ヶ嶺)城 | | 白浜町栄 | 雑木林 | 正平十五年（一三六〇） | 榎本兵部太夫晴義（安宅氏） | 丘城 | なし | 白浜町誌紀要富田編 |
| 安久川城 | | | 白浜町安久川 | | | （貴族） | 不明 | 不詳 | 西牟婁郡内史跡名勝天然記念物調査報告 |
| 権現平 | | | 白浜町権現平・島ノ倉 | | | | 丘城 | 土塁 | 西牟婁郡内史跡・名勝天然記念物調査報告 |
| 江津良城 | | 城ヶ峰 | 白浜町江津良 | | | 森三味入道 | 丘城 | なし | 安宅一乱記 |
| 堅田要害山城 | | 城山 | 白浜町堅田 | 雑木林 | | 堅田式部善行 | 山城 | 曲輪・土塁・堀切 | 白浜町誌・近畿の城郭Ⅲ |
| 高瀬要害山城 | 馬谷城 | | 白浜町高瀬 | 雑木林 | | 吉田春秀 | 山城 | 曲輪・竪堀群・堀切 | 白浜町誌・近畿の城郭Ⅰ・和城研17 |
| 蛇喰城 | | 城森山 | 白浜町庄川・上富田生馬 | 雑木林 | 永正年間（一五〇四～二一） | 山本兵部 | 山城 | 土塁・石垣 | 風土記新御尋之品書上帳・和城研17 |
| 祇園山城 | 祇園山本陣 | 愛宕山 | 白浜町栄 | 社 | | 畠山稙長 | 丘城 | 土塁・堀切 | 白浜町誌・近畿の城郭Ⅱ |
| 鴻巣城 | 保呂城 | 城山 | 白浜町内ノ川・保呂 | 雑木林 | | 内ノ川平兵衛 | 丘城 | 土塁・堀切 | 白浜町誌・近畿の城郭Ⅱ・和城研17 |
| 血深城 | 勢ヶ峰城・岩谷城 | 城山 | 白浜町平間 | 岩山 | | 富田八郎 | 山城 | 柱穴 | 文化五年書上・白浜町誌・近畿の城郭Ⅱ・和城研17 |

| | | | | | | | | | |
|---|---|---|---|---|---|---|---|---|---|
| 猿岩城 | | | 白浜町十九淵 | 岩山 | | | 山城 | なし | 町のあゆみ2・白浜町誌 |
| 安宅本城 | 下屋敷 | 城の内 | 白浜町安宅 | 宅地 | 享禄年間（一五二八〜三二） | 安宅河内守 | 平城 | （石垣一部） | 安宅一乱記・同由来記　ほか |
| 安宅崎砦 | | | 白浜町安宅崎 | 雑木林 | 室町時代 | 安宅河内守頼春、小松原兄弘 | 丘城 | 石垣一部・堀切 | 熊野第3・日置川町史・和城研17 |
| 八幡山城 | | 城山・次部平 | 白浜町矢田 | 雑木林 | 室町時代 | 安宅太夫定俊 | 山城 | 土塁・石垣・空堀 | 日置川町史・八幡山城跡発掘調査報告 |
| 勝山城 | | | 白浜町勝山 | 雑木林 | 享禄年間（一五二八〜三二） | 安宅氏 | 山城 | 石垣一部・堀切 | 日置川町史・近畿の城郭Ⅰ |
| 大野城 | | | 白浜町大野 | 雑木林 | 室町時代 | 大野五兵衛（安宅一族） | 丘城 | 堀切・段構え | 安宅一乱記・近畿の城郭Ⅳ |
| 古武之関 | | | 白浜町安宅 | 雑木林 | 室町時代 | 安宅氏 | 山城 | 石垣一部・堀切 | 安宅一乱記・近畿の城郭Ⅳ |
| 大隅砦 | | | 白浜町伊古木付近 | | 室町時代 | 安宅氏 | 不明 | 未確認 | 安宅一乱記 |
| さん三郎砦 | | | 白浜町伊古木付近 | | 室町時代 | 安宅氏 | 不明 | 未確認 | 安宅一乱記 |
| （外場之森） | | | 白浜町古武関の西 | 雑木林 | 室町時代 | 安宅氏 | 山城 | 未確認 | 安宅一乱記 |
| 八王子要害 | | | 白浜町久木・向平 | 雑木林 | 室町時代 | 小山氏 | 山城 | 堀切・土塁 | 安宅一乱記 |
| 中山城 | | | 白浜町田野井 | 雑木林 | 室町時代 | 榎本判官直光、田井氏 | 丘城 | 土塁・空堀 | 紀伊続風土記 |
| 土井城 | | 土井 | 白浜町宇津木 | 雑木林 | 室町時代 | 土井氏 | 山城 | 土塁・堀切 | 安宅一乱記・近畿の城郭Ⅱ |
| 安居城 | 安居本陣 | | 白浜町安居 | | | 並木下野守 | 不明 | 不詳 | 安宅由来記 |
| 市鹿野城 | | 兵衛平 | 白浜町市鹿野 | 雑木林 | | 和田兵衛 | 山城 | 曲輪 | 牟婁風土記 |
| 矢ヶ谷城 | | | 白浜町大 | | | | 不明 | 不詳 | 牟婁風土記 |
| 野田城 | 岩崎城 | | 上富田町岩崎・野田 | 雑木林 | 応永年間（一三九四〜一四二四） | 野田治部太夫、内川氏 | 丘城 | 土塁一部 | 県史蹟天然記念物調査報告・和城研17 |
| 塗屋城 | 要害城 | | 上富田岩崎 | 道路 | 天正十三年（一五八五） | 杉若越後守（秀吉軍） | 丘城 | 発掘後消滅（自動車道） | 風土記新御尋之品書上帳 |
| 稗田城 | | 祇園山 | 上富田町田熊・祇園山王神社 | 神社 | | 稗田出雲守 | 山城 | なし | 牟婁風土記・上富田文化財10 |

| | | | | | | | | | |
|---|---|---|---|---|---|---|---|---|---|
| 釣瓶山城 | 岩田城・田熊城 | 城山・城ノ段 | 上富田町岩田熊城山 | 畑地 | 室町時代 | 山本兵部（山本氏家老） | 丘城 | 土塁・曲輪 | 風土記新御尋之品書上帳・紀伊続風土記・和城研16 |
| 国陣山城 | （白米城） | 国治山 | 上富田町岩田 | 雑木林 | 天正十三年（一五八五） | 山本兵部 | 山城 | 空堀・曲輪 | 風土記新御尋之品書上帳・紀伊続風土記・和城研16 |
| 龍松山城 | 市之瀬城 | 城山 | 上富田町市ノ瀬・後城 | 公園 | 天文年間（一五三二〜五五） | 山本忠行〜12代 | 山城 | 土塁・曲輪・堀切・城跡碑 | 紀伊続風土記・和城研16 |
| 坂本付城 | 坂本下屋敷 | | 上富田町市ノ瀬 | 田地 | 室町時代 | 山本氏 | 台地 | 堀跡・説明版 | 風土記新御尋之品書上帳・上富田町史・和城研16 |
| 熊代館 | | | 上富田町下平野 | 田地 | 室町時代 | 熊代内之介（山本氏家老） | 台地 | なし・墓石 | 上富田文化財 |
| 田上屋敷 | 要害屋敷 | | 上富田町登尾 | 田地 | 室町時代 | 田上京之介（山本氏侍大将） | 丘城 | 石垣 | 上富田文化財 |
| 玉置館 | | アミダ田地 | 上富田町宮之尾 | 田地 | 室町時代 | 玉置図書守（山本氏家老） | 台地 | なし | 上富田文化財 |
| 大内谷陣 | | | 上富田町大内谷（南紀台） | 宅地 | 天正十三年（一五八五） | 杉若越後守（秀吉軍） | 山城 | なし | 牟婁風土記・栄枯盛衰 |
| 堪覚城 | | | 上富田町 | 不明 | 治承三年（一一七九） | 熊野別当堪覚 | 不明 | 不詳 | 紀伊続風土記 |
| 神田城 | | | すさみ町神田 | 雑木林 | 永禄十二年（一五六九） | 宇都宮道直 | 山城 | 堀切・土塁・城跡碑 | すさみ町誌・和城研16 |
| 周参見城 | 周参見館 | 秋葉山 | すさみ町周参見・万福寺裏山 | 雑木林 | 応永八年（一四〇一） | 藤原（周参見）氏 | 山城 | 土塁 | 栄枯盛衰・紀伊国名所図会・和城研16 |
| 中山城 | | 大日山 | すさみ町太間 | 大日堂 | 室町時代 | 周参見太郎 | 山城 | 土塁・堀切 | 安宅一乱記 ほか |
| 太間城 | （中山城出城か） | 行者さん | すさみ町太間 | 雑木林 | | | 丘城 | 堀切跡 | 伝承・すさみ町誌 |
| 藤原城 | | | すさみ町藤原谷 | 雑木林 | | 周参見氏 | 山城 | 土塁・堀切 | すさみ町誌・和城研16 |
| 立野城 | | | すさみ町立野・法幢寺 | 寺院 | 室町時代 | 原氏（周参見氏一族） | 丘城 | なし | 安宅一乱記 |
| 駒詰城 | | | すさみ町駒爪 | 雑木林 | 室町時代 | 和田氏（安宅氏一族） | 丘城 | なし | 安宅一乱記 |

| | | | | | | | | | |
|---|---|---|---|---|---|---|---|---|---|
| 佐本土居 | | 土居 | すさみ町佐本 | | | 藤井源兵衛 | | 不詳 | 栄枯盛衰 |
| 大谷城 | | 土井の平 | すさみ町大谷・春日神社 | 神社 | | 佐々木氏 | 山城 | 堀切・石垣一部 | すさみ風土記 |
| 田津砦 | | 馬駈場・御前平 | すさみ町佐本・田津平 | | | 田津氏（大谷佐々木一族） | 丘城 | 不詳 | 牟婁風土記 |
| 広瀬川館 | | お屋敷 | すさみ町下戸川 | 山林 | 天正十五年（一五八五）以後 | 山本熊之進（因幡）主善子 | 丘城 | 不詳 | 栄枯盛衰 |
| 洞屋敷 | | | すさみ町洞谷 | 山林 | | 周参見氏 | 丘城 | （石垣） | 牟婁風土記 |
| 和深川城 | 松本氏居城 | 城の森 | すさみ町和深川 | 行者さん | | 松本伊予守（のち周参見一族） | 丘城 | 土塁・堀切 | すさみ町誌・和城研16 |
| 佐々木屋敷 | 次郎兵衛屋敷 | | すさみ町防已・上防已 | | | 佐々木次郎兵衛 | 丘城 | （墓碑） | 牟婁風土記 |
| 中山城屋敷 | 中山城 | | すさみ町里野 | 雑木林 | | 伊藤氏 | 丘城 | 土塁一部 | 牟婁風土記・すさみ町誌 |
| 城屋敷 | | 城の平 | すさみ町江住 | 荒地 | | 城氏 | 丘城 | なし | すさみ町誌 |
| 秋葉山城（仮） | | | すさみ町江住・秋葉山 | 雑木林 | | 城氏？ | 山城 | 堀切 | 現地調査確認 |
| 根岸畑城（仮） | （中山城屋敷出城か） | | すさみ町江住 | 国道 | | | 丘城 | なし | 伝承・すさみ町誌 |
| （稲積山砦） | | | すさみ町・稲積島 | | | | 丘城 | 平坦地 | 伝承 |
| 虎松山城 | | | 串本町和深 | 雑木林 | | 村上氏 | 山城 | 土塁・堀切 | 紀伊続風土記・牟婁風土記 |
| 御高屋敷 | 和深浦城 | 城山 | 串本町和深 | 雑木林 | | 村上氏 | 丘城 | 堀切 | 紀伊続風土記・牟婁風土記 |
| 結城城（仮） | | 城の山・城森山 | 串本町有田 | 雑木林 | 永享十二年（一四四〇） | 結城氏朝 | 山城 | 堀切・石垣一部 | 牟婁風土記 |
| 田並上城（仮） | | 行者山 | 串本町田並・上 | | | 城氏？ | 山城 | 堀切 | 田並地名考・牟婁風土記 |
| 田並番城 | | 番城田 | 串本町田並・上行者山麓 | 田地 | | | 平城 | なし | 田並地名考 |
| 山本氏屋敷 | | 屋敷ノ元・屋敷ノ前 | 串本町田並・向 | | | 山本氏 | 丘城 | なし | 田並地名考 |

| | | | | | | | | | |
|---|---|---|---|---|---|---|---|---|---|
| 梅ヶ谷城 | | | 串本町田並・宮ノ地？ | | 応永年間（一三九四～一四二四） | 坂成新九郎時信 | 不明 | 不詳 | 牟婁風土記・田並地名考 |
| 西畑山城 | | | 串本町江田 | 雑木林 | | 浦野重房、義重 | 山城 | なし | 牟婁風土記 |
| 浦屋敷 | | | 串本町江田・西畑山麓 | 寺院 | | 浦野氏（のち浦氏） | 丘城 | （石垣） | 牟婁風土記 |
| 高富城 | 高富屋敷 | | 串本町高富 | 雑木林 | | 千五郎 | 山城 | なし | 串本民話伝説集 |
| 潮崎氏館 | 宇恵野城 | 古屋敷 | 串本町上野 | | | 潮崎氏 | 平城 | なし | 牟婁風土記 |
| 西之森城 | | | 串本町西之森 | | 永禄年間（一五五八～七〇） | | 丘城 | なし | 串本町誌 |
| 古城山城 | 上野山城 | 古城山 | 串本町古座・上野山 | 雑木林 | | 高河原摂津守貞盛 | 山城 | 堀切・虎城山公園碑 | 紀伊続風土記・奥熊野の城跡 |
| 高河原屋敷 | | | 串本町中湊・正法寺 | 寺院 | | 高河原摂津守貞盛 | 丘城 | なし | 古座史談 |
| 小山城 | | 城山 | 串本町西向 | 社 | 文保二年（一三一八） | 小山実隆 | 山城 | 堀切・曲輪 | 和歌山県聖蹟下・和歌山県の地名 |
| 小山屋敷 | | | 串本町西向・JR古座駅付近 | 駅・宅地 | | 小山氏 | 平城 | 井戸・説明板 | 紀伊国名所図会・和歌山県聖蹟下 |
| 平氏屋敷 | | | 串本町津荷・宅地の藪 | 藪 | | 平氏 | 丘城 | 不詳 | 古座史談 |
| 佐部城 | 佐目城・秀田城 | 城山 | 串本町上田原 | | 天正七年（一五七九） | 椎橋権左衛門、田村半之丞、堀内氏 | 山城 | 土塁・石垣・堀切 | 紀伊続風土記・奥熊野の城跡 |
| 岩屋城 | | 城ノ越 | 串本町下田原 | | 天正十年（一五八二） | 高河原摂津守貞盛連合軍 | 山城 | なし | 奥熊野の城跡 |
| **東牟婁郡** | | | | | | | | | |
| 河辺屋敷 | | | 古座川町月野瀬 | 洞窟 | | 浅里氏 | 丘城 | （浅里家碑） | 紀州史余話 |
| 浅里家屋敷 | | | 古座川町月野瀬 | 雑木林 | | | 山城 | 不詳 | 紀州史余話 |
| 三尾川城 | | 三尾川遺跡 | 古座川町三尾川・中村 | 雑木林 | | （日下左近将監？） | 山城 | 曲輪・土塁・多重堀切 | 古座川町誌（私家版） |

| | | | | | | | | | |
|---|---|---|---|---|---|---|---|---|---|
| 日下氏土居 | 土井の平 | 土井の平 | 古座川町三尾川 | 雑木林 | | 日下左近将監 | 丘城 | 不詳 | 東牟婁郡誌・古座川町誌（私家版） |
| 西川屋敷 | 石垣屋敷・村上氏屋敷 | | 古座川町西川 | 畑地 | | 村上氏 | 丘城 | 不詳 | 県遺跡地名表・県中世城館分布調査報告書 |
| 大桑土居 | 伊藤氏館 | | 古座川町大桑 | 宅地 | | 伊藤氏 | 山城 | 曲輪跡 | 県遺跡地名表・県中世城館分布調査報告書 |
| 三本土居 | | | 古座川町三本・中 | | | 三本氏 | 不明 | 不詳 | 紀伊続風土記 |
| 深窪屋敷 | | | 古座川町小森川 | | | 深窪源左衛門 | 不明 | 不詳 | 紀伊続風土記・和歌山県の地名 |
| 大塔宮旧跡 | | | 古座川町松根 | 森林 | | 護良親王（大塔宮） | 不明 | 不詳 | 紀伊国名所図会 |
| 泰地城 | 太地城 | | 太地町太地・東明寺裏山 | 雑木林 | 天正年間（一五七三～九二） | 太地隠岐守頼虎 | 山城 | 堀切 | 紀伊続風土記・熊野太地捕鯨史・太地町史 |
| 頼子城 | | 旦那山 | 太地町太地・森浦 | 雑木林 | 応永二十五年（一四一八） | （泰地）隠岐二郎頼定 | 山城 | 頼子山説・白山説あり | 熊野太地捕鯨史・太地町史・東牟婁郡誌 |
| 和田館 | 和田城 | 上殿 | 太地町東上野 | | 南北朝時代 | 和田蔵人 | 丘城 | なし | 熊野太地捕鯨史・太地町史・東牟婁郡誌 |
| 粉白殿城 | | | 那智勝浦町粉白・二ッ谷 | | | 粉白氏 | 丘城 | 土塁 | 県中世城館分布調査報告書 |
| 粉白屋敷 | 小代屋敷 | | 那智勝浦町粉白 | | | 粉白氏 | 不明 | 不詳 | 熊野史・那智勝浦町史 |
| 下里城 | | | 那智勝浦町下里 | 雑木林 | | 土井佐渡守 | 山城 | 土塁・堀切 | 紀伊続風土記・奥熊野の城跡 |
| 土井屋敷 | | | 那智勝浦町下里 | 社 | | 土井佐渡守 | 平城 | なし | 県史跡名勝天然記念物調査報告書 |
| 尾捨山城 | 和田古城 | | 那智勝浦町下和田・大奏寺裏山 | 雑木林 | | | 丘城 | なし | 紀伊国名所図会・那智勝浦町史史料編 |
| 城山（古城） | | 秋葉山 | 那智勝浦町勝浦 | 社・公園 | | | 丘城 | なし | 那智勝浦町史・同史料編 |
| 岩屋見張り所 | | 鉄砲場 | 那智勝浦町浦神西・岩屋 | 山林 | | | 山城 | 石垣 | 県中世城館分布調査報告書 |

| | | | | | | | | | |
|---|---|---|---|---|---|---|---|---|---|
| 神光屋敷 | | | 那智勝浦町浜の宮 | 雑木林 | | 神光院（廊ノ坊分家） | 山城 | 堀切 | 那智勝浦町史史料編・続奥熊野の城跡 |
| 橋爪屋敷 | 浜ノ宮城 | 古城山 | 那智勝浦町浜の宮・片山 | 雑木林 | | 橋爪氏 | 山城 | 堀切 | 那智勝浦町史史料編・続奥熊野の城跡 |
| 勝山城 | 廓之坊屋敷 | | 那智勝浦町浜ノ宮 | 雑木林 | | 塩崎廓之坊 | 山城 | 曲輪・空堀・井戸 | 那智勝浦町史・近畿の城郭Ⅰ・定本和歌山県の城 |
| 藤倉（蔵）城 | 八幡山城 | | 那智勝浦町川関 | 那智勝浦ＩＣ | | 実報院目良氏 | 山城 | 発掘後消滅 | 奥熊野の城跡・発掘調査報告書 |
| 藤倉城出城 | | | 那智勝浦町川関・中村 | 雑木林 | | 実報院目良氏 | 山城 | 曲輪・堀切 | 現地調査確認 |
| 天満城（仮） | | | 那智勝浦町天満那智中学裏山 | 雑木林 | | 実報院目良氏 | 山城 | 曲輪・堀切 | 現地調査確認 |
| 蚤ヶ城 | | | 那智勝浦町川関・中州 | 雑木林 | | 堀内安房守 | 山城 | 堀切 | 那智勝浦町史・奥熊野の城跡 |
| 御社森城 | 宮城 | 宮城山 | 那智勝浦町南大居 | 社・山林 | 天正十年（一五八二） | 政所氏 | 丘城 | 堀切 | 奥熊野の城跡・那智勝浦町史 |
| 石倉山城 | 文善坊屋敷 | | 那智勝浦町井関・牧野 | 雑木林 | | 清水門善坊 | 丘城 | 石垣・堀切 | 那智勝浦町史・奥熊野の城跡 |
| 勝山城 | 横地山・勝山地城 | | 那智勝浦町市屋・イラ谷山 | | | | 丘城 | 不詳 | 春秋の畠主 |
| 中山城 | 庄ノ山城・菖蒲森城 | | 那智勝浦町庄 | 雑木林 | | 山崎バンナイ | 丘城 | 土塁・石垣 | 東牟婁郡誌・那智勝浦町史史料編 |
| 藤綱要害 | 藤綱殿要害 | | 那智勝浦町色川・大野峰山大平 | 雑木林 | 元歴年間（一一八四〜八五） | 平維盛 | 丘城 | 石垣跡 | 紀伊続風土記・奥熊野の城跡 |
| 鎌ヶ峰城 | | | 那智勝浦町色川・田垣内 | 雑木林 | 天正十年（一五八二） | 色川氏 | 山城 | 堀切 | 奥熊野の城跡・那智勝浦町史 |
| 清水氏館 | 色川氏館 | | 那智勝浦町口色川・下平 | 雑木林 | 南北朝時代 | 清水（平・色川）盛氏 | 丘城 | 段構え | 奥熊野の城跡・那智勝浦町史 |
| 色川屋敷 | | | 那智勝浦町口色川 | | 南北朝時代 | 色川浄珍 | 平城 | 石垣 | 紀伊続風土記・和歌山県聖蹟下 |

| | | | | | | | | | |
|---|---|---|---|---|---|---|---|---|---|
| 水野屋敷 | ご殿屋敷 | | 那智勝浦町口色川 | | | 水野土佐守忠央 | 平城 | 石垣 | 和歌山県聖蹟下・那智勝浦町史 |
| 弥ノ森城 | (鳴滝城?) | | 那智勝浦町口色川 | | | 色川氏 | 山城 | 堀切 | 東牟婁郡誌 |
| 城ノ森城 | | | 那智勝浦町口色川 | 山林 | | | 山城 | 不詳 | 那智勝浦町史 |
| 平盛氏屋敷 | | | 那智勝浦町口色川 | | | 清水(平・色川)盛氏 | 平城 | 曲輪 | 那智勝浦町史 |
| 要害ノ森(城) | | よがの森 | 那智勝浦町高遠井 | | | | 山城 | 土塁・堀切 | 那智勝浦町史 |
| 小匠城 | | 城山・高丈山 | 那智勝浦町小匠 | 山城 | | | 山城 | 曲輪 | 続奥熊野の城跡 |
| 形部屋敷 | | | 那智勝浦町樫原 | | | | 不明 | 不詳 | 紀伊続風土記 |
| 城屋敷 | | | 那智勝浦町西中野川 | | | | 丘城 | 見張所・馬場 | 那智勝浦町史史料編二 |
| 花知戸野要害 | 要害屋敷 | | 北山村竹原 | | | 戸野氏 | 丘城 | 不詳 | 熊野史・東牟婁郡誌・北山村史 |
| 相須屋敷 | | | 北山村相須 | | | | 山城 | 土塁 | 北山村史 |
| 六郎兵衛屋敷 | | 六郎兵衛平 | 北山村 | | | 戸野兵衛門(左五郎右衛門) | 不明 | 不詳 | 熊野史 |
| **新宮市** | | | | | | | | | |
| 能城城 | | 城の丘・城ノ尾 | 熊野川町山本能城 | 丘城 | 延元年間(一三三六~四〇) | 能城二郎勝光 | 丘城 | 土塁・堀切 | 紀伊続風土記・奥熊野の城跡・熊野川町史 |
| 秋葉山城(推) | | | 熊野川町西敷屋 | 社 | | | 丘城 | なし | 推定伝承 |
| 敷屋氏屋敷 | | 寺屋敷 | 熊野川町東敷屋 | 公園 | | 敷屋重市兼種 | 平城 | なし | 町史研究資料1・熊野川町史 |
| 城ノ森(城) | (敷屋城) | | 熊野川町東敷屋 | 雑木林 | | | 山城 | 曲輪跡 | 奥熊野の城跡・熊野川町史 |
| 宮井城 | 城ノ元 | | 熊野川町宮井 | 雑木林 | | | 山城 | 堀切 | 奥熊野の城跡・熊野川町史 |
| 宮井出城 | 城ノ鼻 | | 熊野川町宮井 | 雑木林 | | | 山城 | 堀切 | 奥熊野の城跡・熊野川町史 |
| 帰宅城 | | | 熊野川町赤木 | 雑木林 | | 伝・平家落人 | 山城 | 曲輪跡 | 地籍図・熊野川町史 |
| 花知屋敷 | | (殿ざこ) | 熊野川町四瀧 | | | 四瀧二郎兵衛慰定 | 不明 | 不詳 | 紀伊続風土記 |
| 平家屋敷 | | | 熊野川町殿 | 雑木林 | | 平家落人 | 山城 | 不詳 | 地名辞典 |

| | | | | | | | | | |
|---|---|---|---|---|---|---|---|---|---|
| 明神山城 | | | 矢倉町・取出町 | 雑木林 | 鎌倉時代? | 矢倉氏、堀内氏 | 丘城 | 段構え | 奥熊野の城跡 |
| 別当屋敷 | | | 大浜通り | 宅地 | | 熊野別当 | 平城 | なし | 新宮市の文化財 |
| 殊勝別当屋敷 | | ポツリ山 | 丹鶴町 | | 貞元二年(九七七) | 熊野別当周連 | 丘城 | 堀切 | 新宮市史 |
| 行家屋敷 | 新宮十郎屋敷 | | 熊野地 | 宅地 | | 源(新宮)行家 | 平城 | なし 説明板 | 紀伊国名所図会・新宮市の文化財 |
| 新宮屋敷 | 新宮周防守屋敷 | | 口山際・本広寺 | 寺院 | 元亀二年(一五七一) | 新宮周防守行栄 | 平城 | なし・屋敷跡碑 | 紀伊続風土記・新宮市史 |
| 堀内屋敷 | 堀内新宮城 | | 千穂・全龍寺 | 寺院 | 天正初期(一五七三ごろ) | 堀内安房守氏善 | 平城 | 水堀一部・屋敷跡碑 | 紀伊続風土記・新宮市史・新宮市の文化財 |
| 城之森城 | | 城ノ森 | 佐野・新翔高校体育館 | 学校 | | | 丘城 | 不祥 | 紀伊続風土記 |
| 和田森城 | 殿和田城 | | 佐野 | 雑木林 | 元亀・天正年間(一五七〇~九二) | 堀内氏虎 | 山城 | 土塁・堀切 | 紀伊続風土記・奥熊野の城跡 |
| 堀内屋敷 | | ぼしどの芝 | 佐野・オークワ店舗 | 店舗 | | 堀内安房守氏善(氏虎の子) | 平城 | なし | 新宮市史・那智勝浦町史史料編 |
| 越路城 | 権現山城 | | 越路・越路峠上 | 雑木林 | | 北山一揆? | 山城 | 土塁・堀切・石垣 | 続奥熊野の城跡・熊野史研究22 |
| 阿婦沢城 | | | 左指鼻・神倉神社南下 | 雑木林 | 室町時代 | | 丘城 | 不詳 | 紀伊続風土記・奥熊野の城跡 |
| 千穂ヶ峰城 | | | 千穂ヶ峰 | 雑木林 | | | 山城 | 土塁・石垣 | 一九八五年朝日新聞 |
| 経塚山城 | | | 西高田・中山経和平 | 雑木林 | | | 丘城 | 段構え | 奥熊野の城跡 |
| 古城 | | | 西高田・宝積庵裏 | | | | 丘城 | 不詳 | 奥熊野の城跡 |
| 要害城 | 城ノ森城 | 城の森 | 三輪崎・岡 | 雑木林 | 元亀・天正年間(一五七〇~九二) | 堀内氏 | 丘城 | 堀切・井戸 | 紀伊続風土記・奥熊野の城跡 |
| 長石山城 | 小屋ノ城 | | 三輪崎・長石山 | | | 不詳 | 丘城 | 不詳 | 紀伊続風土記・奥熊野の城跡 |
| 高丸城跡 | (狼煙山) | | 三輪崎・高森 | 宅地 | 弘仁の頃 | 詳細不明 | 山城 | 不詳 | 解説版プレート |

# あとがき

平成元年（一九八九）八月に発足した和歌山城郭調査研究会（和城研）は、早いもので三〇周年を迎える。他府県では、研究団体が作られて、中世城館の調査研究が盛んに行われ始めていた三〇年前、和歌山県にも必要ではないかと考え、また、それを望む声もあった。そこで、現・研究会代表の白石博則氏を誘って、とりあえず和歌山城郭調査研究会を立ち上げた。それは研究団体などという大それたものではなく、愛好家を募ったもので、当初の会員は数名だった。

それから三〇年。戎光祥出版株式会社代表取締役の伊藤光祥氏から、和歌山の戦国城館をまとめてみないかと声をかけていただいた。そのとき浮かんだのが、和城研結成三〇周年の文字だった。その旨をお話すると、快く承諾して下さった。そこで、日頃から精力的に城跡を歩いている会員の成果をまとめてもらいたいと思い、会員から執筆者を選ぶことにし、執筆者と城館の選出は、代表の白石氏に任せた。

監修者としては、もっと気楽な内容の案内書を目指したかったが、休みになれば遠近問わずに城跡へ出かけ、縄張り図を描く、そんな執筆者たちにすれば、より詳しく伝えたい気持ちが出て、一部にマニアックな内容となったのもある。しかし、この縄張り図が、三〇年後、五〇年後に、「現在は消滅したが、かつてはこのような城館があり、こんな遺構が残っていたのか」と語られることになるだろう。そのとき、掲載した縄張り図が、改めて貴重なものと認識されると信じている。

巻末に掲載した中世城館一覧表には、記録に見える城館・屋敷すべてを記した。中には、城跡として疑わしいと思えるものもあるかもしれない。築城年代も居城者も諸説あるものの、記録や伝承に残るすべてを記入した。それを後世に伝え、本格的な調査の機会を得て判断してもらえばよいと思い書き入れた。

また、近年、低い山や丘に築かれた城を平山城《ひらさんじょう》と呼んでいるが、丘と周辺の平地を利用して築いた平《ひら》山城《やまじろ》と混同し、わかりにくいという声をよく聞く。そこで本書では、訪ねた折に混同しないように、丘城と表記した。ただし、山と丘の区別は、主観的な部分も多々あるので、探訪の際の目安として参考にしていただきたい。いずれにしても、今後、本書が和歌山県の中世城館の辞書的存在となってくれることを期待している。

なお、山城跡を訪問するのは、蛇・蜂・ダニなどが姿を隠し、草木が葉を落とした十一月から五月が見学しやすい。城跡の大半は私有地であるので、本書を持参して山城跡を訪ねる際は、地元の方に目的を知らせたうえでの調査や写真撮影に心がけてほしい。宅地の平城跡はなおさらのことである。

最後に、本書出版の機会を与えていただきました戎光祥出版株式会社代表取締役の伊藤光祥氏、編集を担当くださった丸山裕之氏、そして高木鮎美さんには、大変お世話になりました。心より感謝申し上げます。

二〇一九年一月

和歌山城郭調査研究会顧問・水島大二

## 【執筆者一覧】 いずれも和歌山城郭調査研究会会員


池田尚生
岩倉哲夫
川端義憲
白石博則
新谷和之
田中伸幸
谷口敏雄
土井一男
中川　清
中口孝行
野田　理
平川大輔
平阪貞敏
藤岡英礼
堀口健弐
増山政昭
松本崇秀
水島大二
吉田　亘
渡瀬敏文

【編者紹介】

**和歌山城郭調査研究会**（わかやまじょうかくちょうさけんきゅうかい）

1989年（平成元年）に発足した、和歌山県及び南近畿をフィールドにした中近世・近代の広義の城郭遺跡を調査研究し、地域史解明・城郭遺跡の保存・活用を目的とした団体。略称「和城研」。会員数約90名。年3～5回の会内見学会・学習会、誰でも参加できる年3回の公開見学会の開催や、年10回の会報「紀州古城館情報」の発行、年に1回研究会誌『和歌山城郭研究』（現在17号）の発刊などを行っている。



図説 日本の城郭シリーズ⑫

**戦国《せんごく》和《わ》歌《か》山《やま》の群雄《ぐんゆう》と城館《じょうかん》**

2019年3月8日 初版初刷発行

編　　者　和歌山城郭調査研究会
発 行 者　伊藤光祥
発 行 所　戎光祥出版株式会社
〒102-0083 東京都千代田区麹町1-7 相互半蔵門ビル8F
TEL:03-5275-3361(代表)　FAX:03-5275-3365
https://www.ebisukosyo.co.jp
編集協力　株式会社イズシエ・コーポレーション
印刷・製本　モリモト印刷株式会社
装　　丁　山添創平



ISBN978-4-86403-311-4